南華錄

一個時代的藝文志

晚明・南方・文人・生活

著

趙柏田

繁體中文版自序

趙柏田

我曾經寫下這樣一個中國，一個古雅靜好的中國。我的南方想像，我對最好的中文的期許，都在這本書裡。在我寫作這本書之前許多年，書名的三個字只是沉睡在意念裡，偶爾它們會跳將出來，如同喑啞的音符。沒有人知道我在暗中積蓄力量，要把這本書寫出來。

寫作的過程，如同一個孩子在沙地上畫畫，先是無所用心，爾後，樹、鳥、雲與花朵、樓閣與人影，都一一呈現了。也像是往道旁隨手丟下一粒果核，它就長成了一棵樹，當你回頭，突然就枝葉相連，有了綠意，有了鳥鳴。

二十多年緩慢、遷延的寫作生涯裡，每一部作品的起始，都只是一個小小的念頭，或者是一次談話，一幅畫面。然後它們以一種恣肆的力量生長，直至在視野之外生長——就像現在，這本書以繁體字版與更多華文世界的讀者見面。我想這正是文學的神奇。寫作是神祕的，這種神祕感召著我一次次投身其中。

讀者諸君要打開的，乃是一本「無用之書」，十三章四十萬言，寫了大時代裡旁枝逸出的一群人，他們花花朵朵、罈罈罐罐的事。這也是一本沉重之中見輕逸的書。沉重的是時代，輕逸的是美學。它就像一串記事珠，記錄了一個風華而又奢靡的年代裡，花是精華，人又如何成為精華，南方的珍異世界裡，人與人如何遇合，人與物如何相安於世，成就一段最絢爛的文明。

本書故事時間，約在明嘉靖至明朝覆亡的一百年間，主要聚焦於十六世紀晚葉至十七世紀初的半個世紀，即史稱的晚明。那是一個與西方碰撞前的中國，寧靜得如同一個夢，一首田園詩。那個時期的中國，溝口熊三[1]叫「前近代社會的中國」，柯律格[2]叫「早期現代中國」，都是突出它們的相對閉鎖和獨立性。

是以，它又是一場大夢，繁華落盡，美人塵土，管你是廟堂之高、江湖之遠，到頭來不過是細數同聲一個無，白茫茫一片大地真乾淨。我是把《南華錄》當作古典中國的一個夢來寫的，想要寫出它的繁華，和最終到來的衰敗與蒼涼。讓萬曆女子蘇素素和一方「脂硯」出現在書中首章，以江寧織造曹寅（曹雪芹的祖父）對周亮工的一段童年回憶殿後作結，有心的讀者自會看到，《紅樓夢》如一條隱約的長線貫起全書。說到底，也是作者多年讀《紅》的一點心跡流露。

書寫這本書之前，我曾醉心於王陽明，寫過一本王陽明自敘傳口吻的長篇小說，讓這個十六世紀的哲學家以第一人稱的語氣，說他的軍功、疾病、家人、朋友和講學生涯。後來我還寫過一本串講整個明朝的講史類讀物。大概是看多了一代代文人精英

國立故宮博物院藏品 [2020]【明沈周蘇州山水全圖卷 故畫 001567N000000000】（局部）

在權力角力場中被碾碎的遭際，六年前，我起意要寫一種藝術滋養的人生，寫藝文對人性的救贖，它就是這本《南華錄》。用世與叛世、事功與逍遙，本就是中國傳統的兩翼。

《南華錄》簡體中文版出版五年來，讀者最感興趣、談論得最多的話題是「風雅」。著名報人孫小寧在一次對話中說，《南華錄》的好，就在於不單說某一個，而是以不同線索帶起一串的風雅。小寧說的「一串的風雅」，就是一種氣韻了。書中人物，不管什麼行當，造園的、說書的、作畫的、唱戲的，有了這氣韻，就像李漁說的，如火之有焰、燈之有光，整個人都靈動了，連帶著一整個時代，也變得搖曳多姿起來。

人與物的相宜，正是晚明風雅的基石。畫家文徵明的曾孫文震亨，萬曆末年寫過一本叫《長物志》的書，書中所寫，全是當時世家所用器物的制式及擺放方法。他最常用的語調，就是什麼是宜的，什麼是忌的。明人以古爲美，一個人得到了一件夢寐以求的器物，還要懂得怎麼去使用它，方爲眞風雅。在那個時代，如何使用物、消費物都是有定規的，這些定規，則是「區隔」精英和普羅大眾的一個依據。

一個世代的士人，就在這些「長物」之上，建構起了一整個精神世界。他們飲茶、焚香、造園、宴飲、玩古、製墨、鑒藏、聽曲，把精神寄寓於器物。他們沉浸在綺麗的夢境中，把天地當作一場大夢，把自己都作成夢的主角。而最後，一六四四年給了他們攔腰一刀。這一年，是書中許多人物命運的終結，對一部分人來說則是轉折。一種驚人的美消失了。「半爲踐踏，半爲灰燼」，大雅終是風流雲散。

以後幾百年間，許多時間節點上，這個國家與精緻文化傳統的鴻溝越來越大。風雅關涉時代文化的豐厚與稀薄，說到底就是一種文化的沉積，陳之藩有句話說得好：「要有許多許多的歷史，才可以培養一點點傳統，許多許多的傳統，才可以培養一點點文化。」

「種種罪案，從種種果報中見之」，這話是寫《陶庵夢憶》的張宗子說的。他嘆的是繁華奢靡過眼皆空的自家身世，也未始不可以看作對總成一夢的時代宿命之自嘲。或許，讀者諸君遍賞風雅後，更過眼不忘的，是羅汝芳、湯顯祖、眞可和尚這類人，總覺得他們是亂世之中，懂得風雅之外別有境界的人。而這別一種境界，還是對世界和人心的觀照，對人生意義的一份探尋。

——是以，如果眞生活在那個年代，我不做張宗子，不做董若雨，也不會像九煙那樣，給自己造一個想像中的花園。我更有可能像我的同鄉黃宗羲那樣，先大開大闔地奔走、呼號，然後，撤到書房裡，以文章、學術爲職志。物比人長久，但文章事業比起物，更虛無，也更具永恆性吧。

我的最初期望中，這本書是博物志和藝文志的合體，它應該有個百科全書式的包羅萬象，像我喜歡的《布瓦爾與佩居榭》和《玫瑰之名》一樣。大約五百本閱讀和參考過的書籍，幫助我掃除了知識上的障礙。更大的障礙來自寫作本身，我一直沒有找到一個好的結構。而一個四十萬字數的非虛構作品，沒有一個好的結構是很難建立起來的。

一直到寫鑑賞家項元汴，一個時光收藏者的故事時，我才找到這個早就暗伏著的結構。以項元汴一人爲關節，我串起了一部晚明江南鑒藏小史。王世貞、安國、文徵明、李日華、董其昌、沈德符、馮夢禎，一個個人物競相登場，藝術家、隱士、才女、騙子、享樂主義者與市儈投機者自動走到前台。我一下子明白了，我只需要寫好人物關係就可以了。

有時候，歷史就是一部非虛構小說，歷史邏輯安排了這部史詩性小說的起承轉合。人物關係，就是這部小說的天然結構。人物和關係，是打開《南華錄》這個密室的兩把鑰匙。我很高興在這本書裡實踐了這個樸素的方法論。

二〇一九年三月十二日

---

① 溝口熊三（一九三二至二〇一〇年），著名日本漢學家、中國思想史家。著有《作爲方法的中國》、《中國前近代思想的曲折與展開》等。

② 柯律格（Craig Clunas, 1954-），當代研究中國物質文明史的重要學者，現任英國牛津大學藝術史系講座教授。著有《明代的圖像與視覺性》、《雅債》、《長物》等。

於是有了「南華錄」這個專爲柏田而設的專欄。《南華錄》中十三篇文章，有十一篇即首發於這個專欄——但我要聲明一下，成書後的內容要比雜誌首發時更完整、更豐富，也更好看了。作爲刊物首發的欄目責任編輯，原稿、一校、二校、清樣，我每篇都看了四次，且至少有兩次是細讀，還要和作者議論增刪（當然是刪爲主，因爲刊物發表字數有限）、考辨名物（我們都盡力免除硬傷）。可以說，我是這部新作的第一讀者，也是讀得最多的人之一。但我卻一點兒也沒有厭倦。在我的編輯生涯中，這是極爲難得的事。做文學雜誌編輯，每天要讀大量作品，眞是幹一行恨一行，有時讀到要吐。能從如此的審美疲勞中跳出如許的文字，足令我有十分的信任感。

最初爲欄目取名時，因是三字經的格式，柏田提出用「南華錄」。我和方方都有些猶豫，世上有《南華經》，有南華寺，都和宗教有關，容易有歧義。後來我明白了他爲什麼要這麼堅持的理由，這裡的「南」，乃是地理上的南方，當然這是一種不同尋常的地理，它不是按照行政區劃來劃分的地域，而是出於感情的指引和氣息的認同：「這裡是陳洪綬的諸暨，往西是李漁的蘭溪，往東是張岱的山陰，往北隔著錢塘江，是蕭山和省城杭州，諸暨—山陰—杭州，這片潮濕多雨的南方三角地帶，就是天才畫家陳洪綬的活動區域。」一句話，這是柏田一個人的南方。當然隨著閱讀的進展，我們會發現，書中所呈現的南方世界要遠比這個範圍大。

那麼又何謂「華」呢？柏田的書中有這麼一句話，「花是精華，人亦是精華，最爲精華的還是這個時代成熟到了靡爛的物質和精神生活的種種」。或許柏田眼裡的精華，就是被時代的激流推到了一邊的一些閒閒散散的人，一些罈罈罐罐、花花草草的事，就是這個世界精緻、發達的物質性的一面，那麼多好玩的「長物」。所謂長物，即多餘的物，沒用的東西，於生活並非必需，不能當飯吃，也不能當傢伙使，這東西有時價值連城，比如文物、古董，有時候一錢不值，比如明月清風。但常常，無用而有大用，美到極致的往往就是這種東西。

推出專欄首篇〈曇花一夢，遍地虛空〉時，那段按語直接拿來，還是可以作爲《南華錄》書名的釋義來讀：

導讀／什麼是眞正的自由和解放

原刊責任編輯　楚風

我信任柏田的文字。二〇一二年十月，我供職的《長江文藝》雜誌正準備新一年的稿子，主編方方對我說，去找趙柏田。方方的本意是想請柏田開一個專寫民國人物的專欄。我先找他最有名氣的《讓良知自由》一書來看，心生好感，立刻聯繫，小心說服。柏田的答應是有附加條件的，他不想寫什麼民國風或現代文人，如果眞要他來做，專欄的人物和內容都須他自己來定。他尙算爽快地答應，大概還出於對這本雜誌的一份情誼：上個世紀九〇年代，他在《長江文藝》發表過小說，那時他是風頭很勁的先鋒小說家。

不久他告訴我們，他設想寫一組好玩的人物，故事時間從明朝嘉靖、萬曆年間一直寫到明清之際。一聽到明清之際，我立馬覺得這些文章會好看，那是個大時代，人的命運充滿戲劇性和艱難的選擇。我喜歡他在這個方向上的寫作也許還有點兒個人的隱祕關係，我少年時代居住在廣西桂林靖江王城城牆下的貢後巷口，我家院子就面對著城門，去此處不遠，灕江邊上有座疊彩山，山上有座小屋子，有賣茶的，屋子裡有兩幅人物畫像，聽父親說是瞿式耜（音同似）和張同敞。每過此地，父親就要講瞿、張兩人的故事，瞿式耜這個名字，南方人讀不清白，我總要讀成瞿式式，然後笑一回。這樣記住了那個時代，印象裡是一定要選擇生和死的時代。我是小人物，覺得死是最難的選擇。讀柏田的《南華錄》，到書的後半部分，馬蹄聲碎，大雅風流雲散，「半爲踐踏，半爲灰燼」，好多的委屈，眞是無法傾訴。

但那時我們還不知道，柏田早就已經有了一個野心，他要寫他自己的「南方」。他要在十六世紀中葉以來人物、器物和故事的鋪陳中，呈現一幅南方最繁華時代的物質和精神文化圖景。他對那個前近代社會（溝口雄三語）亦即古典時代物質性的一面傾注了無比的心力，因爲他一直有個觀念，中國傳統中，器物即是精神的寄寓。爲此，他已經做了近十年的準備，並已有少量成稿而未發表的文字……

「南華」在這裡不是地名（南華縣、南華寺），不是人名（南華眞人），不是書名（《南華經》），只是取字面上的意思：「南方的精華」。作品描繪的是已經消逝了的南方的故事：夢境、戲曲、園林，文士、才女、奇人……

在這一以藝術史和生活史爲背景的南方書寫中，柏田用大量筆墨寫了那個時代的大鑒藏家——藝術品鑒賞和收藏的大家。其實這兩者密不可分，沒有鑒賞哪裡來的收藏？還得加上藝術家這個身分，他們常常是三位一體的，甚至還有另一個身分是商人，有收藏就有買賣嘛。但歸根結柢，柏田告訴我們，這些人是眞正的文化英雄，他們更看重的是進入藝術品的遞藏鏈條成爲其中的一環，他們收藏的乃是一段榮光、一段時光。〈古物的精靈〉寫南方鑒賞大家項元汴，〈魔鬼附體的畫商吳其貞〉寫畫商吳其貞，看似由一個人物起筆，實際上由一個人而上下勾連，左右牽扯，引出來的人物和故事眞是目不暇接。我試圖數一數和項元汴及其天籟閣有關的人物，數著數著就亂了。詹景鳳、王世貞、何良俊、文徵明、文彭、文嘉、李日華、董其昌、馮夢禎、馮權奇、沈鳳、沈德符、薛素素，哪一個不是絕頂聰明又好玩的人物？這不是一個人的肖像，而是一群人的肖像，也不是單純的肖像，而是風俗畫，是藝術史和生活史的結合。這種鋪排，顯示出作者駕馭材料的能力和重書歷史的野心。

更多的時候，柏田所寫的內容，會時時超出我的想像。在〈夢醒猶在一瞬間〉中，他寫了個叫董若雨的小說家，此人是當時有名的製造香料的人，如果他是個純粹的商人，那肯定會是那個時代最大的香料商人，因爲他有一個如同《香水》中的主人公葛奴乙一般無與倫比的鼻子，能嗅得出用博山爐蒸松針、菊、臘梅、芍藥、荔枝殼、薔薇、橘葉、木樨、甘蔗、茗葉、艾葉、紫蘇、杉葉、水仙、茉莉之間的香氣有什麼區別，還可以用文字精確地描繪出來。而這還不是他最擅長的事，他最拿手的是作夢。那夢作到什麼境界啊，他的夢是一個國！推薦朋友們好好讀讀這篇文章，我看罷就呆呆地想：這是一種病呢，還是一部心靈史呢？

〈終爲水雲心〉是寫身爲曲家和詩人的湯顯祖。這個人物我們都很熟悉，因爲他的作品《牡丹亭》到現在還在上演，白先勇幾年前還整過一個青春版呢。柏田在寫完湯顯祖與屠隆等劇作家的故事後，你會以爲這就完了吧，卻突然冒出來一群女讀者，一下子讓這文學史活潑起來。

讓我們看看，有多少女人爲這個故事傷心而死。

湯顯祖在世的時候，一個叫俞娘的少女在閱讀時傷情而死，十七世紀初葉，一個叫商小伶的女藝人在演出〈尋夢〉時死在臺上；一六一二年，湯顯祖的好友馮夢禎的兒媳、一個叫馮小青的十七歲女孩死於對該劇的閱讀，於是又有十五部以上關於馮小青的戲同時在各地上演。還有一個叫陳同的少女，讀此書不能自拔，在婚禮前死掉了，在書上留下密密麻麻的批註。而這本批註又到了她未婚夫吳吳山手裡，這個也算多情的未婚夫留下這本書作紀念。吳吳山娶了第二任妻子談則，談則看了這些評論後，繼續在相同的版本上寫評語。三年後，談則死了，又十幾年後，吳吳山娶了年輕的錢宜，錢姑娘讀了前面兩位姊姊的評語，十分欣喜，又繼續寫評語，最後，這本由三個女人共同完成的文學評論出版了，並被揚州出版家張潮收入他編的一部叢書裡……這個張潮，是柏田爲我們的「南華錄」欄目寫的最後一個人物，出版社或是出於全書體例的考慮，沒有把這篇叫〈揚州一夢〉的自敘傳文字收到這部書裡，對喜愛柏田文字的讀者來說，也是一憾。

作爲當下中國少有的具有歷史意識和歷史眼光的作家之一，這十年來，柏田一直在做著重構歷史的努力，他涉獵的題材範圍有晚清史、民國史和明史，所操持的文體則有長篇小說、短篇小說和其他非虛構文體。僅就他用力最勤、停留時間最多的明朝人物而言，此前他已經有兩本關於明朝的書了。他三十七歲出版的《岩中花樹》，從王陽明出生的一四七二年寫到章學誠去世的一八〇一年，跨越明中葉、明末清初、清中葉三時段，選擇了王陽明、黃宗羲、張蒼水、全祖望、章學誠等人物爲個案，試圖呈現出十六至十八世紀江南文人思想學術的運動軌跡。其間突顯的「岩中花樹」的意象，正可作爲南方知識分子的一個傳神寫照。幾年後出版的《明朝四季》，煌煌二十萬言，以四季方式結構明朝二七六年，以明代皇族與士大夫文官集團的衝突爲重點，以胡惟庸、李善長、張璁、夏言、嚴嵩、徐階、張居正、申時行等權臣們的榮辱沉浮，試圖解讀制度與權力結構的嬗變如何決定了人的命運。而起意寫《南華錄》時，他已不再糾纏在宮廷與官場，而是退到權力場的背後，看看這樣一群人，如何在另一個更世俗、更私密的方向上打開了另一個生命的空間。這些人，無論是畫家、曲家、鑒藏家，還是民間藝人、匠人和風塵女子，都把精神寄寓在某種器物裡，自得其樂地經營著自己的園地，當時間一點點地迫近一六四四年，他們的寄寓更加深沉、選擇更加艱難，而結局，讀來也更加令人震撼。

一個人能持久、專注地做一件事，是多麼讓人羨慕。柏田在一九九五年開始寫王陽明，很快放棄了，二〇〇五年他重寫王陽明，自覺找到了從內心重構歷史人物的方法論，於是有了《讓良知自由》（我看到的是二〇〇七年中華書局的版本）。當時他曾說，希望自己的文學世界像一棵南方的葳蕤的樹，蓬勃、恣肆、潮濕。如今又是將近十年過去了，《南華錄》出世，柏田的文章也更加豐富、更加自如和幽深了。

這本書眞是寫得花團錦簇，一路讀來隨處都可勾連，可是讀過一段時間之後，卻有一句話從那些好玩的陳年人物和故事中跳將出來，盤旋在我腦海裡久久縈繞不去，這句話是在書中某頁突然冒出來的，不知是書中人還是柏田自問：「什麼是眞正的自由和解放？」這對生命終極意義的追問，那些故事中人沒有搞明白，柏田大概也不算明白，可是又有誰能說他眞正明白了呢？也許，所有的意義，皆是在尋找自由和解放的路上。

南華錄

目次

古物的精靈
時光收藏者項元汴和他的時代

沉香街

說起嘉靖、萬曆年間的大收藏家項元汴，一般都認爲這是個極端無趣的人，他把一生中所有的時間都耗在了收藏古書古畫上，幾乎再沒有別的事能逗引起他的興趣，但幾百年來還是有一些關於他與和尚、妓女、商賈交往的故事流傳了下來，先說他與妓女的一個故事。

項元汴年輕時常去南京遊玩，喜歡上了秦淮河的一個漂亮歌妓，不久，項元汴要離開南京了，這歌妓握著他的手，嚶嚶地哭，一副非常捨不得的模樣。項元汴回到嘉興家中的一個月中，也時常想起這個女子，於是花大價錢買了一塊沉香木，請工匠打造成一張玲瓏工巧的千工床，又買了許多漂亮的綾羅綢緞，裝了幾個大箱子，用一艘「巨艦」裝上，去南京會那女子。

話說那日，項元汴找到秦淮河畔鈔庫街時，那歌妓正好有生意，忙著招呼別的客人，再說她一時也沒認出這個臉上長滿痲點的五短身材的男人，就把他晾在一邊不理不睬①。項元汴走也不是，留也不是，只得再次通報自己姓甚名誰，還說自己帶來了一大船的禮物要送給她。那歌妓聽他這麼說，這才重新梳妝，客客氣氣接待了他。

項元汴於是讓隨身小廝把那張千工床和好幾箱衣物全都從船

項元汴像

① 沈季友《檇李詩繫》稱：「元汴字子京……時人多艷稱項三痲子云。」

上搬來，又讓人打掃了前堂，把這張漂亮的大床安放在正中。青樓裡的其他女子聽說此事，全都跑來向那歌妓致賀。項元汴又甩出大把銀子，在青樓裡擺下十數桌，一時間鶯鶯燕燕擠在一處，香粉陣陣，絲竹亂耳，間雜著小姐們一聲聲的驚叫和讚歎。

酒宴開到一半，項元汴變了臉色，把酒杯重重一頓，指著那歌妓罵：「我本來還以爲世上情種大多在青樓，所以不惜花費千金以買一笑，沒想到一月之別，妳竟連我是誰都想不起來了。人都說青樓女子絮薄花浮，我先前還不信，現在眞是不信也不行了！」

說罷，命隨身小廝把衣櫃裡的漂亮衣服全都倒出來，一件一件撕裂，又掄起一把大槌，把那張做工精緻的沉香木床砸了個稀巴爛。做完這些他還不解氣，又在院中生了一把火，命人把那打爛了的床架放在上面燒。火舌瞬間就把那沉香木床吞噬了，只見烈焰騰空，香煙滾滾，不只院中，就連滿街滿巷都是異香，這香味經四、五日不散，以後那家青樓所在的鈔庫街，就被好事之徒叫作沉香街①。

這故事發生在嘉靖年間，看這行事做派之荒唐，當是項元汴青春年少時的事。一七〇〇年，江蘇吳江一個叫鈕琇的作家把它蒐羅進了一本叫《觚賸》的筆記裡。鈕琇是個受神怪志異小說很大影響的作家，他在河南、陝西、廣東等地做縣令時，收集了一大堆關於官場、青樓、市井、文字獄，乃至扶乩勘地的好玩故事，按地域分爲吳、燕、豫、秦、粵等多卷，沉香街這則故事就是在〈吳觚〉裡。

「觚」這個東西，據說是一種銅製的酒器（也有一種說法是古

① 這則故事見鈕琇《觚賸》卷二〈吳觚中〉「沉香街」條：「嘉興項墨林，名元汴，游金陵，昵院中一妓，久而欲別，妓執手雪涕，意殊戀戀。項歸，乃廣購沉水香，斲爲臥床，玲瓏工巧。復以名紈美錦製衣數篋，裝巨艦訪之。入門値有客在，妓顧項若不復識。項前通姓名，且言有所持贈，妓始婉容加禮焉。項命潔前堂，舁床置其中。闔院爭來致賀，群艷紛集。項乃大張綺筵，釵鈿絲管，分行接響。酒半，忽抗聲指妓云：『我以世上有情種多在章臺，故不惜千金以買一笑。詎朞月之別，便已相忘。絮薄花浮，於今乃信。』呼僕出篋中衣，悉裂之。奮大槌碎床，焚於庭。煙焰裊空，遍城聞異香，經四、五日不散，因名此街爲沉香街。」

代用來書寫的木簡），圓頭細長腹大，類似於今天的細頸花瓶，因其既不圓，又不方，故名爲觚，因爲孔子在《論語》中說過一句「觚不觚，觚哉！觚哉！」。

觚也暗指政事，後人又沿用爲史事的一個代稱。鈕琇把自己的這部書稿稱作《觚賸》，也就是在告訴他的讀者們，他記下的是稗官野史，是大歷史之外的小歷史。所以他的筆端沒有同時代那些官員文集的拘謹，寫俠客、寫名士，寫天堂與地獄，也寫虎、寫貓、寫鶴、寫鬼，從這本書的出版時間來看，他都可以稱得上偉大的短篇小說作家蒲松齡的先驅了。

項元汴用「巨艦」裝著沉香木床去看歌妓，受不了冷遇又怒燒沉香床，這做派用現在流行的一個說法就是「土豪」。幾百年後，還有人在爲他裂衣搥床的痛快舉動叫好，大叫快哉項生。這則故事裡至少透露出了兩個信息：第一，項元汴實在是太有錢了；第二，這是一個情種，起碼他自認爲是多情的。

說到專情，後世的著錄家很難不把他在金陵的這件事與正統年間他一個先祖的遭遇放在一起看。

項元汴的這位先祖名叫項忠，是他的曾伯祖父，一四四九年秋天著名的土木堡之變中，在大太監王振的慫恿下，御駕親征的英宗朱祁鎮做了瓦剌人的俘虜，隨軍高級將領五十餘人陣歿，餘皆被俘，他的這位先祖以刑部員外郎的身分從駕，也被瓦剌人逮去了極北之地。項忠就在草原上忍辱負重，幫瓦剌人放馬，一邊伺機等待脫逃

項忠像

的機會。

有一個瓦剌部落的姑娘愛上了他，在這個姑娘的幫助下，項忠終於在一次放牧時出逃了。他的情人和他合騎一匹馬，一路向南逃歸，連著跑了四天四夜，馬兒都跑得乏了力，帶的乾糧也快吃完了，那姑娘爲了讓自己心愛的男人活著回到南方故國，趁項忠不備，拿一把隨身帶著的短刀切斷了自己頸上的動脈，等到項忠發現，已經不能救了。靠著姑娘留下的一份口糧，項忠終於隻身逃到了明朝地界大同宣府。

多年後，項忠提起這個姑娘還是流淚不止。在他八十二歲那年去世前，他最後做了一件事，把這個未曾與他婚配的異族女子入祀家廟①。這個淒美的愛情故事被歷史學家談遷寫入《棗林雜俎》裡。

項元汴非常崇拜他的這個祖先，雖然自己一生都沒有功名，但說話、行事幾乎一直都在模仿他的這位祖先，包括對待女人的態度。

只可惜他沒有祖先好運氣，他在金陵遇見的那女子，到底跟草原上來的女子不一樣。

天籟閣

在到處都擺滿珍玩的天籟閣，項元汴把自己所有的藏品都看一

①談遷《棗林雜俎》：「項襄毅大司馬忠，初以刑部員外郎從駕土木，陷胡中飼馬。與胡婦善，挾而南，走四晝夜食盡，胡婦度不兩活，乃並糧自殺，項得入宣府。後祀婦家廟。」

遍，要花上兩個月的時間。兩個月一輪看下來，再周而復始。項元汴就像山洞裡的一隻穿山甲，守著他的寶物，不許外人染指。不只生人不能靠近，家貓、蝙蝠也是嚴禁進入這間黑暗屋子的，因為牠們不經意間一抬足、一搧動翅膀，不小心碰壞的就可能是商周時代的彝鼎，或者牆壁上掛著的晉朝古畫。

天籟閣得名，據說與項元汴收藏的一把晉代鐵琴大有關係。此琴為仲尼式，為晉朝製琴名家孫登所斫，長約一米二，重漕平十斤六兩，純由黑鐵鍛造而成，通身不加髹漆，琴面、琴底均有細冰裂紋，琴背鑄有兩個八分大字：天籟，其下有嵌金絲小篆「孫登」款，並「公和」篆印。

公和是孫登的字。這樣一個西晉大名士，同時代竟沒有一個人知道他籍貫何處，真應了神龍見首不見尾這句古話。

從葛洪的道教名著《神仙傳》第六卷有關記述來看，孫登應該是西元三世紀的一個生活極簡主義者，長年住在山上，穴地而坐，彈琴，讀《易》，長嘯，夏天一件單衣，大雪天把丈餘的長髮披覆在身上取暖。

他是一個出了名的好脾氣的人，從不發怒，但也很少開口說話。有人惡作劇，合夥把孫登扔到河裡，想看看他發怒時到底是什麼樣子，沒想到孫登一上岸就哈哈大笑②。儘管他足跡不入城市，竹林七賢中的阮籍、嵇康都跟他玩得很好。嵇康的琴藝非常高超，同時代人無出其右，尤以一曲〈廣陵散〉風靡世間，但對孫登的琴藝也

孫登披髮撫琴圖

② 《太平廣記．神仙九》：「孫登者，不知何許人也。恆止山間，穴地而坐，彈琴，讀《易》。冬、夏單衣，天大寒，人視之，輒被髮自覆身，髮長丈餘。」葛洪《神仙傳．孫登傳》的記載相對而言更為完整：「孫登，字公和，汲郡共人也。無家屬，於郡北山為土窟居之，夏則編草為裳，冬則被髮自覆。好讀《易》，撫一絃琴，見者皆親樂之。性無恚怒，人或投諸水中，欲觀其怒，登既出，便大笑。時時遊人間，所經家或設衣食者，一無所辭，去皆捨棄。嘗住宜陽山，有作炭人見之，知非常人，與語，登亦不應。文帝聞之，使阮籍往觀，既見，與語，亦不應。」

不得不歎服，因爲後者竟然只用一根琴絃就把他賴以成名的那支金曲彈得聲情並茂。

嵇康曾問孫登，這一生有什麼大追求。孫登說，你懂得火嗎？火燒起來會產生光，但是火的燃燒卻不需要有光，在這個因果關係裡，用光是果。同樣的道理，人活著並擁有才華，但才華也不是人活著的前提條件，在這個因果關係裡面，用才是果。用光，首先要有木柴來生火，用才呢，就得要洞明事理，要懂得自保之道，如果人都死了，才高八斗還有什麼用呢？

孫登實際上是藉用這則火的寓言，教給朋友一個治生妙方，火、光、薪三位一體，火爲主體，光爲附屬，薪爲根本，火得薪而燃，光得火而亮，無薪便沒有一切，活著才是王道。可惜這一層常理，「才多識寡」——這一句話是孫登送給他的——嵇康要等到被押到洛陽東市砍頭時才眞正明白，但那時再說什麼都晚了，他向行刑者提出的最後一個要求，就是取過心愛的古琴，對著日光下自己的影子，在高臺上再彈一遍〈廣陵散〉[1]。

話說這把天籟琴，後來輾轉落到了浙江平湖一個叫吳修梅的人手裡。道光二十六年，那時距項元汴去世已經二百五十多年了，海鹽戲曲家黃燮清在吳家看到過它，並爲之上絃。不久後，另一位戲曲家吳廷燮在一次酒宴上應友人之邀，曾有幸彈奏過它。當時此琴已鏽蝕斑駁，琴首上的玉徽也已脫落，只餘其八，但琴底嵌金絲雙勾小篆「天籟」二字，及表明它的舊主人的嵌銀小字篆書「明項元汴珍藏」六字皆絲毫無損。吳廷燮說，當他打開楠木琴匣時，就有一種奇異的感覺，好像一瞬間與古人精神接通了，手指彈撥琴絃，琴音清亮激越，也與其他古琴大不一樣，他後來寫有一篇〈鐵琴歌〉以記其事。

據民國初年的大琴學家楊宗稷說，他剛開始學琴時，北京的琴肆中還能看到「天籟」琴匣蓋銘刻拓本，說明該琴當時可能就在北京。後來，不知因何機緣，這張琴竟然和來自熱河行宮、據說是「升平二年王徽之斫」的那一張，一起成爲了故宮博物院的藏品。一九三三年，日軍侵占華北，這兩張稀世古琴與其他故宮文物一起裝箱南遷，十餘年間歷經上海、南京、湖北、湖南、貴州、四川，於一九四五年日本在太平洋戰爭中戰敗後運回南京。但南京也不是它們的最後居留之地，隨著國民政府在內戰中敗北，一九四八年冬，它們夾雜在兩千九百七十二箱文物中被緊急運往台灣。這麼多的曲折亂離，放到一個人身上已夠生受，何況一張琴。

幾百年間，天籟琴匣蓋上有阮元、梁章鉅等多位文化名流鑒定題識，又經名家調絃，以常理度之，它的出跡之眞實應該毋庸置疑了吧？但自它現世之日起，眞僞問題一直懸而未決，且古琴界越來越傾向於認爲，這張鐵琴並非晉琴，更非大名士孫登所斫，一向以爲自己眼光精到的項元汴是受騙了。

鑒賞家們從式樣、材質、銘文等多方面對這張鐵琴提出了質疑。如果它眞的是出自西晉製琴名家孫登之手，爲什麼式樣是仲尼式？材質又爲什麼是鐵的？要知道，古琴取仲尼式，要到晚唐才時興，兩宋才流行開來，至於鐵製的樂器，一些複雜的工藝問題更是要到宋元之後才能解決。古文字專家也發話說，鐵琴上的「天籟」、「公和」兩款題名，皆爲長方形的均整規則小篆，起住皆爲圓筆，似是秦篆筆風，而從晉人石刻墓碑的篆文中找到的證據是，晉人作篆起住筆劃皆爲方形，應更有生動自然之趣才對。事情到了這一地步，琴學大家楊宗稷在這張鐵琴的眞贋問題上也不再堅持，改口說，如果它不是晉琴，那也一定是唐宋以前的精品吧。

那麼這張鐵琴上的細冰裂紋又做何解釋呢？一些流傳多年的琴譜上記載說，歷來鑒定鐵琴的年代，都是以琴身上的斷紋爲證，一件鐵器如果有五百年以上的歷史，按照年代的近遠，會在琴面或琴底形成如蛇蝮、如牛毛、如梅花、如龜裂的斷紋，這其中又以冰裂紋爲最古，梅花紋次之②。

但這種回駁在鑒古界的先生們看來非常幼稚可笑，他們舉證說，搞

① 《晉書．列傳第六十四》：「嵇康又從之遊三年，問其所圖，終不答，康每嘆息。將別，謂曰：『先生竟無言乎？』登乃曰：『子識火乎？火生而有光，而不用其光，果在於用光。人生而有才，而不用其才，而果在於用才。故用光在乎得薪，所以保其耀；用才在乎識眞，所以全其年。今子才多識寡，難乎免於今之世矣！子無求乎？』康不能用，果遭非命，乃作《幽憤詩》曰：『昔慚柳下，今愧孫登。』」

② 南宋趙希鵠在《洞天清錄．古琴辨》中說：「古琴以斷紋爲證，蓋琴不歷五百歲不斷。」屠隆在〈琴箋〉中也認爲：「古琴以斷紋爲證，不歷數百年不斷。有梅花斷，其紋如梅花，此爲最古；有牛毛斷，其紋如髮，千百條者；有蛇腹斷，其紋橫截琴面，相去一寸或半寸許；有龍紋斷，其紋圓大；有龜紋，冰裂紋者，未及見之。」

收藏的仿古、鬻古實在不勝枚舉，鐵琴上的斷紋也不是不可作僞：一本叫《燕閒清賞箋》的書裡就記載了僞造斷紋的兩種手法，其一是把鐵琴用火逼熱，再把雪覆上灼熱的鐵琴，琴面上就隨皴成裂，形成蛇腹紋，還有一種方法是把雞蛋清和草木灰攪拌在一起，敷在琴身上，放在甑上蒸煮後，懸掛在陰涼乾燥處，會在鐵琴上形成牛毛紋①……考慮到項元汴是隆慶、萬曆年間屈指可數的鑒賞大家，平生經手古物無數，不會那麼輕易把一張一、兩百年的鐵琴當作千年以上的古器，一種較爲審慎的說法是這張天籟琴是元人的製作。

真正的天籟琴又在哪裡呢？莫非這世上根本就沒有天籟琴，那張幾經流轉的鐵琴是好事之徒託名孫登的僞作？一部成書於一五九〇年——那年也是項元汴去世之年——的《琴書大全》上說，孫登的確斫過一張天籟琴，這琴每到下雨，就會發出有如刀刃相擊的聲響，某年某夜，在一場鋪天蓋地的大雨中，沒有人去碰這張琴，它突然斷作數截，斷裂處湧出了無數黑蛟②。大概是天妒造物，上天總要故意去摧毀那些太美的東西，不讓它們留傳後世吧。

兄弟

幾百年後，一代名樓成墟里孤煙，已很少有人知道，項元汴生活的

① 這一僞造手法來自高濂：「斷紋有梅花者爲最古，牛毛紋者次之，蛇腹紋者爲下品也，且易僞。而僞法以火逼熱，以雪罨上，隨皴成裂，儼若蛇腹，寸許相去一條；或以雞子清入灰作琴，用甑蒸之，懸於風日燥處，亦能斷紋，少細……」

② 「孫登琴遇雨必有響，如刃物聲，竟因大雨破作數截，有黑蛟湧出。」見萬曆年間琴家蔣克謙輯錄《琴書大全》。

那座南方小城曾經叫秀水、嘉禾，項元汴喜歡的那個古稱「檇李」更是無人再提起。當年閣主人摩娑把玩的古物、珍玩卻仍在塵世間行走，它們有的散入市井，有的成爲皇宮庋藏，也有的安靜地躺在博物館的箱櫃或陳列架上。冥冥之中，它們好像都在等待一個神祕的指令，等待著某個月夜響起一陣嘯聲，它們好拔腳趕往瓶山腳下靈光坊的項氏舊宅。但它們的舊主人早已經不在了，甚至他的骨殖都被人偷去了。

物比人更長久，因爲時間已讓它們成爲精靈。

在幾乎人人都有可能成爲作家的晚明，項元汴沒有留下一部藏品著錄眞是藝術史上的一件憾事。或許他曾經寫過這樣一本書，但在後來的戰亂中被毀了。這一切我們都不得而知了。雖則如此，天籟閣的藏品還是有不少見諸於明末以來的各種著錄，項元汴在那些經他收藏的字畫上都留下獨特的印記，少量還有字碼，這樣，儘管過去了將近五百年，憑著這些線索，後世還是可以大致復原項氏藏品的基本規模。

民國年間，歷史學家陳寅恪的弟子翁同文一頭扎進故宮博物院庫房，發現項元汴在那些經他收藏的字畫上都留有印記，一是標上他的字「子京」，或者號「墨林山人」，再就是按照同時代作家周履靖《初廣千文》的次序進行編碼，書之於每件作品的首尾或四角沿邊位置。前者很好辨識，但也容易被層出不窮的造假騙子鑽空子，弄出一堆贗品迷惑世人，只有眞正掌握了後者的編碼祕密，才算是有了一把進入項氏藏品寶庫的金鑰匙。循著這些線索，翁同文教授復原了這份已在這個世界上消失的藏品目錄，並由此推算出項氏書畫藏品的總數約爲兩千一百九十件。

項氏舊藏書畫有兩部分，即以千字編號部分與未列入千字編號部分。千字編號書畫殘目，這部分達一千件左右。以殘除餘數爲基準，推測這部分可能仍存兩百件左右，亦即原數的十分之二左右，茲又推測全部的殘餘概數約四百三十八件左右，如果認爲全部的殘餘量與千字編號部分的殘餘量在比例上相當，全部殘餘量也是十分之二左右，即可從十分之二的全部殘餘量四百三十八件推出十分之八的全部喪失量是一千七百五十二件，將全部殘餘量與全部喪失量合計，共兩千一百九十件，估計是項氏書畫收藏的原來總量。

翁同文說，故宮博物院的書畫收藏，據《故宮書畫錄》共計四千六百餘件，項元汴以一己私人之力，收藏量已達故宮半數。

戲曲家兼收藏愛好者何良俊，與嘉興項家是世交。一五五五年冬天，項元汴的父親項銓八十大壽時，供職南京翰林院的他曾應邀赴項家賀壽。項銓是個生意人，經商積成巨富，晚年又花錢捐了個吏部郎中的虛銜，他的三個兒子自然要把這場生日壽宴辦得熱熱鬧鬧。日後，何良俊在回憶這場壽宴時說，這一家的排場之奢侈，實在過分了，「此其富可甲於江南，而僭侈之極，幾於不遜矣。」

這一天到場的賓客大概有二十餘人，每一位賓客桌前皆有金臺盤一副，是雙螭虎大金杯，每副約有十五、六兩。餐畢，用來洗面的是梅花銀沙鑼，就連漱口盂都是純金打造的——何稱之爲「金滴嗉」。此外，看到的奢侈用品還有銀水火爐、金香爐等。是夜，賓主盡歡後宿於項家，飽受刺激的何良俊又一次吃驚了，就連客房裡的帷帳衾裯也全都是錦羅綺緞，豪奢無比，害得他一整個晚上都不能闔眼。

爲了不給故交一家惹來不必要的麻煩，何良俊在把這一幕的回憶寫入《四友齋叢說》時，沒有直接點到這位友人的姓氏，只是泛泛地說「嘉興一友人」，但康熙年間刊刻的一部嘉興地方志明確把這段話附著在了項元汴的身世介紹後面，可知當時的明眼人一望便知，這富可甲於江南的一家，實非項氏莫屬。

同時代的文人、畫家、古董商人、文物掮客——包括日後的李日華和董其昌——只要曾經出入天籟閣，無不對項氏家族巨大的家產表示歆羨，時代的尚奢風氣使他們普遍認爲，只有在闊大且設計精心的庭園裡，在考究的家具和精美的茶具、香具裡，優雅生活的氣韻才得以完全呈現，眞正代表一個人地位和品味的不是金錢的堆砌，而是法書、名畫、文玩、奇石和花卉蟲魚這些與日常生活無甚關聯的雅物，即判定一個人是不是社會精英，是由物品來區分的。當他們中屈指可數的幾個——那必須是閣主人的至交親朋才行——穿過堂前的松石梅蘭和拖曳衣裙的香草，再轉過四座迎賓的大理石屏，進入紗蘿隔開的擺滿了金石文字和珍異的銅瓷花觚的天籟閣祕室，必定會有進入時光隧道之感，只恨自己的一雙眼睛不夠使了。商周時代青綠色的彝鼎，漢代的玉器兕鎮、犀珀舊陶，晉唐宋元的法繪名帖，官哥、定州、宣城之瓷，端溪、靈壁、大理之石，再加本朝永樂朝的雕紅漆器、宣德朝的銅鑄香爐、成化年間官窯燒製的小件五彩瓷器，就好像整個世界的寶物都擠到了這小小的閣中。讚歎之餘，他們對這些古物背後巨大的財力支持更是咋舌不已。

嘉興項家到底有多少資產？與項元汴生活於同一時代的王世貞做過一個大概的估算，他說，專擅嘉靖朝國政二十年之久的前首輔大人嚴嵩的兒子嚴世蕃，曾經與人縱論財富，搞出了個富人榜。他曾親與耳聞，在這份富人榜中，居首等的十七家，身分有宗室、勳戚、官員、土司、太監，也有如山西三姓，徽州二姓，無錫鄒望、安國，嘉興項氏這樣的商賈之家，都富可敵國，最少的資產也在五十萬以上，這其中，大太監馮保、張宏過二百萬，武清侯李清過百萬，嚴世蕃自己過百萬，無錫鄒望近百萬，安國過五十萬，曾任禮部尚書的吳興董份家過百萬，嘉興項氏將百萬。嚴世蕃還特意拿嘉興項家與吳興董尚書家做過比較，說項家的金銀古玩遠勝董家，但田宅、典庫等不動產不如董家①。

原籍河南洛陽的項氏家族是靠什麼在江南驟富？前文所述的那本嘉興地方志《嘉禾徵獻錄》說項元汴的父親項銓年輕時就顯示出了很強的經商才能，「治生臆算，盈縮無爽」，他是靠經營典當業打下地基，然後到處置地買屋，收取地租。萬曆十一年的狀元郎、後來擔任武英殿大學士的朱國祚在一篇祠堂記中曾經記述了項銓的一個故事，說項銓買下的一處房屋，幾十年後翻修時，從壁肚裡發現了一大筆金子，項銓找到舊宅主人的後代，把這筆錢如數還給了他們。或許這種誠信的品格正是項氏得以發家並保持良好聲譽的重要原因。項銓死後，把家產

① 王世貞《弇州史料後集》卷三十六。

項元汴〈桂子天香圖扇面〉

以一作三，分給了他的三個兒子。

比起兩個兄長，項元汴從父親那裡接受了更多遺產，或許是父親項銓偏心，或許是兩位兄長出於對幼弟的關愛，他們都自願讓小弟多占一點，這一令人稱道的行爲，在地方府志上被稱爲「讓財於季」——季，也就是他們家的老三。尤其是大哥項元淇，更是處處都讓著、護著兩個同父異母的弟弟項篤壽和項元汴①。從他的豁達和慈悲心腸來看，可能更多繼承了其父的品質。地方遭了災，他總是第一個出來施粥賑災；朋友去世了，他就出資撫養其幼孤。據說項銓病重不起的那年冬天，項元淇正在北京，聞聽消息，星夜往老家趕，可到家時，項銓已下葬。項元淇大哭著跑到墓地，在墓園邊搭建了一間草廬爲父親守靈，至於父親留給他多少遺產，他一言都不曾問起。

在比自己小二十五歲的幼弟面前，項元淇更像是一個對孩子有些驕縱的父親。同時代人津津樂道於他的慷慨大度，總是意在反襯項元汴的吝嗇，同時證明他們兄弟的友愛之情。

項元汴年輕時做過一陣子生意，因剛入道，對一些銀錢往來的規則還不是很懂。有個生意夥伴把一萬餘石粟抵押在他那裡，抵押期限還沒到，項元汴就把這些糧米拋售了，這一不誠信的行徑近乎奸商作爲，對方不肯歇，官司一路打到了府城。最後還是項元淇出面調停，才讓小弟在這樁坐定要輸的官司中化險爲夷。

二哥項篤壽對他也不錯。詩人朱彝尊講過一則故事（朱、項兩家是親戚，朱的一個姑母嫁到項家），以證明他們兄弟的友愛。項元汴剛入收藏一途時，還不怎麼會砍價，有時收入的字畫古玩價格高了，他就一整天悶悶不樂，吃飯都沒了心思。項篤壽從小廝處得知消息，就故意走到他那裡去，問他最近收到什麼好東西沒有。待項元汴把那件買貴了的東西拿出來，這個做哥哥的可能根本就看不出這件東西好在哪裡，也嘖嘖讚歎不止，然後出同樣的價格把它買下來②。

儘管像他們的父親到了晚年一樣，項元淇後來也捐了個「上林丞」的小官，但和精於國考之道並最終獲得進士頭銜的二弟項篤壽還是有別，項元淇與朝廷一直保持著審慎的距離，早年參加過幾場府院一級的初考後就棄絕此道，轉而去經營自己的藝術人生空間了。他在嘉興和一幫賦閒的官員、僧侶一起組織了一個詩社，自己則是這個文學社團當之無愧的核心，和社員們頻繁往來唱和。在他家中，總是坐客常滿，樽俎不虛。這些經常叨擾他的來客大多是當地詩歌界和書畫界的朋友，有時還可以看到吳門畫派的重要畫家文徵明的兩個兒子文彭和文嘉的身影。

風雅如同一滴墨，會沿著宣紙的紋理洇染開去，作爲離墨點最近的他的兩個弟弟，也早早沾染上了藝文的氣息。尤其對年歲最小的項元汴來說，看著自己素來崇拜的長兄和一幫詩人、藝術家往來，他幼小的心靈肯定對那個充滿著笑聲的藝術家圈子充滿了嚮往。正是在兄長的影響下，少年時代的項元汴狂熱地迷戀上了詩歌，並立志成爲一個詩人，從留存下來的他與項元淇的六通書札來看，兄弟倆在信中討論的大多也是吟詩作文之事。儘管他對詩歌持續傾注了熱情，但可能是個人才能的關係，他到死都沒有博得兄長那樣的詩名。

這個失敗的詩人，手繪丹青卻著實令人驚艷。他畫的山水小品，學的是元人倪瓚、黃公望筆意，其間尤其醉心於倪，水墨淋漓；書法走的是大書法家懷素和尚的路子，曾得到過晚他一輩的藝術史家董其昌發自內心的讚賞③。尤其是他畫的墨蘭圖，師承當朝大家文徵明，是典型的元人筆意，葉子只四、五筆，花二、三莖，竹十餘葉，石頭也只孤伶伶的一塊，具體的景物都只是略寫大意，卻把看似細弱的一株生命畫得氣息極爲悠長。看來畫家不但惜墨，而且惜筆；不但惜手，而且惜心，尋常畫匠就是用盡

① 項元淇的母親陳氏死得早，項銓後來又續絃娶顏氏，生下項篤壽和項元汴。

② 朱彝尊《曝書亭集》卷五十三〈書萬歲通天帖舊事〉：「其季弟子京，以善治生產富，能鑒別古人書畫金石文玩物，所居天籟閣，坐質庫估價，海內珍異，十九多歸之。顧嗇于財，交易既退，予價或浮，輒悔，至憂形于色，罷飯不啖。子長偵諸小童，小童告以實，子長過而問曰，弟近收字畫，有銘心絕品可以霽心悅目者乎？子京出其價浮者，子長賞擊不已，如子京所與值償焉，取以歸。其友愛若是。」

③ 董其昌〈墨林項公墓志銘〉：「公畫山水，學元季黃公望、倪瓚，尤醉心於倪，得其勝趣。每作縑素，自題韻語，書法亦出入智永、趙吳興，絕無俗筆，人爭傳購。」姜紹書也說他，「不惟好古，兼工繪事，山水法黃子久、倪雲林，蘭竹松石，饒有別韻。」見《韻石齋筆談．項墨林收藏》。

平生氣力，也達不到這樣的境界。在項元汴中年時畫下的力作〈花鳥長春冊〉上，董其昌題跋感歎說，讀這份冊頁就像走在林木葳蕤的山蔭道上，讓人應接不暇，創作出這樣一幅饒具宋人意趣的畫作，看來畫家不僅要把這些花花草草醞釀透澈，更要有巧思、有閒情，把它們像珍珠一樣一一穿綴起來。

這個人一直都是以一個鑒古家兼收藏大家的身分爲世人所知，偶爾託興丹青，竟也如此出彩，沒有絲毫俗筆，難怪在市面上受到追捧，時人爭相傳購。

但項元汴作畫有一個毛病，總喜歡把他那些詩歌作品題寫在畫幅空白處發表。要是他的詩與畫能夠水準相當、珠聯璧合，倒也罷了，問題在於這些詩句並沒有他想當然的那樣優秀，這就讓那些求畫者很是苦惱。後來不知是誰想出了個法子，向項元汴訂畫前，先向他的隨身書僮送上三百貫小錢，叮囑之，一待項元汴畫畢，就迅速抽走，拿印章沾滿印泥蓋在空白處，以免他家老爺畫蛇添足再去題款，他們笑稱這錢叫「免題錢」，花得一點也不冤。

要是項元汴知道他的貼身小廝瞞著他收這些小錢，那還眞要給活活氣死。但幸好，他沒有察覺到書僮的這些小把戲。他還是繼續興致很高地參加兄長組織的一次次詩會，朗誦自己的新作，向客人發表一些自以爲高深獨到卻惹人暗底下嗤笑的詩歌觀點。一有來客求登天籟閣參觀他的寶藏，他就把他們拉住，出示自己新寫的詩作，呶呶不休地告訴客人們這詩妙在何處，該當如何誦讀才能曲盡其妙。來客爲了登閣一窺堂奧，總是盡可能多地說一些客氣的奉承話，所以，項元汴每次都能收獲一大堆讓他飄飄然的恭維。

其實，求詩未必得詩，如果項元汴的神智還沒有被那些言不由衷的讚美徹底弄迷糊，他便會知道，一首詩應該早於它自身存在於我們的腦海中，一個優秀的詩人，只消把藏在暗處的它們找出來，而不是玩弄一些語言的伎倆，不擇手段將句子弄成委婉、隱晦的樣子，將語義藏在意象背後，以爲那就是詩。難道那些受惠於他的詩人和畫家就沒有一個人誠懇地告訴

項元汴鑒藏印

他，這樣做只是徒有其形，骨子裡還是無詩？有詩或無詩，其實跟意象並沒有必然關係。詩歌，這輕盈而帶翅膀的神聖之物，它實際上是種美學的體驗，如果不能像感覺水果的氣味、感覺一個女人、感覺愛情一樣感覺到它，你爲什麼一定要去寫它呢？

一五七六年，擅長狂草的書法家詹景鳳冒著寒風來到已然名揚江南的天籟閣，求看傳說中項元汴的珍祕藏品。照例，項元汴又拿出自己的一疊詩稿給客人觀摩，這些五言七言的句子論詩藝實在沒有可稱道之處，但詹景鳳因有求於人，只能和以前的客人們一樣，挖空心思地說一些讚賞的話，這讓詹很是哭笑不得。詹景鳳後來說，自己爲了盡觀其所藏，不得不順著他的意，違心地說他詩好。項元汴這人也眞像個孩子一樣，哄開心了就把所有的寶貝都拿了出來，由著自己去觀賞了，但說實話，那些詩眞是狗屁不通——詹景鳳用了一個稱得上惡毒的詞「殊未自解」，可笑他還在強自說好不休，人怎麼可以沒有自知之明到如此地步呢？

時光收藏者

現在我們要進入本文最爲隱祕的部分，看看這個被父兄慣著、被時代所成全的大鑒賞家到底蒐羅了哪些珍奇，天籟閣又是憑什麼支撐起半部中國藝術史。按照萬曆年間鑒賞家、曾遊學國子監的顧起元（他也是後文將要出現的李日華的同學）在《客座贅語》中提出的八項「賞鑒」原則，「賞鑒家以古法書名畫眞跡爲第一」，那些入藏祕閣的古書畫將優先給予討論。

前文說到的戲曲史家何良俊，在出席項家壽宴的第二年，即一五五六年冬天，又風塵僕僕地來到項元汴家中，他在閣中經眼的歷代字畫，爲我們呈現了項元汴早期庋藏的大致面貌。值得注意的是，這一年項元汴三十二歲，他的古物王國已基本建成。

翰林院孔目何良俊如同進入了一個神奇的時光隧道，跟隨著他好奇的眼睛，我們會看到過道兩側無數帶著銅鏽的商周時代的鼎、瑩白無瑕的漢代玉。他開始的驚歎還有著應付主人的客套，但當他轉過一面巨大的大理石屛風，進入天籟閣的心臟，面對著滿眼的晉唐巨跡、宋元名畫，他張大的嘴巴已久久不能合攏。趙孟頫的那幅〈江山蕭寺〉，用舊紙作水墨，左角下方畫三層山，每層密密畫古樹數十棵，第三層絕頂林木盡處畫一古寺，右邊稍高處作遠山數層，意境如同一曲唐人小令，已讓他歎爲「精絕」，再看到聞名已久的〈鵲華秋色圖〉，頓時感到了語言的蒼白。懷素〈自敘帖〉卷、李白〈上陽臺帖〉、顧愷之〈女史箴圖卷〉、韓幹〈牧馬圖軸〉……如此精良的藏品，再換算成不菲的市值，足以讓他目瞪口呆。那一日走馬觀花，何良俊的腳步最後停在「米南宮三帖」（即〈叔晦帖〉、〈李太師帖〉和〈張季明帖〉）前，如同滯住了一般，良久，不知是對主人說還是自言自語：「筆墨飛動，神采煥發，米老行書當以此卷爲第一。」

那天何良俊看得最多的是黃公望、倪瓚、趙孟頫、王蒙、吳鎮等元代畫家的作品。重元貶宋，這也是當時由吳人發端影響到整個鑒賞界的風習。如果何良俊知道了他這次看到的只是天籟閣龐大藏品的冰山一角，還有大量唐以前，甚至六朝、晉代的法書和古畫他未嘗經眼，閣主人還藏有米芾的三件畫作、蘇軾的五件畫作、宋徽宗的十五件工筆花鳥祕而不示，他回去一定會暗底下

大罵項元汴的吝嗇。

從何氏的這次觀畫可以看出，項元汴是一個頗富歷史觀念的收藏家，天籟閣主人是以宋元文人畫家爲主體構建他的收藏王國。在這個名家譜系中，趙孟頫有如中心座標，往前追溯，是二王的巍峨身影，往後延伸，則是項元汴至爲推崇的吳門畫派的文徵明。至於嘉、萬年間名喧一時的「浙派」畫家戴進、吳偉、蔣嵩，甚至以狂放的畫風擁有衆多粉絲的徐渭，在天籟閣龐大的藏品中連影子都找不到①。

一種古典觀念和趣味充斥著這個私人收藏王國。所謂古物之心，乃在一古字，以古爲美正是那個時代的主流鑒賞觀。對這些作品千方百計地蒐羅，一方面體現了項元汴對這些偉大藝術家的歆羨；另一方面，在對這些藝術品進行來歷考證、詩文題跋以及向參觀者展示的過程中，他也微妙地傳達出了自身的一個願望，那就是他想要藉此獲得一種身分認同。

在帝制時代的中國，對一個人才能、地位最大的認同來自於國家組織的各級考試，很少有人能經得住通過國考以取得功名的誘惑，因爲這是邁向社會精英人群的必由之路。然而，這樣一個純然由古物構成的世界，卻讓項元汴足以抵制住這種誘惑。作爲這些古物的主人（他當然明白物比人長久，每一個擁有者其實都只是時間或長或短的倉庫管理員的角色），他花費巨資所贖買的，乃是逝去的時間、逝去的榮光。當項元汴在滿眼古物的天

趙孟頫〈鵲華秋色圖〉

① 一六一七年春天，李日華在日記中對徐渭的一番議論從側面印證了他們所推崇的雅正、端莊的古典美學風格，與不雅馴，甚至「狂態」的風格對立。李日華的這條日記記於萬曆四十五年四月二日，那一天，他在讀《徐文長集》，他在日記裡這樣說：「其人骯髒，有奇氣而不雅馴，若詩則俚而詭激，絕似中郎，是以有臭味之合耳，雜劇《四聲猿》，卻是妙手。」

籟閣裡踱步時，他一定是這樣想的，由於他連接著宋元、隋唐、魏晉乃至更早時候的文化英雄，連帶著自己也加入到文化精英的行列中去了，在功利主義者的眼中，這或許正是藝術戰勝世俗的一個明證。

誠然，天籟閣的珍藏世界建立在昂貴的金錢代價上，但更是由一顆崇古之心所生發、營造，當項元汴花費兩千兩白銀的天價買下〈瞻近帖〉，又一擲千金買下〈自敘帖〉之時，究竟意味著什麼呢？

牛津大學藝術史系客座教授、以文徵明研究爲我們熟知的柯律格（Craig Clunas）說：

> 項元汴所贖買的是往昔，但並非歐洲暴發户所垂涎的那種可能是假冒祖先肖像所體現的個人往昔，而是一種具有普遍認可之價值的往昔①。

江南鑒藏小史

在項元汴之前，帝國首席收藏家的名頭，非安國（字民泰，一四八一～一五三四）莫屬。生活於弘治、正德年間的安國是他那個時代裡富可敵國的人物，當時有一首民謠是這樣唱的：「安國、

① Craig Clunas, *Sup-erflous Things: Material Culture and Social Status in Early Modern China*, Chapter5, p.126. "Xiang Yuanbian was buying the past, not a personal past like that embodied in the portrait of possibly bogus ancestors coveted by Eupopean nouveaux riches, but a past of universally acknowledged value."

鄒望、華麟祥，日日金銀用斗量」，這東南三大豪富中論資產規模，又以無錫人安國爲最，人稱「安百萬」。出身低微的安國，天生就有一顆生意人的大腦（「性資警敏，多謀韜略」），在弘治初年就藉由經商及兼併土地成爲巨富，據說他家在松江府的田產就達兩萬畝。在他所住的無錫膠山南麓，建有一片華美的園子，叫「西林」，落成之日，請到了著名散文家王世貞撰文〈西林記〉以記其勝，吳門畫家張元春爲之繪圖，性喜桂花的安國沿著膠山後崗種了整整兩里地的桂花樹，自號桂坡，把所住精舍自題爲「桂坡館」。

像那個時代把持鄉間社會的縉紳和縣富的商人、地主一樣，安國在他的家鄉以慈善家聞名，捐出大把的銀子連眉頭都不皺一下。官修的地方志裡載錄了他出資助平倭寇、修築常州府城、疏浚河道、興辦學校等參與地方事務的善舉。還記載說，有一年饑荒，安國出銀米賑濟，又以工代賑，養活了地方上近萬人，以致有「義士」之稱。擁有一個好地主的聲名之外，安國還處心積慮在時人眼中把自己打造成一個「處士」，一個狂熱且別出心裁的旅行家，從他留存後世的遊記來看，北至薊門、居庸關，西至廬山、武當，以及浙江的天臺、雁蕩、普陀，帝國廣袤的疆域內到處都留有他的屐跡。此人有一癖好，出去旅行總喜歡帶著一大幫清客和畫家，所到之處，大小官員迎送宴飲，賦詩贈行，撥給馬夫，排場之大儼然貴官。他自己每到一個地方，也喜歡寫詩以記到此一遊，但此人雖好風雅，終究讀書不多，文字功底差勁，詩寫得尤其拙劣，緊要處難

項元汴〈梵林圖卷〉

免露出暴發戶的馬腳來，以致他敝帚自珍的那本詩集《遊吟小稿》被後人嘲笑爲「富翁詩」的代表①。

富家翁安國出行的另一目的是蒐羅各地珍玩，鐘鼎彝器、古玩玉器、珍本古籍都在他的漁獵之列。像這樣一個闊而好古的人，自會有同樣雅好此道的官員、士人與之交接，也會吸引不少當世畫家和古董商人。安國好古又不泥古，看到好的當代作品，只要對方肯出手，他也毫不猶豫買下，因而他每次歸來，總能圖籍盈載，收穫頗豐。他到蘇州，唐寅的老師周東村送他畫作〈東遊圖卷〉，文徵明贈他手書詩作。到溫州，在一個叫趙墨泉的朋友那裡看到趙孟頫的〈七馬圖〉，千方百計要搞到手，不管對方出多高的價。一路再過石門、處州、麗水、縉雲，所經眼的也全是蘇、黃、米、蔡真跡。安國的「桂坡館」藏品中，最讓他引以爲傲的，是耗費二十年時間搜來的北宋珍拓石鼓文十種，據說爲了搞到其中的「後勁書」，他拿五十畝良田與人家交換，收齊十種花費已逾萬金。

除了這些身分——慈善家、大收藏家、蹩腳的詩人——之外，安國還有一個銅活字出版家的身分爲後人所重。《夢溪筆談》之類的科學史讀物告訴我們，中國的活字始於宋代，但迄今誰也沒有看到過實物。人稱民國四公子之一的袁寒雲誇口說他家藏有宋鐵盔活字本，據方家最後證實，其實也還是明代的銅活字，據見過袁藏眞跡的人說，那字體，眞有如鐵畫銀鉤，鋒稜畢現。而說到明代的銅活字，又以弘治年間的華氏蘭雪堂和正德、嘉靖年間的安氏桂坡館出品爲最上品。大概是一五一二年（正德七年）左右起，安國就開始打造他的出版王國，並著手鑄造銅活字。凡經他手出版的書，木刻本的註「安桂坡館」四字；銅活字版的，則在頁中間上方標註有「錫山安氏館」五字，安國自己那些遊山玩水的流水帳，以及那部被譏爲「富翁詩」代表作的《遊吟小稿》，就全都由他自己的書坊用銅活字印製。安氏出品的銅活字版書刻精美無比，傳到南京吏部尚書廖紀的耳裡，他還特地委託安國印行一部自己撰寫的縣志，據說安國印好後送去，廖紀看了叫好不絕。一百餘年後，崇禎朝大學者錢謙益在刊行《春秋繁露》時，拋開錯誤百出的金陵本，特地以錫山安氏活字本爲底本，校改數百家謬誤，自稱快意實在莫過於此②。終安國不長的一生（他活了五十三歲），經手藏品無數，他在世時自然不會想到，自己書坊的產品也會被後世視爲奇貨。

在後來的讀史者眼裡，安國和項元汴，這兩個遞次出現的大收藏家，後者更像是前者的人生翻版。他們的上輩都留下了龐大的家業使得他們有雄厚的財力蒐羅、購置經眼的歷代珍玩，他們都沒有參加過任何一級的國家考試去博取功名，終生遠離仕宦之途，更巧的是，他們都有六個兒子③。這些兒子參與了他們死後全部財產的瓜分，雖然這些後代有繼續從事收藏的，但論財力和熱情都已大大不如他們的父輩。在安國這裡更可悲的是，兒子們把他桂坡館的全部銅活字也一析爲六瓜分掉了，以致誰也不能拿這些殘缺的字模印出一部書來。

一五三四年，安國在無錫西林去世時，項元汴還只有十歲，但這並不妨礙他在以後的日子裡把自己視作安國的精神傳人。當桂坡館的藏品源源不斷流進天籟閣時，項元汴或許會意識到，他們之間並不僅僅是精

① 此一促狹評語出自作家黃裳。黃裳收有兩冊安國的著作，包括他所寫的詩、遊記和友人的贈言。見黃裳《春夜隨筆》〈關於安桂坡〉，成都出版社一九九四年版。

② 錢謙益《牧齋有學集．跋春秋繁露》：「金陵本譌舛，得錫山安氏活字本校讎增改數百字，深以爲快。」

③ 項元汴的六個兒子德純、德成、德新、德明、德弘、德達，董其昌曾如是評說：「元汴六子，或得其書法，或得其繪事，或得其博物，而德明得其惇行。」

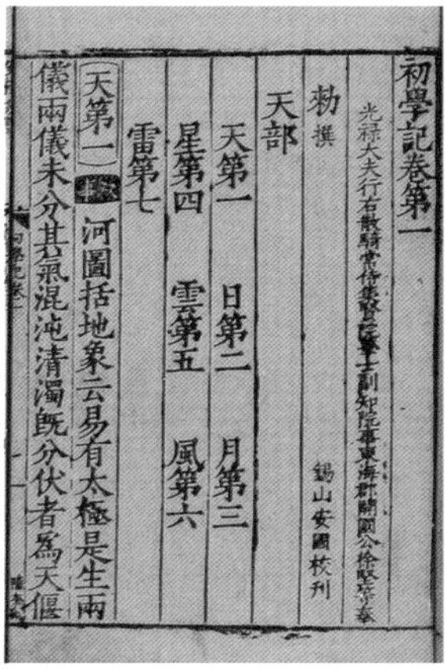
初學記卷第一
光祿大夫行右散騎常侍集賢院學士副知院事東海郡開國公徐堅等奉
勑撰　錫山安國校刊
天部
天第一　日第二　月第三
星第四　雲第五　風第六
雷第七
天第一　敘事　河圖括地象云易有太極是生兩
儀兩儀未分其氣混沌清濁既分伏者爲天偃

明嘉靖十年（一五三一年）安國桂坡館影印宋刊本《初學記》。

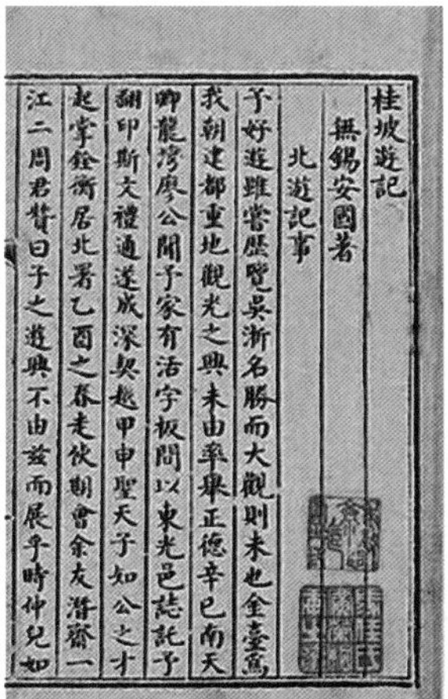
桂坡遊記
無錫安國著
北遊記事
予好遊雖嘗歷覽吳浙名勝而大觀則未也金臺爲
我朝建都重地觀光之興未由率舉正德辛巳南天
野龍灣廖公聞予家有活字板間以東光邑誌託予
翻印斯文禮通遂成深契越甲申聖天子知公之才
起掌銓衡居北署乙酉之春走伻馳書余友潛齋一
江二周君贊曰予之遊興不由茲而展乎時仲兒如

安國《遊吟小稿》清抄本

神氣脈的相通，安國的生命已經無形之中在自己身上得到了延續。一五六九年，項元汴從安國的長孫安南屏手上得到了王羲之的〈此事帖〉，喜不自勝的他即在此帖上寫上「墨林主人項元汴用價五十金，得於無錫安氏，時隆慶三年八月朔日」的簡短跋語（他在字畫的裱邊或背後經常會像生意人記帳一樣記下所收作品的價格，並加蓋鑒藏章）。安南屏同時出讓給他的還有一幅南宋畫家王岩叟的絹本〈墨梅圖〉，虬枝鐵幹，靈秀之氣透出毫端，可稱宋畫中的上品，他也毫不客氣地題上了「墨林主人項元汴家藏」字樣。面對著這些已然換了主人，蓋有「明安國玩」、「大明錫山桂坡安國民泰氏書畫印」等藏印的安氏舊藏，項元汴心中時常會浮起人生如寄的蒼涼之感，細細把玩之餘，常有起安國於地下，一起把臂於明窗之下煮茶披覽的念頭[1]。

仗著雄厚的資金實力，項元汴早期鑒賞生涯中通常走的是向大藏家後代進購的捷徑，在這條清晰可見的遞藏鏈中，江南的風雅得以經年不息地延續。天籟閣的最初一批藏品，除了來自桂坡館，還有一部分是富商華麟祥的後人散出，嘉靖初年去世的大藏家王鏊、史鑒、陸完的後人也把零星的藏品出售給了項元汴。如宋畫〈秋山蕭寺圖〉就是得之於王鏊家，南宋趙子固的〈梅竹詩譜卷〉，則以四十二金得之於史鑒[2]的孫輩手裡。在這些藏品的跋語中，項元汴總是一再強調它們的尊貴出處，意圖不言自明，就是要藉由它們的高貴血統把自己抬到與前輩鑒賞家同等的位置。

杜堇〈玩古圖〉

項元汴去世時，才十二歲的沈德符，在一六〇六年出版的《萬曆野獲編》一書中描繪過一幅脈絡清晰的江南收藏史簡圖。沈德符說，自嘉靖末年起，海內承平已久，資產豐厚的士大夫家，造園林、置家班、搜古玩蔚成一時之風氣。在這幅跨時半個多世紀、收藏界大拿們一個個如走馬燈一般登場的風塵畫卷裡，沈德符列舉的名播江南的鑒賞玩家，除了與項元汴的天籟閣直接相關的吳中王文恪（王鏊）、溧陽史尚寶（史鑒）、錫山安太學（安國）、華戶部（華麟祥之子華雲），還提到了延陵嵇太史應科，雲間朱太史大韶，南都姚太守汝循、胡太史汝嘉，北京玩風稍遜，主要有嚴嵩父子、成國公朱希忠兄弟和張居正，嚴氏以權勢劫取古玩，朱氏以財富交易古玩，張居正嗜玩此道，收藏不多卻都精好。這個玩家名單上最引人注目的是嘉靖、萬曆朝的兩個權臣：嚴嵩和張居正。

來自江西分宜的嚴嵩以貪慾熾盛而著稱。此人文才甚佳，擅寫一手青詞，又善於揣測上意，以此獲得熱衷長生之道的明朝第十一位皇帝朱厚熜的賞識，在嘉靖朝幾乎隻手遮天。執掌國柄二十年，長袖善舞的嚴嵩夥同他的兒子嚴世蕃斂取了大量資產，據說嚴嵩在自家內庫就曾誇口說朝廷都沒有他有錢。錢多得都要盈溢出來了，自然也要旁及書畫古董雅事，嚴嵩又是這樣一個權勢熏天的人，上門送禮的自不必說，他的親信鄢懋卿、胡宗憲、趙文華③一班人，更是不遺餘力到處替他蒐羅。沈德符在《萬曆野獲編》裡記載了嚴嵩因收進一幅假畫而興起一樁冤獄的故事。

① 項元汴是在收藏的書畫上鈐蓋印章最多的私人收藏家，據藝術史家劉金庫統計，他經手的書畫上最少鈐蓋二方收藏印章，最多達九十七方，從一五四五年到他去世的一五九〇年前後大約四十五年裡，他不斷地在書畫上蓋收藏印章，若以千件藏品、每幅約二十方印章計，項元汴一生在書畫上加蓋了至少二萬多枚章。這一點上他也被時人詬病，姜紹書在成書於十七世紀中葉的《韻石齋筆談》中曾批評他：「每得名跡，以印鈐之，纍纍滿幅，亦是書畫一厄。」

② 史鑒也是吳門畫家沈周的兒女親家。

③ 此人與嘉興項家有姻親關係，據文徵明所撰一塊墓表的殘碑所載，趙文華的妻子是項鎮的姊姊。

話說當時坊間傳聞，北宋名家張擇端的手卷〈清明上河圖〉落在蘇州吳縣王鏊家中，遠在京城的嚴嵩極想得到這幅名畫，但王鏊身爲正德朝的內閣成員，家中並不缺錢，很難以阿堵物①打動，於是嚴嵩命他的門下清客、一個叫湯臣的嘉興人想辦法去搞到。湯臣是個書畫裝裱匠，人稱「湯裱」，與吳中收藏界素有往來，輾轉找到了早年的一個舊識——太倉人王忬②。王忬雖在離家鄉數千里外的薊遼任總督，且軍務繁忙，但既是嚴太師門下找上門來，也只好勉爲其難答應想想辦法。可是該想的法子都想了，畫還是不能到手，最後只好出高價雇了一個叫黃彪的畫家，讓此人對照原作臨摹了一幅，交給湯臣應付了事。這黃彪也眞是個丹青高手，把這幅古畫臨得唯妙唯肖，就是經眼古物無數的人也看不出這畫假在何處。嚴嵩以爲眞跡已經到手，就藏入內庫，家中一有來客就會得意地拿出來炫耀一番。

某日，嚴府酒會高張，主人又拿出祕藏的這幅畫讓眾人欣賞，且言明是通過誰誰誰搞到手的。一般的客人即使看出這畫有假，怕得罪主人也不敢點破，不巧這日的客人中，有一人與王忬曾有過節，看到這個送上門的把柄哪肯放過，當場就指出這畫是贋本。嚴嵩大怒，認爲是王忬有意欺騙他。不久，薊遼一帶招降的部落反叛，占領了遵化城，又適灤河潰堤，嚴嵩就以此兩事爲藉口，把王忬逮到京城，硬安上一個失職的罪名給殺了。但也有一說是湯臣與王世貞兄弟有隙，自己找個機會向嚴嵩透露了這是一幅摹本，嚴嵩不信，湯臣指出了一個細節，說此畫眞僞只消看屋角雀是否一足踏二瓦便可證實。只是可憐王總督怎麼也想不到，讓自己掉腦袋的竟是那幅黃彪臨摹的〈清明上河圖〉，知道底細後眞是腸子也要悔青了。

一五六二年六月，嚴氏內閣倒台。顧念此人撰寫青詞的功勞，朱厚熜沒有把這個服侍了自己二十多年的老臣賜死，只是把他從京城逐回江西老家。三年後，嚴世蕃被舉報謀反，經三法司會審後處決，嚴府所有家產都遭籍沒，嚴嵩和他的幾個孫子被廢爲平民。抄沒清單上三萬多兩黃金、兩百多萬兩白銀的財產讓朱厚熜大爲吃驚，他怎麼也弄不明白，自己一向信任有加的前首輔是怎樣屯積起這麼龐大的一筆財富。登記冊上還有碧玉、白玉圍棋數百副，金銀象棋數百副，這些世上最爲昂貴的棋子如果用來對弈，實在笨重不堪，藏著又沒啥大用，此案偵辦人員實在不明白曾經的首輔大人爲什麼要收藏這些無甚用處的長物。抄沒物資中尤爲可笑的是一件褻器，是一白金美人，以其陰承接嚴老爺的便溺。因這件東西實在有礙觀瞻，無法進呈皇帝御覽，就在當地熔燬後直接折算成金銀了。

嚴嵩費盡心力蒐羅來的書畫古玩全都籍沒充入皇家內庫。一五六五年，文徵明的兒子文嘉接到一項特別指令，要他參與對嚴氏書畫的登記造冊工作，嚴嵩在分宜老家、袁州新宅以及省城數處住宅裡的名畫法帖全部集中點檢，費時整整三個月才登記造冊完成。據一本叫《天水冰山錄》的私家筆記記述，抄沒的嚴氏書畫共計有三千多軸（卷、冊）。萬曆初年，因邊務吃緊，軍費開支嚴重不足，這些古畫、法書都被充作武官歲祿分發下去。武人不識風雅，每一幅古字畫，哪怕是唐宋名家名作，也都值不了幾個銀子。襲爵成國公的朱希忠和他的一個弟弟趁機大量抄底吃進，入手時都很便宜，沒過幾年價錢都翻了十幾倍。朱希忠去世後，他的兒子把這些鈐有「寶善堂」印記的古字畫成批送給時任內閣首輔的張居正，終得進封定襄王，就這樣，被年輕的萬曆皇帝尊稱爲「張先生」的張居正成了這批古玩的新主人。

張居正對藝術品的嗜好一點也不亞於前朝首輔嚴嵩，相比於嚴嵩出了名的貪婪，張居正對下屬素以峻刻著稱，他狹長的臉相再配上兩道粗黑的劍眉，站在那裡天生就是權力和威勢的象徵，時人有向他敬獻寶物的，畏其勢焰，必不敢拿贗品來糊弄。所以張居正雖然沒有指使親信到處去蒐羅珍玩，所入之途稍狹，藏品

嚴嵩像

① 劉義慶《世說新語·規箴》：「王夷甫雅尚玄遠，常嫉其婦貪濁，口未嘗言錢字。婦欲試之，令婢女以錢遶床，不得行。夷甫晨起，見錢閡行，呼婢曰：『舉卻阿堵物。』」後以「阿堵物」指錢。

② 王忬（一五〇七～一五六〇），字思質，作家王世貞之父。

的質量卻要遠高於嚴嵩。但在經過無數歲月淘洗的古物面前，一個人再強勢、再富有，也不過是個倉庫管理員的角色。

一五八二年七月九日，隨著張居正在北京任上去世，對之清算的風潮已在慢慢積聚成形，到他去世後的一年零九個月，即一五八四年五月，這場風暴終於颳向他的家鄉湖廣江陵，他的家產也難逃清抄一空的厄運。明朝皇帝對臣下歷來刻薄寡恩，這種無情無義在朱翊鈞身上幾乎到了病態的地步，受皇帝直接指令，前往江陵查抄家產的刑部官員和司禮監內官不僅把前首相的長子逼得上吊自殺，入戶搜查時，自趙太夫人以下的張府婦女，內衣的臍腹部位以下都要被查抄者摸遍，以防她們出宅門時挾帶金器、地契及一切值錢的東西，見者都說實在太過慘毒。

那批從嚴嵩手上流進皇家內庫的古物，在張居正這裡短暫停留後又籍沒回到宮裡，它們如同走了一個圓圈又回到初始的起點。這批藏品，不久後被掌庫的宦官陸續偷盜出宮，在市面上低價拋售。得知這一消息，項元汴、韓世能（一位長期在北京爲官的蘇州人，官至翰林學士）、王世貞和王世懋兄弟這些江南藏家紛紛北上爭購。那時項元汴已步入晚境，他競買到的這批字畫數量不是太多，但都是精絕之品。

這些古玩字畫散入人間，一些人士有知道它們聚散始末的，展卷賞玩時不免掩卷低回。坊間傳聞，經嚴、張兩府收藏又遭籍沒的這些名畫法帖，卷軸上都鈐有官府登記的印記，前者爲袁州府經歷司半印，後者爲荊州府經歷司半印，但後來市面上冒充這兩府藏品的越來越多，那都是江蘇和安徽兩地的造假者弄出來欺朦「耳食者」的，這些作僞高手仿製了兩個半印蓋在一些出處可疑的畫作上，以此牟得暴利，那都是後話了。

這幅收藏史簡圖的最後，異軍突起的是著名畫家董其昌和來自山陰的前吏部官員朱敬循[1]。沈德符告訴我們，隨著一五九〇年前後項元汴、韓世能相繼去世，一個黃金時代謝幕了，此後舞臺上，帝國首席收藏家的競爭，就在董和朱之間展開了。董起步稍晚，卻名頭最響，人稱他對鑒賞此道如有「法眼」；朱敬循的路子要猛一些，也野一些，在他巨大的胃口面前，古董商爭著供貨，他家園林成了古董商人的戰壘。同時粉墨登場的，還有那批以經營鹽、米、絲、茶和典當行驟富的徽州商人，但這批生意場上的驕客剛入此行總要吃虧，做冤大頭，收進了一大堆諸如「鍾家兄弟之僞書、米海岳之假帖、澠水燕談之唐琴」的假古董，還以爲是什麼了不得的寶貝。這幫憨大一般的貴公子、大富人，就好像被人強灌了蒙汗藥，還以爲喝的是瓊漿玉露，常常惹得行內人發笑。

在項元汴生活的時代，他最大的敵手是南直隸太倉州的王世貞、王世懋兄弟。一五六六年，屈死的父親王忬得平反後，王世貞在官場上穩步升遷，先在地方歷任河南按察司副使、浙江右參政、山西按察使等職，再遷南京大理寺卿、兵部右侍郎，擢南京刑部尚書；同時，作爲文學復古主義運動的偶像，他與另一位文學領袖李攀龍同爲文壇盟主，並在李死後做了二十年詩壇老大，就如史傳所說，「一時士大夫及山人、詞客、衲子、羽流，莫不奔走門下，片言褒賞，聲價驟起」②。

自號弇州山人的王世貞也是那個時代傑出的書畫鑒賞家和藏書家，在他家的別墅「弇山園」中，建有「小酉館」貯書達三萬餘卷，其中經學典籍專貯於「藏經閣」中，三千餘卷宋槧元刊之書，另做「爾雅樓」精藏。一本叫《茶餘客話》的私家筆記上記載說，王弇州家藏古跡最多，好多年代久遠的藏品都已水漬蟲蛀不成冊，所以他又特別注重裝潢修復，每有精於此道者，必請到家裡延爲上賓。

太倉王氏，自居世代簪纓的琅琊王氏餘脈，王世貞自然很

王世貞像

王世懋像

① 朱敬循是大學士朱賡之子，他也是張岱祖父張汝霖的妻弟。

② 《明史・王世貞傳》。

看不起嘉興項氏這樣用金錢堆砌出來的布衣藏家。而項元汴終生不近仕宦，加之讀書不多，對知識權力有著一種近乎本能的牴觸，是以，儘管他們有著幾乎相同的擁宋重元的美學旨趣①，對當代藝壇也只看重文徵明一脈的吳門畫派，但這兩個同齡人（項比王長一歲）之間相互攻訐、鄙薄的事，時有發生。一五七六年，項元汴就曾對前來觀畫的詹景鳳，表示過他對於王世貞的不屑：「放眼當今天下，誰具雙眼？王氏二美（王世貞、王世懋兄弟）不過是瞎漢，顧氏二汝（顧汝修、顧汝和兄弟）少一隻眼，惟獨文徵明，算是雙眼健全的，可惜已經死了那麼久了，今天下誰具雙眼者？也只有我項墨林與你老兄兩人了②！」

像一個覬覦別人家美婦的浪蕩子一樣，王世貞總會以一種複雜的心情惦念項氏天籟閣裡的那些書畫珍藏。黃庭堅的法書〈伏波神祠〉，起初有古董商人售之王，王囊中羞澀沒有買下，後來項元汴以重金購入。王世貞想起此帖就心中發酸，把項元汴比作霸占

① 文學復古主義者王世貞在藝術趣味上是一個堅定的「擁宋派」，曾對三十年來重元人、輕宋人的時風表示不滿，「幾令宋人無處生活，余甚爲扼腕」。

② 詹景鳳在《東圖玄覽附編》裡記錄了項元汴對他說的這番話：「項因謂余曰：今天下誰具雙眼者，王氏二美則瞎漢，顧氏二汝眇視者爾。惟文徵仲具雙眼，則死久矣。今天下誰具雙眼者？意在欲我以雙眼稱之，而我顧徐徐答曰：四海九州如此廣，天下如彼眾，未能盡見天下賢俊，烏能識天下之眼？項因言：今天下具眼者，唯足下與汴耳。」

③ 姜紹書認爲王世貞的藏品規模及質量不及項元汴遠甚，在成書於一六四九年的《韻石齋筆談》中有一篇〈項墨林收藏〉記載說：「項元汴墨林，生嘉隆承平之世，資力雄瞻，享素封之樂，出其緒餘，購求法書名畫，及鼎彝奇器，三吳珍祕，歸之如流。王弇州與之同時，主盟風雅，蒐羅名品，不遺餘力，然收藏不及墨林遠甚。」

美姬的一個唐朝蕃將沙咤利，連呼「可憐，可憐」。宋代書家徐鉉的〈篆書千文〉，吳中一個賣家曾經想出售給王，王最初斷定爲眞跡無疑，寫下了考證跋語，可是後來又對帖中某處細節產生疑竇，對原先的鑒定意見發生動搖，要不要購入騎牆難下。本來只能怪他自己看走眼，但得悉項元汴花費百金購入此帖，又聽人訛傳自己的跋語也被割去，他憤懣寫道：「若無此輩，餓殺此輩！」③

讓王世貞尤爲牽掛的，是項元汴家藏的一幅西元四世紀畫家顧愷之名作〈女史箴圖〉的唐人摹本，此畫取材於西晉文學家張華的《女史箴》，共有十二段，王世貞曾在北京見到其中「馮媛擋熊」一段，講的是漢元帝大臣馮奉世的長女馮媛，在皇帝臨幸上林苑觀獸鬥時隻身擋住一隻撲向皇帝的熊的故事。

顧氏原作早就湮滅無聞，然這幅五代畫家的摹本，用線精細綿密，宮女形象端莊秀美，宛然若生，盡得顧愷之線描「春蠶浮空，流水行地」的意境，後來通過項元汴的

顧愷之〈女史箴圖〉之「馮媛擋熊」

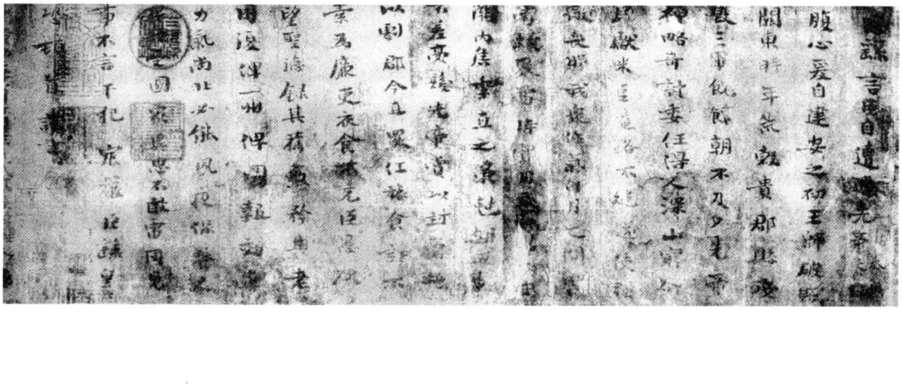
鍾繇〈薦季直表〉

二哥項篤壽從中斡旋，王世貞總算從天籟閣借出此畫，一慰相思之苦①。

大約一五七四年冬天，王世貞從一個商人手上買到了三國時期曹魏書法家鍾繇②的名作〈薦季直表〉③，此帖被歷代書家視爲法書鼻祖，作於鍾繇七十高齡，筆劃、結字都極其自然，章法錯落，眞如方家所說「高古純樸，超妙入神，無晉唐插花美女之態」。

這件寶物到王世貞手上時，雖歷一千五百年而猶完好若未觸手，王世貞視爲最心愛之物，說「天下之學鍾者，不再知有〈淳化閣〉」，詳加考辨之餘，又刻入自家珍藏〈爾雅樓法書〉。一五八六年，時當萬曆十四年，學者胡應麟和好友汪道昆一起到弇山園拜訪王世貞，談古鑒古興致方濃，汪道昆請求王世貞把樓中珍藏的〈薦季直表〉取出來一同觀摩，王世貞黯然良久，說：「是月以催科不辦，持質諸檇李項氏矣。」語氣間滿是沉痛和失落。

這是王世貞被劾鄉居的第八年，爲了給死去的父親請旌，獲得朝廷的恤典，他不得不到處奔走籌款，上下打點疏通關節。這肯定需要一筆不菲的銀子，以致以富庶著稱的王家也到了入不敷出的地步。最後爲了催科所需的款項，一向視古物爲性命的王世貞不得不把最心愛之物也抵押了，而項元汴也根本不會想到，前來典當的竟是大名鼎鼎的王世貞！這眞是傷心而又尷尬的一幕。

所幸經應天巡撫、蘇松等處巡按御史等同僚多方奔走，到了胡、汪來作客的第二年，王世貞的努力總算有了結果，禮部爲他死

①顧愷之的〈女史箴圖〉原作已失傳，現見到的〈女史箴圖〉有兩個摹本，一藏北京故宮博物院，爲南宋人所摹。另一本傳爲唐人所摹，現收藏於倫敦大英博物館，現在諸家著錄均採用此摹本。此本〈女史箴圖〉原藏清宮，乾隆曾在卷尾留有親筆題跋。一九〇〇年，八國聯軍進入北京城，此畫在中國神祕消失，之後傳聞，被一名英國軍官以兩英鎊的價格賣給了大英博物館。

②鍾繇（一五一～二三〇），字元常，潁川長社人，中國書法史上最偉大的書法家之一，被後世尊爲「楷書鼻祖」，與晉代書法家王羲之並稱「鍾王」。

③此帖鍾繇書於魏黃初二年（二二一年），內容爲推薦舊臣關內侯季直的表奏。明代刻入《眞賞齋帖》，清代刻入《三希堂》，列諸篇之首。也有一種觀點認爲此帖是唐人根據原本所摹。原墨跡本於一八六〇年英法聯軍焚掠圓明園時爲一英軍士兵所劫。後輾轉落入一收藏家手中，又被小偷竊去埋入地下，挖出時已腐爛。幸有一照片留存。

去多年的父親王忬請旌，獲兩祭全葬與贈官恤典，此事總算圓滿。而王世貞為此付出的代價也夠大了，那張字若雲鶴遊天的鍾繇法帖已永遠不可能回到他身邊。

一五九〇年冬天，如同約好了一般，項、王在同一個月去世，此帖究竟歸誰，他們或許只能在地底下爭執了吧。

「耳食人」

已無從得知，那張疑點重重的鐵琴到底是何人售予項元汴。其實嘉靖、萬曆年間的古物市肆，甚至鑒賞家們幽靜的客廳裡，到處都活躍著造假高手和狡詐騙子。這些人又兼具詩人、畫家、道士、佛教徒、工匠等多種身分，稍一不慎就可能著了他們的道。

沈德符曾經透露說，古物造假作坊多在吳中，好多人都藉此餬口，品行高潔如張鳳翼④這樣的雅士，也難免偶爾從中討生活，像王稚登⑤這樣的無恥之尤簡直就是專業造假者了⑥。王稚登是天籟閣主人多年密友，他有沒有坑過項元汴，也尚在未知之數。

正如一個獵人也會被大雁給啄了眼，《萬曆野獲編》的作者沈德符表示，職業造假人王稚登也曾經被人騙過一次，得手的那個騙子竟然是太倉曹姓人家一個姓范的僕人。王稚登聽說這個僕人手上

④ 張鳳翼（一五二七～一六一三），字伯起，號靈墟，別署靈墟先生、冷然居士。南直隸蘇州府長洲（今江蘇蘇州）人。與弟燕翼、獻翼並有才名，時人號為「三張」。為人狂誕，擅作曲，著有傳奇《紅拂記》等。

⑤ 王稚登（一五三五～一六一二），字伯穀，蘇州府長洲人。

⑥ 《萬曆野獲編》卷二十六「假骨董」條：「骨董自來多贗，而吳中尤甚，文士皆借以餬口。近日前輩，修潔莫如張伯起，然亦不免向此中生活。至王伯穀，則全以此作計然策矣！」

有一幅閻立本的〈醉道士圖〉，數次觀摩後確定是眞跡，就決定出手，與范姓僕人的價格磋商從千金談到數百金，最後談到十金，王稚登大喜。殊不知狡黠的范姓僕人此時已暗暗做了手腳，找到一個叫張元舉的畫家臨摹了一本，筆法足可亂眞，饒是王稚登再經驗老到，也看不出這是贋品，眞品的〈醉道士圖〉則以高價暗暗賣到了別處。這張元舉眇一目，是個獨眼龍，這一生理缺陷曾被王稚登拿來取笑，張元舉就把此事宣揚了開去，說王某人雙目都好，倒還不如我一個半瞎。話一傳開來，全城以爲笑談，搞得王稚登灰溜溜的，好長時間不敢在人前露面。

但這些受騙經歷至多讓他們聲名受損，實際經濟損失並不算太大，與項元汴、王世貞都有交往的一個朋友、隱居在離鎭江不遠的焦山島的道士郭五遊①，曾經被人騙去一船古董，那眞是哭天喊地都來不及了。這郭五遊七十多歲的人了，住在長江邊的這座小島上，外人看來正可煉煉丹、談談養生術，做個雲水之中風流自賞的人物，世風渲染，此人竟也迷上了收藏古物器玩一道，且收藏的都是精品。他曾拿著沈周的一幅山水找王世貞題跋，讓王不忍釋手，詹景鳳說此人還藏有元人錢選的一幅〈陶學士雪夜煎茶圖〉，都是讓人眼睛一亮的好東西。郭五遊憑著這些古物與當世名流交往，待價而沽，價格談得攏就出手，談不攏相互品鑒題跋，也不傷情分，在吳中鑒賞圈裡竟混出了響亮的名頭。

且說有一日，江面上朝著焦山方向駛來一條船，船上有一

①焦山是長江上的一個島嶼，靠近鎭江。據張岱說，他的二叔張聯芳也曾生活在這一帶，並成爲與王新建、朱石門、項元汴、周銘鐘五人齊名的江南五大藏家之一。詹景鳳在《東圖玄覽編》中說郭五遊是蘇州人，字次甫，名郭第，長年住在焦山島鬻古，與項元汴爲好友。錢謙益《列朝詩集》有此人小傳：「第，字次甫，長洲人，隱於焦山，有向平五岳之願，自號五遊。」

道士，長得眉宇清朗，絲毫沒有塵俗味，一望就知是極有品味的高人。那道士下了船，在島上隨處遊走，賞玩景緻，一副很有興致的模樣。郭五遊獨居無聊，一見就起了攀談之心，窮人獻寶一般，帶著此人遊覽了焦山島上的禮斗臺、四將殿、眞武殿等景點，還把他帶到了自己住的飛雲室，談詩歌又談古物鑒賞，兩人觀點頗多相契，從日落談到月升，直覺得相見恨晚，郭五遊留他在島上住了好幾日，才依依不捨把他送到江干。

一年後，這道士又來了，還帶了數件文房用具作爲禮物，都是些製作精良、品相不錯的東西，郭五遊收下這些禮物，待之更加殷勤周到。一日閒談時，這道士說：「貧道住在金陵，頗有一些出身顯貴的富家朋友。也是我多事，有一次說起您有許多精良的古玩藏品，他們大感興趣，很想借去開開眼，就是花再多的錢也在所不惜，只是他們都是大忙人，很少有機會來這裡，如果能夠用船把您這些寶貝運到金陵去，讓他們觀賞一番，我保證一趟走下來您會獲利甚豐。」

這郭五遊，岸然的道袍下面是一顆商人的心，聽了這話，立即就心動了，於是雇了一隻船，把自家珍玩寶器悉數裝上，帶了一個隨身小童，擇日和這道士一起去了金陵。船到離城不遠的一個渡口，郭五遊命泊在岸邊，自己和道士一起入城找他的富家朋友，讓船夫和小童在船上等自己回來。兩人進了城，到了一家書肆，道士指著對面一個高大的府第說，他的朋友就住這裡，讓郭

佚名〈群盲鑒古圖〉。圖中一群盲人煞有其事地品鑒古玩，喜劇性的場景中暗含著對附庸風雅而又道聽塗說的「耳食者」的調侃和諷刺。

五遊在書肆稍等片刻，他先去知會主人一聲好來迎接。郭五遊答應了。

且說郭五遊遠遠地看著道士進入那家大門，卻左等右等不見出來，急了，再加路途勞頓，又累又餓，想著枯等下去也不是辦法，就走到那家府第門口，向看門的打聽，說剛才有一個道士進了大門去找主人，爲什麼進去這麼久了還不見出來？看門的說，這是一座空宅，裡面又沒什麼人。郭五遊大驚，頓時有一種不好的預感。看門的領他進去一看，果然宅內空空如也，那道士連個人影都找不著，看來是從邊門溜了。

郭五遊急忙往城外泊船的渡口趕，走到半途，與自家雇的那個船夫劈面相逢，那船夫正吃力地抱著一只大鼎趕路。郭五遊責怪道，你抱著這只鼎去哪裡？船夫說，剛剛道士回來，說您在城裡某某街某大第，讓我趕緊把這只鼎送過去。郭問，道士在哪裡？船夫說，在船上。郭五遊飛一般跑到渡口，哪裡還有自家的船在，只見得江水嘩嘩，江上船隻往來飛梭，瞬息都在數里之外了，也不知哪艘是裝滿自家寶貝的船隻，不由得蹲在江邊，嚎啕大哭①。

有個叫王復元②的鑒古高手，早先也做過道士，後來在蘇州跟著文徵明，文徵明去世後，來到嘉興依附了項元汴。李日華小時候曾經見過此人，住在城裡幾間東倒西歪的舊房子裡，一有錢就拿去買酒喝。平時他總是在市面上晃蕩，一看到奇物佳玩或者有價值的字畫就出手買下，有時身上錢不多，就把穿著的衣服送進當舖去。此人買這些東西不是爲了自家賞玩，而是迅速轉手賣給項元汴，從中賺取一筆不小的差價。據說趙孟頫的一幅名作〈亭林碑〉，原來胡亂黏貼在一個農民家的牆壁上，就是此人搜來賣給項元汴的。王復元還是個製假高手，只是此人實在太懶了，只要錢袋還有幾分酒資，他就不願出手。好在只要他願意去搜古，項元汴永遠不會讓他的錢袋扁著，鬻古的事他也就不太做了。

然而此人還有個叫朱肖海的學生，他才是一頂一的假畫高手。朱肖海也是嘉興人，很小的時候就跟著王復元了。他的師父王復元還在文徵明門下時，每有修復古畫這些活，總讓他在一邊看著，後來也把活兒交給他來做。靠著幫助師父修復古畫甚至造假的歷練中，朱肖海的眼光、技藝突飛猛進，很快超越了師父。據說他每臨摹一幅古畫，會先閉室寂坐，如同老僧入定一般，等到筆意揣摩透了才起身下筆，且落筆的姿態如同傳說中楚國的樂人優孟一般優美瀟灑，純一副高手做派③。但對於那些眼光如炬者來說，朱肖海的僞畫也不是不好辨認，此人畫工雖好，肚裡文墨畢竟有限，一有跋語、落款，就很容易露出馬腳來。

朱肖海後來脫離師父，成了一個專業的假畫製造商，據說生意好得不得了，生意最旺時，專門雇了一批蘇州人做書畫出貨時的搬運工。他還有一個由各級中間商經營的龐大造假售假網絡，三百里內外，都是其神通所及。朱肖海的假畫，主要出售對象是愛慕風雅的安徽商人，即所謂「歙賈之浮慕者」，沈德符就親眼見過一個叫吳心宇的徽州富商上了一當。

戲曲家吳昆麓的夫人與「快雪堂」④主人馮夢禎的妻子是遠親，馮夢禎任南京國子監祭酒時，兩家平素偶有走動。某一日，吳帶了一卷古畫來找馮夢禎，他先說了一段此物的來歷故事。說是宮裡有一個專管後載門的小太監，家裡有一個鐵櫪門閂（也有一說是漆布竹筒），一搖動就會發出骨碌碌的聲音，好像裡面藏著什麼東西。有一天，這個鐵櫪門閂不小心被撞壞了，從裡面掉出了三卷古圖，這件就是其中之一。

馮夢禎也是個很有眼光的鑒賞家，一看就認定這是幅唐畫，而且是大名鼎鼎的大詩人王維的〈江干雪霽圖卷〉。

①關於郭五遊被騙的這節紀錄，出自明代作家謝肇淛的筆記小說《塵餘》第三卷。同時代作家都記錄郭是吳中人氏，可能是出於文人階層對安徽商人的鄙薄，謝肇淛把郭的籍貫寫成了徽人。也有可能是他誤記。

②王復元，號雅賓，南直隸長洲（今江蘇蘇州）人。工於詩，書法師米芾，李日華說他「鑒古頗具眼」。

③李日華《味水軒日記》萬曆三十八年二月二十七日條：「里中有朱肖海者，名殿。少從王羽士雅賓遊，因得盤桓書畫間，蓋雅賓出文衡山先生門，於鑒古頗具眼。每得斷縑壞楮應移易補款者，輒令朱生爲之，朱必閉室寂坐，揣摩成而後下筆，眞令人有優孟之眩。頃遂自作贋物售人，歙賈之浮慕者，尤受其欺。又有蘇人爲之搬運，三百里內外，皆其神通所及。所歉者，每臨文義，輒有齟齬，易於納敗。」

④因其家藏王羲之《快雪時晴帖》而得名。

但誰也沒看過王維那幅畫，馮夢禎心裡還是忐忑的，於是藉口畫上沒有款識，以極低的價格收下了。每天一忙完公務就疾奔回家，閉戶焚香，飽閱無聲，堅信這件寶貝是摩詰眞跡①。

但馮夢禎畢竟不是一言九鼎的鑒定家，如果這張圖眞的是王摩詰水墨眞跡，還得讓更有話語權的專家爲它驗明正身。很快，此人出現了，他就是有法眼之稱的董其昌。任職京城翰林院的董其昌輾轉聽人說起馮夢禎得到王維眞跡〈江干雪霽圖卷〉，而王摩詰又是他竭力推崇的「南宗」畫派始祖，於是董其昌千里馳書，懇請馮氏能夠借觀此圖，而馮夢禎也正求之不得。

一五九五年秋天，董其昌清齋三日，以一種極爲莊重的儀式拜觀了〈江干雪霽圖卷〉，並寫下一篇著名的長跋，認定此卷正是王維傳世的唯一眞跡。馮夢禎這個二流的鑒賞家竟因此名頭大振，海內風雅之士競相以能一睹此圖爲榮。

大概是一六一六年前後，那時距馮夢禎去世已經多年，徽州一個叫吳心宇的富商突然宣稱家中藏有王維的〈江干雪霽圖卷〉眞跡，追究出處，說是已故馮太史的長公子馮權奇以八百兩銀子賣給他的。可是與馮家關係密切的朋友都知道，這畫還好好地收藏在他們家，這究竟又是怎麼回事呢？

沈德符揭穿了這個祕密，製造這幅假畫的正是高手朱肖海。朱肖海施展他的空空妙手本領，先把此畫臨摹在一幅舊絹上（此絹是唐朝的無疑），再把後面董其昌、馮夢禎、朱之蕃的三

① 馮夢禎《快雪堂日記》：「吳昆麓夫人與予外族有葭莩之親，偶攜此卷見示，述其先得之管後載門小火者，火者家有一鐵櫪門閂，或云漆布竹筒，搖之似有聲。一日爲物所觸遂破，墮三卷，此其一也，予初未深信，翻閱再三，不覺神往。因閉戶焚香，屏絕他事，便覺神峰吐溜，春圃生煙。眞若蠶之吐絲，蟲之蝕木。至如粉縷曲折，毫膩淺深，皆有意致，信摩詰精神與水墨相和，蒸成至寶。得此數月以來，每一念及，輒狂走入丈室，飽閱無聲，出戶見俗中紛紜，殊令人捉鼻也。眞實居士記於南翰林院之寄樂亭。」

② 這則故事見沈德符《萬曆野獲編》卷二十六〈舊畫款識〉：「金陵胡秋宇太史家，舊藏江干雪意卷，雖無款識，然非宋畫苑及南渡李、劉、馬、夏輩所辦也。馮開之爲祭酒，以賤値得之。董玄宰太史一見驚歎，定以爲王右丞得意筆，謂必非五代人所能望見，李營丘以下所不論也，作跋幾千言，讚譽不容口。以此著名東南。祭酒身後，其長君以售徽州富人吳心宇，評價八百金。吳喜慰過望，置酒高會者匝月。今眞跡仍在馮長君。蓋初鬻時，覓得舊絹，倩嘉禾朱生號肖海者臨摹逼肖，又割董跋裝褫於後以欺之耳，今之賞鑒與收藏兩家，大抵如此。」

篇跋文一剖爲二，裝裱於後，吳心宇買到朱肖海的臨本還在沾沾自喜，作夢也想不到眞跡仍然在馮府②。透露這一絕密消息的沈德符，他弟弟沈鳳是馮夢禎的女婿③，這一故事應該可信④。

對李日華這樣的鑒藏界新人來說，高手朱肖海更像是一個傳說中的神祕人物，只有被騙過一次以後，才會服膺其眞本事。李日華自己後來在日記裡說（他賦閒在家的二十年中一直在持續不斷地寫日記），萬曆三十八年二月十八日，他應邀去馮權奇家觀書畫，見到了白居易書《楞嚴經》第九卷中的一帙，馮權奇誇說

王維〈江干雪霽圖卷〉

③ 沈家與項、馮、李幾家都是姻親，沈德符的妹妹沈無非嫁給了項元汴的侄孫項鼎鉉，沈鳳的兒子沈大詹娶了李日華的女兒。

④ 〈江干雪霽圖卷〉原跡今已不傳，但台灣故宮藏〈江干雪意圖〉卷，日本小川陸之輔家藏〈江山雪霽圖〉卷，美國檀香山藝術科學院藏〈長江積雪圖〉卷，均與當年馮夢禎藏本有關。近世鑒賞名家徐邦達《古書畫僞訛考辨》對此卷考辨甚詳，認爲馮夢禎藏卷原應首尾完整，圖後另紙有沈周、王鏊二詩，董其昌、馮夢禎、朱之蕃三跋。馮權奇出售摹本當在萬曆四十四年請朱之蕃題跋之後。朱肖海摹的副本改設色（據檀香山全圖）爲墨圖（即今在日本小川家之本），同時拆裝董其昌、馮夢禎、朱之蕃三跋於摹本之後，售給了吳心宇，稍後又轉入程季白之手。至於馮藏本，則無人知其下落。

此卷是其父馮夢禎在南京任職時從李贄手中獲得。李日華一見就喜歡得不行，興沖沖地買了回來。過了幾天後，一位拜訪味水軒的客人告訴他，這幅楷書《楞嚴經》原是張即之書，白居易款乃是後來添上去的，而夥同馮權奇一起幹這事的，就是那個神龍見首不見尾的朱肖海。李日華只好自嘆晦氣，承認自己走了眼，當時只認定這字是白香山的，忽略了跋語和補款的漏洞①。

李日華後來是在嘉興詩人兼畫家徐潤卿②家的「竹浪館」認識朱肖海，那應該是在天啓年間了。自號竹浪老人的徐潤卿是王復元的生前好友，與蘇州文氏家族也素有交往，應該算是李日華、朱肖海這些人的前輩。這是一次彌漫著懷舊情緒的見面，沒有戲班絲竹，只聞墨香飄裊，藝術家、鑒賞家、古董商人和作僞高手盡棄前嫌坐在一起，品評主人珍藏的文衡山、文水、陳道復、莫雲卿諸家畫作和王復元的詩稿墨跡，眺望著正在逝去的偉大藝術年代。李日華是帶著兒子一起參加聚會的，可是那天，他和兒子都喝醉了，因爲朱肖海實在太會勸酒了③。以後他們在徐家的白苧草堂還有過幾次見面。

看來李日華對朱肖海不僅不感冒，反而是有點暗暗欽佩的。日後李日華父子負責修撰家鄉的縣志時，還爲朱肖海說了許多好話。說他性情高逸得就像水仙一樣，經常和徐潤卿一起，駕著船跑到煙水深處去。至此我們才知道，在江南鑒賞界經常攪出很大水花來的朱肖海本名朱實（一說朱殿），肖海只是他的別號。李

①《味水軒日記》萬曆三十八年三月二十三日條，李日華當時評價說：「眞末世法書環寶也。……此經乃李卓吾游金陵日以貽馮具區先生者。有梅氏祕玩印。蓋麻城梅氏物也。」、「余前所見馮權奇家白香山書楞嚴經本張即之筆。朱爲補款。并作鐵崖跋。跋語則出馮手構。余固疑其類即之。諸跋忽未察耳。」

②徐潤卿在晚年與李日華交往密切，李日華這般介紹他：「徐潤卿名宏澤，幼業制舉，恂恂儒生。既而厭棄之，日摹法帖，吟陶、杜詩，間寫竹石，駸駸入梅道人之室。遇得意，不論疎密貴賤，咸與揮運……獨喜時時過余，索所藏名蹟，展玩評賞無間也。識者定其書畫二估在姚雲東上。」見《紫桃軒雜綴》卷二。姚雲東即明成化年間著名書畫家姚綬。徐潤卿現存一幅〈山水圖軸〉（紙本設色）藏北京故宮博物院，自署：「天啓乙丑（五年，一六二五年）三月作於白苧草堂之遠閣。竹浪老人時年七十有五。」

③「集徐節之竹浪館，節之尊人潤卿出所藏文衡山、文水、陳道復、莫雲卿諸家畫作軸懸壁間。相與談笑評騭。以代絲竹。朱山人肖海以手製犛罳匏樽行酒。余與兒子俱大醉。」

日華還以一種幸災樂禍的口氣說，朱肖海摹古的絕技，甚至連號稱法眼的董其昌也難免屢屢上當④。但他不認爲朱肖海的作僞技術眞的天衣無縫了，自己用橫秋老眼一掃，何處作僞，一眼就看出來了，只是顧念其全靠這餬口，才不忍心說破。

文先生

每年有幾個月時間，項元汴駕著他的「巨艦」往來於長江三角洲的幾大城市，去南京狎妓，去蘇州拜訪書畫界朋友，去無錫的惠泉取烹製新茶的泉水，日子過得優哉游哉。在杭州，他的書畫船經常停泊在孤山一帶，然後上岸與聞風而至的古董商們洽談價格。以他的富有和出了名的精明，鬻古之風再怎麼盛行，像郭五遊這樣被騙得血本無歸的事是斷斷不會落到他頭上的。一則他鑒古實屬愛好，不以此牟利；二則，長年與蘇州藝術世家文徵明父子交往，也練出了他一雙銳眼。一件贋物放在眼前，即便吹破了天，他還是有本領剝去層層僞裝。

出生於一四七〇年的文徵明是他那個時代最爲純粹的藝術家之一，他是名畫家沈周的學生（另一位畫家吳寬是他的文學老師），但最終他的成就超越了師父，至少與沈周並肩而立，一起

④《嘉興縣志》：「朱實，別號肖海，摹古有絕技，凡古人法書名畫，臨摹逼肖。雲間董宗伯其昌，號法眼，亦時爲所惑。但言朱仙人以神之而已，實與宏澤同爲萬曆時人，雅相善，各製扁舟，共泛花月，超然有塵外之致，時人目之水仙云。」

文徵明像

成爲吳門派的領袖。文徵明在世時，他的畫作就獲得了廣泛的聲譽，被視作黃公望、趙孟頫等元代大家的當世傳人。嘉靖朝初年，在賞識他的朝中大佬的有力舉薦下，文徵明來到京城，在翰林院待了三年（抵京那年他已經五十四歲了），擔任沒啥行政級別卻富清望的「待詔」一職①，與一幫學識淵博的學者們一起編纂前朝皇帝的實錄（《武宗實錄》）。可能是出於對大禮議而起的詭譎政治氣候的恐懼，文徵明於一五二六年冬天回到家鄉蘇州做了一個隱士。在他任職翰林院時，出於對官場前途的考量，他很怕人家把他看作一個職業畫家而有失身分，一直只承認繪畫不過是遺興小技，遠非他的專長②。直到回到家鄉悠閒自適的三十年中，他藝術生命中的黃金時期才眞正到來。

他賢惠的妻子吳夫人承擔了全部家務，子女婚嫁、築室置產這些雜事都不須丈夫操心，這讓本來就寡言少語的畫家可以整日都待在他的玉磬山房裡臨摹古帖，精研繪事。從文徵明的案頭流到外面的任何一幅小型張的作品（包括書信）都讓人們視爲瑰寶。但自負的畫家認爲，世人大多只知他書畫好，忽略了他的文學才華，即使偶爾有幾個知悉他文名的，也忽略了他精於律例及朝廷典故，經濟之學才是他最擅長的。家人的縱容和崇拜者的眼光使他的性情愈發孤傲了。在蘇州，他雖與官場人物保持著時斷時續的交往，但藝術家與生俱來的清高使他不屑與那些看不上眼的權貴交接酬酢，至於那些厚著臉來討畫的，更是讓他避之唯恐

① 後世稱他文待詔就是這麼來的。據黃佐《翰林記》記載，翰林待詔品秩非常低微：「……侍讀學士、侍講學士從五品，初授奉訓大夫，陞授奉直大夫，勳曰協正府尹。侍讀侍講正六品，初授承直郎，陞授儒林郎。編修正七品，初授承事郎，陞授文林郎……待詔從九品，初授將仕佐郎，陞授登仕佐郎。」

② 按明朝慣例，歷來是科第前三甲的才有資格進入翰林院這樣的清貴地方，所以姚淶、楊方城等一班翰林非常看不起文徵明。楊方城是正德十六年的狀元，姚淶是嘉靖二年的新進狀元，這兩人放言說：「我衙門不是畫院，乃容畫匠處此。」何良俊在《四友齋叢說》中記載這則故事時爲文徵明辯護說，這兩人除了會中狀元，其他什麼本事都不會，「然衡山自作畫之外，所長甚多」，意即那兩個闒茸的狀元公很快就會被歷史遺忘，而文氏卻能以他的丹青妙筆長在天地間。

③ 顧璘（一四七六～一五四五），字華玉，號東橋居士，長洲（今江蘇省吳縣）人，少有才名，以詩著稱於時，著有《浮湘集》、《山中集》、《息園詩文稿》等。

④ 此則故事見何良俊《四友齋叢說》。

不及。據說文老夫子的規矩有「三不答應」，哪三者？宗藩、中貴、外國也。

在文徵明去世後致力於收集他生平佚事的何良俊，曾經講過這麼一個故事，這個故事是蘇州極有名望的一位作家顧璘[3]告訴他的。某日，首輔嚴嵩頗有些委屈地向顧璘發牢騷，說文衡山這人甚好，就是與人沒往來，他自言不到河下看客，若不看別個也罷，我在蘇州過，特往造之，也不到河下一答看。顧璘說，這就是衡山之所以爲衡山，若不看別人只看你，成得個文衡山嗎？[4]

儘管自己的畫作在一些收藏人士眼中成了財富的象徵，甚至還有一些酷愛其畫者把他的畫隨葬入墓，但名滿天下的文徵明似乎從沒有把自己的作品與金錢劃上等號，他不許家人把自己的畫作拿到市面上出售，但一

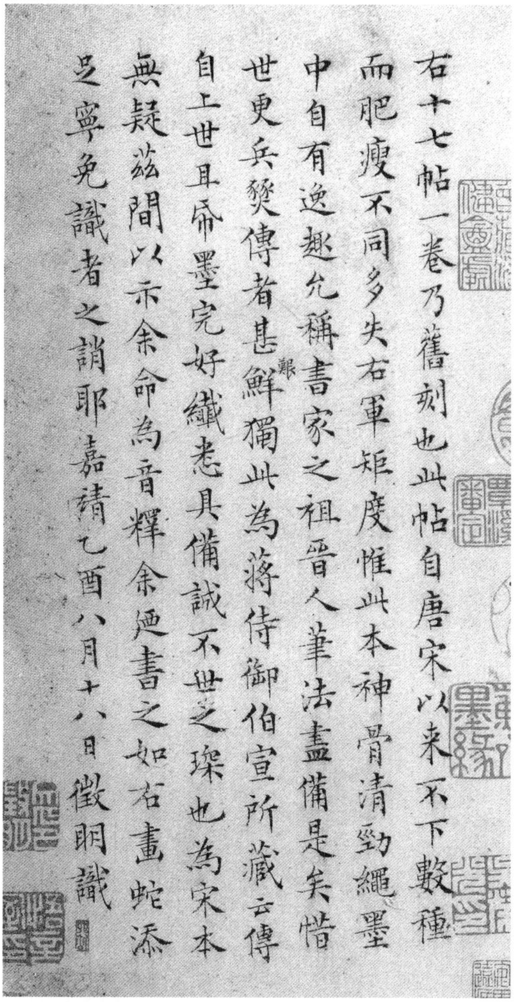
右十七帖一卷乃舊刻也此帖自唐宋以來不下數種
而肥瘦不同多失右軍矩度惟此本神骨清勁繩墨
中自有逸趣允稱書家之祖晉人筆法盡備是矣惜
世更兵燹傳者甚鮮獨此為蔣侍御伯宣所藏云傳
自上世且命墨完好纖悉具備誠不世之珠也為宋本
無疑茲間以示余命為音釋余乃書之如右畫蛇添
足寧免識者之誚耶嘉靖乙酉八月十八日徵明識
文徵明〈跋右軍十七帖〉

有街坊鄰居贈他糕餅果子，他便會寫上滿滿幾大張書法作爲回禮。這種安貧樂道的形象足令追慕者對之敬意叢生，但一個改變不了的事實是，在文徵明手上文家沒積攢下什麼餘錢。封地在河南南陽的唐王聽說文徵明大名，派人帶著一份厚禮來蘇州向他求畫，他連信都不願拆閱，來使苦等數日只好無功而返。曾經擔任蘇州知府的聶豹①，後來升至兵部尙書，自己不好意思直接出面，委託何良俊爲中介向文徵明求畫，文徵明一聽就變了臉色，說：此人沒理，一向不曾說起要畫，如今做兵部尙書，便來討畫。何良俊生怕聶豹那裡不好交帳，只好轉求與文徵明交情深厚的陽湖先生，請他出面說項。陽湖先生一聽是此事，連連擺手，說此老我不惹他。當時的蘇州知府王南岷，一個月裡總要拜訪文徵明三、四次，知道文先生不喜聲張，每到巷口就讓隨從回去，下轎換上普通讀書人的裝束，才去主人的玉磬山房談文說藝，每次都要太陽下山才回去，到了吃飯時間，主人招待他的也只尋常蔬食菜羹，管飽就行。

何良俊筆下的大畫家還是一個生活的極簡主義者。何氏說他住在蘇州的那段時間，幾乎隔日就要去文徵明的書房坐坐，每次到時，文先生正要吃早飯，都會問一句，曾吃早飯未？何良俊答：雖曾吃過，老先生未吃，當陪老先生再吃些。文徵明的早飯很簡單，都是一些剛做好的餅餌之類。中餐他會喝一點酒，量不多，也就兩小杯，如果談話興致上來了，再添兩小杯，再加是無論如何不肯了。晚餐吃麵食或者米飯，無酒，就寢前再食二小甌米粥，長年如是，幾乎雷打不動。何良俊還披露了一個細節，看上去嚴肅得有些過頭的文先生也有一個愛好，那就是特別喜歡聽童子唱曲，哪家有好的班子請他去，聽一天也不會厭倦。

一本叫《堯山堂外紀》的筆記言之鑿鑿地稱，過了五十歲文徵明就戒絕性生活了，把全副精力投入到了水墨生涯中去。那個時代有一種習見的觀點認爲，男人的精液裡包含著激情和創造力，過度宣洩會導致智力的平庸，文徵明顯然對此堅信不疑，他對女性的拒斥態度與唐寅、錢同愛②等日日笙歌的一班才子朋友形成了鮮明對比，奇怪的是他們在一起玩得挺好。在何良俊蒐羅的一些佚事中，唐、錢總是要與他開一些情色意味的玩笑，最後總是文徵明招架不住落荒而逃。後來與文徵明結成兒女親家的錢同愛年輕時是個特別愛鬧的人，用文徵明的說法是闊達而無所拘檢，有一次，他雇了一隻船，請文徵明一起遊石湖，提前把一群歌妓藏在船艙裡，船開後，眾美女花枝招展出現在他面前，娉婷進酒，亂作一團，文大喊停船，可那船偏向湖中心駛去。文徵明窘迫無計之下，脫下他的臭襪子，眾美女都拿香帕掩住了鼻子，遠遠避開，文還把他的臭襪子披拂於錢同愛頭面上，錢同愛實在不堪忍受，只得讓船靠了岸，放走了文。在出於清人之手的《六如居士外集》中，戲弄文徵明的主角換成了唐寅，也是一條遊舫，一群歌女，船到湖心，唐寅一個號令，鶯鶯燕燕全都出來圍住文徵明，令他目瞪口呆，幾乎跳湖，唐看到文徵明的窘態，樂不可支，正好有一隻小船經過遊舫，文拚命招呼船家靠過來，於是眾人眼睜睜看他跳上那隻小船，一溜煙跑了。

與書藝一樣爲世人所重的是文徵明在鑒寶方面的精到眼光，經他品鑒的歷代字畫，在藝術史上幾乎可以作爲定論，經常會有人拿著一些字畫興沖沖地找他來求鑒定，有時他已看出了是贗品，卻還告訴對方是眞跡。有人不解他爲什麼這麼做，這不是人爲地助長造假之風嗎？文先生答，凡買入古書畫的，必定是家裡有幾個餘錢的，如果淪落到了要出手的地步，那他家裡幾乎已是等米下鍋了，如果因我一句話害得他交易不成，他全家豈不是要受困？我爲了自己揚名，卻害得別人舉家受困，這樣的事我怎麼做得出來？也有人買到了文徵明的假畫來找他題款，文先生也一點沒有難色地替他題簽。這或許是値得人稱許的厚道，但也使得他在世之日畫作就贗品迭出，用王世貞的說法，市面上看到的號

文徵明〈攜琴訪友圖〉

① 聶豹（一四八六～一五六三），字文蔚，號雙江，江西永豐縣人，陽明心學傳人。著有《困辨錄》、《雙江集》等。

② 錢同愛（一四七五～一五四九），長洲（今江蘇蘇州）人。工詩文，所作今已不存。

稱文氏眞跡的只有十之二三是眞的，其他要嘛是兒子或弟子代筆，要嘛出自作僞專家之手。有人開玩笑說，有多少人靠著文先生而活啊，你都可以進先賢祠了！文徵明正兒八經地對他兒子們說：我死後，如果眞有人薦舉我入鄉賢祠，一定要拒絕，這是要與孔夫子相見的啊，我沒這副厚面皮也。

有一個叫李子成的浙江海鹽人，與文徵明的妻子吳氏是親戚，一五四二年冬天，吳氏去世，李子成前往蘇州弔唁，與文徵明相談甚洽，文徵明趁著興致當即篝燈塗抹，畫下一幅〈仿李營丘寒林圖〉送給他。就在那一次，李子成還向文徵明說起嘉興項氏家族幾位雅好文藝的年輕人，並帶去了項篤壽問候老先生的一封書信。

這是可以查找到的項氏兄弟與這位吳門畫派領袖最早的交往紀錄。這一年，項元汴十八歲（他二哥篤壽二十二歲），在這之前，論年紀可以做他們祖父的文徵明根本沒有聽說過他們。文徵明對項篤壽的回信三年後才姍姍而來，文氏自稱這年七十有六，歲數大了，既病且懶，精力一天比一天不濟，以致上次討要的書卷一直不曾寫得。儘管信中都是些語氣寡淡的禮節性用語，十年後，不知中間有何經過，項元汴與蘇州文氏父子的交往突然頻繁了起來，而這時他的二哥項篤壽已考中進士在外地做官，反倒與文徵明失去了聯繫。

從這些有紀錄可稽的交往中，我們可以看到項元汴與晚年大畫家的一段友誼，看到吳門畫派的美學趣味怎樣潛移默化去影響一個收藏家。一五五六年秋天，三十二歲的項元汴從文徵明那裡獲藏張雨《自書詩冊》，出資多少不詳。一五五七年，項元汴去蘇州的次數更多了。春天，文徵明爲項元汴書〈北山移文〉，項還從文徵明那裡獲藏元畫家吳鎮的〈竹譜〉。六月，項元汴到蘇州，以潤筆四金向文徵明求字，文氏作小楷〈古詩十九首〉及陶淵明〈田園詩〉。這年秋天，文徵明的長子文彭赴任嘉興府學訓導，他短暫任職嘉興的經歷給了項元汴更多親近文氏家學的機會。文彭既擅書法，又工篆刻，而且特別擅長臨摹前人包括其父的書法，王世貞稱之爲明代第一臨摹高手，這幾年，項元汴除了從文彭的父親那裡繼續得到字畫外，還請文彭爲他書王勃〈採蓮曲〉，作草書〈雅琴篇〉，天籟閣庋藏的懷素〈老子清靜經〉、〈宋度宗手敕趙子固卷〉和陸游手簡都有文彭的題跋。

文彭的弟弟文嘉後來也成爲了項元汴的好友，一五七六年秋天，項元汴把所藏趙孟頫〈白雲淨土詞〉重新裝裱，文嘉爲之題跋，稱這幅作品筆法妍媚，且紙墨完好、精神煥發，實在是天下少有的寶物。同年，又爲宋畫〈鍾進士移居圖〉題跋。一五七七年夏天，項元汴特意派人前往蘇州，把用重金購於烏鎮王濟處的一卷馮承素本〈蘭亭序〉（即所謂神龍本）交給文嘉請之題跋。文嘉回憶了他與今存世間三本唐摹〈蘭亭序〉遭遇的經過，說很感謝項元汴讓他得償夙願，他考證此卷摹拓之精、鉤填之妙，極有可能是褚遂良的筆跡。對項元汴有雄厚的資金廣爲購藏天下寶物，他也沒有掩飾自己的歆羨：「子京好古博雅，精於賞鑒，嗜古人法書如嗜飲食，每得奇書，不復論價，故東南名跡多歸之。」一五七八年，項元汴五十四歲生日，文嘉又畫一幅〈山水圖〉相贈。

對於文彭、文嘉兄弟來說，有文徵明這樣一個活到將近一百歲、愈老愈健旺的父親眞是一樁非常可怕的事情，這意味著他們無論多麼出色，都註定了在父親盛名的陰影下無所作爲，除非他們比父親做得更好，而這幾乎像要一匹駱駝穿過針眼一樣艱難。

文彭身在官場，應酬又多，經濟之拮据可想而知，遇著項元汴這樣一位雅好文藝的巨富，即使交情再好，有時也難免下一兩回手。前面說到項氏得之於文氏家族的張雨《自書詩冊》，冊粉箋本，看上去極像元代之物，但近代鑒賞大家、目力過人的劉九庵一眼認定爲贋品，說這幅作品後人狀寫的痕跡十分明顯，尤其是趙孟頫的跋文，按理說既應有趙所師法的唐人的緊勁嚴整，又有其特有的遒媚風姿，但這一切都看不到，劉九庵斷定，必是文彭做了手腳。

還有一幅懷素的〈自敘帖〉，詹景鳳在《東圖玄覽編》裡說，

文彭像

這幅字先後歸屬過嚴嵩、文氏、項氏，但項元汴從文彭那裡得到的卻是一幅僞本。詹景鳳揭露那個時候一種通行的作僞手法，是以眞跋裝在僞本後面，出手賺取高價，而把眞本私藏起來。據說當詹景鳳當面指出時，被揭老底的文彭惱羞成怒，指著他罵：眞僞與若何干？吾摹訖，掇二十金歸耳！後來詹景鳳到北京，曾任職國子監祭酒的收藏家韓敬堂跟他說了一件奇怪的事，說近來看到一卷懷素的〈自敘帖〉，蓼紙甚厚，看字跡像是眞本，上面卻沒有跋，不知是何緣故，因吃不準到底是眞是假，所以沒有購入。詹景鳳驚問，這幅字現在何處？韓答，已經找不到那人了。詹景鳳說了文彭作僞經過，說沒有跋的一定是眞跡，韓敬堂聽了後悔不迭。

文彭的弟弟文嘉也參與過對項元汴的欺詐。項元汴以二十兩銀子從文嘉那裡購入一幅祝允明法書〈草書懷知詩〉，後來也被人從跋語裡看出了馬腳。因爲跋語裡提到的王傲、陸完均等人，在這幅法書寫成的嘉靖二年還在世，跋語裡卻說他們已經死了。文嘉與祝允明很熟，他臨摹的祝體法書甚至得到過祝允明本人的讚許，這幅賣給項元汴的字他臨仿得極爲高妙，好長時間都無人懷疑，直到一五六四年項元汴拿出來重新裝裱，才被人看出端倪來。至於那幅眞跡去了何處，就無人知曉了。

天籟閣的許多藏品，都曾有文氏兄弟掌眼把關，在文氏兄弟的熏陶下，項元汴的藝術趣味和眼力也得到了極大提升，但也正是這兩個項元汴極爲信任的朋友，先後都參與過對項的愚弄，就是在這樣一種共生共棲中，他們獲得了友情和利益的平衡。因天籟閣，項元汴的身分獲得了提高，但他的吝嗇和沒有文化也被專業人士蔑視。比如謝肇淛就毫不客氣地說他「纖嗇鄙吝」，是個世間少有的「兩截人」[1]。項元汴一直都在努力讓自己成爲一個眞賞者[2]，但在同時代許多人眼裡，他終究不過是個名利場中的耳食人，這世界對他實在有些不公。

味水軒主人

李日華還是一個孩子時，跟著表叔去同城的項家玩，曾經看到過項元汴珍藏的一粒芝麻。那粒芝麻的正面背面都刻有字，據說是南宋舊物，是宮中一個微雕大師的作品。這微觀世界裡蘊藏著的萬千氣象給童年時代的李日華打開了一個新奇的世界，成年後他回憶當時的激動心情，說是吃驚得舌頭打結，都快說不出話來了③。

李家門戶並不顯赫，祖上留下的只幾畝薄田，再說李日華比項元汴小四十歲，李日華得以在考中功名前就與出身世家的項元汴交往，不可不提他的表叔兼老師周履靖。此人字逸之，號梅顛，是隆、萬年間的一個隱士，特喜結交名流，又雅好書畫，與項元汴交往甚密，兩人經常聚在一起飲酒把盞，談古論今。李日華年幼時作爲表叔的跟班，不但親見項元汴意氣風發、談笑風生的瀟灑風度，而且經常有機會見到項和他的表叔一起揮毫潑墨。十四歲那年，李日華考入縣學，成爲廩生，算是正式開始領取一份國家津貼，項元汴還特意畫了一幅〈玉樹圖〉相贈以示鼓勵。據李

李日華像

① 謝肇淛《五雜組》卷七〈人部三〉：「（項氏）纖嗇鄙吝，世間所無，且家中廣收書畫，而外逐刀錐之利，牙籤會計，日夜不得休息，若兩截人然，尤可怪也。」

② 項元汴這一眞賞觀念來自文徵明的啓發與影響，文徵明認爲當今的江南收藏之家，眞贋雜出，精駁間存，一些古物的追逐者不過誇示文物，取悅俗目。作爲一個眞正的鑒賞家，應該「植志弗移，寄情高朗，弗滯弗移，是曰眞賞」。見〈眞賞齋銘有敘〉。

③ 《六研齋筆記》卷一：「……弱冠時，得見項子京先生所藏芝麻一粒，一面書風調雨順，一面書國泰民安，各四字，云出南宋宮中異人所獻者，當時驚詫，舌橋而不下。」

日華日後回憶，項元汴送過他一支特製的筆，此筆名叫「散卓筆」，是項元汴從製筆工匠那裡訂製，比尋常的筆要粗大些，每管從三隻兔子身上取最好的毛，以漆液固其頭。李日華說，用這支筆入手眞、行、草、隸，均揮運如意，用多久也不會壞，當時的快樂心情就像一個少年劍客得到了一把朝思暮想的名劍一樣，卻也沒有覺得這禮物有多珍貴，如今回憶起人生初年這一幕，卻連見到這種筆的機會都沒有了，筆不再得，斯人已逝，剩下的只有滿腔懷戀了①。

成年後的李日華忙於功名，一直沒有太多機會與項家接觸，大概從四十歲那年起，李日華因母親去世，從河南西華令的職位上離任，回到嘉興老家開始了他長達二十餘年的閒居生活。

開始幾年，他閒散地讀書、訪友，指導兒子功課，幫人鑒定字畫和古玩，視自家經濟狀況也適量購入，從一六〇九年開始，李日華開始寫作他著名的《味水軒日記》，一口氣寫了八年，把兩千多個日子裡品茗、會友、讀書、賞畫的所有細節如流水帳一般記錄了下來。在這部藝術史筆記裡，翻閱書畫、評騭翰墨占去了十之八九的篇幅，更穿插著時事、異聞、奇物，酒局、花鳥這些讓作者寄情觸目的小而雅緻之物。據美術史家范景中先生的高足萬木春統計，李日華在八年閒居期間見到的天籟閣藏畫共有六百九十一件，其中宋元以前的占到一半以上，對這些作品的題跋自然成了《味水軒日記》的重要內容。李日華成爲一個出色的鑒賞家和文人畫家（董其昌譽他爲海內士大夫畫山水的四位高手之一），他的雅馴、典正文藝觀的養成，總有一根細細的紅線繫連到天籟閣去，也正因爲此，他終生都對項元汴保持著尊敬和綿長的懷念。

一六一二年春天，李日華在南京試院前的一家店鋪中看到了項元汴當年所繪的一幅扇面，畫的是殷紅寶珠茶花一枝，細雪糝於上，這枝花鮮豔得就像剛採摘下來一般。李日華一下子就想起了多年以前此老的音容笑貌，他感慨說，沒想到項老的藝事精工至此！而那時，距項元汴去世已經二十二年了②。

李日華對項元汴士人氣息濃郁的畫作——他稱之爲「逸韻」——一向甚爲推重，對項氏的書法，他則認爲行書有李北海的風格，而在古雅逸宕方面甚至要超過李北海。一六一六年，李日華在汪砢玉那裡看到項元汴早年的一幅〈竹渠圖〉後感慨，自項元汴死後，南方的文人畫已越來越走入歧途，斯文命脈之斷久矣，如此高的讚譽也只能來自他與項元汴的這一份私誼③。

回鄉後的李日華住在嘉興城東郊外一處叫甪里的地方，這裡臨近河濱，有時他早上醒來，門外就已經停泊了書商或古董商的船。這裡頗有自然的生趣，有時他書房的窗沒關緊，竟然會跳進一隻機靈的松鼠來。另外在府城東門一處叫春波里的地方他還有一片產業，租賃給了相熟的朋友。租金、潤筆、課徒的薪水、題書扇面或匾額的酬勞，再加上朋友偶爾饋贈的禮物，使他盡可能保有優裕的生活，偶爾還能出手買下一些相中的古物。論經濟的寬裕他自然比不上老師馮夢禎——不僅把養老的別墅修到西湖邊的孤山去，還養著一個家庭戲班，時不時帶到西湖上與別家小姬比賽唱曲——但對於藝術人生的經營勁頭，卻一點也不遜色。他在甪里的大院宅裡打造了恬致堂、紫桃軒、味水軒、六研齋等多間精舍，還親自設計打造了一隻叫「雪舫」的代步船，船上滿載花觚、酒器、書卷這些雅具，春天去西溪探梅，夏初去錫山取烹茶的惠泉水，北上蘇州採購花木瓷器及家具，甚至秋天送兒子上省城應三年一度的鄉試，也都是坐自家的船去。

他的老師馮夢禎已算是一個會享受的人了，從南京國子監祭酒的職位退下來後，幾乎把所有的時間都拋擲在了書房裡，自得其樂地品茶、飲酒、閒聊、撰文、鑒古、作畫，羅列書室十三事爲：隨意散帙、焚香、瀹茗品泉、鳴琴、揮麈、習靜、臨摹法書、觀圖畫、弄筆墨、看池中魚戲或聽鳥聲、觀卉木、識奇字、

① 《紫桃軒雜綴》卷二：「項子京令錢生倣古作散卓筆，以漆液固其頭，每管用三兔之毫，時一兔價三分，加以縛工……入手眞行草隸揮運無不如意，用年餘而不渝，余得一枚若利劍在篋，動與之俱，而當時不甚以爲難得，今日想之眞如帝所鈞天樂部中物，豈容復見也。」

② 《味水軒日記》卷四，萬曆四十年三月十六日條：「與虛緣步至試院前閱市，甚少珍異，止見扇三柄……一爲項墨林寫殷紅寶珠茶花一枝，細雪糝其上如生，此老余及與言笑，不意藝事精工至此，徐熙、黃筌豈遂絕跡哉？」

③ 《味水軒日記》萬曆四十四年六月三日條：「自子京沒，而東南繪事日入繆習，嗜痂者方復崇之，甚可歎也！一時讙譁之口，可以簧鼓，千古目豈盡可朦哉？」

玩文石。從下面這份李日華遊戲筆墨信手寫下的雅物清單來看，他對閒雅生活趣味的追求，視域上比其師更宏闊，對細部的雕琢也更顯精微了，這張清單記在他一六一四年初春的日記上①：

晉唐墨跡第一
五代唐前宋圖畫第二
隋唐宋古帖第三
蘇黃蔡米手跡第四
元人畫第五
鮮于虞趙手跡第六
南宋馬夏繪事第七
國朝沈文諸妙繪第八
祝京兆行草書第九
他名公雜札第十
漢秦以前彝鼎丹翠煥發者第十一
古玉旬彘之屬第十二
唐硯第十三
古琴劍卓然名世者第十四
五代宋精板書第十五
怪石嶙峋奇秀者第十六
老松蒼瘦、蒲草細如鍼杪併得佳盆者第十七
梅竹諸卉清韻者第十八

舶香蘊藉者第十九
夷寶異麗者第廿
精茶法醞第廿一
山海異味第廿二
瑩白妙磁祕色陶器不論古今第廿三
外是則白飯綠虀布袍藤杖亦爲雅物。

從官場退隱鄉間的二十餘年間，李日華成了他那個時代最具有批評精神的藝術評論家，一個晚明藝術史的見證者，幾乎每天，都有名頭大小不一的畫家或者古董商帶著書畫慕名來到他家，也有一些捧著來路可疑的端硯、哥窯香爐、琥珀杯、瑪瑙杯等器物，他都會對之評頭論足，做出專業的評點，論態度之嚴謹，可稱是米芾之後第一人。與王世貞爲代表的文獻主義批評方法不一樣的是，他很少只依據文獻的出處來進行考證，多年觀畫的經歷使他積累下了一套老成的經驗，那就是看紙的成色、觀畫的氣色，他是一個古畫的望氣者。在他長達八年的日記中時常可以看到這樣的字眼，「紙色慘惡」、「紙薄墨浮，僞物也」、「以紙色可疑卻之」等等。儘管論畫藝，他也只是泛泛之輩，但他絕對相信自己的眼力，時人把他看作能與董其昌分庭抗禮的批評家實非過譽。

二月，看梅盛開，紛如積雪。聽庭樹鳥聲。三月，穀雨，風雨竟

①《味水軒日記》萬曆四十四年一月十七日條。

日。夜忽感寒疾。十日後，身猶未快，延醫診脈……

七月七日，客持宋張擇端〈清明上河圖〉見示，上有徽宗御書。八日，連服補中益氣湯……

看花、聽鳥、生病、飲茶、觀畫，凡此種種浮生中的瑣屑細節構成了萬曆三十二年起李日華退居鄉間的日常生活肌理，但他和項元汴畢竟是兩代人，亞熱帶氣候緩慢的變化中，陪同他度過悠閒的鄉居生活的，已是項元汴的子侄一輩了。少年時代他因表叔的關係受到過項元汴友好的看顧，與項家子弟一起成長，到他退隱故里之後，他與項家後代一起鑒賞項元汴留下來的寶藏，就好像重新回到了少年時代。項家後人中與他交情深厚的，有項元汴六個兒子中的長子項德純、三子項德新、四子項晦甫，當開始日記寫作時，這些項家第二代已有人陸續離世，至於在日記中頻繁出現的項篤壽的長孫項鼎鉉，及項于王、項于蕃等人，則已經是項元汴後的第三代了。

項德純是李日華的庠中同學，其人喜排場、好聲伎，大有先祖項忠的豪邁之風，朋友們都喜歡叫他「蘭臺」。一五九二年，李日華考中進士後回到嘉興，蘭臺君組織了一場歡迎宴會。二十年後李日華回憶起這場宴會時，印象最爲深刻的是那些藏身在綠色帳幕後面的歌伎們。酒喝到半酣，蘭臺君讓這些帳後的歌女們依次發聲，演唱新曲，每個歌女歌喉一落，蘭臺君就用手掀動他那雄壯的鬍鬚說，這個是關中秦聲，這個是燕趙之聲，這個是古楚國的聲腔，這個是涼州塞外曲，說對了，他就呵呵大笑著，與賓客們浮一大白。酒宴畢，蘭臺君令撤去殘席，鋪上長案，把父親留給他的那份遺產，無數法書名畫，在案上一字兒攤開，任由來客觀賞披覽。李日華第一次見到唐朝陸柬之的〈蘭亭詩五首〉眞跡，就是在蘭臺君歡迎他衣錦還鄉的那次宴會後。

比李日華小六歲的項德新（朋友們也叫他又新）是項元汴的第三個兒子，少年時代他們一同受業於名頭很大的馮夢禎先生門下，人稱他「博雅好古，翩翩文墨間」（《珊瑚網》）。馮夢禎是萬曆五年會試第一名，入過翰林，向他習字、學文的人數不勝數，而馮在退官後爲了維持他體面生活的龐大開支，也從來不拒絕上門的學子們。除了馮門弟子外，他們這個交遊圈裡還包括小品文作家陳繼儒和嶄露頭角的藝術史作家汪玉等人。與

仇英〈竹林品古圖〉

大哥項德純的豪放做派不同，項德新似乎更喜歡安靜的鑒賞一道，李日華說，他和又新同學的時候，又新總是偷偷往馮先生家裡跑，比其他同門師兄弟學到了更多東西。項德新在國子監讀書的時候，爲了巴結馮夢禎，把家藏的那幅陸柬之〈蘭亭詩五首〉眞跡從大哥那裡花三十兩銀子買來，送給了馮夢禎。馮先生呵呵笑納，自跋此卷時掩不住一臉得色，說是：「墨氣若新，精彩飛動，大是神物。」

馮夢禎得到這卷法書，大爲珍視，平時祕不示人，但他的寶貝女婿沈鳳向他開口索借，他又不能不肯。長溪沈氏，也是當地書香門第，到沈鳳的父親沈自邠止，往上三代都是翰林，沈自邠與馮夢禎又是萬曆五年同館庶吉士中最要好的兩個。長相清瘦的沈鳳不喜讀書，卻好聲伎，是個標準的浪蕩公子哥，於書法、鑒賞卻有一份難得的天賦，馮夢禎對這個寶貝女婿眞是愛恨交加。馮夢禎住在孤山別墅的時候，沈鳳也搬來與他同住，說是侍奉老丈人，實際上是爲了節省家居冗食及其他雜費，萬曆三十一年（一六〇三年）七月，在家人的勸說下，沈鳳興沖沖趕往南京應試，不想剛到南京就積勞成病，考試也沒參加就送回了家中，沈家素來迷信，殺牲畜、請巫師，折騰了幾日，花去幾百兩銀子，還是沒搶回他一條命，死時才二十三歲，留下長子沈大詹和遺腹子沈當戶。

沈鳳死後，馮夢禎前往長溪沈家弔喪，雖然記掛著沈鳳借去的那幅字，哀痛之餘，卻也不忍搜其故篋；再說，女婿家境不佳，把這幅字給賣了也說不定呢！心裡忐忑了近一年，他又到長溪沈家，這一回是女婿週年祭，忙前忙後，當晚就在沈家住下。正好有一個沈鳳的生前好友前來討要借去的一幅字，於是馮夢禎得了名正言順的機會，幫著女兒細細翻檢，來客討要的那幅字沒找著，他借給沈鳳的那幅〈蘭亭詩五首〉卻赫然在目！馮夢禎一點也沒有掩飾他的喜悅，他說：至寶復歸，歡喜無量，眞是張公飲酒李公醉，得來全不費功夫啊①！

從沈鳳的箱子裡重新找回〈蘭亭詩五首〉後，馮夢禎再也不肯把這幅字出借，將之保管在身邊一直到死。一六〇五年馮夢禎去世後，這件法書就歸了他的兒子馮權奇。馮權奇就是租住李日華府城東門春波里房子的那個朋友，他雖然有個做過翰林的父親，但也和早死的沈鳳一樣不喜讀書，只好鑒藏，常常和一些鬻古的、賣假畫的混在一起。李日華對他的評價是「性躭幽寂，不習世故」，看來怪脾氣是出了名的。馮權奇經常付不起房租，李日華倒也不催，他自己不好意思了，把〈蘭亭詩五首〉折價六十兩銀子典押在李日華那裡。

萬曆三十八年（一六一〇年）冬天，春波里以及沿街店面房百餘間發生一場大火，把李家的主要經濟來源，這一大片出租房全都焚爲灰燼，而這場大火的罪魁禍首，就是借住此地的馮權奇。

火災發生後的第六天，李日華在日記中道明了此事原委：啓堂前的一塊湫地，本來種有竹子，竹子枯死，馮把它們全部斫去，又鑿牆多作圓光，鑿得牆上到處都是大大小小的圓孔，於是偶一不慎，引火入內，直至不可救藥。李日華出入過馮權奇家中，他說馮家住得實在是「溷褻狼藉」，樓上是十餘箱佛經，樓下住著妻妾，火勢一起，家人婢子竄作一團，以致烈焰騰空了這些人還傻愣著，好像根本就想不起來還有救火一說。

李日華說的「圓光」，應該就是奇門遁甲裡的一種，「圓光術」，類似風水、畫像施法的看形術。樓上放佛經，樓下住妻妾，一大家子住得骯髒凌亂不說，還往不該鑿洞的封火牆上亂鑿洞，這把火眞燒得一點也不冤。只是苦了李日華，春波舊第，連市廛取稅房，大小百餘間，老父一生拮据積攢下的一整片產業瞬間被燒個滑塌精光，十多年裡他都未能恢復元氣，直到天啓初年，那片房子才又重新蓋上②。

李日華還記錄了大火時至爲奇怪的一件事，煙燒蓬勃中，眾人但見空中如曳帛一般，數十片東西紛紛揚揚隨風到處飛揚，三、四

馮夢禎像

① 馮夢禎《快雪堂集》卷三十一。

② 《味水軒日記》萬曆三十八年十二月八日條：「春波舊第，連市廛取稅房，大小百餘間，沿燒悉盡，家君一生拮据所就，蕩然矣。」

天後，附近的農人，從朱家樓、石佛寺、章家橋等處，都說撿到了完好無損的佛經經卷。李日華在日記裡說道，一定是上天的護法諸神見馮權奇如此褻瀆經卷，才施薄懲於他，人怎麼能不敬鬼神呢①！

那幅典押在李日華處的〈蘭亭詩五首〉則神奇地躲過一劫，用李日華的話來說眞是神物呵護，獨爲靈光之存。以後的十數年間，這幅法書一直保管在李日華的清樾堂裡。後來，此卷仍然還給了馮權奇。說起這一節，李日華還兀自憤憤不平，說是被馮權奇強奪而去。當時典資說好是六十兩銀子，馮權奇竟然只付給他兩只冒牌的鼎。後來馮權奇把此帖高價轉手給了吳中商賈，就再也沒人見過它了②。唉，出了這個敗家子，馮老先生在地底下怕也睡不安穩了。

萬曆四十四年的大火

李日華在嘉興一邊悠閒度日、一邊寫作日記的八年中③，比他年長十歲的董其昌除了在湖南督學任上有過短暫不愉快的經歷外，也正在松江府華亭家中過著同樣的閒居生活。雖然兩地之間一夜航船可到，但沒有記載可以表明，這兩個當世最負盛名的鑑

① 《味水軒日記》萬曆三十八年十二月十四日條：「前是三十五年，余以春波舊第假馮權奇居住。權奇性躭幽寂，不習世故。啓堂前湫地種竹，竹死，輒易之。又甃牆多作圓光，至是引火入內，不可救藥。權奇又以佛藏經十餘箱置樓上，而樓下即其妾所居。家人婢子溷褻狼藉，竟招烈焰。」

② 《六研齋筆記》卷三。

③ 李日華寫日記的八年爲萬曆三十七年至四十四年。

賞家有過任何往來酬酢。應友人項于蕃之請，李日華曾爲他畫過一張扇面，一六一三年初，項于蕃拿著這把扇子給李日華看時，上面已多了一段董其昌的跋語，在這段題跋中，董其昌把李日華稱作當世士大夫習山水畫的四大家之一，可見他並沒有忽略這個住得離他不遠的鑒賞家。

自視甚高的李日華儘管一眼就看出，董其昌的這一褒揚很是有些言不由衷，客套的成分居多，自己也不是太樂意出現在這份所謂當世官員畫家的名單上（名單上有些人他還懶得結交呢），但這一片語隻字的評價畢竟來自極受當世鑒賞界看重、號稱書畫雙絕的董其昌，也就不能泛泛處之了，他還是鄭重其事記入了當天的日記④。

不相往來並不表示看不到對方的存在，大師之間的相互漠視或許是另一種形式的重視，在李日華的心目中，官場和藝壇雙臻完美的董其昌可稱是他那個時代文人理想生活的完美樣板。這話他不會當著董其昌的面說，卻時時拿董垂範他的弟子和兒子。六十歲那年，不甘寂寞的李日華結束隱居生活，赴京任尚寶司丞一職，他在寫給弟子石夢飛的一封信中，督促弟子和唯一的兒子李肇亨不可過分沉迷於書畫丹青，而應該把追求功名放在第一位，像當世名士董其昌那樣，進取功名實利，入翰林，任皇長子講官，退享博物清名，成爲鑒賞法眼，這樣的一生才稱完美，要是一個人在仕途上一事無成，即使像當今的文嘉、陳道復成爲大

董其昌像

④ 董其昌的這段題跋見《味水軒日記》萬曆四十年一月八日條：「小霽，項于蕃來，出余舊所圖扇，已爲董思白題云：今士大夫習山水畫者，江南則梁溪鄒彥吉，楚則郝黃門楚望，燕京則米友石，嘉興則李君實，俱寄尚清遠，登高能賦，不落畫工蹊徑。余竝得受交，亦稱知者。」

畫家和鑒賞家，終究還是有缺憾的人生①。

作爲緊逼吳門畫派而出現的「華亭派」的領銜人物，董其昌一點也沒有因爲他的前面已有趙孟頫、文徵明兩位大師而有絲毫侷促，從藝術史脈絡來看，前面兩根藤就好像爲了結出他這顆瓜。時人評他的畫，山水樹石，煙雲流潤，論風流蘊藉可爲本朝第一。而他的書法、尤其那一手生秀淡雅的小楷，連他自己也十分自負，人稱融合了晉、唐、宋、元各家書風，枯濕濃淡，盡得其妙，看他的字彷彿看到雲中的龍蛇飛動在腕指間②，以致他的書信或隨意寫下的便條，都會被人們像對待聖物一樣去追捧。當然不是他的字裡有多少神聖意味在，而是因爲拿到市面上馬上就能到手白花花的銀子，家藏若干年則會有更大的升值潛力。

就是這樣一個當世畫壇第一人、古物鑒賞大師，卻自稱小時候的一手字爛得實在不行，以致十七歲那年去參加郡試，本可因文才出眾名列第一，卻因字太差，被主考官松江知府袁貞吉列爲第二，而把字寫得較好些的董其昌的一個堂侄董源撥爲第一。董其昌說，正是這一挫折讓他大受刺激，開始發奮臨池學書。先臨顏眞卿的〈多寶塔〉，再改學虞世南，以爲唐書不如晉魏，又學〈黃庭經〉、〈丙舍帖〉等，三年下來，就以爲自己很了不起了，連近代大家文徵明、祝允明也不放在眼裡。一直到他二十歲那年來到嘉興，觀看了項元汴家藏歷代眞跡，再於二十五歲在南京看到王羲之著名的〈官奴帖〉，才省悟到以前實在是狂妄得可笑，在寫作《畫禪室隨筆》自述這段學藝經歷時，他對項元汴表示了感謝，感慨說：「翰墨小道，其難如是，何況學道乎？」

一五七四年，因爲與項元汴的長子項德純熟識之故，當時還是一個諸生的董其昌來到項家做一名塾師，給項元汴的幾個孫子教授時文。項家不僅收藏甲於江南，而且一家人都是丹青愛好者，項元汴本人的竹、蘭、石和小幅山水已然名聲在外，三子項德新也是一位業餘畫家，董其昌的學生、項德新的兒子項聖謨（也有一說他是項德達的兒子）更是對繪畫充滿了巨大熱情。項德新要兒子走科舉之路，項聖謨只能在夜裡篝燈習畫。據說他曾經作過一個夢，夢見自己的畫筆挺立如柱，直上雲漢，其中並有層級如梯，他登級而上，到達了筆之毫端，並鼓掌笑談。這一夢境傳達出了他對自己畫藝的巨大自信。多年以後，已成爲畫壇巨擘的董其昌稱讚他不愧是項元汴之孫，說他的山水已具「元人氣韻」——這在當時是非常了不得的讚譽③。

來到項家，有機會瀏覽了天籟閣藏歷代名畫，董其昌始知「從前苦心，徒費歲月」（《墨禪軒說》）。在於一六三五年爲項元汴寫下的一篇墓志銘中，時年八十一歲的董其昌回憶了與項家父子的這段交往，他說，因爲與項德純的朋友關係，項元汴對他也很是看顧，情分上幾同師徒一般，項元汴經常與他說起先輩風流及書法繪品，上下千載，一一例舉，雖然兩人年齡相差三十歲——這一年董其昌二十歲，項元汴五十歲——卻趣味相投，都有

項聖謨自畫像

董其昌〈空山梵宇圖〉

① 《恬致堂集》卷三十二。

② 這一比喻來自明末書評家何三畏對董其昌書法的評論：「天眞爛漫，結構森然，往往有書不盡筆，筆不盡意者，龍蛇雲物，飛動腕指間，此書家最上乘也。」但也有人認爲他的字「有姿無骨」。見鄧之誠《骨董瑣記全編》。

③ 見董其昌跋項聖謨《畫聖冊》：「項孔彰此冊，乃眾美畢臻，樹石屋宇，皆與宋人血戰，就中山水，又兼元人氣韻，雖其天骨自合，要亦工力至深，所謂士氣、作家具備。項子京有此文孫，不負好古鑒賞百年食報之勝事矣。」

相見恨晚之意①。

前述《畫禪室隨筆》那則學藝筆記中，董其昌提到的二十五歲那年在南京看到的〈官奴帖〉，一名〈玉潤帖〉②，此帖爲右軍晚年名筆，字體大小一如〈蘭亭〉，摹寫在唐朝的冷金箋上，這種黃色的厚宣紙堅實挺刮，摸之索索有聲。董其昌說自己不久前剛受過天籟閣藏品的洗禮，又在一個特殊的機緣下看到這本〈官奴帖〉，此後，整整三年他都沒有握筆，而是經常埋頭想一些問題，待到想通了，自己的書藝已陡然進入一個新的境界。董其昌日後追蹤過〈官奴帖〉去向，此帖先是歸於王世貞，但後來他向王世貞的兒子王士騏打聽時，說是已經轉贈東閣大學士許國了。許國正是董其昌的座師，但在董其昌記述此帖經歷時，這位大學士已去世多年了。

一直到一五八九年考中進士去北京翰林院任職前，董其昌都是嘉興項家的常客。那時項元汴已入老境，幾個子侄也已成年，項家人對他的看畫要求總是盡量予以滿足。就在這幾年間，好學不倦的董已把天籟閣藏歷代名畫「索觀殆盡」，被歷代書家視爲神物的王獻之〈洛神賦〉唐人摹本，他就是在天籟閣讀到並細加臨摹。一五八二年，董其昌在項元汴處觀趙孟頫的〈鵲華秋色圖〉（同年他還見到了天籟閣祕不示人的〈女史箴圖〉），對之一直念念不忘。項元汴去世十二年後，萬曆三十年（一六〇二年）冬天，董其昌終於從項德明那裡獲贈此圖③。在這之前，項家後人向他求文、求畫、求鑒賞古物，每次都有可觀的字畫饋贈。

董其昌任職翰林院編修並充任太子講官的時間並不長，這個政治嗅覺敏銳的藝術家一發現朝局有風吹草動的跡象，就以養病爲由回到了松江老家。嗣後，吏部數次提名他擔任湖廣提學副使、福建副使、河南參政等官職，但他都找藉口沒有上任。大約是在京城的時候，董其昌就開始發力梳理早期畫史，並推崇「南宗」爲文人畫的正宗。退隱江南後，帶著這些藝術史的新問題他又一次次地和朋友陳繼儒等人一起造訪嘉興。年輕時初入項家，他不過是一個與主人交情深厚的塾師，此時賦閒京官加書畫名家的雙重身分，已使他的社會地位迥異往昔。而到了晚年，隨著其名望上升到海內罕匹的地步，他權威性的到訪已成爲嘉禾城的公共文化事件，讓鑒賞界人士奔走相告。項元汴的侄孫項鼎鉉的《呼桓日記》記載了董其昌到嘉興的多次到訪，每一次聚會，嘉興周邊的畫家、鑒賞家以及項家後人都悉數到場，但奇怪的是，此時還賦閒在家的李日華，住在距項家不過數里的甪里，卻一次也沒有參與過接待董其昌的這類活動。

董其昌到嘉興聲勢最廣的一次是在一六一二年初夏，據主人項鼎鉉日記記載，這天下著大雨，但絲毫沒有妨礙接到通知的姚叔祥、郁伯承等地方名流準時到來，項家出面接待的還有項鼎鉉的堂弟項于蕃等人。董其昌這次主要是來看王羲之、王薈、王獻之共撰的〈萬歲通天帖〉唐摹本，還有米芾的法書〈雲山卷〉。他看了王氏法書唐摹本，滿懷欣喜地說「雲花滿眼，奕奕生動」，許爲項氏舊藏中的頂級之寶。幾乎是在意料之中，李日華這次又沒到場。《味水軒日記》中所載當天內容與此渾不相關：上晡時雨，有札山看火鳥，非時而鳴④。

同一片天空，同樣的雨，竟然是跑到山中聽鳥鳴去了。

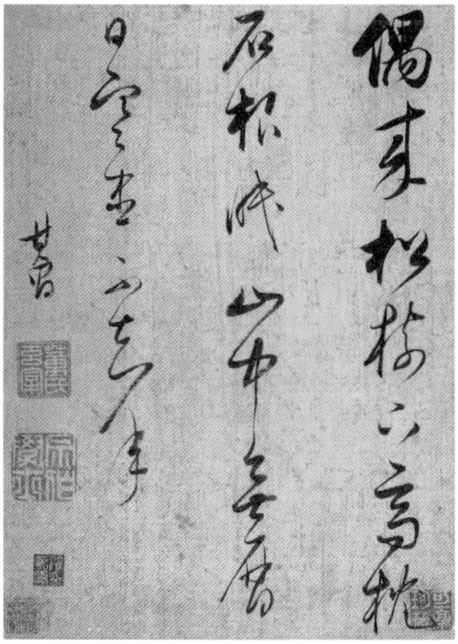
董其昌書跡

① 董其昌〈明故墨林項公墓志銘〉：「憶予爲諸生時，遊檇李，公之長君德純，寔爲夙學，以是日習於公。公每稱舉先輩風流及書法繪品，上下千載，較若列眉，余永日忘疲，即公亦引爲同味，謂相見晚也。」

② 帖云：「官奴小女玉潤，病來十餘日，了不令民知。昨來忽發痼，至今轉篤，又苦頭癰。頭癰以潰，尚不足憂。痼疾少有差者，憂之燋心，良不可言。頃者艱疾未之有，良由民爲家長，不能剋己勤修，訓化上下，多犯科誡，以至於此。民唯歸誠待罪而已。此非復常言常辭。想官奴辭以具，不復多白。上負道德，下愧先生，夫復何言。」

③ 〈鵲華秋色圖〉董其昌跋：「余二十年前見此圖於嘉興項氏，以爲文敏一生得意筆，不減伯時〈蓮社圖〉，每往來於懷。今年長至日，項晦伯以扁舟訪余，攜此卷示余，則〈蓮社〉已先在案上，互相展視，咄咄歎賞。晦伯曰：不可使延津之劍久判雌雄。遂屬余藏之戲鴻閣。其昌記。」

④ 《味水軒日記》萬曆四十年六月十九日條。

而觀日記中他這一年的行跡，一直是與項家子弟保持著密切走動的，董到嘉興前半個月，李日華帶著自己日記中抄錄的一條在項鼎鉉家談文論藝坐了大半天，之前四天，他又爲項鼎鉉畫了兩張扇面，而在董離開項家後不久，項鼎鉉又派人拿著〈群玉堂帖〉跑到李家去求鑒定，不久後，項鼎鉉還把家藏的〈宋人名畫冊〉四十二幅借給他觀賞。是什麼讓這兩個當世鑒賞大家錯肩而過，是李日華自恃身價，還是董其昌怕後者的到來平分秋光？董其昌的忠實擁躉者陳繼儒在一篇拍馬屁的壽文中說董有「三無」：「筆下無疑，眼中無翳，胸中無一點殺機」，又說他是個性情平易、精通禪理的明白人，看來所謂名士風度者，名頭大，脾氣更大。

無名者汲汲於名，盛名者爲名所累，當李日華準備結束二十年的閒居生涯前往京城任職的萬曆四十四年，即一六一六年春天，名滿天下的董其昌卻在華亭幾乎遭受一場沒頂之災。這年三月的一天，上萬名憤怒的鄉人圍住董家宅院放了一把火，不僅董家院內的朱檻曲欄、樓閣亭臺一夜之間化爲瓦礫，戲鴻堂裡董其昌大半輩子辛苦蒐羅的法書名帖、宋元刻本、包括他自己創作的歷年精品，也都灰飛煙滅。

這一在當時就被稱作「民抄董宦」的群體性事件，其引子可追蹤到一個叫錢二的說書人身上。據當時流傳甚廣的出於一個野史作家的《民抄董宦事實》和另一則民間唱本《黑白傳》稱，慣於道貌岸然的董一直有著旺盛的性慾，六十多歲了還酷好房中之術，前一

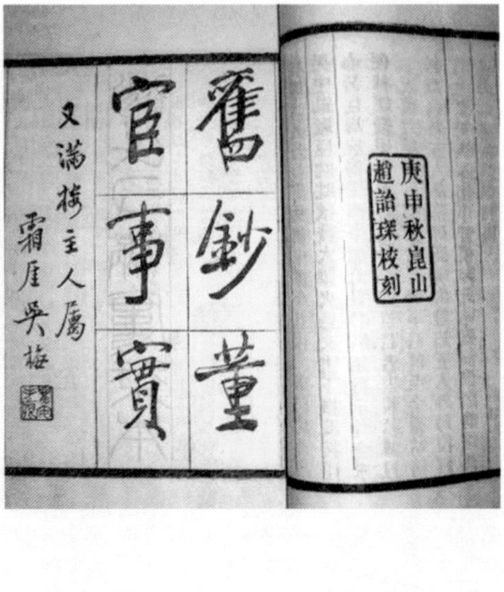

清趙詒琛《民抄董宦事實》

年（一六一五年）秋天，董其昌看中了諸生陸兆芳家一個叫綠英的使女，於是他兒子董祖常便派家人陳明帶人強搶綠英，準備給老子做妾，陸兆芳不允，董的兒子和家奴便把陸家給砸了。說書人錢二所唱的曲本《黑白傳》（董其昌號「思白」，暗示與之有關），正是由這一令人咬牙切齒的事件改編而成，董家爲富不仁、魚肉鄉里的惡行，很快就在吳中一帶不脛而走，甚至傳到了南方諸省。

在董其昌看來，說書藝人錢二傳唱此曲是對他的體面和威嚴的有意挑釁，一紙訴狀告到官府。官府拘去了錢二，沒經什麼審訊，錢二就招認說，他傳唱的曲本出自華亭城裡一個叫范昶的秀才手筆。董聞言大驚，這個叫范昶的嫌疑犯說來還是他的姻親吶。在董家私宅，董逼著他的這位姻親與說書藝人錢二進行了一次當面對質。錢二一口咬定范昶就是《黑白傳》的原作者，而范昶竭力辯白這事不是他幹的，還情願一起去城隍廟指天賭咒。不知是城隍廟的神靈顯靈還是范昶眞做了此事心虛後怕，他回去後不久就暴病而亡。於是，苦主八十三歲的老母帶著兒媳龔氏、孫媳董氏及一干女僕穿著孝服到董家論理。誰知還未進董府大門，就被一夥豪僕圍住，轎子被打毀，人被扯進董宅堂屋，關起門來將幾個婦女摁倒，謾罵侮辱，剝去衣褲毒打猥褻，事畢又塗上滿臉泥巴，拉到附近坐化庵示眾。范家兒子范啓宋哪咽得下這口氣，一紙「剝褌搗陰」的訟狀將董家告到官府。

這一下董家犯了眾怒，從三月十日開始，一份出於無名氏之手的討董檄文遍貼城中各處，檄文以一種激憤的語調對董其昌進行了道德譴責，認爲像董這樣淫奢豪橫的人渣已不配留在這個世界，號召四鄉之民在十日之內搗毀董宅。文章作得風生水起，又有著極強的鼓動性，一看就是出自行家之手：「……人心誰無公憤？凡我同類，勿作旁觀，當念悲狐，毋嫌投鼠，奉行天討，以快人心。當問其字非顛米，畫非痴黃，文章非司馬宗門，翰非歐陽班輩，何得僥小人之幸，以濫門名……若再容留，決非世界，公移一到，眾鼓齊鳴，期於十日之中，定舉四凶之討。謹檄。」

《民抄董宦事實》的無名氏作者明顯站在董家對立面，這個神祕人物（很有可能他是這一事件的策劃和組織者）以一種幸災樂禍的筆調寫道，到了這個時候，要是董其昌稍有點自知之明，閉門悔禍，那麼事情或許還有挽回的餘地，但董氏似乎太過於相信自家的力量了，四處活動，急於要擺平范氏一家，以致憤怒的潮水把他們徹底淹滅了：

斯時董宦少知悔禍，出罪己之言，猶可及止，反去告狀學院，告狀撫台，要擺布范氏一門，至此無不怒髮上指，激動合郡不平之心。初十、十一、十二等日，各處飛章投揭，布滿街衢，兒童婦女競傳「若要柴米強，先殺董其昌」之謠。至於刊刻大書「獸宦董其昌」、「梟孽董祖常」等揭紙，沿街塞路，以致徽州、湖廣、川陝山西等處客商，亦共有冤揭黏貼，娼妓龜子遊船等項，亦各有報紙相傳，眞正怨聲載道，窮天罄地矣。

果然就像檄文中約定的那樣，到了十五日行香之期，黑壓壓的人群圍住董家宅院吵吵嚷嚷，看聲勢不下上萬之眾。他們大多是本縣民眾，也有一些是專程從幾十里，甚至上百里外的金山、青浦、上海趕來。他們先拆毀了河對岸董家下人陳明十來間裝修精美的房子。到傍晚時分，隨著一個指令從人群中隱祕的一處角落發出，憤怒的人群開始向院內衝擊。董家倉促雇來的十餘個看院的，開始還想動手阻攔，很快就被如潮般湧來的人流吞噬了。董其昌的兩個堂兄弟董乾庵和董廣大拿了一疊「辯冤」的帖子在人群中散發，也被如雨的拳頭、扇柄和棍棒打回了門內。董家下人緊閉院門，站在牆上向外潑灑糞溺之類的髒東西，想驅散人群，但這只能引起更大的憤怒。有人爬到董家屋上，揭下磚瓦向裡投擲，還有人準備動手點火燒房，不巧這時下起了一陣雨，於是牆外暫停了行動。

董家在惴惴不安中過了一夜。第二日一早，騷亂進一步升級，越聚越多的民眾罵聲如沸，董家宅院如同怒濤中的孤島隨時都可能沉滅。僵持到天色初暗，火終於燒了起來。在場的目擊者看到，有兩個身手像猴子一樣靈巧的街頭少年爬到屋頂，用兩卷油蘆蓆點著了門面房，剛開始火勢還不大，西北風一吹，火苗一蔓延到茶廳就突然大了起來，不一會，整個董家院都在火海之中了。火趁風威，迴環繚繞，空氣中不時響起家什器具被燒裂的劈剝聲，有人奔跑，有人吶喊，有人把台桌廚椅扔進火堆助燃火勢，也有人趁亂衝進幽房密室搶劫金銀器物。人人臉上都躍動著夢幻般的火光和施暴的快意。火越燒越大，東邊的楊姓和唐姓人家、西邊的王姓人家，見到火苗蔓延過來，在屋沿邊掛出燈籠，高聲呼喊這裡是某某宅房，這裡是某某姓屋，於是眾人又忙不迭地跑去幫助滅火。大火燒了整整一夜，天亮後，董家數百間畫棟雕梁、園亭臺榭，私家花園裡的朱欄曲檻、各種名貴花木、湖石，全都化爲尚在絲絲冒煙的灰燼，董其昌多年搜集的珍奇貨玩、古今字畫，也都不知落到何人手中。

同時遭殃的還有董其昌的兒子董祖源家。董祖源的妻子是前閣相徐階的玄孫女、申時行的外甥女，嫁到董家時陪嫁極豐，董祖源的新宅一字兒排開二百餘間，高屋入雲，富麗堂皇得如同皇宮一般，當初造屋時，董祖源強拆了許多民房，把宅基地圈爲己有，早就積怨於街坊，此時也被趁亂燒燬。董氏的另一個兒子董祖和，因爲平時略知收斂，民怨不大，只有他家沒有受到衝擊。

騷亂持續了整整一週，十九日，在別有用心者指揮下，民眾衝向城中一個叫白龍潭的幽靜地方，焚燬了董其昌的另一處專用於讀書、作畫的居處。他們把董其昌手書「抱珠閣」三字匾額打爛了丟進河裡，一邊大喊：「董其昌直沉水底啦！」城中坐化庵的大雄寶殿匾是董氏手書，他們看到後紛紛拿磚塊去砸，慌得和尚們自己爬上去拆了下來。眾人拿刀砍，拿鏟削，把這塊匾搗了個稀巴爛，說這叫「碎殺董其昌」。最冤的是一個穿月白綢衣、讀書人模樣的中年人，只因爲他拿著一把摺扇遮擋陽光時，被眾人看出這扇面是董其昌題寫，就被當場收繳撕破，這人還想理論，被四、五十人圍住痛打，把他的衣服和帽子都扯破了。

一六一六年春天的這把大火，把董其昌畢生收藏燒個精光，更把他苦心構築的道德形象燒得蕩然無存，人們提起他，已不是那個瀟灑儒雅的賦閒京官和筆墨爲當世所重的書畫大家①，而是一個逞威作福、人品猥瑣的豪強，一個以丹青

①《明史》對董其昌性情的描述爲：「性和易，通禪理，蕭閒吐納，終日無俗語。」

薄技暴享大名的勢利小人。這種名譽上的巨大落差，眞比燒去他的幾百間華屋、數千件古物的打擊還要來得巨大、來得痛心。此後差不多有半年時間，六十二歲的董其昌在一種悽惶恐懼的心情籠罩下過著一種近似於半流亡的生活。棲身的屋子沒有了，他只好住在一條木船上，隨水東西，今天去某個同年家叨擾，明天再登哪個故舊或弟子之門，蘇州、鎭江、丹陽、吳興，都留下過他寄食的蹤跡。潑墨、題跋的雅興是沒有了，偶爾作畫也是寄人簷下過意不去了還個人情。這大半年裡，他唯一在做的一件事，便是努力洗刷去這一事件給自己聲名帶來的污痕。

他堅持認爲，這場騷亂的性質，並非別有用心的無名氏在揭帖中所說的「民抄」，而是「士抄」。前者開罪鄉里、結怨於民，幾乎釘在了歷史的恥辱柱上，想要翻身都沒有機會，董其昌就是打死也不會承認；而後者，不過是一些嫉妒他的財富與聲名又不得志的士人、個別仇家唆使不明眞相的百姓前來鼓噪尋釁，兩者可謂有雲泥之別。還原事情的始末，窮究每一個細節，這件針對自己的事肯定是蓄謀已久的，他甚至相信，整件事的背後站著一個跟他過不去的權勢家族，目的就是要讓他身敗名裂。數年前他在湖廣學政任上時，因沒有答應請託，被某個權勢人物嗾使數百學生搗毀公署，這兩件事情的性質、方式實在太接近了，它們之間到底有沒有內在的聯繫呢[1]？

疑點確實太多了。如果朝廷確有爲自己洗刷恥辱的誠意，那麼這些疑點是必須予以重視的。他已經失掉了財富、字畫、古物，他不想把自己的一生清譽也搭進去。要眞是這樣的話，大火背後那些陰謀家們眞要把下巴也給笑掉了。

從事後的處理結果看，雖然負責全省學政的學台與地方官員有過激烈爭論，但最後朝廷還是基本採信了董其昌的意見。負責調查此事的地方官如是向朝廷申報：「因傳奇小說與生員范啓宋父子爭怨，各抱不平，遂開釁端。二姓越數百里赴職投狀，而事外之人，輒從中鼓煽，構此奇變，狂生發難，惡少橫起，董氏主僕之住房，一夕成燼。」都察院右僉都御史王以寧遍訪鄉紳孝廉及諸父老，得出的結論是幕後指使確有其人，嚴令松江府學嚴懲肇事的生員，以正綱紀。王以寧在答覆松江士大夫二十八人、孝廉五十一人公開信時說，自己與董其昌沒有任何私交，這樣做完全是爲了申明朝廷三尺之法，杜絕東南士人帶頭騷亂的不良風氣。在王以寧這樣的在任大員有力支持下，此案拖了半年後由蘇州、常州、鎮江三府會審，結論是「諸生一時過信啓宋之詞，以耳伺耳，以目伺目，忿激成仇，揚袂而起，五學若狂，穢詞加遺，騁一時之意氣，忘當機之隱禍，宜其有今日耳」。最後做出的判決如下：除將直接參加燒搶董家的一干流氓王升、董元、金留、曹辰等定爲死罪論斬外，松江府華亭縣儒學生員有五人受到杖懲並革去功名，另有五人受杖懲並降級，三人單受杖懲。范啓宋父死非命，門庭被辱，與被告家人情俱可原，不予處分。董的家人陳明儘管被亂民燒光了房屋，官府仍然對其「隨行拘責監候」，董其昌本人對家奴的惡行因不知情，免於追究。

① 「起故官，督湖廣學政，不徇請囑，爲勢家所怨，嗾生儒數百人鼓譟，毀其公署。其昌即拜疏求去，帝不許，而令所司按治，其昌卒謝事歸。起山東副使、登萊兵備、河南參政，竝不赴。」王鴻緒《明史稿》列傳卷一百六十四。

董其昌〈水村深秀圖〉

無名氏的《民抄董宦事實》記錄下了這份受到懲處的生員名單：郁伯紳，翁元升，張複本，姚瑞徵，沈國光，李澹，李揚譽，陸石麟，馮大辰，姚麟祚，馬或，丁宣，方小一……

董其昌與他家鄉的讀書人的梁子是結下了。對這樣的判決結果他當然是不滿意的，但也只能故作高姿態，要求當局「寬待生民」。一個叫楊鶴的御史事後憂心忡忡地評論說：董氏在鄉里即使有什麼不法，也應該按照法律程序來解決才對，怎麼會鬧到舉家百口差點兒都一把火給燒死？今三吳世家大族，人人自危，恐怕東南之變，將在旦夕。

當董其昌在一六一六年春天被一把火燒得焦頭爛額之際，相去華亭不遠的嘉興，李日華卻「終日在花香鳥語間」，依然過著他讀書、賞畫的閒散生活。三月十三日是他五十初度，熟知他性情的兒子肇亨早早就給他備下了一隻酒舫，這一天他和一干舊友就在船上飲酒，船過一棵海棠樹下，雖有落紅擁樹，而枝頭殷紅不減。再有剛上市的新茶要烹，朋友帶來的楊鐵崖的手書、沈石田的山水長卷要品鑒，實在是忙得不亦樂乎。他好像一點也不知道，百餘里之外的一把大火，燒掉了一位大師的居所，此人此刻正被仇恨的火苗燒灼著惶惶如喪家之犬。而他依舊好整以暇地在這月中旬出門進行了兩次短途旅行。先是十七日在朋友陪同下去蘇州，在熱鬧的閶門一帶登岸後，訪友、焙茶、賞畫，購買瓷器和小件家具若干，勾連四日後回家，用帶來的上好泉水泡新茗，似乎旅途的疲勞也煙消雲散了。歸家次日，好友徐潤卿來訪，一起賞看王復元的一卷詩稿，似乎也沒說起華亭那邊的事。

他自己說，上了年紀後眼睛不太好使了，聽從醫囑，不能飲酒，不能看書，也不見客，日子寡淡得很，只好在細雨的午後一個人坐在美蔭軒裡，聽外面的春鳥千囀百弄，要嘛就讓兒子把家藏的一把宋琴取出來，放在書案上自娛一番。但到了月底，眼疾稍有好轉，他就坐自家的「雪舫」往杭州跑了。這次在杭州足足逗留了二十餘日，到下月二十三日才回，見的基本上是同年、故舊、僧人，住的還是以前到杭州必往的昭慶寺，而且還是同一間客房——雲山房。他事無巨細地記下了在淨慈寺與主持僧人一起以茭筍佐飲劇談山中往事的經過，記下了冒雨前去拜訪當年開封府同仁（現已是省級高官）的經過，甚至買到一缶龍井茶、兩缶天目山精茶的流水帳也記了下來，但對近日江南士林盛傳的董家被燒一事依然不置一言，就好像這起哄傳江南的事件，對他來說是不存在的。《味水軒日記》裡的萬曆四十四年，看不到松江府華亭縣，看不到董其昌，李日華刻意的沉默顯得意味深長。

燼餘錄

上述這些，都已經是項元汴死後二十六年的事了。二十六年，生生死死，方生方死，從萬曆十八年到萬曆四十四年會有多少事發生啊。後人回望萬曆年，江南董家的那把火絕對不會是最重要的一件事，之所以時常提起它，也只是因爲那把火不僅讓一代書畫名家董玄宰斯文掃地，更把一個時代的華美外衣剝落殆盡，露出了粗糙的裡子。

在項元汴生命的晚年，曾讓他顧盼自喜的風流大雅已日漸淪落，現出凋敝之相。六十歲後，項家已很少再有豪侈宴客、夜夜笙歌的場面，不知是項元汴精力不濟還是他的經濟已不似先前闊綽。在一幅舊畫的跋語中，寥寥數字「受制暴黨」、「杜門避難」，隱隱透露出他好像遇到了什麼棘手的事，遭遇了什麼外來的變故。項元汴不像馮夢禎、李日華有寫日記的癖好，日常生活的每一個細節，甚至隨季候變化的心情，後人看去都一覽無遺，因此只能從他寫下的「汴以不才，困處丘隅，躊躇世故，悽惻家艱」等零星數語去猜測，事情的起因似乎是家變，很大可能是給六個兒子析產發生爭執，再有豪強大戶插手，以致項元汴焦頭爛額，無以應對①。

①見項元汴在〈竹石小山圖軸〉上一段題跋：「汴以不才，困處丘隅，躊躇世故，淒惻家艱。惜哉運命，受物汶汶，思無自釋，援翰宅心。蓋取夫巖嶺高則雲霞之氣鮮，林藪深則蕭飀之音微，其可以藻玄瑩素、疵其浩然者乎，舍此遂無以洩孤憤之嘆，以舒抑鬱之懷矣，人能觀畫疇知斯意。」

一五八九年秋天的一個晚上，項元汴宴請了由馮夢禎陪同前來嘉興的著名戲曲家屠隆（馮和屠是萬曆五年的同年），陪同的還有當年因抗疏張居正奪情遭受過廷杖的沈思孝等人。這是見諸紀錄的項元汴主持的最後一次夜宴。因來客在江南文藝圈裡的聲望，這夜的筵席或許還稱得上豪華，宴畢，項元汴還出示了自己的得意收藏、褚遂良手摹的〈蘭亭序〉和米芾的眞跡。作爲答謝，首次造訪項家的屠隆也留下了一首小詩，但從「器多三代司空賞，文有千秋班馬存」這些應酬性的句子來看，這至多只是一次禮節性的會面。就在這次夜宴後的次年冬天，一代收藏大家項元汴在家中去世，由於記載闕如，我們只知道他是在「家釁陡作」的困頓和失意中去世的，至於這位大收藏家生命的最後歲月裡究竟發生了什麼，或許永遠不爲人所知。

項元汴一手打造的藝術王國在他去世半個世紀後土崩瓦解。一六四五年八月六日（閏六月二十六日）清晨，清豫親王多鐸派遣貝勒博洛的一支軍隊爬上了嘉興城牆，短暫抵抗後，知府鍾鼎臣、協助守城的南明吏部尙書徐石麒等人自殺，大批軍民出東門逃往平湖方向。隨後清軍展開了瘋狂的屠城，從城西三塔到城東用里街，一路屍積里巷，血滿溝渠，留在城中未及逃出的，有的竄入寺院削髮爲僧，有的躲入官府大牢自稱囚犯，大兵過後，城中生還者不足三百人，更有大批年輕婦女被清軍擄掠而去①。

項元汴的孫子項嘉謨，在城破時率二子及妻妾投天星湖自殺②。項嘉謨以前的鄰居、詩人朱彝尊在得知他慷慨赴死後表示了發乎內心的尊敬。朱彝尊先前對這個落魄潦倒的世家後裔印象不太好，曾講過一個笑話說，向彤（項嘉謨的字）爲人儻蕩不羈，中年時家道中落，有一年禾城鬧饑荒，他家也斷了糧，向彤的父

① 近人屈爔彙集清初各種史料，編有《嘉興乙酉兵事記》一書，對「乙酉之役」記載甚詳。此作原載於抗戰前的《浙江省圖書館館刊》第四卷二期，未見單行本。

② 《小腆紀傳》載：「項嘉謨，秀水人，以文士投筆，渡河出塞，官薊遼守備。尋棄官，入閩登武夷……王師入嘉興，束平生所著詩賦於懷，投天星河死，子翼、子心、妾張氏殉焉，我朝賜通謚爲節愍。」

親送給他五斗米救急，向彤的侍妾知道他沒好菜吃不下飯，就拿其中兩升米換了魚乾佐飯，向彤大怒，罵道，乾魚豈可下箸耶！他的妾不得已，只好再拿三升米去市上換來一隻雞，向彤才答應吃飯。朱彝尊從自家妻子那裡聽來這個故事，當時還作爲閒談笑資，沒想到大變之際，一個「裙屐子弟、栗果少年」竟也能視死如歸，朱彝尊感慨之餘，特意在《明詩綜》裡保留下了這個細節③。

項嘉謨的一位堂兄項聖謨④，數月前南京陷落時已帶著老母妻子躲到嘉善鄉下，僥倖逃得一命。據說項聖謨在鄉下時畫了一幅〈秋山紅葉圖〉，圖中大片秋林叢立，樹葉紅黃黑白相間，斑斑點點，如淚如血。另一幅〈大樹風號圖〉，圖中畫一巨樹，卻無一葉，在風中號哭，樹下一老者曳杖於山坡上，回望青山，無限惆悵⑤。

項聖謨〈大樹風號圖〉

③「向彤，墨林之孫，賦性儻蕩不羈，中歲產落。歲辛巳年飢，糧絕，從父以五斗米貽之，妾張爲執爨，知向彤不甘澹泊，以二升米易乾魚進飯，向彤怒曰：『乾魚豈可下箸耶！』復以米三升易炙雞，乃飯。予家與向彤鄰，竈婦述之，以爲笑，謂是帬屐子弟，栗果少年，而視死如歸，可敬也已。」見朱彝尊《明詩綜》。

④一說項聖謨是項元汴三子項德新之子，一說是六子項德達之子，德達生子三：聖謨、嘉謨、聲表。

⑤項聖謨的這幅〈大樹風號圖〉，現藏台灣故宮博物院。

據府志記載，早年有志畫道、並得董其昌親手指點的項聖謨到晚年陷入赤貧之境，靠販製僞畫維生。

多年以後，項聖謨在〈三招隱圖〉的題跋裡如是回憶一六四五年那個苦澀的夏天：

> 明年（一六四五年）夏，自江以南，兵民潰散，戎馬交馳。於閏六月廿有六日，禾城（嘉興）既陷，劫灰熏天，余僅孑身負母並妻子遠竄，而家破矣。凡余兄弟所藏祖君之遺法書名畫，與散落人間者，半爲踐踏，半爲灰燼……

在這場浩劫中，項元汴死後分給六大房的累世珍藏，據說被一個叫汪六水的千夫長掠去，從此散落人間。到一六五二年端午，著名鑒賞家吳其貞來到嘉興，從在世的項氏後人手中看到僅存的黃公望〈水閣圖〉時，項氏六大房物已然散得差不多了。

儘管項氏那龐大的、幾乎囊括了一整部中國書法史和繪畫史的藏品再也無法歸攏，幾百年間卻從未淡出人們的記憶。一個多世紀後，項氏天籟閣舊藏的米芾、吳鎮、徐賁、唐寅等畫卷成爲了清高宗愛新覺羅·弘曆的禁宮藏品。這個對奢靡的江南文化傾慕不已的清朝皇帝不僅把自己在承德避暑山莊敕建的藏書樓命名爲「天籟書屋」，還在一七八四年南巡至嘉興時特意造訪天籟閣遺跡，寫了數首詩懷念死去近兩百年的南方文人項子京。

其一〈天籟閣〉有云：檇李文人數子京，閣收遺蹟欲充楹；雲煙散似飄天籟，明史憐他獨挂名。

此次南巡乾隆還留下兩首〈天籟書屋〉，一爲：碧宇寥寥迥太清，千林天籟作秋聲；雲山四季賞無盡，底論嘉禾項子京。二是：四卷貯斯項氏府，輸他閣上富藏圖；甲辰憶過嘉興路，卻惜子京蹟久無。

博雅好古的皇帝又在詩後附了一段按語：

> 甲辰南巡過嘉興，惜其閣與名蹟均無存者，有雲煙散似飄天籟之句，至其印記不知何時收入內府，又幸其不落賈人手，藉假亂眞耳。

項元汴把玩書畫的大理石畫桌，後以四十兩銀子歸於蘇州收藏家陸西屏，陸死後，圖籍星散，大約一八一七年前後，這張石桌成爲了專藏宋版書籍的清代大藏家黃丕烈「士禮居」的藏物，據說當時還光澤可鑑。黃丕烈說，當年項元汴在世時，不知有多少價值數十萬金的書畫古物在此桌上展覽，此石案上有無數古人精神所寄，此石已然有靈，「今而後當謹護持之，勿輕去焉，庶足以慰此古物之精靈乎！」

差不多同一時間，另一位住在嘉興新篁鎮的金石學家兼鑒賞家張廷濟，得到了天籟閣的另一件舊物，是出自嘉靖年間巧匠閻望雲之手的一張几案。有感於這些似有精靈佑護的古物在一代代主人去世後還隨世浮沉，似在述說著前世的繁華舊夢，張廷濟如是感慨：「回思天籟，劫灰浩茫，何木之壽，巋然靈光？」

一九三八年四月，日本人的飛機轟炸新篁鎮時，這張几案和張廷濟收藏的鼎彝、碑版及歷代書畫一起在大火中焚燬了。

素心難問

結束本章的是一個叫薛素素的女子，她曾是熟諳江南鑒藏界掌故、《萬曆野獲編》一書的作者——沈德符的侍妾。

這女子小字潤娘，是隆、萬年間名動一時的江南名伎，不僅容顏如花，且能書善畫，一手蘭竹更是清逸可人。此女還有另一喜好，著男裝，騎大馬，像個女俠一般呼嘯來去，據說她還有一手馳馬挾彈的絕技，能以兩彈先後發，使後彈擊前彈碎於空中，又置彈於地，以左手持弓向後，右手從背上反引其弓以擊地下之彈，沒有一次失手過。

錢謙益說她年少時在北方，經常與一大幫富家子弟玩在一起，鮮衣怒馬，紛擁出城，成爲當地一景①。當時有浮薄少年作〈觀素素挾彈歌〉唱：「微纏紅袖袒半鞲，側度雲鬟引雙臂」，那眞叫一個香艷。連女人們都喜歡頗有俠氣的女伎，一個叫徐媛的閨閣詩人就寫詩對她的才貌表示欽慕，誇她「一束蠻腰舞掌輕」，「花神俠骨氣縱橫」。

薛素素與江蘇金壇一個叫于褒甫的有過婚約，結識沈德符後，可能是被後者的才華吸引，甘願以侍妾事之。得知消息，痛恨沈德符奪人之愛的于褒甫寄來了三首格律整飭、哀不自勝的詩歌，譴責薛美女的薄情。一本叫《雲自在龕隨筆》的筆記還記載了沈、薛合歡之夕出席的嘉賓名單，全都是當時藝術圈大腕級的人物，還有詩人姚叔祥有詩紀之，「管領煙花只此身，尊前驚送得交新。生憎一老少當意，勿謝千金便許人。含淚且成名媛別，離腸不管沈郎嗔。相看自笑同秋葉，妒殺儂家並蒂春」。沈、薛共同生活期間，薛素素的繪畫有了很大長進，人稱「姿度妍雅」的薛素素，作起畫來「下筆如掃，各具意態」。剛歸於沈德符時畫的一幅〈吹簫仕

薛素素〈吹簫仕女圖〉

薛素素像

女圖〉（今藏南京博物院）是她從良後唯一留存的畫作，據說畫中央吹簫的女子就是她自己的寫眞。畫中曲欄圍繞的花園裡，一線條曼妙的女子正吹簫自娛，前有雙鉤水仙點綴，後有湖石勁竹相伴，畫風工整細密，筆墨清雅，全無早期橫塗豎抹三二筆的寫意畫風，表明沈德符帶給她的不光是優裕的生活環境，還有一份從容恬淡的良家女子心情。此畫右上題「玉簫堪弄處，人在鳳凰樓。薛氏素君戲筆」，鈐白文印「沈薛氏」，這沈字，當指沈德符無疑。

一六一二年秋天，李日華的弟子石夢飛給他的老師帶來了薛素素手繡的一幅觀音像和一卷《般若心經》，一向眼高於頂的李日華評爲「精妙之極」，還說那字雖然小如穀菽，卻已得趙子昂筆法。他感慨說，世人只知道這個女子只會挾彈馳騎，或者塗抹幾筆寫意蘭竹，哪知道才情竟是如此鬱勃，眞是萬萬不可小瞧了她②。

像薛素素這樣自負才華與容貌的年輕女子，總是很容易成爲文壇大佬們競相追逐的獵物，被沈德符毫不客氣地揭露造假古董騙錢的王稚登就是其中一個無恥的垂涎者。此人六歲會寫擘窠大字，十歲能詩，說來當年也是一個才子，但才子老去例成流氓——想想看，他竟然比沈德符老四十歲還不只！——此人竟然越老越風流，與女詩人馬湘蘭、前名伎薛素素等過從甚密，且大獻殷勤。他曾送過薛素素、馬湘蘭每人一方端硯，送給薛素素的那方，據說就是著名的「脂硯」。

此硯是萬曆元年蘇州名匠吳萬有所造，寬一寸五分許，高一寸九分許，小可盈握，硯質細密，硯身微有胭脂暈及魚腦紋，硯周邊鐫有

民國張伯駒所藏脂硯

①「少游燕中，與五陵年少挾彈出郊，連騎遨游，觀者如堵。」見《歷朝詩集小傳》。

②《味水軒日記》萬曆四十年十二月十一日條。

柳枝，這麼小巧的玩意兒，簡直不是用來磨墨，而是女兒家調胭脂用的了。硯背還有王老詩人自題行草五律一首，「調研浮清影，咀毫玉露滋；芳心在一點，餘潤拂蘭芝。」落款「素卿脂硯」，暗示素素小字潤娘。包裝此硯的珊瑚紅漆盒也製作考究，盒上蓋內刻細暗花紋薛素素像，憑欄立幃前，筆極纖雅；右上篆「紅顏素心」四字，左下杜陵內史小方印，看落款竟出自名畫家仇十洲之女仇珠之手！考慮到王穉登的作僞專家身分，薛素素的那張小像極有可能不是出自仇英之女仇珠，而是王捉刀自爲，但面對這樣一份精心設計的禮物，哪個女人還會去計較眞僞呢？對薛素素這樣渴望留名、不甘寂寞的漂亮女人來說，這樣的禮物可眞是毒藥。那老傢伙，眞懂女人啊！

一七一六年，一個叫余之儒的廣東人打聽到時任江寧織造的皇帝紅人曹寅有收藏古董的嗜好。爲了求官，此人從薛素素後人手中以三間瓦房的代價，買下這方脂硯送給曹寅。曹寅失勢被抄，脂硯由曹寅之孫曹天佑祕藏。據說曹雪芹寫作《石頭記》，曹天佑曾以「脂硯齋」之名點評。

曹家徹底敗落後，此硯由北京一家名「燕軒齋」的當舖流進了性喜收藏的滿州正白旗人端方手裡。宣統三年，端方在直隸總督任上調任川漢粵漢鐵路大臣，攜帶脂硯及《紅樓夢》刻本入蜀，當他率湖北新軍第八鎮第十六協第三十一標及三十二標一部行於綿陽時，和兄弟端錦一起爲軍官劉怡鳳所擒殺。據說端方臨死前大喊他本是漢人，祖先姓陶，但還是被憤怒的士兵們砍下頭顱，裝在一只盛洋油的鐵盒裡遊街示眾。端方死後，此硯輾轉流落到四川藏硯家方氏之手，此後一度銷聲匿跡。一九五三年，一個叫黃笑芸的金石學家在重慶一家舊貨攤上，再次發現此硯，按舊貨攤老闆出價，花二十五元買下，由好友戴吉亮帶至北京請時任吉林省博物館館長的張伯駒先生鑒定。張考證此硯確是薛素素舊物，以一千二百元（一說八百元）的高價買下，收藏於自己供職的博物館。此硯在「文革」期間由外地展出返京時，神祕失竊，至今不知落在何處。

沈德符不是薛素素的最後歸宿，有關脂硯主人薛素素的下落，一本清康熙年間的女性詩歌選本《眾香詞》說她離開沈家後流落到了荒蠻的四川大山裡①，有「通博」之稱的版本目錄學家繆荃蓀在《藕香簃別鈔》裡則說她老大嫁作了商人婦，錢謙益則說她中年後成了一個虔誠的佛教徒，嫁過多人都沒有善始善終，最後，年老色衰的薛素素歸於一個南方富商，「爲房老以死」。所謂房老，即指妾之年長色衰者②。

這個女人曾在她喜歡的蘭竹圖上這樣寫道，「坐窗一日幾回看」，於今美人塵土，卻不知她當時看的是閨中閒情，還是浮世的傷懷？又半個世紀過去了，脂硯齋到底是誰？殘存的舊脂又在何處？祕密從來說不盡，唯有素心難問。

① 《眾香詞》如是記載：「（素素）爲李征蠻所嬖，其畫像傳入蠻峒。酉陽彭宣尉深慕好之。吳人馮生自謂能致素素，費金錢無算。久之，語不讎，宣尉怒羈留峒中十餘年乃遺。北里名姬，至於傾動蠻夷，世所希有也。」

② 《列朝詩集》有記：「中年長齋禮佛，數嫁皆不終。晚歸吳下富家，爲房老以死。」

薛素素〈竹菊奇石像〉

附記

一九七五年春①，在嘉興市西南十八公里原稱「項墳」的地方（原註：現屬洪合公社良三大隊），發現一座明代墓葬。我館及時進行了現場調查……「項墳」明墓，墓向朝南，其東、西、南、北是竹園高地。墓爲磚砌，磚長五十、寬四十、厚七厘米。墓内用磚隔成三室，中、右兩室已被破壞。現存左室，從殘留痕跡看，室内又用磚隔成並列的三個棺廂，廂内各置套棺一具。三棺棺外從右到左有墨寫「大房」、「二房」、「三房」字樣。棺木保存尚好，棺内各有女屍一具。墓底鋪長八十、寬六十五和厚十釐米的大方磚。左室頂用一塊大石板覆蓋。隨葬器物主要出土於右棺（大房）内，中棺（二房）無器物隨葬，左棺（三房）僅隨葬白布數匹。墓内出土器物保存好的共三十一件……據嘉興地方文獻記載，明代著名的收藏家、書畫家「項元汴之墓，在陡門橋南寒字圩」。按記載地點，此墓位置相符。以前被盜男屍，可能爲項元汴本人。據棺内出土拓片載「萬曆二十七年七月中元東海項穆贊」，此墓應是嘉興項家之墓。項穆是項元汴之子。墓内三具女屍可能是項元汴的三個妻室。從出土金剛經拓片蓋在右棺（大房）的棺蓋分析，棺内女屍可能是項穆之母。從出土器物來看，項穆之母比較富裕……二房、三房隨葬物不多，是因爲當時項家已衰敗，這與文獻記載也基本相符……

——原載《文物》一九八二年八期，陸耀華〈浙江嘉興明項氏墓〉

① 此時在項元汴去世之後三百八十五年。

曇花一夢，遍地虛空

「愛河」難回頭的屠長卿

萬曆年間的風化案

《曇花記》

成仇

一場莫須有的旅行

「從愛河急猛回頭」

我是誰

燒卻彩毫，
鮑郎才盡，
何事又拈綺語？
——《曇花記》第一齣《本傳開宗．玉女搖仙珮》

萬曆年間的風化案

萬曆十年（一五八二年）冬，青浦令屠隆離開任所前往京城，參加禮部三年一度的述職考評——即所謂「上計」。事畢，回到浙江老家，不久就接到了就任禮部儀制司主事的任職通知。由七品縣令擢升從六品的京官，在等級森嚴的帝國官場只是爬了小小一步，卻也是中樞部門對他在青浦任上辛勤劬勞、仁民愛物的表彰。只是苦於盤纏用盡，他在鄉遷延了半年多都無法赴京履任，最後總算在得到了一個朋友的資助後，於第二年的秋天促裝北上。

儘管這個華麗派戲劇家一向疏於政事，在轄所那幾年基本上是個無為而治的甩手掌櫃，但當他轉道青浦前往京城時，面對數百名一路尾隨著送別至太倉的當地士民，還是對這塊停留過五年的地方生出了一絲留戀，感動之餘，更有抱愧：

> 我在邑無狀，何從得此？

「無狀」，當是這個自許為「仙令」的風流縣令對公務之餘私生活的自謙自抑，但此二字，也是他在這江南溫柔鄉沉湎聲色之樂的絕好寫照。青浦古稱由拳，居雲間之西，是松江府三縣之

屠隆像

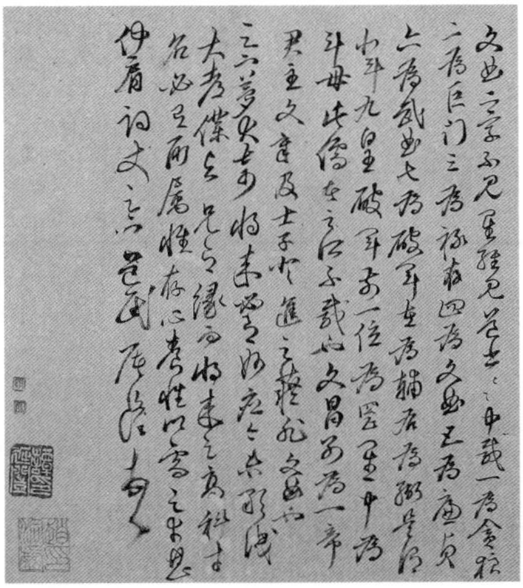

屠隆信札

一①，民間物產之阜、享樂風氣之盛自非他曾經任職的安徽潁上這種窮僻地方可比，且相去崑山不遠，那念白儒雅、婉轉入耳的蘇州評彈、崑曲南戲早就傳遍坊間和縉紳人家的院堂。此番北上之際憶想這五、六年間的歷歷往事，最讓他動容的，自非公館衙門裡如何案牘勞形、如何臥聽竹聲蕭蕭，而是那一場場詩酒盛會，那一聲聲煙水般清婉嫵媚的崑曲小唱了。

人生得意之際，他自然不會想到，此地有一雙怨毒的眼睛如一片濕漉漉的樹葉般貼住了他的後背。在他陶醉於佻達、不拘的名士做派的那幾年間，已不知不覺樹下了一個敵人，那遲至兩年後射來的一箭，最終將使他在京城身敗名裂。

一入都城，屠隆馬上就體會到，京官生涯實不過一襲華美的袍子，外表光鮮，內裡的窘迫唯有自知。在帝國龐大的文官軀體中，禮部儀制司是個盲腸般可有可無的部門，沒多少實權，在到京後不久寫給同鄉詩人沈明臣的信中他說，「婆娑蘭省，曹務總歸曹長，了不相關白，平明入署，如坐僧舍，焚香讀書，亦甚清適」②，只是身爲小吏，日日以筆札事人，如同大戶人家辦喜事的吹鼓手一般，實堪煩擾，還動不動要給上司送禮，自己薪俸又低，囊中常空，連請朋友喝一頓酒都要拿妻子的首飾和僅有的一根銀腰帶去典當，哪有那麼多閒錢去謁客投刺？經濟上的困窘不去說它，他最受不了的還是京城的風沙和泥濘。在寫給朋友們的信中他屢屢抱怨說，出門騎馬，風沙披面，出去一趟就要戴面罩，風起飛塵滿衢陌，歸來下馬，兩隻鼻孔黑乎乎的就像煙囪一般。更不堪的是夏天暴雨過後，由於地下排水不暢，積水深的地方幾乎及鞍膝，且馬屎和沙土混作一處打著旋，整個北京城就像個超級大泥潭，眞要有騎馬沖泥的勁頭才能夠突圍而出——「此中況味如此！」他說每當這樣的時候就特別想念青浦，想念那兒的九峰三泖、鷗鳧菱芡，想念和沈明臣、馮夢禎等一幫朋友趁著月色蕩舟的小湖，世界上還有比那兒更寧靜的地方嗎？江村夕陽，漁舟投浦，返照入林，沙明如雪，幾乎仙境般一塵不染。在京城的禮部主事屠長卿不無矯情地想像著千里之外的江南勝景：春天到了，漁家花下曬網罟，酒家白板青簾，掩映垂柳，老翁挈魚提瓮出柴門，他自己則和一幫朋友們坐在垂掛著青色布簾的小船上，帶上酒、茶具和寫詩的筆硯，縱浪泖浦間……但這時若眞讓他回去做個田舍郎，他是斷斷不會肯的。

京師縱有千般不是，也有一樣好。別人看京城是污濁的權力場，在他是個一逞才情的大戲臺。到京沒多久，他就攜著在青浦時寫就的《綵毫記》等傳奇在上流社會的私人堂會上客串登場了。這位來自南方的官員能寫又能演，且扮相俊美，一時成了京城地下娛樂圈裡眾相延攬的人物，達官貴人競相與之結交，正所謂他自題的「爭設瓊宴借彩毫，朝入西園暮東邸」，數不盡的飯局、宴集讓他恨不得多分出幾個化身來才好。這其中有一位對他極是崇拜的侯爵大人不可不提，此人是西寧侯宋世恩，其先祖宋晟，曾在永樂年間以征西功封西寧侯，傳至宋世恩已是第十代。這宋世恩雖是一「紈褲武人子」，凡貴公子身上的習性他都有，奢靡、放縱、好客，卻又雅好文藝，恂恂如一儒生，在一次私人聚會上經人介紹結識禮部屠主事後，非要拜在他門下學習辭賦，且要以兄弟相稱，與之「通家往來」。對於日子都緊巴到要靠銀帶換酒的屠隆來說，有這樣一個闊朋友當然不錯，看宋世恩執禮甚恭，屠隆也就成了侯府常客，經常與之宴遊唱和，聽戲作樂。

除了這個新結交的朋友之外，還有一個舊知不可不提，那就是萬曆五年進京會試時結識的青年劇作家、江西臨川人湯顯祖，在迭經前首輔張居正打壓後，經六年衝刺，此時也春闈及第，觀政禮部，和他成了同事。此兩子，性情各異，屠隆心直口快，常率性而為，湯顯祖謹慎、訥言，看上去理學氣重些，但在帝國官場，兩人都是佻達不拘形跡、為正統人士所不屑的異類，對俗務

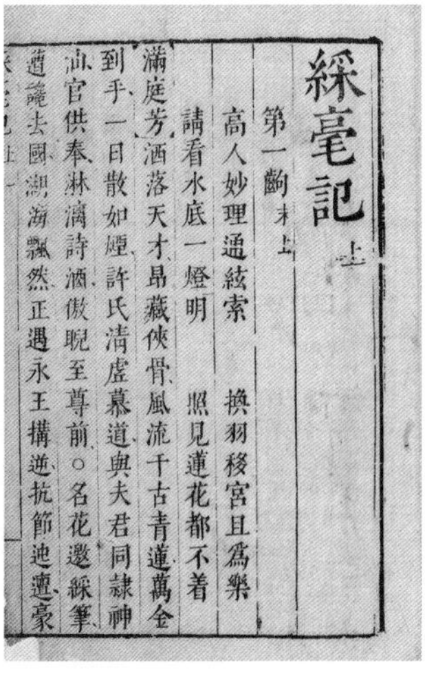
綵毫記 上
第一齣 末上
高人妙理通絃索 換羽移宮且為樂
請看水底一燈明 照見蓮花都不着
滿庭芳 洒落天才昂藏俠骨風流千古青蓮萬金到手一日散如煙許氏清虛慕道與夫君同隸神仙官供奉淋漓詩酒傲睨至尊前。名花還綵筆遭讒去國湖海飄然正遇永王構逆抗節迍邅豪

屠隆劇作《綵毫記》明汲古閣刊本。竹紙，金鑲玉。是書為《六十種曲》之一種，《中國叢書綜錄》集部著錄。

① 另兩縣為華亭、上海。

② 〈與沈嘉則書〉。

超然，對戲裡人生的興趣高於塵世間的功名，「長安人事，如置弈然，風雲變幻，自起自滅」，所謂別有懷抱是也，如果不是接下來發生的事，屠長卿在京城上班、讀書、喝酒、看戲，也算是過得很舒心了。

西寧侯夫人是一位色才兼具的大家閨秀，且工於戲曲音律，那位時常出入她家的新晉禮部主事早就引起了她的關注。每當屠隆脫了官服，走上戲臺扮作優伶即興串演時，年輕的侯爵夫人就會坐在微風吹晃的簾箔後面欣賞此人演技。有時中場休息，細心的夫人還會囑下人給屠隆送上一杯香茗。本來這只不過是女主人的關心，再加侯門深宅裡一個女人的一點傾慕，未必有關男女私情，但在一個道德政治的年代裡，被別有用心的人一渲染，這事兒就被放大了。

那個對屠隆有著嚙齒之恨的人叫俞顯卿。此人字子如，號適軒，原籍松江府上海縣，屠隆任青浦令時，此人還只是一個舉人。據說屠隆在任上時，俞有事干謁，屠隆可能是不太喜歡此人，會面時就不怎麼把他放在眼裡，譜兒擺得老大，言語多有輕慢，這就得罪了人，使他懷恨於心。不想萬曆十一年這俞顯卿也中了進士，分到刑部任主事，不是冤家不聚頭，多年前仇恨的沉渣泛起，屠隆的好日子要到頭了。

萬曆十二年九月，宋世恩從南京解府印回到京師，在自家府第置酒演戲，大宴賓客，到場親朋好友十數人，屠隆自然在邀。酒酣樂作，客醉淋漓，主人兩度起立向屠隆敬酒，屠隆回敬一杯。趁著酒意，宋世恩再度提議要與屠隆結爲通家之好，他的妻子將擇日去屠家拜訪老太太和嫂夫人。座中客人見主人對屠隆如此看重，自然對屠隆更要高看一眼，是日賓主盡歡而散，不提。

但還沒等到宋世恩攜妻造訪，一道彈劾禮部主事屠隆的論疏已然送到了萬曆皇帝面前，上疏者即是任職才幾個月的刑部主事俞顯卿。侯府酒宴才過去沒幾日，俞顯卿的彈劾這麼快就發動了，這讓屠隆事後回想不寒而慄，原來一直被人家盯著，可憐自己一直未有警覺！俞顯卿此疏指稱屠隆「淫縱」，有傷風化，中有「翠館侯門，青樓郎署」等輕薄言詞，還隱約牽涉到動戚閨幃。本來糾察風紀是監察御史和六科給事中等言官的職責，刑部主事的職司是輔佐上官掌所司分省的刑名，俞顯卿以此不相干的身分上疏彈劾，實有狗拖鹹羹撈過界之嫌，屬於不懂官場路數，「出位瀆奏」，但此人急圖報復，欲置屠隆身敗名裂而後快，也就顧不得那麼多了。

在這起傳得沸揚一時的劾案中，屠隆和宋世恩及其夫人交往的一點一滴被別有用心者渲染誇大了。有關屠隆和侯門裡一位尊貴貌美的夫人在戲臺下私相授受、眉目傳情的緋聞，在京城的縉紳階層、上流社會悄悄流傳著，說他「狹邪遊，戲入王侯之室，滅燭絕纓，替遺餌墮，男女蝴而交錯」，種種猜測和臆想的細節之曖昧、之荒唐，足夠讓聽者心驚肉跳。這些帶著色情意味的傳言難保不會飛進宮中，飛進年輕的萬曆皇帝耳中。在這個歷來講究禮教的國家裡，這些傷人於無形的流言已夠讓那位愛好文藝的深閨女子受的了。事情到了這個份上，不管她多麼清白，也已經很難一面與這個男子繼續交往，一面又不受蜚短流長的中傷，何況，這事兒都已經捅到了皇帝那兒。

此事發生時的萬曆十二年，歲在甲申，時維十月，距以鐵腕手段著稱的宰輔張居正去世方兩年，剛嘗到權力滋味的萬曆皇帝朱翊鈞還頗思一番振作，否則，以他後來出了名的怠惰和愛磨洋工，他才懶得理兩個小小的六品文官那檔子破事兒呢。

這位一心想以勵精圖治的明君形象出現在臣民面前的皇帝接到此疏，自然極爲惱怒，派有司稽訪此事，事出有因，了無實狀，便以各打五十大板了結，俞顯卿涉嫌挾仇誣陷，所上論疏又大失文臣體面，被罷去刑部主事職務，禮部主事屠隆被坐以詩酒放曠，遭革職斥逐①。此案配角西寧侯宋世恩則被罰俸祿半年，至於那位美麗而有才情的宋夫人後來如何，也就不得而知了。

明朝的第十三位皇帝朱翊鈞，在位時間長達四十八年。

① 錢謙益《列朝詩集》：「在郎署，益放詩酒，西寧宋小侯少年好聲詩，相得驩甚，兩家肆筵曲宴，男女雜坐，絕纓滅燭之語，喧傳部下，中白簡罷官。」

《曇花記》

在這起盛傳一時的風化案中，時人對屠隆多抱同情態度，對那個挾私構陷的俞顯卿，則大多視之爲反覆無常的小人。據屠隆自稱，他與俞顯卿一起被逐出京城的這天，午門下擠滿了圍觀的人群，連那些緹騎都對俞切齒痛罵，打在此人身上的板子比落在自己身上的要多得多。但此案無關政局博弈，不過牽涉兩個下層文官的恩怨，來京城才一年多（準確地說是一年零兩個月）的屠隆又沒什麼根基，自然沒有人爲他奏章鳴冤。兩個當事人，俞顯卿不顧牌路，暗箭傷人，最後搬起石頭砸了自己的腳，自是小人遭報，屠隆被他捏住道德上的軟肋，卻也是百口莫辯。要知道，本朝太祖起於草莽，視法度爲無物，近兩百年來對文官階層的箝制，靠的就不是法律的謹嚴而是道德標準，一個官員，只要被人踩住了私德的影子，他在政壇基本上也就玩完了。

查屠隆在青浦知縣任上的五年間，他與俞顯卿一開始並不是水火不相容，萬曆八年（一五八〇年）屠知縣帶頭捐款倡議修建兩陸祠（爲紀念西晉時當地的兩個辭賦作家陸機和陸雲而建），作爲地方縉紳的俞主動捐田土做祠基，博得了屠隆好感，嘉許他爲「好義有志者」，並親筆寫入了祠堂的碑記，勒石以銘。然而短短幾年，兩人關係爲什麼會陷入如此僵局？屠隆說的「宿憾」又是緣何引發呢？屠隆說，隨著交往的深入，他發現俞顯卿此人的道德品藻大有問題，兩人關係惡化的原因，一是俞「暴橫把持，鄉間切齒」，自己曾以法裁之；二是「詩文相忌，積成仇恨」[1]。因先前有過這些過節，這個睚眥必報的小人一直在伺機報復，剛入京沒多久，他就被此人盯上，「仇人欲甘心不佞之日久，自某之入京，日夜偵不佞行事」[2]。屠隆還說，俞顯卿初任刑部主事，就構陷本部尚書潘季馴，排擠同僚，風波百出，搞得同僚都畏之如蛇蠍，自己不過是看不下去說了幾句公道話，哪曉得傳入俞的耳中，把他的仇恨之火煽得更旺了呢？

然而上海當地的官方史志提供的一份材料所描述的俞顯卿完全是另一副面目，在刊刻於一八七一年的這本縣志裡[3]，削職回鄉的俞被描繪成了著述等身的學問家、一個道德苦行主義者，「杜門清修，敦尚孝友」，父母去世無錢下葬，出賣園子爲他們覓得一塊墓地，嚴格按照守喪的禮儀蔬食三年。身居窮巷陋門，還花了數年工夫完成了同鄉一個老儒生的囑託，幫助此人在身後補訂一部詩歌評論集，想盡辦法爲之募資刊刻。一個叫李紹文的本地作家在一本叫《雲間雜識》的筆記裡披露了俞顯卿五十四歲那年神祕死亡。俞晚年一直爲無子所苦，一個方士告訴他，以巨龜腸和藥，可生子，於是遍求巨龜。有人將常州市肆一戶人家養的一隻巨龜偷來，重金賣給俞，此龜大如磨盤，能解人意，飲食喝水，呼之立至，俞得之大喜，交給方士刳腸和藥。李紹文說，俞當天晚上作了一個夢，夢見一個黑衣人來索他命，但求子心切的俞根本沒當一回事。第二天，方士的藥做成了，俞一勺入口，隨即身亡，不數日，方士也患惡疾死去。既然俞顯卿是一勺入口即死，李紹文又怎知俞作過那個有關黑衣人的夢呢？可見也是劈空結撰，道聽塗說居多。

萬曆十二年的這樁劾案，讓人心之叵測和世態之險惡在屠隆心中無比放大，也讓他一輩子生活在道德陰影中不可自拔。他曾在一封寫給友人的信中這般描述一五八四年冬天那次不光彩的鎩羽南歸：「竟以仇人側目，張機設穽，蘊毒既久，一發中人，毛羽摧殘，聲名闒敗，竄逐歸來」④。一竄一逐，其狼狽可知。據說當他罷職回浙江老家途中，途經無錫時，有個朋友買了幾百畝地勸他移居，但此時的屠隆鬱悶難舒，既羞且憤，又因母親念家心切，就謝絕了朋友好意。路經青浦縣，又有當地百姓主動集資爲之購買良田百頃，請前縣令在青浦安家，屠隆心有所動，但這回夫人楊柔卿堅決反對，迭聲質問他，你一個丟了官的人再來這裡混吃混喝，把晚節丟哪裡去了呢？（「罷官而卒食其土，其晚節何？」）與當地朋友喝了三日酒後，他怏怏告歸，賭氣地說，士可殺不可辱，就是餓死也不

①〈寄王元美、元馭兩先生〉。

②〈與張大司馬肖甫〉。

③《同治上海縣志》卷十九〈人物二〉。

④屠隆《栖眞館集．與曹觀察》。

能食「讒夫」腳下土，仇人身處吳地，以後他再也不會踏入此間一步①。

此時，湯顯祖已結束觀政，調任南京太常博士，聞聽好友風波跌宕黯然還鄉，怕他看不開，來信勸慰，又贈數首送行詩，中有句云：「長卿曾誤宋東鄰，晉叔詎憐周小史。自古飛簪說俊遊，一官難道減風流。深燈夜雨宜殘局，淺草春風恣蹴毬」②，把老友因風流韻事丟官與新近發生在南京的國子監博士臧懋循③遭檢舉罷官一事等量觀之，認爲都沒啥大不了的。就說那個臧懋循吧，性喜弈棋、蹴球，每次出門都把這些遊玩的家生放在車後，還與寵愛的優伶一起披著大紅斗篷、並馬出鳳台門，那些抨擊他的人嘴裡不說，心底裡不知有多羨慕呢。在同時期寄出的另一首詩裡，湯顯祖勸屠隆用不著對一芥小小官職患得患失，不妨看開些，更用不著爲了適應世人而強迫自己改變風流愜意的生活方式，「古來才子多嬌縱，直取歌篇足彈誦」。

此後的屠隆遨遊吳越間，一邊尋山訪道，說空談玄，一邊與聲伎伶人爲伍，賣文維生，只是那一段因傳奇而起的藝文之緣未及盛放已如曇花開敗，回想起侯府簾箔後那一雙美麗而解語的眼睛，從此知音難再得，心底該鬱積了多少惆悵與內疚？

晚年他遊福建武夷，一個叫阮自華的崇拜者在福州府任推官，經常邀他住在城中勝景烏石山南麓的半嶺園，與當地文士唱和。一六〇三年中秋，主人在烏石山鄰霄臺大宴賓客，屠隆爲祭酒，當地名士七十餘人到場，場面很是盛大。前幾年，對他的處罰已改爲戴冠閒居，這次大會，他著朝服、扉儀仗，帶著家班，很是出了一番風頭。宴會時有好幾個戲臺班子串演劇目，一時間，場裡一片喧騰，場外觀者如堵。屠隆性子上來了，幅巾白袖跳進場中，奮袖擊鼓演了一齣〈漁陽摻〉。時人記述當時情景：「鼓聲一作，廣場無人，山雲怒飛，海水起立。」屠隆先是流淚不止，又大喊：「快哉，此夕千古矣！」還拉著一個林姓少年的手非要人家寫一首〈摻鼓歌〉送他，如此放浪形骸，讓在場每一個賓客都聳然動容④。

到了萬曆二十六年（一五九八年），屠隆忽焉就快六十歲了，這年秋天，西湖邊桂花濃香瀰漫之際，他又在杭州大會賓客，與他有過交往的、稍有點名頭的文林士子與菊壇名角悉數被邀。聚會的高潮部分，是屠隆命家養的聲伎演出他新寫的傳奇《曇花記》，他親自下場「揮策四顧」、「自鳴得意」。該劇取材於神仙故事，說的是唐定興王木清泰於一次郊遊時棄家訪道，遍遊地獄、天堂及蓬萊仙境，十年後曇花開放時回到家鄉與妻子一道成仙的事，然其中曲折，若非深知屠隆一生經歷者很難破譯。當時應邀與會有文壇晚輩、浙江秀水人沈德符，他自小在京師長大，性喜收集政壇八卦，兼涉名人隱私，是萬曆十二年那樁緋聞案的知情者，然看了此劇也是一頭霧水。沈德符於席間觥籌交錯之際悄悄問坐在邊上的馮夢禎老先生：屠年伯排演的這齣新劇，慷慨沉鬱一如北宋年間辛棄疾歌千古江山風流總被雨打風吹去，到底有何典故？劇中那個木清泰到底是誰？

馮夢禎先生乃屠隆多年老友，聞聽朗朗笑道：小朋友你眞的不知道嗎？說的就是宋西寧呀，木字增一蓋成宋字，清字與西相對，泰字即寧之意也。老屠自恨早年孟浪，使小人有隙可趁，連累宋夫人清名受污，正堪大用的西寧侯宋世恩也斷送了大好前程，此曲實際上是老屠的一篇懺悔文也！

沈德符這才恍然大悟，歎道：眞是一篇著色《西遊記》！後來在他的《萬曆野獲編》一書中，專爲《曇花記》始末記上了一筆⑤。

曇花一夢，滿地虛空，此時，離該案配角宋世恩

① 屠隆曾這樣讚美他妻子楊柔卿的賢淑：「余自丁丑登第，出爲潁上，青浦令幾六年，廉而好施，婦楊柔卿賢而克成余志。歲年得俸錢，盡以散給親故。及投劾去而窶甚，婦拮据良苦，了無怒色。」《鴻苞集》卷四十四〈韓崇〉。

② 湯顯祖〈送臧晉叔謫歸湖上時唐仁卿以談道貶同日出關，並寄屠長卿江外〉。

③ 臧懋循，字晉叔，劇作家。因和孌童遊樂，萬曆十三年（一五八五年）被彈劾，罷官回鄉。

④ 在錢謙益的《列朝詩集》裡有關於此事的記載：「阮堅之司理晉安，以癸卯中秋，大會詞人於烏石山之鄰霄臺，名士宴集者七十餘人，而長卿爲祭酒。梨園數部，觀者如堵，酒闌樂罷，長卿幅巾白衲，奮袖作『漁陽摻』，鼓聲一作，廣場無人，山雲怒飛，海水起立。林茂之少年下坐，長卿起執其手曰：子當爲〈摻鼓歌〉以贈屠生。」

⑤ 《萬曆野獲編》卷二十五〈曇花記〉：「一日遇屠於武林，命其家僮演此曲，揮策四顧，如辛幼安之歌千古江山自鳴得意。予於席間私問馮開之祭酒云，屠年伯此記出何典故？馮笑曰，子不知耶？木字增一，蓋成宋字，清字與西爲對，泰即寧之意也，屠晚年自恨往時孟浪，致累宋夫人被醜聲，侯方向用，亦因以坐廢，此懺悔文也。時虞德園吏部在坐，亦聞之笑曰，故不如予作〈曇花記序〉云，此乃大雅目連傳，免涉閨閣葛藤語，差爲得之。予應曰，此乃著色《西遊記》，何必詰其眞僞。今馮年伯歿矣。其言必有所本，恨不細叩之。」

去世已有三年①，他那位愛好戲曲的夫人則不知所終。

東海之濱，赤水之珠，屠長卿眞的悔了嗎？

成仇

從風光無限的京官生活一下子跌落塵埃，屠隆覺得自己就好像置身於一個不眞切的夢裡。生活的困頓不去說它，最難忍受的還是世人的白眼，尤其是來自那些不明底細的故交舊友的非議。

文壇領袖王世貞一向視他爲「眞才子」，算是很看重他才華的，此案一經發布，就斷定屠隆是被自身的才華給害了，以不無沉痛的語氣感嘆說，即使把屠隆老家寧波東錢湖的水全部起底，也洗刷不掉「文人無行」四字。王世貞之弟王世懋，早年也算是意氣相投的，從青浦時期到京城，往來從不中斷，一聞聽他削籍東歸，連寫去的長箋也無片語回覆，眞正是棄他如遺跡。還有一個定交很早的老友，即日後出任內閣首輔的王錫爵，聽說屠隆因「淫縱」被逐，也是寧信其有，不做任何聲援。這幾人論職務、論官場聲望都遠在屠隆之上，關鍵時刻怎麼就不肯出頭替他說幾句話以正視聽呢？

最令屠隆痛心的是同鄉詩人沈明臣的反目。沈從未考中功名，布衣終身，以耀眼的詩歌才華名動東南，與當時文壇名流都有結交，兩人雖同爲浙東鄞縣人，神交十年卻從未一晤，一五六四年在南京兵部尚書張時徹家中首次見面時，皆有一時瑜亮之感，一個稱對方李白再世，一個誇對方「眞非常人」，自此互引知己，經常一起詩酒唱和。沈明臣一副名士做派，一年到頭，不管是出門還是會客，總喜歡穿各種款式的紅衣，人稱緋衣公，兩人關係熟絡後，屠隆曾打趣說沈的紅衣有各種效用，春衣用以騎馬，夏衣可以擁妓，秋衣用以垂釣，冬衣用以賞雪。屠隆任職青浦時，沈明臣在萬曆七年、八年至少有三次和朋友們一起來看望過他。屠隆記得最眞切的一次是萬曆八年四月，恰逢長子出生，沈明臣與馮夢禎、沈懋學聯袂至青浦，送了賀生禮物錦褓、金釧及洗兒錢，還吃了滿月酒，兒子的小名阿雲，還是沈明臣給取的。那天酒酣耳熱，初爲人父的屠隆問幾個朋友，兒子取啥小名爲好，思路敏捷的沈明臣接口就說，青溪，雲間地，此兒雲間生，當小字阿雲……沈明臣經濟拮据，屠隆經常從自己可憐的俸祿裡拿出一點接濟他，後來到了京城，也常給老家的沈明臣寄各種物品。這次栽大跟斗罷了官，他也是第一時間寫信告訴了沈明臣，告知他待河水解凍後就南行回家，只是郵路梗阻，這封萬曆十二年十一月十七日發出的信，等沈明臣收到已是第二年的梅雨季節了。沈明臣訝其遲來，寫信又不知寄往何處，寫了一首詩表達盼歸的急迫心情，在詩裡他把屠隆比作詩人杜甫，把自己比作錦里先生，說自己和家鄉的父老已經準備好了美酒，歡迎屠隆早日歸來。「他鄉縱好難留滯，稚子朝朝遣候門」②，自家兒子好差遣，天天派去門口看有無人來，卻總是失望以告。

屠隆走到哪裡了呢？萬曆十二年隆冬，屠隆「布衣皂帽」出京，說是「蕭然一騎出都門」的瀟脫，實際上又是老母又是妻兒，八口之家走得很是辛苦。兩年前上京赴任都要朋友資助，丟了官千里南歸，盤纏更是個大問題。他先是應友人張佳胤之邀到潞河、檀州③，從時任薊州兵備使的故舊顧養謙那裡討到了一筆錢，爾後從運河坐船，一路經山東清源，江蘇鹽城、揚州、鎮

① 宋世恩於萬曆二十年晉紅盔將軍，二十三年因受賄及前案牽累，被處以革職閒住，永不許推用。

② 〈五月十三日，始得屠長卿十一月十七日書。書云守凍，竢水泮始歸。至今未到，賦此遲之〉，《豐對樓詩選》卷三十四。

③ 今北京密雲、通縣一帶。

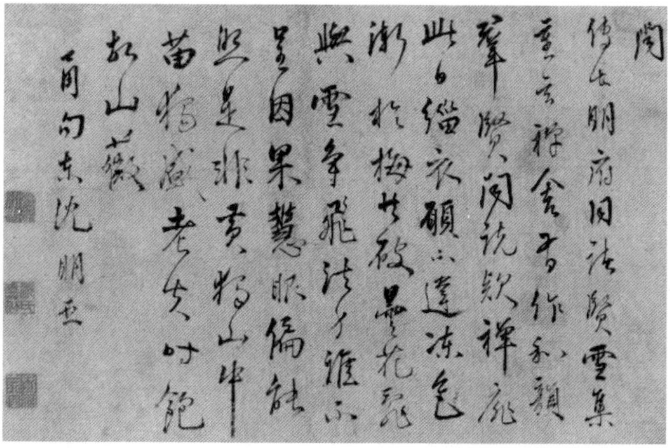

沈明臣書跡

江、無錫南歸，其間同年接待，故舊來慰，不一而足。「掛帆南下，風日漸佳，海月江雲，遂落吾手」，運河兩岸風景自是不錯，然心情也不會如他自吹的那麼好。在鹽城射陽湖舟中與王錫爵見面時，未來的首輔大人教導屠隆，這番遭禍雖不可預料，然深挖思想根由，毛病還是出在受了太多老莊的毒，逍遙實爲禍本，要他回到老家閉關息遊，別再跑東跑西，一切以歸乎簡寂爲要旨，這樣或許還有可能東山再起。屠隆口中諾諾，說王大人的教導句句肝腸、言言精理，心底自然老大的不服氣，發暗誓再也不跟這班大人先生往來。這麼走走停停，舟抵杭州，已是荷花盛放的六月光景。此去家門已不過三百里，然盤纏告盡，天氣又溽熱難耐，於是在吳山腳下避暑三月，泛舟西泠六橋，看荷花，擷菱芡，登天竺，待秋風乍起，他才從西陵渡錢塘江，準備歸家。

沈明臣在家中接到屠隆來信，告以九月九日抵家，沈正好有事要去蘇州，怕錯失與屠隆相見，於是推遲行期，在家等了數日，屠隆依舊未還，只好發舟啓程。九月十二日，沈明臣的船於夜間過紹興，次日早晨抵達西陵，他這才知道前日晚上屠隆渡錢塘江東歸，一時臨風惆悵，寫下一詩云：「越王城邊秋可憐，芙蓉照水空相鮮。前來舟楫杳不見，後飛鴻雁何茫然。心中所期交臂失，天末誰將落夢邊？躊躇手把黃菊嗅，青沙白鳥雙翩翩」。載著兩人的船在萬曆十三年秋天背向而駛，似乎也預告了他們的友誼在以後的日子裡將漸行漸遠，直至反目成仇。

從日後屠隆寫給朋友們的那些銜冤叫屈的書信來看，屠、沈反目當在他回鄉後的次年，原因是沈明臣指責屠隆在「淫縱」一案中也有做得不對的地方，以「大義」切責，以致發生抵牾，關係破裂。屠隆爲此大爲惱火，因爲在他看來，沈明臣這樣說明顯是袒護自己的切齒仇人俞顯卿，使不明眞相的世人對自己的「不德」更加信以爲眞。朋友交絕，他連沈明臣的名字也不願提起了，信中更是一片惡聲，稱之爲「老山人」、「此人使氣好罵，有灌夫之病」、「老而多慾，口如蛇矛」。湯顯祖南京回信所說的「讀足下手筆，所未能忘懷，是山人口語一事，天下固有此人，……寧人負我，無我負人，江海蕭條，大是群鷗之致」①，即是聞聽屠、沈交惡之後的勸慰之詞。此後兩人雖同處鄞地，聲息相聞，卻老死不相往來，沈明臣背發巨瘡，其大如碗，屠隆不去探望不說，說起來還一副幸災樂禍的口氣，稱爲「業報」②；屠隆家裡窮得揭不開鍋了，沈明臣也從不上門。兩人關係形同水火，搞得王世貞都看不下去了，寫信給屠隆要他「濡煦」沈明臣。

屠隆的《白榆集》，先前因請沈寫序，原稿在沈明臣處，他想討回原稿也不自己出面，找了一個共同的朋友汪道昆，說自己「苦無副本」，請他幫忙討回。萬曆十七年（一五八九年），寧波地方政要委託屠隆主持修撰《普陀山志》，屠隆遍邀名士大僚約稿題詠，以沈明臣的聲望自應在邀之列，屠隆也不直接找沈，而是找了遠在北京任職的沈的從侄沈一貫，請他代為約稿。如此煞費苦心，實令人啼笑皆非。一直到一五九六年沈明臣去世，屠隆也無片言弔唁。

① 湯顯祖〈答屠緯眞〉。

② 《栖眞館集》卷十七〈與王百穀〉：「櫟社翁生平受不佞厚恩，足下知之，天下人士所盡聞也。浮雲蒼狗，世態炎燠，片言相失，風波如山，人將食其餘乎？今瘍發於背，大如盤盂，恐是此生口業報。」

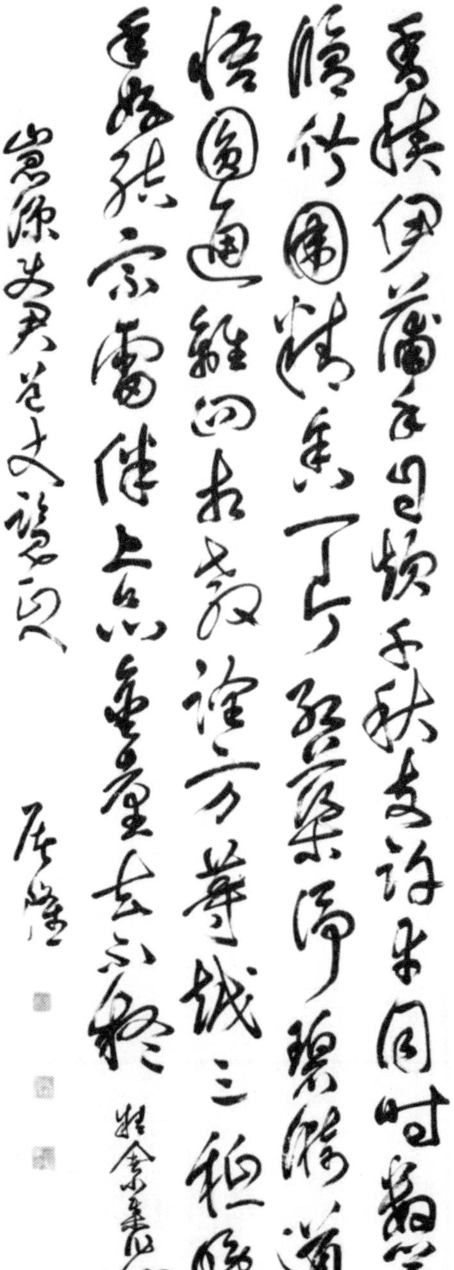

屠隆書跡

一場莫須有的旅行

「知己難哉！」被失望和憤懣燒灼著，屠隆變得偏執了，他把那些舊日的朋友分作兩類，一類是站在自己一邊，爲自己的不公正遭遇說話的；一類是對自己不聞不問甚至落井下石的。他轉而對自己曾經身處其中混得如魚得水的士大夫階層公開表示不滿，「今之士大夫，不通貧賤而好接貴人，不尚清言而好涉塵務」，那都是一幫趨炎附勢的勢利之徒啊，當你聲名盛時，他們爭相與你把臂論交，恨不得與你情同管鮑；一旦你遭讒去國，身名兩摧，「生平心知，平懷觀望……炎涼聚散，朝暮迥若兩人」，他說他都有點搞暈了，弄不明白到底他們的哪副面孔才是眞實的。

屠家本就寒微，祖上三世布衣，其父早年在甬江邊的桃葉渡一帶打魚維生，在一篇自述家世的文章裡①，屠隆說，他當官的這些年裡，有了一筆固定的俸銀，經濟總算有所好轉，但自己爲人急公好義，常拿這筆錢去接濟窮朋友，爲官多年也無多少存款，以致「官舍常無隔宿糧」。在剛回浙江老家寫給一個朋友的信中，出於一種虛榮、矯飾的心理，他把自己的狼狽竄逐描繪成對京城上流社會的主動放棄，說自己作夢也不會夢到此地了（「與長安隔世，夜臥絕不作華清馬蹄夢」）。他說自己剛回到家鄉時，「遠客乍歸，親朋來見，黃花白酒，日入陶然，大是愉快事」②。描繪自己的鄉居生活，「脫朝衣，把布袍穿上，荷犁鋤，擲手板腰章」③，說是景態清泠，一點也沒有吳越間士大夫家的艷俗氣：家有采芝堂，堂後有樓三間，雜植小竹樹，臥房廚灶都在竹間，枕上常聽啼鳥聲。宅子西面有兩棵上百年樹齡的桂花樹，秋來花發香滿，庭中一塊空地上開鑿小池，栽紅白兩色的蓮花，池旁引種桃樹數棵，一到三月桃花開時，水中花映著岸上人，迷離曲折得簡直如同傳說中的阿房宮和隋煬帝的迷樓一般……

在這些不可信的華麗文字背後，眞實的情形是，罷官後的屠隆一家八口，只能靠被海水鹹鹵侵蝕過的十七畝薄田爲生。剛到家時，還有親戚鄰人前來探望，到後來，就很少有客登門了④，以致窮饑時不得不與老母一起下田間割馬齒莧等野菜，摻入稻米爲食，家人病了延請大夫上門，也找不到一文餘錢照著醫師的方子去藥舖抓藥。逼得再無路可走，他就只能去走鬻文賣賦的才子末路了。生有異才有什麼用呢？筆綻蓮花又有什麼用呢？就算是古代偉大的作家劉勰、鮑照再世，也只能以文章爲遊戲、自輕自賤了吧。

巨大的生活壓力下，如果再無一點精神的空間，那眞要把人給生生悶死。逃禪，逃往山水，都爲解脫。說是萬念俱空、一絲不掛了才潛心禪修，實際上還是對現世俗務眼不見心不煩的逃避。一五八七年前後，屠隆從阿育王寺舍利殿前移植了一棵娑羅樹，並把自己的書齋「栖眞館」改名爲「娑羅館」。這種產自東南亞一帶的高大樹木，相傳爲佛祖釋迦牟尼寂滅之所，也是文殊菩薩講法的道場，聽著風吹動樹葉的碎響，寫下那四句、八句的學禪心得，那一刻或許屠隆眞感到了自己離佛法世界已經不遠。一五九六年，他跟隨杭州雲棲寺蓮池法師修習佛法，入山三月，長齋掛戒，他自己都以爲做得比眞和尚還要好了，但法師早就看穿了此人稟性，不斷綺語，不絕紅塵，看他滿口禪理，終究還是非僧非俗。

據他自述那幾年的遊跡，「遊淀泖，泛五湖，跨三竺，南望普陀，浮錢塘，歷雁蕩，登天臺，尋劉阮故居，轉陟四明，循鳥道，漸入仙窟」⑤，晚年又出盱江，登武夷山，足跡之廣，上古時代的伏羲、神農氏也不過如此了。當他如孤雲野鶴一般走入風

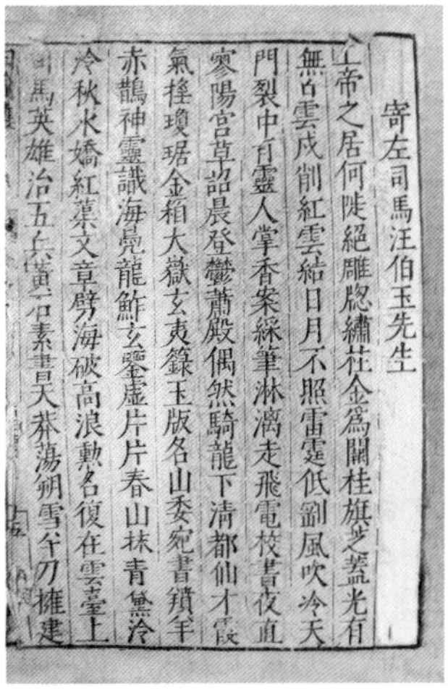
寄左司馬汪伯玉先生
上帝之居何陡絕雕牕繡栱金爲闕桂旗芝蓋光有
無白雲戍削紅雲結日月不照雷霆低劉風吹冷天
門裂中有靈人掌香案綵筆淋漓走飛電校書夜直
寥陽宮草詔晨登鬱蕭殿偶然騎龍下清都仙才霞
氣搓瓊琚金箱大嶽玄夷籙玉版名山委宛書殰年
赤鵲神靈識海覓龍鮓玄鑿虛片片春山林青黛冷
冷秋水嬌紅葉文章劈海破高浪勳名復在雲臺上
司馬英雄治五兵黃石素書昊天恭湯銅雪兮刀摧建

屠隆《白榆集》明萬曆刻本

① 《白榆集．報元美先生》。
② 《白榆集》卷十二〈答詹政叔〉。
③ 《逍遙令》套曲，作於一五八五年。
④ 「想初入里門，猶有父兄三老少年相過慰者，久之，履綦遂絕，墐戶蕭條」。
⑤ 屠隆《冥寥子游》。

景深處之際，他說，青山白雲足以娛目，朝霞夕色足以適志，更有夜行途中的松風可當管絃，晨光中的煙霞如一冊大書供他行坐披閱。在以《冥寥子游》爲題的一篇萬字長文中，屠隆用飽蘸激情的筆觸描述了一個官員出身的獨行客冥寥子的一場莫須有的旅行，此人出入山野、城市，一生都在路上，最後像傳說中遇仙的劉、阮一樣，隱身入了四明山，再也沒人見過他。在《冥寥子游》的最後，某天晚上，他獨自宿在客棧，一個長相妖艷的女子來敲他的門，自稱是仙女，來與他共度一宿，同遊仙境。是鬼狐？還是菩薩化身來試他？冥寥子心裡轉過無數念頭，凝神端坐，最後天快亮時，那女子消失不見了。這個冥寥子應是屠隆自況無疑，他不是一直在訪道談玄嗎，這場莫須有的旅行裡寄寓的正是他對得道的嚮往，那就是一顆心要變得像補天的五色石一般堅硬，「入水不濡，入火不焦，觸實若虛，蹈虛若實」，不爲任何外在的聲色誘惑所動。

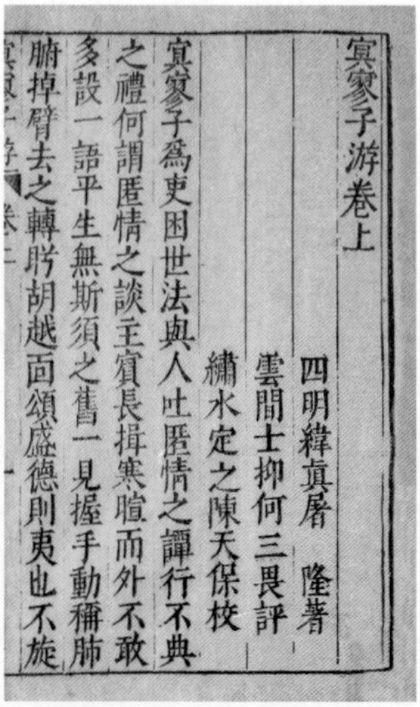
冥寥子游卷上
四明緯眞屠　隆著
雲間士抑何三畏評
繡水定之陳天保校
冥寥子爲吏困世法與人吐匿情之譚行不典之禮何謂匿情之談主賓長揖寒暄而外不敢多設一語平生無斯須之舊一見握手動稱肺腑掉臂去之轉盼胡越面頌盛德則吏也不旋

《冥寥子游》明刻本

「從愛河急猛回頭」

可是這隆隆滾動的慾望戰車怎生煞得住？說是「月隨雲走，月竟不移，岸逐舟行，岸終自若」，似乎這個修持者已經掌握了攝心煉性的無上妙法，對待俗世生活已有足夠的定力了，但他自己也明白，這一切就像一張薄紙般脆弱，眞正能讓自己燃燒、讓身體裡的每個毛孔都激動賁張的，還是那些男旦、歌童、小唱，是戲臺上的歌吹和激越叩動的檀板。看起來陪伴自己的只有家中的老瘿瓢、長頸膽瓶和貝葉上的經文，可是夜半的夢裡，常常把自己驚醒的，還是騎著馬跑進春天深處的那個俊俏少年。如果時間能夠重來，不管要付出多大的代價他也要回到從前的自己。談玄說佛原是不得已，裝點一下門面也就行了，用得著像個苦行僧一樣持戒守律、搞得人生了無生趣嗎？

一五九九年，五十六歲的屠隆重遊松江府，與馮夢禎、陸君策等一干友人遊於天馬湖，後來馮夢禎在他的《快雪堂集》中以一種頗不以爲然的語氣說：長卿名爲入道，不再吃葷食，但我看他有酒就喝，有肉就吃，身邊從來沒缺過孌童和女人。他還向我吹噓，說一晚上可以度十男女而不疲，眞是太可笑了①。言下之意，這個人雖然跌過一個大跟斗，放誕風流的本性卻一點也沒收斂，所謂「習氣難除，情障難斷」是也。據陳繼儒說，差不多同一時期，屠隆還帶著他的家班在蘇州、無錫一帶演出。無錫名士鄒迪光特別喜歡《曇花記》一劇，還特意寫信給屠隆邀他前往作客。時人以一種近乎誇張的語氣說，此人家裡都要窮得揭不開鍋了，還沒日沒夜和一幫聲伎伶人混在一起，行事眞是太出格了②。哪知道屠隆晚年的生計全在這裡了，「金閶城邊暮飛雪，

① 馮夢禎《快雪堂集》卷五十七，閏四月二十二日日記。

② 張應文〈鴻苞居士傳〉：「不問瓶粟罄而張聲妓娛客，窮日夜。」

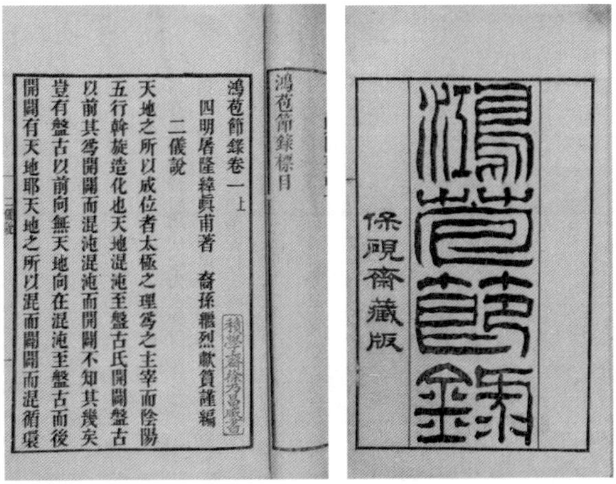

屠隆著作《鴻苞》（節錄十卷）清咸豐七年（一八五七年）刻本，屠繼烈編。

朔風如刀凍如割」，獻藝乞米，忍饑挨凍，這滋味也不是那麼好受的。

他還夢想著寫一本把世界上所有知識都囊括其中的奇書。他多次說到，計畫中的這本書將有非常宏闊的視野，「遊覽八荒，參合三教」，網羅宇宙古今，探究微言奧義，既有人生義理的思辨（「深明天人之際」），又有世相的觀察，還要搜考奇聞、記述靈跡，一旦完成，將是一部徹底破解人生障蔽的偉大著作。這種博學式的態度使他對遭遇到的人和事都保持著足夠的好奇心，一有機會就跑出去廣採見聞。他說爲了寫成這部終極之書，十數年間不知有多少回半夜驚醒，握筆疾書，有時寫著寫著，那些石破天驚的發現都要把自己驚出一身汗來。他把這部冀之以不朽的著作定名爲《鴻苞》，自稱有三十卷之多，雖然全書在一五八九年前後已經基本完成，但因資金闕如，到他死前也沒有付梓。刊刻不了的另一個原因，是書中充斥了太多離經叛道之語，據讀過此書一些片段的人說，全書體例混亂，言語放誕而又駁雜，與叛逆派作家李贄的《焚書》是一類書。倒是其中雜談文房清玩之事的《考槃餘事》四卷，他在世之日就以小冊子的形式風行於世，成爲追求生活品味的文人雅士案頭必備書。這本書從書版碑帖到書畫琴紙，乃至筆硯爐瓶、器用服御之物，一一加以詳載，可稱是那個時代的奢侈品鑒賞大全。可知他的耳朵一邊聽著梵唄和風聲，最搖動心思的還是塵世間的那點熱鬧。

「名障慾根苦不肯斷」，說來也是沒奈何的事，再不讓他寫戲，難不成眞要把他逼成個輕薄鬼、強姦犯？這個一直與慾望的煎熬做著鬥爭的人，說來也眞夠難的了，想要「從愛河急猛回頭」，不讓道心退墮，可是天生一個情種，即便外緣褪盡，心底裡的愛慾依舊源源不斷。看他與朋友討論如何把慾望從心裡驅趕出去，那簡直是在打一場攻堅戰：屯集重兵於堅城之下，又是攀雲梯，又是掘地道，那城就是攻不下來，不是戰術不得法，實在是城池太堅固。男女之慾爲什麼那麼難拔去？敗軍之將屠長卿自問自答道：父母生我，就是因這男女之慾，那麼它就是我的根，一個人怎麼可以把自己的生命之根給拔掉呢[1]？

那就索性塡詞度曲去，他心目中的楷模大唐李太白，不也爲美麗的女人楊貴妃作新詞嗎？《曇花記》後，他又接連寫下《綵毫記》、《修文記》等傳奇流布曲壇，論叫座的程度一點也不輸於好友湯顯祖日後寫下的《牡丹亭》。在一五九九年夏天寫給朋友管志道的信中，他以一種不無誇耀的語氣說，自己不勝技癢，去年一年寫了兩部傳奇，「一名《曇花》，廣陳善惡因果，以明佛理。一名《綵毫》，假唐青蓮居士，以明仙宗」，雖然不能稱爲正而八經的著作，近乎遊戲筆墨，但「於勸懲或有小補」。

《綵毫記》專寫大唐李白，尤其到力士脫靴、貴妃捧硯一節，已純然一副夫子自道、陶醉得樂不可支的語氣。到生命最後兩年完成的《修文記》，他已經把自身經歷和成仙證道的夢想全都放了進去，「眼中親見稀奇事，盡入淋漓筆底」，幾乎做成了一齣舞臺版的人生回憶錄。主人公蒙曜，和他一樣做過縣官和郎中，被誣告丟官後醉心於仙道；彈劾他的人叫「伯嚭」，論劾的原因是：「論蒙曜，放浪民，收客結交結縉紳，他眼底又空人，藐王侯，不一瞬，看我等，一似腳底泥，太相欺，致仇恨」。劇中蒙曜和朋友一起到杭州飛霞洞造訪的雲棲老人，即著名的蓮池法師。其他次要些的劇中人，也都能在他的朋友和家人中一一考出形跡，如亡故的長女用的是本來的名字，長子和兒媳的名字稍有改動，也極易辨識。再如劇中的閻羅王，據暗示和劇作者「兩同門道」，是「朝端之直臣」、「江左之名士」，慧虛法師是「闔中名士」，都不難考證出人物原型的姓名。甚至在第二十六齣中還讓這些人以眞名眞姓示人：「笑那老蓮池牙根兒沒了，笑那屠居士齊根空咬，笑那虞先生門戶關牢」。在一部四十八齣的長劇中採用這些策略，除了希冀自己能因這些劇目的流傳而不朽，也印證了寫作的祕密動機之一，在於報仇。

湖南省博物館藏明代嘉靖年間所製青花仕女圖盤，盤上題李白詩：「若非群玉山頭見，會向瑤臺月下逢。」後人推測當是以屠隆《綵毫記》「脫靴捧硯」一齣中楊貴妃賞牡丹情節入畫面。

① 《白榆集·與李觀察書》：「男女之慾去之爲難者何？某曰：道家有言，父母之所以生我者以此，則其根也，根故難去也。」

家有戲班不夠，他就花大把的銀子聘請名角，興致上來了還自己粉墨登場，客串紅氍①。看來他的確深諳觀眾口味，精通編劇門竅，在爲好友梅鼎祚的一齣演繹唐代詩人韓翃與妻柳氏悲歡離合的傳奇《章臺柳玉合記》所作的推介中，他宣諭自己的戲劇主張：「傳奇之妙，在雅俗並陳，意調雙美。有聲有色，有情有態。歡則艷骨，悲則銷魂，揚則色飛，怖則神奪，極才致則賞激名流，通俗情則娛快婦豎，斯其至乎！」②但這個華麗派戲劇家實在過於喜歡賣弄才情了，雖然戲文賓白精緻華美，但總難掩結構散漫、關目蕪雜的弊病，以致同時代就有人批評他的《綵毫記》「塗金繢碧」、「求一眞語、雋語、快語、本色語，終卷不可得也」。稍晚的戲劇評論家祁彪佳也對他的《曇花記》篇幅長、關目繁、人物多、賓白多表示不滿，說他「學問堆垛」，實在太愛賣弄了③。

屠隆說，在這些新戲中他要傳達的乃是這樣的人生體驗：「風流得意之事，一過輒生悲涼，清眞寂寞之境，愈久轉有意味」。世人不是好歌舞戲曲嗎，那他就順從他們的這個喜好，閒提五寸爛斑管，「狠下輪迴種子」，向他們進行道德勸誡，他把這一苦心之舉稱爲「拔趙幟，插漢幟」。他以一種矯裝的道學先生口氣告訴觀眾，盛宴高張，伎樂聲聲，戲臺上鶯釵成行，水袖和煙霧一起飄動，表面看這一切是多麼美好，然而嗜慾的結局是悲慘的，繁華的最後總是嶙火熒熒、山鬼夜語。看起來是高揚著道德教化的大旗，但也只有他自己明白，這麼說有多少的不得已。但偏偏也有人會著他的道，據說劇作家鄒迪光

明人無名氏繪〈南中繁會圖〉（局部），圖中廣場的舞臺上正在熱熱鬧鬧地演著一齣戲。

看了《曇花記》後就想解散家裡的戲班，奉佛參禪去了，後來還是因爲好友潘之恆的勸阻，才打消了此念。

管志道早就看出了屠隆所說的勸懲云云不過虛晃一槍，沉溺於慾望化的講述才是此老眞面目，在一封長達三千餘字的回信中，管志道說屠隆的這幾個傳奇於宣揚佛理實可謂南轅北轍，雖然作者才華過人，這些傳奇寫得意極精、辭極巧，但以佛學勘之，實在都沒有跳出「綺語障」，尤其是《曇花記》，「近來淫曲濫觴，此作眞是絕唱！」管志道問，你說這些傳奇的目的在於化民，請問以聲色而入劇戲，所化幾何？可別讓世人認妄爲眞，又迷眞爲妄，那可眞是爲天下種一大妄語了④！

生命時時欲飛，然而在道德重扼下，卻總是飛不起來。有時看似輕逸地躍過去了，還是被一根看不見的繩子捆著，怎麼也飛不起來。

我是誰

在生命的最後幾年，屠隆還是爲多年的放任付出了代價。他染上了被當今醫學稱之爲「由蒼白密螺旋體引起的系統疾病」的梅毒。這種湯顯祖所說的「情寄之瘍」，把他折磨得生不如死，全身的筋骨似乎都一截截壞掉了，整日號痛不止，尊嚴盡失，要全家唸誦觀世音名

①《萬曆野獲編》載：「屠亦能新聲，頗以自炫，每劇場輒闌入群優中作技。」

② 屠隆《棲眞館集》卷十一〈章臺柳玉合記敘〉。

③ 祁彪佳《遠山堂曲品》。

④ 管志道〈答屠儀部赤水丈書〉。

號以求解脫。在他輾轉病榻時，已經回到江西臨川的湯顯祖寄來十首詩，語氣雖不無調侃，卻也是多年老友的殷殷關切①。湯另有一詩，「望若朝雲見若神，一時含笑一時嗔。不應至死緣消渴，放誕風流是可人。」②還是在寬慰他放任灑脫，風流人得此風流病也算各得其所。

是爲萬曆三十三年（一六〇五年）。

這時屠隆才如夢方醒一般，發現自己在這個世上已經沒有多少像湯顯祖一樣伴隨始終的朋友。在過往的時日裡，不是他得罪了他們，就是他們把他像一隻破靴子一樣丟棄了。他有沒有眞正認清過他們？有否得到他們眞正的友情？這一切他已來不及細忖，生命彌留之際，他已經感覺不到多少身體的疼痛，而只是對將要吞噬自己的無邊無際的虛空心生恐懼。那一刻，他的眼前或許會次第閃現過簾箔後那雙動人心魄的眼睛，閃現過騎馬沖泥、燕市沽酒的北京歲月，閃現過坐著船來看他的吳越名士們的一張張面孔。

而在這之前數年，他已說這一生從沒看清過自己，正如張三不是他，李四不是他，長卿不是我，緯眞亦不是我（屠隆字長卿，又字緯眞）。在一篇匆忙寫就的自畫像中，他說道：

> 霜降水涸，華脫木枯，萬緣儻盡，五岳可廬，人稱爲我，我不知其爲我。

他最後留下遺言，說他一生最大的過錯，就在多言多語，要他的兒子把他所有文字，包括那部尚未付梓的大書、幾部傳奇全都一把火燒掉。自己的一生實在是個大失敗，「萬事瓦裂，無一足取」，活過了六十春秋，已是足夠長了。

① 湯顯祖〈長卿苦情寄之瘍，筋骨段壞，號痛不可忍。教令闔舍念觀世音稍定，戲寄十絕〉。其一云：「老大無因此病深，到頭難過了人心。親知得授醫王訣，解唱迦雲觀世音。」其九云：「金骨如絲付粉霜，殘年空服禹餘糧。惟除念彼觀音力，銷盡烟花入禁方。」

② 湯顯祖〈爲屠長卿有贈〉。

終爲水雲心
湯顯祖的情幻世界

樂生

狂喜

在元老派的陰影下

「湯遂昌」

情感與夢幻

大覺

螻蟻之愛

追蹤靈境

燃夢成燼

小青

一縷香魂

同夢記

世間何物似情濃
整一片斷魂心痛
——《牡丹亭 · 鵲橋仙》

樂生

一五八四年冬天，屠隆灰頭土臉被逐出京城時，湯顯祖正在南京過著清冷而又優裕的閒曹生活。禮部觀政結束後，他被分發留都，擔任太常寺博士這一閒職，職銜正七品，七月動身，八月十日已經到任。

對於一個出身三甲的青年官員來說，最理想的晉身之道是經由館選，進入翰林院，再分發到中央六部歷練，一步步熬到進入內閣中樞。像湯顯祖這樣一入官場就被打發去坐冷板凳，也算是比較少見，比分發到州縣的同年都要差勁得多。

在正式踏入帝國官場之前，這個來自鄱陽湖邊小城臨川的才子已在科考的道路上蹭蹬了十餘個年頭，昔年名動江右的青年詩人已過而立，華髮早生。在萬曆十一年（一五八三年）通過禮部最高一級考試之前，四次春試不售的經歷足夠讓一個人的自信心飽受摧擊，但他竟然挺了過來，依然保有著劍魄琴心的浪漫情懷，這不能不提兩個同時代優秀人物對他人格鑄造的影響：一位是萬曆初年起用爲兵部尚書的江西宜黃人譚綸（但譚綸對這個年輕的崇拜者並不太當回事，日後湯顯祖在京城拜訪譚尚書時就吃了閉門羹）；另一位是泰州學派著名學者、曾在湯家短暫執教的理學大師羅汝芳①。

湯顯祖像

①本文對湯顯祖生平的敘述，主要事實皆出自一九六二年中華書局版《湯顯祖集》，該文集一、二兩冊爲詩文卷，由徐朔方主編，三、四兩冊爲戲曲卷，由錢南揚主編。集中收錄湯氏詩作兩千兩百七十四首，文章及書信一百四十五篇（其中還有三十篇賦），爲研究湯氏生平與思想的重要史料，徐朔方、黃芝崗等人所撰湯氏年譜，也基本以此爲據。

羅汝芳之學出自王艮的再傳弟子顏鈞，算起來是王艮的三傳嫡裔，但他這一脈的思想比王艮更爲激越脫俗。羅的一個重要創見，在於把《易經》中「生生」的概念引入了心學體系，主張以生代心（「善言心者，不如以生字代之」），認爲生命自身生生不息的過程，便是宇宙生機和最本質的善。羅又善於運用詩歌和藝術手段激發推蕩弟子的天機，未來的劇作家從十三歲起與老師朝夕相從，這一樂生的態度自然會對他起到久遠的影響①。多年後湯貶任廣東徐聞縣典史時創立貴生書院，就是他重視「生」的一個例證②。

而臨川所屬撫州府的人文之盛，也使少年湯顯祖在面對這個世界之初有了足夠的底氣。城中有謝靈運祠，是爲紀念東晉時曾任職臨川內史的山水詩人謝靈運而建，此地是湯顯祖和一幫學友功課之餘經常流連之處。二十六歲那年，湯在地方政要的資助下出版的第一部詩集《紅泉逸草》（收錄了他早期的七十五首詩作），就是向這位千年前的詩人致敬。據湯自稱，其中「紅泉」二字，就出自謝靈運的一句寫當地風土的詩：「銅陵映碧澗，石蹬瀉紅泉。」但從這本充斥著舊習氣和平庸意象的循規蹈矩之作上，一點也看不出日後湯身上那種獨立不羈的氣質。

其實早在萬曆五年那場春試中，如果這個江西人不那麼不識抬舉，他早已身登龍門。一五七六年春天，湯顯祖在前往南京國子監遊學的途中，應羅汝芳的另一門生、同學沈懋學之邀，順道在皖南宣城作客，沈介紹了自己的好友、戲曲作家梅鼎祚與湯相識，不久他們那個社交圈子像滾雪球一樣擴大了，宣城知縣姜奇方也加入了進來。湯第一次上京春試時與姜入住同一家客棧而結識，此番造訪，姜正可盡地主之誼。沈懋學性喜騎術，常騎著一匹高頭大馬揮弄長矛，梅鼎祚則是一本古代名姬美女傳記集《青泥蓮花記》的輯纂者，這幾人都是風流倜儻的名士脾性，讓一向拘謹的湯大開眼界。說是聚在一起爲明年的春試資糧，實際上是遊賞的日子居多。

某日，姜知縣向湯、沈兩位好友傳話，說首輔張居正邀請兩位明年春天進京時務到相府一見。原來，張居正爲了讓次子張嗣修在明年的春試中及第，正在想方設法，一是不讓自己的異母兄弟張居謙參加本年春試，以杜天下人之口（居謙不敢違背兄長，不久後鬱鬱而死）；二是多方羅致海內名士，以做兒子高中科第的陪襯，不讓人抓著舞弊的把柄。張府的人打聽到，這一科南北士子中，羅汝芳先生的兩個高足湯顯祖和沈懋學於時文最爲精通，且又現在宣城，於是請宣城知縣姜奇方居間傳話。姜向他的兩位朋友坦言，他這麼做也有不得已處，因他早年曾以同鄉身分在張府坐館。

第二年初春，湯、沈兩位同門學子到了京城，入住東城裱背胡同的一家客棧。沈懋學認爲一個父親爲了兒子的前途做什麼都是可以理解的，欣然就道，依約前往張府。湯顯祖卻打死也不肯去。最後放榜結果出來，幾乎全在意料之中，沈懋學高中一甲第一名，張嗣修以第二名及第，即俗稱的榜眼，湯顯祖則名落孫山，明擺著是首輔大人要給恃才傲物的年輕人一點眼色看。這件事兒讓沈懋學也老大過意不去，寫信安慰他說：「獨憐千里駿，拳曲在幽燕。」③

狂喜

可以想像這個年輕人的屈辱和傷心。很長一段時間，這個世所公認的八股文名家對考試制度乃至帝國的用人機制產生了嚴重懷疑，其直接結果是好多年他都不再去碰那些能夠帶給一個人功名和榮耀的時文。期間，他在家鄉出版了第三部詩集《湯海若問棘郵草》④，並在寫作一部叫《紫簫記》的傳奇。

① 在《太平山房集選》一書的序言中，湯顯祖曾提及就學於羅汝芳時的心境，稱這是他「天機泠如」的一個時期。見《湯顯祖集》第二冊。

② 湯顯祖曾作〈貴生書院說〉一文闡述他的樂生理念：「故大人之學，起於知生，知生則知自貴，又知天下之生皆當貴重也。」

③ 湯顯祖拒絕張居正並因此在江陵當國期間無法取得進士一事，記錄於湯氏友人鄒迪光爲他寫的一篇傳記中（《湯顯祖集》第四冊）。清代劇作家蔣士銓曾在《臨川夢》一劇中對此大加著墨。

④ 出資刊印者張汝霖，即著名的《陶庵夢憶》作者張岱的祖父。

他初試啼聲的這個戲，取材於唐人小說《霍小玉傳》，原作講述的是霍小玉被負心郎詩人李益始亂終棄、憔悴以死的故事，是唐人傳奇裡最悲情的故事之一。但湯的這個戲並不拘泥於原著，而是隨意生發出去，表達自己和同時代人對友誼、愛情和仕途的一種帶有浪漫色彩的憧憬，把它改寫成了同情遲暮美人、頌揚青春熱情的一齣風格雜駁的詩劇，曲文賓白用的是當時還不太流行的駢綺體。

小說裡的小玉是霍王的庶出，霍王死後，小玉的生母鄭六娘被逐出府邸，等待著小玉的命運是做一個官伎。小玉經人介紹認識李益後，兩人就同居了。小玉要求她的情郎和她同住八年，因爲這個生性浪漫的女孩覺得，和自己眞心喜歡的男子一起住滿八年，這一輩子也就值了，她不可能奢望一個極有前程的青年詩人與自己廝守終生。湯改寫的戲劇中，霍王並未死去，只是忽然想要去尋長生不老之術，遣散了鄭六娘、杜秋娘兩個侍妾，小玉也沒有與李益認識的當晚就同居，而是舉行了一場婚禮，成了李益正式的妻子，且一起生活的時間爲十年。小說中的李益是個負心郎，但湯在戲中把他的品格塑造得完全當得起小玉那份痴愛。婚後不久，一次在花園散步時，小玉把相守十年的計畫告訴了李益，李益當即信誓旦旦要相愛到白頭，兩人在花園裡唱和的那些辭句，正見出了這對青年夫妻愛情之濃烈。不久，李益去邊疆任職，完全陷入了對妻子如醉如狂的思念，一直到三年後，他們終得團圓，似乎未來的歲月裡再也沒有什麼能把他們分開了。

當那些華美的句子噴薄而出，寫戲人似乎也完全陶醉於愛的狂喜

明代金陵書坊刻本《李十郎紫簫記》插圖

中了：愛可以戰勝空間的睽隔，愛同樣可以戰勝時間。雖然這個戲從未排演，但寫作過程中充滿著的浮世裡的種種快樂使湯意識到，比之詩文的高蹈與艱澀，戲曲傳奇是一種多麼世俗化，又與生命貼得多麼近的東西啊。據湯日後回憶，他每填好一曲，就有等在一邊的朋友玉雲生「夜舞朝歌而去」。此人體態苗條，用海鹽腔演唱時，假聲清潤而尖細，一發現有曲調不合的地方就隨時向他指出①。此外，當地一幫有錢又有閒的名家子弟也始終圍著他轉，參與到劇情的討論中，不時有曾粵祥的美食佳餚，又有謝廷諒的應酬接待。這部意象藻麗、對句工整的華麗大戲中的詩朋酒侶，很大程度上就是他和朋友們充滿著夢幻騷動的青年時代生活的寫照。

從一個理學家的高足、時文寫作名家轉向詩歌和傳奇，並讓世俗的情感進入他的寫作，湯在一五七六年後的幾年經歷著心智和情感上的脫胎換骨。但他那時候尚不自知，倒是同時代靈敏的讀者已辨認出了他獨特的氣息，其中就有著名畫家兼詩人徐渭。這個因殺妻案入獄的傳奇性人物一五七九年刑滿釋放後，已快六十歲了，他在前往北京投奔翰林侍讀張元汴的途中讀到了一冊湯的詩集《問棘郵草》，評價是「通篇都佳，愈看愈妙」，並在客旅中寫下一封熱情如火的信，自謙願意給小他近三十歲的詩人「執鞭」（「執鞭今始慰生平」）。此信無法投遞，直到後來有人前往江西才得便寄出，送達湯的手上。

就這麼著，直到張居正死後一年，即萬曆十一年那一榜，湯顯祖總算是結束了三年一度令人痛苦不堪的向著北京的奔跑，晉身這個時

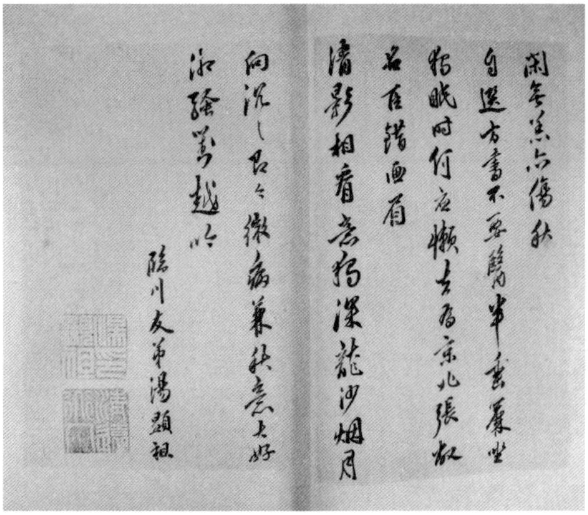
湯顯祖行書詩卷

①〈玉合記題詞〉。

代最爲精英的人群行列。他的會試成績不算太好（爲第三甲第二百一十一名賜同進士出身），三十四歲的及第年齡也不算年輕，但這已足夠使多次碰壁的他稍感安慰。像那個年頭所有抱有政治熱望的青年官員一樣，結束禮部觀政後，湯顯祖對自己的人生規劃當然是希望留在京城一展抱負，畢竟當時世人的眼裡，沒本事沒後臺的人才去外補的，用他朋友屠隆的說法是，「以內館爲高華，以外吏爲流俗，以詞賦爲雅道，以吏事爲風塵」。但此時的閣臣張四維、申時行都是張居正執政時代的元老，湯留京的希望實是很渺茫，雖然申、張兩人的兒子也都是他的同年進士，但稟性高傲的他從來不想動用這層關係留在北京。

在元老派的陰影下

南京，或稱南都，從十五世紀初明成祖遷都以後，它在帝國的政治版圖上一直相當於朝廷的後樂園，雖然名義上保留了一套虛設的行政機構，設有禮、刑、工三部，實際上是失意官員的集散地、生意人的天堂和帝國全境範圍內最繁華的娛樂中心。在一個道德主義者的目光看來，這是一塊與墮落、腐化、犯罪接壤的土地，它只會生長出享樂主義的惡之花和遷延、遲疑、不負責任的行事做派，一個北方人如果到了這裡，必須要加倍小心，才能使智力和精神不至於墮落。但顯然的，湯顯祖對這座散發著濃郁的藝術氣息的城市並不感冒，六朝以來的抒情詩歌早就讓他對這座城市嚮往不已，在他眼裡，南都在文化上的重要性或許要超過北京，而城中規模宏大的國子監、秦淮河上的歌童美女、麇集於三山街的印刷作坊和書舖，以及遍布城內外的名山古寺，這些文化地標在他眼裡都有著持久的魅力。

其實早在一五七六年前後，湯就造訪過石頭城，並在一五七九年春試落第後的南京之行中結識了學問淵博的時任國子監祭酒戴洵，一位來自浙江奉化的和藹小老頭。從他自敘行跡的詩歌〈懷戴四明先生並問屠長卿〉

來看，「八月十日到官寺，是日臨齋多所思，明堂碧海舊經遊，複道香街始爲吏，三日南雍拜聖人……」他到南京的第三天就去了國子監，門房告訴他，戴洵早在兩年前就已離開國子監回了浙江奉化老家，這未免讓他感到了一絲失望。

一個熱衷社交的年輕人，在萬曆年間的南京總會找到氣息投合的朋友。湯供職的太常寺，在帝國龐大的軀體裡是一個類似盲腸的部門，基本上可有可無，除了重大節慶活動時要祈天、祀祖，讓他和同僚們忙乎一陣子，其餘大多數時間盡可讓他讀書、喝酒、四處玩賞。

與他來往密切的朋友中，有一位是後來被劾行爲不端丟官的國子監博士臧懋循（字晉叔），此人來自浙江長興，精通音律，有許多歌伎朋友，有事沒事總喜歡往秦淮河的畫舫送銀子。還有兩位他視之爲畏友的，是當年張居正「奪情」一案裡受過廷杖處分的著名的反對派趙用賢和鄒元標。湯赴任南京後不久，鄒元標因慈寧宮焚燬上了一道評論時政的奏章被萬曆下詔切責，由吏科給事中被貶南京刑部，他和湯算是前後腳到的南京，同是江西老鄉，往來自然更爲密切。

頂頭上司太常寺少卿王世懋那裡，他反倒很少去走動。王世懋是萬曆五年進士，與屠隆、沈懋學等同年，但時人看重的是他的另一個身分，文壇領袖、刑部尚書王世貞的弟弟。其兄聲名籠蓋海內，一個文壇後進只要得到了王世貞的片言褒賞就會聲價驟起，多少人想通過王世懋搭上他那位有權勢的兄長而不得，但湯認爲他與上司復古主義的文學主張不合，「不與往還」。在給朋友的信中說，「因自引避，不敢再謁尚書（王世貞）之門」①。事實上，文學趣味的異同不過一藉口而已，他們的關係搞得這麼僵，究其根本還是籠罩在了元老派與少壯派對抗的陰影下。

在南京的這些年，湯一直在修改三十歲那年在老家寫的《紫簫記》。大概一五七九

①〈答王澹生〉。

年前後他就寫出了上部，當時有地方戲班來找他談過搬演上舞臺的事，但有人指出此劇涉嫌影射某朝中大佬，後來就不了了之①。剛到南京那幾年，他就想把這部戲的下部寫出來，但苦於一直找不到感覺，直到萬曆十五年（一五八七年）他三十七歲那年才把此劇正式定稿，並改名爲《紫釵記》。南京的一家書坊文林閣有意刊印此稿，但因「部長吏」王世懋的干預，「是非蜂起，訛言四方」②，出版商不得不忍痛放棄。此劇後來到一五九五年才有機會付梓，這是後話，不提③。

湯對戲劇的終身熱愛，最初可追溯到十二歲那年在老家臨川看的一場戲。這是鄰縣宜黃人譚綸在軍中招募的班社，擅唱海鹽腔，譚綸回籍奔喪，帶來的這個戲班就在附近縣鄉演出④。現已無法得知當年這場戲上演的是什麼劇目，但不難想像戲臺上穿梭的人影和咿咿啞啞的唱腔對敏感的少年內心世界的衝擊，因爲自茲他知道了這世上有一種叫傳奇的東西，可以哭、可以笑，可以藉由優雅華美的音律和戲中角色的賓白，傳達出內心的悲戚、歡樂和夢想。

這樣的做派在自居正統者看來無異虛度時光。一五六八年夏天，湯的老師羅汝芳由南昌來南京，應國子監祭酒趙志皋之邀在雞鳴寺開講性命之理，這個有著超凡魅力的演說家就很不滿昔日得意弟子的現狀，質問他：「子與天下士日泮渙悲歌，意何爲者？究竟於性命何如？何時可了？」這一迭聲的問讓湯如針芒在背，連著數晚一想起來就不能入睡，他做了誠懇的檢討，但無可奈何地，他與理學家所期許的目標還是越來越遠了。

① 在《紫釵記》的題詞中，湯顯祖說他寫作《紫簫記》時頗受惡言中傷之苦，爲免遭影射時政的批判，這個戲終究沒有排演，以致被同鄉老友評爲「是案頭之書，非臺上之曲也」。

② 見〈紫釵記題詞〉。

③ 有關《紫簫記》、《紫釵記》的寫作時間，徐朔方先生考證甚詳：《紫簫記》作於一五五七年秋至一五七九年之間，也就是湯顯祖二十八到三十歲之間。《紫釵記》則於一五八六年開始寫作，大約完成於一五八七年。

④ 徐朔方研究表明，江西宜黃地區是海鹽腔的大本營，這一曲調最初由浙江嘉興地區傳來，湯顯祖戲劇的流行，與宜黃地區這一曲調的盛興有著重要關係。顧起元在《客座贅語》中曾描繪過萬曆前期南京城裡宴集演唱傳奇的境況：「南都萬曆以前，公侯與縉紳及富家凡有讌會小集，多用散樂，或三四人，或多人唱大套北曲……大席則用教坊打院本……大會則用南戲。其始止二腔，一爲弋陽，一爲海鹽。」

雖然湯受學於羅汝芳的時間並不長，但對於自己沒有如老師所期望的那樣走上理學的講壇，他還是一直心存愧疚。他說自己也沒想到會成爲師門的叛徒，但好多時候人生的軌跡實在不是憑著良好的願望能夠選定的。「後乃畔（叛）去，爲激發推蕩，歌舞誦數自娛。積數十年，中庸絕而天機死。」後來他在〈太平山房集選序〉中如是說。

在萬曆朝死水一般的政壇，一個低層文官只要不過激、不出頭、不落下明顯的把柄，還是可以獲得緩慢的升遷。在南京的第五個年頭，湯顯祖改官南京詹事府主簿，再一年，晉升正六品的南京禮部祠祭司主事。北京吏部的朋友來信告訴他，只要他放下身段，多與朝中大佬——特別是內閣政要們通好，內調京城任吏部主事應該不會有太大問題。但在南京的幾年閒散日子過下來，京城對湯已沒有了當初那麼大的吸引力。他回信說，他現在不能離開南京，就如魚兒離不開水一樣，南京離老家順風只有五日水程，每月有信札來回，而在京城一百多天不通信是常事，再說了，在北京做六品郎官，一年薪俸四萬文，除去房租柴米，再雇兩個當差，一年就得花七萬，哪能維持得了？而在南方，人伕酒米都從家裡帶來，自然節省許多。他還說北方氣候不好，風沙滿

湯顯祖〈紫釵記圖冊〉冊頁，民國徐硯（紫薇山人）繪。

面、吹得人張不開眼了還得出門拜客，冰厚六尺、雪高三丈，還得摸黑去上朝，加之吸的是煤氣，睡的是煤坑，自己從小受不得穢氣，看見道路上不乾不淨的，就會頭昏腦脹，北京有的是做官的人，何必一定找我①？

他擺出這麼一副決意拒絕的姿態，或許是因爲與眞可和尙的幾次充滿機鋒的對話，使他開始有意識地給自己的人生做減法，放下一些塵世間的眷戀之物。眞可和尙②是當代禪宗大師，與李贄並稱當世兩大教主。萬曆十八年（一五九〇年）冬天，湯顯祖與眞可在南京鄒元標的寓所初次會見時，眞可和尙就流露出了超渡他出世的強烈意願，而究其緣由，說來堪奇，竟是因爲多年以前湯顯祖題在南昌城外雲峰寺牆上的兩首小詩〈蓮池墜簪題壁〉。眞可和尙「直捷痛快」③，當場背誦了二十年前湯顯祖的這兩首小詩：「搔首向東林，遺簪躍復沉，雖爲頭上物，終爲水雲心。」、「橋影下西夕，遺簪秋水中，或是投簪處，因緣蓮葉東。」說從中很早就看出，湯「受性高明，嗜慾淺而天機深」，希望有天他能眞正按照詩中的夙願去做。

聽和尙緩緩吟來，湯顯祖陡然回憶起了一五七〇年秋天，秋試中式的他去南昌城外的雲峰寺拜謝一個文學前輩，告別出來已是薄暮時分，他在寺門外蓮池旁休息時不愼把一枚束髮的簪子落入池中，於是隨口吟了這兩首小詩題在壁上。他一面驚歎因緣巧合，一面又感動於眞可的誠意，但當眞可勸他辭官剃度時，或許他身上叛逆的一面還沒有眞可所期望的那麼強烈，他遲疑了。最後，他答應受記④，而不出家。眞可給他取了一個法名寸虛，意即希望他的方寸之心永遠虛空。臨別時眞可表示，湯一日不入空門，他就一日不放棄努力。

① 〈與司吏部〉。
② 眞可（一五四三～一六〇三），明代四大高僧之一，俗姓沈，名眞可，字達觀，晚號紫柏，江蘇吳江人。
③ 這一評價來自沈德符，見《萬曆野獲編》卷二十七〈禪林諸名宿〉。
④ 一名受葪，皈依佛教的一種儀式。

真可像

「湯遂昌」

萬曆十九年（一五九一年）初春，掃過西北天際的一顆彗星結束了湯顯祖在南京清靜自在的生活，把他掃到了千里之外瓊州海峽北岸的廣東徐聞縣，出任不入流的典史一職。

事情的緣起是，這年春天星變，萬曆皇帝下詔修省，同時切責各科道言官旁觀避禍、欺矇聖聰，要求臣下們上疏建言。本來只是生性怠惰的萬曆皇帝做出的一個姿態，這個南都散官竟然認了眞，邸報傳到南京沒多久，他就寫下一篇〈論輔臣科臣疏〉遞了上去。道德義憤和對當下政治的不滿使他如骨鯁在喉不吐不快，罵前十年之政，張居正「剛而多欲，以群私人囂然壞之」，又罵後十年之政，現執政申時行「柔而有欲，又以群私人靡然壞之」，眞的是「輔臣欺蔽如故，科臣賄媚方新」。

他又舉兩位正直敢言的御史丁此呂和萬國欽爲例，質問道，丁此呂揭發考試作弊，萬國欽斥責對外妥協，都落得個罷職的下場，六科十三道的言官之所以噤若寒蟬，還不是因爲首輔申時行專權？

這個人在政治上一直都是不結盟的，此疏針對的又是手握權柄的首輔大人，受到「假借國事攻訐元輔」的反噬也在料想之中。念他爲官多年，縱有攜妓冶遊等小節，但也無有大過，貶到廣東瓊州也算是從輕議處了。但這一下還是把湯打得不輕，出京南下時他順道回了一趟江西老家，一到家就瘧疾發作，在持續的高燒中，他被各種各樣的夢境包圍著，他後來不無驚悸地回憶說，在其中的一個夢裡，自己被縮小成只有一尺高，在一個破屋子裡四處摸索門戶想跑到外面去，外面月光細碎暗淡，他就是找不到一扇出去的門。最後是他父親把他叫醒了。

和屠隆一樣，兩人都是在度過一段相對順遂平靜的官宦生活後，在人生的中途遭受波折。兩個都是心氣很高且敏感的人，突遇挫敗，自免不了世事翻覆如浮雲的無常之感。對屠隆來說，「淫縱」的指控把他打入底層的泥淖，一輩子窮愁潦倒未能翻身，湯顯祖比他幸運的是，做了兩年典史之後，隨著申時行內閣的倒台，又有機會起復，調任浙江西南部一個叫遂昌（又名平昌）的小縣知縣——任命書上說是「量移」。這也使他免去了屠隆那樣的衣食之虞，公務之餘還可「借俸著書」。

從湯顯祖在遂昌五年任期內的治績來看，修城垣、捕盜賊、懲豪強、建書院，以致百姓安寧，訟案大為減少，他還是稱得上帝國基層的一個能吏。尤其是諸如元宵夜把囚徒放回去與家人團聚觀燈這些舉措背後的人道關懷，更是為他在當地士民中贏得了極佳口碑。「兒童竹馬，陽春有腳，經過百姓人家。月明無犬吠黃花，雨過有人耕綠野，真箇，村村雨露桑麻」，這曲〈八聲甘州〉，是他後來在新戲《牡丹亭》裡描述南陽太守杜寶挑著花酒、春巡勸農的場景，某種程度上也是他這個平昌縣令夫子自道。

蝸居山城小縣，最易懷舊，他與屠隆交往不算多，到了此間卻時常會想起。這個自我放逐山水間的人不知流浪到了何處？近來又度了什麼新曲？他寫信邀之前來，埋怨總是不成行：

弟洗竹林寺以待足下，竟成子虛。羊溝蚪谷，何得赤水之珠？

在湯的熱誠邀約下，大約萬曆二十三年（一五九五年）暮春，屠隆由鄞縣老家南下經天臺、歷雁蕩、渡甌江、過麗水，直抵遂昌。他雖是初次造訪這座浙西南小城，但通過友人書信裡的描述，他對遂昌已頗不陌生。湯顯祖曾自稱他這個神仙縣令如山鬼，終日與白雲、青蘿、石泉為伍，衙署少訟案，有時連麋鹿都會大搖大擺闖將進來，主人則坐在堂中彈琴，一杜一絃盡是山水清音。荒僻的小城沒有清歌妙舞可供消遣，湯知縣陪著好友自侵雲嶺、飛鶴山、碧秀嶺、三台寺一路走下來，入禪寺與老僧對談，觀摩崖石刻，又去了較遠的白馬山及離城八十里的青城山。此地山丘雖少奇峰怪石，只是尋常小景，卻也楚楚可愛，屠隆對老友覓得這塊神仙寶地作逍遙遊心羨不已，對此地風物和淳樸民風更是讚不絕口，稱「邑在萬山中，人境僻絕，土風淳美」。

湯還帶他去看了城東報願寺前的鐘樓。在湯來到遂昌之前，這座小山城好像處在時間之外，百姓以日影的移動計算時間，日子過得懶散得不行。湯來到這裡的第一件事就是在報願寺前重建了鐘樓，名之為啓明樓，按時叩響巨鐘，催促做工或者就讀。屠隆說，此城百姓向來簡陋，多賴湯君來後，才聽到了報時的更漏。他認爲這功績就像創世一樣偉大①。

上一年春天，湯顯祖曾赴京上計②，在北京結識了董其昌、陶望齡和文名動天下的湖廣公安袁氏三兄弟。當時三袁中的老大宗道已任翰林院編修，老二宏道中了進士在京候選，老三中道還在準備考試。在袁宗道舉辦的一次酒宴上，湯與三兄弟把酒言歡，與老二袁中郎尤其投契，南歸途中又與剛放了吳縣令的袁中郎結伴而行。山城夜晚無事，這些交遊的往事都成了主客之間極好的談資，湯顯祖還透露，袁中郎對屠隆極是仰慕，稱他身上沒有一絲俗氣，吳縣令的位置還沒坐熱，就想掛冠而去，跟隨長卿先生遊盡天下山水呢。屠隆說，他也收到中郎的信了，「欲與長卿一別，而竟未能。俗吏之縛束人甚矣，明年將掛冠從長卿遊。此意已決。會湯義仍先生幸及之」，只是中郎的辭呈今年春天已經遞上去了，上面遲遲沒有照准，不知是何道理。

白日裡，遊賞、煮酒、度曲、縱歌，到了晚上，這個時代最傑出的兩個戲劇家湊在燈下一起研讀董解元的《西廂記》：

> 古廳無訴，衙退，疏簾，捉筆了霍小玉公案。時取參觀，更覺會心。輒泚筆淋漓，快叫欲絕。何物董郎，傳神寫照，道人意中事若是。適屠長卿訪餘署中，遂出相質。

他們一致認爲，董解元這一齣《西廂記》的精華是情，而不是色。

湯顯祖詩，行草扇面。

① 「平昌山城俗樸茂，百事向來從簡陋。……湯君分符宰此城，平昌更漏始分明。」屠隆〈啓明樓〉。

② 一名大計，明代地方官三年一次的晉京述職。

情，就是那種讓人生而復死、死而復生的東西，也是讓他們走過百里千里聚在一起的那種東西。湯顯祖說以前寫戲，總是一味想著衝破「理」的樊籬，給人欲以應有的位置，原來「慕色」這一關也要闖過去，這樣好作品才會如水到渠成、瓜熟蒂落。他向好友透露，在遂昌的這幾年一直在構思一個新戲，那是陰陽兩隔的一對男女以赤誠之情感動鬼神，還魂人間結爲夫妻的故事。屠隆也向好友表示，數夜晤談，就好像萬曆十二年以來的事都奔來眼前了，自己再次寫作傳奇的慾望也已被喚醒。

湯、屠這些隆萬年間的作家，都是把詩文、戲曲當作自敘傳來寫的寫實派高手，他們的生平行跡總會在寫下的文字中不經意地透露，從湯顯祖這一期間寫下的一首詩作〈松陽周明府乍聞平昌得緯眞子，形神飛動，急書走迎之，喜作，明府最善琴理〉來看，屠隆作客遂昌的消息傳到鄰縣松陽，古琴演奏家松陽令周宗邠喜不自勝，把湯、屠一並請到了松陽。是詩前半首說：「空谷逢人亦快哉，平昌一榻自仙才。即看山色排雲起，似聽泉聲喜客來。」詩意雖平，那喜樂的心情卻是躍然紙上了。「傾筐迎處夜筵開」，百仞山下通宵達旦的豪飲後，又彈古琴，唱新曲，「長卿大有聞琴興，許傍琴堂更築台」。

他們沿著平滑如鏡的松陰溪，看了兩岸有百年樹齡的香樟和銀杏，又去城西看了北宋咸平年間造的延慶寺塔，此塔玲瓏絕倫，又據傳內藏高僧舍利，令他們流連久之。按照作客的慣例，兩人還同爲周氏先祖兄弟題寫了像贊。周知縣就像一個老到的珠寶商人一樣，最後他向貴客們亮出的寶物，是縣城西郊官塘門外的一丘古墳——鸚鵡冢。

據說此地長眠著南宋時的一位才女張玉娘。此女尚未成年就許婚表兄，然因父母悔婚，未婚夫憂病而亡，玉娘終生不嫁，鬱鬱病逝，她死後，兩個侍女一病死，一自經死，連她養著的一隻鸚鵡，也悲鳴絕食而死，三個女人加一隻鸚鵡合葬一處，故名鸚鵡冢。周知縣這一番解說，聽得兩個客人嗟嘆不已，尤其是那隻情深意重的鸚鵡，他們都覺得，如果要把張玉娘本事搬上戲臺的話，那簡直是一件不需外借的最好道具。而才女的那本《蘭雪集》，一句「山之高，月出小，何皎皎！我有所思在遠道，一日不見兮，我心悄悄」，就讓他們對埋在土丘裡那個數百年前的女人大起知己之感。

按照屠隆的最初設想，他還想偕著湯顯祖恣遊浙東各處形勝，只是忽然家中九十六歲的老母親有事，託人來信相招，屠隆才不得不打消了繼續遊賞的念頭提前回家。從湯顯祖的〈長卿初擬恣遊浙東勝處，忽聞太夫人返棹，悵焉有作〉一詩來看，他們接下來的旅程安排上至少還有天臺、縉雲、青田等處：「天臺莓梁亦咫尺，麗陽片葉蓮花裡，縉雲丹丘停鳳笙，青田白鶴銜花蕊。」惦念著母親的飲食起居，屠隆不得不辭謝了主人的再三挽留，匆促作別回鄉侍親，這片山水只能留待下次再遊了。

這年秋天，屠隆又來到了遂昌。這次行程本來不在他的計畫之內。八月，他去蘇州參加王錫爵母親的葬禮後，在城中盤桓了數日，某日，他與吳縣縣令袁宏道、長洲縣令江盈科等人在闔閭城門下泛舟時，忽然聽聞一個消息，自己的好友、起復為浙江海道副使的丁此呂被人誣告，於七月間在南昌逮捕。丁是屠隆的同年，他們都是萬曆五年這一科的進士，心急如焚的屠隆立即溯錢塘江、富春江而上，想要直奔南昌，與丁此呂話別。哪知到了蘭溪，從縣令趙符卿處得知，丁已被錦衣衛押解北上。屠隆說那時的自己「慟哭歧路，踟躕何之」，想到蘭溪與遂昌相去不遠，一路撲空的他於是臨時決定，轉道去會會湯，同時也把這個消息帶給他。

丁此呂是湯的同鄉，也是好友，聽到這一消息，湯立即派人趕赴南昌，打探丁此呂一案的消息。十多天後，去南昌的人帶回了丁此呂被捕時手書的一紙絕決詞。不多久，朝廷的邸報也發布了丁案的消息。丁在官場上一向以敢擔當、有氣節著稱，此番被坐以貪污罪名，遭錦衣衛逮拿問京，連大學士趙志皋都保他不住，官場的凶險莫測，給湯、屠二人留下了拂之不去的陰影，他們接到丁手書的絕決詞時的反應，是「各哽泣不能讀」。但事已至此，此刻他們又遙處浙西南小城，自然無法北上探視，湯寫下了一首詩寄京中一位任要職的大臣，託他多為關照遭到厄運的朋友①。

①「貝錦動迎中使語，衣冠誰送御囚行。長平坂獄衝星起，可是張華氣不平。」湯顯祖這首〈平昌得右武家絕決詞示長卿各哽泣不能讀起罷去便寄張師相感懷承韻〉是寄給他的江西同鄉、時任禮部尚書的張位的。

他們的這次會面籠罩在好友遭誣被逮的陰影下，儘管主人依然熱情陪遊，但賞玩的興致已非復春天時高漲。宴中忽然生悲，只覺空堂燈寒，這滋味任誰都不會好受。於是屠隆識趣地辭別，湯則照例挽留再三，最後在縣域北界的九華館爲之餞別，又冒雨送過七津渡，直至城北三十里的侵雲嶺。「杯殘忽不懽，空堂燈影寒。十年一笑長安邸，嶔嶇歷落稱才子。非烟漢殿香銅盤，幽山桂枝愁蠹死。扁舟蹭蹬江湖輕，颯來婉孌蓮花城。直爲絃歌似青浦，那得琹人逗長卿！」①湯爲自己的遂昌小城沒有青浦縣那樣豐饒、有趣感到抱愧。作爲回報，也是他們多年友情的一個紀念，屠隆行前爲湯已經編定、尚未出版的《玉茗堂文集》寫下了一篇序，稱湯顯祖爲人「氣節孤峻」、「灑焉自適」，官當得不錯，甚孚民望，詩文也日益精進，「豪宕激人」、「氣猛思沉」②，自己的才氣骨力，遠遠不如他。

湯最爲得意的是老友從氣入手來談他的文章，作爲文壇復古派前後七子的反對者，他們都反對機械主義的刻板摹寫，主張文章要有靈氣、生氣，而配得上這樣的不朽文字的人，首先得是一個不爲塵世所牢籠的英邁超脫之士，「天下文章所以有生氣者，全在奇士。士奇則心靈，心靈則能飛動，能飛動則下上天地，來去古今，可以屈伸長短、生滅如意，如意則可以無所不如」③。

此間可敘者，尚有一事，那就是眞可和尚的到訪。湯顯祖一五九一年春天貶去廣東徐聞縣時，眞可就想去看他，但到能夠

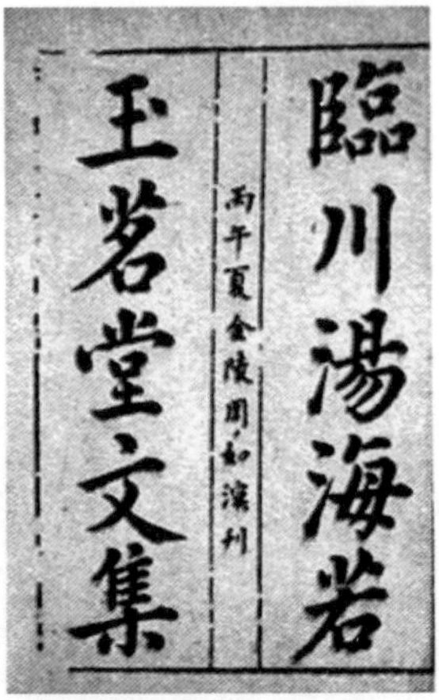

臨川湯海若
玉茗堂文集
丙午夏金陵周如溟刊

《玉茗堂文集》（一六〇六年刻印）。

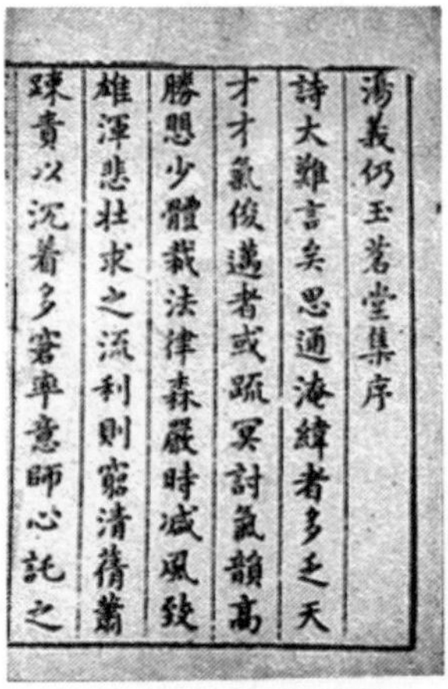

湯義仍玉茗堂集序
詩大難言矣思通海緯者多乏天
才才氣俊邁者或疏冥討氣韻高
勝思少體裁法律森嚴時減風致
雄渾悲壯求之流利則竊清脩蕭
疎貴以沉着多窘率意師心託之

屠隆為《玉茗堂文集》所作的序。

① 湯顯祖〈留屠長卿不得〉。這次送別屠隆，湯還寫有〈秋雨九華館送屠長卿，便入會城課滿〉、〈平昌送屠長卿歸省〉等詩。

動身時，湯已調任遂昌令。眞可是在一五九五年秋冬之交即屠隆離開遂昌後不久，由杭州坐船經龍遊縣，爾後徒步翻山進入遂昌的。這個執著的和尙在離遂昌還有六十里的赤津嶺中途休息時題了一詩：「湯遂昌，湯遂昌，不住平川住山鄉，賺我千岩萬壑來，幾回熱汗沾衣裳。」一個「賺」字道出了他對湯顯祖還在紅塵中打滾的焦慮，和自己渡之無門的進退踟躕。

如果把一五七〇年秋天他在南昌城外西山雲峰寺讀到湯顯祖題壁詩作爲與湯的初次相見，這應該是他們第三次相見了。湯把和尙安排在遂昌城內濟川橋頭的妙智禪堂，安靜的禪堂裡他們應該有過數次思想的交鋒。眞可反對湯的重情，認爲性高於情，他這樣告訴湯：「夫近者性也，遠者情也，昧性而恣情，謂之輕道。」④但眞可終究不能讓對方心悅誠服地加入他的佛法世界。

遂昌城外十五里有一古寺，名唐山寺，唐末禪月大師貫休曾在此地靜修十餘年。湯陪著他的客人造訪唐山寺時，眞可給他講了一個貫休作過的夢：貫休夢見異人叫他臨摹十八羅漢的畫像，畫到最後一位時，異人不再指點，卻叫他臨摹池水中所見的影像，意即暗示貫休，羅漢即是他的前身。眞可講這個故事，目的在於向湯暗示，和尙是他前身，但湯聽了這則富於想像力的傳說卻不置可否。

② 這篇序文在屠隆去世後一年，即萬曆三十四年《玉茗堂文集》在南京付梓時正式面世。對湯顯祖的作品，屠隆如是評述：「義仍才高學博，氣猛思沉。材無所不蒐，法無所不比。遠播於寥廓，精入於毫芒。極才情之滔蕩，而稟於鴻裁，收古今之精英，而熔以獨至。其格有似凡而實奇，調有甚新而不詭。語有老蒼而不乏於姿，態有纖穠而不傷其骨。……余詩才氣骨力，遠不逮義仍。」對湯顯祖的氣節品性，也不乏讚美之辭：「義仍氣節孤峻，由祠部郎抗疏謫南海尉。……灑焉自適，忘其謫居。久之轉平昌令……君樂而安之。爲治簡易，大得民和。惟日進邑中青衿孝秀，程藝譚道，下上千古，假以練養神明，湛寂靈府。……令德日新，而詩道亦且日進。登峰詣極，是天之所以陶冶義仍斯完矣。」關於兩人關係，序文亦有述及：「義仍不可一世，而胸中猶似著么么屠生。每謂諸生言，吾此編非長卿莫可序我。嗟夫，豈謂長卿眞足序義仍哉。世無大如來……何能覷如來一毛孔！」屠隆〈湯義仍玉茗堂集序〉。

③ 湯顯祖〈序丘毛伯稿〉。

④ 《紫柏老人集》卷二十三〈與湯義仍書〉。

情感與夢幻

凡此種種的入世、閱世與交遊，都不過是成爲一個職業作家前必要的準備。此後兩、三年，當屠隆帶著他的家僮、戲班到處播演新劇《曇花記》時，湯顯祖正在埋頭寫他的那個生死故事，被劇中一個叫杜麗娘的女子魂牽夢繞①。

最初引發湯顯祖創作衝動的，是先前讀到過一本叫《燕居筆記》的同時代作家話本小說裡的一篇〈杜麗娘慕色還魂〉，講的是廣東南安府太守杜寶有一小女名喚麗娘，春日遊園，夢見與少年書生柳夢梅幽會纏綿，夢醒後得了相思病，臨死，畫下自己一幅肖像，遺言要求埋在花園的一棵梅樹下——結滿果子的梅樹正是年輕女子等候她的情人的隱喻。杜太守不久奉調新職，離開南安去了揚州，接著麗娘夢裡的少年書生柳夢梅來到了南安，住在杜宅，無意中看到那幅肖像，非常喜愛，夜間，麗娘之魂執著不滅，前來與夢中情人相會，並諉稱鄰家女，後來她終於透露了眞實身分，並請求挖掘她的屍體，最後，復活的麗娘與柳生結爲夫妻，一起北上揚州尋找她的父母②。

湯顯祖很快就覺出這個故事的非同尋常。一個生活在官衙之中、繡房之內的青春期女子，在春天到處飛揚著花粉的花園裡，夢見與一個年輕男子幽會、纏綿，在一個性禁忌的時代裡簡直是難

① 有學者認爲《牡丹亭》完稿時間應該在十六世紀九〇年代中期，徐朔方《玉茗堂傳奇創作年代考》認爲，《牡丹亭》的序寫於一五九八年秋，此劇應是在這一年寫成，本文從徐說。

② 晚明刊刻的《重刻增補燕居筆記》現存兩本，分別藏於北京大學圖書館和日本東京內閣文庫。湯顯祖在寫作《牡丹亭》之前讀到的是這個增補本還是其他版本，現已無從得知。

以啓齒的。而她竟然爲一個虛妄的夢一往情深，傷感、迷亂至此，以致一病不起。尤爲不可思議的是，她的夢中情人柳夢梅還確有其人，她的魂能夠穿越生死關隘與之幽會，最後，她死而復活，這對情人的陰陽姻緣得到了世人的認可。

這個故事裡蘊含的夢想的巨大力量擊中了湯顯祖。在那個時代，一個少女連午睡和遊花園都是不道德的，而這個女子任由夢想牽引著，出入陰陽兩界，追到了自己的幸福！當湯顯祖在遂昌衙署裡讀著這個痴情女子花園裡的夢，她的憂愁與死亡，她在地府裡的受審，她最後的復活，這個因情成夢、因夢成真，又生而後死、死而後生的傳奇故事，一定讓他想到了發生在鄞縣的宋朝張玉娘的愛情故事，想到了十八年前去世、士林中紛傳一時、法名曇陽子的太倉女子王燾貞③，那個於十七歲那年丈夫去世後，在長時間的自我禁閉中精神失常、自以爲是曇鸞菩薩化身的可憐的女子。這些面容娟好、才藝出眾的女子，她們的如花青春未及盛放就凋謝了，那都是因爲沒有得到愛情的澆灌。而杜麗娘的肉身雖被無望的愛摧滅，她的一縷香魂在地底下沉睡三年後，竟能通過地府的審判重新投入情人的懷抱，這不是愛情的勝利又是什麼？

天下女子有情，寧有如杜麗娘者乎？夢其人即病，病即彌連，至手畫形容傳於世而後死。死三年矣，復能溟莫中求得其所夢者而生。如麗娘者，乃可謂之有情人耳。情不知所起，一往而深，生者

曇陽子（王燾貞）像

③ 王燾貞是一五八五年以禮部尚書銜兼文淵閣大學士入閣的王錫爵的女兒，出生於一五五七年，她的未婚夫、太倉人徐景韶在婚禮舉行前去世後，她一直以徐的未亡人的身分住在父母家，並修行成爲一個宗教導師，自號曇陽子。一五八〇年重陽這一天，據說有十萬人之眾見證了她由「護龍」靈蛇陪伴升天成仙的過程。從一五七四年開始，她的父親王錫爵逐日記錄了她十七歲以來絕食求道、遇道的種種經過，後來還與王世貞一起合作撰寫了《曇陽大師傳》。見王安（Ann Waltner）《生命與書簡：對曇陽子之再思》。

可以死，死可以生。生而不可與死，死而不可復生者，皆非情之至也。夢中之情，何必非真？天下豈少夢中之人耶！①

這段膾炙人口的話裡，他迫不及待宣諭的，正是從這個故事中發現的愛的哲學。如果我們還記得他的老師羅汝芳曾以「生」字代替「心」字，那麼，他在這段文字裡一而再地提及「生」、「情」、「夢」，似乎正在把老師的思想予以戲劇化的演繹，情，正是生命裡最基本的要件。抵抗遺忘，抵抗時間，各家有各家的手段，最不濟的還可以藉酒澆愁、藉酒忘憂，那爲什麼不去嘗嘗愛情這杯濃烈而銷魂的酒？

「世間何物似情濃？整一片還魂心痛。」原來情就是那種穿越生死兩界的東西。原來這世上就兩種人，有情人和無情人。

他很快爲劇中的這個痴情女子找到了一個美麗的還魂處所：牡丹亭。牡丹，這國色之花，重瓣、肉慾、感性，天機奔放，以之命名的這個花園裡的亭子，似乎才對得起那個穿越死亡的地府、不惜以情愛和生命去與命運抗爭的女子。

湯顯祖設計了麗娘在花園中攬鏡自賞時入夢：麗娘看鏡，鏡中人回看麗娘，這讓她不勝嬌羞，一時心旌搖蕩。「裊晴絲吹來閒庭院，搖漾春如線。停半晌，整花鈿。沒揣菱花，偷人半面，迤逗的彩雲偏。」（第十齣〈驚夢〉）這是一個少女性意識萌動的時刻，這個夢一般的時刻藉由一面鏡子微妙地表現了出來。「晴絲」爲「情思」之諧，當是這個語言大師的慣用伎倆。然後，麗娘在夢中與少年柳生抵死纏綿，夢醒後願爲愛獻身，而不管對方是否願和她一起爲情出生入死，她都一廂情願地執著：「這般花花草草由人戀，生生死死隨人願，便酸酸楚楚無人怨。」（第十二齣〈尋夢〉）劇情繼續推進，這段無望的愛情讓女主人公相思成疾，日漸消瘦，她感到了死神的召喚，死之前，她執意要畫下一幅肖像，爲後世留下她最美時候的樣子。對鏡自畫時，麗娘一面嘆息「這本色人兒妙」，一面又假想著夢中情人看到肖像後對自己的懷念：「虛勞，寄春容教誰淚落，做眞眞無人喚叫。堪愁夭，精神出現留與後人標。」（第十四齣〈寫眞〉）然後是遵從死者遺願，畫像隨杜麗娘一同下葬（第二十齣〈鬧殤〉）。三年後，搬入杜宅的柳夢梅機緣湊巧得到畫像（第二十四齣〈拾畫〉），驚艷於畫中人的美麗，頓生戀慕，一聲聲地呼喚畫中人（第二十六齣〈玩眞〉），故事波瀾疊撞直至戲劇中場的高潮：麗娘的鬼魂半夜來訪，與夢中情人魂交幽歡（第二十八齣〈幽媾〉）。

「原來奼紫嫣紅開遍，似這般都付與斷井頹垣」，當他寫下這樣的句子，這個多情的人心中一定湧起了廣大的悲憫。「性無善惡，情有之」，他告訴朋友在王陽明的心學啓悟下的這一發現，並說自己也像女主人公一樣被夢困住了，杜麗娘是緣情生幻、因情成夢，而他是「因夢成戲」了②，不把它寫出來，他的一生會不得安寧。

然而要將一個不足三千字的話本小說衍生爲數十齣洋洋灑灑的傳奇大戲，他不能只滿足於僅僅講述一個線條單一的言情故事，而要讓眾聲喧譁，讓各色人等穿行其中，換言之，他要敞開門讓更廣大的世界進來。

此時，湯顯祖作爲一個天才喜劇家的才能得到了眞正的煥發，戲裡的大小配角都顯得生機勃勃、不可或缺。他讓女主人公的父親，那個正直可敬的太守，以嚴正的衛道士和唯理主義者的面目出現，他不相信死去的女兒竟能復活，不斷地責打找上門來的女婿，硬要指責對方是一個盜墓賊。那個少年書生柳夢梅，在第二齣〈言懷〉中出現時作了一個夢，夢見梅樹下立著個美人，

《牡丹亭》之〈驚夢〉木版畫

① 〈牡丹亭題詞〉。

② 「性無善無惡，情有之。因情成夢，因夢成戲。」〈復甘義麓〉。

不長不短，如送如迎。美人對他說，柳生，柳生，遇俺方有姻緣之分，發跡之期。就這一夢，就可看出湯對他熱衷功名的行徑也是心存譏諷的，後來柳生幸運地中了狀元，得意之際就開始折磨老丈人，報復他最初看不起自己。塾師是一個冬烘先生，略知醫術，熱心助人，卻又完全不懂自然之美和愛情的神妙，麗娘死後他成了守墓人，又無意中把麗娘的肖像傳到了柳生手上。還有幾個道姑，竟是以逗人發笑的性饑渴者的樣貌出場，其中一個姓石的道姑，一出場就是一大段自我貶抑的獨白，自嘲是個石女。可以想像，當戲班搬演此劇進展到這些情節時，那些帶著性暗示，甚至不無穢褻的賓白，在觀眾中會激起多麼歡樂的笑聲。

欲望，以及對欲望的喜劇化表達，在這裡竟然成爲了所有反諷和笑聲的根源。這個喜劇大師終於用笑聲化解了世人對聲色的質疑。

這種反諷的力量在劇中女主人公復活後變得尖銳而有力。那個爲了愛情出生入死的女孩，那個一睡三年的睡美人，當她重新回到人間，突然變得讓觀眾不敢相認了——她成了一個非常遵守禮儀、羞答答的大家閨秀。在這部戲的第三十六場，她明確拒絕了柳夢梅的求歡，要求明媒正娶：

旦：秀才，可記得古書云，必待父母之命，媒妁之言？

生：日前雖不是鑽穴相窺，早則鑽墳而入了，小姐今日又會起書來。

旦：秀才，比前不同，前夕鬼也，今日人也。鬼可虛情，人須實禮。

在同一幕戲裡，她答應柳生即刻成婚，同時告訴他，自己還是處子之身。

旦：柳郎，奴家依然還是女身。

生：已經數度幽期，玉體豈能無損？

旦：那是魂，這纔是正身陪奉。

伴情哥則是遊魂，女兒身依舊含胎。

劇情進展到這裡，臺下觀眾要傻眼了，他們看到的已不是三年前那個因相思死去的姑娘了。現在的她謹守童貞，堅守人鬼之限，鬼可縱情，人須守禮。雖然她在新婚之夜享受了銷魂的肉慾之愛後還這樣對柳生說：「柳郎，今日方知有人間之樂也。」但情境倏忽已變，這對新婚夫妻現在要做的是盡量糾正當初浪漫式的越禮行爲，使他們的結合在世人眼中不顯得那麼出格。這是不是意味著，只有在夢中及死後化作遊魂時，這個女子才有勇氣努力掙脫禮教及禁忌等束縛，自由無拘地尋找愛情？

的確如此，只有在夢裡、在死中、在一個沒有時間限制的狀態下，她才能去追求最豐富、最完滿的愛，一旦還陽復活，時間便又把她收回了，她再也不是那個愛情至上的女子了。

大覺

那幾年，一些熱心的朋友從來沒有放棄過把湯顯祖從小縣城調上來的努力。這是與眞可竭力要把他拉入空門的另一股相反的力。浙江巡撫王汝訓上任前，湯的同年、時任國子監祭酒的劉應秋囑他盡快呈報吏部，讓湯顯祖調出遂昌脫離苦海，任職吏部文選司郎中的顧憲成不等浙江公文上報，就主張讓湯顯祖回京擔任原職。批文遲遲不下，顧憲成甚至提出先調湯到南京任職，或者到條件好一點的州府做個同一級別的同知或通判也成，比如說就近的溫州。溫州知府劉芳譽聽到傳說，信以爲眞，還提前爲湯建造了五間書樓，一等他調來就入住。湯那一時期寫給朋友的信中，也經常以樂觀的語氣說到有「貴人」在替他設法調動。

儘管他的好友、同年們沒有放棄過努力，且一再降低要求，奇怪的是一直沒有確切的消息傳來。劉應秋從北京寫信給湯，說不知道爲什麼首輔王錫爵那麼不喜歡他。湯這才明白，不是朋友們不努力，實在是自己早年在太常博士任上遞上去的那一本〈論輔臣科臣疏〉，把元老們全得罪光了。

他想起了前些年流傳的一齣雜劇《鬱輪袍》，作者王衡，正是王錫爵的兒子。王衡當年高中北京鄉試第一，言官檢舉不一定是憑眞才實學，建議再來一次複試以鑒眞僞，曾讓王錫爵認爲這是開國二百年來內閣大臣所受的前所未有的恥辱，憤而提出引退，而自己所上那一疏雖是彈劾申時行的，卻正好是在這一時間節點上。王衡此劇雖然寫的是唐代詩人王維承受著世人毀謗他考試走後門的指責然後奮發的故事，明眼人一看就知道他是藉王維自比，可知他對這一折辱始終耿耿於懷。劉應秋的信中說，王錫爵耳朵皮子軟，一切事情都聽兒子主張，首輔大人對他沒有好臉色看也就沒什麼意外的了。

或許是失望於再也無法回到京城，更是苦於衙署銷磨時光，還要應付搜山掘金的礦使，十六世紀的最後幾個年頭，湯顯祖一直有著一個按捺不住的念頭，想回老家臨川去完成計畫中的寫作。一五九八年春，他終於完成了從風塵小吏向職業作家的轉身。這年三月，湯顯祖赴京參加三年一度的述職考察畢，眼看上調京城的希望渺茫，即向吏部告歸，也不管上峰是不是同意，決意回轉臨川香楠峰下的祖居去了。晚明官員紀律鬆弛，後來連六部尚書出走朝廷也不去替補，他這一走，也不算免職，縣令的虛銜還是保留著。

他這一負氣任性的舉動，更多的還是對屈居小城多年升遷無望的抗議，潛意識裡，他還是希望有朝一日重返京城的。可能是不經意間他曾把回鄉的念頭透露給朋友，消息傳到遂昌，當地士民即派代表北上，在揚州鈔關截住了湯顯祖搭乘南歸的商船，要求他回任遂昌。拗不過父老挽留，他答應回遂昌小住，但自己既已辭官，他認爲不宜再住在衙署裡，便住到了他曾經招待過眞可和尙的妙智堂暫時棲身。

大概是一五九八年初夏，湯顯祖回到了他的出生地撫州府臨川。他終於從紅塵滾滾中抽身而出，成爲個閒人了。何謂忙人，何謂閒人，他很早就有一個體認：「爭名者於朝，爭利者於市，此皆天下之忙人也。何謂閒人，知者樂山，仁者樂水，此皆天下之閒人也。」所以《牡丹亭還魂記》一開篇他就這樣說：「忙處拋人閒處住，百計思量，沒箇爲歡處。」此劇回鄉前已經有了初稿，他所要做的是給那些傷感、典雅的唱詞潤色，使之體現出一種哲學式的沉思；考慮到時代的風習和觀眾的胃口，他還要盡可能地把整臺戲拉長（最後這本戲長達五十五齣），塡上更多活潑俚俗的曲詞和賓白，使之更興頭，更適於眾口相傳。

用這些年爲官積下的微薄薪金，湯顯祖從鄉人手裡買下了一所舊宅，與家塾連成一片，「玉茗堂」終於從紙上落到了實處①。地方不大，但終於有了個安靜的寫作處所。到過的人都說，雞塒豕圈之旁，都放置了筆硯，似乎有失典雅②，但湯這麼做實際上是爲了靈感閃現時迅速抓住，以便隨時修改。《牡丹亭》的修改很是辛苦，有一天，當他改到第二十五齣〈憶女〉時，家人突然都找不到他，最後在柴房的一個角落發現他在掩袂痛哭。家人驚問緣由，他說，塡詞到「賞春香還是（你）舊羅裙」這一句時，突然控制不住淚水，於是跑入僻靜的柴房，索性哭個痛快③。

這年冬天《牡丹亭還魂記》修改完成後，湯顯祖又有一次與眞可和尚的見面。萬曆二十六年（一五九八年）十二月十九日，眞可從廬山歸宗寺來到了臨川。固執的和尚還想再做一次努力。湯陪著他往南城從姑山憑弔了老師羅汝芳講學的一處遺蹟，表示自己實在慚愧，對不起和尚持續多年鍥而不捨的努力。在來年正月送和尚回廬山後，一個下著雨的晚上，他在臨川老家作了一個夢，他夢見自己和明眸皓齒的「女奴」同寢，一番雲雨後他拿出一條畫有梅花的裙子讓她穿，夢裡有人闖進來大喊：「達公從九江來信了！」他打開金栗紙的信封，信末有「大覺」二字，紙上每個字都寫得盈指大

① 「玉茗」得名於撫州州衙門東院的一棵宋代的白山茶花樹，湯顯祖把它作爲了自己常用的名號。玉茗堂占地約五畝，大體成矩形，每邊六十公尺左右。玉茗作爲堂名最早見於《紫釵記》第一齣〈本傳開宗〉：「點綴紅泉舊本，標題玉茗新詞。」

② 楊恩壽的《詞餘叢話》卷三：「湯若士居廬甚隘。雞棲豚柵之旁，俱置筆硯。」後來錢謙益在《列朝詩集》裡也有這樣的描述：「所居玉茗堂，文史狼藉，賓朋雜坐。雞塒豕圈，接跡庭戶。」

③ 焦循《劇說》卷五：「相傳臨川作《還魂記》，運思獨苦。一日，家中求之不可得。遍索，乃臥庭中薪上，掩袂痛哭。驚問之，曰：『塡詞『賞春香還是（你）舊羅裙』句也。』」

小，裝幀得如同一卷佛經，裡面全是和尚在和他討論色與空的關係問題，這讓他「如疑復如覺，覽盡自驚起」。醒來後他爲這個夢寫下一首詩〈夢覺篇〉，詩中他如是描繪那個「明媚甚」的女子：「雞鳴床帳前，何得小皓齒？瘦生巧言咲，青衣乃裙綺。」①

「無情無盡卻情多，情到無多得盡嗎；解到多情情盡處，月中無樹影無波。」許多個日子後他把這首詩寄給眞可，表達他對色空問題的見解，也是對眞可多年來努力要超渡他的一個交代：如果有一天，水上無波，月中無樹，也就沒有了困惑人心的情了，可是眞的會有那麼一天嗎？

從那個時期湯寫給同年兼好友呂允昌（此人即劇作家呂天成的父親）的一封信透露的消息來看，眞可到臨川期間，湯曾經與之說起，想寫一部影射嘉、隆、萬年間時事的小說。眞可不贊成他寫，如果一定要寫，則勸他把影射部分隱掉，免得陷入不必要的麻煩②。有論者認爲，湯提到的這本小說很可能就是萬曆年間哄傳一時的《金瓶梅》。但據讀過此作的沈德符說，這本小說叫《玉嬌李》，筆鋒恣橫酣暢，比《金瓶梅》還要過之。但不知何故，這部小說後來竟失傳了。

不久眞可和尚進京，因反對朝廷新一輪的稅收政策，和尚發表了一些激烈的言論，引起當權者側目，於一六〇三年牽涉進了一樁有關皇位繼承的所謂妖書案中被捕，是年冬天死於獄中。當眞可準備動身進京時，湯曾提出反對，但眞可的一句「我當斷髮時，已如斷頭」，使湯放棄了再度勸阻的努力。聯想到一年前李贄在獄中割頸自殺，眼看他們被害又無力相助，湯慨嘆造化弄人，「自是精靈愛出家，鉢頭何必向京華」③，更有著無以名之的悲慟：「便作羽毛天外去，虎兄鷹弟亦無多。」④

螻蟻之愛

以後幾年裡，湯顯祖的寫作呈現出越來越頻繁的對夢境的喜好。既然愛情如此稍縱即逝，那極度炫目的美如同照亮天空的煙火倏忽不見，既然人性是如此的不完滿，「不完滿是我們的天堂」，那麼，把愛情放到人生短暫的大命題下去考量，會是怎樣一副形相？

一五九九年完成的《南柯記》取唐人傳奇中游俠淳于棼夢入大槐安國一節，看人生紛紜，直似槐國蟻穴。是劇改編自唐朝李公佐的小說《南柯太守傳》，說的是淳于棼有一次酒醉後作了一個夢，夢見被邀進槐安國，與公主瑤芳成婚，官至南柯太守，二十年政事開明，戰績驕人，後命運急轉直下，公主病亡，朝中誹謗四起，淳于棼回到故鄉，醒後尋找槐安國所在，發現即是自家附近古槐樹下的一處蟻穴。

從這本戲的三齣主戲〈情著〉、〈轉情〉、〈情盡〉來看，淳于棼與瑤芳公主的情愛故事正如同這枚甘美多汁的水果果仁。夢境的幻象起於有情、起於情慾，正緣於此，湯在改寫這個籠罩著死亡陰影的唐朝故事時注入了自己哲學式的思辨，他除了要藉螻蟻傳達出人生如夢的虛幻感，更要把主人公離情去慾、追求永恆價值的歷程令人信服地展現出來。為了達此目的，他把原著小說

《玉茗堂南柯記》，民國貴池劉氏暖紅室刊本。

① 〈夢覺篇·有序〉，見《湯顯祖集》第一冊。

② 湯顯祖寫給呂允昌的這封信中這樣說：「承問，弟去春稍有意嘉、隆，事誠有之。忽一奇僧唾弟曰：嚴、徐、高、張，陳死人也，以筆綴之，如以帚聚塵，不如因任人間，自有作者。弟感其言，不復厝意。」

③ 〈嘆卓老〉。

④ 〈慟世〉。

裡只出現一次的契玄禪師的戲份加大了，把生活中的朋友眞可和尙的影子投射到了這個角色身上。契玄禪師的前身是達摩祖師跟前的一個侍者，五百年前的一次意外，他不小心傾翻了蓮燈，把沸油潑進蟻穴，燙死了前來聽經的四萬八千隻蟻螻，他再世爲人，就是爲了超渡這些蟻群，讓牠們升天以了宿孽。戲的第七齣〈偶見〉中，淳于棼在寺院遇見一個槐安國的使者，他幫助這個蟻螻所化的女子把汗巾兒掛在了竹枝上，不由得心旌搖蕩，在下一場戲〈情著〉裡，他向契玄禪師問起煩惱的根源，禪師講解了一通佛法，也不知他有沒有聽進去，卻拾得了小犀盒兒裝著的一枚金釵，那是槐安國瑤芳公主的一枚頭釵，他由此「痴情妄起」，一腳踏進了夢的門檻。

隨著劇情的推進，淳于棼和蟻國眾生越來越像被一根看不見的線牽著的傀儡，而那個傀儡提線人，正是契玄禪師，他與淳于棼的一次次對話，顯現了全戲的哲學意趣所在。淳于棼是一個特別容易動情的人，他一面關心已故的父親在天堂過得好不好、關心著妻兒；一面又在公主死後，與三個宮中貴婦度過了一段恣情縱慾的生活。當他夢醒後，尋到那棵古槐樹下時，突然降臨的一場暴雨使蟻國遭受沒頂之災，災難來得如此之快，只能以無常名之，所有的榮華、所有的努力在死亡面前顯得那樣微不足道。他跑去找契玄禪師，請求超渡已故的父親、超渡死去的妻子和蟻國子民，「儘吾生有盡供無盡，但普渡的無情似有情。」意思是說，他爲普渡眾生，雖爲無情，卻似有情。爲了啓發這顆不開竅的腦袋，禪師舉辦了一場集體升天的儀式，淳于棼看著死去多年的父親、看著公主和萬千個螻蟻一同升天，萬般哀求要與公主同去，「人天同見」，他與上了天又吊下來的公主相擁而泣，這時已經到了整齣戲的高潮部分：

生：我的妻呵。

旦：人天氣候不同，靠遠些兒也，哥。

生：妳怎生叫我哥？

旦：你也曾在此寺中叫我一聲妹子。

生（想介）：是曾叫來。

旦：你前說要個表記兒，這觀音座下所供金鳳釵小犀盒兒，此非淳郎一見留情之物乎？

生（想介）：是也。

旦（稽首佛前，取金釵玉盒與生接介）：淳郎，淳郎，記取犀盒金釵，我去也。

生（接釵盒，扯旦跪，哭介）：我入地裡還尋覓，妳升天肯放伊？我扯著妳留仙裙帶兒拖到裡，少不得蟻上天時我則央及蟻。

旦：你還上不的天也，我的夫呵。

生：我定要跟妳上天。

——第四十四齣〈情盡〉

瑤芳公主告訴他，有一重天叫「忉利天」，他們夫妻雖天人兩隔，但在這重天裡仍可以有枕席之歡，只是不能盡興雲雨。她還說在更高的一重天，就無法同床了，但情至之處，聲息相通還是可能的，至於這幾重天之外的「離恨天」，人間情愛絕跡矣。

正當這一對苦命的夫妻哭哭啼啼抱作一團時，淨角——契玄禪師——提著劍猛衝上來，把他們砍開了。「旦」漸升漸高，「生」還猶自不肯歇，向著禪師乞求。禪師猛喝：

你則道拔地升天是你的妻，猛抬頭在哪裡？

《玉茗堂南柯記》之〈情盡〉，民國貴池劉氏暖紅室刊本。

他再三提醒說，你說的那個妻，不過是一隻螞蟻，你和她過的那幾十年歡娛日子，也只不過是一個短夢，至於她送給你的定情表記，也不過是一些無用的小玩意兒。

淳于棼定睛一看手上的釵盒，金釵是槐枝，小犀盒兒不過是幾片槐莢子胡亂搭在一起。他好像被燙了手似的，遠遠拋開。接下來的幾句賓白，表明他是眞的從夢裡走出來了：

生（醒起看介）：呀！金釵是槐枝，小盒是槐筴子，啐！要它何用？（擲棄釵盒介）我淳于棼這纔是醒了。人間君臣眷屬，螻蟻何殊？一切苦樂興衰，南柯無二，等爲夢境，何處生天？小生一向癡迷也。

雖然夢醒，但他似乎陷入了更大的迷茫，因爲他突然發覺，世間一切萬物，得救與重生的希望，都是虛幻的。他囈語著：我待怎的？求衆生身不可得，求天身不可得，便是求佛身也不可得，一切皆空了。

禪師喝問一聲：空個什麼？淳于棼突然像是明白了什麼，拍手笑了起來，隨後，合掌立定不語，竟像是立地成佛了。男主角那一合掌，私情如潮退去，取而代之的是一種更爲廣大、無私的慈悲，正所謂夢了爲覺，情了爲佛。這時候，他死去多年的父親、蟻國的公主和子民們全都現身舞臺，由於他無情地捨棄了幻象，在一種至上的慈悲關懷下，他終於和所愛者一起前往「忉利天」，在那兒，他們雖然不能眞正做愛，但畢竟睡在了一張床上。

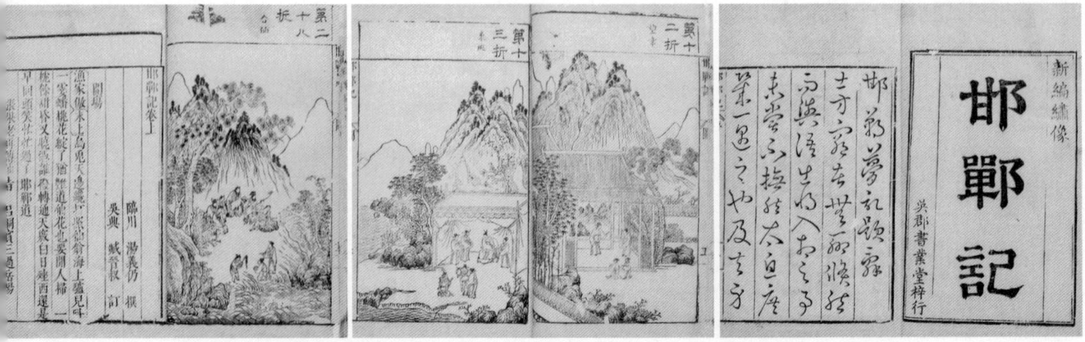

本來，人的國度就如同蟻類的世界，又爲什麼要輕視一隻螞蟻的感情呢？愛的標記管它是樹枝、樹莢，還是黃金、犀角，只要出自眞摯的愛，又有什麼異同呢？

對此，同時代的劇評家沈際飛已看得很透澈：

淳于未醒，無情而之有情也；淳于既醒，有情而之無情也。惟情至，可以造立世界；惟情盡，可以不壞虛空。而要非情至之人，未堪語乎情盡也。世人覺中假，故不情，淳于夢中眞，故鍾情。既覺而猶戀戀因緣，依依眷屬，一往信心，了無退轉，此立雪斷臂上根，絕不教眼光落地。即槐國螻蟻，各有深情，同生忉利，豈偶然哉？

追蹤靈境

一六〇一年完成的三十齣《邯鄲記》，寫的仍然是一次夢遊。官宦子弟盧生在下榻邯鄲城的一家客棧時，一個道士送給他一個魔枕，盧生的後腦勺一挨上此枕，立刻夢見自己走進了擁有驚人財產的崔小姐的花園，小姐對他一見鍾情，一點也不嫌棄他的寒酸，決定馬上嫁給他。他妻子巨大的財產爲他金榜題名鋪平了道路，以後的日子裡，盧生得中狀元，做了高官，他做地方官時用鹽蒸醋煮山石的方法開通了黃河河道，做征西大元帥時又出奇計擊退了吐蕃

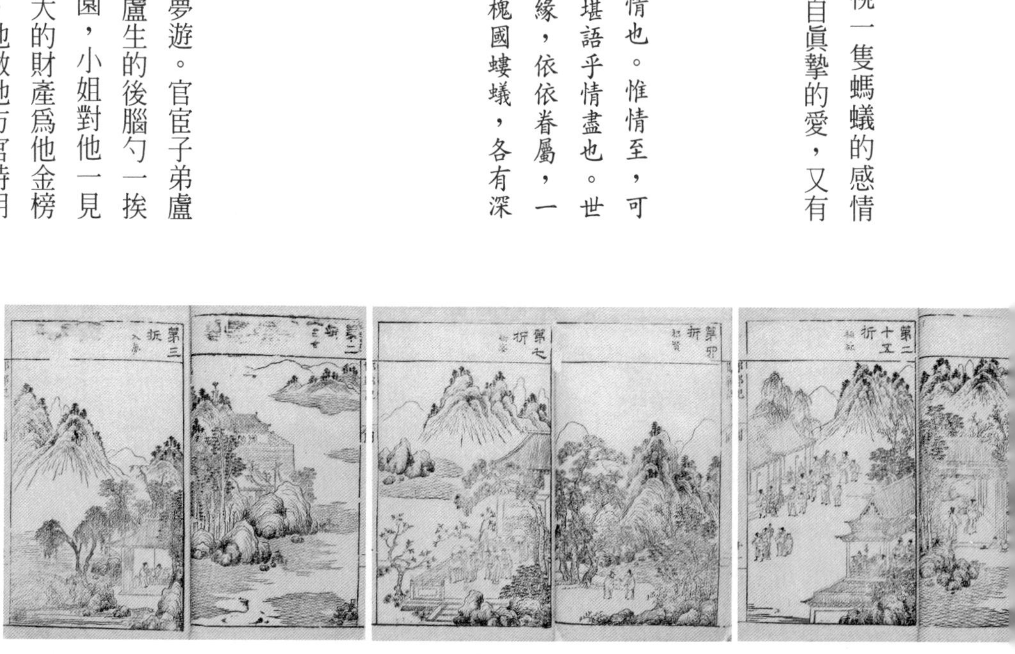

明萬曆吳郡書業堂《邯鄲記》刻本，臧懋循訂。

兵，他享受了位極人臣者所有的榮耀，後又被權貴宇文融誣陷，流放海南島，赦免回來後又做了二十年宰相、晉國公，賜地三萬頃。故事末尾，他與皇帝賜給他的二十四個美女一起作樂，放縱情慾，最後在溫柔鄉裡心滿意足地死去，臨死留下的遺言是：「人生到此足矣，呀，怎生俺眼光都落了。俺去了。」

盧生在睡夢中享盡人間富貴醒來，卻發現自己棲身客棧，黃粱米飯尚未蒸熟。送他魔枕的道士——呂洞賓的一個化身——告訴他，他在夢中開浚運河、打敗強敵這些都是幻覺，他美麗的妻子不過是驢子變的，他的子女只是院子裡奔跑的雞狗。聽到這裡，盧生說，「寵辱之數、得喪之理、生死之情。」他一下子全明白了，「人生眷屬，亦猶是耳，豈有眞實相乎？」於是呂洞賓把覺悟的盧生渡至蓬萊方丈仙境做個掃花使者。

戲中，盧生被貶到海南島受罪那一段，明顯是湯把自己流放到雷州半島的經歷給戲劇化了。而從權臣宇文融的身上，老辣的觀眾還是可以辨認出曾對湯造成巨大傷害的張居正的影子。更讓人忍俊不住的是，湯這個深得引語奧祕的大師竟然讓這個發生在八世紀的故事裡的人物去談論十一世紀范仲淹的名篇〈岳陽樓記〉。這個源自唐人李公佐的小說《枕中記》的作品因此也被湯改寫成了一齣充滿著笑聲的尖銳老辣的社會喜劇。

湯顯祖把這三個新寫的傳奇與南京太常博士任上修改完成的《紫釵記》合爲「臨川四夢」，收入《玉茗堂文集》，於五十七歲那年（一六〇六年）在南京正式出版。一個塵世之愛的歌唱者，棄絕了原先堅持的一切，把世事當作夢境來寫，力圖給人生以宗教式的了結，這一轉身有著種種不同的解釋，或許是出於對時代的失望，或許是殤子之痛（他的長子於一六〇〇年以二十三歲的英年早夭），或許與好談神仙的祖父有關，也或許是一心要拉他入空門的朋友眞可播下的種子終於萌動了，但更可能這虛無感與生俱來，對超現實靈境的追蹤，他一直沒有止息過，就好像他二十歲那年所說：這顆心，「終是水雲心」。

夏志清教授從人生與時間的關係角度討論了湯的四夢，認爲「四夢」的主題是探討人在時間摧殘下的生存景況。《紫釵記》專注於愛情，「在愛的狂喜中忘記了時間」，《牡丹亭》是向時間挑戰的唯一的作品，湯把「超時間、超生命和超死亡的熱愛，注入杜麗娘的形體，但愛情只有在未能獲得時才像似永恆，一旦愛情正常化了，或是因有了實體的性的擁抱，而減少了相思，那份永恆的感覺像無法繼續」。女主角的死與復活，證明

1 | 2
3 | 4 | 5

萬曆臧氏本
1、2　《紫釵記》
3　《牡丹亭》
4　《南柯夢》
5　《邯鄲記》

愛情打敗了時間，但最後她被自己的收穫所誘，終究淪爲了時間的俘虜。《南柯記》、《邯鄲記》把情愛放到人生短暫的大前提下考驗，是因爲他感到了時間的詭詐，轉而用傳統的宗教方式去逃避時間——「以夢來縮短時間，把生命之短促戲劇化」。這也與同時代人對湯顯祖的劇作的評價相當：

> 玉茗堂諸作，《紫釵》、《牡丹亭》以情，《南柯》以幻，獨此《邯鄲記》，因情入道，即幻悟眞。

燃夢成燼

就在湯顯祖完成了他所有預

想中的寫作計畫的萬曆二十九年（一六〇一年），京城又是三年一度的吏部大計。按帝國官制，大計中凡犯有貪、酷、浮躁、不及、老、病、罷（疲）、不謹的八等官員，將分別給以革職、閒住、致仕和降調的處分。湯本已離職，是否參與大考本在兩可之間，卻有人另有用心讓他名列其中，最後以「浮躁」的罪名落了個閒住的處分。離職閒住已三年，這一遲來的處置讓他不無啼笑皆非之感。既然仕進的道路已經斷絕，他就索性以「繭翁」自號了，在一個個繭裡編織傳奇的夢。這一年他五十二歲。

直到去世，此後的十五年裡他再沒有寫作新的傳奇，就好像那幾個臨川舊夢已把他的激情燃燒殆盡了。他的目光投向了文壇更新的一撥人身上，儘管在地理空間上他最遠只到南昌，但他的思緒卻隨著信件穿越南方、北方，與之鴻雁往返者既有身在京城翰林院的文壇新人董其昌、錢謙益、陶望齡，有這個時代最優秀的小品文作家陳繼儒、王思任、譚元春和著名的白話小說《拍案驚奇》作者凌濛初，更有他的作品擁躉者黃汝亨、張師繹等人。而令他最爲看重的是一個叫張大復的盲作家（即著名的《梅花草堂筆談》的作者），還有一個叫李至清的江湖氣很重的年輕人。

李至清是在一六〇六年以僧侶的裝束來到臨川拜訪玉茗堂主人的。但這個自稱來自江陰的傢伙並不是一個正兒八經的和尚，主人留他吃齋，他竟嚷嚷著說要喝酒，正是此人身上的叛逆氣質引起了湯的注意。在交談中，李至清約略介紹了自己的經歷，早年在常熟和錢謙益一起結茅讀書，後來在蘇州堯峰剃度，還有過短暫的從軍經歷。

席間，李至清問湯顯祖都有哪些詩友，天下之大，又有哪一些人物值得去結交？湯回答說，自己的老師是羅汝芳先生，眞可和尚是方外友人，都不算什麼奇人，眞可身上有俠氣，當今行不通，看來他最適合走的還是羅先生那條路。李至清聽了，就一個人跑到南城從姑山去拜了羅先生的遺像。

第二年九月，李至清再來臨川時，腰佩長劍，一身游俠打扮，帶來一本新寫的詩集《問劍》請湯顯祖寫序。湯看這個年輕人一會兒慷慨激昂，一會兒又落拓不堪，喝高了就和衣躺倒在臨川妓院邊的小街巷裡，有時爲生計所迫，還在集市上做些順手牽羊的勾當，就知道這個年輕人還沒有找到明確的人生方向，可自己卻又愛莫能助。他在應請所寫的序中說，「若吾豫章之劍，能干斗柄，成蛟龍，終不能已世之亂，不足爲生道也。」意思是說，當今之世，一個人單單憑藉自己的才能想要打出一片天來，幾乎是不可能的。怕他遭遇不測，還贈送一把刀給他防身。

後來李至清果然在江陰老家出了事。此人是個有名的大嘴巴，曾在某個場合大罵富人都是養肥的畜生，積攢一輩子金銀財寶無非替大盜做看守，恰好本縣有富戶被盜，江陰知縣許達道就把他以通匪嫌疑下了獄。湯在臨川聞訊，一邊寫信給在押的李至清嚴厲告誡，要他痛自懺悔，暗下又費盡心機爲之設法，寫信給南直隸常州鎮江分巡道蔡獻臣和常州通判陳朝漳爲之說情，甚至還找到了知縣許達道的親戚、前江西巡撫許弘綱那裡。如此良苦用心，只是因爲看出了這個小友身上的離經叛道與不同凡響，眞心實意想幫他一把。但最後他的斡旋還是失敗了，李至清臨刑的消息傳來，湯數日都沒有說話。

崑山人張大復一直以湯顯祖堅定的崇拜者自居。他雖然只比湯小四歲，但信中總是自稱晚生（這或許是因爲他到老都是一名生員，而湯是正宗的兩榜進士出身）。湯最早得知此人應該是通過李至清之口，後來又陸續讀過此人一些文章。張大復在信中說，當年義仍先生棄官歸鄉順訪太倉時，自己已雙目失明，以致想見義仍先生一面的願望一直未能實現。湯想到他的處境，回信勸他不必耗費精力於八股時文，不妨多多留意經典，演繹闡發，也可成一家之言。張大復在回信中感謝湯的好意，但他承認時文是他的餬口之策，因此只能有負湯先生的囑咐，希望能得到寬宥和理解。時世如此艱難，湯顯祖怎麼會不理解呢？對來自這個盲作家的請求，他總是有求必應。

張大復寫了一篇充滿苦辛味的回憶六世以來家史的《張氏紀略》，請湯爲之作序。此文讓湯讀得淚水漣漣，他在序中說，自己六十歲後已不願讀悲傷的文字，怕自己早衰，而《張氏紀略》使他不忍不看，不看完捨不得放下，已經看好收起來了，卻又翻出來放置在書案上。尤其是張大復失明後聽得見老母的聲音而看不見她的形容，老母病危時，他撫摸到她形體消瘦不覺吃驚而下淚一節，更是讓他歎爲天下至情之文。張大復回信說，收到這篇和煦如同冬日暖陽的序文的那天早晨，自己正好作了一個夢，夢見叫人灑掃院子，因爲要有貴客光臨，想不到應在了義仍先生的這篇文章上，它使一家人有如在嚴冬之後重見陽春，長夜之後迎接黎明，哪能不有夢兆呢？

萬曆三十五年（一六〇七年），里居太倉多年的政壇老人王錫爵接到了重返內閣的指令。這一年王錫爵已七十三歲，妻、弟都已先於他去世，兒王衡又身患重症臥床不起，預見到內閣風雲詭譎，他就稱病再三辭免。湯顯祖的同鄉、時任應天巡撫的周孔教跑去王家勸駕，王錫爵讓家裡的戲班搬演《牡丹亭》招待客人。或許是想到了死去多年的女兒燾貞，王錫爵在席間感慨萬端，對周說了一句話：「吾老年人，近頗為此曲惆悵。」①

這話傳到臨川，湯顯祖的心中眞是五味雜陳，於今仕途上的糾紛早就成為遙遠的過去，他對這位當年一直壓制著自己的前首輔大人也沒有了恨意。已入暮年的王錫爵說出為此曲惆悵，其中情味又有多少不堪。又有張大復來信說道，有一個叫俞娘的太倉女子，讀《牡丹亭》思慕作者，寫了許多評註，入戲太深，竟然在十七歲時因過度悲傷去世②。這兩個消息接踵而至，湯寫下了兩首〈哭婁江女子〉，「畫燭搖金閣，眞珠泣繡窗。如何傷此曲，偏只在婁江」、「何自為情死，悲傷必有神。一時文字業，天下有心人」，這「有心人」，說的是王錫爵的女兒和姓俞的那個少女，也是那個臨老惆悵悲秋風的王錫爵吧。

似乎外面的世界已與他無涉，他變得越來越喜歡回憶了，湖北石首有個崇拜者跑來拜師，臨走時，湯讓他帶一套《玉茗堂文集》給袁小修，還附了一封信追憶二十年前北京的那次聚會：「都下雪堂夜語，相看七八人。三公並以名世之資，不能半百，古來英傑不欲委化遺情，而爭長生久視者，亦各其悲苦所至，然何可得也，弟不能世情愴惻事，而於此無服之喪，無喪之哭，時時有之，更在世情之外。小修當此，摧裂何如？」公安三袁中，伯修（宗道）、中郎（宏道）都已去世多年，小修獨活於世，身又多病，這封信讓他「讀之幾欲墮淚」。袁小修在回信中約略談了自己閱讀《玉茗堂文集》的感想，說是「沉著多於痛快」，對湯顯祖年歲雖高而飲啖愈健表示很羨慕，稱之有「異福」。但小修不知道，湯的好日子也所剩不多，發出這封信不久後就病倒了。

湯的身體一直不太好，身材瘦小的他長年患有肺病，每到春天，飛揚的花粉和南方潮濕的空氣總讓他咳個沒完，這或許是早年寒夜苦讀種下的病根。在戲中把情色渲染得天地動容的他，在現實生活中，卻是個遠離感官享樂的苦行者，「偶然病肺怯春風，避酒嫌歌百興空」③，連酒都不能沾一滴。

從家族傳記來看，他在病中還經歷了一次分家，時在一六一三年春天。這個越到晚年越喜歡群居生活的老人鄭重地記下了分家這個特殊日子，他告訴三個兒子，最好分器不分書，分田不分屋。這麼做無非是希望有親情陪伴他走完人生的最後一程④。分家不久他家中還失了一次火，把他蒐羅珍藏的歷代名家書畫全焚燬了，其中最讓他念念不忘的是唐朝褚遂良的〈蘭亭集序〉摹本。但他後來想明白了，人有定數，物豈沒個定數？那些升到天國的字，或許他到了另一個世界還能見著呢。

距南京出版文集十年後，亦即萬曆四十四年（一六一六年）夏天，湯顯祖在老家去世。之前十數年間，他的人生導師羅汝芳、李贄，好友屠隆、眞可和尚等，或病死，或在獄中自殺死，或窮困死，令他尤爲心悸的是李贄下獄前朝廷公布的這些罪狀：「壯歲爲官，晚年削髮。近又刻《藏書》、《焚書》、《卓吾大德》等書，流行海內，惑亂人心……大都刺謬不經，不可不毀」，以此對照，自己苦心經營的「四夢」恐怕也逃脫不了同樣的厄運。在最後臨近死亡的日子裡，湯一一回想這個時代最優秀又最叛逆的這些靈魂，既感沉痛，又爲自己這一生的成就及不上他們的期望而慚愧，負

① 據馮夢禎說，《牡丹亭》一問世，王錫爵幾乎是在第一時間就讓家班搬演了此劇，每逢客至，這位前首輔就「置酒家園相款」並出演此劇。在他的家班裡，延請了著名曲師魏良輔的弟子張野塘、趙瞻雲等教習南曲。見馮夢禎《快雪堂日記》卷五十九。

② 張大復《梅花草堂筆談》卷七〈俞娘〉，對這個女子有如是記載：「俞娘，麗人也。行三，幼婉慧，體弱，常不勝衣，迎風輒傾。十三疽苦左脅，彌連數月，小差，而神愈不支。媚婉之容，愈不可逼視。年十七夭。當俞娘之在床褥也，好觀文史。父憐而授之，且讀且疏，多父所未解。一日，授《還魂》傳。凝睇良久，情色黯然。曰：書以達意，古來作者多不盡意而出。如『生不可死，死不可生，皆非情之至』，斯眞達意之作矣。飽研丹砂，密圈旁註，往往自寫所見，出人意表，如〈感（驚）夢〉一齣註云：『吾每喜睡，睡必有夢。夢則耳目未經涉，皆能及之。杜女故先我著鞭耶。』如斯俊語，絡繹連篇。顧視其手跡，遒媚可喜，當家人也。某嘗受冊其母，請祕爲草堂珍玩。母不許，曰『爲君家玩，孰與其母寶之爲吾兒手澤耶』。」但他寫給湯顯祖的那封信好像遺失了，遍索集中未見。

③ 〈何東白太醫許開酒口號〉。

④ 湯顯祖爲分家特意寫過一首詩，〈癸丑四月十九日分三子口百〉中有句云：「分器不分書，聊以惠群愚。分田不分屋，聊以示同居。」

疚的情緒潮水一樣淹滅了他，在據稱是絕筆的一首五絕裡他這樣寫道：

少小逢先覺，平生與德鄰，行年逾六六，疑是死陳人。

他總覺得，自己的生命在十八年前寫作「四夢」最絢爛地燃燒過後，已經成燼。世上空驚故人少，集中惟覺祭文多，一個沒有了「情」的牽念的世界，他已不再留戀。

在他去世後不久，不知出於何因，他的第三個兒子湯開遠把《紫簫記》的後半部連同他未及刊印的詞曲唱本全都付之一炬。對湯這樣一個有名望的作家而言，他的兒子如此輕率地對待其父的文學遺產實在有悖常情，簡直讓人匪夷所思。難道這些焚燬的文字中包含著有損湯之聲譽的東西嗎？沈德符曾經讀到過的那部比《金瓶梅》還要來得生猛的小說手稿是不是也在那把火中化爲了灰燼？世人紛紛猜測，但終究沒有一個答案。多年後，焚燒遺稿的三子湯開遠在爲他父親即將付梓的一部書信集撰寫的序言中透露說，他當年焚稿實是忠實執行了父親的遺願，因爲他父親曾這樣明確地對他說：

吾欲以無可傳者傳。

小青

誠然，一個作家最好的傳記乃是由他的作品寫成。湯顯祖去世多年後，他最成功的劇本《牡丹亭》還在持續不斷地上演著，當時知識界人士的書房和雅好文藝的深閨女子案頭，隨處可見此劇各種版本的刻本，其受推崇程度就如同十八世紀晚期的「少年維特熱」之於歐洲。一個叫程瓊的徽州女詩人曾說，閨中女兒家聚在一起做女紅，都會帶上一本書做安放新樣的夾袋，剪樣之餘又可消遣，一段時間，她的女友們帶的全是《牡丹亭》。

尤其對那些長年禁錮在深牆內院的女性讀者來說，那個因夢生愛、爲愛而死的麗娘更易引起她們的共鳴。她們藉由閱讀進入的那個虛構世界，至少看起來要比父兄管轄著的現實生活更眞實，也更引人入勝。正是在對紙頁上這些虛構人物的演繹、閱讀中，女讀者們建構著自己的想像空間，一次次在夢裡飛翔與跌落。儘管這樣的閱讀不無令人愉快處，但如此耗費心力，恐怕要付出致命代價。

前面已經說到，湯顯祖在世時就聽張大復說起一個叫俞娘的少女，在對此劇的閱讀中傷情而死，奇怪的是，此後的數十年間，類似的悲劇故事還在繼續上演著。十七世紀初葉，一個叫商小玲的杭州女伶在演出此劇第十二齣〈尋夢〉時倒在了舞臺上，於眾目睽睽之下香消玉殞。一六一二年，湯的同年兼好友馮夢禎的兒媳、一個叫馮小青的女子也於十七歲的青春年華死於對該劇的閱讀。

小青來自素以出產美女著稱的揚州城，十六歲那年被賣給了前南京國子監祭酒馮夢禎的第二個兒子馮雛爲

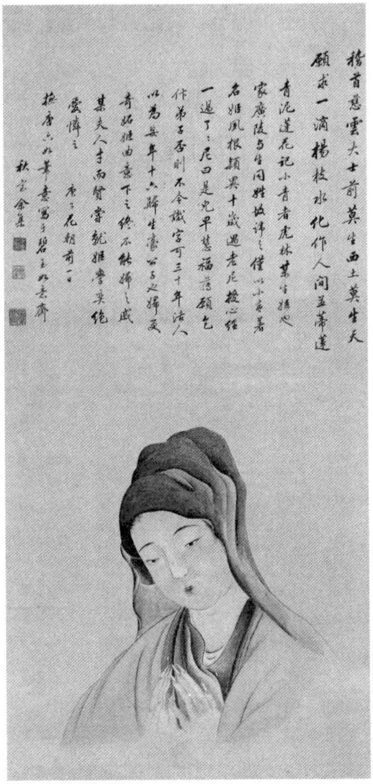

余集〈馮小青畫像〉

妾，隨夫到了杭州，住在西湖邊馮家的孤山別墅裡①。馮雛的正妻是一個出了名的妒婦，她讓小青單獨住在一幢小樓裡，並嚴厲禁止丈夫去看她。沒有人陪的小青只好以寫詩、畫畫打發無聊的日子，好在身邊有一冊《牡丹亭》，還有一個叫楊夫人的朋友偶爾過來作伴，清冷的日子裡總算有些慰藉。後來這位女友也隨夫遷去了外地，小青陷入更深的孤獨，每晚都在西湖邊小樓的一盞孤燈下讀著《牡丹亭》。

她的身體越來越虛弱，神智也變得恍惚，每天一早起來就盛裝打扮，就好像她的男人馬上就會出現。她還在稿邊寫下了密密麻麻的字。在死亡來臨之前，她模仿劇中的女主人公，請人畫下了自己的一幅肖像，端端正正掛在床頭，每天以焚香和敬酒獻祭於它。據說畫家連畫了三次，才讓她稍感滿意。看起來性的缺失已經摧毀了她的精神，讓她陷入了不可自拔的自戀。她死後，那位妒婦燒燬了她的手稿，但還是有十一首詩和一封寫給女友楊夫人的信保留了下來。

「冷雨幽窗不可聽，挑燈閒看《牡丹亭》。人間亦有痴於我，豈獨傷心是小青」，隨著這些哀婉的詩句迅速流傳，這個芳華早逝的女子很快成爲了一個傳說，坊間有畫家競相提供他們自己繪製的小青畫像，據說有不下十五部關於這個不幸女子的劇作同一時期在各地上演，劇名有叫《療妒羹》、《風流院》、《春波影》的，不一而足。痴男怨女們還集資在西湖邊爲她建了一個墓，甚至有人言之鑿鑿地稱，在一個有月亮的晚上，小青也像劇中的主角麗娘一樣復活了。

但也有人認爲，小青不過是好事之徒杜撰虛構的一個人物，錢謙益就是持這種說法態度最堅決的一個，他說一些情教的信徒合謀創作了這則故事，小青的名字，正是「情」這個字的拆解。但一位認識馮夢禎的人證實，這個故事是眞實的，錢謙益是因馮雛妻子的請求，才故意做此僞證的。因爲在那個時代，一個有身分的人納一位同姓女子作妾是犯忌的，錢謙益是在包庇他的朋友對禮教的僭違。

一縷香魂

對缺愛的女人們來說，閱讀已成了一樁宗教式的行動，她們以一種燈蛾撲火般的決絕投入虛妄的愛情世界，如同獻祭一般，宣示她們對壓抑人生的反抗。下面的這則故事表明，這種過分投入的閱讀往往是致命的。

少女陳同，字次令，安徽黃山人，許配給杭州人吳吳山爲妻。她是一個戲迷，經常沉浸在《牡丹亭》中不可自拔，她從哥嫂那裡得到一冊裝幀精良的《牡丹亭》後，經常在上面寫寫註註，陳同的母親看她罹病後還熬夜讀書，出於對她健康的擔憂，索性把她的書全都沒收燒掉。但這也沒有阻止陳同一天比一天消瘦下去。終於，她在婚禮舉行前不久死去了。從沒與她見過一面的丈夫聞聽噩耗，悲慟欲絕，接連三晚夢到她，並寫下一首〈靈妃賦〉紀念她。後來陳同的乳母前來相見，告訴他陳同生前的形容相貌，竟然與吳吳山夢見的十分相似。陳同的乳母還帶來了壓在枕下沒被燒掉的《牡丹亭》第一卷（她用來做壓花樣本，瞞過了家主母的眼睛），上面淚跡斑斑，還有陳同生前寫下的密密麻麻的批註。這個老嫗把躲過火光之災的半卷書作價一兩銀子賣給了這個不幸的丈夫，隨同帶去的還有一雙作爲紀念物的鞋子，那是陳同待字閨中時爲未來的姑婆親手做的。

吳吳山也是個戲迷，他雖然沒有中過功名，但在杭州的文藝圈也是個小有名氣的人物，與當時的著名作家王世貞、陳維崧都有交往，與詩人毛先舒做過鄰居，據說還評點過劇作家洪昇的《長生殿》②。他的酒量頗佳，

① 馮雛（一五七五～一六六一），字雲將，馮夢禎的次子。孤山別野指的是馮家的快雪堂。

② 吳吳山（一六四七～？），字舒鳧，杭州人。原名吳人、吳儀一，隨其書齋吳山草堂而自號吳山。著有《吳山草堂詞》，已佚。據當時住在杭州的著名文人王晫的《今世說》記載：「吳名儀一，浙江錢塘人。髫年入太學，名滿都下。二十爲人師，經史子集一覽成誦，古文去歐陽永叔王荊公，詩宗杜子美。性善飲，飲醉直市井子輒謾罵之。姜定庵京兆重其才，延之幕中，歷邊塞，詩文益工。」當時詩壇領袖王士禎稱吳吳山爲「西泠三子」之一。

卻總把控不住，易醉，喝醉了就在市井上罵街，人也見多不怪。他非常喜歡陳同寫在《牡丹亭》頁邊的那些小批註，雖然這些批註多處塗改過，但還是可以看出作者才情飛揚，尤其是那些充滿禪式頓悟的文字更讓他對亡妻的文學才華欽佩不已。他評述陳同的這些碎片式文字「亦痴亦黠，亦幻亦禪」，對劇中人又有著深切的體認。對於在爐火中消失的此書第二卷，他感到非常惋惜。

一六七二年，吳吳山迎娶了第二位妻子，此人名叫談則，字守中，杭州清溪人，也是位才女加書迷，鏡奩花鈿之側，經常堆滿了書。談則嫁到夫家後，發現了書頁邊她的前任所寫評語，愛不釋手，幾乎把它們全都背了下來。她想仿照陳同，把評語續寫下去，但苦於找不到陳同所用的底本，爲此一直怏怏不樂。後來吳吳山遊苕溪，從一個吳興書商手裡買到了同樣的版本，回家興沖沖地交給妻子。談則得到這本書喜出望外，從來不飲酒的她午餐時連飲八、九瓷杯，一直睡到第二天日照帳鉤都還沒醒。許多日子後她的丈夫還拿這事打趣她①。

模仿著陳同的筆觸，談則寫出了《牡丹亭》下卷的評語。冥冥之中好像陳同的靈魂進入了她體內，她寫的幾乎和陳同寫的如出一人。她把兩個人的評語全都抄在了丈夫從苕溪帶來的那本書上。談則曾把這個本子借給她的一個侄女，但她自己還不想走到前臺來，謊稱這些評語都是她丈夫所作。很快，杭州文藝圈都在談論吳吳山對《牡丹亭》的評論。後來，談則的舅舅徐士俊——他也是一個劇作家，寫過關於馮小青的一齣雜劇《春波影》——也看到過這本評語手稿，對外甥女講的同樣堅信不疑②。吳吳山去北京時拜訪老友洪昇，用他兩個妻子評註夢和情的觀點與之討論《牡丹亭》，其境界之飛躍令洪大爲吃驚。

婚後第三年，體弱多病的談則也不幸早逝。出於對前兩個妻子的愧疚，以後的十多年裡，吳吳山都沒有再娶。在他年過四十以後，續娶了杭州古蕩一個叫錢宜（字在中）的女子。不同於他的前兩個妻子才情橫溢，這錢宜並非書香門第出身，幾乎沒受過教育，識字不多，一副混沌未開的模樣③。吳吳山請了能文善畫的小姑李淑教她讀書作文，不久後，錢宜就能通讀《牡丹亭》和兩位「姊姊」所寫評註，不消說，這是多麼地讓她欣喜。對吳吳山來說，自從第一個妻子陳同還沒過門就去世後，他一直下意識地尋找一個酷肖他妻子的女子，以期在她身上找回原先的愛。通常對男子而言，這個重新找到的女子就如同一件物品，保存並喚醒原先愛人的亡魂，滿足這個男子對已逝之軀的迷戀。但吳吳山畢竟沒有見過陳同（他夢見她是另一回事），他無法憑著外貌去找到這個女子，好在有著《牡丹亭》的一縷香魂，使他很快就找到第二個妻子談則。現在他請了女眷李淑教錢宜讀書、作文，照著兩個前妻的樣子盡力塑造她，潛意識裡也是希望在這個年輕女子身上看到兩個亡妻的復活。

錢宜聰慧異常，三年時間就讀完了《古樂苑》、《漢魏六朝詩乘》等文學典籍，且時有自己的獨到見解。某一日，錢宜開箱讀到前兩個女人寫的評註本，也大起共鳴。在她看來，那個小姐、小娘子、美人、姊姊隨口亂叫的情痴柳夢梅誠可謂天下第一可愛的男子，淺涉文墨的錢宜也開始試著給《牡丹亭》寫批註。但與談則不同的是，她沒有模仿兩位「姊姊」中的任何一個，而是由著自己的心性寫下一些直覺性的文字，而且爲了以示與她們的區別，她還在自己評點的文字下面特意標註了姓名。

她評〈標目〉、〈驚夢〉、〈圓駕〉等齣，皆清新可喜，時有靈光閃現：

> 錢曰：柳因夢改名，杜因夢感病，皆以夢爲眞也。才以爲眞，便果是眞。如鄭人以蕉覆鹿，本夢也，順途歌之，國人以爲眞，果於蕉間得鹿矣。（〈標目〉評語）

① 在日後吳吳山爲他的三個妻子的評論集所寫序言的後面，談則有這樣一段補充，談到這一天發生的事：「予素不能飲酒，是日喜極，連傾八九瓷杯，不覺大醉。自晡時臥至次日，日射幔鉤，猶未醒。鬥花賭茗，夫子嘗舉此爲笑噱。」

② 徐士俊（一六〇二～一六八一），錢塘人，劇作家。

③ 吳人《三婦合評牡丹亭雜記》：「初僅識毛詩字，不甚曉文義。」

錢曰：《牡丹亭》，麗情之書也。四時之麗在春，春莫先於梅、柳，故以柳之夢梅、杜之夢柳寓意也。而題目曰《牡丹亭》，則取其殿春也，故又云春歸怎占先以反映之。此段寫後時之感，引麗情而歸之一夢，最足警醒痴迷。（〈驚夢〉評語）

錢曰：兒女情長，人所易溺；死而復生，不可有二。世不乏有情人，顛倒因緣，流浪生死，爲此一念，不得生天，請勇猛懺悔則個。（〈圓駕〉評語）

正是因爲她的這一閱讀行爲不是與亡魂的交談，而是與自己直接對話，從而使她避免了兩位「姊姊」早夭的噩運，僥倖地活了下來。

同夢記

從陳同手上流傳至錢宜的那一卷《牡丹亭》，因時日而生漶漫，竹紙斜裂，猶有殘缺，錢宜非常渴望她和兩位「姊姊」爲此書所寫的評註能夠正式面世，畢竟這裡面寄寓著她們太多的淚水與歡笑。她認爲，這不僅是對逝者的懷念，彌補她未能與她們結識的遺憾，更能夠藉此使自己成爲她們眞正的知音。她對丈夫說，當年小青爲這本書寫過評跋，被善妒的大婦一把火給燒了，只留下淒美欲絕的幾句詩，想起來多麼可惜。現在我家這本《牡丹亭》，陳阿姊評註了半本，談阿姊又續寫了後半本，但外人都以爲是你寫的，要是她們地下有知，該有多遺憾啊。她表示，願意變賣隨嫁的首飾珠寶，資助這部書稿刻版印行於世。她丈夫給說動了①。

一六九三年冬天，這本由三個女人共同創作的文學評論集已經編得差不多了，在正式送交出版商之前，錢宜還想和丈夫一起用談則的原稿最後審校一遍書稿。那天黃昏，下了一陣雪粒兒，室內空氣很冷，爲了祛寒，夫妻倆在燭台上溫了一壺酒。隨著天色在紙頁上一點點暗去，氣溫愈低，屋外園子裡響起了竹聲壓折的喀嚓聲，錢宜呀了一聲，抬起頭說，這會兒必定下大雪了。推開窗，果然外面大雪紛紛揚揚，院子裡光禿禿的樹枝也都粉妝玉砌。吳吳山急奔出門，手裡還抓著那本在校改的書稿，就在園中欣喜地張開手臂，臨風狂叫，像一個孩子一樣。

夫妻倆在雪中追逐打鬧著，不知哪個先聞到了一陣焦糊糊的煙味，回頭一看，那煙竟是從屋裡飄出。原來就在他們在雪地上忘形之際，室內的燭花爆落紙上，引燃了案上攤開著的那部談則的原稿。他們大呼小叫著衝進屋裡，卻找不到可以滅火的東西，只能眼睜睜地看著火苗竄上來，吞噬桌上的所有物件。還是吳吳山急中生智，一把抓起燭台上溫著的那壺酒，嘩地灑在桌上。火很快澆熄了，兩人卻再無玩雪的興致，等到抖索著手重

沈銓（款）〈讀書仕女圖〉

① 「宜昔聞小青姊，有《牡丹亭》評跋，後人不得見，見冷雨幽窗詩，淒其欲絕。今陳阿姊已逸其半，談阿姊續之，以夫子故，掩其名久矣。苟不表而傳之，夜台有知，得無秋水燕泥之感，宜願賣金釧爲鍥板資。」見《吳吳山三婦合評牡丹亭還魂記》序。

新點亮蠟燭，這才傻了眼。燒焦的桌子上酒液橫流，談則的那部手稿早就半成灰燼，燭台上的熔錫淌下來，與那半部殘稿板結在一起，分也分不開。夫妻倆叫來僕人，在花園牆邊一棵梅樹邊挖了一個坑，又找來一幅生絹，把這些殘卷全都細心地包裹進去，埋在了樹下那個坑裡。

在吳吳山和他的妻子錢宜看來，這場火災實在來得太過神祕與蹊蹺，就好像那兩個已經去世多年的女人故意要讓這把火燒起來，以便她們在另一個世界裡融爲一體。第二年，據說這棵梅樹的枝幹上，出現了一個燒灼過的印記①。

一六九四年初，這部由三個女性共同執筆完成的女性評論集終於面世了②，的確，在這個渾然一體的集子裡，陳同評的上卷與談則評的下卷已經難分彼此，錢宜的批註要不是標註了姓名也很難認出，就好像三人的氣息、魂魄眞的已經在這本書裡合而爲一了。

吳吳山可能是過於寵愛他的女人們了。他花一大筆銀子幫助他的妻子們出版這部書，還是招致了激烈的批評。豔羨者抱著妒意說，一個男人先後娶三個才女爲妻，這件事實在過於離奇了，這本書的眞正作者說不定不是三個女人，而是吳吳山捉刀提筆自爲。的確有一些無良書商，爲了增加書籍發行量牟利，常常拼湊杜撰評論，假冒名家的名頭刊行於世，不久前曝光的「三先生合評西廂記」假冒湯顯祖、徐

① 吳吳山曾在一篇〈還魂記或問〉的文章裡提到談則手稿被焚燬的經過：「癸酉冬日，錢女將謀剞劂，錄副本成。日暮微霰，燒燭焫酒，促予檢校。漏下四十刻，寒氣薄膚，微聞折竹聲，錢謂此時必大雪矣。因共出，推窗見庭樹枝條，積玉堆粉。予手把副本臨風狂叫，竟忘窗中燭花爆落紙上，煙達簾外，回視烶烶然，不可向邇，急挈酒甕傾潑之，始熄。復簇爐火燃燈，酒縱橫流地上，漆几焦爛，燭台融錫，與殘紙煨燼團結不能解。因嘆陳本既災，而談本復罹此厄。豈二女手澤，不欲留於人世，精靈自爲之耶？抑有鬼物妒之耶？殘釭欲灺，雪光易曉，相對淒然。久之，命奴子坎牆陰梅樹旁，以生絹包燼團瘞之。至今留焦几，志予過焉。」同時他還提到，陳同所評的上卷，早幾年也在一場火災中燒燬了：「癸丑之秋予館黃氏，鄰火不戒，盡燔其書，陳之所評，久爲灰塵。」見《湯顯祖研究資料彙編》，第八九九頁。

② 這本女性評論集的全名爲《吳吳山三婦合評牡丹亭還魂記》。晚清曲學家楊恩壽曾在《詞餘叢話》中簡要敘述本書出版過程：「吳吳山初聘黃山陳女，將婚而殤。既而得其評點《牡丹亭》上本，嘗以未得下本爲憾。後娶清溪談女，雅耽文墨，仿陳女意，補評下本。杪芒微會，若出一手。未幾，夭逝。續娶古蕩錢女，見陳、談評本，略參己意，出釵釧爲鍥版資。即所傳吳山《三婦評本》也。」

渭、李贄之名就是一例。對於這些惡意的猜測和懷疑，吳吳山不想解釋什麼，他只說了一句：疑者自疑，信者自信。信不信隨你們去吧。

還有一種刻薄的意見認爲，吳吳山這麼做，恰恰暴露了他書生呆氣過重，被情障目，不顧義理。這種聲音主要來自一些食古不化的老學究們。他們引用上古時代典籍《禮記》的話說，女人的聲音歷來不能出「閫」③，即使你吳家有如此琴瑟相悅的韻事，也只能關起門來自家說說，何況這個戲裡的好多曲文賓白，本來不是適合女人們談論的，怎麼可以刻版流傳？

書出版不久，很快就到了這年的元宵節。那天晚上，時年二十二歲的錢宜在自家花園裡搭起了一個祭壇，壇上供著一張杜麗娘的畫像和一枝盛開的梅花。錢宜點起香燭，恭恭敬敬地獻上了酒、果品和她們三個女人合作的這部書。同時，她朗讀了寫給兩位「姊姊」的一篇祭文，稱自己和她們一樣，同是爲情所傷的「斷腸人」：

> 二姊墓樹成圍，不審泉路相思，光陰何似？若夫青草春悲，白楊秋恨，人間離別，無古無今。茲辰風雨淒然，牆角綠萼梅一株，昨日始花，不禁憐惜。因向花前酹酒，呼陳姊、談姊魂魄，亦能識梅邊錢某，同是斷腸人否？

③ 閫，門檻、門限，延引爲內室，借指婦女。

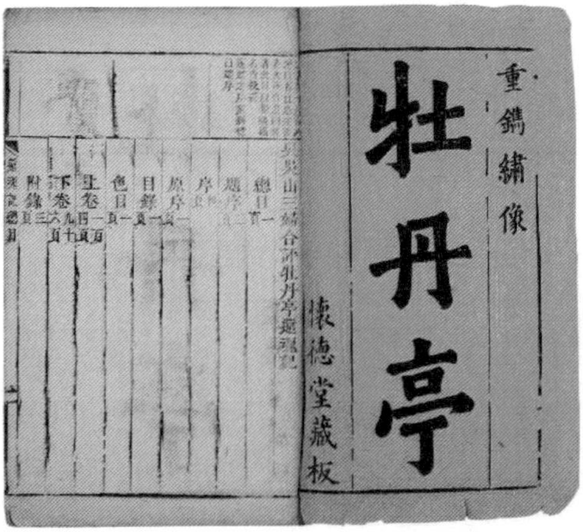

清懷德堂藏版《吳吳山三婦合評牡丹亭還魂記》

錢宜一板一眼做著這些的時候，她的丈夫帶著一種責備的語氣在旁邊說，妳這也太痴了吧，怎麼可以把虛構的人物看得這麼認眞？錢宜說，如果沒有生命的自然之物也能被賦予神力，那麼虛構的人物也應該有這種力量，這個世界到底有沒有麗娘，又豈是你與我所能定的？吳吳山還想饒舌，卻見她淚珠兒唰唰地滾落腮邊，竟像是勾起了無窮心事。見她如此模樣，吳吳山也就不再言語，由著她去做了①。

就在這個花園祭拜的晚上，錢宜入睡後作了一個夢，她夢見和丈夫一起走進了一個類似劇中「驚夢」發生的花園裡。在滿園牡丹花令人眩暈的色彩中，她看到了杜麗娘的身影。但當她剛想伸手招呼，花園深處突然颳起一陣大風，揚起的塵土遮住了她的視線也把那個人影給抹去了。她驚醒過來，喚醒熟睡的丈夫，告訴他作了這個夢。令她意外而又興奮的是，吳吳山告訴她，他剛剛也作了一個同樣的夢，夢境的地點同樣是在紅梅觀裡。這兩個相互交叉的夢讓他們非常興奮，再也無法入睡，他們喚來奴婢點起燈，燒水沏茶。吳吳山說，妳不是從李姑姑那裡學過白描法嗎，爲什麼不把妳夢見的那個人畫下來呢？於是錢宜畫了一個側首回身、手執綠梅的俊美女子肖像，吳吳山馬上叫了起來，說他夢見的那個女人與之非常相像。

吳吳山說，這麼離奇的同夢，怎麼可以無詩紀之？於是錢宜草成一首：暫遇天姿豈偶然？濡毫摹寫當留仙。從今解識春風面，腸斷羅浮曉夢邊。吳吳山看了不住讚歎，也和上一首：白描眞色亦天然，欲問飛來何處仙？閒弄青梅無一語，惱人殘夢落花邊。

後來錢宜把這一夜發生的事記入了〈記同夢〉一文：

> 甲戌冬暮，刻《牡丹亭還魂記》成，兒子校讐譌字，獻歲畢業。元夜月上，置淨几于庭，裝褫一冊，供之上方，設杜小姐位，折紅梅一枝，貯膽瓶中，然燈陳酒果爲奠……夜分就寢，未幾，夫子聞予歎息聲，披衣起，肘予曰：「醒醒，適夢與爾同至一園，彷彿如所謂紅梅觀者，亭前牡丹盛開，五色間錯，無非異種。俄而一美人從亭後出，艷色眩人，花光盡爲之奪。意中私揣，是得非杜麗娘乎？汝叩其名氏居處，皆不應，嗥身摘青

梅一丸撚之。爾又問『若果杜麗娘乎？』亦不應，銜笑而已。須臾大風起，吹牡丹花滿空飛攪，餘無所見。汝浩歎不已，予遂驚寤。」所述夢蓋與予夢同，因共詫爲奇異。夫子曰：「昔阮瞻論無鬼而鬼見，然則麗娘之果有其人也，應汝言矣！」②

錢宜那時還不知道，他們夫妻倆作的同一個夢，實際上是對書中故事的一次下意識模仿。在《牡丹亭》裡，杜麗娘遊園時夢見了情人柳夢梅，多年後的柳夢梅則在一棵梅樹下夢見了杜麗娘，而現在他們又一同夢見了麗娘，這說明他們的生活不知不覺在模仿戲劇，戲已經一點一點滲入了他們生活的肌理。他們所過的是一種模仿者的生活，只是他們沒有意識到罷了。

這一同夢感應也使吳吳山相信，杜麗娘或許眞有其人，而自己對妻子的責備是不對的。他坦率地向妻子承認了自己的不是。錢宜說，她絲毫沒有責備丈夫的意思，只是看到花園裡夜來風雨，打落梅瓣無數，突然悵惘莫名。這不禁讓吳吳山感慨，這世上，男人女人看待情愛的確不一樣。自己也算個懂情的人了，可臨到頭了才發現其實根本沒懂過。戲裡唱，世間只有情難訴，而他手邊的新書裡，不知哪一任妻子這樣說：惟兒女之情，最難告人。

幾年後，透過一個叫王晫的老朋友的介紹，吳吳山認識了《幽夢影》的作者、著名小品文作家張潮。張潮被這本三個女人合著的書感動了，把它收錄在了自己所編的一套叢書裡。他在寫給吳吳山的回信中，對三個如

① 吳吳山嘲笑錢宜對虛構人物太過認眞，「無乃大痴？觀若士自題，則麗娘其假託之名也，且無其人，奚以奠爲？」錢宜這樣回答他：「雖然，大塊之氣寄于靈者，一石也，物或馮之；一木也，神或依之。屈歌湘君，宋賦巫女，其初未必非假託也，後成叢祠，麗娘之有無，吾與子又安能定乎？」吳吳山在《還魂記紀事》裡記載了夫妻間的這段對話。

② 〈記同夢〉，古蕩閨秀錢宜在中。張潮把這篇文章收入了他編的《虞初新志》，評論說：「閨秀顧啓姬評云：『麗娘見形于夢，疑是作者化身。』此語可云妙悟。至二人同夢，則尤奇之奇也。吳山吳子以三婦合評《牡丹亭》見寄。予愛其三評，無一不佳，直可與若士並傳，姑錄夢以誌異。」

此有才的女子先後嫁給一夫表示非常羨慕，說吳兄你眞是一個有眼力，並且懂得愛女人的人，因爲自古才媛不世出，閨閣之中歷來是憐才者少、忌才者多。在信的末尾，他提出要以自己的著作相贈，並且言明，單獨有一份是給錢宜的，因爲這是個值得他尊敬的女性：

> 小刻數種各奉二帙，一以請正大方，一煩代呈尊夫人妝次。不審先生能不罪其唐突否？①

吳吳山在回信中感謝了張潮所贈禮物，說家刻的這本小書，本不足觀，承蒙先生謬讚，收到相贈的大作，「與寒荊對誦，殊益慚色。」張潮回覆：

> 小刻重荷先生及尊夫人賜覽，便足爲下里巴人生色，何幸如之。

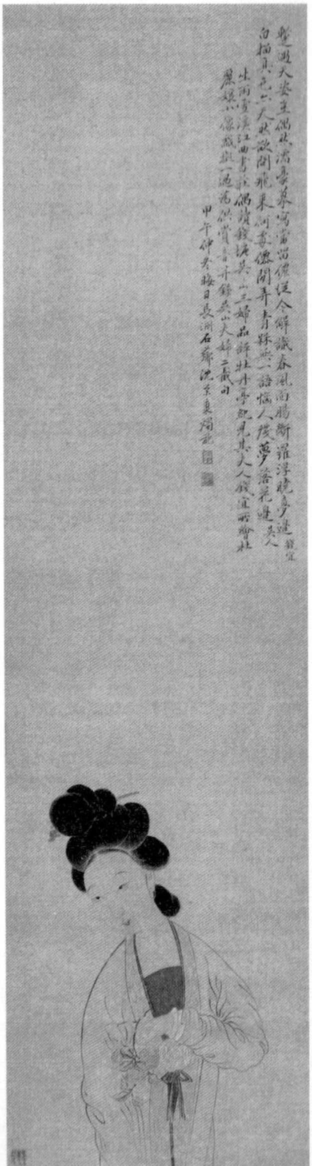

沈榮〈杜麗娘小像〉，題識：「偶讀錢塘吳吳山三婦品評《牡丹亭》紀。見其夫人錢宜所繪杜麗娘小像。戲擬一過，為供賞音，並錄吳山夫婦二截句。甲午仲冬晦日，長洲石薌沈榮秉燭記。」

① 張潮《尺牘偶存》，〈寄吳舒鳧〉。

墨·俠·寇

墨工羅龍文的海上傳奇

墨妖

海盜

和尚

誘殺

海賊王

橫死

英雄無奈是多情

墨妖

羅龍文，又名羅小華，是嘉靖年間最有名的南方墨工。他所製作的墨，堅如玉石，其紋如犀，是墨中上品，據說連嘉靖皇帝朱厚熜也珍愛異常。羅墨的時價，炒到一兩值一斤馬蹄金，也常常有價無市。

墨這個東西，成爲雅物是漢以後的事。許慎的《說文》上說：「墨，書墨也，從黑，從土。」也就是說，早先墨的材料爲純天然的石墨或炭，把它們細加研磨就直接使用，但這樣書寫有個毛病，筆澀，顆粒粗，很不方便寫在紙和絹上。直到有人造出了煙灰墨，才讓紙上的書寫眞正流利起來。

最早造墨用的是松煙。漢時用扶風終南山之松，晉時取廬山松，唐時取易州、上黨松。南唐李廷圭造墨，取松煙一斤、珍珠三兩、玉屑一兩、龍腦一兩，和以生漆，再搗十萬杵，墨放入水中三年都完好無損，其做工之考究，以致蘇東坡有「非人磨墨墨磨人」之歎。北宋後，隨著李超、張谷這批墨工從開封遷移至歙縣、黟縣，徽墨遂大行於天下①。元時的朱萬初，就是個用松煙製墨的高手，他所採的松可不是尋常物，全都是三百年以上榷朽而未化成泥的古松。據說這種松已然帶有靈性②。

羅龍文是徽州府新安人，也就是今天的安徽歙縣人。徽州在

羅小華所製寶露臺墨，墨側面署款：「小華山人」，年款：「嘉靖乙卯年春日」。

① 清代徐珂《清稗類鈔》記載：「徽墨，安徽徽州府所產。古人製墨，率用松煙，漢取諸扶風，晉取諸廬山，唐則易州、上黨。自李超徙歙，張谷徙黟，皆世其業，於是始有徽墨，以至於今。」

② 蔣一葵《堯山堂外紀》記載：「朱萬初善製墨，純用松烟，蓋取三百年榷朽之餘精英不可泯者用之，非常松也。」

明嘉靖、萬曆年間以出產行腳商販著稱。這批從貧瘠山地出來的商人能吃苦、善斂財，人稱「徽駱駝」。這一帶出名的還有另兩件東西，一是代代傳承的製墨名家，另一件暫且按下不表。從羅龍文饒有家資又善於造墨來看，他一身兼有商人與墨工兩個角色。

到羅龍文製墨的時候，宋元時代大行其道的松煙墨已經漸漸走向衰微了，從明朝初年起，油煙墨開始流行起來，因爲它質細墨黑，書寫起來更爲流利。熏煙的油，不外是桐油、麻油、蘇子油和豬油等。宋徽宗趙佶曾以蘇合油搜煙製墨，後金章宗購之，黃金一斤才得一兩，人稱「墨妖」。羅墨基本上是以桐油燒煙。《圖經》云：「桐，三月開淡白花，五瓣，紅蘂，繁黃滿樹，望之若積雪狀。」結的果實，大如鴨卵，籽可出油，不能食，用來點燈也臭不可聞，煙焰熏煤卻是上佳的製墨原料。

熏好了煙，還只是第一步，離成墨還遠著呢。因爲煙是乾燥鬆散的東西，要把它製成墨，還得用膠去黏合，這道必不可少的工序叫「和膠」。蘇東坡在海南時，曾用高麗煤、契丹膠造墨，偶一不慎引發一場火災，把住屋都燒掉了，他總結出的一個經驗是，製墨之妙，正在和膠，若得法，次灰也能製成善墨，如果失誤，上等煙灰也會成爲廢品。羅墨在當時之所以有這麼大的名聲，主要在於「和膠」得法，羅龍文用麝香粉、玉屑、金、珍珠及鹿膠和之，造出的墨堅不可折，寫在絹紙上又不褪色，所謂「十年如石，一點如漆」是也，人稱墨中尤物。羅龍文在和膠時還別出心裁加入藤黃、雞白、犀角、皀角、馬鞭草等藥材，所以羅墨還常常被人當作藥物使用。

嘉靖朝時，最受追捧的江南墨工是羅龍文、邵格之、方正三家。羅墨每挺都重二兩餘，最重的達五兩，他所製的「一池春綠」、「合歡」、「伏虎」、「通天香」、「龍濞香」、「碧玉圭」、「蛾綠螺」、「古狻猊」等款式都千金難求。博物學家沈德符在《萬曆野獲編》裡說：「小華墨價逾拱璧，即一兩博馬蹄一斤，亦未必得眞者」，在他看來，羅龍文就是一個堪比前世製墨名家的「墨妖」。但這羅龍文並不是一個安分的墨工或商人，他還精於鑒古，輕財任俠，喜歡到處交遊，結交各種異人。有一種神奇的說法是，他能在水中閉氣整整一日一夜而不上岸。如果羅龍文只是一個技藝精湛的工匠，也就不會有下面的故事了。

海盜

西方的海盜船掛骷髏頭旗，東方的海盜船掛「八幡大菩薩」旗（八幡，日本應神天皇，在位時爲中國西晉初年），所以又稱作「八幡船」。此船出沒海上迅疾如飛，倏忽可至千里，讓明朝官軍很是頭痛。

鬧得最厲害，也是最荒唐的一次倭亂，是一五五五年夏天，五十三個「髡頭鳥音」、赤裸上身、手提長刀的倭寇，從杭州灣南岸的上虞縣登岸，八十天裡暴走數千里，一路流劫浙、皖、蘇三省，攻掠州縣二十餘處，最後竟然攻打起了留都南京。賊寇個個武藝高強，能手接飛矢，一路殺死殺傷四、五千官兵。南京承平日久，陡地殺來一股半裸著身子的海盜，城裡亂成了一鍋粥，該城最高級別的官員兵部尚書張時徹匆忙下令關閉城門，並動員市民自備糧械，登城守衛。當時著名學者、崑山人歸有光正在城內準備參加三年一度的鄉試，感慨說，平時國家出錢養著的兵都到哪裡去了？（「平昔養軍果爲何？」）目擊者、時任南京翰林院孔目的何良俊，也在筆記裡憤憤不平挖苦道：「（賊）纔七十二人耳。南京兵與之相對兩陣，殺二把總指揮，軍士死者八九百，此七十二人不折一人而去。南京十三門緊閉，傾城百姓皆點上城，堂上諸老與各司屬分守各門，雖賊退尚不敢解嚴。夫京城守備不可謂不密，平日諸勳貴騎從呵擁交馳於道，軍卒月請糧八萬，正爲今日爾。今以七十二暴客扣門，即張皇如此，寧不大爲朝廷之辱耶？」①

① 關於這夥倭寇的人數，史料記載不一，有稱「五十三人」，有稱「六、七十人」，有稱「七十二人」。考慮到「五十三人說」的《籌海圖編》作者鄭若曾在抗倭總督胡宗憲幕中，戰役記載都是出自軍方塘報，應該比較準確。

最後，這夥猖獗的倭寇在大批官兵追擊下，一晝夜狂奔一百八十餘里，越過武進縣境，穿過無錫惠山，在常熟滸墅關落入了官軍包圍圈，被兵力占絕對優勢的官軍悉數擒殺，沒有一人逃脫。

五十三個倭寇長驅直入，把帝國腹地攪得翻江倒海，雖然最後被剿滅了，但他們已如一柄鋒利的尖錐，刺進了朝廷這頭臃腫巨象的中樞神經。

北虜南寇，向來是帝國大患，如果從南宋理宗時期倭寇騷擾高麗海岸算起，爲禍東部沿海已達三個半世紀，而尤以世宗在位的十六世紀中葉最爲猖獗。最早的時候，登岸燒殺擄掠的海盜幾乎是清一色的日人，其成員包括日本西南濱海的九州及瀨戶內海的亂民，和逃竄海上的戰敗武士，尤以薩摩（今日本鹿兒島縣）、肥後（今日本熊本縣）、平戶（今日本長崎縣）三縣居多。這裡是日本戰國時期的強藩，開化較晚，民風剽悍，可謂日本的斯巴達人。到本文故事發生時，日人在比例中反占少數，那些坐著「八幡船」、衣著服飾全爲日人型式的烏合之眾，大多爲閩、浙、粵貪圖暴利的海盜和奸民，此時的倭寇已然成爲中日匪類的大結合了。就像倭情專家胡宗憲所說：「倭寇擁眾而來，動以千萬計，非能自至也，由福建內地奸人接濟之也。濟以米水，然後敢久延；濟以貨物，然後敢貿易；濟以嚮導，然後敢深入。」

當時最有名的海上巨魁是汪直和徐海。

汪直和羅龍文有同鄉之誼，也是徽州歙縣人。傳說汪直的母親生下他前，曾夢見一顆奇異的星落在她家院子裡。占星術士說這星叫弧矢星，應了星命的人，不是大忠，就是巨奸，反正不會是個常人。果然長大後的汪直顯出了不一般來，不愛讀書，卻輕錢財，喜結交豪客，時常與一幫鄉里惡少喝酒、賭錢，舞槍弄棒。那時候他是一個私鹽販子，帶著一幫行腳商販在山地裡與官府做躲貓貓的遊戲，逼急了，他也朝人吼：「中國法度禁嚴，動輒觸禁，孰於海外乎逍遙哉！」

汪直這麼說是有他的理由的。當時海禁已稍鬆懈，不時有商人出海歸來驟富的財富神話在鄉里傳開，汪直難免心動。當他打聽到同鄉許棟在寧波雙嶼島有一支規模巨大的船隊從事海上貿易時，立馬就邀集了徐惟學等幾個密友一同前往投奔。

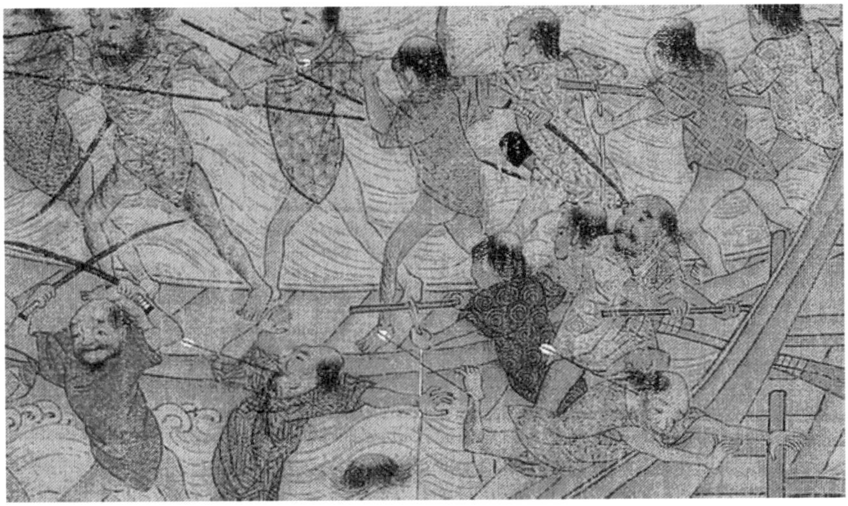

仇英〈倭寇圖卷〉中的明代倭寇形象。

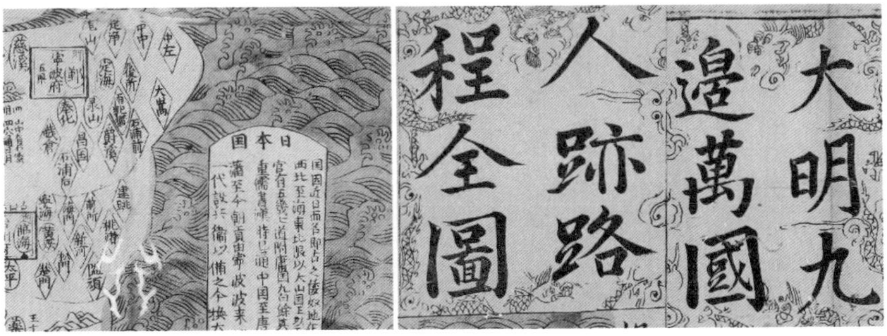

繪於明嘉靖年間的〈大明九邊萬國人跡路程全圖〉中的日本國及浙東海防形勢圖。

這個不起眼的小島最早是葡萄牙人看中的，十六世紀初葉，葡萄牙水手在這裡建立了第一個貨物倉庫，後來這裡就成了海盜們的貨物交換、中轉站。那許棟在這裡落草爲寇多年，和一個叫李光頭的福建人合夥從事海上走私。他們的船隊有上百艘雙桅大船，官府都莫之奈何。汪直入夥後深受器重，被許棟委任爲「管庫」。但落草的成本也委實太大，不久，時任巡撫福建都御史朱紈派遣手下猛將、指揮僉事盧鏜擊破了雙嶼島，焚燬了所有走私船隻，把這個繁華一時的小島從地圖上徹底抹去了，老大許棟也下落不明，大概是餵了魚。汪直只好收拾殘部，駛往瀝港避難。

海上的法則是大魚吃小魚，有一條巨鯊盯上了汪直這條小魚，就是盤踞在橫港的海盜頭子陳思盼，一個個子小卻出手狠辣的廣東人。汪直伏低做小，曲意奉承，對方也就對他放鬆了警惕。某日，陳思盼生日，汪直以賀壽爲名登島，手下部眾趁其不備，抽出藏在壽禮下的刀劍一氣亂砍，最後，這場發生在兩股海盜間的火拚以汪直勝出而告終，陳思盼的所有船隻、貨物、女人全都歸了後起之秀汪直。不久，在浙江海道的授命和協助下，汪直剿滅了盧七、沈九幾夥小海盜，這是一五五二年的事。

汪直稱雄海上的時代開始了。他的船隊裝載著硝磺、絲棉等違禁物品，生意做到了日本及南洋的暹羅、安南諸國，順便還摟草打兔子，劫掠國際商船。在內地蘇杭一帶，汪直也廣布眼線，商船出入無須報關。短短五、六年間，汪直就完成了海上財富帝國的打造，人都恭稱他爲「五峰船主」。不只沿海商民爭著與他做生意，獻酒米、獻時蔬、獻女子，甚至駐防海疆的官軍將領還贈他紅袍玉帶，以換得一時太平。

汪直終究是個商人，沒有政治野心，不久後，日本「五島」（今日本九州西海岸外群島，包括福江、久賀、奈留、若松和中通五個小島）夷亂，他還天眞地想投效朝廷，約明軍的海防官員一同出兵剿滅，以杜倭患。且開出條件說，我爲朝廷立此大功，希望得到獎賞，一是委以海防官職，有個合法身分，二是請恢復海上貿易。與他談合作事宜的官員不置可否。當汪直剿滅了五島夷亂歸來，得到的賞賜竟是區區一百石米。汪直大怒，罵：我的身家性命就值這百石米嗎？帶著船隊駛向海中，揚長而去。

怨憤之下，汪直的船隊也時常侵襲內地，而且每一次都擺出聲勢浩大的陣容，跟官府叫板。明軍派出參將俞大猷率數千艘戰船圍剿之。汪直以火箭迎戰，把俞大猷的戰船幾乎全給燒了。汪直親自出陣，立於艦橋的一匹雪白駿馬上。他的指揮艦方一百二十步，可容二千餘人，以木爲城，其上可馳馬往來，令明軍相顧失色。

這次海上戰爭後，他和明軍過了一段相安無事的日子。汪直把船隊駛到日本薩摩洲之松浦津，自稱「徽王」，又稱「淨海王」，周邊三十六島之夷，全都聽從號令指揮，成了一個貨眞價實的海盜頭子。據傳他某次進定海城的排場，「緋袍玉帶」，背後一頂「金頂五檐黃傘」，手下百餘個頭目，俱「大帽袍帶，銀頂青傘」，侍衛五十人，皆「金甲銀盔，出鞘明刀」，氣場強大到令人咋舌。

他還得到了善於經商的平戶大名松浦隆信的庇護。日本《大麯記》有一段記載提到：「道可（松浦隆信）是福氣和武功都很大的人，有個名叫五峰的大唐人來到平戶津，住在現在的印山邸址，修建中國式房屋。他利用了五峰，於是大唐商船來往不絕，甚至南蠻的黑船也開始駛入平戶津。大唐和南蠻的珍品年年充斥。因而，京都、堺港等各地商人雲集此地，人們稱作西都。」

和尚

徐海比汪直的輩分低一輩，他的叔叔徐惟學是汪直的親信，從歙縣到雙嶼港再到日本，一直跟著汪直，是汪直手下的幾大頭領之一。徐海落草前，是杭州虎跑寺的一個小和尚，法名「普淨」，又稱「明山和尚」。他可不是個甘守清規戒律的和尚，時常溜出寺院賭博、玩女人，是個出了名的花和尚。跟他相好的女人中，有個叫翹兒的歌伎。

翹兒名翠翹，有說她姓王的，也有說她姓李、姓馬的，風塵中的女子，改換姓名是常事，這裡姑且叫她王翠翹。王翠翹雖是北人——山東臨淄人，望之卻長相清麗有如江南女子，教她唱吳歌就唱吳歌，教她彈琵琶就彈琵琶，這樣的一個可人兒，官員、巨賈自然趨之若鶩。但王翠翹天生倔脾氣，她看不上的人，錢多得再燒包，她也不會放在眼裡；她喜歡的窮書生，她就是倒貼了纏頭也願意與之共宿雙飛。鴇母原指望著拿她這棵搖錢樹生財，這一來自然不會給她好臉色看，還時常打罵她。後來在浮浪少年的勾引下，她就帶了一個叫綠珠的侍兒跑到南方，自立門戶了。

在結交徐海之前，翠翹已經是徽州巨商羅龍文的女人了。羅龍文的生意做大後，就天南地北到處跑，有一年北上，路經京口（今屬鎮江），邂逅翠翹，見她吹簫度曲，音吐清越，執板揚聲，嬌聲嚦嚦，不由豪心大起，爲之一擲千金。這翠翹一見羅龍文這樣的豪客，其實早已芳心暗許，一心要讓他梳櫳了自家。但羅龍文這樣的草莽英雄，哪甘弄一個女人來自縛手腳，因而也只多多使錢，在杭州買下一小院，讓翠翹住在那兒，把她視作自家的一處別院，想起來了就過去臨幸一番。

某一日，羅龍文到杭州，白天生意場上的事一畢，到傍晚就帶了一個隨身小廝一路行過河坊街，前往翠翹住所，欲度春風一晚。一進門，就覺得翠翹臉色大異。再三催問之下，翠翹見瞞不過，只得明言相告：虎跑寺的明山和尚欠下了一屁股賭債，債主追逼得緊，正藏身在院裡。這羅龍文是個性喜結交的江湖豪客，一聽有這樣的事，就讓翠翹把明山和尚請出來相見。燈下一見此客，雖做出家人打扮，卻舉止豪放，眼裡精光四射，落落而有奇氣，一望就是個空門裡關不住的人中之龍。羅龍文啊了一聲，執住此人手腕，連呼壯士。讓翠翹趕緊準備酒食，他要與這個壯士接臂痛飲。

酒酣耳熱，夜色漸深，明山和尚還沒有離去的意思。羅龍文既然是傾身結友，索性讓翠翹的侍女綠珠陪他去睡。明山和尚毫不扭捏推辭，就好像他本來就是應該住在這院裡似的。兩個男人攘袂持杯，相攙著離開杯盤狼藉的酒桌時，明山和尚拊在羅龍文的耳邊說：哥啊，這一片小地方不是吾輩得意場，大丈夫怎能一直鬱鬱乎久居人下，哥多努力，吾亦從此逝矣，他日苟富貴，毋相忘。

以後幾年裡，再沒人見過徐海，他好像從人間蒸發了。到他的名字被鹹澀的海風再度吹入東南沿海，他已經成了個令人聞之色變的海盜頭子，自號「天差平海大將軍」，手下盜眾有上萬之多，成了海上勢力僅次於汪直的第二號海商集團首領。

據說，徐海離開杭州就去海上投奔了他的叔叔徐惟學。徐惟學雖說是汪直的合夥人，但也不是個久居人下的主，眼看著老船主汪直賺得富可敵國，他眼紅啊，也想出來單幹了。汪直挺仗義，給了徐惟學一些本錢和船隻。海上走私的本錢越大越好，徐惟學又向日本大隅的某領主借了許多銀兩。但他的運氣實在不太好，不是被風暴掀翻船隻，就是遇上巡海的明軍，好幾次都搞得血本無歸。徐惟學就像一個賭徒輸紅了眼，急於想翻本，日人催款催得急，徐惟學就把和尚侄子徐海作爲人質抵押。這也只是權宜之計，徐惟學的計畫是，等手上的這宗貨物一出手，就把徐海贖回來。但人算不如天算，徐惟學在廣東柘林交易時被明軍指揮黑孟陽所殺。大隅領主丟了一大筆錢，暴跳如雷，要把抵押爲人質的徐海殺了。徐海不慌不忙，只一句話就改變了自己命運——「休

因倭寇作亂流離失所的百姓（仇英〈抗倭圖卷〉局部）。

要壞我性命，我跟你們一起幹。」

徐海從此正式成了倭寇的一員，夥同日本人辛五郎（日本大隅島主之弟），以大隅、薩摩爲根據地，組建了一支數萬人的海盜集團，開始了燒殺搶掠的海盜生涯。其手下頭目有陳東（此人原在薩摩領主之弟的幕下擔任書記）、麻葉等。

儘管有了強大的部屬和自己的勢力範圍，徐海還是和汪直不一樣，他還得靠日本人才能活。汪直不買日本人的帳，他首先是個商人，其次才是海盜，這徐海幾乎天生是做賊盜的，且是個精明的賊盜，每次帶領倭寇進犯之前，他都會與對方簽訂合約，列明帶多少人、去搶哪裡、事後分紅份額等等。

嘉靖三十五年（一五五六年）春天，徐海糾合大隅、薩摩、日向、和泉等地的倭賊數萬人，分乘千餘艘船，在浙江乍浦登陸。徐海本就不把官軍放在眼裡，爲了激勵海盜們死戰，登陸後還把船都燒了。海盜們洗劫了瓜洲、上海，最後團團圍住嘉興府的桐鄉，使用雲梯、雲樓、撞車等各種攻城武器晝夜輪番攻城。

誘殺

自嘉靖初年起，為了防禦愈演愈烈的倭患，皇帝實行了嚴厲的海禁政策，帝國東部海疆的官員也走馬燈般換了一茬又一茬。曾經剿平浙東寇盜的朱紈，被誣擅殺，吞毒自盡；繼之的王忬（作家王世貞的父親）善於用兵調將，也被改調山西大同。再來了右都御史兼兵部侍郎張經和浙江巡撫李天寵，雖合作指揮了王江涇大捷，也被人冒功，參了個「縱寇罪」和「嗜酒廢事」，同日綁到西市問斬。治倭，簡直成了個吞噬官員的巨大黑洞，讓帝國政壇談之色變。首輔嚴嵩的門生、工部侍郎趙文華上奏皇帝，說倭人猖獗，官軍屢屢失利，唯有一法可行，「請禱祀東海以鎮之」，於是趙文華就在一五五五年秋天代表皇帝南下祭海並督視軍情了。

到本文故事發生時，閩浙海域治倭的一干重臣，分別為：欽差大臣趙文華、以兵部侍郎攝總督一職的胡宗憲、蘇松巡撫張景賢、浙江巡撫阮鶚、浙江總兵俞大猷等。其時，東部海濱狹長的地帶上，擁擠著從各地徵調來的五花八門的軍隊，政府的衛所軍當然不值一提，最有戰鬥力的有京營神槍手、涿州鐵棍手、保定箭手、遼東虎頭槍手、河間府義尖兒手、河南毛葫蘆兵、漢中礦徒兵、土兵以及名頭最大的廣西狼兵（土司兵）。但因號令不一，眞打起來也不一定管用。胡宗憲用錢財擺平了趙文華，再通過趙攀附上了首輔嚴嵩，總督浙江、南直隸、福建等七省軍務，可稱前敵總指揮。趙文華一心替相爺搜刮南方珍玩，又不懂軍事，胡宗憲調兵布防的事絕不干預，趙、胡各幹各的，倒也是一對絕配。

嘉靖年間一個叫潘之恆的作家在私家筆記《亘史鈔》裡，記載了趙文華剛到東南時與胡宗憲的一場衝突：

胡宗憲宴請趙文華，趙文華態度倨傲，胡宗憲諷刺了他幾句，席上所有人都錯愕萬分。趙文華大怒：「吾奉天子命監爾軍，死生皆出吾手，而敢恣無狀耶？吾旗牌安在？」於是趙的衛隊在堂下大譁。胡宗憲大笑，叱道：「吾擁十萬之眾，節制七省，不知天子命，何顧監軍，吾獨無旗牌耶？」胡的衛隊發出更大的呼喝聲，蓋過了趙衛隊的氣焰。陪席的人忙打圓場：「您是主人，他是客人，您就委屈一下吧。」胡厲聲說：「讓我道歉？

大不了給二千兩銀子！」趙也見好就收，打趣說：「你只送二千兩，我更要怪你。」胡宗憲笑道：「就給四千兩有何難？」第二天果然把銀子送過去。

後來胡宗憲對親信解釋說：「這樣的人無才無德，來做監軍，無非想趁機得利。我要是不給，他必然心生怨恨，平白給他則不甘心，所以我故意先罵後賞。罵他解我的氣，賞他稱他的意，大家都滿意。」

胡宗憲的世故圓滑，可見一斑。

胡宗憲很快領教了徐海的厲害。他派遊擊將軍宗禮率九百兵馬出擊，與徐海在通往杭州的要隘崇德三里橋大戰。前三仗，宗禮勝了，斬海盜首級三百餘。宗禮孤軍乘勝追擊，沒想到徐海已預先派人鋸斷了橋樁，追軍一上橋，那橋立馬就垮塌了，衝在最前面的宗禮和衛兵全都掉進了河裡撲騰。徐海一個回馬槍，明軍大敗，幾乎全軍覆沒，落入河裡的宗禮也被亂刀砍死。桐鄉被圍一月，阮鶚身陷危城，寫下數封言辭哀切的求援信，求杭州的胡宗憲拉他一把。胡宗憲未發一兵一卒，讓信使轉告巡撫大人，要他稍安勿躁，說他已用離間計讓徐海和他手下頭目生隙，不戰而解桐鄉之圍當指日可待。阮鶚看畢來信，氣得吐血。

徐海的烏合之眾圍住桐鄉時，他自然想不到，翠翹和侍女綠珠也已從杭州搬到此地居住。不久，海盜們在城邊搶劫時捉住了翠翹和綠珠。徐海一見大喜，那不是翹兒姑娘嗎？把她留在了寨中，讓她彈琵琶，唱曲，陪他喝酒。翠翹見當年的小和尚已能號令萬人之眾，倒也頗念舊情，也就曲意逢迎。翠翹風塵女出身，艷功高超，很快徐海對她寵蓋一寨，讓手下都要恭恭敬敬稱她夫人，軍機密畫對她也從不隱瞞。饒是如此，翠翹還是終日悒鬱不樂，這海上做盜的營生終究有個盡頭，到時候殺頭事小，夷九族，禍就大了，因此內心裡是巴不得徐海被官軍打敗，她好趁亂回到陸上去。

胡宗憲的離間計說來也無甚高明，就是派一個叫華萼的年老幕僚帶著一大筆珠寶錢財去招降徐海，讓他自剪臂膀陳東、麻葉，到時朝廷自有封賞。華老人一進海盜窩，就被徐海命人綁了，要推出去斬首。翠翹勸阻說：今日之事，生殺在君，降也罷，不降也罷，與來使又有什麼關係？徐海一想也對，就依了夫人之言，把華老人放了回去。這華萼一回到杭州總督衙門，對胡宗憲說：海盜陣容強大得很，看樣子一時打不下來，但海盜頭子寵幸的夫人好像有外心，可以想辦法搭上她這條線，厚給金珠寶玉，待時機成熟再聚殲海盜。胡宗憲本來就是個心機很深的人，聽了此話，半日沉吟不語。

羅龍文就在這時來叩轅門。他一副江湖俠士裝束，一來就找朋友——在總督府做幕僚的徐渭通融關係。胡宗憲一聽聞名天下的墨工、巨商羅龍文求見，此人又是自己徽州老鄉（胡是安徽績溪人），急忙降階迎揖。聽羅龍文講了當年與徐海、王翠翹相識相交的經過，胡宗憲呵呵大笑：「羅公子果然非常人也，我今天是用定你這個人了，你的功名富貴就包在我身上了！」

羅龍文依舊是行走江湖的那副打扮，渡海上島，讓隨身小廝持了他的名刺去見徐海。徐海見故人到訪，好不高興，吩咐大張旗鼓，上座、置酒。但心裡對這不速之客還是有些狐疑，入席時，握著羅龍文的手說：「足下涉海而來，不會是替胡公做說客的吧？」

羅龍文笑笑：「不是爲胡公做說客，是爲故人做忠臣啊！比你勢力強得多的汪直都派兒子送來了降書，你如果此時還不解甲釋兵，到時候官軍集中力量來對付你，事情就眞的難辦了，老哥勸你也要想想將來。」

徐海愕然：「老船主也降了？」

羅龍文說：「有他的養子王激送來的請降書爲證。」

徐海說：「我這裡情況特殊，兵分三路，另外還有陳東、麻葉兩路，我一人說了不作數啊。」

羅龍文含糊其辭：「陳東等已有他約，現在只等兄弟你了。」輕輕鬆鬆一句話，就種下了猜忌的種子。

徐海心裡不安，掩飾說，「喝酒，喝酒，你我兄弟難得相見，一醉方休必須的。」端上來的都是美酒瓊漿，還有歌女在一旁輕敲檀板，唱曲佐酒，這場景好像又回到了當年在杭州豪飲的那個晚上。酒至半酣，徐海又請出夫人及綠珠與羅龍文相見。翠翹已是夫人之身，羅龍文整裝改容見禮，話題一句也沒有涉及到從前舊情。徐海見他如此識時知趣，好感又添一分。

羅龍文來時帶了大量錢財及婦人頭面飾品，一來顯示他手面豪闊，任俠依舊，二來也是取悅於女人，巴望著她在徐海耳邊多吹枕邊風。果然羅龍文一走，翠翹日夜都在勸徐海爲了將來計，早早降了杭州胡公。

枕邊風是世上最強勁的風，一說二說，徐海頑石般的心就鬆動了。爲了愛情，與翠翹長相廝守，他決定上岸。派了使者去杭州見胡宗憲，上書表示謝意。胡宗憲爲表示誠意，派一個叫夏正的指揮押了數萬銀兩隨來使一同帶回，還釋放了兩百多個俘虜的海盜。本來這些海盜嘍囉都被囚禁在死牢裡，準備秋後問斬的。

徐海收到白花花的銀子，就撤了桐鄉的圍。另一支攻城的海盜陳東，聽說徐海收受了朝廷的重賄，卻沒一分一釐分給自己，也不幹了，帶兵撤到了乍浦。

此時，回到京城的趙文華又獲欽命，二次南下督師了。急於成功的趙文華催胡宗憲速速進兵海上，胡宗憲呵呵笑著說：「不急不急，大幕徐徐拉開，大人且看好戲上演。」

徐海的計畫是縛了陳東、麻葉去杭州請降。只是陳、麻各占一塊地盤，不好得手。胡大帥發話了，你先來降，也是一樣。

於是，八月的一天，徐海帶了手下百餘頭目來到平湖城外。按照約定，趙文華、胡宗憲、阮鶚一班朝廷重臣在這裡等著他。徐海把大隊兵馬留在城外，自己帶了親隨頭目披甲入城。海盜們大多裸身跣足，橫目直瞪，態度傲慢，他們的威勢把趙文華和阮鶚一班文臣嚇得不輕，臨時改主意想要阻他入城，經胡宗憲的再三堅持和保證下，徐海一干人才有驚無險地走過警衛森嚴的街衢，進入官衙大堂。

徐海跪下叩頭，胡宗憲離座下堂，走到他跟前，伸著手掌摩著他的頭頂安慰說：你爲害東南也夠久了，今天你既來降，朝廷就赦免你了，以後你再也不必擔驚受怕了。

接見畢，徐海一行人出來，看到城內外馬嘶人叫，官兵四集，徐海臉色一變。胡宗憲說：勿慌，我調集軍馬，是爲對付陳東的。聽了這話，徐海還是一臉驚疑。

不久，胡宗憲派人向徐海傳話：你已歸降朝廷，朝廷正等著看你的立功表現，目前吳淞口一帶有小股海賊騷擾，你何不擊之立功？何況還能把他們的船搶過來作緩急之計呢！徐海的大部分船隻都已在登陸時自行燒燬了，一聽，也對呀，於是在吳淞朱涇一帶伏擊了這股海盜，斬首三十餘級。胡宗憲知他得手，暗中命令總兵俞大猷率精銳人馬，偷偷把海盜船一把火燒了。徐海情知有變，大爲驚恐，生怕胡宗憲暗中對己下手，把弟弟徐洪送到總督府爲質，還獻上飛魚冠、堅甲、名劍和一大堆珍寶古玩討胡宗憲歡心。胡宗憲對徐洪非常客氣，對他說：只要你哥哥縛來了陳東、麻葉這些寇首，封官進爵不在話下。

徐海、陳東、麻葉三巨頭，陳東狡黠驍勇，仗著與薩摩島主之弟關係好，有後臺，不怎麼把徐海放在眼裡，倒是麻葉，對老大一向言聽計從。徐海輕易就把他綁了，送到胡宗憲那裡。胡宗憲沒殺麻葉，把他好吃好喝養著，準備利用之再施一手連環計。

胡宗憲命麻葉寫信給陳東，讓他擒獲徐海來獻，接著又故意讓徐洪看到這封信。果然徐海聞訊大怒，恨不得把陳東剁碎了。

徐海暗降後，帶著上千人馬駐紮在平湖城外沈莊東面，陳東帶著五百人馬駐紮在莊西。胡宗憲派人放風說，徐海馬上就要攻擊陳東了。狡黠的陳東先下手爲強，趁著夜色向徐海發動突襲。徐海急忙請求明軍助剿陳東。其實何用他說，欽差大臣趙文華早就安排了六千兵馬，一等海盜火拚就要殺過來坐收漁翁之利。

情知徐海難逃此劫，胡宗憲忽然對這個小同鄉心生憐惜，遲遲不發兵進攻。趙文華再三催促，他才下令擊鼓前進。徐海見約爲援兵的明軍竟然向自己這邊掩殺過來，才知中計，慌忙令手下開掘壕溝，修築柵欄固守。海盜們被背信棄義的官軍惹急了，一個個殺紅了眼，哇哇怪叫向著陣前撲，官軍皆畏縮不敢前。此時，俞大猷率另一票人馬從海鹽方向繞過來，從後翼向陣地發動了攻擊。俞大猷再次施展他擅長的火攻，火箭、鳥銃對著木柵欄齊射，這天颳的是乾洌的西北風，官兵鼓噪放火，海盜們負隅抵抗的木柵欄如同一條火龍熊熊燃燒，不一會就被突破了口子，寨子告破，海盜們四散潰逃。徐海趁亂帶著翠翹、綠珠衝至海邊。海邊已無一船，徐海長嘆一聲，跳入海中，幾個浪頭過來，就不見了蹤影。

官軍追至海邊，問兩個女人，賊酋在哪？女人指指吐著白色泡沫的渾黃海水。水性好的鑽下水去，折騰半日，拖上了徐海，已經咽氣多時了。

此戰，官軍斬獲海盜首級一千六百餘，堆在海邊似一座小山。另捕獲陳東、辛五郎、吳西、王七、胡四、戴二、董一、王亞六等大小頭目百餘人。這些俘虜和拘押在總督府的徐洪、麻葉等一並在嘉興北校場砍了腦殼，徐海已經溺斃，也象徵性地追加了一次死刑。

胡宗憲命人騎著一匹快馬，帶上砍下的海盜頭子首級，六百里加急，向京師馳書報捷：

> 臣胡宗憲爲恭仗天威、蕩平巨寇，飛報捷音事：
>
> 該職會同提督軍撫都御史阮鶚，勘得賊首，徐海等，勾引倭夷，連年流毒浙直地方。昨歲蒙我皇上，俯念東南重地，財賦奧區，特敕侍郎趙文華祭告海神，果仗元威，遂有王江涇大捷。比時海雖遁去，逆心未改。今年復率倭賊萬餘，糾同新場賊首陳東等，擁眾攻圍乍浦，遂及桐鄉。職因援兵未至，多方用間，廣布疑兵，與都御史阮鶚，及中書舍人羅龍文計議，密遣通事邵丘山、陳欽、童翠峰、高香、朱尚禮等，入巢諜諭，離間腹心，使之自相疑畏，俟間襲滅。復蒙皇上軫念元黎，再遣尚書趙統領天兵來援浙、直，竭忠殫力，振揚天威，所至克捷，先聲大振……且七月二十九日進兵，八月二十五日平賊，功及神速，人力何至於此！且適當聖誕之期，東南士民鼓舞歡呼，舉手加額，頌祝萬壽，皆我皇上保愛萬民之德，昭格上元，蕩平百蠻之威，遠敷滄海，實非職等所能與也。

遠在北京的嘉靖皇帝龍顏大悅，率領百官，身著鮮艷的朝服舉行了告廟禮，著吏部論功嘉獎。趙文華、胡宗憲分別晉升爲「太子少保」、「都御史」，並厚賜金幣。

仇英〈抗倭圖卷〉（局部），描繪了明嘉靖三十四年（一五五五年）東南沿海軍民抗擊倭寇侵擾的歷史畫卷。

杭州這邊也在舉行慶功宴。總督府裡，觥籌交錯，一片敬酒頌揚聲。大盤的肉端上來，一罈罈的酒都喝得見了底。王翠翹彈琵琶，又跳舞，舞罷，又捧觴行酒。胡宗憲喝得眼睛都快睜不開了，腳步踉蹌著，拉著王翠翹就到帳後強行與之發生了關係，衛兵們都側著臉當作沒看見。第二日酒醒，想起前夜荒唐事，不由大爲懊惱，胡亂把王翠翹作爲戰利品獎賞給了帳下一個作戰勇敢的廣西狼兵頭目（永順酋長），要他趕緊帶走。

羅龍文還等著與翠翹破鏡重圓呢，得知此事，懵了，招呼也不打一個，就離開了胡宗憲。

翠翹跟了永順酋長去，夜半到了錢塘江上，聽著江水湯湯，眼淚流了下來，說：「明山對我不薄，我以國事誘殺之，斃一酋又屬一酋，我還有何面目活在這個世上！」趁人不備，跳到了江裡，眾人想要停船去救，早已不見了身影。

海賊王

收拾了徐海，現在胡宗憲要專心對付另一個同鄉汪直了。其實胡大帥從來沒有把明山和尚這樣的小毛賊放在眼裡，他明白自己最大的敵手是汪直，與幕僚們也這樣說：「海上賊，惟（汪）直機警難制，其餘皆鼠輩，毋足慮。」大帥清楚得很，汪直是海賊王。

這麼多年，東南沿海的村鎮到處貼滿了這樣的告示：或有擒斬汪直者，封伯爵，賞萬金，授高官。但從沒有一個人有本事得到這筆賞金。

胡宗憲早就看清汪直骨子裡是個商人，不會忍心看著自己的海上財富帝國燬於戰火，早就想好了招撫之計。這也是先前羅龍文獻的策。

現在羅龍文已經負氣離開，胡宗憲派出蔣洲、陳可願兩位特使遠赴薩摩島，說降汪直。蔣、陳兩人雖只是生員，讀書人裡最末級的功名，舌上功夫卻堪比戰國時的縱橫家。兩人代表杭州的胡大帥，對汪直百般拉攏、示好，說只要汪直答應投順朝廷，海防提督之位當唾手可得。兩人還帶來了一個消息，胡大帥已經把監禁在金華府獄中的汪直老母妻兒釋放，接到杭州，安頓在了一處乾淨住宅裡，給予極優厚的待遇。胡宗憲打出的這張親情牌把汪直擊倒了。這些年汪直一直以爲自己家人受到株連都已遇害，得知他們還在人世的消息，歡喜流淚，覺得自己的這個老鄉總督真是個值得信賴的人。

說起來，這幾年汪直的日子也不好過。此時日本已進入戰國時代，九州崛起了一個強藩島津貴久，已經占領大隅、日向等國的大部分，汪直身爲「唐人」，他的地盤也在大幅縮水，他早就謀劃著把龐大的海上帝國移向別處了。此時胡宗憲拋來橄欖枝，他怎會輕易放過？

汪直告訴兩位特使，我本來就沒有謀反之心，都是當年俞（大猷）總兵燒我商船，拘我老母妻兒，搞得我待不下去，才跑來此地另立山頭。他答應幫助朝廷剿滅爲禍東南多年的倭患，「肅清海波贖死命」。

汪直讓養子王滶護送兩位特使回杭州，並開出了投降的條件：一是解除海禁，恢復海上通商，「通貢互市」，生意大家做；二是授予他海防官職。一句話，他要做個紅頂商人。

嘉靖三十六年（一五五七年）十月初，在胡宗憲的熱情邀約下，汪直帶著千餘部眾，及四十多個忠心耿耿的日本隨從，乘「異樣巨艦」抵達舟山外圍的岑港。大陸已遙遙在望，他忽然有種不好的預感，這種無所依憑的感覺，就好像蛟龍躍出了水潭，老虎離開了山林，他有些後悔了。

如果他預先得悉胡宗憲說過這樣的話，「汪直越在海外，難與角勝於舟楫之間，要須誘而出之，使虎失負嵎之勢，乃可成擒耳」，他還會送上門去嗎？

朝廷本來已經批准了胡宗憲的招降計畫，兵部發回的簽議上，要胡督促汪直掃清舟山附近海域的小股海盜，「果海疆廓清，自有恩賞」。但一得知汪直已經帶著龐大的船隊泊於岑港，頓時慌了手腳，中樞大佬們齊聲切責胡宗憲，說他的冒失行動將釀成東南大禍。不久，朝旨下，說汪直既稱投順，卻挾惡同來，以市買爲詞，其心實在叵測，要胡宗憲「相機設謀擒剿」，「不許疏虞，致墮賊計」。

蒙在鼓裡的汪直還在寫表感謝政府誠意招撫，他通報日本國內近況：日本雖統於一君，近來內亂頻起，君弱臣強，不過徒存名號而已，其國尚有六十六國，互相雄長，諸島不相統攝。他感謝皇上仁慈，寬宥了自己的罪，表示甘願肝腦塗地，馳驅於海疆，以報主隆恩，當今之計，爲消弭禍源，他建議「通關納稅」，說這才是眞正的不戰而屈人之兵……

胡宗憲一次次地催汪直上岸。還讓汪直的兒子汪澄寫下一封血書，再讓老夫人按下手印，說胡大帥待他們如何如何好，要汪直早日歸降。汪直接信呵呵地笑，笑得淚花都出來了：傻兒子，朝廷還留著你們的性命，都是因爲我的緣故啊，要是我落進了他們手裡，你們哪裡還會有命！

話是這麼說，到了這個份上，他不上岸還眞不行了。日本南部九州已漸趨統一，老巢五島是回不去了，戚繼光、俞大猷率領的明軍精銳戰船也都牢牢地盯著岑港。當胡宗憲再次發出邀請，並答應把指揮夏正送過來作爲人質時，汪直同意去杭州了。但他還是留了一手，讓在總督府爲人質的養子王滶回到岑港。

他是想萬一生變，有忠誠能幹的王滶坐鎮在岑港指揮，諒官軍也不敢拿自己怎樣。

內心裡，他還眞沒拿胡宗憲當回事兒。部下勸阻，他竟拿劉項鴻門宴的故事作比，說他天生有做王爺的命（「當王者不死」），即使姓胡的誘我，其奈我何？

十一月的某日，汪直入杭州。他受到了老鄉胡宗憲的熱情接待，住的是高敞大屋，酒是陳年佳釀，坐的是最高級別的車轎。但在三天後，汪直按照約定前去拜會本城另一高官巡按御史王本固時，突遭逮捕。原來，這一切都是商量好的。

被朝廷的無恥行徑震驚的汪直，睜著一對虎目，大吼：吾何罪！吾何罪！

他當然是有罪的。外頭都在這樣說他，「惡貫滔天，神人共怒」。王本固把他的罪狀羅列成好幾大張紙，上疏要求把他明正典刑：「汪直始以射利之心，違明禁而下海，繼忘中華之意，入番國以爲奸，勾引倭夷，比年攻劫海宇……雖稱悔禍以來歸，仍欲挾倭而求市，有干乎國禁，下貽毒於生靈。」

胡宗憲倒眞的不想讓這個同鄉因自己而死，他還眞的想把汪直收歸己用。汪直雖已在押，但他的船隊還在舟山外海上呢。胡宗憲上疏請求皇帝，赦免這個前海盜頭子。汪直也在獄中上了〈自明疏〉，希望朝廷許他戴罪立功，剿滅海上諸夷，疏文的最後，他又念念不忘地希望政府能夠開放海禁，通商互市。但此時事態的發展已由不得胡宗憲了，主張禁海的王本固放風說，胡收受了海盜頭子數十萬兩銀子的賄賂，並上書彈劾。胡宗憲害怕了，重新上書，態度來了個一百八十度急轉，稱汪直罪在不赦，請皇帝處分云云。

殺，還是不殺？皇帝也在猶豫。汪直在杭州關了兩年多，用官方的說法是「羈養」，也就是說雖然下獄，衣食臥具一直都受優待。

政府使出流氓手段，要把老船主下獄論死，消息傳來，坐守岑港的王激如同瘋了一般，一次次向官軍發動攻擊，要求放還老船主。俞大猷、戚繼光兩總兵一起合剿，好幾次都吃了敗仗。王激還去日本煽動更多的流亡武士前來騷擾，東部沿海寇焰比以前更熾十倍，甚至廣東、江西的山地間，據說都發現了倭寇。

正當東南各省的倭亂鬧得不可開交的時候，一五五九年冬天，對大海梟汪直核准死刑的通知正式下達了。行刑地點是在杭州官巷口的校場。刑前，汪直與兒子汪澄訣別。對這個因牽累坐牢的兒子，他一直很歉疚。兒子拉著他的袍角，哭得淚人一般。他拔下束頭髮的金簪交給兒子，不勝怨恨地長嘆道：「不意典刑茲土！」

消息傳至岑港，被押爲人質的夏正被狂怒的海盜們大卸八塊餵了魚。

曾經擔任胡宗憲幕僚的鄭若曾，在編寫《籌海圖編》一書時記載了夏正上島後對汪直說的一番話，鄭若曾稱夏正爲「死間」。「乃以夏正等爲死間，諭直曰：汝欲保全家屬，開市求官，可以不降而得之乎？帶甲陳兵而稱降，又誰信汝？汝有大兵于此，即往見軍門，敢留汝邪？況死生有命，當死，戰亦死，降亦死；等死耳，死戰不若死降，降且萬有一生焉。」

所謂死間，是指抱著必死之心到敵營去使離間計。這是《孫子兵法》中的著名一計：「故用間有五：有因間，有內間，有反間，有死間，有生間。」

橫死

皇帝身邊有各種各樣打小報告的人，嘉靖早就聽說了趙文華督師江南時「黷貨要功」的事。徐海被蕩平後，趙宣召回京，聽說皇帝對自己有了看法，就稱微染小恙，皇帝即以要他安心養病為由，奪去了他的本兼各職。過了些日子，乾脆降為邊衙小吏，催他著即赴任。不管他先前是真病假病，這一來，真的病重了。

趙文華是在南下途中暴斃的。那一日，船行駛在京杭運河上，他忽然腹痛如絞，一整夜手捂著肚子在船上滾來滾去，就像一條擱了淺的白條。等他安靜下來，船上人發現他已經歪著頭死去了，肚子暴裂，腸子都流了一地，腥膻不可聞。有久歷江湖的，說他是中了一種極厲害的毒，才會死得如此之慘。

這是一五五七年七月的事，當時胡宗憲正一門心思對付汪直。

得悉老搭檔橫死，胡宗憲慌了手腳。再加王激為了報復胡宗憲殺降，帶了日人大肆襲來，東南沿海的倭患鬧得更凶了，像王本固這樣的頑固派，多次上書彈劾胡宗憲，皇帝也嚴旨切責，胡宗憲陷入了四面楚歌。恰巧他的手下在舟山捕獲了一隻白鹿，胡宗憲當作祥瑞送到京師，並讓幕僚徐渭寫下一篇〈白鹿賦〉，果然，喜好齋醮和青詞的皇帝收到這份禮物後，天顏頓開，行了告廟禮，又加了胡宗憲官秩。胡宗憲的政治對手加大了攻勢，嘉靖說，宗憲功大，又獻祥瑞，不可罷他官，於是胡宗憲僥倖過關。

此時，王激的海盜船隊已經移師定海城東面的柯梅，且有向閩、粵蔓延之勢，胡宗憲率水師圍堵，海盜船突破包圍，連下福建連江、羅源二縣，還把福州城圍了好幾月。朝廷追究責任，胡宗憲此時已失朝中奧援，於是把不怎麼聽話的總兵俞大猷推了出來，說「縱賊」的責任全在這個驕傲輕敵的將軍身上。俞被下令逮至北京問罪，幸有人惜其將才，指點他去走嚴嵩的兒子嚴世蕃的路子，打通三法司關節，俞大猷免去了牢獄之災，被發往大同效力。此後崛起的抗倭名將，是青年將領戚繼光。

英雄易老，奸雄也在老去，到十六世紀六〇年代，嚴嵩已是個年屆八旬的糟老頭子，精力大不如前。先前的內閣票擬，都是兒子嚴世蕃代勞的，嚴嵩夫人歐陽氏去世，嚴世蕃護喪回江西老家，再也不能陪他出入皇城西苑代筆票擬，老眼昏花的嚴嵩連皇帝的手詔都看不懂了，被虎視眈眈的次輔徐階擠出了內閣。一五六二年，主政長達二十一年的權臣嚴嵩倒了台，被勒令回江西分宜老家休養，他的兒子嚴世蕃和兩個孩子也被發往邊遠的雷州地區充軍。胡宗憲是由嚴嵩義子趙文華的舉荐而屢獲升遷的，屬於如假包換的「嚴黨」份子，肯定脫不了干係。這年底，他被南京一個叫陸鳳儀的糾察官員揭發為結好嚴嵩父子，「歲遺金帛子女珍奇淫巧無數」，劾以貪污軍餉、濫徵賦稅等罪名，鎖拿進京。嘉靖對他抗倭的功勞可能已記不太清，但對獻神瑞的事卻記得很分明，發話說，這個人我拔用了八、九年，肯定不是嚴黨。因此只是免了胡宗憲的官職，打發他回安徽績溪老家。

在權力場上摸爬了一輩子的胡宗憲不甘心就這樣老死故里，一五六三年萬壽節的時候又向嘉靖「獻祕術十四」。以前他獻神龜、獻白鹿、獻靈芝，每次都是帝心大悅，這次也不例外，嘉靖又想起用他了。但這一次好運氣不再眷顧他了，嚴世蕃被人檢舉沒有前往雷州地區報到，反而在老家勾結倭寇謀反，還在他家搜出了兩年前胡宗憲和他溝通的書信，於是胡宗憲再次被押赴至京受審。胡宗憲的結局是「瘐死」——即在獄中因饑寒、患病去世，死前留下十字絕筆：「寶劍埋冤獄，忠魂繞白雲。」

胡宗憲死後，他最為親信的兩個幕僚——徐渭瘋了，用利斧劈開自己頭顱，把三寸長的鐵錐刺入耳中，又擊碎自己的睾丸，先後九次自殺都沒死成，後來又懷疑妻子與人有染，把她砍死，最後被判入獄八年。茅坤則一直到處奔走，為主人申冤。歷史學家谷應泰說，胡宗憲死是死了，但他到了地底下有何面目見徐海、汪直？他對胡的評價是，「才望頗隆，氣節小貶，側身嚴趙，卵翼成功」，一句話，胡是一個政治夾縫裡的悲劇人物。

同時代人對胡的不拘世禮及私生活上的不檢點一直不無微詞，稍後的沈德符在《萬曆野獲編》裡說他恣情縱樂，自仗著胯下本錢大（「自負嫪毒之器」，嫪毒是傳說中戰國時能用陽具轉動車輪的男子），一到江南就搞來一大堆女人，又與健步徐子明之妻私通，納鄉官洪楩之女為妾，把總督府搞成烏煙瘴氣的私人會所一般（「與幕客宣淫於制府，乘醉狎御史門役，至發旗牌斬之」）。聯繫起胡宗憲誘殺徐海後又把翠翹搞了的事，想來這項指責不會是捕風捉影。

絕響

羅龍文離開胡宗憲後不再經商，也沒有回老家徽州當回墨工。他去了北京，在嚴世蕃的府裡做了一個幕客。他已經見識過權力的翻雲覆雨，也見識了人心的叵測，他決定投身政治，改變命運，不問正邪，只要結果。

嚴嵩失勢時，嚴世蕃被勒令帶著兩個兒子嚴鴻、嚴鵠及羅龍文前往廣東雷州戍所報到，但嚴世蕃和羅龍文在去廣東的途中悄悄折返了，潛回了嚴的江西老家。後來有一個叫林潤的御史檢舉說，嚴世蕃根本沒有前往雷州報到，他利用以前藏匿下來的一筆浮財在老家大興土木，還招募了一批死士密謀造反。每天都躲在醮宮裡修煉長生不老術的嘉靖最聽不得的就是謀反二字，立即著令擒拿嚴世蕃一干人來京。經三法司反覆會審，一五六五年四月，嚴世蕃被定罪爲「交通倭寇，潛謀叛逆」，在京城西市處以極刑。羅龍文也一同問斬①。

另有一種說法是，羅龍文沒死。綁到西市受刑的，是事先使錢買通的一個相貌酷似他的族中子弟，而他早已逃到南方。但大多人認爲這不可信，一個已經被勾決的欽犯要逃脫談何容易，逃脫的是羅龍文的兒子羅南斗。曾在嘉靖年間任職中書舍人的歙縣人潘之恆，在所著《亘史鈔》的〈外紀·俠部〉中說，羅龍文被處死後，他的族戚友朋懼怕罹禍，沒有一個人敢去收殮屍體，從上海來京的顧從禮、顧從德兄弟倆與羅龍文生前頗有交情，把他兒子夾帶在傭僕中帶離了京城。日後，此人改名王常，字延年，又號青羊生，居海上近四十年，一直活到七十多歲去世。

這個僥倖逃出生天的兒子，和他死去的父親一樣精於鑒賞，尤善鬻古，還收藏有大量秦漢古印及元人私印。江南人氏多不知他何許人也（他自稱來自太原府），多以王生呼之。松江的地方志說王生工詩善書，還善於鑄鼎。王生去世前一年的一六〇八年，以顧氏書坊的名義刊刻了一部《秦漢印統》，當時的鑒賞界名士王穉登、翰林院編修李維楨、南都國子監博士臧懋循都爲這本印譜寫了序。爲羅龍文寫傳的潘之恆，見到這本印譜也是讚不絕口，「其朱文之遒勁者，妙不容言。」②

①「嚴分宜敗後，乃子世蕃從粵東之雷州戍所私歸，偕其密友羅小華龍文遊樂於家園，廣募壯士，以衛金穴，物情甚駭。其舍人子，更多不法，民不能堪，訴之有司，不敢逮治。袁州推官鄭諫臣者，稍爲申理，輒罹其詬詈，且有入奏之語。鄭乃與上巡江御史林潤謀，直以聞之朝，謂世蕃招集勁勇，圖不軌，且與龍文日夜詛上。時世宗方在齋宮祈長年，見疏大怒，直批就著林潤拿來京，疏下時林已自差歸署。而先大父爲儀郎，同鄉孫簡肅植在南台掌憲，素相知，偶謁之，乃密告曰：『昨三更林御史警門而入，出劾世蕃疏相示，即統兵星馳入江右矣。』南中尚未有知者，而蕃子紹庭，尚在錦衣，已先詗得報之，即偕龍文南返戍所。甫至雷州，林追兵躡至就縛，龍文至梧州得之。至都，用叛臣法，與龍文俱死西市。林以告逆功，升光祿少卿，尋以都御史撫江南。」《萬曆野獲編》卷八〈嚴東樓〉。

②潘之恆寫《羅龍文傳》，時爲萬曆三十八年（一六一〇年），王常剛去世不久。「……嚴氏敗後，忽有旨檻入京，同世蕃斬於西市，凡族戚友朋畏罹禍，莫有收殮者。海上顧氏父子俱游宦京師，與龍文交厚，因匿其子某，雜傭保中，人無知者。子某乃囊金賂僧人，得贖父屍，置荒寺。顧氏出京，挈其櫬還。子某更名王常，進之幸舍，潛心摹古，博雅絕倫。人以王生呼之，不測爲何許人也。居海上四十年，而始冠其姓，名曰羅王常，字曰延年。余從海上陳大糸宅見之，年七十矣。問其居，曰，客顧氏城南別業，明日邀吳伯張往訪之，則其居九品亭，延年所搠也。視其業，方輯《秦漢印統》，先是顧氏之《印藪》亦出延年手輯，而此《統》更廣之。謂余曰，未盡也。乃出元人私印示之，累十餘帙不減數千章，其朱文之遒勁者，妙不容言。《統》則伯張鐫行，而元印猶有待。余時賦一詩壽之。遽別去抵虎邱，訪友人蘇爾宣，則赴伯張招，乃知入棗梨，剞劂氏皆名手也，時丙午首春日。越二年而《統》成，已酉寄我黃山，問延年無恙乎？則《統》甫竣而謝世矣。」見《亘史鈔·外紀·俠部》。《歙縣志》卷一〇中有〈羅龍文傳〉，在這篇傳中也記載了羅王常：「明羅龍文，字含章號小華，官中書舍人，家饒於財，俠游結賓客，故有德於海寇汪直、徐海，會胡宗憲開府浙江，令招降汪、徐，至則殺之。龍文因入嚴幕，後與世蕃同死西市。鄉人多諱言其事。子南斗，號吳野生，避禍改名王常，字延年，又號青羊生。父子皆工書畫，龍文精鑒別，蓄古器、法書、名畫甚富。又善製墨，堅如石，紋如犀、黑如漆，一螺直萬錢，至今人皆知羅小華墨，然眞者稀覯。所遺古印章，南斗輯爲雲間《顧氏印譜》，海陽《吳氏印譜》說者，謂刻印一道，自文彭暨南斗，始復古觀，而何震崛起足稱鼎立云。」李維楨的〈秦漢印統序〉主要敘述這本印譜的編輯出版經過：「羅延年父內史，任俠饒知，略佐胡襄懋平島寇有功。而又好文博古，製墨與箋窮工，傳至今墨一螺可萬錢。所藏古器甚夥，既坐事受法，家見籍，獨古印舊章纍纍者猶存。而是時雲間顧氏取爲《印藪》盛行于世，延年以未廣益，購求增益之，而其友吳伯張相與參校品第凡曆廿年，功緒甫竟，付之奇劂，而延年卒矣。伯張不欲沒其所長，標而行之，名曰《秦漢印統》。」

灼灼其華的羅小華墨，無人爲繼，遂成絕響，今天只能從後人的各種記述裡，一睹其驚鴻之影了：

太圓墨，一池春綠，四行書字，一面盤螭戲水，上旁「小華逸史」，又「水雲居製」。

——《漫堂墨品》

羅小華墨，廣八分，厚一分，一面篆書「罔象珠」三字，一面楷書「小華山人」款。此墨極小而精，絕似宋宣和內府所製小玉珮，鉤碾精緻，水銀沁作純漆色，作作生芒，奇品也。

羅小華墨，長三寸二分，廣一寸，厚四分，此墨質理堅樸，氣息蒼深。

——《中舟藏墨錄》卷上

羅小華墨，長一寸七分，廣九分，厚六分，通體作海螺形，殼外磊砢歷落，略似蟾蜍皮，而光澤瑩堪似古玉得人精氣，生出一種活潤之態。螺唇隸書「蛾綠螺」三字，瘦勁寬博，有禮器碑風骨。

羅小華墨，長二寸七分，廣九分，厚二分強，重八錢四厘。牛舌式，極簡古。一面行書「華道人造」款，兩側一「嘉靖乙卯」，一「通天香墨」。此墨以質樸爲主，與精緻迥不相侔，然治墨名家其精緻處固不可及，其樸質處亦不可及，所謂殊途同歸也。

——《中舟藏墨錄》卷下

羅龍文死後，萬曆朝繼起的徽州製墨名家是程君房與方于魯。程君房曾在京城鴻臚寺（明時掌國家典禮及祭祀的機構）當值，他用五石桐膏之焰調入漆，得煙百兩，所製墨神彩堅瑩，如小兒目睛，所造「大國香」、「非煙」、「寥天一」、「百子榴」等款墨被同時代人沈德符稱爲「墨妙」。他請著名畫家丁雲鵬插圖，繪成了記錄其造墨心得的《墨苑》十二卷。方于魯最初跟著程君房學製墨，發明了以百花香露和墨的技術，又精於造箋，深得老師器重，後來獨立門戶，其所製「九元三極」墨自謂前無古人。方于魯雖一介布衣，卻寫得一手好詩，還與任職兵部的詩人兼戲劇家汪道昆結成了姻親，仗著這層關係，他的墨也送進了內廷，且也有《墨譜》流傳於世，與程君房叫板。後來程君房被誣告殺人罪入獄，方于魯對昔日的老師不僅不施援手，反而藉機百般排擠。雖然沒有確鑿的證據，但程君房認定構陷自己的就是方于魯，口口聲聲稱他「中山狼」。

據一本叫《韻石齋筆談》的筆記稱，程、方交惡是因爲一個女人。程君房有一個漂亮的侍妾，因受其正妻妒忌，被趕出了家門。這個女人又是程的徒弟方于魯暗暗喜歡的，得此機會就想娶師父的女人。程君房把這件事情捅到了官府，師徒兩人的臉面就撕破了①。

程君房後來在獄中絕食而死。大概是墨品連著人品吧，方于魯家所造墨的成色，也越來越差。一五九八年，小品文作家、《五雜組》的作者謝肇淛前往歙縣方家買墨，就感慨方家的墨已大不如前。再過十年，方于魯死後，子孫輩急於售錢，所造的墨更是粗製濫造，讓當初的追捧者們沮喪不已②。

原來攻擊殺伐不只在海上，也在墨行。慾望名利所至，人間處處殺場。墨妖，也會成爲墨兵。

① 姜紹書《韻石齋筆談》：「新安方于魯、程君房，以治墨互相角勝。所彙墨譜倩名手爲圖，刻畫妍精，細入毫髮。程作《墨苑》以矯之。兩家遺編，至今傳爲清玩。蓋于魯微時，曾受造墨之法於君房，仍假館而授粲焉。程有妾頗美麗，其妻妒而出之，正方所慕也，乃令媒者輾轉謀娶。程公訟之有司，遂成隙。未幾，程坐殺人繫獄，疑方陰嗾之，故《墨苑》內繪中山狼以詆方。」

② 謝肇淛《五雜組》卷十：「于魯近來所造墨，亦不逮前。萬曆戊戌秋，余親至于魯家，令製長大挺，每一挺四兩者，然求昔年九玄三極料，已不可得。又十年，于魯死，子孫急於取售，其所製益復不逮矣。」

程君房墨品

英雄無奈是多情

翹兒故事最早出現在釆九德所寫的《倭變事略》中。釆九德是海寧鹽官人，此地是倭患重災區，他是直接的受害者。當時還只是一個諸生的釆九德道聽塗說了胡宗憲誘殺徐海的故事，這樣寫道，當海盜火拚時，徐海派遣親信護送「二愛姬」出逃。但文中沒有提及這兩個侍女的名字，她們對徐海歸降起到什麼作用也語焉不詳。

曾在胡宗憲督府任幕僚的茅坤，在〈紀剿徐海本末〉中，正式提到了這兩個侍女的名字與身分，「兩侍女者王姓，一名翠翹，一名綠珠，故歌伎也」。茅坤說，官軍與徐海對陣五年，拿他毫無辦法，後來聽說徐海與其麾下酋長爭一女而生嫌隙，於是派人送了簪珥璣翠等物給這個女子，「使之日夜說海」，離間徐海與手下頭目的關係，最後，「海窘甚，遂沉河死……永保兵俘兩侍女而前問海何在……兩侍女泣而指海所自沉河處。永保兵遂蹈河斬海級以歸」。

茅坤的〈紀剿徐海本末〉作於一五五九年，也就是徐海被剿滅後三年。茅坤曾任官禮部，又出任廣西兵備僉事，在西南山地剿過山匪，頗知兵事。《四庫全書總目提要》說他罷官後入了胡宗憲幕，襄助平倭，胡宗憲誘誅徐海事，他都親見親歷，本末所記，應與史實出入不大[1]。

但曾任職海鹽知縣的湖北黃岡人樊維城在一本於一六二三年出版的地方志《鹽邑志林》中卻說，那兩個女人是胡宗憲作爲禮物送給徐海的，她們同時還負有間諜任務。出於無名氏之手的《嘉靖東南平倭通錄》也採信了此說，說胡宗憲賄買徐海的「厚遺」，包括「美妓二人，黃金千兩，繒綺數十匹」。

《明史·卷二百〇五·列傳第九十三》敘述平湖沈莊之戰：「宗憲居海東莊，以西莊處東黨。令東致書其黨曰，『督府檄海，夕禽若屬矣』。東黨懼，乘夜將攻海。海挾兩妾走，間道中矟。明日，官軍圍之，海投水死。」兩妾出逃情景與茅坤所記基本相同，只是在「大歷史」的莊重筆法下，女人們也只是一團若有若無的影子罷了。

前引無論哪一種記述，敘寫的重點都是征戰殺伐的男人世界，翹兒和綠珠都不過是佐味的調料，她們的體態容貌、言行舉止、性格特徵幾乎無片言隻字的交代。但這已足令後世文士起無限遐思。

萬曆初年任職刑部的上海嘉定人徐學謨，在一五七七年刊刻的《海隅集》中，爲翠翹寫下了第一篇正式傳記。徐學謨說，翠翹的故事他得之於當時尚在人間的華萼老人之口，當時海上縉紳，幾乎都知道這個故事。這篇傳記開頭說，翠翹原是臨淄民家女，自少賣給了娼家，冒姓爲馬，故稱馬翹兒。說到翹兒才藝，「貌不逾中色，而音吐激越，度曲婉轉，往往傾其座人」。傳文還說她不喜獻媚客人，「大腹賈齎多金賂翹兒，意稍不屬，輒惛惛不開明」，因此時常受打罵。後來擺脫鴇母來到南方，喜與文人往來，每年所得纏頭幾乎都送給所善貧者，以致囊空如洗。徐海洗劫桐鄉，翹兒被擄，「海初怪其姿態不類民間婦女，訊之知爲翹兒。試之吳歈及彈胡琵琶，以侍酒絕愛幸之，尊之爲夫人。斥帳中諸姬羅拜，咸呼之爲王夫人」。

最後的結局是，徐海聽了翠翹之勸歸降，被胡宗憲盡殲，慶功宴上，翠翹仍是一名隨人戲弄的歌女，先被胡宗憲狎戲，再迫她嫁給一名酋長。翠翹難忍其辱，於是在錢塘江夜半投水而死。

後世王世貞在《艷異編續集》中所述王翹兒故事，基本上都是徐學謨那個版本的重複敘述。明末戴士琳的傳記則說翠翹姓李，京口人氏，此傳不同於茅、徐記載之處在於詳細敘述了翠翹與徽州人羅龍文的相識、分離、重聚及羅生負心的曲折過程。

① 《四庫全書總目提要》云：「坤好談兵，罷官後值倭事方急，嘗爲胡宗憲招入幕，與共籌兵計。此編乃記宗憲誘誅寇首徐海之事，皆親所見，故敘述特詳，與史所載亦多相合。」

羅龍文從新安赴京，路經京口，邂逅翠翹，翹見而心許，而羅生不知。一年後，羅生返回江南，江南受倭寇燒掠，到處殘破，他已無法找到翠翹的蹤跡，不能重溫舊夢了。這時胡宗憲正坐鎮浙江，督師剿寇。羅生窮愁潦倒，就趕去投奔這個老鄉。宗憲對他也另眼相看。羅生巧舌如簧，一年後，鼓動宗憲招募淮陽兵，以爲淮陽兵一到，區區島夷如疾風掃葉。宗憲輕信此言，立付他三千銀子招募兵壯。可羅生帶的銀子，不到一個月，很快就填了賭債和酒錢，全花光了。他憑著嚴世蕃的一封書信，又回到總督這裡。礙著嚴嵩父子的情面，宗憲無可奈何。他想到身邊正缺一個能言善辯之士，羅生既然能從自己手裡騙走三千兩銀子，難道不能說動徐海，誘之以降？於是對羅生說：你如果能在我麾下立一大功，銀子事就不追問了。羅生立即答應說：願蹈湯火，以贖前罪。所以有了辯士羅生到徐海老巢，重與翠翹相見的故事：

> 生既至海巢，則踞上坐，爲陳説利害，海意殊不爲動撼。婈鹵縛生下，露白刃臨之。生鼓掌而笑，顏色自若，海意解。復延生坐，稍稍肯赴胡軍，而疑信且半。姑試生曰：汝能留質吾軍，我單車見胡公乎？生曰幸甚。海大解頤，與生痛飲。期以旦日，日中往，抵暮而還。囑其黨曰：我暮不還，則醢羅生，發兵救我。比旦，海果行，生留爲質。日既晡，海留酌胡公所，大酣暢，不時返。婈倭競來縛生，刃加于腹，生自分必死矣。俄聞壁後叩門甚急，衆皆蒲伏聽命，則一少年女子，亭亭立户下，叱曰：爾曹何須臾不能忍也。假令主還，欲得生羅生，爾曹能續其頸耶？主果不還，羅生几上肉耳，何煩此張皇呵叱也？衆皆唯唯袖刃，生竊瞷之，則李翠翹也。因叩首乞憐。翹爲吳音以對，曰：子無憂異類，我將脱汝。生又叩頭謝不殺恩，因此知翹蓋被擄島夷，已得幸徐海矣。

但後來胡宗憲醉後調戲翠翹，翠翹巴望著羅龍文施以援手，直至悒悒投江，這個負心漢都沒有再出現。

戴傳僅以抄本存於黃宗羲編的篇目浩瀚的《明文海》中，能看到的人不多。後來余懷的《王翠翹傳》敘到羅龍文一節，應是對戴傳多有參考。值得注意的是對翠翹容貌的敘述，徐學謨和王世貞說她「貌不逾中色」，戴士琳說她「貌可中上」，而到了余懷那裡，已是「美姿首，性聰慧」的色絲少女了，其間的變化，也可見出明代士人審美態度之流變。

杭州作家陸人龍一六三三年出版的《型世言》中，第七回「胡總制巧用華棣卿，王翠翹死報徐明山」，敘述的即是王翠翹落難爲娼，象山財主華棣卿爲其贖身，置室別住，被徐海擄掠，極受恩寵的故事。小說一開始介紹翠翹家世，說她是山東臨淄人，父王邦興，母邢氏。父親考滿後授寧波府象山縣糧庫主管，因糧倉失火，上司追賠損失，繳付不出，被下獄。後經媒婆撮合，翠翹嫁當地財主張大德爲妾，後張大德死，又被妒悍的大婦賣入娼家。這一敘述，從故事開篇就把翠翹及其家庭帶到了倭患最嚴重的浙東，也更見小說編織的匠心。

清初青心才人撰二十回說部《金雲翹傳》（篇名是從王翠翹、妹妹王翠雲、情人金重姓名各取一字而來），敘寫徐海和王翠翹的結局最見光彩。小說結尾處，徐海被胡宗憲的人馬包圍，身被數創。徐海長嘆夫人誤我，夫人誤我！死後立而不仆兩個時辰。「忽翠翹爲諸軍擁至，見明山（徐海）死立不仆，翠翹哭道：『彼英雄士也，因妾苦勸歸降，不得其死，怨氣不散，故雖死猶立，待妾親拜慰之。』對死屍拜祝道：『大王，妾寔悞你，然終不敢獨生，以辜大王厚德。』說畢，放聲大哭。徐明山的立屍自把眼一睁，淚如雨落，屍亦隨仆。」

歷史苦澀，說部多情，還是吳梅村說得好：「妻子豈應關大計，英雄無奈是多情。」

翠翹故事數百年的傳播與流變，如同一株植物不斷生長，伸出枝枝椏椏，有人說漸失本相，也有人說這故事越來越好玩了。這就如同一則公案中，兩僧人論解佛經，一僧說：今人解書，如一盞酒，這一人來添些水，那一人來添些水，次第添來添去，都淡了。另一僧則說：佛義原淺，只因解的人多了，次第修補增添，味才濃了，濃的是後來解釋的意義。

試問列位看官，這一則墨、俠、妓、寇的故事，是越添越淡，還是越說越濃了？

與古為徒
魔鬼附體的畫商吳其貞

古董世家

〈富春山居圖〉

掮客

與古為徒

藝術收藏有點像惡魔，
一些偉大人物也經常被這個惡魔附體。
—— 弗朗西斯．亨利．泰勒《藝術收藏的歷史》

古董世家

多年來，吳其貞就像個嗅覺靈敏的獵人，出沒在徽州、揚州和江南的生意場上，玩著一場場捕獵遊戲。那些流傳數百年的名畫是他的獵物，他總是能嗅到什麼地方有名畫、藏於何人之手，更懂得如何炒高畫價，從中賺取不菲的傭金。

歷來在古董行有「鑒賞家」與「好事家」之分，吳其貞做不來王世貞、董其昌這樣的鑒賞家生意，但也不是他的主顧們那樣的好事家，他的鑒賞水平高超不假，但轉手書畫的目的更在盈利，所以他的身分，準確地說是一個精於鑒賞的書畫商人，一個出手精、準、狠的藝術品掠販家。

多年江湖歷練，吳其貞經眼的歷代名畫不知凡幾，打過交道的人也三教九流形形色色，他曾經親眼見識財富的力量，金錢可以在極短的時間裡迅速造就出一個藝術鑒藏界明星。

一六六八年某日，時任揚州通判（輔佐該城主官的從七品官員）的王廷賓輾轉找到了他。王廷賓是一個藝術品收藏愛好者，但因眼力不夠，藏品多未講究，在圈內籍籍無名。王廷賓這樣對吳其貞說：我欲大收古玩，沒有你這樣的行家爲我掌眼做不到最好，如果允肯的話，你把收藏的古玩盡數轉讓給我，我還要請你代我去蒐羅各地珍玩，至於價格嘛，你儘管開著就是，先生尊意如何？吳其貞投身古董行二十餘年，生意場中什麼樣的風浪沒見識過，從未見過有這樣的好事，自然一口應允。於是沒過多久，王廷賓的藏品一下子多了起來，且品質皆爲超等，「遂成南北鑒賞大名」——一個收藏界的大佬就給炮製了出來①。

①吳其貞《書畫記》記載此事說：「公諱廷賓，字師臣，三韓生員，入旗出仕，官至山東臬司，降揚州通判。爲人剛毅正直，士庶無不推重。近閒住無事，見時俗皆尚古玩，亦欲留心于此，然尚未講究也。忽一日對余言：『我欲大收古玩，非爾不能爲我爭先。肯則望將近日所得諸物及疇昔宅中者先讓于我，以後所見他處者仍凂圖之，其值一一如命，尊意若何？』余曰：『唯唯。』於是未幾一周，所得之物皆爲超等，遂成南北鑒賞大名。公之作用，可謂捷徑矣！」

吳其貞來自於南直隸徽州府，這片平原丘陵地帶自萬曆以後是帝國最富經濟活力的地區之一，由於這裡貧瘠的谷地不適宜農業耕作，當地土著只能在山腰上種植茶樹，把黃山上的松樹燒成煙煤製作墨棒，伐木運往其他城市建造奢華的庭院，再就是以外出經商爲業。幾個世紀以來，此地出產的顏料、紙張、紡織品、墨遠近聞名，由慳嗇漸漸變得豪侈的徽州商人更是順著內河航道遍布淮揚、蘇州、杭州各地。到了吳其貞生活的時代（吳出生於一六〇七年），這些身上的泥土味和煤煙味還未褪盡的商人已經完成了資本的原始積累，其中爲數不少已轉向風雅得多的書畫古董行。

吳其貞的老家溪南，是距徽州城三十五里風景優美的一個村子，屬歙縣之西鄉。當時徽州府的藝術品集藏以休寧、歙縣兩縣爲最，溪南吳氏即爲屈指可數的鑒藏世族，據可靠的史料表明，這一家族中，至少有三十幾人從事古董字畫經營，吳其貞的父親、兩個兒子振啓和振男，以及多名侄子輩的，都在這一行中混出了不小的名聲。

此後約十年間，吳其貞一直在爲王廷賓採購書畫。從他陸續記下的帳冊來看，這些年他爲王廷賓購入的名跡至少有：胡廷輝〈金碧山水圖〉絹畫一大幅，王晉卿〈致到帖〉一幅，小李將軍〈桃源圖〉、陳閎〈八公圖〉、米元章臨〈蘭亭卷〉、黃山谷〈殘缺詩字卷〉、馬遠〈琴鶴圖〉等。爲這樣一個不辨眞僞，連價格也不甚計較的好事者代購書畫，吳其貞肯定賺得不會少。連吳其貞自己都覺得不好意思了。某次，他替王購得了〈三朝寶繪圖〉，到手了一大筆銀子後，他一時性起，把不久前入手的黃公望〈富春山居圖〉的殘卷〈剩山圖〉也送給了他，算是做個順手人情[1]。王廷賓得到這一殘卷，開心至極，說這圖「天趣生動，風度超然」，眞是一件了不得的寶貝[2]。

〈富春山居圖〉

王廷賓這一回沒有走眼，這半卷還帶著火燒痕跡的〈剩山圖〉，果然是世所罕見的藝術珍寶，此圖到達他手上之前，已經在世上沉浮了三百餘年，走過了一段堪稱離奇的經歷。

時間閃回到一三四七年，這年秋天，畫家黃公望與僧人無用法師同遊富春山。這裡是他五十歲開始就隱居的地方，對著滿山秋色，他興致勃發，答應作一幅〈富春山居圖〉送給無用。但黃公望是個閒不住的人，一年中大半日子都在外面跑，這幅他答應的畫，直到三年後他回到松江才畫成。

作此畫時，黃公望已年近八旬。他學畫雖晚，卻出手不凡，師法董源、巨然，又出乎其上，藝術史家公認他的一手山水「千丘萬壑，愈出愈奇，重巒疊嶂，越深越妙」。這件晚年的作品聚集了他畢生功力，畫卷為六接的紙本，即由六張紙連綴而成，展卷但見樹木蒼蒼，峰巒疊翠，沙汀、村舍、平坡、亭臺、漁舟、小橋等皆疏密有致，把初秋時節浩渺連綿的南方山水以一種魔力般的筆觸表現得淋漓盡致。原來黃公望輟筆不畫的三、

① 〈富春山居圖〉是元代著名畫家黃公望的一件名作。紙本，水墨。始畫於至正七年（一三四七年），於至正十年完成。該畫於清代順治年間曾遭火焚，斷為兩段，前半卷被另行裝裱，重新定名為〈剩山圖〉，縱31.8厘米，橫51.4厘米，現藏浙江省博物館，被譽為浙江博物館「鎮館之寶」。後半卷〈富春山居圖〉無用師卷，縱33厘米，橫636.9厘米，現藏台灣故宮博物院。

② 王廷賓有一段「康熙己酉」的跋語，記述他得到此畫的經過：「……嗣並為好事者多金購去。其後段久歸之泰興季宦，而此前一段則為新安吳寄谷先生篋中祕寶。寄谷因為余購得〈三朝寶繪圖〉，選汰再四，已略盡今名人勝事，而尚未得成編。戊申冬，慨然復以此圖見惠。余覽之覺天趣生動，風度超然，曰：『是可與〈三朝寶繪圖〉諸圖共傳不朽也。』」

黃公望像

四年間，這幅畫一直在他胸中醞釀、發酵，終竟噴薄而出了。

這樣一幅嘔心瀝血之作，無論布局、筆墨，還是行家稱道的以意使法的運用上，都堪稱無上妙品，它散發的光芒焉知不會招來射利者貪婪的目光。所以，當一三五〇年的某一日，無用法師從黃公望手中接過此畫卷時，就對畫家說出了他的憂慮，他擔心這幅畫將來的命運，有朝一日可能會淪落到巧取豪奪者之手[1]。

無用在世之日，這樣的事沒有發生。此後一百餘年間，由元入明，皇帝換了一茬又一茬，不管是在血腥的洪武、永樂朝，還是天下承平的宣德年間，這幅畫都沒有再出現，就好像它從這個世上徹底消失了一般。直到明中葉成化年間，它終於驚鴻一現，在輾轉多人之後，這幅畫落到了蘇州名畫家沈周手上。無用當年的擔憂開始應驗了。

沈周的畫藝承自家學，又出入宋

元，這個從未被考試制度所延攬的傑出畫家乃是畫壇「吳門派」的領袖，一向視繪畫爲性命。自從得到素所仰慕的黃公望的這幅眞跡，沈周祕藏於室，反覆欣賞、臨摹，畫上的每一處景緻，畫筆的每一處轉折和細微的變化，也都了然於心。但看著看著，他就發現了一個問題：這樣一幅曠世名作，除了畫家的卷末自題，竟然沒有任何一位名家的題跋，這也與黃大癡先生在畫壇的名望太不相稱了！

沈周決定請一位詩人朋友來題跋。他把畫送到朋友那裡。兩人相交多年，他這麼做很放心，就好像把畫從一個櫥子轉移到另一個櫥子裡一樣。但他送去題跋的那幅畫竟然失蹤了。日後才得知，那位朋友的兒子，見畫這麼好就生了歹念，偷偷拿出去賣掉了。沈周幾次上門討畫，開始這一家子還以各種理由搪塞，後來瞞不下去了，乾脆說畫被人偷了。沈周聽了將信將疑，但礙於故交

黃公望〈富春山居圖〉長卷首段〈剩山圖〉。

① 至正十年（一三五〇年），七十九歲的黃公望在松江夏氏知止堂爲自己的這幅畫自題卷末：「至正七年（一三四七年）僕歸富春山居，無用師偕往，暇日於南樓援筆寫成此卷，興之所至，不覺亹亹布置如許，逐旋塡劄，閱三四載未得完備，蓋因留在山中，而雲遊在外故爾。今特取回行李中，早晚得暇，當爲著筆。無用過慮有巧取豪敚者，俾先識卷末，庶使知其成就之難也。十年，青龍在庚寅歜節前一日，大癡學人書于雲間夏氏知止堂。」

情面，卻也無可奈何。

一四八七年秋天，一次偶然的機會，沈周在市肆的一家書畫鋪看到了這幅不知轉賣了多少次的〈富春山居圖〉。對方出價很高，他沒帶那麼多現銀在身上，於是讓書畫鋪老闆替他留著畫，他趕緊回家去籌錢。可是等他籌夠了錢趕到市肆時，卻不見了那幅畫，老闆告訴他，剛才有位買主，出的價要高得多，已經早他一步買走了。沈周跑出去一看，街市上人頭熙熙，哪還有那位書畫客的影子？不由得蹲在當街，放聲大哭。

他已經兩次失去了它。一次被巧取，一次被豪奪，無用的預言眞的在他身上應驗了。他明白，餘生中他再也不會與之相遇。這六張紙的長卷，每一處山峰、每一棵樹，甚至每一塊石頭、每一處雲霞的呼吸，都已經深深地刻在他的大腦裡，每一筆他都能背下來了。唯一可以擁有它的方式，就是憑著記憶把這幅畫背臨出來。這年中秋，沈周默寫出了這幅記憶中的畫，卷末的一段自識，還是掩不住的悵惘：

大癡翁此段山水殆天造地設，平生不見多作。作輟凡三年始成，筆跡墨華當與巨然亂眞，其自識亦甚惜。此卷嘗爲余所藏，因請題于人，遂爲其子乾沒。其子後不能有，出以售人，余貧又不能爲直以復之，徒系於思耳。即其思之不忘，迺以意貌之，物遠失眞，臨紙惘然。成化丁未中秋日。長洲沈周識。

讓沈周飽受相思煎熬的這幅畫，猶如石沉大海，很長時間裡又沒有了消息。可只要它一露面，必定牽動沈周的視線。但無可奈何地，這幅畫就像斷線風箏越飄越遠，並最終離開了他的視野。以下幾十年裡，這幅畫的流轉路線是這樣的：先是被蘇州一個姓樊的畫商購得，一五七〇年，樊氏後人轉手賣與無錫人談志伊，後歸於一位姓周的官員幕僚。一五九六年，經朋友華中翰居間說合，時在京師翰林院任職的董其昌購入了此卷。董其昌說，前輩大癡先生的作品，他之前見

沈周背臨〈富春山居圖〉（局部）

到過兩件，一件是嘉興項氏「天籟閣」所藏〈沙磧圖〉，長不及三尺，另一件是婁江王世貞所藏〈江山萬里圖〉，長可盈丈。但這兩件作品筆意頹然，看上去眞不像是眞跡，唯有這幅長達三丈許的畫作，一派天眞爛漫，展之令人心脾俱暢，必是黃子久生平最得意的筆墨。狂喜中的董其昌在跋中連呼「吾師乎！吾師乎！」，表示要把此畫深藏畫禪室，與文人畫始祖王維的那幅〈雪江圖〉並置，時時觀瞻，「共相映發」，從中汲取山水和筆墨的靈氣①。

說來堪奇的是，三十一年後，沈周那一幅仿作的〈富春山居圖〉也輾轉落到了董其昌手上。董同樣以歡快的筆調記下了這次奇遇：「余以丙申冬得黃子久〈富春大嶺圖卷〉（他一直把〈富春山居圖〉稱作〈富春大嶺圖〉），以丙寅秋得沈啓南〈倣癡翁富春卷〉，相距三十一年，二卷始合。」②他對前輩畫家沈周憑著記憶默寫這幅名畫的藝術功力給予了激賞，稱之「冰寒於水」，因爲在他看來，「背臨」的過程，既融合了前人技法，又加入了畫家的自我感悟，乃是一種藝術性的再創造③。許是這一因緣湊巧觸發了他的藝術靈感，就在得到沈周畫作後的次年，時年七十三歲的董其昌也參用黃公望的筆法，仿寫了一幅〈仿黃公望富春大嶺圖〉。

晚年的董其昌因遭受奴變，一世清譽盡毀，他在華亭的家也幾乎遭受一場沒頂之災。災變後的董其昌依託門生、故舊，過了一段東飄西蕩的日子，經濟大爲拮据，那幅〈富春山居圖〉也典押給了宜興收藏家吳正志。一六三六年，董其昌去世，這幅抵押在吳家的畫未及贖回，從此成了吳家的鎭宅之寶。吳正志死後，這幅畫歸了二兒子吳洪裕。吳洪裕對這幅畫珍愛至極，專門闢出一室藏之，名「富春軒」。他的朋友曾不勝羨慕地感慨說：名花繞屋，名酒盈樽，名書名畫，名玉名銅，全都環繞、拱衛著這一幅名畫，這日子過的，天上的仙人也不過如此了！清軍南下時，吳洪裕夾雜在難民潮中出逃，家中的珍寶全都丟棄了，隨身只帶了平生最爲珍視的兩件藝術品，一件是智永法師的千字文眞跡，另一件就是這幅畫。

轉眼到了一六五〇年，亂離之後回到宜興的吳洪裕已到了彌留之際，幾度昏睡過去的吳洪裕還兀自強撐著不咽下最後一口氣，悠悠醒轉時，他的目光死死地盯住架上的寶匣，家人明白了，老爺臨死還念念不忘那幅心愛的畫呀。家人取出畫，展開，吳洪裕看了半晌，吃力地吐出一個字：燒。

此前一日，吳洪裕已經把那幅智永的千字文眞跡給燒了，親眼看著一個個字在火苗中一點點扭曲、變形，直至化爲灰燼。可嘆的是，這麼一種極致的愛，竟然是讓心愛之物與自己一同毀滅，「焚以爲殉」。

他抖抖索索地點著了火，因病體難支又回到了床上。火光先從畫的中段竄起，像一張黑乎乎的嘴蠶食著山川、樹木和河流，室內蕩開了一股焦糊味。這味兒就是死亡的氣息。就在這幅畫即將淪於萬劫不復之境的當兒，有一個人悄悄離開了，快步奔到散發出火光的堂前，抓起火中的畫用力一掄，「起紅爐而出之」，撲滅了火星，愣是把這幅畫給救了下來。此人即吳洪裕的侄子吳子文。在飛快地捲起這幅殘卷的當兒，爲了掩人耳目，這個機敏的年輕人又往爐火中投入了另外一幅畫。

畫是給救下來了，卻已斷爲一大一小兩段，滿是火燒煙燎的痕跡，且畫的起首一段也已燒去。吳子文在重新裝裱時，將前半段燒焦部分細心揭下，他慶幸地發現，重新接拼後的一尺五、六寸，正好有一山一水一丘一壑之景，幾乎看不出是經剪裁後拼接而成的，於是這部分被稱作了〈剩山圖〉。原畫後半段，裝裱時爲掩蓋火燒痕跡，特意將原本位於畫尾的董其昌題跋切割下來放在畫首，被稱作〈無用師卷〉，一畫從此身首異處。

這兩幅分開了的畫一直在尋找對方。吳其貞在一六七〇年前後送給王廷賓的，就是此畫的前半段〈剩山圖〉。這半幅圖卷此

① 董其昌在萬曆丙申年（一五九六年）得到〈富春山居圖〉，欣喜之餘，寫下這樣的題跋：「大癡畫卷，予所見若檇李項氏家藏沙磧圖，長不及三尺，婁江王氏江山萬里圖，可盈丈，筆意頹然，不似眞跡。唯此卷規摹董巨，天眞爛熳，復極精能，展之得三丈許，應接不暇，是子久生平冣得意筆。憶在長安，每朝恭之隙，徵逐周臺幕，請此卷一觀，如詣寶所，虛往實歸，自謂一日清福，心脾俱暢。頃奉使三湘，取道涇里，友人華中翰爲予和會獲購此圖，藏之畫禪室中，與摩詰雪江共相映發。吾師乎！吾師乎！一丘五岳，都具是矣。」張庚在《圖畫精意識》中記載了董其昌對此畫的讚譽：「子久畫冠元四家……如富春山卷，其神韻超逸，體備眾法，脫化渾融，不落畦徑。」

② 董其昌《容臺別集》。

③ 「今復見白石翁背臨長卷，冰寒於水，信可方駕古人而又過之。」董其昌跋沈周〈仿黃公望富春山居圖卷〉。

後很長時間絕跡於江湖，二十世紀三〇年代流入江陰一戶陳姓人家，爲上海汲古閣的曹友卿得到，拆開分售，找到的買家是畫家吳湖帆。吳湖帆是用了家藏的一件商周時代的古銅器換來了這幅殘卷，又找到這戶陳姓人家，撿回了被當作廢紙的王廷賓的題跋，吳湖帆從此把自家的梅景書屋稱作「大癡富春山圖一角人家」。後經沙孟海說合，吳湖帆以五千元的天價把此圖賣給了浙江省博物館。

此畫後半段〈無用師卷〉，吳其貞也曾過眼，那是在此畫剛經火浴後不久，已由丹陽張範我轉手泰興季寓庸收藏，一六五二年春日某一天，吳其貞上門借觀了此畫，當時日已西落，面對著畫中清潤的筆墨，吳「猶不忍釋手」①。當時有一個叫程正揆的畫家曾不無天眞地請求季寓庸，讓這前後兩段畫破鏡重合，以成畫史上一段佳話。季不知基於何種想法，拒絕了他的這一請求。

此半幅殘卷的流轉線路據說是這樣的：先是由浙江平湖高士奇以六百兩銀子購得，後成爲王鴻緒的藏品。王鴻緒在一七二三年去世後，家道中落，家人持此卷在蘇州市面上出售，爲沈德潛所見，因索價過高，沈德潛無力購入，悵惘莫名的他在卷後題寫了一段話，「計詹事（高士奇）、司農（王鴻緒），品地聲勢，極一時之盛，今不三、四十年，如春花飄零，雲煙解散，而山人筆墨，長留人世間，洵穠華難久，而淡寂者多味外味也。」後來王家人拿著這幅畫去揚州碰運氣，在那裡被收藏家安歧買走，具體出資金額不詳。到十八世紀四〇年代中期，安家也敗落了，想把此畫和其他藏品一樣打包賣給大學士傅恆。傅恆是個毫無藝術眼光的人，吃不準此畫是不是該收，把它介紹給雅好字畫的乾隆皇帝，於是，這位天底下最大的主顧以兩千兩銀子的出價把這批字畫全都買下收入內府。

其實此前一年，乾隆已經收進了一幅據稱出自黃公望之手的〈富春山居圖〉。此卷因自題中有「子明隱君將歸錢塘」句，又稱〈子明卷〉。這是出自明末無名畫家的仿製品，後人爲牟利，將原作者題款去掉，僞造了黃公望題款，並且還僞造了鄒之麟等人的題跋。這幅僞作的漏洞是顯見的，比如說，元畫上作者題款都是在繪畫內容之後，而〈子明卷〉卻將作者題款放在了畫面上方的空白處，這顯然不合元畫的慣例。但乾隆認爲它是眞的，且在上面密密麻麻寫了幾十年的「御題」、「御跋」，那些大學士們就沒一個敢說不是。一七四六年冬天，乾隆以不菲的出價把〈無用師卷〉買入，他的理由是此畫雖假，但畫得還是不錯的。爲此他還把手下的大學士們請來，讓他們在眞假兩卷畫上各自品鑒題跋。前來觀畫的大臣們無一不把得到邀請視作莫大的榮耀，他們紛紛稱頌今上熱愛藝術、不拘泥眞僞的博大胸懷，在這齣「國王的新衣」一般的鬧劇中，沒有一個人敢站出來點破：皇帝認爲眞的的那幅畫是假的。

被視作僞跡的〈無用師卷〉在乾清宮裡安靜地躺了兩百年。直到一九三三年，日本人欲染指華北，戰事吃緊，它才和故宮的萬餘箱文物一起運抵上海，再轉運至國民政府的首善之區南京。在這些文物於上海停留期間，一個叫徐邦達的文物鑒定專家在比照了兩卷〈富春山居圖〉後，終於糾正了這一流傳兩百餘年的謊言，他宣稱乾隆御筆題說是假的那張，實際上是眞的，而乾隆題了很多字說是眞跡的那張卻是假的。一九四八年，內戰即將結束，此圖與兩千九百七十二箱故宮博物院的文物一同運往台灣。

距此圖問世六百年、身首異處三百六十年

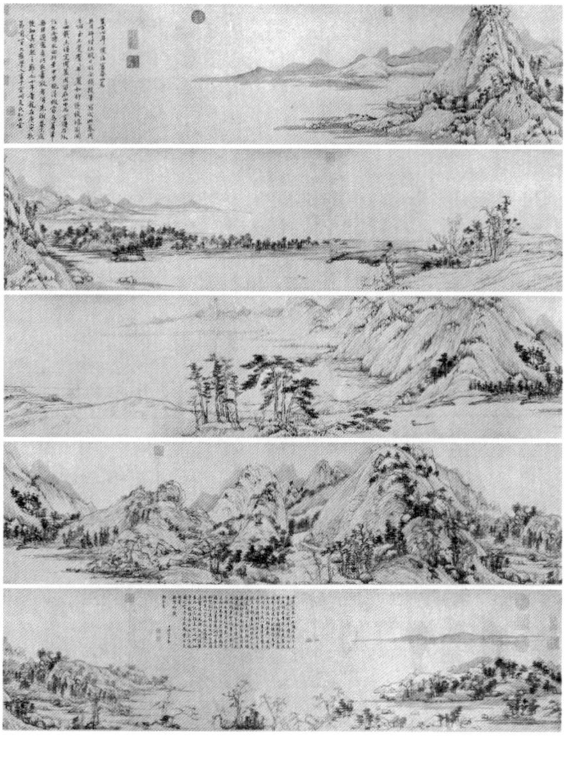

〈無用師卷〉

① 吳其貞《書畫記》卷三「黃大癡〈富春山圖〉紙畫一大卷」條：「……今將前燒焦一紙揭下，仍五紙，長三丈，爲丹陽張範我所得……予于壬辰五月二十四日偕莊澹庵往謁借觀，雖日西落，猶不忍釋手。其圖揭下燒焦紙尚存尺五、六寸，而山水一丘一壑之景，全不似裁切者。今爲予所得，名爲〈剩山圖〉。」

後，亦即二〇一一年六月，相互尋找了數個世紀的這兩幅圖終於找到了彼此，它們重逢在台灣故宮博物院。在一次名為「山水合璧」的展覽之後，有拍賣行人士做了一次估價，那無論如何都是一個讓當年的吳其貞們咋舌的數字。

掮客

吳其貞不是王通判唯一的書畫操盤手，像王廷賓這樣財大氣粗又雅好文藝的主，可能有一群書畫商為他跑腿，揚州裱褙師張黃美就是他雇用的又一個書畫採買人。因為有著同一個主顧，吳其貞和張黃美這一對同行，經常會有生意上的競爭，但更多的時候，他們是相互補台的朋友。

張黃美很可能出身於一個書畫裝裱世家，從幼年起耳聞目染此道，鍛鍊出了過人的眼力，經常能收到寶貝。受其邀請，吳其貞常在他的裱室逗留整日，賞畫、喝茶、聊畫壇和生意場上的種種趣事。吳其貞曾在他的裱室看到過一小幅趙孟頫的〈寫生水草鴛鴦圖〉，這是趙孟頫一三一〇年的一件作品，畫法縱逸，畫面簡潔而有意味，吳其貞一見就心羨得不行。不久後，在王通判的齋頭，他受到了一次更大的視覺轟炸，再一次領教了張黃美的手段。張黃美這次為主顧蒐羅來的三幅佳作，涵蓋了唐宋元三代，有一幅竟然還是文人畫始祖王維的〈林亭對弈圖〉，並且卷上還有宋徽宗的御筆題鑒。張黃美說，這些畫他是從京口（今屬鎮江）一個叫張即的書畫販子那裡買來的。

張黃美後來被京師大佬、保和殿大學士、著名的「蕉林書屋」主人梁清標招攬，為之在南方收購字畫古玩。同時，張黃美在揚州王通判那裡繼續兼著職。自那以後，吳其貞在張黃美處看到的名家字畫愈發多了。一六七二年十二月的某一天，吳其貞在張黃美的裱室裡觀賞到了宋馬和之〈毛詩圖〉一卷，宋李唐〈長夏江寺圖〉絹畫一大卷、元錢選〈仙居圖〉絹畫一卷。一六七三年四月二日，他在張黃美處觀賞到了五件宋元名作，其中有馬元〈老子圖〉、趙孟頫〈太白觀瀑圖〉、趙子固〈蘭蕙圖〉等如雷貫耳之作，但吳其貞也看出來了，其中僞作也摻雜不少，比如趙孟頫和趙子固的那兩幅，雖然畫得不錯，但紙墨如新，形跡大爲可疑。是張黃美不愼走眼收入了贗品，還是他想以假亂眞去糊弄他的兩大主顧？出於此道規矩，吳其貞沒有點穿。

一六七三年七月二十一日，吳其貞在張黃美家一口氣看了八件宋元明佳作，特別招眼的有黃庭堅的一卷書法和北方名家崔子忠的一幅絹畫〈雙雁圖〉，吳其貞特意記下了這些畫將來的去向：「以上八種觀於張黃美家，是近日爲大司公粱公所得者。」

雖然張黃美手中的畫，大多是爲王廷賓和粱清標兩大主顧採買，但吳其貞也看出來了，隨著錢囊漸豐，張黃美生出把其中最優秀的畫作占爲己有的念頭。一六七五年九月十七日，張黃美沾沾自喜地向他展示了十件宋元名作，儘管吳其貞背後挑了許多刺，說倪雲林這幅墨色暗淡，又說馬遠那幅氣色不佳，但他自己也明白，這是酸葡萄心理作祟，好多畫——比如倪雲林的那兩幅山水——是他作夢都想擁有的。

揚州裱畫師張黃美在南畫北渡中充當了二傳手的角色，這些書畫掮客出沒在當時南方各城市的市肆和書畫作坊裡，早已不是什麼祕聞，吳其貞在杭州就曾遇到過一個。一六七二年春天，位於湖濱的程隱之書鋪裡，吳其貞看中了李唐的〈雪天運糧圖〉和趙孟頫的一幅山水寫生小品，正要成交時，突然來了一個書畫客與之展開了爭奪。此人口氣很牛，顯見得背後有一個實力雄厚的買家支撐。幾個來回後，畫價給抬高了不少。最後，吳其貞得到了趙孟頫的那幅小品，而李唐的那幅〈雪天運糧圖〉則被此人收入囊中。事後吳其貞才知道，此人的來頭果然不小，竟是駙馬耿昭忠在江南地區的書畫代理人。

十七世紀五〇年代後，北方官宦和新興的收藏家挾著資本的威勢在南方頻頻出手，致使南方的精華紛紛北流，在吳其貞看來也是運勢使然。政治氣候的變化牽連著一個時代的文氣，藝術品市場概莫能外。早幾年，吳其貞就親眼看到一個叫張先山的山東富商在江南走了一趟，輕而易舉捲走了一大批法書名畫，其中趙孟頫的〈鵲華秋色圖〉、黃公望的〈秋水圖〉等吳其貞曾「觀賞終日，不能釋手」，那黯然送別的心境就如同一個走入末途的君王揮淚對宮娥。

其中手筆最大的是一個來自京師的叫王際之的裱褙師，此人不知是京城哪個大官的書畫代理人，長年蹲守蘇州，像一隻巨型蜘蛛一樣網羅著南方名畫。吳其貞對其精到的鑒賞眼光很是服膺，稱之爲「京師名手」。他曾以不無讚賞的語氣說，際之先生多年裱畫，對紙張和水墨的性情都已了然於心，看畫的眼光可說是「百不差一」①。王際之出手最狠的一次是一六六〇年，那次他從南方蒐羅的宋元名畫竟達上百件之多，事後吳其貞感慨說，這些在南方地區已流轉了上百年的名畫，「今一旦隨際之北去」，只能說是「地運使然」。此事過後一個多月，吳其貞又一次飽受刺激，他在《書畫記》中呆板地記上了一筆：「（宋人書畫）六種，觀於王際之寓舍，此第二次得於嘉興者，將欲北渡……時庚子五月二十九日。」但吳其貞認爲，這位王裱工的眼光雖然不錯，但還是存在著缺陷，「只善看宋人，不善看元人，善看紈素，不善看紙上」。

這些都是吳其貞那個時代書畫中間商（或稱「牙人」）中的佼佼者，其他還有蘇州王裱褙、陳裱褙，嘉興岳子宣裱褙等不勝枚舉。老辣的眼光再加財力漸豐，這些人同時也兼具收藏家身分。但若以從業時間之長、經手書畫數量之夥，還以吳其貞的同鄉前輩王越石爲最。這個老古董客長年客遊在外，活躍於徽州以外的廣大地區，與當時的鑒賞大家李日華、董其昌、張丑、汪砢玉等都有密切交往，他的身影時常出沒在《清河書畫舫》、《珊瑚網》和李日華的日記中。有記載表明，王家數代人都以書畫販賣爲業，他的兩個弟弟王弼卿、王紫玉，兩個侄子和一個從侄都把書畫古董生意做得很大。

同時代人評價王越石「慣居奇貨，以博刀錐」②，話雖刻薄，卻也可見他專業眼光之精準和善於把握生意時機。曾在萬曆朝後期爲鳳陽巡撫李三才蒐羅古玩的黃正賓，與王越石是姑表兄弟，兩人時常交換手上貨物。某一回，王越石想要吞沒黃託其轉售的一幅倪瓚作品，黃正賓上門理論，兩人竟至拳腳相向，王越石一頭撞在黃正賓胸口，撞斷數根肋骨。這事鬧開了，在崇禎末年的古董行都當笑話講。王越石把黃正賓打傷後，怕黃家人上門來鬧，連夜離開家鄉，到了杭州。不久，寓居杭州的潞王朱常淓打聽到王越石手上有一件稀世之寶，是從項元汴的天籟閣散出來的一只定窯小鼎，質瑩如玉，花紋粗細相壓，派了手下一個姓俞的去談價錢。王越石與這姓俞的在湖邊喝了半晌茶，最後兩人聯手作弄起了落難的王爺。後來披露出來，王越石以兩千兩銀子賣給潞王的白定小鼎是一件贋品，姓俞的得了四百兩，王越石自己得了一千六百兩。吳其貞的記述在細節上與之略有出入，說這只白定圓鼎爐是王越石兄弟叔侄花了一千兩百兩銀子購入的，後來售與潞王，得值加倍③。

這種爲同行所不齒的伎倆，王越石肯定已經不是第一次使了。收藏家汪砢玉揭露說，有一次，王越石拿出一幅倪瓚的山水畫給他，此畫山峰壘嶂，中露曠地，外繞七樹向水，纖勁淡玄，汪砢玉一見就非常喜愛，但因王越石索價太高，他有點拿不定主意。王越石悄悄示意說：此畫可拆易也。汪砢玉說，諸如此類把一幅畫割成數幅分裝出售的事兒，王越石肯定經常做，除此之外，此人的作僞手段還有挖鑲補畫、仿眞印刷加手繪、添加名款等等，好多手法眞是聞所未聞。王越石玩弄這些伎倆時，還特別善於拉長線、設伏筆，他曾經從一個姓杜的古董商手上以八百兩銀子購入一只據稱出自唐代定窯的香爐（不知是不是後來賣給潞王那件），對外詭稱花費了萬金，一時未能出手。十餘年間，他把這只香爐一會兒典當出去，一會兒又贖回來，還雇人把市面上品相

張翀〈鑒古圖〉

① 「蓋善裱者，由其能知紙紈丹墨新舊，而物之眞贋已過半矣。若夫究心書畫，能知各人筆性，各代風氣，參合推察，百不差一，此惟際之爲能也。」

② 姜紹書《韻石齋筆談》「定窯鼎記」條，有「王廷珸者，字越石，慣居奇貨，以博刀錐」。

③ 《書畫記》卷二。

類似的香爐悉數購入①。

終於有大魚咬鉤了，泰興收藏家季寓庸花巨資購入了這只贋爐。後來東窗事發，季寓庸要打官司討回公道，王越石託中間人講和，又賠償了季寓庸數件古玩，季才從官府撤回了訴訟。因著這些斑斑劣跡，王越石在書畫古董行的名聲實在不太好，張丑就說他「有才無行」，生平專以說騙爲事，不過是一個雞鳴狗盜之流②。

饒是人品再不佳，王越石仍是很受歡迎的一個主。他坐著自稱的「米家書畫船」穿梭在各地的書畫市場，所到之處，李日華、董其昌這樣的鑒賞巨眼無不奉爲上賓，即便像汪砢玉這樣對之頗有微詞的藏家，一段時間不見他的書畫船來，還是怪想念的。這一方面是因爲此人手上確實有不少寶貝，另一方面，就算你從這隻老狐狸那裡花錢買過教訓，還是不得不服氣此人的內行與老道。一六二八年，汪砢玉爲了給故去的父母籌集喪葬費，不得不出售了大批藏品，過了六年，王越石拿著其中的兩卷畫忽然找來說，這是從南京一個叫俞鳳毛的收藏家那裡買來的，汪砢玉一看，正是自己時常想念的兩卷，於是以家藏其他名畫及青綠商鼎、漢玉兕鎮諸件，從王越石手中回購了這兩卷畫③。

在李日華的日記中，一提起王越石，必以「書畫友」、「歙友」稱之。一六二六年，王越石以四幀殘破的〈長沙帖〉請李日華鑒定眞僞。一六二八年在南京，王越石又攜帶著倪瓚的一卷山水卷軸拜訪了李日華。李日華評定說：「單幅樹石，渾厚修聳，雲霞鬱渤，閃爍不定，眞傑作也。」對王越石所藏，李日華總是驚羨不已，不吝筆墨予以品題。李日華的《恬致堂集》中，還收錄了他贈給這畫商的一首詩：「君舟何處貫虹月，吾室悄然凝席塵；買得輞川千嶺雪，未經君眼照嶙峋；呼鷗遠隔蒼茫外，控鯉難逢汗漫人；一髮枯流頻悵望，五湖春浪幾時新。」

大約一六四二年初，王越石結束二十年的漂泊回到徽州故里。但他仍沒有從古董行中退出，他的一個侄子把生意做到了揚州，另一個從侄則長駐杭州收購書畫，爲他傳遞市面行情。這年春天，王越石帶著他收藏的數件珍玩造訪了後起之秀吳其貞。兩人是同鄉，又都是長年漂在江湖上，一個倦旅歸來有一肚子故事要講，一個渴望得到知識與經驗的傳授，好精神抖擻殺入充滿欺詐與謊言的生意場中，誠可謂各得其所。在吳家怡春堂兩人品書論畫，王越石足足盤桓了三日才回去。

吳其貞對王越石數十年從事藝術品交易訓練出的鑒賞目力極是欽佩，恭維說，王家一門數代都從事這一行，「惟越石名著天下，士庶莫不服膺」④。這一評價不無拍馬溜鬚之嫌，但吳其貞這麼說也有他的理由，因爲那時他們已開始了書畫業務往來，吳其貞開始從這個前輩藝術商人手上大量購入畫作。這年五月二十二日，吳其貞來到王家，一次性購入蘇東坡的〈批示帖〉及宋元畫家的六件作品，他對蘇東坡的那件書法尤其喜愛，稱「書法潦潦草草，在不經意間多得天趣」。六月，他又在王家看到了柯九思〈松庵圖〉、沈周〈匡山霽色圖〉等畫⑤。王羲之的〈雨後帖〉、倪瓚的〈獅子林圖〉，原是嘉興項元汴的藏品，吳其貞不及登天籟閣賞之，也在王越石處大飽眼福。一些特別精美的藏品，王越石向這個小字輩誇耀出示後，卻怎麼也不肯轉手，不管後者出多高的價格也不賣，引得吳其貞又妒又恨。但有一只高約五寸、口徑四寸許的白定圓鼎爐，王越石卻想方設法要說服吳其貞買下。吳其貞觀此

① 汪砢玉在一六三四年見過這只白定小鼎，但沒有購入。《珊瑚網》記載：「崇禎甲戌重九日，歙友黃（王）越石攜是冊（《勝國十二名家冊》）至余家，留閱再宿，并示白定小鼎，質瑩如玉，花紋纖細相壓，雲蟬翅，蕉葉俱備，兩耳亦作盤螭，圓腹三足，鑪頂用宋做白玉鸂鶒烏木……越石云：項子京一生賞鑒，以不得此物爲恨。索價三千金，吾里有償之五百不肯售。眞希世之寶也！」

② 「越石爲人有才無行，生平專以說騙爲事，詐僞百出，而頗有眞見，余故誤與之游，亦雞鳴狗盜之流亞也。」張丑《清河書畫舫》綠字號第十一「倪瓚」條。

③ 「至甲戌秋，黃（王）越石忽持前二冊來，云得之留都俞鳳毛，已售去十餘幅……時越石欲余貫休〈應眞卷〉，爲宋王才翁題偈；馬和之〈破斧圖〉、思陵楷〈毛詩〉、吳仲珪寫〈明聖湖十景冊〉及本朝諸名公畫二十幅，文沈〈落花圖詠〉長卷，青綠商鼎、漢玉兕鎮諸件。余遂聽之，易我故物。」《珊瑚網．名畫題跋》卷十九。

④ 「王越石，居安人。與黃黃石爲姑表兄弟，係顒若親叔也。一門數代皆貨骨董。目力過人。惟越石名著天下，士庶莫不服膺。客遊二十年始歸，特攜諸玩物訪余于怡春堂，盤桓三日而返。」《書畫記》卷二。

⑤ 吳其貞《書畫記》載，壬午（一六四二年）六月二十二日所見，「有沈石田〈匡山霽色圖〉大紙畫一幅，畫法柔軟，效於巨然，有出藍之氣。值百緡，爲世名畫。」汪砢玉《珊瑚網．名畫題跋》卷十三著錄沈周〈匡山新霽圖〉，款爲「吳山沈周作匡山新霽圖，用巨然筆法」，基本可斷定吳其貞所謂〈匡山霽色圖〉，即汪砢玉所記載的〈匡山新霽圖〉，此作現藏上海博物館。

倪瓚〈江岸望山軸〉

鼎，身上兩道夔龍，粗花壓著細紋，間有十二道孤龍沖天耳，全身幾無瑕疵，認爲其品相精好程度與另一個收藏家程季白家藏的彝爐無異，「惟白色稍亞之」，也算得上一件世無二出的精品了。他雖然很喜歡，但一想到曾經上當的潞王，猶豫了半天還是沒有出手。他想不明白的是，這個王越石手上到底有多少鼎爐呢，怎麼出手了一件，又有一件？

他們的交遊圈還是有一些交集，比如在揚州一帶大收法書名畫、鬧出不小動靜的商人陳以謂。此人資金雄厚，看到名畫不惜重價，致使江左名物幾爲網盡，又不甚愛惜書畫，常常把入手的書畫冊子由大幅切爲紈扇，分裝出售，故此被業內人士贈送了個綽號「書畫劊子手」。吳其貞知道王越石是此人的長年供貨商，提醒王不要把好的畫作賣給此人，以防他玩弄伎倆擾亂市面，但不知是王越石在此人那裡的市場份額太大，還是他本身就是個炮製贗品的高手，對吳其貞的建議，王越石始終沒有予以回應。

在爲王廷賓做書畫代購商之前，吳其貞曾是兩淮巨商江孟明的「牙人」。江孟明引以爲至寶的一幅倪瓚的〈江岸望山〉，就是吳其貞從其侄輩吳于庭處購入，再轉賣於江；倪瓚的另一幅名作〈古木竹石圖〉，是吳其貞從董其昌的兒子董思履那裡搞來的。沒有確切的數字表明吳其貞在這轉手的過程中到底賺了多少，但以其出手之狠、準，到手的銀子應該不會少。到王廷賓去世，吳其貞的雇主換成了住在杭州靈隱附近的姚友眉。

和王廷賓一樣，姚友眉在書畫收藏這一行也只能算是個級別較低的「好事者」。吳其貞說他「聰明穎悟，書窗之暇，留心玩物，尤甚於書畫，及見物時，是非洞然，洵風雅中人也」①，扒開這些動聽的好話，內裡其實是說這位老兄對藏品的眞僞不怎麼能分辨，是個徹頭徹尾的外行。

一六七三年秋天，吳其貞爲他在杭州收藏家朱子式手中買到了趙孟頫的〈李蘇泣別圖〉。接連幾天，吳其貞出沒在昭慶寺及城中各處的藝術品交易市場，很快就從一個姓楊的畫商手中購得了馬和之〈毛詩圖〉②。隨後，他把此畫連同先前收藏的蘇東坡〈村店夜歸詩帖〉、黃公望〈訪友圖〉、僧巨然〈山莊鼓琴圖〉等轉賣給了姚友眉。

一六七七年，一個叫沈子寧的洞庭山人來杭州找到吳其貞，手持一卷南宋畫家趙孟堅的〈水仙花圖〉要賣給他。吳其貞向知此畫藏於項元汴之手，曾去嘉

① 《書畫記》卷一。

② 曾多次去杭州收購書畫的李日華在《味水軒日記》中對昭慶寺的寺廟店鋪有過詳細介紹，事見一六一二年「七月二十九日」條：「前是督理織造內臣孫隆於昭慶寺兩廊置店肆百餘，容僧作市，鬻僧帽、鞵履、蒲團、琉璃、數珠之屬。而四方異賈亦集以珍奇玩物，懸列待價，謂之擺攤。」稍後的張岱在《陶庵夢憶》卷七〈西湖香市〉中又記昭慶寺盛況云：「昭慶兩廊故無日不市者，三代八朝之骨董，蠻夷閩貊之珍異，皆集焉。」

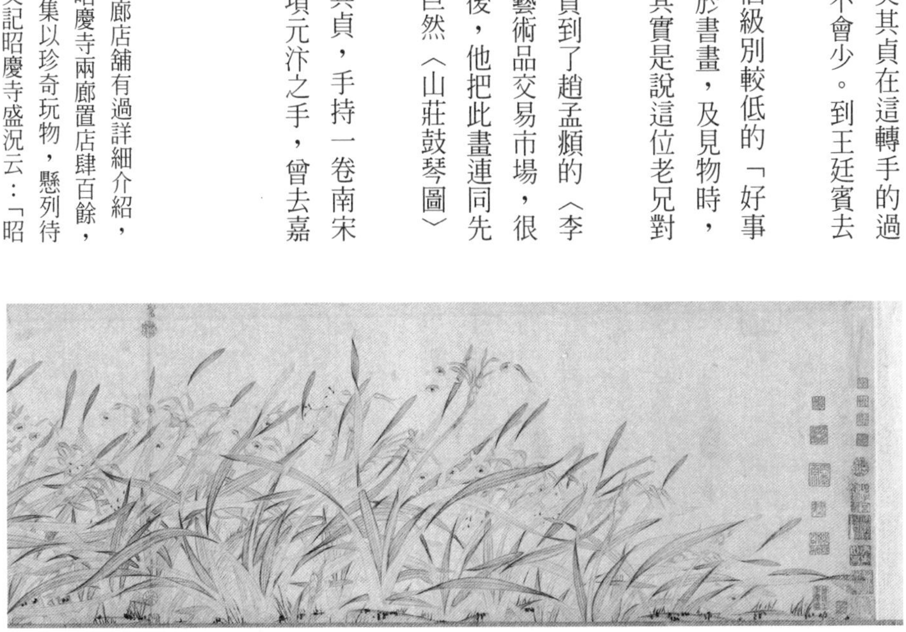

趙孟堅〈水仙花圖〉（局部）

興訪求，當時項氏後人六大房的藏品已經星散，他費了好大勁都沒有找到，沒想到此畫銷聲匿跡幾十年突然出現。吳其貞觀此圖，「天眞爛熳，各得形勢，皆爲迎風吸露之態，氣韻如生，且用筆清瘦，逼似春蠶吐絲，一氣畫成，無輕無重，尚於蒼秀。」他按捺著狂喜，從一百二十兩銀子的討價還到攔腰價買入。不久他把這幅畫連同倪瓚〈松林亭子圖〉等宋元名畫全都賣給了姚友眉。可能是這個新雇主的銀子實在太好掙了，也可能那時候的吳其貞已財力不濟陷入困頓，不久，他把原來爲王廷賓購買、沒來得及出手的馬遠名作〈琴鶴圖〉也轉賣給了姚，大兒子吳振啓剛剛從蘇州蒐羅來的一張元畫，他也轉手出讓了①。

與古爲徒

充滿著爾虞我詐的書畫行也如殺伐場，入行做畫商的四十餘年裡，吳其貞經常有機會回望童年時那一個個遙遠的下午。那時，他的父親吳豹韋，一個喜歡寫寫畫畫的收藏愛好者②，經常帶他去參觀族中一個兄長貯藏古物的南樓。樓上幽暗的光線裡，擺放著商彝周鼎、晉帖元畫，以及不計其數萬曆年從內府流出的鍍金「烏斯藏者」——藏傳佛教銅像。這些吸足了人間精氣的藏品似乎向他提示著一個無聲，卻足夠誘人的世界，因此之故，身爲畫商的吳其貞身上儘管有著因世渲染的生意人的精明，卻也浸透了發乎天然的對藝術品的珍愛，和對一代代藝術家的尊崇之情。

物比人長久。吳其貞當年經手、經眼的那些古畫，至今還在各家博物館和拍賣行流轉，而他的生平事跡在他去世後的幾百年裡已漸漸湮沒，以致一本叫《歙人閒譚》的書裡提起他也是一副驚奇的語氣，「其貞，疑歙人而居於外者」，連他的籍貫也說不清楚。對此身後落寞，吳其貞似有先見之明，在長達近半個世紀的書畫轉手、購藏生涯中，讀書不多的他寫下了一本《書畫記》，儘管寫作本非他的長項，這本帳簿式的書敘事刻板、煩瑣、重複，但有了吳其貞留給後人的這個窗口，我們才可以遠眺那一件件古物的遞藏鏈，看到一個時代藝術品市場裡的芸芸眾眾，也看清他與古爲徒的一生輪廓。

在最初入行的十七世紀三〇年代初，吳其貞更多的是以一個觀畫者的身分出沒在諸多藏家間，碰到索價不高、對方又急於脫手的，他就迅速入手。那些紙本或絹本的宋元名跡，屢屢讓他讚歎低徊不忍離去，這一類似於遊學的過程打開了他的視野，並磨礪出了他銳利、精準的目力——而這是一個優秀的獵人所必備的。

老家溪南村口的龍宮寺，每年八、九月間，各地畫商雲集，書肆店舖也如雨後春筍般冒出來，每年到了此際，吳其貞即使跑得再遠也要趕回來，在這裡他既是地主，也是書畫觀光客，他陪常州畫家鄒衣白等朋友到徽州府看畫，老家的龍宮寺是必定安排的一個節目③。

他的聲名漸漸崛起了，蒐羅字畫的來路也越來越廣。一本《書畫記》，出沒其間的既有與他同樣身分的畫商、「牙人」，也有鑒賞巨眼、世宦後裔、佛門僧人、裱褙匠人。他曾從蘇州裱褙匠王子慎手中得到過蘇漢臣的〈擊樂圖〉等三幅畫，他說這個匠人還是個水平高超的製假高手，仿造宣德、成化年間的窯器，外人幾乎辨不出眞僞。在杭州九曲巷施四老家，他爲獲得宋徽宗〈金錢鸝雀圖〉躊躇滿志，說「今既獲此，不日裝潢，豈不壓倒世間畫冊耶！」④有時候爲得到一幅中意的畫要費盡周折，某年在紹興朱十三老家見到李伯時〈蓮社圖〉，他說自己的心情是「恨不得臥於圖下」，但主人就是不肯出手，他「千

① 即劉靜修〈秋江垂釣圖〉小紙畫一幅，《書畫記》卷六載：「此圖常見于蘇城浦二哥處，今爲長男振啓獲歸杭州，尋歸于姚友眉。時丁巳九月三日。」

② 在《書畫記》中，吳其貞曾如是回憶父親：「篤好古玩書畫，性嗜眞跡，尤甚于扇頭，號千扇主人，然不止千也。」《書畫記》卷一「元人無名氏〈野草圖〉紙畫一小幅」條。

③ 據吳其貞自述，這家寺院位於村口，是「載於志乘」的一個古剎，「秋月百物萃集，爲交易勝地」，應是廟會性質的一處交易場所。該寺由於年久失修一度將頹，吳其貞和侄輩、古玩商吳甲先「輸金萬餘錠新之」。見《書畫記》卷二。

④ 《書畫記》卷五「宋徽宗〈金錢鸝雀圖〉絹畫一小幅」條。

謀百懇」，居間的朋友「說合有百次，走路不知幾百里」，方於次年把這幅名畫購到手①。

另外，黃公望的一幅風格怪異的禿筆山水圖，無鉤無皴，一筆一劃如寫字一般，他是在「岩寺大橋頭方胖子家」觀賞的；趙千里的〈明皇幸蜀圖〉，是在客居杭州的徽州叢睦坊後人汪然明家觀賞的。王鑑仿王蒙筆法的〈九峰讀書圖〉和黃公望〈草堂圖〉，他是在前來徽州購畫、下榻於吳子含「去非館」的錢謙益那裡觀賞到的。錢舜舉的〈戲嬰圖〉，則是從嘉興裱褙匠岳子宣那裡費了好大勁才購入的；趙雍的〈松溪釣艇圖〉，是和大兒子一起從湖州竹墩沈家購入的；顧閎中著名的〈韓熙載夜宴圖〉，是託朋友何石公從杭州一個匠人手中得到的。

一五五六年春天，在泰興著名收藏家季寓庸家裡，好客的主人招吳其貞等夜飲，酒具是主人收藏多年的漢玉龍尾觥。酒飲至半酣，已近三更天，季寓庸說，古人有一句話，燈前酒後不可觀書畫，我欲破了這一禁條，諸位以爲如何？吳其貞說，如此適興快意的事，有什麼不可！於是主人拿出收藏的十九件唐宋書畫精品，請客人一一品評直到天明。吳其貞說，手持龍尾觥飲酒，看的是晉唐宋墨，如此風雅，古人的金谷園也不過如此了！幾日後，家富收藏的季寓庸又請吳其貞上門鑒定更多藏品，看著吳其貞飛快地展開一幅，合攏，再打開一幅，一邊手記，一邊予以精到的評論，主人不禁讚歎說：「君之能，過於手揮七絃琴、目送千里雁矣！」

他對自己的目力越來越自信，曾經王世貞收藏、流到程季白手中的一幅〈雪江歸棹圖〉，董其昌考證爲王維眞跡，他比照了程季白手上另一幅王維作品〈江干雪霽圖〉後，指出一代宗師也不過是聞風附會，這應該是宋徽宗的一件作品。另有一件市面上流轉的陸機〈平復帖〉，時人都以爲是假貨，吳其貞堅持認爲是眞跡，被人笑話不已，後來被識貨的王際之轉賣，售金三百兩，吳其貞說，這一遲來的消息讓他長長舒了一口氣②。

如同一個追逐愛情的男子時常爲情所傷，這個畫商也時常爲錯失機緣感到遺憾。一六四一年，歙縣一個叫翰四老的富商攜一幅名畫過訪怡春堂，此畫是趙孟頫與管夫人合作的〈合婉圖〉，吳一見就歎爲「神化」之筆。他求之再三，那富商就是不肯轉讓，只得與這件名作擦肩而過③。還有一件曾經董其昌過眼的唐摹本〈萬歲通天帖〉，原是天籟閣主人項元汴二哥項篤壽的藏品，常州畫家兼收藏家鄒衣白以千金求之而不得，吳其貞也傾慕已久。一六五七年，兩個朋友帶著此卷來到蘇州吳的寓所，吳其貞與大兒子振啓一起觀賞了整整一日，歎爲「眞奇遇也」，最終也沒有談攏價錢④。這樣的窩心事還有好多，比如吳其貞就曾絮絮叨叨講到黃庭堅的一幅字，入神臻妙至極，可與王羲之〈蘭亭序〉相比肩，吳曾在南宮道院一個姓陸的書畫商人那裡看到，對方索價二百五十兩銀，因他當時正在客途，身上銀子不多，就沒有買下，時過多年，還是輾轉不能忘⑤。一六五九年將近年終時，在蘇州閶門外潘秀才家，他看到李伯時〈九歌圖〉，布景、人物、山水都極精妙，還有宋拓〈淳化帖〉十卷，也都是上品，可是等十幾天後籌到錢款再去時，這些東西都已被北方收藏家派出的「牙人」買去了，只能徒喚奈何⑥。

① 《書畫記》卷五「李伯時〈蓮社圖〉絹畫一幅」條。

② 《書畫記》卷四「陸機〈平復帖〉一小卷」條：「書在冷金箋上，紙墨稍瘦，書法雅正，無求媚於人，蓋得平淡天然之趣，爲曠代神品書也……此帖人皆爲棄物，予獨愛賞，聞者莫不哂焉。後歸王際之，售於馮涿州，得值三百緡，方爲余吐氣也。」

③ 《書畫記》卷二「趙松雪管夫人〈合婉圖〉紙畫一卷」條。

④ 《書畫記》卷四「唐人雙勾〈萬歲通天帖〉一本」條。

⑤ 《書畫記》卷六「黃山谷〈潁昌湖上唱酬詩帖〉一卷」條。

⑥ 《書畫記》卷四「李伯時〈九歌圖〉大紙畫一卷」條。

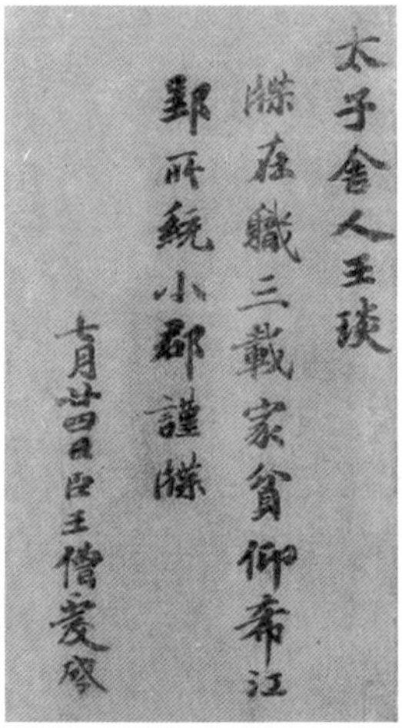

〈唐摹萬歲通天帖〉之〈王琰帖〉

王鑒〈九峰讀書圖〉

蔡嘉〈鑒古圖〉

這個一生都在奔波的畫商比任何人都更敏銳地感覺到世風的頹變，回首早年藝術品市場的興盛，他時常有餘生也晚的感慨。在生命的最後幾年，他更多地把目光投向自己的徽州老家。在書畫經營之暇寫下的一則回憶一六三九年春天回溪南老家觀畫的筆記中，他敘述了由嘉靖年間官員藝術家汪道昆開創的書畫收藏之風一步步走向鼎盛的經過，說早年在溪南一帶觀畫，應接不暇，如同走馬看花一般，且各家藏品都是海內名器，而到他入行不久的十七世紀三〇年代末，這些流入徽州府的藏品又漸次流出，可見「物有聚散，理所必然」①。

事實上，一六三九年春天在溪南老家的十天，他還是過眼了一百多件歷代名畫。而此後二十餘年的一六六七年，吳其貞再至溪南老家時，接連兩天，僅搜尋到四幅畫，回想起先前如登山陰道般的應接不暇，他眞要嘆息天涼好個秋了。

吳其貞因經營古董賺了個缽滿盆盈，洗手不幹，安度晚年；吳其貞奔波了一輩子也沒賺到什麼錢，最後把一輩子的積蓄都賠了個精光，這兩種結局都沒有出現。大致猜測，在《書畫記》止筆的康熙十六年十二月六日後不久，回到徽州府老家的吳其貞在家中安靜地咽下了最後一口氣，按陽曆，此時已經到了一六七八年初。在最後日子裡回顧由一件件畫作串起來的一生，吳其貞一定比常人更多地覺察到，收藏是一個附體的魔鬼，因爲他一輩子孜孜以求去占有的東西，實際上也占有了他的一生。可是他還能有別的選擇嗎？他最後還是會感到慶幸，這些流經他手上的名作，使得一段卑微、瑣屑的人生浮現出了金錢世界不能遮蔽的光亮。

他那本不甚好讀的《書畫記》，曾經被收入乾隆朝最大的文化工程《四庫全書》，但在約一百年後，由於一個叫祝坤的詳校官檢舉此書存在淫穢色情內容，這本書也被禁掉了。獲此殊榮的還有前官員周亮工的《讀畫錄》等幾本著作②。

① 《書畫記》記載了一六三九年春天（己卯四月三日至四月十四日）吳其貞在溪南老家觀畫的這段感慨：「余至溪南借觀吳氏玩物，十有二日應接不暇，如走馬看花，抑何多也！據（汪）三益曰，吳氏藏物十散有六矣。憶昔我徽之盛，莫如休、歙二縣，而雅俗之分，在於古玩之有無，故不惜重值爭而收入。時四方貨玩者聞風奔至，行商於外者搜尋而歸，因此所得甚多。其風始開於汪司馬兄弟，行於溪南吳氏、叢睦坊汪氏，繼之余鄉商山吳氏、休邑朱氏、居安黃氏、榆村程氏，所得皆爲海內名器，至今皆漸次散去，計其得失不滿百年。可見物有聚散，理所必然。」

② 對《四庫全書》的覆勘是在乾隆五十三年（一七八八年），最初是因爲審讀時發現李清所著《諸史同異錄》有問題，隨後把「語涉違礙」和「猥褻」的潘檉章《國史考異》、周亮工《讀畫錄》、吳其貞《書畫記》等九種一並撤毀。歷史學家陳垣先生在研究《四庫全書》時發現，「所謂違礙者，因《讀畫錄》詩有『人皆漢魏上、花亦義熙餘』之句也，所謂猥褻者，因《書畫記》有〈春宵秘戲圖〉也」。

很久以後，有知情人說，對吳其貞這本書的指控是因爲它著錄了唐代畫家周昉的一幅〈春宵秘戲圖〉，眾所周知，這幅著名的春宮畫，畫的是唐明皇與他的愛妃楊太眞在一個祕室中做愛的場景①。

吳其貞對這幅唐畫有兩個評價，一是「畫法清健，精彩蘊藉」；二是「所畫男子陽物甚巨」。有人懷疑這幅畫的作者是武則天寵愛的面首薛敖曹，吳其貞說，「非也」，「大都唐人所畫春宮皆如此」。從畫中女子豐滿的體態及波俏的眼光來看，他斷定，此畫必是大畫家周昉手筆。

① 周昉此畫今已不存，有明代畫家仇英的摹本。此畫曾入藏趙孟頫和明書畫家張丑之手。張丑於一次偶然在太原王氏家中見到失傳已久的此畫，喜出望外，以重金購得，並寫下跋記：「乃周昉景元所畫，鷗波亭主所藏。或云天后，或云太眞妃，疑不能明也。傳聞，昉畫婦女，多爲豐肌秀骨，不作纖弱娉婷之形。今圖中所貌，目波澄鮮，眉嫵連卷，朱唇皓齒，脩耳懸鼻，輔靨頤頷，位置均適。且肌理膩潔，築脂刻玉，陰溝渥丹，火齊欲吐，抑何態穠意遠也！及考粧束服飾，男子則遠游冠、絲革鞾，而具帝王之相。女婦則望仙髻、淩波韈，而備后妃之容。姬侍則翠翹束帶，厭褄方履，而有宮禁氣象。種種點綴，沈著古雅，非唐世莫有矣！夫秘戲之稱，不知起于何代。自太史公譔列傳，周仁以得幸景帝入臥內，于後宮秘戲而仁嘗在旁。杜子美製宮詞，亦有『宮中行樂祕，料得少人知』之句，則秘戲名目其來已久，而非始于近世耳。按前世之圖秘戲也，例寫男女二人相偎倚作私褻之狀止矣，然有不露陰道者，如景元創立新圖，以一男御一女，兩小鬟扶掖之；一侍姬當前，力抵御女之坐具；而又一侍姬尾其後，手推男背以就之。五女一男嬲戲不休，是誠古來圖畫所未有者耶。」

感官世界
芳香年代的僞風雅史

芳香的年代

那是一個芳香的年代，空氣中總是飄蕩著一絲絲若有若無、讓人心醉神迷的香氣。

那些上流社會的男男女女似乎一生下來就生活在香雲繚繞中，他們頭髮上散發著香味，衣服上掛著香囊，洗澡的浴缸裡摻著香料，讀書時手邊也放著個香煙裊裊的熏籠或長柄香爐。在這個有著古老的焚香傳統的國度裡，焚香一度被看作是秉受來自上天的意志。在神聖肅穆的朝廷政治生活中，皇帝焚香接受神諭，象徵著一種貫穿天人之際的、活生生的、超自然的智慧。當這沁人心脾的香氣隨風散入十六到十八世紀縉紳階層的世俗生活，並成爲一種社會性的潮流，瀰漫了從禪房經堂到青樓歌館的所有空間，香料——這種以沉香爲主要成分，再配以乳香、檀香、丁香、麝香、甲香提煉而成的奢侈物品——被看作是一種能賦予生活以超凡脫俗意義的神奇物品也就不足爲奇了。那個時代的人們普遍認爲，它能昇華和淨化污俗不堪的生活，並使一個人的感官所能享受的美感得以最大限度地擴展。如果你生活在那個年代，看到街衢上有人鼻翼翕動，請不要感到奇怪，因爲很有可能他正在努力辨認空氣中那鬼魅般遊蕩著的一縷縷香魂。

順治八年（一六五一年）正月初二，江蘇如皋名士冒襄美麗的妻子董小宛因過勞瘁死，一代名媛香消玉殞。小宛歸冒襄前，已是秦淮河上享有盛名的絕色佳麗，冒氏初見她時的「面暈淺春，纈眼流視，香姿玉色，神韻天然，

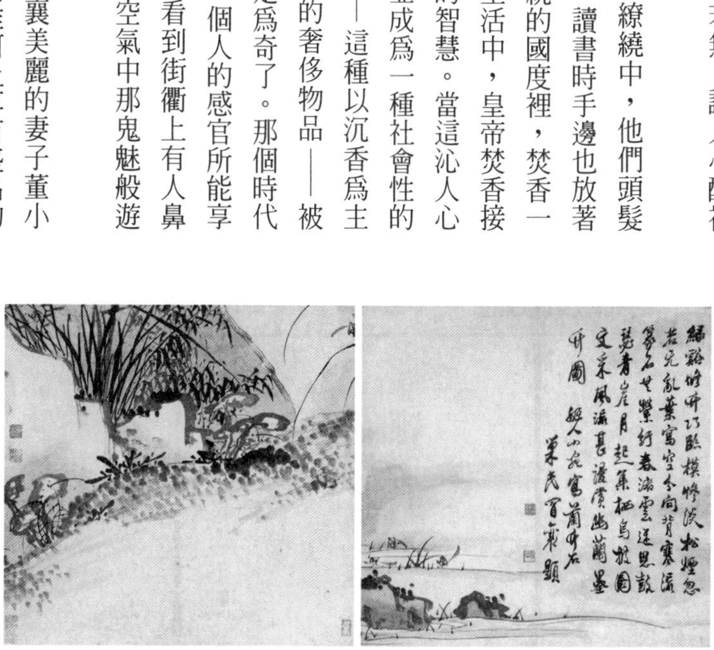

董小宛、冒襄〈幽蘭墨竹〉，題記：「姬人小宛寫蘭竹石巢民冒襄題。」

嬾慢不交一語」（《影梅庵憶語》），可爲一證。她的猝然去世，一時引發了富有想像力的江南士人種種猜測，一種最爲離奇的說法是小宛並非病死，而是被多爾袞的部下擄掠北上，入了宮，後來又成了清世祖的寵妃董鄂氏。在這個故事中，冒襄——這個世上最爲倒楣的丈夫——兩個月後自揚州回到如皋，才得知這一災難性的消息。四十歲的他陡失愛妻，數度北上尋訪，甚至託關係找進了宮廷，得到的回答是不能放還。家門蒙羞，困窘的冒家只好假託小宛得了一種奇怪的病不能見面禮客，後來看重圓無望，又實在瞞不下去，只好對外正式宣布小宛病死了。近人高陽更是使出他慣有的「以詩證史」法，有〈董小宛入清宮始末詩證〉對此言之鑿鑿。但這一小說家言，經孟森等史家考證，已被斥爲「倒亂史事，殊傷道德」。「凡作小說，劈空結撰可也，倒亂史事，殊傷道德。即或比附史事，加以色澤，或並穿插其間，世間亦自有此一體，然不應將無作有，以流言掩實事。」①

悲傷的冒襄寫下了二千四百餘言的痛切祭文《影梅庵憶語》，長歌當哭，文章的廣泛散發，使得一代紅顏「名姬董白」香消玉殞成了大江南北無人不曉的公共性事件。文壇名流作詩哀惋者有之，曲筆質疑者有之。《影》文更是一時洛陽紙貴。隨著《影》文廣發天下，冒襄回憶他與董小宛閨房之樂時的「品香」、「品茗」幾節文字，不知安慰了多少酷好風雅之士的寒夜長夢。據冒襄自述，他和董小宛都是香品和名茶的熱切愛好者，兩人常常「靜坐香閣，細品名香」。小宛善飲，自從嫁歸冒襄，見夫君酒量不勝蕉葉卻嗜茶如命，於是也好上了茶道，尤其喜飲一種叫「岕茶」的名茶。他們所飲的岕片，必產自於半塘顧子兼家。而爲了品香，他們多方購求各種香材，再自行加工煉製。黃熟香固定由一個叫金平叔的人供貨。於今天上人間，銀漢迢遙，這段煉香品香的日子，成了他刻骨銘心的記憶：

> 憶年來共戀此味此境，恒打曉鐘尚未著枕，與姬細想閨怨，有斜倚薰籃，撥盡寒爐之苦，我兩人如在蘂珠眾香深處。令人與香氣俱散矣。安得返魂一粒，起於幽房扃室中也。

舌頭傳奇

張岱早就想動身去一趟南京了。這個自稱「茶淫橘虐」的生活美學鑑賞大師，向來目高於頂，自認吃喝玩樂方面的品味無人能匹，但對當下江南士林中名聲日隆的品茶專家閔汶水卻是仰慕已久。閔汶水在文藝圈能有今日之崇高地位，引得名士大佬紛紛與之定交，是因爲他有著出色的知味能力，他發達而敏銳的舌蕾細胞在他生活的時代幾乎成了一個傳奇，據說他可以分辨出五十種名茶的產地、成色和十多種泉水滋味。如此發達的感官能力構築起的幽深精微世界，在一個以風雅爲尚的時代裡怎不讓人神往？大概三年前的一個春天，閔汶水帶著新茶和一整套的茶具從南京跑到山陰找張岱喝茶，不湊巧的是張岱正好外出了，那次沒能和閔大師喝上茶，以後的日子裡讓張岱一想起來就懊惱不已。

在桃葉渡的閔家，初見這個傳說中的人物還是讓張岱感到了吃驚，十七世紀尚欠發達的資訊使他一直以爲閔汶水是一個喜好茶道的少年書生，卻沒想到是個比他還要老的清瘦老頭。看來想像和事實永遠存在著距離。開始見面是在一種彆扭的氣氛中，這個瘦老頭連起碼的客氣一下都沒有，不問名姓，也不問他所從何來，他給張岱的感覺是一隻容易受驚的野鹿，敏感、多疑、不好接近，甚至還有些微的敵意。張岱還想說些什麼，他竟找了個藉口說他的手杖忘在外面要取回來就走開了，丟下尷尬的客人，走也不是，留也不是。張岱的敘述在這裡出現了一個短暫的空白，雖然他沒有告訴我們一個人留在閔家的客廳

①〈董小宛考〉，見孟森《心史叢刊》。

裡是如何的坐立不安，但大致的情狀我們還是可以想見。閔老頭故作的冷淡和清高反倒讓他固執起來。今天難道就這樣一無所獲地回去嗎？他為自己這近乎無賴的行徑感到了好笑。

閔老頭出去找手杖找了大半夜，回來看到客人還沒走，也有些吃驚，乜斜著眼睛看著他說，你還在啊，留在這裡還有什麼事嗎？張岱不失時機地拍了他一下，久聞閔先生精於茶道，今天我就是來藉你的剩茶一解渴思了。這話像一劑春藥立馬讓閔老頭興奮了起來，他親自起身燒爐子煮茶，動作快捷麻利得如同急風驟雨，一點也不像七十歲的老人。茶一會就煮好了，閔汶水把客人引到另一間裝飾典雅的房裡，明淨的桌子上，有名的荊溪產的茶壺和成窯、宣窯製的瓷甌琳琅滿目地擺了十幾套。隨後，賓主雙方在親切友好的氣氛中進行了一場知識考辨式的對話，並在對話中相互瞭解並進一步增強了感情。這是一場知味能力和感官靈敏度的較量，五花八門的茶具和香茗就是他們捉對廝殺的疆域，當籠罩著話語的硝煙味散去，他們都為辨認出了對方而欣喜不已。張岱最後不無得意地宣稱，經過這場對話，他和閔汶水的友誼得到了提煉和昇華，「遂相好如生平歡」——就像結交了一輩子的老朋友一樣親密無間了。

著名的《陶庵夢憶》的作者把這場對話鋪排得如同一齣正在進行中的戲劇台詞，同時在緊要處也不忘狠狠地抬舉自己一把。如果不是真有閔汶水這個人，我們倒要懷疑這是不是張岱為標榜自己的感官能力編排的一齣雙簧戲了——

文徵明〈惠山茶會圖〉

張：這茶是什麼地方產的？

閔：是閬苑茶。

張：〔又喝一口〕不要騙我，這茶是採用閬苑茶的製作方法，但味道不像。

閔：〔偷笑〕嘿嘿，客人知道是哪裡出產的？

張：〔再喝一口〕怎麼很像是羅岕茶？

閔：〔吐舌〕奇妙啊，奇妙！

張：用的什麼水？

閔：惠泉水。

張：別騙人了，惠泉到這裡千里之遙，難道水一點不會受震盪，還能這樣新鮮醇厚嗎？

閔：不敢再騙你了，實話告訴你吧，我家取水，必定要等到惠山人靜的時候，在晚上掏乾水井，洗刷多次，到黎明時分，涓涓細流積滿水井，用大甕裝滿，下面鋪好花崗石，等到有了順風再開船，這樣水不會晃動，水性也不會變熟，所以與其他的泉水比起來特別的不同。

閔：〔沏茶。倒茶〕客人嚐嚐這茶。

張：香味濃烈撲鼻，味道很厚，是春茶啊，前面喝的，一定是秋茶了。

閔：〔大笑〕我年已七十，精通茶道也有五十年了，從沒見過對茶道鑒賞如此高妙的客人。

張：〔大笑〕哈，哈，哈。①

①此節對話根據張岱《陶庵夢憶・閔老子茶》改寫：「余問汶水曰：『此茶何產？』汶水曰：『閬苑茶也。』余再啜之，曰：『莫紿余，是閬苑製法而味不似。』汶水匿笑曰：『客知是何產？』余再啜之，曰：『何其似羅岕甚也。』汶水吐舌曰：『奇！奇！』余問水何。水曰惠泉。余又曰：『莫紿余。惠泉走千里，水勞而圭角不動，何也？』汶水曰：『不復敢隱。取惠水必淘井靜夜候。新泉至，旋汲之。山石磊磊，藉甕底舟，非風則勿行，故水之生磊即尋常惠水，猶遜一頭地，況他水邪。』又吐舌曰：『奇！奇！』言未畢，汶水去，少頃，持一壺滿斟余曰：『客啜此。』余曰：『香撲烈味甚渾厚，此春茶耶。向瀹者的是秋採。』汶水大笑曰：『予年七十，精賞鑒者無客比。』遂定交。」

酷好茶道的人們往往會在清淡飄逸的茶香與孤芳自賞的清流間建立起某種內在的關聯，張岱在這裡以傳奇性的筆調描述飲茶過程的種種細節，不無相互標榜的意味，而穿過這些細節，我們看到他運用感覺器官營造了一個有別於世俗世界的精微、典雅的傳奇世界。在這個世界裡，一個人憑著他感官的味覺就能在人群中找到他的同類，如同上面這個故事裡所說，張岱與閔汶水因爲相互佩服對方的舌頭而相互慕名，直至最終定交。由此我們不難窺見晚明感官文化發達之一斑。

在這裡，一個人的感官能力發達與否成了他能不能進入這一傳奇世界的關鍵。生活於十七世紀中葉的一個叫孫枝蔚的小品文作家批評了名士的形式化傾向和這種傾向帶來的浮泛虛假的風氣。所謂「時之名士所謂貧而必焚香必啜茗，必置玩好，必交遊盡貴也」，一個人不管窮到了什麼地步，品茶（仰仗味覺能力）、焚香（嗅覺能力）、玩古這幾樣文人雅士標誌性的癖好卻是萬萬不可丟下的，即使你感官魯鈍，不具備這方面的能力，也得學會虛張聲勢，以證明你是個眞正的風雅人士。袁中郎在蘇州吳縣做縣令時講過一個麻城名士的故事：

麻城的朋友丘長孺來無錫玩，帶回去三十罈著名的惠山泉水。他自己先回家，讓僕人們隨後把水挑回去。僕人們嫌水重，半路上都倒進江裡，快到家了才汲了附近的泉水灌上。丘還以爲這水矜貴著呢，第二日就遍邀城中名士來家品嚐惠泉水。名士們圍坐在書房中，一個個臉上十分欣喜，打開水壺拿來磁甌，盛上少量泉水，爭相議論一番，然後開始非常隆重地飲水。「齅玩經時，紛細嚼嚥下，喉中汩汩有聲，乃相視而歎曰：美哉水也，非長孺高興，吾輩此生何緣得飲此水？」臨走了還流露出戀戀不捨的樣子。你幾乎可以看見他們一個個拿腔拿調、煞有介事的可笑模樣：把鼻子湊近杯子，用力地嗅著，咂巴咂巴再慢慢咽下，喉嚨裡發出呼嚕呼嚕的聲響，臉上掛著愚蠢而快樂的笑容。本來這事也就這樣過去了，不巧的是半個月後，僕人們在一次爭吵中互相揭短把換水的事全給抖露了出來。憤怒的丘長孺把他們都趕走了。不知道那些躬逢其盛的名士們聽到這消息又會是一副什麼樣的表情。

袁中郎敘述這個鬧劇式的品泉雅會時，肯定是拚命地忍著笑的——那可眞是黑暗中的笑聲。品泉這種味覺活動在這裡看起來更像是虛張聲勢的一個儀式，一個文人之間互相標榜、認同的社會性動作。名士們煞有介事的刻意張揚活脫脫顯出了他們的虛假與造作。然而這些好事者飲假惠泉而細咽長歎的造作之態，誰說又不是時代積習所致。在風雅相尙的時代氛圍下，感官能力已經成了一個符號，一個認同或者區分的文化標記，不管你是否具有眞正的品味能力，爲證明自已屬於文雅境界，證明你是上層人士中的一員，每個人都在自覺和不自覺地參與著這種感官的表演。

相比這些故作姿態的名士，袁小修就要顯得曠達得多也可愛得多。袁小修也曾大老遠地從無錫把兩罈泉水帶回公安老家，怕搞混了，他還事先特意用紅箋紙寫上泉名貼在一罈惠泉水和一罈中冷泉水的壺上作爲標記。一個月後回到家，箋紙和字跡都磨滅了，二哥中郎問：哪一罈是惠泉水？哪一罈是中冷泉水？小修辨認不出，嚐了味道還是辨認不出，於是兩人相顧大笑。

「小世界」

文震亨是畫家文徵明的曾孫，出生於藝術世家的他寫過一本叫《長物志》的奇特之書。在這本書中他以一種閒散的筆調講述了一種美學生活的經營和操作法則。這本被官方評論家不屑地稱爲「所論皆閒適游戲之事」、「大抵皆瑣細不足錄」的志書共有十二卷，其類目分別爲：室廬、花木、水石、禽魚、書畫、几榻、器具、位置、衣飾、舟車、蔬果、香茗等。細加考量，這些物的種類包括植物、動物、礦物，在用途上則可以細分爲藝品、食物、飾物、器物等等。在這本書裡，這些林林總總的物被一種奇怪的分類方式羅列在了一起。之所以說奇怪，是因爲從生活的層面來看，它們大體上並非日常必需之物，器物不是作爲生產之用，食物也不是果腹必需的糧食。這些物，在一開始歸類時就沒有放置在日常生活的範疇中，所以它們被稱作「長物」——多餘的物，或者說奢侈的物。

如果讀過傅柯的《知識考古學》，我們會發現，物的這種奇特排列方式構成了一種知識，一種從社會公共空間退據到生活私密空間的新穎知識。文震亨用「長物」經營起來的這個世界，大致由這些方面組成：空間規劃、器物賞玩、景物觀賞、食物（零食）品嚐、美觀裝飾。它不是汲汲於利益增值的，而是用於觀賞把玩的。聚集起這些物，也不是爲著現實生計的經營，而是超越於現實蠅營狗苟之上的一種美學生活的經營。這個世俗世界之外的「文雅境界」就像一件華美的袍子，密實的針腳下縫著的全是兩個字：無用。難怪乎廟堂之士一說起它總是隱含不屑譏誚之意。

說是無用，但一個時代的文人卻要藉此建立起他們全部的精神生活。

就說房屋居室布置這樣的小事，在文震亨看來卻不外是一個「小世界」的營建，足以投射情感寄寓性命。這個十八世紀的室內裝潢家以一個藝術家特有的細緻和耐心指出，不管是堂屋、亭臺還是私房祕室，布置都是繁簡不同寒暑各異的，即使是圖書碑帖、鼎彝之類的古玩，也必須安排得妥貼了才會顯出它們各自的價值來。從下面他對坐几、坐具、椅榻屏架的擺放設計，到花瓶、香爐和掛畫位置的選擇，無一不顯出他對細節的沉溺和酷好，而這一切設計都可以歸結到感官的愉悅上來：把這些「長物」納入個人的感官世界中，觸摸之、賞玩之、滲透之，並以此承載這些「長物」的主人的情感和意趣。

如同進入一個陌生的房間，看著陳設和布置我們已經大致明白了房間主人過著的是一種什麼樣的生活。他是優雅的、怠惰的。他疏於日常營生的手指白皙而修長。他的腦子和精子都有著足夠的空閒。屋子的主人或許有時會驚詫於自己這般的頹廢，但感官與物交會營造的優雅情境已讓他欲罷不能，長久以來他就是這般頹廢著並陶醉於這種生活的芳香和靡爛氣息。

把生命的重心從世俗的蠅營狗苟中退出，另外建立一個讓「性靈」（他們發明了一個多好的詞啊）張揚的空間，所謂「閒隱」的意義正在於此。現在我們已經知道，這個新的生命活動空間以鐘鼎、古玩、書籍、園林、硯、琴、花木、茶酒之類非實用性的物爲基礎，或者說，是以這些物爲感官的延伸、情感的寄寓、生命投注的承載體。當對這些「長物」的賞玩與誦讀莊騷、吟詩長嘯、飲酒博弈、看書論道一起成爲文人雅士們嚮往的日常生活情狀，極力宣揚這種生活模式的《長物志》與《閒情偶寄》、《遵生八箋》成爲一時之著也就不奇怪了。

從這些十七到十八世紀風行的暢銷讀物中看明清文人的生活，眞是些會享受的人！高度累積的物質文明使舊有的有錢人家、新進的暴發戶和貧寒的書生都在享受著前所未有的富足，並在室內設計、世俗消遣和裝飾藝術品上追逐著一茬又一茬的時尚。你看他們飲酒、喝茶、沐香，把器官磨礪得纖細而敏感。和妓女交好，躺在不存在的園林裡作夢，一人摟一個小姐談哲學。要不就是做一個小小的閒官，喝一點暖胃的小酒，發點小牢騷，生一場小病，作幾篇小品文。三日一小聚，五日一大宴，你方請罷我復請。再不濟也要弄隻裝滿酒和書的船，東漂西蕩，隨水流轉。儘管三年一度的上京趕考像間隙性發作的癲癇總讓人手足無措，但有了這些小小的樂趣，生命總算有了個寄寓的所在，飛揚著不肯安生的荷爾蒙也差堪有了著落。

一種生活形態，究其實質就是人與物的一種關係：人如何攫取物，如何使用、支配物。當文震亨們以這些非實用意義的物（「長物」）構建著一種審美化的文人生活，他們的感官——眼、耳、口、鼻、身、意以及與之相對應的視覺、聽覺、味覺、嗅覺、觸覺——已經被充分調動起來並參與到這種生活的營造中

仇英的〈臨宋人畫軸〉展示了一個並不奢華卻意境別緻的明代文人書房。室內的文房清玩、家具陳設反映出明代文人所崇尚的悠閒安逸的生活狀態。

去。不管他們創造了一種如何綺麗的文化，感官世界背後生命的畸變卻總是讓讀史者嗟嘆不已。生命的情感有大小，生命的能量與氣象有大小，對一朵花、一棵樹的關懷總不能與對人的生命的關懷相比，但是，要是熱衷於「長物」的他們甘墮小道，就是安於這一花一世界的「小」呢？

感官旗手

享樂主義者袁中郎在給朋友的一封信中羅列了人活世上的五件快活事，謂之「眞樂」。他不諱言這些賞心樂事乃是感官享受的愉悅和慾望的滿足：看遍世上的美色，聽遍世上的樂曲，享盡世上鮮美的衣食；堂前排列著盛滿食物的大鼎，堂後演唱著美妙的歌曲，賓客滿席，男女混雜，香燭熏天，珠翠棄地；以千金買一隻船，船上配備樂隊一班，歌伎侍妾數人，遊客幫閒數人，浮家泛宅，渾然不知老之將至……

歲月如花，樂何可言，在袁中郎看來，人生有了這些快活事中的一兩件，活著就可以無愧，死也可以不朽了。臨到末了，家產田地全都敗光，狼狽窘迫得要跑到歌樓妓院托缽乞討、在救濟院裡和孤獨老人分食的地步，還恬不知恥地往來於鄉親之間，這才是快活到了極致。

蕩盡家產、到妓院討飯、到孤老院分食……這些世人看來放縱慾望的惡報也成了人生之一大快活，這大概可說是袁中郎備受官場俗務煩擾之苦的激憤之辭。似乎那個時代的人們都喜歡用一種極度誇張的語氣來強調他們對現有價值的離棄。他就是故意要這麼說，好像不這麼說就顯示不出決絕來。事實上，袁中郎一生縱然頗多聲色犬馬之樂，卻也斷斷沒有走到傾家蕩產的地步。所以他說這樣的狠話，背後是踐踏世俗性社會價值的快感在起作用。「五樂」云云，確是洩憤之言，卻也未嘗不可以看作他高揚慾望旗幟的嚴肅人生觀之表達。

看來袁中郎是決意做這個感官世界的旗手了。他在吳縣縣令的任上慨嘆做這一七品小官的痛苦說：「吳令甚苦我，苦瘦苦忙，苦膝欲穿，腰欲斷，項欲落，嗟乎！中郎一行作令，文雅都盡，人苦令邪，抑令苦人耶？」在那時寫給姊夫的一封信裡還直截了當地說：人生三十歲，怎麼可以袋裡沒有餘錢，囤裡沒有剩糧，居住沒有高大的房屋，到口沒有肥酒大肉呢？要這樣的話，還不把人羞死！甚至寫給父親的家書也是這樣一副渾不吝的口氣：這幾天與各位舅父大人相聚談論佛事，是特別快樂的事情，「有一分，樂一分，有一錢，樂一錢」，沒有必要預先爲以後的幸福考慮。兒在這裡安守本分過日子，也是自己受用，若有一點兒要還債、要養家、要買講究服飾的念頭，哪裡還能夠如此瀟脫呢？家裡的幾畝地，留給妻子兒女過日子，我不管他們，他們也管不到我，人生事如此而已矣，多憂復何爲哉！

「順情遂性」的人生態度就這樣把生命整個推入一種純粹的遊戲情境裡去。在袁中郎看來，社會已經令人欣慰地形成了一種追求「趣」的風尚，但是這種對趣的追求僅僅是在書畫古董的賞玩辨析或燒香煮茶之類的生活形式上，這是皮相的，也是低級的。他進而指出，文雅生活不僅僅是空間性的，更是時間性的，最高層次的趣應該是一種完全出乎自然的「童趣」。他設想一種完全沒有目的性的人生境界——一個兒童時代一般透明的「純眞」世界的最終到來。

在這裡袁中郎暗示他的時間觀，就是讓時間回復到時間本身，「不圖將來，不追既往」。在這種未經社會化、兒童式的時間觀下，時間只是用來消耗、用來賞玩，沒有任何生產性或經營性的功利意義。袁中郎理想中的世界，就是這麼一個時間像廢棄的衣服和鞋子一樣亂扔的大嬰房。他還寫下了一首小詩作爲自己的座右銘：

怒是爾猛虎，慾是爾深淵，功名是爾沸湯，勤思是爾礪鍛。爾一不避，焉能爾免？

如果換成今天的語氣，這首小詩是這樣的：

憤怒是使你喪生的猛虎
慾望是讓你墮落的深淵
功名是讓你受煎熬的沸水

苦思是折磨你的鐵砧

你不知道躲避，怎麼能免受禍害？

居官京城期間，袁中郎寫下了一部專論瓶花供養和插花藝術的著作《瓶史》。這本將在數百年後流傳到東瀛並引發一場花道藝術革命的小書，在當時卻飽受學問之士的譏誚。身受官場羈絆之苦的袁中郎在這本書裡流露了對另一種閒雅生活的嚮往。當卑微的官職拖累讓他欲親近山水花竹而不得，乃轉而求諸於瓶中之花，以瓶花來替代自然山水。所以瓶花在這裡由簡單的生活飾品轉化成了一種隱喻，承載起了一種有別於奔競世俗名利的生命意境。袁中郎在這本花道指南手冊裡，以一種鑒賞家的語氣不厭其煩地談到盛花的器物、花架、水與土的關係、每天清潔花瓣的必要性等等問題，當然，他更希望這本小書不僅是一本實用操作手冊，更是他心史的紀錄。

萬曆二十八年，袁中郎以國子監助教補禮部儀制清吏司主事，沒幾個月就請假回家了。萬曆三十三年，他的頂頭上司、禮部主事吳用先寫信給他，勸他復出。袁宏道回信說，自己之所以猶豫不出，並不是不愛富貴，而是實在太懶散。他還說，別人若從生計出發，勸他做官免受饑寒之苦，這樣的話他還能聽得進去，但如果以建功立業這等大帽子來扣他，那他就非常之反感了。因爲在他看來，一個人的進與退都是水到渠成、自然而然的事，居朝市而念山林，或者居山林而念朝市，兩等心腸都是一般牽纏、一般俗氣。退職後，他這樣向小弟袁小修慨嘆，爲官不及閒隱：「及入宦途，簿書鞅掌，應酬柴棘，南北間關，形瘁心勞。」

根據人與現實的關係，袁中郎把世間人分成四種：不把現實放在眼裡的玩世者、超脫現實的出世者、調和現實的諧世者，從現實中追求享樂的適世者。袁中郎說他最喜歡的是第四種人適世者。這種人，「於業不擅一能，於世不堪一務」，是天下最無關緊要的人。他們做和尚，戒行不夠；做儒生，嘴裡從不講儒家經典，也不做什麼仁義謙讓這種事。熟悉袁中郎的人肯定把這看作了他的自我寫照：做官不像官，務農不親躬，隱居不安寂寞，出仕又嫌煩瑣，爲儒不讀聖賢，信佛六根不淨，修眞又不忘好色，這不是夫子自道是什麼？在〈人日自笑〉

裡袁中郎就是這樣得意洋洋地宣稱自己的：

是官不垂紳，是農不秉耒，是儒不吾伊，是隱不蒿萊。是貴著荷芰，是賤宛冠佩，是靜非杜門，是講非教誨，是釋長髮鬚，是仙擁眉黛……

萬曆三十七年的一條船

這艘從《游居柿錄》中游來的江南木製樓船有一個正式名字叫「泛鳧」。袁小修把這條寄託性命的船取作這個名字是想仿效偉大的《楚辭》作者屈原，「將汜汜若水中之鳧乎，與波上下，偷以全吾軀乎」。萬曆三十七年春天，兩次會試落第、將近不惑之年的詩人袁小修駕著這艘收拾得風雅別緻的樓船從家鄉公安縣沙頭啓程，順長江而下，正式開始了他籌劃了一年之久的吳越之行。

這是袁小修的第五次江南之行。前四次出遊，基本上都是在考試落第之後出來散心解乏。說來難以置信，才三十九歲的小修已經有了八進考場的非凡經歷。爲考取舉人學位他參加過六次鄉試，從二十歲考到三十五歲耗時十五年，爲了取得更高一級的進士學位也已經有了兩次失敗的紀錄。現在，船已解纜離岸，詩人袁小修要用吳越精緻的山水洗滌「俗腸」了。甫離塵世的牢籠返歸自然，他覺得自己像黃昏掠過河面的水鳥一樣自由無羈。心情一好，自然手癢難忍，袁小修在舟中鋪開日記，以「東遊記」爲題，興致盎然地記錄起了沿途風光和經歷。

上溯二十個年頭，二十歲的袁小修對科舉應該說還有很高的期待，但他那時已經開始謀劃另一條人生途徑了。是出仕還是退隱？他曾認眞地考慮過這一問題，並在京城預購了一處房產「杜園」作爲退路。他認爲，現在這年紀，「心躁志銳」，未來人生的方向是顯是隱尚不分明，但中年一過，生命的情勢自然會像棋局一樣分明起來，到時這個園子自然就可以派上用場了。

此後的近二十年間，袁小修一面在科舉的路途上繼續蹭蹬前行，一面又不斷地對為了功名奔走如牛馬的人生產生質疑，退隱的念頭不時在腦海中盤旋翻騰。在北京探望大哥伯修時，他發現大哥雖居高位，生活卻勞累不堪。而當他見識到北京官員的奔勞時，更不禁自省：「家有產業可以糊口」，卻「舍水石花鳥之樂，而奔走煙霾沙塵之鄉」，實在是把人生的手段與目的顛倒了。

一次次的考場鎩羽，一次次自尊心的飽受打擊，小修不禁感嘆：人為什麼削尖了腦袋要往官場鑽呢？當官真有那麼好嗎？（「人生果何利于官，而必為之乎？」）他已經從實際的操作層面規劃起了退隱後閒雅生活的種種可能性。

袁氏家族自曾祖起已是當地的豪族，袁小修有經濟實力設計這樣一個士紳的現實生活構圖：以一定的田產租金來作日常開支，在此基礎上過著不勞而獲的悠閒日子。同時我們也可以看到小修在支付家人日常所需之外，尚有餘裕來供應自己的「遊玩度支」，也就是說，除了可以不慮衣食、無求於人之外，他還可以有充分的空間發展休閒娛樂生活。這般有錢有閒的生活，自然不是像戴名世這樣沒有恆產的寒士可比的。如果小修願意，生活的經營自可以展開另一番不同的面貌。也即是說，小修已擁有足夠的生活資本去經營另一種生活形態，一種充滿著聲色犬馬的感官生活了。

科考入仕既成極為強勢的主流價值觀，博得功名的念頭已像附骨之蛆一樣深入了袁小修這樣的讀書人的心靈深處，並一步一步地毒害著他的生活。雖深知仕不如隱，但他也無法截然拒絕仕途，正如我們看到的，購買杜園後，小修一直在科舉的途中屢戰屢敗、屢敗屢戰。萬曆三十八年，再度應考失敗後，小修向袁中郎表白：今弟年亦四十餘，升沉之事，已大可見，將從此隱矣。話雖如此，可他隱得了嗎？

但在萬曆三十七年的春天，袁小修完全有理由把飽受打擊的生活信心交付給這條向著吳越山水一路逶迤而去的樓船。本來他已經借了他舅舅的一條船，準備了足夠一年之需的糧食，但臨到出行，考慮到這隻船太小不宜遠行，他還是另行購置了一隻寬敞堅固的船。他已經決意去過一種「煮魚溫酒，倚醉豪歌」的生活，從船上的布置我們也可以想見他那種開放出塵的心態：船艙一壁掛著新購的沈石田的畫，另一壁則是他喜歡的班彥恭的行書；蘇合香在香籠裡繚繞；船上矮几攤開著他新寫的字，邊上的石硯裡釅釅的墨汁散發著好聞的香氣；一伸手就可以拿到他喜歡的書。在這些「長物」的包圍中，小修對著江水也對著自己發誓：「我拚此生住舟中，舟中即是家。他不可得，清閑二字，必可得也。」

袁小修此行的計畫，是經漢陽、黃石磯、繁昌、蕪湖抵達金陵，然後過鎮江金山後再沿運河前往浙江。一路走走停停，到得南京已是五月仲夏。「泛鳬」從上清河過江東門入城時，南京城剛下過一場大雨，雨後的山色更加蒼翠濃郁，幾欲沾衣。正是端午賽船時節，俊美的少年們駕著五色的龍舟在河上飛渡，簫鼓聲、歌聲、笑聲震天動地，在桃葉渡口上下五、六里間，男男女女結伴觀看賽船的水邊樓閣櫛次鱗比，刺繡的門簾捲起一半，閨中婦女佩戴的珠翠頭飾隱隱閃現，裝飾華麗的遊船載著酒在河中漂蕩，連水波也被映射成了丹砂般的紅色。公安名士袁小修的造訪南京成爲一個重大的文化事件，於是有了「詞客三十餘人大會于秦淮水閣」的盛會。這一天恰逢小修的生日，朋友在妓院裡備下酒席爲他祝壽，一路看去，歌聲似雛鶯婉轉，脂粉似赤霞一片，啊呀呀，那些個狐狸精般的女人，個個能詩善畫，妙解風情，懂得芙蓉養紙，柳絮裁詩，怎麼能不讓袁才子蠢蠢欲動呢？

此情此景讓袁小修似乎回到了秦淮河畔縱情聲色的少年時代。早年的粉黛之癖致使血虧氣虛讓小修不得不有所收斂，但一回到風月場中面對如此撩人的場面，如雷開蟄戶、春萌草色，他早就不能自控了。儘管他一次次檢討自己的酒色之癖，但骨子裡還是以爲，情慾出自人之天性，是無法鏟除乾淨的，「剛骨膩情者，亦名人之常態耶」。所謂剛骨，自然是指與世俗格格不入，情膩者，情慾多多是也。小修自認是骨剛情膩之人，所以不能斷絕絲竹粉黛之好。可千里泛舟，難道就爲追逐情色而來？晚上踉蹌著回舟，可能歡宴時過分地血氣浮動，吐出的痰裡竟有了絲絲血痕，看著秦淮河裡半輪嫵媚的月亮，不免一番懺悔自責。世間的種種繁華快活，那可都是「刀尖上的蜂蜜」呀，一經沾著，雖暫時可口，哪一天毒性發作，弄得個裂腸破肚，怎生是好？

七月初，在鎮江遊過金山寺，友人陶望齡去世的消息終止了袁小修計畫中的吳越之行。因爲在小修的設想中，這次吳越之行在很大程度上就是爲了去紹興拜訪這位品行高潔的當代顏回，與他把酒言歡、參證學問。心灰意冷之下，他掉轉船頭重回南京。接下來，當「泛鳧」在返程途中將到丹徒縣時，小修做出了一個讓人目瞪口呆的決定，他打發「泛鳧」回公安老家，自己從陸路北上，準備去北京參加明年春天的一場會試。他的態度在這裡轉了一百八十度的大彎，坦然承認自己連年奔走場屋卻還是「名根未斷」，種種的享受不過是「鋒刀上蜜，甘露毒藥」，說不上有多少快活。接下來我們看到的是讓人啼笑皆非的一幕：沒有了主人的「泛鳧」一路向西獨自回楚，而小修則在秋風中由京口渡江，經眞州（儀徵），過揚州、高郵，渡過黃河，一路向北陸行進入帝國的心臟。兩個月後，他將出現在北京西山一處僻靜的地方，閉關三月，精心準備八股制義，用他的話說是「爲入試資糧」了。

故事的結局幾乎在我們的預料中，詩人袁小修在來年春天的會試中再度落第了。不僅這一次功名未就，再過三年，他還是沒有撞開那道專爲他而設的門。而不幸的事件將要在他的身上接二連三地發生：先是他視爲精神導師的二兄袁中郎因血疾去世，再是兩年後老父的死，再是落在自己身上冥頑不化的病。事情要在他守孝三年後參加第四次會試的萬曆四十四年才會出現轉機，在第十次科考中，名滿天下近廿載的公安名士袁小修終於取得了他夢寐以求的進士資格，並得以外放就任徽州府學教授這一閒職。而這一切，他的父親和兩位兄長是看不到了。

載著袁小修一路東來的「泛鳧」在萬曆三十七年秋天終於掉棹西去。正如我們看到的，當感官的磨礪和發達到了極致，生命離頹敗就不遠了，一種文化也已走到了崩盤的邊緣。性靈詩人袁小修讓我們看到了這些風雅之士更爲完整的內心圖景：他們的半邊身體享受著此間的聲色，另半邊，則像一張緊繃的弓，時刻等待著來自高處廟堂的感召。

崇禎二年中秋夜的那齣戲

一六二九年十月二日，是爲崇禎二年中秋翌日，張岱帶著他龐大的家庭戲班，自杭州沿京杭運河，行經長江南岸北固山。此行他是前往山東兗州，爲在魯王府供職的父親祝五十大壽。兩年前，他的父親張耀芳，這個屢試不中的老童生終於以副榜貢謁選，以右長史之銜，在山東魯王府做了個小官。

深夜時分，船過金山腳下，從船舷一側望去，金山寺大殿的飛簷雖在山樹掩映之下，卻也翼然可見。此時月光愈加皎潔，照在露氣凝重的水面上，江濤吞吐，氣象更是萬千。鎮江西北的金山一帶，正是南宋名將韓世忠力抗金人南侵，鏖戰八日，將金人逐退過江的地方，一念至此，張岱心中忽地冒出一個孩子氣的想法，他命令船改變方向，駛向金山寺。

越地風俗，向來把十六作月半，月圓之夜，正好行經此地，去金山寺過這個中秋之夜，豈非天意？於是一行人趁著夜色，停舟繫纜，施施然穿過龍王堂，進入大殿。一路但見林間漏下的月光落在地上，疏疏如殘雪一般。張岱特意關照隨身小僕，把燈籠、道具、服飾全都搬上岸來。

不一會，漆靜一片的大殿被掛在柱子上的燈籠撕出了幾片亮光。鑼鼓鐃鈸次第響了起來，漸如急風驟雨。幢幢的燈影中，那粉墨登臺的人，皆拖了長長的影子，這情景眞是詭異莫名。被鼓樂聲驚醒的僧人們從寮房跑出來，他們循著聲響的方向來到大殿，眼前的一幕不由讓他們目瞪口呆：只見一群伶人正在莊嚴的佛像中間咿咿哦哦地唱著韓蘄王金山及長江大戰的戲劇，一個三十出頭的男子則神色怡然，坐

張岱像

在大殿前廳獨自看戲。

多年以後，張岱在《陶庵夢憶》中回憶起繁華靡麗年代裡自己一手炮製的這場中秋「金山夜戲」，還是掩不住一臉得色：「一寺人皆起看。有老僧以手背搬眼瞖，翕然張口，呵欠與笑嚏俱至。徐定睛，視為何許人，以何事何時至，皆不敢問。」

想來僧人們是被這場沒頭沒腦的戲搞得如墜霧中了。等到演出結束，已是天將破曉，這群人把樂器道具包裹起來，回到他們來時的船上，當他們解纜過江，鼓起風帆駛離金山寺時，僧人們還是默默地佇立在山腳下，從他們驚愕、好奇的神情來看，就好像還在糾結於這群人到底是人、是怪，還是鬼。

這只是自稱「紈褲子弟」的張岱平生無數放誕事之一。他此番北上，雖是去為父祝壽，但他卻最看不得父親對功名的熱望。沉埋於帖括制義幾十年，一次次考場折戟沉沙，壞了一雙眼睛，落下一身病痛，真是何苦來哉。所以他自己撞過一兩回南牆之後再也不應那個勞什子試了。沒有功名、公職算得了什麼？那都是附骨壞疽呀。梨園、鼓吹、古董、花鳥、華燈、煙火、精舍、優伶、園林、歌童、茶寮，這物質世界裡的種種，哪一樣不比做官風雅有趣得多。四十歲前的張岱，就這樣周旋於讀書、享樂之兩端，滿足於技藝和趣味為他帶來的新名聲：茶道高手、業餘琴師、鑒賞家、旅行家、著名戲劇贊助人……

為了安慰張耀芳的一次次落第，從一六一六年開始，張家在女主人的張羅下開始大興土木，造樓船，採買歌童演戲，園亭、娛戲不能慰藉一顆沉浸於功名的心，倒是讓張岱一出世就落在了一個浮華世家裡，練出了鑒賞家的眼和耳，傳說張家戲班子只要張岱在座，伶人們就格外賣力，誰也不敢打馬虎——「焉敢草草」。就在兗州之行的前一年，張岱聽到魏忠賢倒台的消息，改編了一齣傳奇《冰山記》在紹興城隍廟演出，觀者竟達萬人。三十歲的青年藝術家竟已有如此氣場！

除了金山寺中秋夜戲，張岱還描述過蘇州虎邱的中秋夜，「土著流寓、士夫眷屬、女樂聲伎、曲中名妓戲婆、民間少婦好女、崽子孌童及游冶惡少、清客幫閑、傒僮走空之輩」，全都出來賞月，月亮剛露半邊臉，就鋪開了百十處鼓吹，大吹大擂，「動地翻天，雷轟鼎沸，嘑叫不聞」，這十丈紅塵的喧囂，他也能看出個好。但既爲藝術家，就算他最爲陶醉之時，也還保有著一份自覺，也就是說，他看月，更看人。在《陶庵夢憶》的另一個著名的篇什中，他把西湖邊的賞月之人分成五類，也眞是後人說的你在橋上看風景、看風景的人在窗上看你了。你道是哪五類？

——「名爲看月而實不見月者」，爲風雅派；

——「身在月下而實不看月者」，狎遊派；

——「亦在月下亦看月，而欲人看其看月者」，裝B派；

——「月亦看，看月者亦看，不看月者亦看，而實無一看者」，短衫派；

——「看月而人不見其看月之態，亦不作意看月者」，故作優雅的唯美派，或曰裝酷派。

一六二九年秋天的這次兗州之行，除了在當地上演經修改的《冰山記》，張岱還跑到曲阜謁孔廟，進香泰山，看起來興興頭頭，卻也並不十分愉快。父親在魯王府的尷尬處境讓他難過。魯王好神仙之術，張耀芳以道家引導之術才得以立足，看著父親胸懷濟世之志，一生襟抱未開，只能在虛無的長生術中求得內心的解脫，張岱只覺塵世的悲哀與無奈。四年後的一六三三年，張耀芳去世，張岱在一篇紀念文章中說：「先子少年不事生計，而晚好神仙……先子暮年，身無長物。則是先子如邯鄲夢醒，繁華富麗，過眼皆空。」

他爲父親感到惋惜的是，當年母親試圖用現世世界裡的種種來點化痴迷於功名之途的父親，都沒有讓其迷途知返。他感謝母親，讓他往另一個方向上去實現自己的人生。

但現實就像一六二九年中秋的那場金山寺夜戲，演戲的、看戲的，都是在戲中，待到曲終處，繁華搖落終成空，十五年後，亦即一六四四年的那場巨變後，他苦心經營的一整個世界摧毀了，他只能像劇終之後那些沉默的僧人，目送一個時代漸行漸遠、不知苟活於世的「是人、是怪、是鬼」了。

一個享樂主義者的早年生活

看哪，一個享樂主義者的早晨——
喝酒，唱戲文，吹著西風吃蟹
對著一張施工圖紙布置園中的石頭和水流

從長江北岸沖積平原上的如皋城，一路向西，就到達大運河西岸的繁華城市揚州。在這裡棄馬登舟，坐上那種張著白帆、黑色艙蓋的烏篷船，溯水南下，橫渡長江，就是南岸的重要城市鎮江。接下來的旅程，無錫、常州、蘇州至南太湖的湖州，都是十七世紀中國最爲富庶的地區，旅行者無疑會在氤氳的煙火氣息中獲得極大的愉悅。船到杭州，在那條貫通中國南方和北方的水道上的旅程結束了，隨之轉入的卻是風煙俱淨的富春江。那次第展開去的山水長卷，怎不讓旅行者心神爲之一振？

一六三四年秋天，李漁第一次從江蘇如皋回祖籍地浙江金華府蘭溪縣，走的就是這一條旅行線路。「漁雖浙籍，生于雉皋」，他回原籍，是準備參加下一年秋天在金華府舉行的府試。這一年，這個藥材商人的兒子二十四歲。

府試的成功使他獲得了「生員」的資格，這意味著他的儒生地位得到了政府的承認。但在四年後省城杭州的鄉試中，自居八股文高手的李漁落榜了，他那一套「臨去秋波那一轉」式的作文法並沒有打動考官們。他像一個精明的商人一樣計算了年齡和功名之間的距離，無奈而又解嘲地寫道：「問年華幾許，正滿三旬。昨歲未離雙十，便餘九，還算青春。嘆今日，雖難稱老，少亦難云。」爲了紀念消逝的青春，他出版了平生第一部詩集，爲此他賣掉了琴、硯台和心愛的寶劍。

三年後的一六四二年，李漁準備再度赴省城應考。這一年，明帝國派駐山海關負責對清軍作戰的最高指揮官洪承疇降清，使得帝國東北部大門完全洞開。地方上的騷亂更是愈演愈烈，李漁深切體會到了國家的嚴重危機和個人的不安全感。雖然在母親的堅持下他又一次踏上了前往省城之路，但在半路上得知即將發生一次動亂的消息，他就收拾行李打道回府了。回鄉不久，他母親就去世了。很久以後的一個晚上，他看見母親走進臥室，溫和地責備他耽於嬉戲，荒廢了功課，他醒來才意識到這是一個夢。

三十二歲的李漁搬到了婺州，此時，外面的世界正發生著巨變。時局就像一幅色彩凌亂、變幻不定的後期印象派繪畫，帝國在內亂外患下正面臨全面崩盤。就在李漁移居婺州的第二年，一場由當地人許都領導的起義在鄰縣東陽爆發。他以前總以爲杜甫那些記述戰亂和苦難的詩作是在誇大其辭，現在終於體會到了什麼叫毀滅和蹂躪。一個多月後，婺州解圍，生活似乎又回到了正常。但實際上這座城市的災難才剛剛開始，接下來南明潰軍和清軍的洗劫使它幾乎遭受沒頂之災。接二連三的動亂中，李漁失去了他生命中最爲珍貴的東西：房子、朋友、書籍和手稿。

在經過了一段時間的東躲西藏、徘徊觀望之後，李漁帶著他的家人從棲身的山林中走了出來。回到蘭溪夏李村，他所做的兩件事，一是剃髮，「曉起初聞茉莉香，指拈幾朵綴芬芳。遍尋無復簪花處，一笑揉殘委道旁。」再是建造一座名爲「伊山別業」的宅院。他親手設計了全部建築的圖紙並親自組織施工，據他自稱，別業內有燕又堂、停舸、宛轉橋、宛在亭、踏響廊、打果軒、迂徑、蟾影口、來泉灶等景觀。又造亭一座，名「且停亭」。他開始了向著一個享樂主義者的轉型：喝酒、唱戲文、吹著西風吃蟹、對著一張施工圖紙布置園中的石頭和水流……

別業成後，他開始了自己說的「識字農」的生涯。耕讀之餘，寫些詩文，不再爲名利奔忙，「名乎利乎，道路奔波休碌碌，來者往者，溪山清淨且停停」。他已經想好了用這種輕鬆愉快的方式度過他的餘生。還不到四十歲的他給自己取了一個新的別號「笠翁」。遷入新居，已屆新春，窗外盛放的油菜花帶給他眞正的春天的感受。後來在《閒情偶寄》裡，他說，當你走進油菜花地這個金色的海洋時，就會體會到什麼是眞正的自由和解放。

「窗臨水曲琴書潤，人讀花間字句香」，這就是三十八歲的李漁為自己安排的未來生活圖景。他後來回憶在伊山別業三年的生活，簡直是「享列仙之福」：「追憶明朝失政以後，大清革命之先，予絕意浮名，不干寸祿，山居避亂，反以無事為榮」，一到夏天，不去訪客也沒有客至，不但頭巾不用了，連衣服也成了累贅，「或裸處亂荷之中，妻孥覓之不得，或偃臥長松之下，猿鶴過而不知」，在飛泉下洗硯，用舊年的積雪來試新茶，想吃瓜了瓜就在戶外，想吃水果了果子就掛在樹上，「可謂極人世之奇聞（閒），擅有生之至樂者矣」。

雖然身處鄉野，出生並成長於商業氣息濃郁的如皋小城的他並沒有停止對城市生活的嚮往。經濟的拮据迫使他不得不在三年後放棄隱逸生活，把房子出賣以養家。一六四九年秋天，李漁帶著他的三個妻子、兩個女兒離開了剛建成才兩年餘的伊山別業，前往省城杭州。

身上流動著商人血液的李漁相信，在那個集中了各種各樣的劇團，有著最好的劇場、書店的陌生城市，他的小說和劇本一定會找到好的買家。路途遙遠，他只帶了一些隨身常用的家什，其他東西全都扔掉了，包括自費出版的一本詩集。「又從今日始，追逐少年場」，這一年他正好四十歲，心還不老。後來成為十七世紀中國最為成功的劇作家和出版家的李漁，他的職業生涯當由茲始。

南方庭園
祁彪佳和他的「寓」園

四百步

名園

「煙霞格」

張南垣

梅村別墅

金童玉女

寓園

急景流年

當時同調人何處

它的造反從中軸線開始，
終止在幽祕花園的深處。
——朱大可

四百步

按照那個時代的說法，疊山、造園這一行的，和琴師、畫師、醫師一樣，都是憑一身薄技奔走江湖謀生，屬於百工技藝、「山匠梓人」一路，疊山師計成就是這樣一個人。

計成年少時喜歡繪畫，師法五代寫實派山水畫大師關同、荊浩的筆意，在家鄉吳江同里一帶小有名氣。年歲稍長，他出外遊歷蒐羅奇山異水，足跡遠達燕、楚。中年回到家鄉，擇居在潤州（今鎮江）一帶。

潤州風景優美，當地一些愛好園藝的人經常找來一些形態奇異的石頭點綴在竹樹之間當作假山。有一次一個朋友邀請計成去參觀新疊的一處假山，計成去了一看，就笑了。朋友問他笑什麼，計成說，這些假山的形態過於做作了，爲什麼不去借鑑眞山眞水的形象，非要搞得像迎春神時用拳頭大的石塊壘成的石堆呢？在場有人不服氣，問他，你能疊山嗎？於是計成就地取材，稍作拾掇，爲他們疊了一座造型奇峭的小山。見到的人一時驚歎不已，說，看上去眞的像一座好山呢！

疊山師計成的聲名很快就傳到了常州一位退休官員的耳中。此人姓吳名玄，退下來前做過某省的布政使。吳公剛在常州城東買到一塊地，是元朝時一位叫溫國罕達的大官的舊園，十五畝見方。吳的計畫是，其中十畝地用來建宅，餘下的五畝仿效北宋司馬光的「獨樂園」的規制用來造園。他慕名請計成前來主持其事。計成接手此事後，先察看了園基情況，發現地勢很高，探究附近的水源又發現水很深，還有數棵高大的喬木，大可合抱，虯枝低垂。根據這一地理環境，計成提出了他的造園設想：一是疊石，讓高的更高，二是挖土，使窪地更深，再讓所有喬木都錯落分布於山腰，在部分外露的屈曲盤駁的樹根間隙中鑲嵌石頭，這樣就有山水畫的意境了。他還提出沿著池邊的山上構築亭臺，使高低錯落的亭臺倒映於水面，加上迴環的洞壑和飛渡的長廊，到時園中境界一定讓人大出意料。不數日園子建成，吳玄大爲高興地說，別看這園小，從進園到出園，只有區區四百步，但那些所謂的江南美景，全在這四百步中了！

久歷官場的吳玄是東林黨人的反對者，深深介入了那個時代的黨爭，造園其間兩人就時局是否進行過交流已不可考，但也有證據表明，計成對他的政治態度並不以爲意。生年不滿百，常懷千歲憂，在計成看來，人之一生，說白了不過是輕如微芥，寄寓天地，對人事何必有青白眼之分？管他東林不東林，還是知足常樂爲好，在園中探梅賞花、煮雪烹茶，那才是眞人生。

名園

這是一六二三年間的事，以後幾年裡，計成又陸續接了些小工程，雖然只是片山斗室，但能夠把胸中丘壑化爲現實，他還是興興頭頭地去做了。不久，內閣中書汪士衡邀請他在儀徵縣的鑾江之西主持建造「寤園」，計成又一次得到了一顯身手的機會。

此園內高岩曲水，極亭臺之勝，計成的神來之筆是在園內建了一條「篆雲廊」，此長廊隨形而彎，依勢而曲，或蟠山腰，或窮水際，通花渡壑，蜿蜒無盡，觀者無不稱奇。此園一出，和先前他爲吳玄造的吳園一道並稱大江南北。

汪士衡與戲曲家阮大鋮是朋友，寤園落成後不久，汪邀請阮大鋮來玩。阮大鋮此時正因名列逆案丟了官，因時局不靖移居南京庫司坊，於是坐船從南京來到儀徵，在寤園的花柳水淀之中住了兩個晚上，玩得很盡興，對造園師的匠心讚歎不已。計成的聰明勁兒和質樸爽朗給阮大鋮留下了深刻印象，除了園藝，他們在書畫方面也很有共同語言。臨別時，阮大鋮表示，他回去要把老家懷寧的一塊邊角餘地剪除齊膝高的蓬草，疊石爲山，經營爲園，作將來讀書彈琴之所。

「以後一到良辰佳節，我就優遊在我那個石巢園中，穿著五色衣，唱著紫芝曲，用兕觥盛酒爲父母祝壽，就這樣快樂地度過此生，那眞是太幸福了！」

阮大鋮是個對功名非常熱衷的人，此時雖受東林黨人攻擊，官場失意，形同放逐，但他日日談兵論劍，總想著有一天能夠重返權力場。此情此景下，他說出那樣的話來卻也不似心口不一。他希望他那個園子到時也讓計成來做。

此時的計成已經有了一個計畫，他準備把疊山造園的心得寫成一本書，這樣兒孫們再不濟也能憑著這門手藝謀得一門營生。在建造寤園的空閒中，他已經整理出了大部分圖式和文稿，並把這本書題名爲《園牧》。他想把這本書的內容再充實些就付梓刊刻。這份心情就如同那時代的文人墨客出版自己的詩集一樣迫切。

一六三一年深秋的一天，生性好客的汪士衡又邀安徽當塗縣的一位朋友曹元甫來園中遊賞。曹是萬曆四十四年的進士，做過戶部主事、河南學政，汪士衡對這位前輩執禮甚恭。計成作爲此園設計師，和主人一同陪著曹先生在園中盤桓了整整兩日。曹先生和先前到訪的阮大鋮一樣對此園景緻讚歎不已，他說自己彷彿走進了五代時期的一幅幅山水意境中去。酒酣耳熱之際，他建議計大師把這些造園方法用文字記錄下來。在曹先生看來，稱得上不朽之盛事的，不僅僅只是紙上文章，像計大師這樣以機心作毫、以大地作紙，作的才是山水大文章。計成就把先前所作的圖式和文字拿出來給他看。曹先生一見，對這個造園師不由又高看一眼，但他對《園牧》這個書名提出了異議：「這是一本前無古人的著作，是你獨出機杼的開闢和創造，稱『牧』雖不失謙虛，但還是改稱『冶』更妥當。」

一六三五年，一個叫鄭元勳的揚州人輾轉找到計成，委託他對剛購置的一處廢園進行改造，「將營以爲養母、讀書之所」。這個工程耗時一年，在蘆汀柳岸之間的逼仄空間略微規劃，就營造出了空靈而幽遠的意境，而且一掃陳腐之氣，庶幾有樸野之致，主人大爲滿意。園成之時，正好著名畫家董其昌在揚州，因其園處於柳影、水影、山影之間，特爲取名「影園」，還親自題寫了園額。值得附記一筆的是，鄭氏家族在揚州城內還有許多產業，鄭元勳的幾個兄弟分別建有「休園」、「嘉樹園」、「五畝之園」，論規模之大、營造之精緻，都以影園爲最。

鄭元勳認爲計大師造園的成功，在於隨機應變，掌握規律卻不拘泥，從心不從法，又擅長現場指揮，經他一雙巧手，頑石也能變得靈巧，鬱塞的空間也會變得流動通暢。他稱道計成指揮造園的能力已獨步天下，「吳友計無否（計成字無否），善解人意，意之所向，指揮匠石，百不一失，故無毀畫之恨。」他開玩笑說，你有那麼大的才能，尋常小園的水石造景已不能充分發揮你的才學，要是把天下名山都聚集於一處，把古代神話中的五個大力士都供你驅使，再收集世間所有的琪花瑤草、古木仙禽供你布置，讓大地面貌煥然一新，那是多麼快意的事啊，可惜的是天下沒有一個人有如此財力啊！

一六四四年甲申之變後，鄭元勳積極投入守城抵抗，卻由於一句傳言死於揚州人的誤殺。一代名園隨著主人的故去凋零了。幾十年後，當地一個作家李斗把它作爲繁華年代的憑弔舊跡收入了著名的《揚州畫舫錄》：「影園在湖中長嶼上。古渡禪林之北……董其昌以園之柳影、水影、山影而名之也……崇禎壬申，其昌過揚州，與公論六法。值公卜築城南廢園。其昌爲書影園額。」

「煙霞格」

一六三五年，計成終於完成了這本關於園藝的書，由阮大鋮資助出版。書共三卷，從相地風水、亭臺門窗、牆垣屋宇、鋪地裝折、選石掇山等方面總結了自己一生造園心得，書中還配上了數百幅他親自手繪的插圖。書刊刻時，他聽取了當年曹元甫先生的建議，正式定名爲《園冶》。在書尾的「自識」中他再次表示，欲將此書傳給兩個兒子計長生和計長吉，希望他們藉此能有一技之長，可以謀生餬口。

這一年計成五十三歲。用他自己的說法是，久盡風塵，他已厭倦爲生計到處奔波的生活，長年逃名於山水之中從事園藝營造，與土木草花打交道，似乎離現實世界越來越遠了。這一年爲崇禎甲戌年，他已經感覺到了空氣中的不安氣息。末世光景下，大凡有些錢財的都在到處覓地隱居，他爲人造了一輩子的園，到末了卻連一塊地都買不起，他覺得自己的一生實在太失敗了。讓他有生不逢時之嘆的還有一個原因，那就是正當他的造園技術爐火純青、大可施展才華之際，天下卻處處都是末世光景。他安慰自己說，當年諸葛武侯、狄仁傑這樣的大才都受到時運的限制，何況自己這樣一介草野閒散、以造園爲業的人呢？

話是這麼說，計成造園的名聲還是隨著這本鈐著「扈冶堂圖書記」方形篆書的書不脛而走。詩人鄭元勳在題詞中一句類似廣告語的「宇內不少名流韵士，小築臥游，何可不問途無否？」爲這本書招攬了不少讀者。太常少卿阮大鋮的序文，更成了時人稱誦的好文，一句「無否人最質直，臆絕靈奇，儂氣客習，對之而盡，所爲詩畫，甚如其人」，使士林中人也要引這個畫家、園藝師爲同道。阮大鋮對大他五歲的計大師的這本書充滿著無限的熱情，除了出資刊刻，他還有〈計無否理石兼閱其詩〉一首，稱頌計成「煙霞格」之成就，在阮大鋮看來，身處東南繁華地的計大師，就是引人遐想的一片幽石：

無否東南秀，其人即幽石。
一起江山寤，獨翎煙霞格。
縮地自瀛壺，移情就寒碧。

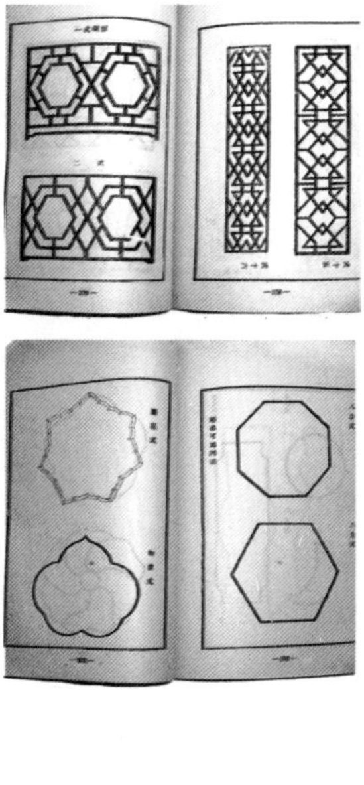

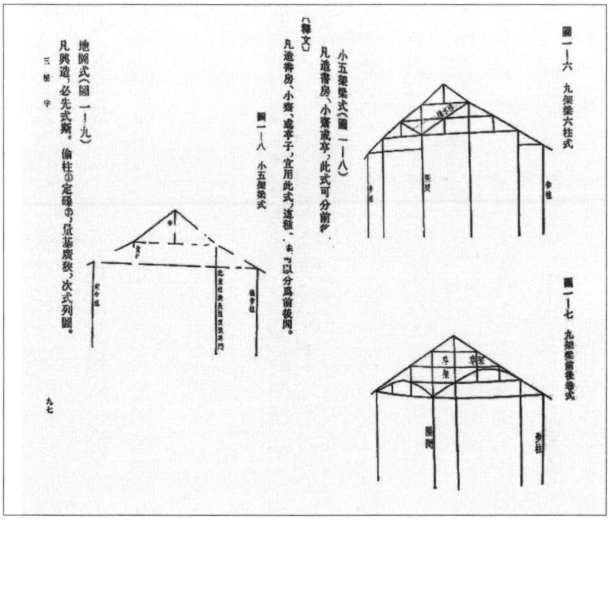

《園冶》內文及圖式

精衛服麾呼，祖龍遜鞭策。
有時理清咏，秋蘭吐芳澤。
靜意瑩心神，逸響越疇昔。
露坐蟲聲間，與君共閒夕。
弄琴復銜觴，悠然林月白。

詩中「一起江山寤」的寤，就是當年計成在儀徵縣爲汪士衡修的寤園，那時阮大鋮還特意從南京過來，在園中逗留兩日。

在計成看來，疊山行業中，造園師是靈魂，工匠在其中所起的作用只占十成中的一成。他不斷強調自己的藝術家身分，強調自己與普通的匠作有著本質的區別。「園林巧于因借，精在體宜」，他認爲造園結構之精要，妙在因地借景，得體合宜，而這樣的工作不是普通工匠所能勝任，也不是園林主人自己能完成的，必須聘請專業人士來做，才能合理布局，節省度支。

那麼什麼是因借、體宜呢？在書的卷首他開宗明義解說道：

所謂「因」，就是要隨著地基的高低，留意地形的端正。如果有樹木阻擋了觀景視線，就要修剪枝條，如遇泉水溪流，就要引注石上，讓水石相互映襯；適合建亭的地方就建亭，適合造榭的地方就造榭；園中的小石不妨設置得偏僻些，但引導布置一定要蜿蜒曲折，這一些就是精而合宜的含義。那麼「借」呢，就是園林雖分爲園內園外，取景則大可不必拘泥於近景遠景，晴山聳立，古寺凌空，都是好的，都要盡量納入我們視野中，至於那些不夠風雅的場景，就要屏蔽之，不管它是田野還是村莊，這就是巧而得體的意思。

那麼如何去「借」呢？在這本書的末尾一篇「借景」，計成亮出了他的拿手絕活，他說：「夫借景，林園之最要者也。如遠借、隣借、仰借、俯借、應時而借。」把這關鍵的內容放到書的最後，這也是計成的有意爲之。只有虔誠的閱讀者才能領悟他造園疊山的奧妙，那些資質愚魯或急功近利之徒即便拿到了書，讀不到最後一頁還是抓瞎。

計成說，疊山造園，沒有成法和格套，全在造園師的隨機變通。比方說，一般在假山布局時不把主峰石置於中心位置，但有時因地形和建築物的影響，也可以把主峰石放在中心位置。計成批評那種下洞上臺、東亭西榭的陳舊筆法，唯求一新：屋宇造型要新，亭榭布置要新，窗牖和欄杆的款式要新，甚至庭院鋪磚的紋樣，也要根據磚的質材、長短，選用人字、蓆紋、斗紋等等。他還首創了山石築池，後世造園師多有沿用。方法是用薄如板狀的片石作底，運用等分平衡法在上面疊石，將池底石板的邊沿壓實，使四邊受力均勻。他說，如果不這樣做，池底的石板就容易碎裂，一旦產生縫隙，即使用油灰去塗抿，池水還是會慢慢流失。

又如園中疊山，計成最反對居中放置，主張隨處散漫，在他看來，要是廳堂前高高地聳著幾峰，那就是最大的敗筆。樓閣須建在廳堂之後，可立半山半水之間。亭子的樣式各種各樣，三角、四角、五角、梅花、六角、橫圭、八角至十字都可以，但建造在什麼地方、如何建造，還是要依據周圍的環境來定。長廊在園中是遊覽的路線，應該曲折悠長，隨勢賦形，或蟠山腰，或窮水際，在尺方之地要讓人有無窮無盡之感。

計成把師法自然作爲了園藝創造的根本。他認爲，新方法、新技術只是手段，最終要達到的效果是「雖由人作，宛自天開」。同時他也警告後世的造園師，必須把「雅」作爲時刻遵行的藝術格調，使之可遊可居、可行可望，因爲即便是仙境一般的園子，也都是要住人的，而且住的是一群有一定生活品味的人。所以這本書在講著土木技術的同時忽然也會發幾句感慨，也正是這些閒筆裡傳達出了計成已然文人化的生活旨趣：寄身於這世事多變的炎涼世界中，沒必要那麼熱衷於政治，人生短暫，還是知足常樂吧。

同時這本書也傳達出了計成刻意追求的文學趣味，或者說，這本書是他脫離山匠梓人，加入文人圈子的一個努力。雖然多年造園生涯中他與文人社交圈時有接觸，他們中也有人稱道他的畫好、詩好（董其昌就稱讚他的詩「秋蘭吐芳，意瑩調逸」），但他知道自己與他們還是有著距離，他希望通過這樣一種文人化的寫作跨越這段距離，從而眞正邁入到這個社會的精英人群行列中去。

今天的讀者已很難想像，一本出於造園師之手、通篇談論土木技術的書（共計相地、立基、屋宇、裝折、門窗、牆垣、鋪地、掇山、選石、借景十篇），竟然幾乎篇篇都是四六駢偶，即便用那個時代苛刻又不無陳腐的文學標準去看，也是不乏可圈可點：

> 高原極望，遠岫環屏，堂開淑氣侵人，門引春流到澤……
>
> 掃徑護蘭芽，分香幽室；捲簾邀燕子，閒剪輕風。片片飛花，絲絲眠柳。寒生料峭，高架鞦韆……山容藹藹，行雲故落檐欄；水面鱗鱗，爽氣覺來欹枕。南軒寄傲，北牖虛陰，半窗碧隱蕉桐，環堵翠延蘿薜。俯流玩月，坐石品泉。苧衣不耐[illegible]新，池荷香綰；梧葉忽驚秋落，蟲草鳴幽。

用今人的話來說，這樣的句子還是經得起白相白相的。

當年是阮大鋮資助才使得這本書刊印天下，日後，也正是受阮大鋮的牽累，此書在明亡後的三百年內寂然無聞，甚至還一度列入了政府的禁書單，正所謂成也蕭何，敗也蕭何。印有「安慶阮衙藏版，如有翻刻千里必治」字樣的阮氏出版物，在清朝被視爲非法出版物，幾乎都遭受了收繳、焚燬的命運。阮大鋮在明朝最後幾年因名列逆案早已聲名狼藉，再加上降清，一直以來他都是以一個變節者的形象爲世人所不齒，計成的這本書遭此厄運，也算是殃及池魚吧。再加上此書本就印量不多，銷售無利可圖，坊間也無收藏，慢慢地這書就散佚湮滅了，唯有稍晚的生活鑒賞大師李漁在《閒情偶寄》一書中簡略地提起過這本書。

這一切，當然不是計成一六三五年出版此書時能提前預料到的。作爲那個時代最優秀的造園師，土木花草之勢，他可以了然於胸，但天下之勢，他又怎能看個分明？

張南垣

生於萬曆十五年（一五八七年）的張南垣小計成五歲，當計成聲譽日隆時，他還是一個名不見經傳的業餘畫家。張南垣喜畫人像，更通山水，走的是倪雲林、黃子久筆法，年輕時，渴慕畫藝的張南垣一度還投到當世書畫大家董其昌門下，其聰慧、詼諧的個性和良好的藝術感覺，曾給後者留下過深刻印象。

沒有足夠的資料表明，張南垣是什麼時候中止繪事投身到疊山行業中去的。但他後來在這一行能夠脫穎而出，與早年的繪畫經歷還是有著很大關係，黃宗羲就曾稱讚他的過人之處在於把山水畫的意境帶到了園林中——「移山水畫法為石工」。

崇禎十四年（一六四一年）五月，詩人吳偉業從南京國子監司業的任上回到故鄉太倉，參加他的老師復社領袖張溥的葬禮，沒等他回到南京，升任他為左中允的任命書就到了。但吳偉業並沒有去北京就職，而是在太倉隱居了下來。這一年他三十三歲。對於吳偉業過早的歸隱，有一種說法他是為了給嗣父（也是他的伯父）守喪，但更深層的原因是出於對權力鬥爭的恐懼和天下不靖的憂慮。無官一身輕的吳偉業一邊優遊山水，一邊與名妓戀愛，寫作香艷的愛情詩歌，但他最放在心上的還是營建「梅村別墅」。

此園位於太倉衛之東，前身乃是萬曆朝吏部郎中王士騏的賁園，吳偉業買下它後經營了許多年，至清順治十四年方大功告成，而主持擴建改建工程的，正是他的朋友張南垣。張南垣的晚年，吳偉業還應請為他寫過一篇傳記，這篇收入《梅村家藏稿》的文獻是迄今為止有關張南垣一生最為權威的傳記。

按照吳偉業的說法，張南垣本名張漣，南垣是他的字，他原籍華亭，後移居秀州，所以也可算是半個嘉興人。到張南垣投身疊山造園這一行當時，江南園林之盛已有將近百年的歷史，別家造園，總是費盡財力，蒐羅造型奇特的巨石，盡力把假山造得高突險峻，運輸途中這些巨石須用粗長的繩索綁紮，還要把熔化的鐵汁灌到它的空隙中去，把牛馬累得半死不說，搞不好途中還要毀壞城門、把道路弄得坑坑窪窪，造價實在太高。在張南垣看來，這樣的笨工夫只是得了疊山造園的皮毛而已。群峰入雲，深岩蔽日，那都是大自然造化之恩賜，就是有多大的財力也搬不過整座山的呀！所以他壘石築山前必先察看現場地勢，「平岡小坂」也好，「陵阜陂陁」也好，「錯之以石，碁置其間，繚以短垣，翳以密篠」，讓人在視覺上感到園牆外還有奇峰絕嶂，就好像處於大山之麓一樣。

張南垣疊山，選材多是當地容易採辦的太湖石、堯峰石之類，利用自然地勢，把假山的脈絡起向安排得忽伏忽起，再在假山周圍駁出池塘、溝渠，形成曲折迂迴的沙岸，種上長年不凋的松、杉、檜、栝等喬木和茂密的竹林，使人不必費力攀爬就有置身山麓溪谷之感。園藝怎麼可以只是一場場疲於奔命的勞役呢，它應該是一個揭不穿的魔術，一臺永遠也不須拆卸的布景，一草一木間都應該有疊山師的靈性在。張南垣的這一造園理念深得董其昌、陳繼儒等名流讚賞，董其昌就曾經這樣說過：「江南諸山，土中戴石，以前黃公望、吳仲圭等書畫大家都經常說到，張南垣這麼做是眞正懂畫脈的人啊！」①

疊山造園屬百工技藝，張南垣以一匠人得此激賞，引得當時文壇宗主錢謙益及王時敏、朱茂時等名流紛紛與之定交，豪紳官宦們更是蜂擁著上門禮聘。江南向來豪奢，興建私家園林早從嘉靖末年起就蔚成風習，作家沈德符在《萬曆野獲編》中就這樣說：「嘉靖末年，海內宴安，士大夫富厚者，以治園亭，教歌舞

吳偉業像

① 「華亭董宗伯玄宰、陳徵君仲醇亟稱之曰：『江南諸山，土中戴石，黃一峯、吳仲圭常言之，此知夫畫脈者也。』」吳偉業《張南垣傳》，見「四部叢刊」本《梅村家藏藁》。

之隙，間及古玩。」像王世貞這樣的大文士甚至認爲，在蓋房子與築園林之間，應該以築園爲優先，原因有二：一是房子只是安頓身體，園子卻能安放靈魂；二是房子只給自家和子孫帶來好處，而一個精緻的園林，卻能讓更多人受惠。當時名園，除了前面說到的計成設計的吳玄的吳園、汪士衡的寤園、鄭元勳的影園之外，聲名頗著的還有錢謙益的拂水山莊、祁彪佳的寓園、王稚登的半偈園、陳繼儒的婉孌草堂等，對這些退休官員和有避世情結的士人來說，有一個自家的園子，就有了一個脫棄塵俗的藝術生活空間，也就意味著在亂世中覓得了一方清淨地。到張南垣的生意最爲火爆的年代，舊風氣未見消停，一批新貴們卻已經起來，他們要在戰爭的廢墟上享受富貴，於是攀比造園之風愈加盛行（著名藝術史家柯律格的研究發現，十六世紀中葉以前的園林主要是生產性質的，到十六世紀後半葉，園林轉變成了奢侈消費的物件）。最忙的時候，每年總有十幾家搶著要張大師去主持造園，能請到張大師的主人家，喜笑顏開，覺得很有臉面，請不到的人家，自然就十分的悵恨。

仇英筆下的明代園林一角。

據吳偉業統計，近五十年的造園生涯中，張南垣大師的足跡除了華亭、秀州外，還遍布南京、金壇、常熟、太倉、崑山等地，好多地方他每次去都要逗留數月。《清史稿》裡說：「大家名園，多出其手。東至越，北至燕，多慕其名來請者……」應該沒有誇大。他的作品，除了為吳偉業做的那個前後費時十八年的梅村別墅，較著名的還有常熟錢謙益的拂水山莊、松江李逢申的橫雲山莊、嘉興吳昌時的竹亭湖墅、太倉王時敏的樂郊園、吳縣席本楨的東園、嘉定趙洪範的南園、金壇虞大復的豫園等等。

吳偉業在傳記中說，長年浸淫此道，張南垣已經通曉了草木土石的性情。每當開始動手造作的時候，亂石成堆，有的平放、有的斜擱，張南垣徘徊不前，四下觀察，山石的正側橫豎、形狀紋理早就都默記於心，一俟繪製營造草圖時，對高低濃淡，他早已了然於胸。假山尚未壘成，就預先考慮房屋的建造，房屋還沒有造好，又思索其中的布置，窗欄家具，都不加以雕鑿裝飾，即使一花一竹的布置，疏密傾斜也都十分巧妙。

造園之時，張南垣常常高坐在一間屋子裡，一邊與客人說說笑笑，一邊指揮工匠說，某棵樹下的某塊石頭可以放在某地。眼睛都不往那兒看，手也不往那兒指，好像金屬已在爐內冶煉，就不必再借助於斧鑿來搥擊了一般（「目不轉視，手不再指，若金在冶，不假斧鑿」）。甚至安放梁柱和封頂後，用懸縋來檢驗，也一寸都不差。知道他性情的主人，不會在規劃、工期、質材等方面過多地干涉他，但有時也會碰到一些半瓶子醋的東家，自以為精通園藝，張南垣不得不順從他們的意思去做，路人見到，一眼就會看出來：這一定不是張南垣的本意啊。

一個偶然的機會，同時代作家黃宗羲讀到了吳偉業文集中的兩篇傳記（還有一文是〈柳敬亭傳〉），不滿意吳過於文學化的表達，他也賭氣寫了張、柳兩篇傳文，欲與之一較高下，他不無刻薄地批評說，吳文「倒卻文章家架子」，他改寫這兩篇傳文，目的在於「使後生知文章體式耳」，至於傳主張南垣和柳敬亭，「其人本瑣瑣不足道」。且不說黃宗羲改寫的《張南垣傳》好多細節都是從吳偉業處沿襲而來，他的文章其實也不見得如何高明。從黃對張南垣本人和他的園藝事業的不以為然，也可以看出他和吳偉業在價值取向、美學趣味上的殊途異趣。

位於江蘇省無錫市惠山東麓錫惠公園內的寄暢園。清順治末康熙初，秦德藻曾延請張南垣和他的侄兒張軾精心布置，掇山理水，舒泉疊石。

梅村別墅

「肥而短黑，性滑稽」——這是吳偉業傳文中對張南垣毫不避諱的描述，可知他的這位大師朋友其貌不揚，長得又黑又矮，然又性情滑稽幽默，是一個東方朔式的人物。他喜歡講段子，喜歡拿街頭巷尾那些荒唐不經的傳說談笑，有時他講的一些橋段因為見聞陳舊，反而受到別人取笑，這個出了名的好脾氣的人也不以為忤。這樣一個有趣得緊的人，又有一手好活計，自然人緣就好，當世名流也樂於延他為座上賓，張南垣與他們以布衣論交，一點也不侷促。

有一則關於張南垣與吳偉業的故事在當時的知識界廣為流傳，說的是張、吳一起看一齣戲，演的是以朱買臣休妻為題材的《爛柯山》。劇中有個角色張石匠，臺上演員因有張南垣在場，念白時特意把張石匠說成李木匠，以示避諱，吳偉業聽了，拿摺扇敲著茶几說：「有竅。」有竅是吳地方言裡誇人機敏的意思。旁人聽了，哄堂大笑，張南垣則是默不作聲。不一會，戲演到朱買臣妻子認夫，當朱買臣唱到「切莫提起朱字」，張南垣突然也以扇柄敲著茶几，說：「無竅。」一下舉座為之愕然。眾所周知，吳偉業在順治十年應兩江總督馬國柱之薦不得不扶病入京，在新政府由侍讀、纂修官一路升任至國子監祭酒，張南垣以朱買臣之「朱」來暗示朱明王朝之「朱」，實是戳到了吳的最痛處。這個故事見諸王應奎的《柳南續筆》、錢泳《履園叢話》、顧公燮《丹午筆記》等當時的多種私家筆記。

張南垣爲詩人（這是吳偉業最喜歡的一個身分）設計建造的梅村別墅占地約百畝，錯落於山陂河池之間。園外長垣繚繞，園內清水縈紆，曲徑通幽，據吳偉業自述，裡面有樂志堂、梅花菴、交蘆庵、嬌雪樓、舊學庵、榿亭、蒼溪亭等勝蹟。吳偉業曾寫下許多不無誇耀意味的詩歌自述他在園內的悠閒生活：諸如「枳籬茅舍掩蒼苔、乞竹分花手自栽」這樣的意境還是讓人嚮往的，更不必說桑落酒香的田園之樂裡還有一份閒窗聽雨攤詩卷的從容，但一句「慣遲作答愛書來」，還是掩不住春草般漸長的孤獨。這個園子在明末之前已蔚成規模，後又不斷擴建、重建，即便是後來被迫任職北京的三年，吳偉業也常起故園之思，不斷寫信給三弟，要他妥爲照顧，時常修葺，等待自己脫離塵網、白衣還家的一天。

順治十四年，吳偉業終於回到了他魂牽夢繞的梅村別墅。歸家的第一年裡他閉門不出，所做的唯有一件事，「蒔花藥，治亭圃」。他從某大戶人家那裡購買了數種名貴牡丹栽在園中，並又興建了園子的最後一項工程，添置了一處叫鹿樵溪舍的新景點。這一年他已五十歲了，在榮耀和屈辱交相催迫之下，他已深深體會到「誤盡平生是一官，棄家容易變名難」。他決意後半生就在這園中，如一朵孤雲飄出所有人的視野，讀書、寫詩、遊山賞花，與偶爾來訪的客人談文論藝。他這樣規劃餘生當然不錯，但事情不會像他設想的那樣順利，他還得在清初的政治高壓下數番驚魂，牽累於科場、奏銷幾個大案，好幾次走到被碾滅的邊緣。當他在一六七二年立下「斂以僧裝」、碑前只刻「詩人吳梅村之墓」這個遺囑時，他回首平生必有處處陷阱、步步驚心之感，而他的內心裡，肯定還燃燒著憤怒和嗟怨的火苗。即便到了這個時候，他什麼都可以放下了（他的母親、妻子、兩個女兒已先於他去世），這個園子還是他對這個世界唯一的牽念。

對他來說，這個凝聚著自己和張南垣大師十餘年心血的園子，乃是他孱弱心靈的一個柔軟的軀殼，是他一生中最重要的作品，比《圓圓曲》和所有「梅村體」詩歌加起來都要重要得多的作品。他把它看作自己留給這個世界的唯一遺產。他這樣對兒子說：「吾生平無長物，惟經營賁園，約費萬金。」

吳偉業與張南垣相隔一年去世，吳偉業的死，讓同時代作家感嘆這個時代在吳之後再無文章——「先生亡矣，一代文章盡矣」，吳的好友顧湄在一篇悼念文章中這樣說——張南垣卻沒有把他的不世技藝帶進墳墓。吳偉業在這篇傳記的最後告訴我們，張南垣有四個兒子，都繼承了乃父的技藝。他的四個兒子中，尤以張然、張熊精於此道。張然造有石氏「萬柳堂」、王氏「怡園」，張熊造有朱氏「鶴洲別墅」、曹氏「倦圃」、錢氏「綠溪」，都是馳名江南的名園。一六八九年，張然應召前往京城，這個宮廷園藝師爲皇家構築了「瀛台」、「玉泉」、「暢春苑」等多處勝景，其水石之妙，皆有若天成，這也算是一代造園師張南垣留給這個世界的餘響吧。

晚年的張南垣謝絕縉紳官宦的邀請，自己在老家鴛湖邊造了三幢小屋，隱退養老。他對前去看望的吳偉業說，自己造了一輩子的園，幾十年來已視名園別墅改換主人爲尋常事，金閣樓臺在兵火中轉眼成荒煙蔓草，平泉花石，終屬他人，一邊造園，一邊賣園、毀園，那都是勢之必然，也是沒奈何的事，江山都可以輕易改變顏色，何況區區一園？這番話，讓自感忍死偷生、罪孽深重的詩人深爲觸動，所以他不假思索就答應了老朋友的最後請求：

吾懼石之不足留吾名，而欲得子文以傳之也。

吳偉業（款）〈溪山書屋圖〉

金童玉女

故事的開始，是一場舉行於一六二〇年的婚禮。新郎祁彪佳，來自紹興山陰梅墅一個充滿濃郁知識氛圍的大家族，其父祁承㸁是越中著名藏書家，淡生堂所藏宋刻元版名重江南，幾位兄長都是當地有名的戲劇家。新郎長得異常英俊，人又早慧，幾年前通過了省試，眼下正在向更高一級的進士功名邁進。稍小於他的新娘商景蘭，小字媚生，是年十六歲，是同郡會稽人氏，父親商周祚在吏部任職，她自己則是一位芳名遠播的閨秀詩人。這琴瑟和諧的情形令祁、商兩家的親友羨慕不已，他們的婚姻一開始就被稱作金童玉女的絕佳組合①。

在他們二十五年的婚後生活中，幾乎有一半時間是在異地度過的。祁彪佳中進士後先是任職福建興化府，做了一名基層法官，七年後的一六三一年，他得到了提拔，赴京出任右僉都御史一職。商景蘭陪伴夫君輾轉於這兩個任處，除了祁彪佳偶而因公出行，這些年的大部分時間他們都是在一起度過。祁彪佳去北京任職沒多久，商景蘭即於次年二月北上，她的丈夫忠實記載了他們相見的欣喜：「壬申二月十一日飯後，家奴來報，內子單車疾騎而來，已抵近郊。驚喜過望，乃以班役迎之至。則長途之辛苦，旅邸之寂寞，交相慰藉。」無疑，他們是相愛的。祁彪佳那些年的日記幾乎事無巨細地記下了其公務活動和夫妻共同生活的每一天，雖然日記裡時常會出現社會混亂和宮廷陰謀的不和諧音，但祁彪佳相信，對詩歌、戲劇、書籍的共同愛好，會讓他們在藝術的氤氳氣息中相愛著過完一生。

一六三五年初秋，是爲崇禎八年，三十三歲的祁彪佳從御史任上告假，帶著妻子和兩個兒子回到山陰梅墅故里。如果時間倒推上去，此時距大明覆亡還有十年。幾乎不需要適應，他就完成了從一個政府官員到致仕士紳的角色轉換，忙著經營族田、建造慈善機構、爲販賣到妓院的女性贖身、旱澇季節救濟災民等一干雜務。空閒下來，他偶爾會去朋友家聽戲到天明。一個月裡有幾天，他會帶著商景蘭駕小舟出遊，或在愉快的山行道中隨處欣賞四周景色。

在短暫的出遊途中，他看中了離家約三里處一處叫寓山的地方，想在那裡爲自己造一個園子。那是兩個連綿的小石山，童稚時代他經常和兩位兄長祁駿佳、祁豸佳一同去遊玩。他喜歡那裡青綠蘚苔覆蓋著的石頭，喜歡帶著充沛水氣的潮潤空氣。用他自己的說法是，某次和商景蘭一起乘舟經行，「卜築之興遂勃不可遏」。他說，造一個園子安頓自己疲乏的身子，是他在京城時就常懷有的夢想：當居官之日，亟思散髮投簪，以爲快心娛志，莫過山水園林（〈居林適筆引〉）。

當然還有一層意思他沒有明說，他希望這也是一個安頓他們愛情的園子。

寓園

建造寓園的計畫得到了父兄的支持。剛開始祁彪佳以爲這是個簡單易行的小工程，要營建的「不過山巔數椽耳」，不會牽制太多的精力。及至眞要動手了，方知大是不易。好友張岱祖上多有名園，城中園、天鏡園多是他家物業，他告訴祁彪佳說，這造園事，哪怕一亭一閣，都務必恰到好處，否則就有煞風景，就以他高祖張天復築的筠芝亭而言，後來所建造的樓、閣、齋，多不如它，原因

祁彪佳像

①有關祁彪佳和商景蘭的婚姻，朱彝尊《靜志居詩話》卷二十載：「祁公美風采，夫人商亦有令儀，閨門唱隨，鄉黨有金童玉女之目。」卷二十三又載：「祁商作配，鄉里有金童玉女之目，伉儷相重，未嘗有妾媵也。」袁枚對此也有追記：「前朝山陰祁忠憫（敏）公彪佳，少年美姿容，夫人亦有國色，一時稱爲金童玉女。」見《隨園詩話補遺》卷五。

就在於，多一樓，亭中多一樓之礙，多一牆，亭中多一牆之礙。這啓發了他，就好比於宣紙上作畫，畫家總要搜盡奇峰打草稿，並留足空白，於山水之間造園又何嘗不是如此呢？

接下來一段時間，他置族中事務於不顧，開始頻繁外出。有時一個人出門，有時和妻子共行。夏日的某一天，他們跑到杭州，雇了一隻湖船，從斷橋開始遊到西泠、孤山一帶，看了江氏、楊氏、翁氏好幾家園子，直到月亮在天角顯現才回到客棧。幾天後，他們又去看了南屏山下幾家園子，歸途中，過於疲憊的祁彪佳睡著了，「柔風薄日中，夢魂栩栩，爲欸乃聲所觸醒」，醒來後，他們從雷峰塔到定香橋一路閒步於堤上，直到突然下起一場大雨，他們才從湖心亭坐船回去。

外人看他流連山水園林，日子過得輕鬆愜意，實際上他都快被園子的事折磨瘋了，連作夢都與造園有關——「每至路窮徑險則極慮窮思，形諸夢寐」。看他那段時間的日記，所到之處至少有鑒湖、新橋、項里、蕺山、樵風涇、翠峰寺、禹陵、天鏡園、快園等，沿途看到好的景緻，就想有朝一日移到自己的寓園裡：

> 登舟泛鑒湖，時雨後忽霽，諸山倍有蒼翠之色。
>
> 午抵莊前，坐臥一小橋上，流水回繞，修竹映帶，幽雅有濠濮之趣。
>
> 偕內子理棹遊劉氏園，泊舟於南門，延張景岳診脈，便道遊

小隱山，至錢麟武莊，以主人正宴客，遂返棹三山之畫橋，停舟少頃即歸。

放舟從新橋至項里，登水口一山眺望形勝，復從項里出秋湖，由宜橋泛壺觴，時西日銜山，落霞相映，與友人坐新舫樓上，意氣和暢，散步自柳西別業，泊於跨湖橋下。

曉起，方櫛沐已抵天鏡園，暢遊其亭榭最勝處，飯後放舟九里，與友人步於表勝庵，共坐鷗虎石上，一望曠絕幽絕，無不狂叫。從山趾下欲遊天瓦庵不果，至水鋸山房，旁一溪噴薄而至，兩石挾之飛舞，假欲搏人。山房爲陳太乙所創，今已荒落，予輩憩玩不忍去，山雨欲來，乃促而登舟，仍從蘭蕩至雙溪港晚泊。雨徹夜。①

時常，他一日裡要跑好幾個園子。冬日裡的一天，風色頗勁，他坐船至樵風逕，先遊一戶姓馮人家名爲「松舫」的莊園，再至稍南面的宜園（他發表意見說，這個園子的地理位置甚佳，但主人製作過於纖巧）。宜園前面的范氏遠偏樓，也順路一觀。又跑到禹陵去看幾個園子，直到天色向晚，起了風，雪意也越來越濃，他還遊興未減，回來時船過東郭門，想到前輩文人王思任的通明亭離此不遠，又下船前往請益。

遊得最晚的一次，他登蕺山，遊淇園，又去一處僧舍，自山後從城下，步入舟次，抵家已近後半夜了。還有一次，久雨新晴

文徵明〈東園圖〉

① 可參見《祁忠敏公日記》，該日記由崇禎四年七月底記至弘光元年閏六月初四日。

後的一天，他又連跑數園。先是和諸友一起去臥龍山北坡遊御史韓五雲的別業「快園」，然後在一個叫張介之的朋友的陪同下，坐船遊石介園，再遊梯仙谷、登船樓，最後一站到張岱家裡，小敘一會才回去。

這些短途出行，使那個園子的形象在他腦海中一日日清晰起來，途上山水都成了胸中丘壑了。另外讓他始料未及的是，還收獲了一個副產品，新寫了一本遍述越中諸園的《越中園亭記》。

自一六三五年冬天至一六三七年春天，將近三年時間，祁彪佳幾乎把全部精力投入到了造園之中。每天清早，晨光乍吐之際，他就由僕人駕著小舟，向著寓山工地進發，三里路途眞恨不得一腳就跨過去。即便風驟雨狂，也要按時前往。無論寒冬酷暑，回來都衣衫盡濕，身子骨也好像累得散了架。救荒、保甲及族中一干冗雜事務，都是夜晚回家後再做處理。爲此他自嘲，這兩年來爲了這個園子，把家財都耗盡了（「囊中如洗」），身體也搞垮了（「病而愈，愈而復病」），說是「此開園之痴癖也」，但這一「雅癖」，還是讓他有種於致仕生活中找到人生另一個出處的成就感。

當寓山的工程緊鑼密鼓地展開之際，北方的局勢已越來越動蕩。儘管遲滯的郵傳使得當時的南方和北方就好像在兩個各不相干的世界裡，但通過邸報、運河上南來北往的客商之口，有關北方動亂的消息還是頻繁地傳入了祁彪佳耳中。就在祁彪佳夫婦回到越中的那一年，高迎祥、張獻忠部破鳳陽、焚皇陵，明廷震動；次年，李自成部克和州，陳兵逼江浦，南都騷然。期間，清軍的入侵也使京師數度戒嚴。看來時局的壞消息並沒有敗壞祁彪佳經營園林的興致。從日記我們知道，崇禎九年正月十六日，他聽到了「流寇已渡長江」的傳聞，這讓他頗是躊躇了一陣，但時隔一天，他就又出現在了寓山工地，「壘石成峰」。幾天後，他又和幾位兄長來到工地，「搜剔山中有古石奇峭者，不覺撫掌稱快」，興致還是沒有稍減。

這年八月初三日的日記裡他寫道：「閱邸報，知奴虜合逞，聲息頗亟。」其中「奴」是農軍，「虜」是建州女眞，顯見交相逼迫之下，王朝已風雨飄搖。這一時期，祁彪佳一面致書故友詢問「都門近狀」，以退休官員的身分與地方縉紳一起商議禦「賊」之策，一面又深自懺悔「以有用精神埋沒於竹頭木屑」，寓山的工程卻絲毫沒有停止之意。就在他接閱那份讓他煩憂的邸報的次日，他又「至山督工役」，當然內心裡他對自己這近乎沒心沒肺的行徑還是有些自責的，說這般「營精藻翰，溺志歌舞，有意以爲之者，皆苦因也」①。一個叫王朝式的朋友勸誡他，如此亂世之秋還大興土木，實在是負君、負親、負己。不聽朋友勸諫，則是負友。說得祁彪佳汗如雨下。

讓人啼笑皆非的是他的悔過方式，竟然是在寓園中再建一堂，「名四負堂，以志吾過」。看他如此興興頭頭，哪裡是眞的有悔！就這樣一邊自責，一邊又興築不已，實在也是一個時代的名士病。

疊山理水，亦如文章事業，看他這般刻意經營精雕細鏤，文人推敲文字也不過如此吧。所不同的是，他除了督率工匠至「不停瞬，不住足」，有時也「躬荷畚插」、「手爲種植」。他給這篇晚年的得意之作定下的基本思路是：「亭臺軒閣，具體而微，大約以樸素爲主」。他認爲，寓山地處山陰道上，鑒湖一曲，占山川形勝之利，正好借景。「園盡有山之三面，其下平田十餘畝，水石半之，室廬與花木半之」，就像畫家在宣紙上留白，人工的營建至多只占到一半，即便地勢需要有一點亭臺軒閣，也只爲造成「參差點綴、委折波瀾」的視覺效果。

由水路入園，可多一份靈動，於是園的東面修了「水明廊」：「循廊而西，曲沼澄泓繞出青林之下，主與客似從琉璃國來，鬚眉若浣，衣袖皆濕」。西面因毗鄰「絕壁竦立，勢若霞褰」的柯岩，他便建了「通霞臺」。「選勝亭」、「妙賞亭」、「笛亭」、「太古亭」幾個園亭，則是斫松葺茅，素桷茅榱，連油漆也省了，這倒不是刻意仿古，而是因爲看雲聽風，都是意在景而不在亭，畫棟雕梁反而與周圍的景緻不協調

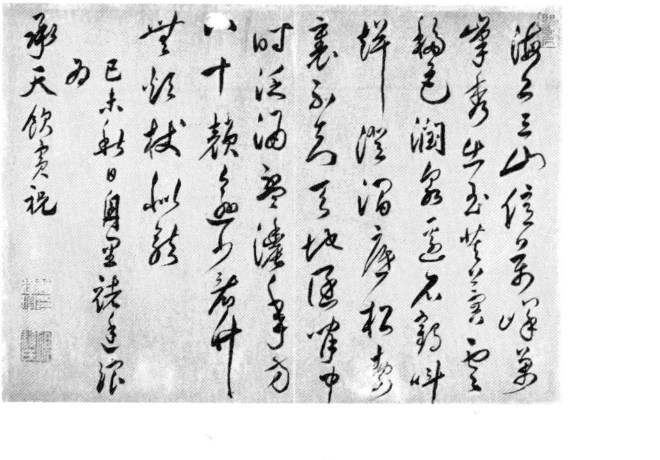
祁彪佳手跡

① 〈居林適筆引〉，見《遠山堂文稿》。

了。至於類似「閣」這樣的建築，還是應建在高地上，有崔嵬之勢，因爲那都是望遠景的地方，所謂能以遠生，意以遠韻，所見也就不惟千疊溪山，萬家燈火，是供遊者遙想「禹碑鵠峙」、「越殿烏啼」，發思古之幽情的所在。

藏書樓（「八求樓」）、書房（「讀易居」）、佛堂（「虎角庵」）是此園文化心臟，自然耗工最多，布置最爲精心。「八求樓」中三萬一千五百卷圖籍，是主人畢生宦遊所聚，雖然比不上其父淡生堂近十萬卷的藏書量，但這也已經是個驚人的數字。

一六三六年正月過後，草堂告成，齋與軒亦已就緒，首期工程告竣。祁彪佳告訴我們說，整個寓園建築項目大致有：「爲堂者二（寓山草堂和遠山堂），爲亭者三，爲廊者四，爲臺與閣者二，爲堤者三」，還包括各種規制的軒、齋、室、山房若干。二期工程從這年仲夏開始，耗時一百餘天，主要是妥爲安置橋、榭、徑、峰和各種花草植物，規劃梅坡、松徑、茶塢、豳圃、櫻桃林、芙蓉渡等四時花舍，使之更像一幅天然山水，時刻都可「泛月迎風」、「呼雲醉雪」。主人不無自得地誇耀他的造園攻略，大抵爲：虛者實之，實者虛之，聚者散之，散者聚之，險峻的地方鏟平它，平坦的地方故意使之起伏。接下來他連用了四個比喻，把精於園藝的自己比作良醫、良將、畫家和文章高手：好比良醫治病，下藥時既克制又相滋，又像良將指揮作戰，奇兵、正兵兼用。「如名手作畫，不使一筆不靈；如名流作文，不使一語不韻。」從日記來看，寓園初成，他幾於無日不至，坐臥其間，在旁人看來他對自家園林眞是痴迷得不行了。

初春乃是開園的日子。清泠的水流穿過窗下，轉折處水珠飛濺，那水沫兒飄拂到几案上，都讓人不忍心拂去。綠水映襯著朱欄，那流動著交相浮現的青綠、朱紅，直如一幅印象派畫作。「乃可以稱園矣」——目睹此情景，祁彪佳告訴我們說。三年慘澹經營，看著此園從胸中草稿一步步化爲現實，他就像孩子一樣按捺不住歡欣雀躍的心情，到處寫信邀請當世名流和遠近賓朋題詠。他自謙道，如果不經諸公的品題，那麼整個園子就不過是一蓬寒煙衰草，了無意趣。從收入文集的往返書信來看，參與寓園題詠的至少有著名戲劇家王思任、葉憲祖、孟稱舜和好友張岱、陳子龍等人。

在寫給大自己二十多歲的王思任的信中，他自稱「弟」：

弟病中無聊，適方構草堂於寓山，以嘯以歌，藉此自適。然樸陋不比足數，必得大筆以顏其堂，庶幾生丘壑之色。敬以尺幅仰讀，伏祈慨然，揮擲可任，處禱。①

又致書好友張岱：

向欲求大作，而翹望詞壇，逡巡未敢。茲有續構，尚缺題詠，唯仁兄所賦自當有驚人句、嘔心語，足以壓倒時輩也。雖所望甚嗜，然十得五六，便足生光泉石矣……②

張岱難卻盛情，應邀遊園後作了〈寓山士女春遊曲〉一詩，

① 《祁彪佳文稿・都門入里尺牘》。

② 《里中尺牘》手稿。

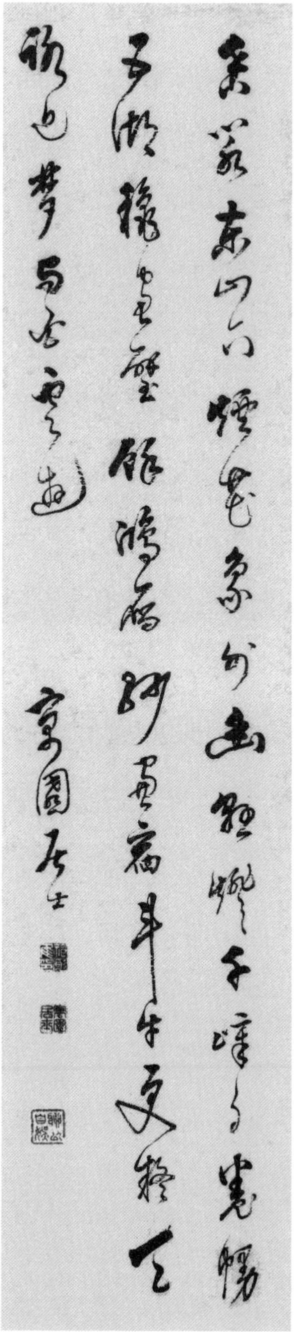

祁彪佳行書詩文

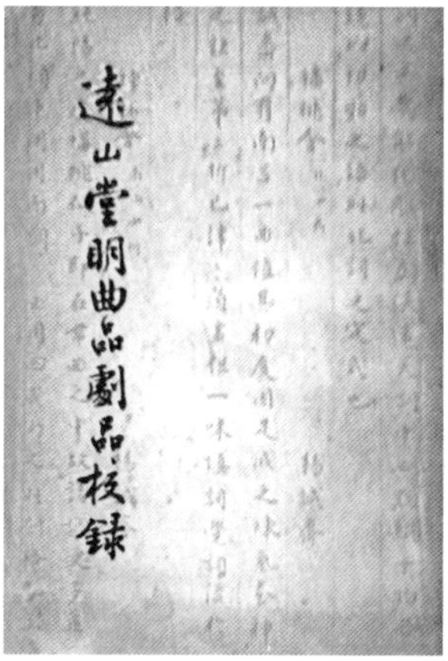

《遠山堂明曲品劇品校錄》，祁彪佳著，黃裳校錄。

中有「春郊漆漆天未曙，遊人都向寓山去」、「今見名園走士女，沓來連至多如許」、「誰使四方同此地，園中主人得無意」等句，極盡褒揚之意。題詠之後又附一函，稱「寓山諸勝，其所得名者，至四十九處，無一字入俗。到此地步大難」。他誇讚主人自具摩詰之才，自己的題詠則鄙俚淺薄，如同醜婦見公姑。祁彪佳病中讀後，稱之爲空谷足音，「是一篇極大文字」。

他最喜歡還是一個叫陳遯的布衣詩人所寫的賦體文字中的一句：「大地山河亦寓也。」寓園得名，雖來自寓山，但他自以爲這個樸拙的名字還是模糊地傳達著主人的別有懷抱，是自己心志的一個投影，那就是以大地山河作爲道的寄寓所在。既然「歸亦是寓」、「夢覺皆寓」，那麼園中的空間、土石、水流、花草，也全是寓中之寓了。

祁彪佳是個離開朋友就很難生活的人，妻子商景蘭也有著她自己的社交圈子：姑媽、姨媽、妯娌、堂表姊妹和一群女詩人朋友，甚至還有女尼。她時常要歸寧省親，有時把她們帶到寓園來，三月微雨天一大幫人一起去寓山採茶；九月，妯娌們一起去園中某處叫豳圃的地方採摘紅透了的橙桔。開園第一年，商景蘭生日這天，祁家還請來了三位高僧做法事，叫了一幫朋友看戲、燃燈、宴飲，歡笑達旦。

看起來，祁彪佳對園藝充滿著無限的熱情，現實的寓園之外，他又興興頭頭地去造一個紙上的園林。他把友人的題詠、唱和和詩歌作品連同自撰的分敘園中諸景的四十餘篇詩文薈編成一冊《寓山注》，於第二年刊刻出版。在這本小書的序言中，他深情回憶了二十多年前和兄長們於草石間遊戲的往事，感慨築園於此眞是一段前世的緣分。雖說近三年來，從開闢草萊到大功告成，過的是近乎苦行僧的日子，連手足都爲之胼胝，但當他陪同著一撥又一撥慕名而來的客人參觀園子，指點著踏香堤、讓鷗池、柳陌、妙賞亭、芙蓉渡這些得意之處，或者一個人在這個琉璃世界裡吟誦起老杜「四更山吐月，殘夜水明樓」，他的心裡湧起的一定不是財富的滿足感，而是一種萬物皆備於我的精神上的富足之感。說是在造園的過程中且悔且作，但當眞的大功告成了，他相信經營這個園子與修身悟道並無扞格抵牾。

他的生命，已經和這個園子連在了一起。他希望，不管時世如何艱難，外面的世界如何紛繁，這個園子能夠庇護他和愛人過完一輩子。

急景流年

崇禎朝的最後幾年，朝廷陷於對清軍和大順軍兩線作戰，前方戰情時時吃緊。大約是一六三八年冬天起，陸續有北方戰火的消息傳至越中，寓園主人的日記中開始時常出現「虜警」、「虜信」、「虜騎」、「流賊」等讓人憂慮的字眼。鑒於動亂有向南方延伸的趨勢，在山水園林中悠遊度日的祁彪佳開始大量閱讀《保越錄》、《靖康傳信錄》等與守城禦寇相關的書籍，並在與里中長老討論時事時就地方防務發表一些重要意見。

一六三九年，祁彪佳五年休假期滿，是繼續留在園中，還是回到朝廷，成了他那段時間最爲糾結的問題。親友們有支持他繼續退處歸隱的，也有建議他復出爲朝廷所用的，祁彪佳自己的意向則是在寓園長此棲遲，於是以「身病母老」爲由，上疏續假。「既憂樂之不與人殊，何江湖之不爲廟廊？」他相信，憑著自己的內心操守和才幹，在地方上一樣可以做些有益民生的事。就在這一出處行藏拉鋸式的內心衝突中，身體素來硬朗的母親於這年春天突然去世，接下來一段守制的時間，他參與了地方上大量的救災和慈善事務。

曾經同樣在出仕和隱居間苦苦掙扎過的好友、詩人陳子龍，已經預料到了終有一天，祁彪佳會離開這個他一手創制的園子。在應主人之邀寫下的一篇〈寓山賦〉中，他婉轉地說，像祁這樣的「世之君子」，在潛意識深處是不可能自外於人世、自外於時局的牽引的。他以《莊子》中的中山公子魏牟爲例，說魏牟以公子身分隱居岩穴，卻常有「身在江海之上，心居乎魏闕之下，奈何」之嘆，是因爲對朝廷還有眷戀之意，雖未達至高境界，也已經有重生向道的心意了。魏牟有無奈之嘆，處此亂世，祁彪佳又豈能無感？所以他以一個朋友的身分也對祁彪佳有著同樣的期許：

苟語默之各當，豈出處之異途！知身世之一體，何魏闕與江湖！①

崇禎十五年（一六四二年）六月，母喪服除，已無理由留在老家。九月，祁彪佳被起復為河南道御史，因戰事導致的驛道不暢，他於十一月初才接到這項任命。這年冬天，他告別妻子束裝北上，前往京師。時方多難，選擇這樣一條充滿泥濘的道路於他這樣一個士大夫幾乎是命定的。有關他這次北上途中的艱辛，他的弟弟祁熊佳有過這樣一段簡要記述：

渡河，抵沭陽。知京城戒嚴，士民商賈無一北行者，先生北向號泣曰：「君父有難，生死以之，吾計決矣。」戎服介馬，攜乾糗，歷盡艱苦，入都門，都中人咸謂先生從天降耶。

幾乎是同一時間，鄞縣致仕官員倪元璐接奉兵部右侍郎兼翰林院侍讀學士的詔令後，也毅然拋下營建了七年的衣雲閣，招募了三百死士，如燈蛾撲火般趕赴京師。

衝風冒雪，匹馬戎裝，祁彪佳似乎是走得非常決絕了。但事實上要不要應召他還是非常猶豫，北上前還到處與人商出處之道，甚至請人預測此行吉凶。即便是在險象頻生的路途中，他還不斷地向故鄉發出一封封書信，交代寓園的事更是沒完沒了②。到了京城，得著了閒暇就遊園，一遊園就不免惹動鄉思。一六四三年初春，他去看方以智，坐在朋友的書房，「觀桃花已開，不勝故鄉之思」③。偶爾在別人園中看到堤上成排的柳樹，或是看到城外德勝橋下的流水和稻田，也「儼然江南風味」了。

這年八月，祁彪佳出都南歸。一到家他就試圖辭官，十月份打了退休報告上去，帝國緩慢如同牛車一般的公文運行系統一直到來年二月才給他「不蒙聖允」的答覆。延止三月二十六日，祁彪佳不得不勉強動身赴任。這距他離開北京已經半年過去了。臨出發前一天晚上，祁「周視山中諸亭榭，戀戀不忍釋」④，那心情就如同倉皇辭廟的帝王垂淚對宮娥一般不忍相棄。北行途中除了問卜、商議，一次次萌生託病不出的念頭又打消，他還不時寫信問起園中近況，四月的一天，他大概突然想到了引水灌園的一些要點，就寫了好長一封信，要求家人把他的那番話傳給園子裡專門負責給花木澆水的那些花工們。

他怎麼會知道呢，就在他於寓園中輕鬆平淡地打發著日子、並爲要不要北上就職煩惱的尋常一天裡，甲申年三月十九日（公曆一六四四年四月二十五日），一個王朝已經終結於一場突然降臨的寒潮帶來的淒風苦雨中——北京陷落了，崇禎帝自縊於皇宮後的小山。事後祁彪佳拚命地回憶，也只記得這一天的越中天氣清和，春風四敷，一點也沒有大難降臨的徵兆。所幸有記日記的習慣，他還能想起三月十九日裡發生的數事：會晤紹興知府於穎，和一些客戶核算造園的石工帳目，還有幾檔子應酬，回覆了幾封信。這樣的日子和尋常日子有什麼區別嗎？

這種時空阻隔造成的弔詭，要在他四月二十七日行至江蘇句容時才深切地感受到。就在前兩天，祁彪佳得到的消息還是「神京無恙」，怎麼倏忽間就天崩地坼了呢？或許那是個謠傳也說不定呢。可以想見他「爲之徬徨徹夜」的情狀。就在他第二天行至淳化的時候，消息終於坐實。這一回，消息是從南都傳來，應該是確鑿的了，而且他得知，帝國的戶部尚書倪元璐等人也已在京城陷落時殉難。時方危迫，君臣之義無所逃，此時稱病，身雖安，畢竟心甚不安，他終於不再在出與不出間遲疑，決定去南京履任——「定計入南中」。

祁彪佳爲弘光朝效力約半年時間，他就任的是蘇、松諸府巡撫一職，作爲蘇州—松江一帶的最高行政官員，他致力於解決因戰亂引起的米價哄漲、

① 陳子龍〈寓山賦並序〉，《陳忠裕全集》卷二。

② 「叮囑寓園，尤惓惓也。」《祁忠敏公日記·壬午日曆》。

③ 《祁忠敏公日記·癸未日曆》，十六年二月十七日。

④ 《祁忠敏公日記·甲申日曆》，三月二十五日。

囤積居奇、通貨膨脹等一系列社會問題，並著力整頓鬆懈的地方防務。他的兩個兒子祁理孫、祁班孫也跟著他投入到了這些瑣屑的工作中。這一時期的祁彪佳的日記中充滿著緊張不安的氣息。他說自己四處奔波，常常要忙到宿在夜行船中，在船上還要伏燈草疏，每晚都要三更後才能安寢，「勞冗之極」、「心力耗竭已極」，以致胃口全無，人也瘦去了一大圈。日記中還一再寫到江南的騷動擾攘、他和同儕們一次次的會商與謀劃。在寫給岳父大人的信中，他說自己「勞苦萬狀」、「因過於勞劇，七月間幾成怔忡」，看來這個力圖挽狂瀾於既倒的官員實在是累得不行了。但更讓他受不了的是弘光朝惡劣的政治氣候，和同樣投到南京的陳子龍等一干大臣一樣，南明小朝廷裡權力派系鬥爭的牽制讓他深感苦惱又莫之奈何。

或許是女性對時局的看法更爲直觀，商景蘭已先於她的丈夫看出了南京小朝廷難成氣候，她一次次勸祁彪佳辭去職務，繼續回到融融洩洩的園林生活中來。爲此，她常在佛像前祈禱，盼著丈夫能夠早一日從弘光朝脫身。這一年的歲末，明白了事已不可爲的祁彪佳，在憤怒和失望交雜的心情中再次回到了他的寓園。這一天是十二月二十五日，下著微雨，到家後祁彪佳在日記中欣快地寫道：

> 及暮抵寓山，故鄉魚鳥，俱來親人。

這個園子，讓這個被時局驅趕得焦頭爛額的男人重新找回了生活的安適與寧靜，並將體貼地陪伴他度過生命中的最後時光。

先前還一心「禦寇」的前巡撫祁彪佳，此時完全投入到令人陶醉的園林生活中。他對戰情的關切，竟已不如對園子中的一塊石、一棵樹更甚。這或許是因爲他比起那些眞眞假假的道學之士更率眞、更懂得生活，也比他們更多一份閱世的清醒。他不像別的士大夫對未來還抱有不切實際的別種想像，希望有別的抵抗力量出現讓弘光朝拖得更長久些，他在想的或許只是，即便清軍占領江南，還是有可能把寓園作爲歸隱之地吧。

祁彪佳的乙酉年日記充滿著雪光、月色、花香、歌吹，他似乎要以這種刻意營造的閒逸與這個動蕩不寧的世界拉開足夠長的距離。

正月初一這日，天氣暖如暮春，拜祝儀式一畢，「午後，與內子閒坐梅花船」。他興致勃勃地和友人一起賞雪，「晚懸燈梅花樹上，雪光共月光共映」①。和莊裡的園工與石工一起在梅坡上壘石，在豳圃裡手植薔薇，「梅花至是始發香，頗有悠然之趣」②。他還親自督工役，「時時置身香雪中」③。園內續建或擴建的工程刻不容緩地進行著，這個完美主義者一點也不能容忍細節上出現瑕疵，一有不滿意處立馬推倒重來，力求不留一點缺憾，工錢告緊了，甚至不惜「熔銀杯為修園之費」④。這名山事業在他做來竟有了一種悲壯的激情，從後來發生的事來看，他所營造的與其說是一個園林，倒更像是一個天國的花園。

南都的傾覆於一六四五年初夏如期到來。乙酉五月初十夜，福王出逃，五月十五日，清豫王多鐸率軍進入南京。繼之，杭州淪陷。祁彪佳日記中關於寓園的最後記載，終止於閏六月初四日，前一天，他還在與花工們一道「芟竹於後圃」。

此時的寓園變成一個避難所，卜居者紛至沓來。祁氏家人已經在做避地山居的準備，為此，祁彪佳還與人騎馬入山察看過地形。清人屢屢以書幣聘祁彪佳出仕，為新政權服務。種種情勢催逼下，本來並無死念的祁彪佳也不得不修改他易代之際的人生設計了。

六月二十四日，得知清軍徵聘劉宗周、高宏圖、錢士升、方逢年、徐石麒和自己的消息後，祁彪佳開始的打算是假作應承，「潛圖引訣」。清軍再次來書催促，他又作一「薦賢自代啓」，想以此脫身。到了閏六月初三

① 《祁忠敏公日記．甲乙日曆》，乙酉年正月十二日日記。
② 《祁忠敏公日記．甲乙日曆》，乙酉年正月二十八日日記。
③ 《祁忠敏公日記．甲乙日曆》，乙酉年二月初八日日記。
④ 《祁忠敏公日記．甲乙日曆》，乙酉年二月初二日日記。

日，當道再次要求他出見，家裡叔父、侄子一干親友也都勸他出來，「舒親族之禍」。壞消息更是一個連著一個，武昌的左良玉兵潰身死，吳三桂從廣西打到廣東，福建形勢也岌岌可危。這一回，他已被逼到牆角，再也無路可退，兩天後，即一六四五年閏六月初五日，祁彪佳自沉於寓園梅花閣前的水池。臨死前，他留下一首三十字的絕命詩，大意是：我深知在這個天崩地坼的時代建立功勳實在太難，而保持氣節則相對容易些，那麼，我就選擇相對容易的來做吧，但求一死，保存潔身之志。

有關祁彪佳之死的文章都記載那是夏天一個寧靜的夜晚，微風，柳枝輕拂著梅花閣前放生池裡幽暗的水面。做出自沉決定的祁彪佳和幾個親友一起來到寓園，他登上四負堂，回頭對兒子說，你們父親這輩子沒有什麼大的過失，只是在園子的土木營建上投入了太多心思和精力。他最後的囑託是，希望在他死後，兒子們把這兒改山爲寺①。

至此，距寓園建成才不過八年。對於自稱讀《易》多年、對天地盈虛消息略有所窺的寓園主人來說，這亂世之中的急景流年似乎也過得太快了些。他多想長久地享受這園子帶給他的安寧啊，生命卻不得不遽然中止了。

> 自有天地，便有茲山，今日以前，原是培塿寸土，安能保今日以後，列閣層軒長峙乎巖壑哉？成毀之數，天地不免。②

難道建園之初，他已經預料到一切的美都會摧折於時代的罡風？

① 「至寓山，登四負堂，顧謂公子曰：爾翁無大失德，惟耽泉石，多營土木耳。昔文信國臨終貽書其弟，囑以所居文山爲寺。吾欲效之，汝當成吾志。」《祁忠敏公日記·乙酉日曆》六一條。

② 祁彪佳《寓山注·讀易居》。

當時同調人何處

女詩人商景蘭的幸福生活隨著這一變故也駛入了另一條叵測的河道。這一年她四十二歲。按照那個時代對女人的道德要求，她是應該在祁彪佳自沉的那天追隨夫君於地下的，但她沒有，按照她三十年後的回憶自述，她之所以苟活於世，是要在亂世中把她與祁彪佳的三個兒子拉扯大，而這，是丈夫臨死前給自己的一份遺書中千叮萬囑的。

這麼多年，這封不捨與疑慮間或有之的〈別妻室書〉，她都可以一字不易地背出來了：

> 自與賢妻結髮之後，未嘗有一惡語相加，即仰事俯育，莫不和藹周祥。如汝賢淑，眞世所罕有也。我不幸值此變故，至於分手，實爲痛心，但爲臣盡忠，不得不爾。賢妻須萬分節哀忍痛，勉自調理，使身體強健，可以區處家事，訓誨子孫，不墮祁氏一門，則我雖死猶生矣。一切家務應料理者，已備在與兒子遺囑中，賢妻必能善體我心，使事事妥當。至其中分撥多寡厚薄，我雖如此說，還聽賢妻主張。婢僕非得用者，可令辭出。凡事須較前萬分省儉，萬分樸實，處亂世不得不爾也。賢妻聞我自決，必甚驚憂，雖爲我不起，亦是夫則盡忠，妻則盡義，可稱雙美，然如一家男女絕無依靠何。切須節哀忍痛，乃爲善體我心也。世緣有盡，相見不遠，臨別綣綣，夫彪佳書付賢妻商夫人。

仇英〈後闈生活圖〉

所以她在〈悼亡〉詩中如此這般自坦心跡：「公自垂千古，吾猶戀一生。君臣原大節，兒女亦人情。」丈夫已經盡忠，盡義就是她的本分了，「折檻生前事，遺碑死後名。存亡雖異路，貞白本相成」。

寓園在祁彪佳死後並沒有馬上荒蕪，起碼有十年以上時間，此處還是「芳馨未息」，依舊是祁家人的遊宴之地。這或許是因爲鄉人感念祁彪佳當年賑災救荒的種種善舉，也或許是賴於祁氏自沉前改山爲寺的保全之功。在這個精緻的園林中，商景蘭帶著祁氏的後人與梵唄、鐘聲相伴，很長時間裡還維持著上流縉紳階層的生活方式。說是環珮玎璫，繁華未斷，但寓園非復舊亭臺，葳蕤的林木正映襯出內心的淒涼。女詩人的詩作中開始出現強烈的故國之思，亡國之痛又與身爲未亡人的喪夫之痛糾合在一處，使得其詩的格調顯得格外的冷寂與蒼涼。

她說，每天早上起床後都沒有心思整理妝容。她還說，常常一個人站在園中亭臺遠望，但她什麼也看不分明，只有無端煙靄鎖著長空。她這麼說的時候，一定想起了多年前和丈夫一起在園中飲酒、遊賞，一起品鑒書畫的往事。於今存亡異途，陰陽睽隔，聽著花塢的鳥叫聲也是別樣驚心，而一個個長夜透過竹窗的月影更是讓她淚濕沾襟，發出「當時同調人何處」的悲鳴之聲。

過河渚登幻影樓哭夫子

久厭塵囂避世榮，一丘恬淡寄餘生。
當時同調人何處，今夕傷懷淚獨傾。
幾負竹窗清月影，更慚花塢曉鶯聲。
豈知共結煙霞志，總付千秋別鶴情。

一六五四年，商景蘭五十歲生日，兒媳們爲她舉辦壽宴，她卻慘然不樂，作詩自讜：「鳳凰不得偶，孤鸞久無色。連理一以分，清池難比翼。不見日月頹，山川皆改易。」①。她總覺得，丈夫的死把她的一整個世界都帶走了，沒有了愛情的潤澤，沒有了那些與丈夫一起看花、看月、小酌、下棋的夜晚，她的生命不過是一具行屍走肉。

商景蘭為祁彪佳育有二子、四女。兩個兒子祁理孫和祁班孫在父親死節後繼續參加忠於明朝的運動，他們甚至瞞著母親，把一些遭官方通緝的不合作者和前明官員藏匿到寓園裡。一六六二年，兩人都遭逮捕，罪名是事涉通海案。祁理孫買通辦案人員回到家中，不久鬱鬱死去。祁班孫被流放到寧古塔，三年後隱姓埋名逃回江南，做了一名和尚，與家人音訊斷絕，於一六七三年孤獨去世。

山陰祁家在十七世紀中葉的這場動亂中，損失了一個園子（寓園在祁家湮滅後最終被改建成了一處寺院）、全部藏書（著名的淡生堂藏書大部分為呂留良、黃宗羲所得，部分歸杭州趙氏小山堂，其餘則散入坊間）和家族中幾乎所有的男人。在孀居的三十多年裡，女詩人商景蘭目睹了她所有兒子和最喜歡的一個女兒祁德瓊的死亡。一六七六年，去世前的她在〈琴樓遺稿序〉裡自嘆「未亡人不幸至此」，也實在是泣血之聲。

經歷過那個時代的人們一定還記得圍繞著商夫人的那個著名的詩歌沙龍。她們全是清一色的女性，參與者為商景蘭的四個女兒（她最喜歡的一個早早去世了）、兩個兒媳張德蕙和朱德蓉，還有她娘家的妹妹商景徽、侄女商采、景徽的女兒徐昭華。偶爾還有黃媛介這樣的著名女詩人到訪並長住。詩人毛奇齡年輕時也曾有幸接到商夫人的邀請，到園中和女詩人們進行過一次交流②。看來商夫人是想藉詩歌讓

① 商景蘭〈五十自敘〉。

② 毛奇齡《徐都講詩集序》：「弱冠時，過梅市東書堂（即祁忠敏公宅），忠敏夫人出己詩與子婦張楚襄、朱趙璧、女湘君四人詩，合作編摘，請予點定。」

仇英〈漢宮春曉圖〉（局部）

祁氏一脈的聲名得以盡可能長久地延續。在她晚年時，兒媳們問她對於紛傳一時的才女張昊（槎雲）的早夭有什麼看法，商夫人發表了一個觀點：女之夭，不夭於天，而夭於多才，凡才女大多都是薄命的，但女人可以依靠上天賦予她的才華留下聲名，這是比肉體生命更長久的存在①。

這個遺世獨立的小世界裡，永遠封存著昔日的時光、情懷和故事，在祁家的男人們因爲各種各樣的原因離開這個世界之後，女人們還在花園裡賞花、拓碑、寫詩。每一棵葡萄樹、每一朵芍藥，都讓這個女兒國裡的詩人們不知題詠了多少遍。以致時人只要一提起山陰梅墅，就起無窮遐想，「望之若十二瑤臺」②。瑤臺，那是天上的仙女們侍奉西王母的地方啊。但最後，隨著一六七六年商夫人的去世，這個以親情和對共同往事的回憶連結在一起的詩歌團體終於解體了，一切都消失在寺院的蒼茫鐘聲裡了。

① 商景蘭〈琴樓遺稿序〉：「女之夭，不夭於天，而夭於多才。是蓋有莫之爲而爲之者。使槎雲享富貴，壽耆頤，而無所稱於後世，又何以爲槎雲者乎？」

② 朱彝尊《靜志居詩話》：「公懷沙日，夫人年僅四十有二。教其二子理孫、班孫，三女德淵、德瓊、德茝及子婦張德蕙、朱德蓉。葡萄之樹，芍藥之花，題詠幾遍，經梅市者，望若十二瑤臺焉。」

仇英〈修竹仕女圖〉

陳洪綬〈閒雅如意圖〉

夢醒猶在一瞬間

萬鏡樓中的董若雨

夢

香

雨

書

鏡子

夢

那一個折磨了董說幾十年的夢，這一夜又攫住了他。

夢裡他架著一把梯子登上天去，梯子斷了，他摔下來掉到了白雲上。棉花朵般柔軟的白雲裹住了他，他撒開腳丫在白雲上奔跑，一口氣跑了十多里地。突然，腳下的雲層被他不小心踏破，嘎啦一聲裂開，露出藍得發黑的天空。他像一個溺水者一樣雙手亂舞。一縷縷風從指縫間滑過，他卻什麼也抓不住。在接連兩次墜落後，他掉落到了一條河邊，柔嫩的水草葉子如同婦人細長的手指輕拂著他的臉。

> 梯而登天，未至，下視白雲如地，因墜雲上，馳走數十里，誤踏破雲，墮水畔。①

唐寅〈桐陰清夢〉（局部）

① 董說《昭陽夢史·走白雲上》。

自從攝政王多爾袞率領的清兵鐵蹄踏進山海關後，董若雨（若雨是他的字）便時常作這個從雲端墜落的夢。改立新朝幾十年了，他還常常在夢中高聲驚叫。他妻子時常被他從夢中驚起，然後數著念珠度過一個個長夜，爲此還落下了久久不能治癒的失眠症。

解夢師說，這個夢寓意著浙江南潯董氏家族在新朝的命運，從原先的「華閥懿孫」淪落到了塵世凡間。董若雨的曾祖董份是嘉靖年間的進士，仕途頗順，選庶吉士，授翰林院編修，又因寫得一手青詞，被世宗親擢爲翰林學士，加太常寺少卿，歷遷吏部左侍郎、禮部尙書，又多次充鄉試主試官，門生滿朝，先後任萬曆朝首輔的申時行、王錫爵均出其門下，其在世日，與子、孫三代科甲同時俱在，洵爲皇明盛事之一。若雨的祖父董道醇中萬曆十一年癸未科進士，由行人司行人晉南京工科給事中，六子中有二子進士出身。那時的南潯董家奴僕成群，「賓客車馬馳逐如騖」，「伐鐘鼓，吹笙竽，俳優侏儒之戲窮日夜」，門第之顯赫富貴簡直無與倫比。

其實在十六世紀的最後幾年，南潯董家已迅速由盛轉衰，在董份被劾奪職十餘年後的萬曆二十二年（一五九四年），董家遭受奴變重創，在一群閭里悍徒、無賴惡少的哄搶下，這個曾經的簪纓之家身槁產落，門可羅雀。經此劇變的第二年，董份和兩個兒子相繼去世，風流總被雨打風吹去，鐘鳴鼎食之家終究淹沒於明末江南的民變風潮中，也眞應了後人《桃花扇》中的一句唱：「眼看他起朱樓，眼看他讌賓客，眼看他樓塌了。」

至於父親董斯張，自若雨懂事起就是個抱著個藥罐子的病病歪歪的人。這個自號「瘦居士」的男人，十六歲病肺、三十三歲病足，幾乎大半生都在病榻上度過。除了狂熱地愛書、愛酒、愛山水，聽方外高僧談經說法，與他那個時代的文化名流馮夢龍、董其昌、陳繼儒、湯顯祖等詩酒酬酢，董斯張平生最不擅長的就是生計營生。因他在四十三歲上過早地去世——崇禎元年，那一年若雨八歲——幾乎沒給兒子留下什麼深刻的印象。然而成年後的若雨身上卻處處都透著父親的身影，兒子不僅繼承了他種種的癖好，連種種病症也都一樣不落地承續了下來：肺病、眼病、胃病、對無用的事物的喜好與追逐。同時代人給董斯張繪過一幅山中讀書的肖像，這個因過度沉浸於內心生活而對身外世界完全拒斥的人，通過神祕的血緣對兒子的一生發生著久遠的影響，某種程度上甚至可以說，兒子是他半夢半醒一生的一個翻版：

石燈夜燃，竹葉風掃，似不臨人境。有野鵲千餘，蔽霄而翔，哀響清激，晨夜無失期。居士出，鵲竟不至，墟中人相驚以爲神也。性不與俗近，無人自語，隨行孤嘯。意小不快，雖王公蔑如也。

正因爲家族早就迭經變故，繁華不再，董若雨認爲解夢師是在胡說八道。自己早就不是什麼貴胄子弟了，鼎革前也不過是一個除去了青衿的廩貢生而已，哪有傳說中的那樣華麗。何況科場的失意使他早早就絕意於仕途，不去作那些勞什子的「紗帽文章」，他自忖對這個世界已一無所求。生此慾望紛飛的年頭，士子們若政治上無望，大抵汲汲於私人空間的營建，或治園林，或藏珍玩，或追伶人歌女，以此作安魂之所，卻也不免沾染上卑俗市儈之氣，董若雨卻在自家的性靈園地裡另闢一徑，在他身上絲毫看不到耽於物質慾望和世俗享受的顧盼自得。前人袁宏道曾論人生五種「眞樂」，乖張的言語下留戀的還是浮世的種種繁華，若雨則出以「五香」，把整個炎涼塵世都關在了門外：

吾生而手不曾著算子則手香，吾腳不喜踏自己一寸田園則腳香，吾眼不願對制科之文則眼香，耳不習世道交語則耳香，舌不涉三家村學堂說話講求則舌香。①

他幾乎有點惡作劇地站到了物質主義者的對面，以一種病態的激情愛著世間種種的虛無：長滿青苔的小路、天上的星子、變幻的雲霞、寺院的鐘聲、山、石、泉、古碑、孤坐、冥想、焚香、作夢。這世界有讓人覺著磁實的物質的A面，也有

① 董說《楝花磯隨筆》。

充斥著種種不可捉摸之物的B面，他愛的是世界的另一面。在世界的這一面，他耽於虛無、耽於夢想帶給他的種種快樂。

崇禎十六年（一六四三年）春天，董若雨生過一場重病。家裡請來了一個庸醫，差點把他治死。睡眠就如同一條混濁的河流，把他送入各種各樣的夢境。在夢中他上天入地無所不能，與歷代妖姬美女效魚水之歡。現在看來，他一生的嗜夢癖就是從這年春天開始的。

董若雨最引以爲豪的是他曾在夢國遊歷三年，做到了夢鄉太史的職位，管理夢鄉的國政。他的治國措施中的一項，就是成立一個夢社，由童子們任司夢使，把社友們千奇百怪的夢寄存在潯水之濱，由他集中保管。這些夢都保管在一只一尺見方的大鐵櫃裡，這只櫃子叫藏夢蘭臺。

他對夢國做出的另一貢獻是爲之編纂了一部歷史。在這部叫《夢鄉志》的書裡，他給這個國度分了七個區域：玄怪鄉、山水鄉、冥鄉、識鄉、如意鄉、藏往鄉、未來鄉。按照他的說法，玄怪鄉中，鳥冠獸帶，草飛樹走，人長角而魚身；山水鄉，顧名思義彙集了許多崇山大川；冥鄉是亡靈的居所；識鄉，其中有凝想造起來的「情城思郭」；如意鄉，就是人人都能達到他們願望的那種夢；藏往鄉專藏夢裡往事，未來鄉則能鑒知未來。

董若雨說，去往夢國的道路有千條萬條，但芸芸眾生被物慾的享受迷了心性，總是找不見。作爲夢國的太史，他有責任對他們提供尋夢的技術指導。比如，「出世夢」的作法是，你想像駕馭著日月，去趕赴諸神的宴會，在你的下面，萬頃白雲如同一條澎湃的河，那些傳說中的蛟龍就像魚兒一樣游來游去。再比如「遠遊夢」的作法：坐上世界最快的馬車，一刻萬里，不到一星期，三山五岳就走遍了。「藏往夢」的作法簡單些：什麼也別做，就只是坐著，讓腦袋像一個搬空的倉庫一般，一會兒你就會來到漢唐，運氣好的話，也可能到了商周。「知來夢」的作法有些讓人費思量：將會白衣，霜傳縞素，法當震恐，雷告驚奇。看不懂吧，看不懂好好看。

爲了更便捷地抵達夢國的指定位置，收集到夢的精品，工具的作用也不可忽略。董若雨指出有八種常用的輔助工具不妨一試：藥鑪、茶鼎、樓居、道書、石枕、香篆、幽花、寒雨。試想，你獨居高樓，頭枕石枕，手上一冊閒書，邊上的茶煙香氣如薄霧環繞著，此時若你悠然入夢，這樣的夢怎麼會是凡品呢？當然，如果你想作抱著女人睡的那種艷夢，這些工具就用不上了。

有人說他那麼愛作夢是一種癖，說不好聽一點是一種病，對此，董若雨並不否認，但舉世皆病，他這樣的夢癖反而是輕的。他說，夢是一味藥。宋朝有個禪師，把禪當作療救人生的一味良藥，寫了一本《禪本草》的書，董若雨也寫有一本《夢本草》。在這本書裡，他開宗明義就說，夢這味藥的性味與功用是：「味甘，性醇，無毒（當然對意志薄弱者來說還是有微毒），益神智，悒血脈，闢煩滯，清心遠俗，令人長壽」。至於夢的採集方法，也十分簡單易行，不論季節，不假水火，只要閉目片刻，靜心凝神，這味藥就算是採成了。根據他多年研究，夢的產地不同，功效也有所不同。最好的夢有兩種，一種是產自絕妙的山水間、一種是產自太虛幻境。這兩種都可療治俗腸。至於採於未來境、驚恐境的，雖然也有部分功效，但也會帶來名利纏身、憂愁百端這些副作用，弄得不好還會走火入魔，嚴重的還會發狂至死。

董若雨經常說，正如人有雅俗，夢也有雅俗之分。他自以為平生作過的夢裡，最幽絕的一夢是在一個下著雨的晚上，他穿過兩塊山石搭成的拱門，又走過一條長長的松蔭路，登上了一個石樓。這座樓外表平常，但

杜堇〈陪月閒行圖〉

內裡的陳設十分怪異，樓中的几榻窗扉，全都是切得四四方方的石塊。更令人吃驚的是石樓上還有七個篆體大字，如回風舞雪一般，寫的是：七十二峰生曉寒。他把自家住的樓取名叫曉寒樓，屋前的池塘叫夢石樓塘，就是這麼來的。在一些詩歌片段中，他還經常提到這個夢：「眼底三千年舊跡，夢裡七十二青峰」。要是微染小恙，如能喝一點小酒，再在微醉後得一佳夢，遊遊名山，讀讀這個世界不存在的書，與古代的名人說說話，那病立馬就會好幾分。如果作了俗夢，譬如與女子交合之類的，他怕夢醒後就會大吐一場。

回顧長長的一生中作過的夢，那無數的人、事、物，組成的是一個多麼龐大的世界呀。他有時候也自問，這一切，眞的在這個世界存在過嗎？他想，它們是存留在他的大腦，在某些個夜晚，如同電光一樣短暫，卻又像投進湖中的石塊激起的水紋永無止息。在他還是一個孩子時，父親就跟他說過，南方有一個國家，叫古莽之國，這個國家的人以醒著時做過的事爲虛妄，以夢中發生的一切爲眞。他想，要是眞的生活在這個國度該是多麼好啊。這麼多年，他一直沒有放棄對這個國度的尋找。現在他老了，還沒有找到。他想，要是眞找不到，就在心裡造一個吧。

生命在成長，夢也在成長，如果借用詩歌來作比喻，那麼他少年時代的夢是李賀的詩，連鬼神聽了都要驚奇。後來的夢，一會兒是李白的風格，一會兒是杜甫的風格，到了他這年紀，那些夢就是王維的田園詩風格了：空山不見人來，唯留清泉石上流。

人生百年無夢遊，三萬六千日，日日如羈囚。他就是不甘心做一個時光的囚徒，才會有那麼多夢。時勢又是如此的晦暗不明，逍遙只能向夢裡尋了，就像他在《夢鄉志》裡說的：自中國愁苦，達士皆歸夢鄉。

這麼多年來，他把折磨他的一些雜亂無章的夢境片段，記入了一本叫《昭陽夢史》（書中所記夢境，自三月朔日起，至十二月戊子止，共三十一則）的書裡。之所以把這本小書保存至今，他是把它們看作自己某種意義上的自傳。青年時代的他，是一個喜歡背後說別人閒話和傳播八卦的人，連夢中都被流言的泡沫包圍著，說別人，也被人說。出於傳之後世的考慮，這些閒言碎語和一些過分色情、污穢的內容，他沒有記入。所以他在這本書的自序中說，這並不是一本完整的自傳，後世有緣讀到的人一定要明鑒這一點。

在這些夢裡，他一會兒與他那個時代最偉大的詩人鬥嘴，一會兒與江湖上最優秀的劍客過招，有時也會與最風騷迷人的女人性交。他曾經這樣對朋友說：「如果能記住這些夢，那將是一種極大的娛樂，你彷彿被俘擄進另一個世界裡一般，讓你覺得有意識的世界中的許多責任都非常遙遠。」

他夢見，蔚藍的天空，純淨得如同水洗過一般，忽然，天空垂下了成千上萬個乳房，顏色有紅的，也有青的，它們在慢慢拉長，一直垂到了屋瓦上。

夢見飛雲散落空中，一片片都是人臉，天上成千上萬張面孔，眼珠轉動，唇齒開合，每一張臉，每一個表情都不一樣①。

夢見天上落下了一個個手掌大的黑色的字，它們旋轉著飛落，如同紛揚的雪花（「天雨字，如雪花，漸如掌，而色黑」）。一個白衣高冠的男子在下面奔跑。高喊著，眞是大奇觀啊，天落字啦！他仔細看這滿天飛揚的字，乃是陶淵明的歸去來兮辭。

夢見幽深樹林裡的幾間老屋，白雲爲門，客人來，雲就緩緩推開，人離開，雲就重新合攏。夢見一場大雨，落下的全是一瓣瓣黃色的梅花。夢見自己成了一個老僧，精舍的門是一棵老槐樹。夢見一個叫苔冠的人來看他，他的頭頂上長了一株青草。

有一次他夢見採來了一大朵白雲贈給客人，還有一次他夢見自己吃掉了一盆白雲。

他夢見站在高山之巓，放眼看去滿眼都是草木，不見一個人影。這樣一個草木世界，他的舌頭還有何用？他找誰說話去？夢裡他哭泣起來，醒來，枕畔還是濕的。

①《昭陽夢史．人面雲》：「飛雲散天，片片皆作人面。目瞳轉瞬，唇齒闔辟，萬面各殊」。

他夢見自己被剃髮，頭髮墜落水池，變成了一條條魚游向遠處。他一邊哭一邊給朋友寫信：弟已墮髮爲魚矣。寫到「魚」字他突然醒了。

此生他最得意的是把一個夢寫成了小說，《西遊補》。他寫這個小說那年二十一歲。這部充滿瑰麗想像力的神魔小說，是他被情慾折磨的少年時代的一個宣洩通道，那是怎樣的一個彌天大夢啊，他讓鬥戰勝佛孫行者迷於情魔，經歷了一場場荒誕不經的歷險。小說從孫行者三調芭蕉扇，師徒四個走出火焰山後開始的，他從《西遊記》裡撕開一個口子來續寫，或許就因爲這個故事透露出的夢遊一般的氣息吧。在他看來，編織一個故事就是編織一個夢，平生亂夢三千，一切皆是寓言，那就在這一枕子黃粱夢裡幻出個大千世界吧。在寫作這部小說的時候，他時常感到，他就是孫行者，孫行者就是他。

日後回頭再看，這個小說的字裡行間散發出的不祥氣息，正是那時候動蕩不寧的天下局勢在他年輕的心裡投下的一個陰影。就在這部小說寫成後的第四個年頭，滿州人的鐵蹄如同西伯利亞颳來的寒風狂掃落葉，大明亡了。而在這之前數月，皇帝已在皇宮後的一座小山上吊死了。在一六四〇年春天完成的這部小說裡，他已經預言了這個結局：

> 在一個叫踏空村的地方，村民男男女女都會駕雲飛翔。一群踏空兒，四、五百人持斧操柯、掄臂振刀去鑿天，把天庭的靈霄殿生生給鑿了下來。

於是他設置了這樣的情節：靈霄殿給鑿下來後，天庭不知底裡，還以爲這事是孫行者幹的。行者有過前科，偷盜了太上老君煉丹爐裡的仙丹還大鬧天庭，他們有理由懷疑。於是他們要請佛祖出馬，把行者重新捉將回去鎮在五行山下。行者驚惶無措，撞入萬鏡樓，他在虛無世界中的歷險正是由此開始。

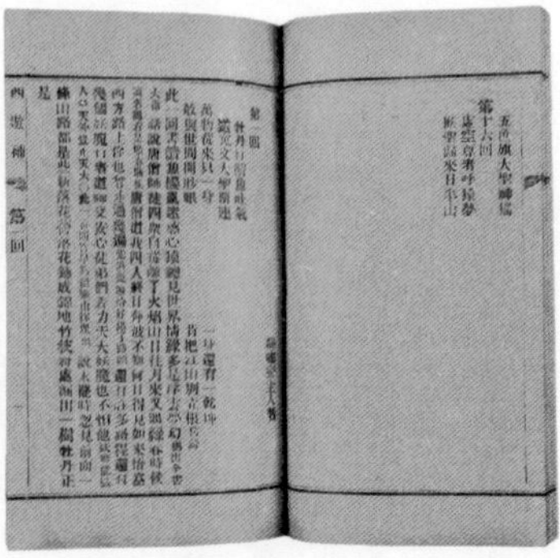

《西遊補》十六回，清光緒元年（一八七五年）上海申報館鉛印本。

天庭不再是舊天庭，世界的秩序已被打破，而新的平衡尚未建立，滿地碎片，如同萬鏡炫目，他的迷惘是一個時代的迷惘。小說最後，師徒劫後重逢，說的還是「心迷」：

唐僧問：你在青青世界過了幾日，我這裡如何只有一個時辰？

行者：心迷時不迷。

唐僧：不知心長，還是時長？

行者：心短是佛，時短是魔。

香

董若雨曾經有機會成爲十七世紀中葉南方最大的香料製造商，因爲在那個時候，香料有著巨大的市場需求，廟堂之上，青樓椒房，到處都是香煙裊裊。你在街上隨便逮個人看看，他的腰胯下面也總是掛著個鼓囊囊的香袋。在這樣一個以焚香爲時尚的年代，人是能以氣味來區別的。對一個有著正常嗅覺的人來說，不用睜開眼睛就可以辨認出遠處走來的一個熟人。

就像一朵花在開敗前總是最爲綺靡艷麗，大明朝覆沒之前的最後幾年也是這樣。政府在異族和流寇的雙重夾擊下疲於應對，岌岌可危，民眾的物質和文化享樂卻呈現出前所未有的繁榮之勢，園藝、器玩、珍饈、詩詞無不盡善盡美，登峰造極，就連秦淮河上的梨園行的戲子，也一個比一個光鮮，一個比一個頂樣。那個靡麗繁華的年頭，培育出了一個時代最出色的感官：最出色的舌頭、最出色的耳朵、最出色的鼻子和勃起得最持久的雞巴。董若雨有幸分享文明之果，擁有一個最靈敏的鼻子，可以辨別出空氣中上百種的香氣。靠著這個鼻子，他無師自通地掌握了製香之法。

若雨的製香之法，和一般的香料製造商需用大量名貴的沉香、麝香作引子不同，他就地取材，用自然界最尋常的植物的莖、葉就可以造出各種各樣的香。但他固執地認爲，銅臭與香氣是這世界的兩極，待價而沽就失了製香的本意，所以他的知識永遠不可能轉換成白花花的銀子，這個玩賞家製出的香，在市場上從來都是難覓蹤影。

在長期的摸索和實踐中，他發現，把杉樹葉與松葉集在一起焚燒，有一種彷彿置身天庭的清香氣息。把百合花與梅花的花瓣同焚，也殊有清致。這種山家百合香的香氣因就地取材，製作十分簡捷。製作過程最煩瑣的是「振靈香」，他採集了七十種花卉的露水、用光了收藏的所有乳香和沉木，花了整整七天才製成了三束線香。不是他吹噓，聞到這種香就是死人也會活轉過來。取名「振靈」，就是寓意它能振草木之靈，化而爲香。

董若雨把他的製香作坊稱作「眾香宇」，把培植原料的花圃命名爲「香林」，十七世紀四〇年代末期，他的作坊所產的香常爲時人稱道的有：空青香、千和香、客香、無位香、翠寒香、未曾有香、易香等。據若雨自稱，這些香的命名各有其義，只有最靈敏的鼻子，才能辨別出這些香的細微差別。

身居廟堂高位的人愛講「品德體用」，言行卻鮮有合一，董若雨這樣講香的品德體用：「香以靜默爲德，以簡遠爲品，以飄揚爲用，以沈著爲體。」在他看來，當一束香點燃著走向它的盡頭，其飄揚之勢應像中國書法一樣靈動：回環而不欲其滯，緩適而不欲其漫，清癯而不欲其枯，飛動而不欲其躁。

要把香的效用發揮到最佳，董若雨認爲焚香的器具尤爲重要。進入十七世紀五〇年代，他開始嘗試一種煮香之法，他把這種改良稱之爲「非煙香法」。以前焚香，都是把香放在陶製或銅製的熏爐裡焚燒，這種爐又叫博山爐，上覆以蓋，蓋上有鏤空的氣孔，他們聞到的香氣就是從這氣孔裡散發出來的。但他認爲博山爐長於用火，短於用水，對之進行了改造。他在爐體上面那個鑄成山巒林樹形狀的尖頂高蓋上鑿出一個泉眼，再依著石頭的紋路鑿出曲曲彎彎的澗道，把水流導引入底下銀質的湯池。每每蒸香時，水從上面的泉眼曲折下傳，奔落銀釜，加以霧氣蒸騰，直如一個香的海洋。他把這種經過改良的新器皿命名爲「博山鑪變」。

他還自創了一種蒸香時用的鬲，遇到蒸的是異香，就在鬲上覆以銅絲織就的格、簟，以約束熱性，不讓湯水沸騰，而香卻能沓沓不絕於縷。上面說到的振靈香，就必須用這種「非煙香法」，方能盡臻其美。

他住在南潯豐草庵的時候，走到哪總是隨身帶著一只經過改良的博山爐，春天的玉蘭花瓣、秋天的菊花、冬天的梅花墜瓣，他都悉數收集。他把它們放在水格上蒸，水氣裊裊中，不一會就香透藤牆了。那個時期，他爲自己設想的最理想的境界，就是坐在一隻釣船上，天飄著小雨，瓦鼎裡煮著香，船隨水西東，沒入花海中去。香拈細雨招新夢，還有比這更美的夢嗎？

自從發明了這種「非煙香法」，他就像一個對世界充滿著好奇的孩子，把各種各樣植物的花和葉子放到博山爐裡去蒸。一六五一年他刊刻了一部專門談香、品香的書，其中有一篇〈眾香評〉品評了蒸各種香的感受：

——蒸松針，就像夏日坐在瀑布聲中，清風徐徐吹來。

——蒸柏樹子，有仙人境界。

——蒸梅花，如讀酈道元《水經注》，筆墨去人都遠。

——蒸蘭花，如展讀一幅古畫，落穆之中氣調高絕。

——蒸菊，就像踏入落葉走入一古寺。

——蒸臘梅，就像讀商周時代的鼎文，拗裡拗口。

——蒸芍藥，香味閒靜，如遇大家閨秀。

——蒸荔枝殼，使人神暖；蒸橄欖，如遇雷氏古琴，不能評其價。

——蒸玉蘭，如珊瑚木，雖非常物也，善震耀人。

——蒸薔薇，如讀秦少遊小詞，艷而柔，輕而媚。

——蒸橘葉，如登秋山望遠，層林盡染。

——蒸木樨，如讀古帖，且都是篆體隸書。

——蒸菖蒲，如蒸石子為糧，清瘠而有至味。
——蒸甘蔗，如高車寶馬行通都大邑，不復記行路難矣。
——蒸薄荷，如孤舟秋渡，蕭蕭聞雁南飛，清絕而悽愴。
——蒸茗葉，如詠唐人小令，曲終人不見，江上數峰青。
——蒸藕花，如紙窗聽雨，閒適有餘，又如琴音之間偶或的停頓。
——蒸霍香，如坐在一隻扶搖直上的鶴背上，視齊州九點煙耳，殊廓人意。
——蒸梨，如春風得意，不知天壤間有中酒氣味，別人情懷。
——蒸艾葉，如入七十二峰深處，寒翠有餘，但貪戀紅塵之人不會喜歡。
——蒸紫蘇，如老人曝背南檐時，讓人昏昏欲睡。
——蒸杉葉，如太羹玄酒，惟好古者尚之。
——蒸梔子花，如海中蜃氣成樓臺，這世間無物可以比擬。
——蒸水仙，如讀宋詩，冷絕矣。
——蒸玫瑰，如古樓閣欂蒲諸錦，極文章鉅麗。
——蒸茉莉，就想起住湖州東南鹿山的時候，站在書堂橋上，望著雨後的雲煙，這情境，他未嘗一日忘懷。

有時，董若雨想，如果把自己放到博山爐上去蒸，會是什麼氣味呢？這樣的念頭常會把他驚出一身冷汗。他好像早就看到了一生的盡頭，在草木香氣的裊繞中消遁於無形，「小兒床頭打秋㲉，大兒床頭念漁書。老翁平生有香癖，柏子拈灸樹樹爐。」有友人從南京來，送他幾束線香，說是宮中舊物。他燃起香，把自己久久關在屋子裡沒有出來。舊事物氣息的瀰漫中，他感到自己的靈魂也在裊裊著上升。當爐裡只剩下數截冷灰，他已寫成了十八首〈金陵故宮遺香〉。「結客場空憶少年，故宮回首隔秋煙；白蘋江上花如雪，瓦鼎焚香坐釣船」。他一遍遍吟誦著，就好像剛完成一場告別的儀式。

雨

他收藏有一只小鐘，色澤灰黯，缺了個小口子，就像在地底下埋了幾百年了。半夜睡不著，他常常起來敲鐘。那細細的鐘聲清越而久遠，讓空氣蕩起一圈圈迷人的渦紋。因爲喜歡聽鐘聲，早年，他出行到了一個地方就遍地跑著去找寺院。孤館長旅，聽著鐘聲一下一下傳到耳邊，眞是要喜悅得掉下淚來。他這麼喜歡聽鐘，可能來自於他佞佛的父親的影響，也與幼年時對僧人生活的嚮往有關。說來不信，他三歲時就能像佛教徒一般盤腿而坐，七歲就能讀《圓覺經》和《金剛經》。聽著寺院的鐘鐃齊鳴，眞像前世般親切。國亡後，繁華不再，寺院都破敗不堪，他再也聽不到好聽的鐘聲了。

他的癖好越來越深，在世人眼中也越來越怪了。焚香、作夢、聽鐘之外，又添聽雨。

他喜歡在窗前聽雨，喜歡在秋天的漁笛聲中聽雨。他最喜歡的還是在船上聽雨。在船上聽雨，會覺著雨聲是綠的。綠則涼，涼則遠，在船上聽雨，眞會覺得遠離了煩惱人世呢。

他經常聽雨的那隻船叫石湖泛宅（爲此他給自己治了一個印叫「月函船師」）。船裡裝滿了書畫祕籍，船艙裡還掛著小佛像。他常常把船泊在柳塘湖水深處，待上一段時間又遊往他處。

如果上天不是那麼匆忙把自己叫喚去，他決心要寫下一百首關於雨的詩篇。體例就仿照白居易的〈何處難忘酒〉，叫〈何處難忘雨〉。「何處難忘雨，涼秋細瀑垂，小窗佳客在，白荳試花時，漁笛聲全合，水村煙正宜，谿山茗上好，雨癖少人知。」這是雨中無聊一時興起寫下的。如此好的煙雨溪山，卻沒有人來共賞，豈不可惜？不過話說回來，身邊如果眞有一個俗客聒噪個沒完，也挺煞風景的不是？那幾句說的是秋天聽雨，暮春下雨也是別有佳趣。竹闌外柳絲輕飄，那雨珠兒凝在葉尖久久不曾落下，偶爾滴瀝一聲，卻打下了樹蔭下的一片片花瓣。還有深宵聽雨，寒夜裡撥盡爐灰，雁落秋江，聽著屋角的雨如沙漏一般落下，「寒階一夜雨聲長」，這景象他多年來深爲迷戀。

用董若雨自己的說法，康熙十九年（一六八〇年）起他正式隱身於山水深處，這一年正月起，他從湖州箐山坐船抵蘇州，留宿夕香庵五日，再遊小赤壁，可謂行色匆匆。其實更早，五年前他就以山水白雲爲家了。他棲遁在苕溪、洞庭之間，一般朋友都找不到。偶爾在村澗溪橋邊碰到附近靈岩寺的和尚，就做一日夕談。一六七〇年冬天，他浮舟在西洞庭山，中流大雪，船都被凍住了，划不了槳，連除夕夜都是在船裡度過的。黑夜裡他暗暗地笑，他就是要讓人都找不到他。就好像，他刻意要爲自己安排這樣一個失蹤的結局。

他已經想好了，死後留給後代子孫這樣一幅肖像畫：他要讓最好的畫家把他畫進一場風雨中，屋外山雨欲來，木葉亂鳴，他坐在寥廓的堂前，手裡執著一卷書，神態怡然自若，就好像這個世界上再沒什麼可以撼動他。

書

早年，董若雨是一個足不出戶的漫遊者。儘管屐跡未至，名山大川卻全讓他給遊了個遍。之所以無法出遠門，老母在堂，想走也走不遠是其一，家門寒衰、囊中拮据是其二，最讓他犯難的還是他多病的身體。他的胃不好，咽不下粗糲的食物；眼睛不好，夜視尤其吃力；肺不好，一走山路，喉嚨就發出破風箱一般的嘶嘶聲。

爲了能在夢中遊賞，他就在房間的四壁掛滿了山水畫卷。「畫壁臥遊青嶂小，紙窗聽雨綠蕉秋」。在四壁山水的包圍中，在雨打芭蕉聲中，悄然入夢，是多麼愜意的一件事啊。那些年他夢遊所至的名山大川，計有廬山、武夷山、峨眉山、衡山和雁蕩山等。這種夢中的旅行既無須爲銀子不夠犯愁，也不必擔心身體吃不消。想想這樣的美事，他夢裡頭都要笑出聲來。他還採購來了大量木料，在屋上架設了一個亭子，屋上架屋，借從高處遙望青山白雲，以更好地臥遊。他希望他的夢中有更多的山，爲此他還選中了一塊風水極佳的地方想造一個亭子，連名字他都想好了，就叫夢山亭，只因爲湊不足蓋亭子的錢，這個計畫才遲遲沒有實施。

等到有條件出遊了，他一般也不敢跑得太遠（最遠的那次應是四十七歲那年的武昌之行吧），主要還是在湖州、嘉興、無錫、蘇州一帶盤桓。每次出遊，他都爲路上帶什麼書斟酌再三，掂量來掂量去，就像一個多情的君王，哪一個妃子都捨棄不下，卻又不可能全都給帶上，搞得自己實在是糾結不堪。

一般短途陸行的話，帶的書大概有五十擔；如果坐船，那就可以帶得更多，約有十篋之多。在他還是一個孩子的時候，他對自己一生的構想，就是前三十年讀書，後三十年遊歷天下。這麼說吧，他嗜書就像酒徒離不開酒，好色之徒離不開女人，這一輩子從來沒有離開過書。「雲中乍訝聲如豹，迎著挑書入屋來」，這是帶著一大堆書途中投宿。「一牀書傍藥鑪邊」，這是日常家居讀書。五十六歲那年，他在一封寫給兒子的家書中說：

讀書敦行是在世上過日最要講求底事，不可隨俗人俗語，只碌碌過了，後來懊悔無及。一切便於目前者，決定於身心性命，無一切當處。靜夜思之，靜夜思之。我除了六年，五十年讀書，而今在靜冷中，方有眞正讀書眼目。①

這話可一點沒有自吹自擂的意思。如果不是在人生最重要的十多年裡把身心浪費在了帖括制義上，他今天的成就豈止如此？所以他對兒子們總是千叮萬囑，切不可讓子孫後代再習舉子業，讀無用書，作八股文，那可眞要枉喪光陰了。

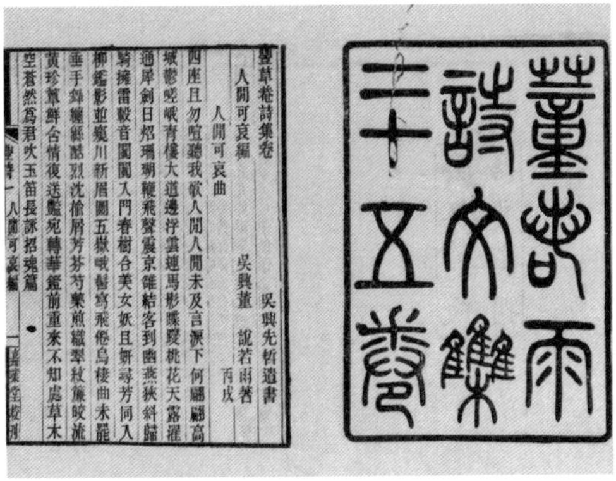

《董若雨詩文集二十五卷》，民國吳興劉氏嘉業堂刻本。

① 董說《楝花磯隨筆》。

其實他這樣子過完一生，在社會賢達成功人士眼裡已經是年華虛度了。他們不只一次對他說，本來以你天分之高、用力之勤，要不是給那些胡說亂道的東西迷錯了路頭，而專在考據編年等學問上下工夫，則在學問上面必能於古今第一等人物中占到一個位置。你那麼變態，老發神經，還自己弄些助長神經病的藥，結果就成了這麼一個半夢半醒的二等學者，可惜啊！

對這些人，他總是回之以：去！

這一輩子他從沒有放下過他的筆。筆是他的手、他的舌。但他也從來沒有停止過焚燬寫下的文稿。他就像一個雪夜行走在林中的盜賊，一邊前行，一邊又把留在雪地上的腳印全部消除掉。不僅焚字，他還焚筆、焚硯。很難說清他這麼做的全部動機是什麼。有時他剛寫下一個句子，就好像已經看到了承載這個句子的紙在慢慢消失。名詞消失，動詞消失，最後，連他也消失。

沒人知道他這麼做時糾結在心頭的苦悶，一方面他是那麼地熱愛寫作，另一方面，禪宗卻主張不立文字，直指本性，他信仰的臨濟宗更是如此。所以他總是一次次發誓要封筆，戒絕綺語自障，又一次次地衝破戒律，不停地寫寫寫。且悔且做，且做且悔，到老亦然，這樣子夠沒出息了吧？去他媽的戒律！

一五五六年，他三十七歲，準備上靈岩剃度，把餘生獻給佛門，行前他決心把所有寫下的文字全都焚燬。他兒子抱著他的腳苦苦相勸，懇請他留下一些詩文刊印於世。他說，墮文字因緣三十年了，再留下片紙隻言在這個世界上，那不是再墮落一次嗎？下半生就在青鞋布襪間了，罷，罷，全都燒了。這是他一生中第三次燒掉自己的文字，也是燒得最多的一次。前兩次的焚燒，分別在一六四三年冬天和一六四六年秋天。最初的起意是想把八股文給燒了，燒得興起，把一卷詩稿和一本雜文集也投進了火堆裡。看著那些碎紙片像黑蝴蝶一樣飛起來，他有一種自虐般的快意從心底裡升起。能夠盡著性子撒一回野是多麼快意啊。

在他看來，這些「綺語」，都是他進入永恆的佛法世界的障礙，於是發下一個誓刻在硯上：「今日已後，永絕文字，鏤骨銘心，盡未來際。不斷綺語，崇高苦因！不斷綺語，道岸不登！不斷綺語，離叛佛心！」看他拿自己的文字這般不當回事，兒子們不答應了，「長跪號泣」以請。他說：「我病不能斷文字緣、斷人間緣矣，我安能詰曲從人間世，流布詩文也？」

但他還是懷念這些已經在這個世界消失的文字，它們都是他散失的孩子。在一個招書魂魄的夢裡，他來到一座深山，山裡有一個古穴，洞裡飛翔著無數漂亮羽毛的鳥兒。他在洞裡見到有數百卷書籍，打開來卻一個字也沒有。他正奇怪爲什麼會這樣，來了一個人，告訴他說，這都是你寫的書呀，這些書已經被焚燬，當然不會有字了，洞穴裡那些飛鳥，就是這些書的魂魄，你試著哭出聲來，書魂就可招來。他當下就大聲慟哭起來，那些鳥遂在洞中驚驚乍乍地亂飛起來。他丟下這些無字書，飛一般地逃出了這個洞。

既做了和尚，就要遠離顛倒夢想，在他，夢與醒，本就在一瞬間吧。

鏡子

嘉靖年間，正是董若雨的曾祖董份仕途順暢的時候，宦遊途中，他的這位祖先收藏了許多面鏡子。南潯董家有一間屋子專門用來安放這些鏡子。各式各樣的鏡子，青銅的、水晶的、泰西進貢的玻璃的，形狀有圓形的、橢圓形的以及帶頂飾的矩形鏡框的，飾框的材料一式都是名貴的烏木、雪松木和紫檀，還有鍍金的黃銅，上面還雕有微型的動物、人像和枝葉連理錯落纏繞的圖案。這些鏡子掛滿四壁，直達屋頂，據說一進入鏡房，就像進入了一個沒有盡頭的世界：無數面鏡子相互對應，使得門、窗和走廊無盡延伸，生生不盡。

董若雨八歲那年，父親董斯張就是死在這間已經破敗的鏡房裡。家人把他抬出來時，爲了避免嚇著他們，在他的臉上蓋了塊白麻布。從此以後，家中長輩再也不允許他們走進這間鏡房。它成了他們家族的一個禁忌。但董若雨的記憶中已經永遠刻下了向這個神祕的屋子投去的第一眼，那一片眩目的、晃眼的光刺痛了他！他那時深信不疑，父親就是被鏡子裡一把把光的劍殺死的。這警示他在成長的日子裡一直小心躲避著鏡子的誘惑——鏡子是危險的！一旦你向鏡子看了一眼，就有了幻想、恐懼和慾望。爲情所迷，則大千世界不過是鏡子生成的幻象。鏡子會吸引邪狂的目光，鏡子裡藏著一個個惡魔。它的表面平滑如緞，它展現的卻是謊言和誘惑，讓意志脆弱的人陷入瘋狂。

他把童年時代的恐懼帶進了《西遊補》這部小說，把對女性的憎惡也帶進了這部小說。孫行者面對成千上萬面鏡子的恐懼就是他的恐懼。在他看來，鏡子是他們的生活與夢幻之間的無主之地，它乃是進入死亡的通道。他讓行者穿過一面面鏡子，正寄託著渴望在鏡子的另一端得到重生的意念。小說裡萬鏡樓中的世界，正來自他童年時代對那間小屋的恐懼：

> 上面一大片琉璃作蓋，下面一大片琉璃踏板，一張紫琉璃榻，十張菉色琉璃椅，一隻粉琉璃卓（桌）子，卓（桌）上一把墨琉璃茶壺，兩隻翠藍琉璃鐘子，正面八扇青琉璃窓，盡皆閉著……四壁都是寶鏡砌成，團團約有一百萬面。鏡之大小異形，方圓別製，不能細數……行者道：「倒好耍子！等老孫照出百千萬億模樣來。」走近前來照照，卻無自家影子，但見每一鏡子裏面，別有天地日月山林。

董若雨文中以一種古典式的耐心細緻羅列的這些鏡子，是不是就是他家鏡房收藏的呢：天皇獸紐鏡、白玉心鏡、自疑鏡、花鏡、風鏡、雌雄二鏡、紫綿荷花鏡、水鏡、冰臺鏡、鐵面芙蓉鏡、我鏡、人鏡、月鏡、海南鏡、漢武悲夫人鏡、青鎖鏡、靜鏡、無有鏡、秦李斯銅篆鏡、鸚鵡鏡、不語鏡、留容鏡、軒轅正妃鏡、一笑鏡、枕鏡、不留景鏡、飛鏡……

小說行進至此，更堪讓人心驚的那一聲存在主義式的勘測和探問，說的是孫行者初入萬鏡樓，見有一人，出現在一方獸紐方鏡中，問起爲何同在此處時，那人卻道：如何說個同字？你在別人世界裡，我在你的世界裡，不同，不同！

那個曾經顯赫一時的南潯董氏大宅主體建築已在一六四四年的兵火中化爲一片瓦礫，起自董份手中的百間樓，歷數百年風雨侵蝕而兀然不倒，也算是個奇蹟。富貴如煙雲，情根亦勘破，一切也眞應了若雨二十一歲那年寫的小說《西遊補》開卷所云「總見世界情緣，多是浮雲夢幻」，這也許就是夢的眞理吧？說來堪奇，兵燹中，董若雨從祖宅唯一帶走的物事，就是一面鑲在烏木框裡的鏡子。是不是他越是要逃避的東西，它越要像附骨之蛆一樣跟定他？鏡子在這時不再是惡魔隱祕的面孔，它也不再與奢華有關，它只是他們家族的一個紀念，留在他手裡的一件信物罷了。以後多年，他出行，它就在船上陪著他，他上靈岩受戒，它在禪房裡最早照見他頭頂的疤。

他時常拿著這面鏡子，把它朝向四面八方，這樣便能製造出太陽、月亮和天空中的其他星宿，他也可以製造出動物、植物、家具，但那都是徒有表象沒有實質的東西。令人目眩的鏡子製造出各種幻覺，它像夢一樣提示著看不見的事物。但時日一久，他發現自己離不開它了，就像他離不開那些夢。明知它的虛幻和危險，就是離不開它。

他有時是董說，有時卻又成爲了一個連他自己也不認識的人。鏡子讓他明白了，人永遠是他自己之外的另一個人。

人應該觀照自己的靈魂，而靈魂正是需要映像來認識自身。但同時又會有一個聲音在心底裡喊：遠離顚倒夢想，離鏡子遠遠的！每當這樣的時候，他情願把鏡子看作虛構的分身，維護著他的幻覺和譫妄。他就要這樣的半夢半醒。

他是把世界看作鏡像，把萬物都作爲他的鏡子了：夢是他的鏡子，香料是他的鏡子，雨水是他的鏡子，鐘聲是他的鏡子，孫行者是他的鏡子，小說是他的鏡子。

原來這一切只不過是鏡像的魔術。不僅虞美人的樓臺、唐朝的宮女映照在湖水的反光中，甚至孫行者，甚至那本小說，也可能來自烏有鄉，來自秋陽下水藻交橫的湖底衍射上來的一束光線。鏡子乃是他的慾望、恐懼與內心交戰的沉默見證。

他終於明白了，他在鏡子裡看見的那個人並不是他，他才是影子，鏡子裡那個人的影子。放下小說，他想進入到鏡子的背面，換到影子的位置上，逃避沉重而不確定的現實。他輕輕一躍，一頭衝入了鏡子，額頭劃開了一道小口子，傷痕難以察覺卻足以致命。童僕取下了那面因撞擊而碎裂的鏡子，進入鏡子背面，他看見他被地上鏡子的碎片映照了出來，不是一個他，是千千萬萬個他。

那孩子問：你在這一地碎裂的鏡子裡尋找什麼？

心會迷失方向，但時間不會，時間有著一個恆定的方向。他張了張嘴，卻什麼聲音也發不出來。

附記

董說（一六二〇～一六八六），字若雨，明亡後爲僧，更名南潛，號月函，浙江烏程（今吳興）人。著有《董若雨詩文集》、《豐草菴雜著》、《楝花磯隨筆》等。曾參加復社，是復社領袖張溥弟子。其事跡散見清光緒九年同治本《湖州府志》，民國十一年本《南潯志》等。本文寫作資料，一是《董若雨詩文集》（二十五卷），民國三年劉氏嘉業堂刊本，二是董說寫下的一部探討夢境的小說《西遊補》，這部小說也被部分論家視作最早的意識流小說和超現實主義小說。關於董說這部小說的成書時間，魯迅在《中國小說史略》中說：「全書實于譏彈明季世風之意多，于宗社之痛之迹少，因疑成書之日，尚當在明亡以前。」學者劉復據此在發表於一九二七年的《〈西遊補〉作者董若雨傳》中考訂出小說完成於崇禎十三年（一六四〇年），是年董說二十一歲。柳無忌等人則認爲這部小說是董說「身丁陸沉之禍，不得已遁爲詭誕，藉孫悟空以自寫其生平之歷史」，成書當在明清鼎革之後，很可能是在順治三年至七年（一六四六年至一六五〇年）之間的某一年。本文取前一說。本文參考的《西遊補》版本爲上海古籍出版社一九八三年版。另一篇對本文寫作有貢獻的文獻是法國歷史學家薩比娜·梅爾基奧爾—博奈的《鏡像的歷史》，她所揭櫫的「人注視著鏡子，而鏡像操控著你的意識」成爲了本文寫作的契機之一。

雨打風吹絮滿頭

「製造」柳敬亭

渡江

長把山河當滑稽

柳麻子

桃花扇底

起承轉合

「檀板之聲無色」

哀江南

壽則多辱

「製造」柳敬亭

渡江

十五歲那年，曹姓少年在泰州老家犯了事，被官府列入緝捕名單，從一個叫打魚灣的村子裡跑出來，在江蘇北部的泰興、如皋一帶遊蕩，後來他來到了鳳陽府泗州所屬的盱眙小城①。

此人體格魁偉，身軀高大，做苦力、打短工，什麼樣的活兒都難不住他。又性喜聽人說書，走到哪兒，行囊裡總帶著一冊稗官野史或小說之類的讀物。生計逼迫之下，他竟然也想吃開口飯，做一個說書藝人了。靠著閱讀，也靠著出入書場用心揣摩，再加天生大膽，他很快就無師自通，書說得出人意表又扣人心弦，不多時就轟動了滿城聽書客。但此人好賭，又性情豪爽喜歡結交朋友，說書賺得的幾文錢立馬都揮霍盡了。看著再待在小地方也不是辦法，他就決定渡江去南方，開始新的生活了。

渡過了長江，他躺在一棵大柳樹下休息，醒來，看著漫天飛揚的柳絮，他攀著柳枝大哭，說：從今以後，再也沒有曹某人了，我已決定改姓柳了！同行十餘人，聽他這麼說都嘻哈不已，管你姓曹姓柳，天生一個草根，還想逆天不成？

因他醒來第一眼看到的就是寧國縣的敬亭山，就把新名字取作了柳敬亭。

蘇州松江府有個叫莫後光的儒生，是個說書高手，見柳敬亭口齒伶俐，人又聰明，是個可造之材，就決定幫他以演技出名。於是讓人把他找來，對他說：你不要以爲說書是一門微不足道的藝術，眞要學好它，也不容易，要勾畫出故事中人物的性格情態，必須先熟悉歷代的典章文物、各地方的風土人情，才能明白他

① 吳偉業的〈柳敬亭傳〉，說他「揚之泰州人，蓋曹姓。年十五，獷悍無賴，名已在捕中，走之盱眙」。《梅村家藏藁》卷五十二。黃宗羲的柳傳據此文改寫，有關柳敬亭的出身、經歷與之一般無異。

們的立身行事，還要像春秋時楚國的優孟那樣以隱言和唱歌諷諫，而後才能達到目的②。莫後光還提醒他說，登臺獻藝時最忌浮光掠影，務必入木三分，一定要把最細緻入微的情感表達出來，講到形勢緊迫的關節，要迅雷不及掩耳般神速，講到應該放慢節奏的地方，則要細細琢磨其中情味，以徐緩安詳的態度導出，還要注意布局整潔，層次分明，結構嚴密、有條不紊等等。

這莫先生乃是當時非常有名的說書大家，曾經在一個大三伏天，數百人聚在一處古寺聽他說《西遊》、《水滸》，外面大太陽都要把石頭給曬爆，聽他說書的卻沒有一個人抬手擦汗，就好像他的聲音有魔力，把所有人的汗毛孔都塞住了一般①。柳敬亭把莫先生這些話都一字不落地記了下來，回到自己住的地方，閉門不出，悉心揣摩人物的喜怒哀樂，一個月苦練後，他高高興興跑去找莫先生。莫先生聽他說了一段，說：「你說書，已能使人歡快喜悅，大笑不止了，但你的技藝還沒到精緻圓熟的地步。」

柳敬亭回去又苦練了一個月，再來見老師。莫先生這一回告訴他：「你的確進步了，聽你講到驚險的地方，聽的人好像身臨絕境一般，渾身顫抖，毛髮盡豎，聽你講到悲壯的場面，又令人感慨悲嘆，痛哭流涕，但這還不是說書的最高境界。」

莫先生說：「你要明白，說書其實是遺忘的藝術，忘記時間，忘記身處何地，忘記座有權貴，忘記自己的煩惱，甚至要把自己的名字都忘了，這樣，你就是古人，古人就是你，嬉笑怒罵也都能由心而發了。」②

柳敬亭依照莫先生的教導，回去又琢磨了一個月光景來見老師。這次莫先生一見他就不禁讚歎說：「你一近前，還沒開口，哀傷、歡樂的感情就先表現出來了，讓聽眾一見你就無法控制自己的感情，隨你的喜而喜，隨你的憂而憂，你的技藝已經成了，就是行遍天下，也很少敵手了！」

於是柳敬亭就到蘇州、揚州、杭州等大城市去說書，很快他的名聲就顯揚於達官貴人之間。在豪華廳堂的歡宴中，在亭榭、樓臺文人的雅集裡，人們都爭著請他說書，聽過他登臺獻藝的沒有一個說他演得不好。當時江湖上與他齊名的說書名家，揚州有張樵、陳思，蘇州有吳逸，同行聚在一起總要打聽對方師出何門，柳敬亭總這樣告訴他們：這一行裡我沒有認眞拜過老師，算是自學成材的，我的老師只有一個，那就是儒者雲間（雲間是松江府的別稱）莫君後光。

一六二四年前後，柳敬亭來到了南京。三山街、大通街到西華門一帶熱鬧的酒肆茶樓，都曾響徹著他聲遏行雲的大嗓門。有時他也會應客人之邀，去秦淮河桃葉渡一帶精緻的河房、舊院說書。張岱說的「畫船簫鼓，去去來來，周折其間；河房之外，家有露臺，朱欄綺疏，竹簾紗幔；夏月浴罷，露臺襍坐，兩岸水樓中，茉莉風起動兒女香甚；女客團扇輕紈，緩鬢傾髻，軟媚著人」，說的就是這地兒罷——人說他「曲中狎客」就是這麼來的，其實他是去獻藝的，又不是去嫖，這麼說於他實在不公。

河兩岸那兩排在外人眼裡頗顯神祕的建築，一到傍晚，朱漆欄杆、繽紛的流蘇和次第亮起的燈籠倒映入水，華麗的帷幔後，時時傳出洞簫聲、琵琶聲、十番鼓聲③和歌女的婉轉歌聲，幾讓人疑爲天上人間。更有桃葉渡一帶，尋歡者、賣春者，爭渡聲喧騰不絕。入夜後，自聚寶門水關至通濟門水關的滿河燈船，如火龍蜿蜒，光耀天地。這裡是十七世紀初葉享樂者的天堂，也是管保讓你有去無回的銷金窟。柳敬亭經常說書的所在，桃葉渡邊的「長吟閣」，很快就成了秦淮河上的一處重要地標，他經常去說書的還有名妓李小大、李十娘家和顧媚的「眉樓」。

和秦淮河上許多姊妹一樣，李小大性豪侈，有鬚眉氣，人

① 「久之，過江，雲間有儒生莫後光見之，曰：『此子機變，可使以其技鳴。』於是謂之曰：『說書雖小技，然必勾性情，習方俗，如優孟搖頭而歌，而後可以得志。』」黃宗羲〈柳敬亭傳〉。

② 這節敘述來自同時代人李辰山《南吳舊話錄》的記載：「莫後光三伏時每寓蕭寺，說《西遊》、《水滸》，聽者嘗數百人，雖炎蒸爍石，而人人忘倦，絕無揮汗者。」

③ 「其技傳之華亭莫生，生之言曰：『口技雖小道，在坐忘：忘己事，忘己貌，忘坐有貴要，忘身在今日，并忘己何姓名，於是我即成古，笑啼皆一。』」見周容《雜憶七傳．柳敬亭》。周容（一六一九～一六七九），字茂三，浙江寧波人，明諸生，嘗以詩謁錢謙益，大得讚賞，善書工畫，著有《春酒堂文存》等。

④ 十番鼓，一種器樂演奏方式，即用笛、管、簫、絃、提琴、雲鑼、湯鑼、木魚、檀鼓、大鼓等十種樂器演奏曲目。李斗《揚州畫舫錄》中說：「十番鼓者，吹雙笛，用緊膜，其聲最高，謂之悶笛，佐以簫管，管聲如人度曲，三絃緊緩與雲鑼相應，佐以提琴；鼉鼓緊緩與檀板相應，佐以湯鑼。眾樂齊乃用單皮鼓，響如裂竹，所謂頭如青山峯，手似白雨點，佐以木魚檀板，以成節奏，此十番鼓也。」曲目有〈花信風〉、〈雙鴛鴦〉、〈風擺荷葉〉、〈雨打梧桐〉等。

稱俠妓，她曾自誇說，世上的遊閒公子、聰明俊秀的少年，「至吾家者，未有不蕩志迷魂、沒溺不返者也」。略有潔癖的李十娘「娉婷娟好、肌膚玉雪，既含睇兮又宜咲」，善鼓琴清歌。這二李雖妙，論姿容風度比之小字眉生的顧媚還遜上一籌。被浮浪少年們推爲南曲第一的顧媚，「鬢髮如雲，桃花滿面，弓彎纖小，腰支輕亞」，她家還有精美的小點心可品嚐，少年們「座無眉娘不樂」，余懷甚至把她的居室稱爲「迷樓」。這些河邊的妖精們所居曲房祕室，無一例外都綺窗繡簾，裝飾楚楚有致，極盡華麗之能事。每當夜色降臨、狂歡開始，紅妝與烏巾、紫裘相間，喝酒的、彈琵琶與古箏的，打十番鼓、吹笙管、唱時曲、聽說書的，吃流水席兒一般盡情享樂，不知東方之既白。曲終人散，每場狂歡的花銷，平均都要在百兩銀子之上。

長把山河當滑稽

這個人就這樣開始了以聲音征服他所處身時代的途程。那是一個多麼喧譁與騷動的聲音世界啊！在他的雙唇開闔間，吐出了風聲、雨聲、笑聲、哭聲、戲謔聲、男歡女愛聲，也充斥著對當時人來說尚顯得陌生遙遠的刀聲、劍聲和風吹旗纛的獵獵聲。當聽眾揪著一顆心，在跌宕起伏的故事裡走了一遭就好像過了幾百年，猛然抬頭，眼前卻只有一個滿臉麻點和痘疤的說書人，一桌、一椅、一棋①、一把摺扇而已。

時人聽過柳敬亭說書的，大都過耳不忘。柳敬亭成名後不久，錢謙益正罷官居家，柳常常往來南京、常熟，給他說書解悶，錢謙益在寫給友人的信中說：「浮大白，酌村醞，對柳敬亭劇談秦叔寶，差消魁壘耳」，那是聽他說隋唐年間遺事。吾鄉周容，平生負才使氣，誰都不放在眼裡，一六五三年在常熟虞山聽柳敬亭連講數日《三國》、《岳傳》，「劍棘刀槊，鉦鼓起伏，髑髏模糊，跳躑遶座，四壁陰風盤旋不已。予髮肅然指，幾欲下拜，不見敬亭」，眼前唯見關羽、郭子儀、武穆等書中人，不見說書人，可見說書人的技藝已出神入化②。

一六六二年仲夏，柳敬亭搭乘漢軍正白旗人、漕運總督蔡士英的官船北上京津，那年他七十九歲了，在船上應人之邀，說「隋唐間稗官家言」，當時陳子龍的學生王勝時在船上，說他「危坐掀髯，音節頓挫，或叱吒作戰鬥聲，或喁喁效兒女歌泣態」，一船坐客竦然靜聽，喜怒由他，直聽到滿河都漾起了星光，「坐客莫不鼓掌稱善」③。

一六五〇年夏，復社名士顧開雍④在淮安聽過柳敬亭說《水滸》中宋江軼事一則，但覺「縱橫撼動，聲搖屋瓦，俯仰離合，皆出己意，使聽者悲泣喜笑」。詩人朱一是⑤早年在柳敬亭由紹興去揚州路過南京時聽他說過一回書，說書人高坐在虎皮椅上，「突兀一聲震雲霄，明珠萬斛錯落搖」，是說他連說帶唱，先聲奪人；到「檐下猝聽風雨人，眼前又睹鬼神立」，已是入戲過深，回頭無岸了；「坐客驚聞色無生」，想說句讚歎話也張口結舌吐不出半句了。

大學士金之俊⑥本來不怎麼看得起說書藝人，聽了柳敬亭說書，爲自己先前的失敬而感慨，「直借說書以譜盡古今成敗得失之政治、忠佞、貞邪之人物」、「回世道人心于抵掌縱談，可嗔可喜、可歌可泣之間」，他眼中的柳敬亭成了如莊周、屈原、司馬遷一流人物，都是以文字及技藝洩忠憤、抒發千載不平的人中之龍。

一六六六年，閻爾梅⑦在安徽廬江聽過他說書，那年柳敬亭

① 即止語，又叫醒木，多用紫檀或紅木製。
② 周容《雜憶七傳．柳敬亭》。
③《漫遊紀略》卷二〈燕遊〉。
④ 顧開雍（一六〇四～一六七六），字偉南，松江人，曾參加復社、幾社，著作有《丙申日記》等。
⑤ 朱一是（約一六一〇～一六七一），字近修，號欠庵，浙江海寧人，明末舉人，入清不仕，工詩善畫，著有《爲可堂集》。
⑥ 金之俊（一五九三～一六七〇），字彥章，又字豈凡，號息齋，江蘇吳江人，明萬曆四十七年進士，官至兵部右侍郎，入清，原官起用，官至中和殿大學士兼吏部尙書。
⑦ 閻爾梅（一六〇三～一六七九），字用卿，號古古，又號白耷山人，江蘇沛縣人。崇禎三年舉人，曾入復社，明亡後組織抗清，敗亡遍遊南北，其詩有奇氣，聲調沉雄，著有《白耷山人集》。

已八十開外，還是「聲比金石」。〈柳麻子小說行〉說他穿著綠色上衣，腰繫紅帶，坐在椅上尚有一丈高，說書段落果然與其他稗官不同，「始也敘事略平常，繼而搖曳加低昂」，再說他「發言近俚入人情，吐音悲壯轉舌輕；唇帶血香目瞪稜，精華射注九光燈」，那聲音如獅吼蛟舞一般，「江北一聲徹江南」。接下來連用十幾個比喻句模擬他的聲音世界：忽而如一幅農桑圖般平和，忽而如亂流出三峽般湍急，忽而如六月一場豪雨，忽而如天狗叫長空，忽而如昭君出塞馬上琵琶，忽而如兩軍對陣人叫馬嘶……直嘆「柳兮柳兮豪布衣」，眞是漫說野史太荒唐，「此翁之史有文章」！

遺民詩人王猷定①和顧開雍等人一起聽過柳敬亭說景陽岡武松打虎一段，不說聽小說，偏說聽的是「史」，賦詩四首，第四首尤好：「英雄頭肯向人低，長把山河當滑稽；一曲景陽岡上事，門前流水夕陽西」。一六三八年後，張岱寓居南京桃葉渡，也聽過柳敬亭說打虎這一段，只覺其所說白文，與本傳大異，「嘞夬聲如巨鐘，說至筋節處，叱咤叫喊，洶洶崩屋。武松到店沽酒，店內無人，謈地一吼，店中空缸空甓皆瓮瓮有聲」，感歎閒中著色，細入毫芒，點染又曲中筋節，眞正「天地間另一種筆墨」。只是張岱接下來的話有些不著調了，他說，當時南京有兩「行情人」，一個是內橋西側珠市的名妓王月生，一個是一上臺「口角波俏，眼目流利，衣服恬靜」的柳敬亭。柳一日說書一回，定價一兩銀子，請他的人在十天前送去請帖、定金，約好時間，他也常不得空；那王月生頎身玉立，皓齒明眸，面色如建蘭初開，長得異常妖艷，富商和勳戚大佬如要約她，都要早早送去定金，故兩人聲價行情相等②。

他說「楚漢」，說「三國」，說「隋唐演義」，又說《精忠傳》、《水滸》，記述中最傳神的，當數說《三國》和《水滸》。說《三國》的〈當陽長坂坡〉一段，說至張飛大吼一聲，駭退追趕的曹軍時，柳右手持扇，以當長矛，直指坐客，大張巨口，良久不閉。坐客問其故，柳答：張飛一吼，曹操全軍人馬辟易奔退，如我出聲學張飛一吼，諸君都要跌下座來。又如說李逵下酒店吃人肉包子一段，先埋伏門徒作聽客，張口要吼時，座中桌椅杯盤響聲大震，柳曰：李逵先聲已經奪人，設若手執樸刀，一聲大吼，屋瓦都要飛去，那還得了。③

人稱柳氏說書，「段落不與稗官同」，他祕而不宣的說書到底有無稿本傳世？民國時武昌人劉成禺在《世載堂雜憶》裡說，他家樓上的雜物間鞋櫃曾有《柳下說書》一套八本。一九二二年，他回到武昌，執教於國立師範，一天，同事黃侃來家找他，他正好有事出去了，黃侃便與劉母邊聊邊等。當時黃侃正爲離婚一事煩惱，劉母見他神色不展，就說，季剛，汝心中難過，可取予鞋櫃中小說閱之，消汝悶。黃侃從樓上取來這套書，看了一會，提出告辭，說，請借我此書，緩日奉還。黃侃一直沒有把這套書歸還劉家，劉成禺問起，則支吾應答。後來劉成禺到了南京，有朋友告訴他，你家傳的那部《柳下說書》，是天下第一孤本奇書，黃季剛藏在床下鐵箱中，非破箱不得見。劉成禺問朋友，你怎麼知道的？朋友答：中央大學的汪辟疆先生說的，汪教授曾有幸見過此書，他花錢請季剛喝酒，趁其醉熟，打開了床下那只鐵箱，拿出一本，讀畢，再出一本，讀了幾本，季剛醒來，鐵箱已落鎖矣。待抗戰一起，中央大學撤至重慶，時黃侃已歿，他兒子黃念田帶著父親的部分遺書流寓西南，劉成禺曾問他，篋中有沒有發現《柳下說書》，黃說未見，可能是他隱下不表，也可能西遷時眞的遺失了。

劉成禺回憶說，這部被黃侃有借無還的《柳下說書》，共約百篇，分裝八冊，是書刊於康熙十年前後，爲大巾箱本，以竹紙裝訂。憑著記憶他還能說得上來的篇目有〈杜孟米三老爭襄陽〉、〈元白二人爭湖〉、〈宋江氣出梁山泊〉、〈程咬金第四斧頭最惡〉、〈隋煬帝來往揚州〉、〈金銀瓶兩小姐鬥法寶〉、〈黃巢殺人八百萬〉、〈趙家留下一塊肉〉等。全卷文章典雅，掌故縱橫，特別是〈杜孟

① 王猷定（一五九八～一六六二），字於一，號軫石，江西南昌人，明貢生，入清不仕，居揚州時與周亮工善，晚年居杭州西湖僧舍，著有《四照堂文集》等。

② 《陶庵夢憶》卷五〈柳敬亭說書〉；卷八「王月生」條：「南中勳戚大老力致之，亦不能竟一席。富商權胥得其主席半晌，先一日送書帕，非十金則五金，不敢褻訂。與合巹，非下聘一二月前，則終歲不得也。」

③ 劉成禺《世載堂雜憶》。

米三老爭襄陽〉、〈元白二人爭湖〉兩篇，「文采紛披，天衣無縫，妙處全以詩句穿插之」，「最奇者，合唐宋各家而一爐冶之……因知此書必經當代文人過目，潤色塗改而成，藏書家皆嘆爲奇書孤本。」劉成禺說：「季剛藏書，今全出售，願見此本者，善寶斯冊，公諸當世。」①

柳麻子

與高超的說書技藝同爲世人矚目的，是柳敬亭奇醜無比的相貌。此人小時出過天花，臉上長滿麻點和痘疤，時人大都不客氣地稱他柳麻子。張岱說他「黧黑，滿面皅癗，悠悠忽忽，土木形骸」；錢謙益說他「長身疏髯，談笑風生，臿齒牙，樹賾頰」。吳偉業說他「長身廣顙，面著黑子，鬚眉蒼然，詞辯鋒出，飲啗可五六升」。

綜合各家記述，可知：

一、其人身材高大而肥胖；

二、皮膚黑裡透紅，滿臉黃豆粒大的痘疤；

三、兩條眉又粗又短，還有一個肉感的大鼻子；

四、食量驚人，有一個好胃口。

「波臣派」巨匠曾鯨畫的柳敬亭像，讓柳敬亭著明人儒生衣冠，

曾鯨作柳敬亭像

王素臨柳敬亭像

戴平頂小方巾，形象也欠枯瘦了些，倒不如清王素臨的柳敬亭像，一個市廛中的胖子，手持一把微開的摺扇，一臉白鬚，眉眼生動，撲面一股鬱勃不平之氣。

張岱說，這柳麻子行動隨隨便便，走路也不甚穩當的樣子，脾氣卻老大，聽他說書，主人一定要不聲不響地靜靜坐著，集中注意力聽他說，他才開口。稍微讓他看到奴僕拊著耳朵小聲講話，或聽的人打呵欠伸懶腰露出疲倦的樣子，他就不再說下去。每到半夜，僕人們抹乾淨桌子，剪好燈芯，靜靜地用白色杯子送茶給他，他才從容不迫開口說將起來。聲音或快或慢，或輕或重，或斷或續，或高或低，說得入情入理，入筋入骨，要是集世上其他說書人的耳朵，讓他們仔細聽柳敬亭說書，怕是都要咬舌自盡了②！

到後來，他的排場是越來越講究了，說書前，設几，焚一爐香，桌上置一壺，沏一杯好茶，座上鋪虎皮或豹皮錦茵，足下鋪紫色氍毹毛地毯，待場內清靜無譁時，他才手持摺扇，袖攏手帕，緩步登場入座，一聲咳嗽，輕拍止語，然後開講。這時如有人交頭接耳、打盹、欠伸、不耐煩者，他不趕你走，自己卻拂袖下場。

那時節，大順軍已經把陝西、河南一帶鬧成了一鍋粥，南方尚稱太平，南京城裡一下子湧入了數萬人家，大都是逃難的官員和富商，這些有產階級一下子把南京城的娛樂業給帶動了起來。當時城中，與柳敬亭的說書並稱雙絕的還有蘇崑生的唱曲。此人本姓周，名如松，原籍河南固始，對崑曲的音律、曲譜深有研究，天生一條好嗓，據說

南京夫子廟柳敬亭說書雕像。

① 劉成禺《世載堂雜憶》。

② 《陶庵夢憶》之〈柳敬亭說書〉。

能把湯顯祖的「玉茗堂四夢」唱得板眼一字不差。這一說一唱兩大名家之外，當時南京城裡著名的藝人還有：善吹笛的張卯官、善吹簫的張魁官、打十番鼓的盛仲文、善於串戲的丁繼之、沈公憲、王公遠、朱維章、張燕築等。柳敬亭經常和沈公憲、張燕築三個人一起喝酒，飲到半酣，他們就各自唱的唱、說的說，有時甚至使酒罵座，或當堂大哭。當時復社子弟聲名盛於江湖，號稱「四公子」的侯方域、冒襄、陳貞慧、方以智和一幫全身每個毛孔都散發著荷爾蒙的少年動不動就在桃葉渡置酒高會，連宵達旦，要是沒有了這些舊院的藝人們到場，他們的宴集不知要寡淡枯索多少，慷慨激昂之後，名士們各自摟著佳人、在亭臺樓榭的暗影裡上演的一場場情愛故事，也勢必少了許多旖旎風光。

隨著越來越多的官員避難湧入南都，柳敬亭已不只去妓家說書，有時他也會去看得上眼的公卿家獻藝。一六三一年，他成了致仕的東閣大學士何如寵的座上客。三年後，南京右都御史范景文升任兵部尚書，以本兵開府南京，他又成了范大司馬家的常客，並因此結交了執掌范府文書的著名作家余懷和范景文的部將杜弘域。上面說的柳和兩位歌唱家朋友喝醉了酒，「張、沈以歌曲，敬亭以譚詞，酒酣以往，擊節悲吟，傾靡四座」，就是余懷親見並記錄下來的。在年輕的余懷眼裡，這個滿身風塵味的老頭是與東方朔和傳說中的樂人優孟一樣有趣的人物①。

名列閹黨的阮大鋮這時也從家鄉懷寧來到南京。此人原是東林黨魁趙南星門生，因補官未能如願，投了魏黨，崇禎初年欽定逆案，此人名列其中，已是打入另冊不得翻身的人物。此番來到南京，也想蠢蠢而動，來個鹹魚翻身，整日價招納遊俠，談兵論劍，又亮出其詩人兼戲劇家的招牌，取悅復社中人，與一幫名士詩酒唱和，不只方以智、范景文等人與他交情不一般，甚至楊文驄還與他做了結拜兄弟。他甚至還想出重金撮合愛情遇到了障礙的侯方域與李香君②。阮大鋮在秦淮河邊庫司坊（俗稱褲子襠）買了塊地，所造「石巢園」，花費上萬金，由精於疊石堆山的治園大師張南垣親手布置而成，又在園中蓄了個家班，教優伶們排演他自己寫的傳奇《燕子箋》和《春燈謎》，請了舊院的崑曲教師蘇崑生來教家班排戲，柳敬亭來做個白相的清客。這也都是蘇、柳平素不問政治，不知阮某人底細，才被他拉入石巢園。

南京城裡的東林遺孤和復社少年們從來沒有放棄過驅逐阮大鋮的努力，父執輩慘死天啓年間詔獄的慘痛記憶，使得他們幾乎把所有怒火都集中到了阮鬍子身上。不管此人的戲寫得如何之妙，又如何低聲下氣向他們示好，他們已執意要把這一撮「不燃之灰」趕到風吹不到的角落裡去。這樣，這幫被道德理想主義燒紅了眼睛的少年們才可以一邊欣賞著阮大鋮派人送來的戲、讚歎著作者的不世才華，一邊又惡聲噬罵此人人品之不堪。

冒襄在《影梅庵憶語》中回憶崇禎十五年中秋和魏學濂、李雯及董小宛舊院姊妹顧媚、李小大在桃葉渡水閣劉履丁寓館觀賞阮氏家班演出《燕子箋》一劇，對阮的戲劇才華還是讚賞有加：「是日新演《燕子箋》，曲盡情豔，至霍、華離合處，姬泣下，顧、李亦泣下。一時才子佳人，樓臺煙水，新聲明月，俱足千古。至今思之，不異游仙枕上夢幻也。」到了吳梅村的記述中，阮已經成了一個過街老鼠般的人物，梅村說，陳貞慧、侯方域、冒襄三人置酒白下雞鳴埭，招大鋮家善謳者，歌主人新製新詞，大鋮初聞之甚喜，既而夜半酒酣，三人大罵：「若奄兒媼子，乃欲以詞家自贖乎？」相與狂笑達旦，大鋮乃大懊喪③。黃宗羲在陳貞慧的墓志銘中也如是回憶，他們經常在一起「連輿接席，酒酣耳熱，多咀嚼大鋮爲笑樂」。公眾的怒火終於在一六三八年燃到了頂峰，一張由吳應箕、陳貞慧、侯方域、黃宗羲、沈壽民、顧杲等一百二十四名復社同人具名的〈留都防亂公揭〉張貼在了城中各處。這份公揭送抵阮家

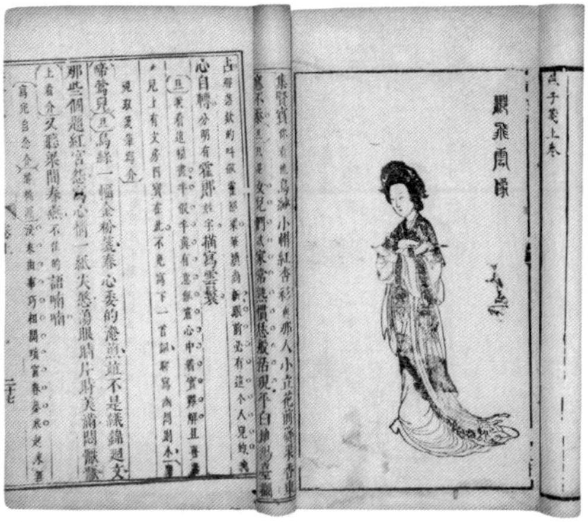

《懷遠堂批點燕子箋》，明崇禎刻本，二卷。

① 余懷（一六一六～一六九六），字淡心，福建莆田人，崇禎末遊金陵，入南京兵部尚書范景文幕，爲平安書記。與冒襄、方以智等人聲氣相投，親身見證了南京輝煌的末世景象。著有《板橋雜記》、《三吳遊覽志》等。

② 事見侯方域《壯悔堂集》之〈李姬傳〉。

③ 吳偉業《梅村文集》之〈冒辟疆五十壽序〉。這一節幾乎原封不動地移植進了《桃花扇》第四齣〈偵戲〉。

時，石巢園裡正大宴賓客，臺上鬧哄哄地上演著主人的《燕子箋》傳奇，柳、蘇二人讀了此公揭，「不待席終，拂衣散盡」，一個仍回到桃葉渡長吟閣去說書，一個仍回舊院去教南曲。

後世孔尚任作《桃花扇》，〈鬧榭〉一齣，藉吳次尾和陳定生的對話，「柳敬亭、蘇崑生不肯做阮鬍子門客，都是復社朋友了」，說的正是這一本事。

桃花扇底

康熙三十九年正月初七日，五十三歲的戶部福建清吏司主事孔尚任在北京寓所首場開演新曲《桃花扇》。正月十五元宵節，此劇又搬演至都察院左都御史李楠府中，聘請的戲班，是吏部尚書、武英殿大學士李天馥的家班「金斗班」。之所以在李府試演新曲，是因爲李家人對此劇亦有貢獻，十幾年前孔尚任協助工部侍郎孫在豐疏浚下河海口，曾在興化城南一位叫李清的前明官員的祖業「棗園」短暫居住，修改《桃花扇》一劇，這李清正是李楠的父親。當時李楠的一位族叔李沂還應邀前來觀劇並提出修改意見。此劇開演時，正好下了一場大雪，簾外白雪紅梅，場內竹笙齊鳴，一切都似乎預示著應了個好兆頭，在京師連演兩月餘，已是滿城爭說李香君，不僅獲得巨大的市場成功，而且驚動宮禁，連康熙都要內廷索觀稿本。好事頻傳，三月上旬，兼差戶部寶泉局監督的孔尚任又晉升爲從五品的戶部廣東司員外郎。然而還沒等孔尚任從一連串的驚喜中緩過神來，他就被莫名其妙地罷了官，黯然出京回了曲阜老家。

有人說他是被人誣告貪財丟了官，但知情人披露，是他寫的這齣《桃花扇》給惹的禍。做京官正如居危樓，從來是不敢高聲語，恐驚天上人，你仗著聖人之後、皇恩眷顧，作什麼興亡本末、亡國痛史？

相傳，《桃花扇》戲寫成後，尚未刊印，某日康熙宣召，孔東塘到了宮裡，正跪在門外候見，忽聞背後一陣腳步聲，抬頭一看，正是康熙。孔正要行禮，康熙說了一句，先生筆下留情些罷，撇下他顧自走了。

康熙惱得在理，這四十二齣《桃花扇》傳奇，也太逼近歷史眞相了，明裡說的是風月，演的是秦淮河畔一對才子佳人的悲歡離合，然究其本末，說的還是興亡事。孔尚任自己在此劇「小引」裡也說得很明白，「桃花扇一劇，皆南朝新事，父老猶有存者。場上歌舞，局外指點，知三百年之基業，隳于何人？敗于何事？消于何年？歇于何地？不獨令觀者感慨涕零，亦可懲創人心，爲末世之一救矣。」這樣一本記敘一個朝代、一座城市、一條河流及浮沉其間的人物命運的傳奇，聚眾搬演，焉知不是對本朝合法性的一種質疑？文人總愛在一個朝代敗亡後做些「抒一代之興衰、千秋之感慨」的活計，可這歷來是國之正史的地盤，哪輪得著你梨園行來說三道四？康熙實在是被這部戲龐大的政治史敘事架構給嚇著了，孔尚任被斥退回家，不過是當局給他的一記警告。特意不點明緣由，已是給足你聖人之後的面子了。

《桃花扇》一劇對歷史細節的忠實，孔尚任倒是一點不諱言。是劇雖名「傳奇」，在正式刊印的稿本前，他卻不厭其煩地羅列了徵引過的一百餘種史料，特別強調劇中故事和人物，都有憑有據，即便兒女私情，雖略有渲染，也非憑空杜撰。「朝政得失，文人聚散，皆確考時地，全無假借，至于兒女鍾情，賓客解嘲，雖稍有點染，亦非烏有子虛之比」。他還說自己的一個族兄，崇禎末年任

冒襄像

孔尚任像

職南都，晚年回鄉後，給他說了許多弘光年間的遺事，自己從少年時代起就立志要寫這麼一部大戲，所以此劇的立意，與史馬遷著《史記》有得一比。這倒不是他自吹，後世有人把劇情與本事一一對照，竟也大致不謬，堪稱史筆，整理出的此劇「考據」項下，僅是對當時南京作家余懷《板橋雜記》的參考就多達十六條，計有：長坂橋、秦淮燈船、舊院對貢院、董白死梅村哭詩、卞賽爲女道士、貴陽楊龍友、李香、寇湄字白門、曲中狎客、中山公子徐青君、丁繼之、柳敬亭、李貞麗及沈石田盒子會歌等①。

《桃花扇》增刪十餘載，早在一六八七年，孔尚任就已寫出了初稿，這年九月，時任國子監博士的孔尚任擔任治河事務的官員之暇，住在興化城南的棗園，修改這本尚祕之枕中的傳奇，時年七十八歲的冒襄聞訊特地從如皋趕來與之探討劇本。

在絢爛而又短暫的十七世紀四〇年代初的南京，冒襄曾與商丘侯方域、宜興陳貞慧、桐城方以智並稱「四公子」，「飾車騎，鮮衣裳，珠樹瓊枝，光動左右」，讓人幾疑爲神仙中人，那些桃葉渡畔的社集、雅宴，驅逐阮大鋮的公揭，他都一樣不落地參與了，還經常出入舊院，與李小大、李湘眞、顧媚等曲中名妓交情甚厚，李小大布置華麗的「寒秀齋」更是他時常勾連之處。後來他與名隸教坊司樂籍的名姬董小宛的情愛故事，經他親撰的《影梅庵憶語》的廣爲散發，更是大江南北無人不曉。生性風流的冒襄可說是一部秦淮風月史的親歷者和見證者，對孔尚任新劇中主角侯方域與李香君的離合故事，冒襄自然是爛熟於心，不僅如此，他還多次聽過柳敬亭說書，多次爲之贈詩，「遊俠髯痲柳敬亭，詼諧笑罵不曾停；重逢快說隋家事，又向河亭一日聽」。〈小秦淮曲〉三首，向來被他視爲得意之作。劇中另一重要人物，樂師蘇崑生，晚年流落吳中，經吳梅村說項，也到了他的水繪園中教曲、排戲。

整整三十日晝夜長談，冒襄向年輕的劇作家詳細介紹了南明一朝的起落紛紜，說起國事之敗裂，說起風雨舊侶可悲可嘆的結局，這老頭就鬚髮皆張，目眥怒裂，音調悲壯憤激。這次會面對《桃花扇》的修改促進不小，日後，定本的《桃花扇》以冒襄爲暗場人物，正與冒襄此行大有干係。

起承轉合

重新回到本文主人公柳敬亭身上來。

《桃花扇》的〈修札〉一齣，柳敬亭「小帽、海青、白髯」一登場，這樣介紹自己，「在下柳敬亭，自幼無藉，流落江湖，雖則爲談詞之輩，却不是飲食之人」，這正與第一齣〈聽稗〉中侯方域、陳貞慧、吳箕生三名士聽了他說書後的誇獎相呼應：「俺看敬亭人品高絕，胸襟洒脫，是我輩中人，說書乃其餘技耳。」

全劇伊始，一個原在南京太常寺供職的老贊禮登場發爲先聲：「昨在太平園中，看一本新出傳奇，名爲《桃花扇》，就是明朝末年，南京近事。」主旨一經導出，主角侯生登場；踩著一曲「滿庭芳」的節奏，此劇關目徐徐拉開：「公子侯生，秣陵僑寓，恰偕南國佳人。讒言暗害，鸞鳳一宵分。又值天翻地覆，擄江淮藩鎮紛紜。立昏主，徵歌選舞，黨禍起奸臣。良緣難再續，樓頭激烈，獄底沉淪。却賴蘇翁柳老，解救殷勤。半夜君逃相走，望烟波誰吊（弔）忠魂？桃花扇，齋壇揉碎，我與指迷津。」〈聽稗〉一齣，侯約了陳、吳二人相約去看梅，卻因徐青君大宴賓客包下了場子，轉而去聽柳敬亭說書。論角色，侯生當爲要角，論戲分，三位名士倒成了這位「柳老」的配角。當三名士慕名往訪時，他雖客氣了兩句「相公都是讀書君子，甚麼《史記》、《通鑑》不曾看熟，倒來

《桃花扇》清刻本

① 見《增圖校正桃花扇》，江蘇廣陵古籍出版社，一九七九年版。

聽老漢的俗談」，「只怕演義盲詞，難入尊耳」，卻也當仁不讓，應允「把相公們讀的《論語》說一章罷」。侯方域不解，正而八經的經書，如何以說書出之？柳敬亭一笑道：「相公說得，老漢就說不得？今日偏要假斯文，說他一回。」

姑且不論柳敬亭是否眞有說過《論語》，但見戲中的他，將醒木一拍，果然說了一段與別家註經全然不同的《論語》。雜拌兒了一個故事，編排了幾個人物，還諷諭了一段世道人心，聽得三名士連呼「妙極」，說聽了柳老這一段書，「暗紅塵霎時雪亮，熱春光一陣冰涼」，簡直是醍醐灌頂。

全劇四分之一前，「柳老蘇翁」，還只是扭設關目的穿錢引線人物，第五齣〈訪翠〉，說的是清明時節，柳敬亭引領著春情難耐的侯方域前往舊院探祕，從城東穿過沿途的茶寮酒坊、千門綠楊，來到舊院河房中李香君（即余懷在《板橋雜記》中所說的李香）住的媚香樓。這李香君身軀嬌小，肌理玉色，慧俊宛轉，調笑無雙，一手琵琶其妙無雙，曲中人都暱稱她爲「香扇墜」，她從十三歲起就跟從蘇崑生學唱崑曲，尤擅「玉茗堂四夢」，侯生早有心結識。不巧的是這一天香君正在離自宅不遠的卞玉京家參加盒子會①，侯生訪之不遇，又在柳敬亭的引領下，走過幾條里巷、水橋，穿過柳蔭深處，在賣糖人的簫聲中來到卞玉京的煖翠樓。因卞玉京正在樓上主持盒子會，侯方域與李香君和其假母李貞麗在樓下相見，一段情愛故事在煮茗看花的雅緻情景中正式開場：

（生見小旦介）小生河南侯朝宗，一向渴慕，今纔遂願。

（見旦介）果然妙齡絕色，龍老賞鑑，眞是法眼。（坐介）

（小旦）虎坵新茶，泡來奉敬。（斟茶）（衆飲介）

（旦）綠楊紅杏，點綴新節。

（衆贊介）有趣，有趣！煮茗看花，可稱雅集矣。

（末）如此雅集，不可無酒。

隨後眾人依院中舊例，歡飲行令，侯生即席賦詩一首：「南國佳人佩，休教袖裏藏；隨郎團扇影，搖動一身香」，惹得香君芳心暗許。這一節，又與侯方域在《李姬傳》中所述暗合：「雪苑侯生，己卯來金陵，與相識，姬嘗邀侯生爲詩，而自歌以償之。」席間眾人又以咀嚼阮大鋮爲樂，笑說前一齣〈哄丁〉中阮大鋮爲少年們打得狼狽不堪的情形，「硬壺子（鬍子）都打壞，何況軟壺子！」

到第八齣〈鬧榭〉，柳、蘇二人與侯方域、陳貞慧、吳箕生、李香君等在丁繼之水榭聚會，觀賞燈船，飲酒作詩，已是被復社的激進少年們引爲「我輩中人」，也成劇中的主場人物了。那一夜轟飲達旦，中途還驚走了循聲而至的阮大鋮。侯生送香君返回舊院，「秦淮一里盈盈水，夜半春帆送美人」，一切都那麼平和美好，殊不知，清流少年們只圖一時快意，已經種下了阮得勢後挾意報復的因子。後世梁任公評說他們「囂張且輕薄」，倒也不全是冤枉他們。

到第十齣〈修札〉，柳敬亭突然成了全劇起承轉合的一個樞紐人物。這一日，侯生正聽柳敬亭說書，尋思著柳說的「那熱鬧局就是冷淡的根芽，爽快事就是牽纏的枝葉」，楊龍友突然闖入，說左良玉已引兵東下，要搶南京，還有「窺伺北京之意」，因這左良玉曾是侯生之父侯恂的學生，楊請求侯生借他父親的名義寫信勸阻左兵東進。此時，柳主動請纓，要去左營投送一封解

侯方域像

《桃花扇》的〈眠香〉一場，李香君與侯方域「梳攏」（舊時青樓女子第一次接客）。

① 盒子會是明朝青樓中盛行的一種風俗，舊院中的姊妹於每年上元節或清明節選擇一處清幽之地，每人攜帶一食盒與會，以盒中所帶果品餚饌之美味新奇爲勝，席間以書畫曲藝爲娛。畫家沈周曾撰有〈盒子會辭〉，見余懷《板橋雜記》。

圍的書信，「我柳麻子本姓曹，雖則身長九尺，却不肯食粟而已，那些隨機應變的口頭，左衝右擋的膂力，都還有些兒」。

緊接著一齣〈投轅〉，「走出了空林落葉響蕭蕭，一叢叢蘆花紅蓼，倒戴著接䍠帽，橫胯著湛盧刀，白鬚兒飄飄，誰認的詼諧玩世東方老！」一個單刀赴會的老藝人在激越的唱詞中上場，面對著統率三十萬大軍的左良玉，他長揖不拜，「俺是個不出山老漁樵，那曉得王侯大賓客小？看這長鎗大劍列門旗，只當深林密樹穿荒草，儘著狐狸縱橫虎咆哮」，更瀝肝披膽這般介紹自己，勸左良玉退兵：「俺讀些稗官詞，寄牢騷，對江山喫一斗苦松醪，小鼓兒顫，杖輕敲，寸板兒軟，手頻搖；一字字臣忠子孝，一聲聲龍吟虎嘯，快舌尖鋼刀出鞘，響喉嚨轟雷烈炮。呀！似這般冷嘲熱挑，用不著筆抄墨描。勸英豪，一盤錯帳速勾了。」

「檀板之聲無色」

吳梅村的〈柳敬亭傳〉，是孔東塘寫作《桃花扇》一劇時重要的參考資料，關於柳初入左營「長刀遮客」一節，吳梅村如是描述：「左以為此天下辯士，欲以觀其能，帳下用長刀遮客，引就席，坐客咸振慴失次，生拜訖，索酒，談啁諧笑，旁若無人者，左大驚，自以為得生晚也。」但一六四三年柳敬亭到武昌左良玉軍中說書，卻並非如《桃花扇》所說是主動請纓送信，而是因在范景文那兒說書時結識的好友杜弘域的引薦。時杜弘域駐兵安慶，卻與左良玉的用兵意見常不相便，杜為了示好於左，希望在自己與左之間有個詼諧機智的「異客」作緩衝，因此把柳介紹給了左良玉①。

左良玉，字崑山，山東臨清人，乃是當時最有實力的軍人之一，史載其人長得人高馬大，膂力驚人，一紅臉大漢是也。十七世紀二〇年代後期，左曾以都司銜駐防山海關外寧遠衛，在袁崇煥麾下參加對清作戰，後以軍功發跡，被崇禎封爲平賊將軍寧南伯，鎮守武昌。左一介武夫，生性喜怒無常，許是他親見了柳敬亭的膽識與豪氣，竟對這個說書人大有相見恨晚之意。左良玉很爲一些部眾不聽指揮逃到安慶所苦惱，柳敬亭單騎馳行，在杜弘域的配合下，拘捕了那幾個爲首者，讓左刮目相看。左營幕府中多是一些儒生，撰寫文案總愛掉書袋，左粗鄙少文，喜歡直截了當，那些太過雅馴的文字總讓他渾身起疙瘩，這柳敬亭雖不善舞文弄墨，寫來白字滿紙，然聽了左帥口述大意，再以說書人的俚俗口吻出之，不只字字妥貼，且音調鏗鏘，讓左良玉極是稱意，自此更是把柳看作了心腹一般，讓他參與到軍中的一些機密事務上來②。再加柳敬亭本色行當是個說書人，搖頭掉舌，詼諧雜出，既老且病的左良玉更是須臾離不開他，「每夕張燈高坐，談話隋唐間遺事。寧南親信之，出入臥內，未嘗頃刻離也。」③據說左良玉還想授他官職，「令署武昌縣」，柳都沒有接受。

柳還憑著機智救下了左軍帳下一名叫陳秀的將軍。這陳秀本是左良玉的愛將，某次因事忤左，左一怒之下要把他開刀問斬。柳敬亭裝作不知此事，陪左良玉喝酒時說，今日君侯喝酒不樂，有什麼奇物珍玩拿出來瞧瞧助興？於是左良玉命人取出兩幅畫來，一幅是〈關隴破賊圖〉，左看了好一會，攬鏡自照，嘆息說：我左某人說起來也是天下健兒，於今也老了！又取出另一幅，畫中一片木鑿山泉，一老者拄著杖，後面跟著數個童子，還有一個戴著瓢笠的年輕人緊靠著老者。左說，這幅畫，畫的是待天下太平後我隱居山野的志願。柳敬亭故作不識戴著瓢笠的年輕

① 黃宗羲〈柳敬亭傳〉：「寧南南下，皖師欲結歡寧南，致敬亭於幕府。寧南以爲相見之晚，使參機密。軍中亦不敢以說書目敬亭。」

② 黃宗羲〈柳敬亭傳〉：「寧南不知書，所有文檄，幕下儒生設意修詞，援古證今，極力爲之，寧南皆不悅。而敬亭耳剽口熟，從委巷活套中來者，無不與寧南意合。」

③ 事見吳梅村〈柳敬亭傳〉。

人是陳秀，問：這人是誰呀？左答：他就是陳秀，可惜犯了死罪。柳連忙說：此人辜負了君侯，死不足惜，可惜這樣一來，這幅畫就不完整了！聽了柳敬亭此語，左若有所動，免了陳秀一死。

比之以技藝名動公卿，這周旋文壇幕府的短暫軍中生涯，才是柳敬亭一生中最燦爛，也是最足以讓他自豪的經歷。待到崇禎自盡、福王被馬士英等擁立南都，此時南北形勢，清軍不過據有河北、山東等地，南明還擁有至少不少於兩百萬的龐大軍隊：長江之北有黃得功、高傑等「四鎮」人馬，武昌有左良玉大軍，湘、贛、黔、兩廣更有地方武裝無數。柳敬亭曾奉左良玉之命回到南京，與福王政權洽談合作事宜，當時朝中都畏左良玉手握重兵，對他遣來的特使特別禮遇，會商時都對柳執禮甚恭，請之南面上坐，稱他「柳將軍」。從前一道說書的同行，說起他都嘖嘖稱奇，「那不是以前和我們一起說書的柳麻子嗎，沒想到他今天得了大富貴了！」但柳一點也沒有躊躇滿志之態，見到舊人還與從前一般無異①。他後來回到左營，把南中情勢和馬、阮答應捐棄前嫌的話報告給左良玉，左很是滿意。左良玉還派過另一個叫黃澍的官員入朝共商國是，黃澍仗著左兵勢之盛，很不把馬士英之流放在眼裡，甚至當廷鬧翻，以笏擊馬，扭成一團，鬧得不可開交，最後昏庸的福王實在無法處置，只得把兩人都逐出廷外了事。相比之下，論辦事的權變、機警，柳敬亭要高出許多。

柳敬亭的出使斡旋並沒有消除南京城中的馬、阮與左良玉的嫌隙，阮大鋮升任兵部尚書後，調黃得功、劉良佐在淮揚一線築板磯城爲西防，專事對付左良玉，叫囂「寧可君臣死於清，不可死於左良玉手」。待到左良玉打著「清君側」的旗號揮師東進、要打到南京去時，又是柳敬亭主動要求去「傳檄」，明知此去「死多活少」，不異刀背上舔血，他卻不動聲色，說道「倒是老漢去走走罷」。孔東塘寫到此處，藉劇中人的賓白讚歎說：「這位柳先生竟是荊軻之流，我輩當以白衣冠送之。」「傳檄」這段本事，翻遍吳梅村、黃宗羲、周容的柳傳都無見，不知所據爲何，很可能是孔東塘爲著力表彰柳敬亭俠骨豪情的忠義之舉，故意生發出的一段杜撰。但一六四五年四月左兵浩浩蕩蕩沿長江而下時，柳已離開左營先期東下確是實情，以他和左良玉的交情之厚，焉知他不是接了指令潛入南京別有所圖？

這是一次失敗的軍事行動，大軍進至九江，左良玉在船上氣恨嘔血卒，良玉的兒子左夢庚揮軍繼續東下，先敗於銅陵，再敗於池州，最後率眾降了清。孔東塘的《桃花扇》中，兵馬四散後，流落左營的樂師蘇崑生一人在江邊守著左的屍體，哀戚戚地唱「氣死英雄人盡走，撇下了空船柩，俺是個招魂江邊友，沒處買一盃酒」，英雄失途，眞個是沒奈何。

江上之變發生時，南京城裡得勢的阮大鋮也對當年侮辱過他的復社少年們展開了報復。〈媚座〉一齣，馬士英、阮大鋮等在萬玉園梅花書屋一邊作著花間雅集，一邊操弄權柄商談「仕途經濟」，正見出孔東塘的匠心安排，那一句「今日紅梅之下，梨園可省，倒少不了一聲曉風殘月哩」，聽來眞是雅緻得刺耳了。柳敬亭傳檄南京被拘，投進牢中時竟然遇著了老友侯方域、陳貞慧、吳應箕三人。侯生先前被史可法派到河南監軍，高傑兵敗後，回城探訪李香君，三人在三山街蔡益所書店聚談時被巡街的校尉逮捕。這〈逮社〉、〈會獄〉兩齣，又是孔東塘的故意安排，實際當時被捕的僅陳貞慧一人，侯方域已聞訊先行逃去，後來他又使重金通關節，把陳貞慧給救了出來。

左軍潰敗，柳敬亭歷年積蓄殆盡，陷入貧困的他又上街頭，重拾說書老行當。有人同情他的境遇太慘，他卻意氣自如，說：我年少時亡命盱眙，身上衣服不全，冬天睡在稻草堆上，鞋子破了也沒錢買，雨雪天裡赤腳行走，現在雖然又回到了苦日子，可我現如今有技藝在身，還怕塡不飽肚子嗎？

曾爲柳敬亭寫過一傳的黃宗羲，雖然不怎麼看得起傳主的職業，卻也承認，六十歲後柳敬亭的說書技藝愈發高超了。每發一聲，使人聞之，有

① 黃宗羲〈柳敬亭傳〉：「嘗奉命至金陵，是時朝中皆畏寧南，聞其使人來，莫不傾動加禮，宰執以下俱使之南面上坐，稱柳將軍，敬亭亦無所不安也。其市井小人昔與敬亭爾汝者，從道旁私語：『此故吾儕同說書者也，今富貴若此！』」

時如刀劍鏗鏘，鐵騎馳出，颯颯作響；有時如狂風怒號，鳥鵲悲鳴，群獸驚駭，直讓人「亡國之恨頓生，檀板之聲無色」。黃宗羲認爲，這與柳的坎坷經歷，尤其是寧南軍中的生涯是分不開的。他在軍隊裡待的時間長了，那些蠻橫狡詐、不守法紀的人，殺人亡命、改名換姓的逃犯，流離失所、國破家亡的事，都親眼見過，一一親歷，而且各地的方言，大眾的愛好和口味，也都是他所熟悉的，難怪他說書的技藝已大大超越當年莫先生所說的境界了①。

少年時的黃宗羲素有奇氣、俠氣，中年之後，踐行「篤實光輝」的儒家行事方式，又自視甚高，身上道學氣越來越重，像柳敬亭這樣「瑣瑣不足道」的草根藝人根本不會放在眼裡。他說自己之所以不惜筆墨爲柳作傳，並非重其人，而是意在整吳梅村已倒的「文章家架子」，欲使「後生知文章體式」。因爲在他看來，吳傳把一個倡優在寧南軍中的經歷比之爲春秋時魯仲連排難解紛，實是有失輕重。「嗟乎，寧南身爲大將，而以倡優爲腹心，其所授攝官，皆市井若己者，不亡何待乎？」黃對柳敬亭雖有偏見，但他畢竟是一代文章大家，黃傳比吳傳質而有姿，對傳主說書技藝的理解也更入木三分，把他視作柳敬亭的知己怕也不爲過。

①黃宗羲〈柳敬亭傳〉：「亡何國變，寧南死。敬亭喪失其資略盡，貧困如故時，始復上街頭理其故業。敬亭既在軍中久，其豪猾大俠、殺人亡命、流離遇合、破家失國之事，無不身親見之，且五方土音，鄉俗好尚，習見習聞，每發一聲，使人聞之，或如刀劍鐵騎，颯然浮空，或如風號雨泣，鳥悲獸駭，亡國之恨頓生，檀板之聲無色，有非莫生之言可盡者矣。」

黃宗羲像

哀江南

南京淪陷了，名士佳人死的死、走的走，桃花扇底，南朝已逝。侯、李兩主角在南京郊外棲霞嶺再度聚首想重續前緣時，被入道的舊宮人張瑤星一聲棒喝，「當此地覆天翻，還戀情根慾種！……兩個癡虫，你看國在那裡、家在那裡……偏是這點花月情根割他不斷麼？」雙雙選擇了出家入道。柳、蘇兩人則把捕魚、打柴作爲了今生的最後歸宿，秋雨新晴之際，「把些興亡舊事，付之風月閒談」。

《桃花扇》一劇以柳、蘇兩個民間藝人開場，又以二人漁樵問答終場，第四十齣〈餘韻〉，把侯、李送入棲霞山入道修眞三年後，樂師蘇崑生回南京找柳敬亭敘舊，以一曲〈哀江南〉細述了轉頭成空的金陵殘夢：

> 你記得跨青谿半里橋，舊紅板沒一條。秋水長天人過少，冷清清的落照，剩一樹柳彎腰。行到那舊院門，何用輕敲，也不怕小犬哰哰。無非是枯井頹巢，不過些磚苔砌草。手種的花條柳梢，儘意兒採樵；這黑灰是誰家廚竈？俺曾見金陵玉殿鶯啼曉，秦淮水榭花開早，誰知道容易冰消。眼看他起朱樓，眼看他讌賓客，眼看他樓塌了。這青苔碧瓦堆，俺曾睡風流覺，將五十年興亡看飽。那烏衣巷不姓王，莫愁湖鬼夜哭，鳳凰臺棲梟鳥。殘山夢最眞，舊境丟難掉，不信這輿圖換稾。謅一套〈哀江南〉，放悲聲唱到老。

亂離之後，那水榭河房穿梭流連的各色人等都去了哪裡？「長橋已無片板，舊院剩了一堆瓦礫」，蒿藜滿眼，樓館劫灰，美人化作塵土，再華麗的時代終究要落下帷幕，時代斷裂處，卻還依稀傳出紅牙碧串、妙舞輕歌，千古傷心莫此爲甚！

侯方域逃出南京後回到河南老家，大多時候陪著老父侯恂住在商丘城南十里的南園，一六五一年被迫參加了新朝的鄉試，中副榜，以致後人有「兩朝應舉侯公子，忍對桃花說李香」之譏。三年後，侯在噬心的悔恨中病故，年僅三十七歲。他寫的《李姬傳》，在李香君拒絕田仰的一句「妾不敢負侯公子也」之後再也沒了下文，唯有清人張景祈的《秦淮八艷圖詠》提到香君的最後下落，說她在福王即位南都後被充作歌伎徵選入宮，南京覆亡前，隻身逃出，「後依卞玉京而終」。這又與《桃花扇》的情節相彷彿了，倒不知是藝術模仿人生，還是人生抄襲藝術了。

一六五二年，侯生曾騎著一匹瘦驢短暫訪問南京，在廢寺中痛哭一場後，順運河而下，在宜興與陳貞慧重逢。在寫給陳貞慧的一篇贈文中，他說人生可惜，所謂百年，皆是虛妄，且步步殺機，稍一不慎就會引來殺生之禍。「然則人生壯且盛者，不過三、四十年耳，而余與定生忽忽已閱其八，豈不痛哉！顧向皆欲殺吾兩人者安在？而吾兩人猶各留面目相見，不可謂不幸也。」①

其他舊院佳麗和歡場少年的最後歸宿，曾任范大司馬平安書記的作家余懷在《板橋雜記》中曾有交代：

「天姿巧慧、容貌娟妍」的董小宛嫁給名士冒襄做側室，做灶下婢九年，含辛茹苦，已於一六五一年香消玉殞。卞玉京短暫出嫁後做了女道士，「長齋繡佛，持戒律甚嚴」，於一六六〇年去世。曾以「娟娟靜美、跌宕風流」引得大佬們分韻題詠的寇湄，先是嫁與保國公朱國弼，南京城陷前以千金贖身，匹馬、短衣，帶一婢女南歸，「歸爲女俠，築園亭，結賓客，日與文人騷客相往還。酒酣耳熱，或歌或哭，亦自嘆美人之遲暮，嗟紅豆之飄零也。」後嫁與一個揚州書生，不如意，臨老又回南京，「猶日與諸少年伍」，最後在情人背叛中孤獨死去。余懷曾經心愛的李湘真一個堂妹，叫媚姊的，昔年還是眉目如畫

的女孩兒，多年後重逢，已做一個退休官員的妾，問起李湘眞的消息，說從良了。又問還住秦淮水閣那房子嗎，說已廢爲菜圃。問：老梅與梧、竹無恙乎？答：已摧爲薪矣。問：阿母尚存乎？答：死矣。讓余懷都不忍再問下去了。

顧媚的境遇算是好的，南都淪亡前就脫了樂籍，於一六四三年嫁與合肥人、兵科給事中龔鼎孳做了如夫人，改姓徐，名橫波。除了婚後百計祈嗣無子這塊心病，生活尚算稱心。一六五七年秋天，遭貶廣東的龔鼎孳起復回京，曾在武定橋東油坊巷的市隱園中林堂張燈開宴，爲夫人賀壽，昔年秦淮河的酒客丁繼之、張燕築以及數十位舊姊妹都與會，余懷與詩人鄧漢儀等一班遺老遺少見證了這劫後重逢的一幕，皆感懷唏噓不已。

最慘的是與說書人柳麻子同爲「行情人」的珠市名姬王月生，與桐城名士孫克咸在棲霞山下雪洞度過了一段蜜月般的時光後，終爲官員蔡如蘅以三千兩銀子買通其父奪去。蔡如蘅升任安廬兵備道，帶著王月生上任，寵愛得沒話說。不久，張獻忠破廬州城，蔡如蘅擁著王月生躲在井中，被搜出，蔡被張獻忠大大羞辱一番，當場砍翻，王月生被張獻忠掠去，「寵壓一寨」。某次，偶有事觸犯了張獻忠，張獻忠竟然砍下她的頭，蒸熟了置於盤中，讓手下人分食。這位在張岱筆下「曲中上下三十年決無可比」的一代名妓，以此慘烈的形象終局，也算是爲一個時代的斷裂作了最無情的腳註。

李小大先嫁一吳姓富商，商人死，又挾資嫁給了一個姓胥的醫生，胥生窮苦人家出身，驟富之後消受不起，也死了（余懷說，「生復以樂死」），美人遲暮的李小大只好流落街市，靠教女娃兒歌舞爲生，後來又做了女道士，法名淨持。一六五七年，龔鼎孳在南京爲夫人顧媚舉辦生日壽宴，她也在應邀之

黃鞠〈多麗圖〉

① 侯方域〈贈陳郎序〉，見《侯方域集校箋》。

列。同年十月，錢謙益在秦淮水亭與之相逢，徐娘雖老，尚有風情，錢猶記得她滄桑之後眼中動人的波光，爲之贈詩十二首，雖說是「橫波光在舊羅衣」，但畢竟時世已移，「相逢只作道人看」了。

舊院中還有一個叫張魁的樂師，家住桃葉渡，以善吹簫、度曲爲人熟知，以前太平光景時，每天清晨一大早就悄悄來到舊院各家樓館，插瓶花、洗岕片、點燃爐香、拂拭琴几、整理姑娘們的衣架，「貓狗亦不厭焉」，以致樓下籠內的鸚鵡一見他來就叫「張魁官來，阿彌陀佛」。甲申之後此人也有過一段頗爲起伏的際遇。他先是回到蘇州，被一幫新進少年肆意詆毀，生活陷入困頓，不得已又流落到了舊院，龔鼎孳從北京貶往廣東時經過南京，見他境況淒涼，念在他早年經常出入愛姬顧媚的眉樓，厚贈一筆錢，「使往山中販岕茶，得息又厚，家稍稍豐矣」。但長年精緻奢靡的舊院生活，已養成了他享樂主義的脾性，他自稱雖出身寒微、相貌低賤，但「茶非惠泉水不可沾唇，飯非四糙冬舂米不可入口，夜非孫春陽家通宵椽燭不可開眼」，如此揮霍無度，掙來的幾文錢很快就花光了，且比以前更窮。六十歲後，他又以販茶、賣芙蓉露爲業，來維持他不菲的生活開支。那穿街過巷的模樣，總讓人想到昔日舊院巷陌提籃唱賣茉莉花、逼汗草的「裙屐少年」。一六五〇年前後，余懷重回南京住在周氏水閣時，每天清晨還看到他來插瓶花、點爐香、洗岕片、拂拭琴几，讓人恍覺日子又回到了從前，只是樓上樓下的姑娘們已不知何處去也。一六五七年，余懷再到南京，此時舊院的歌臺舞榭差不多全都成了一片瓦礫之

《秦淮八艷圖詠》冊頁，清光緒羊城越華講院刊本

場，行經殘破的板橋時，傳來一陣嗚咽的洞簫聲，矮屋中出來一老婦說：此張魁官簫聲也。又過了數年，這簫聲也斷了，這張魁怕也是窮餓而死了。至於那個侈奢無度的魏國公徐達之後徐青君，竟然潦倒到了靠代人受杖爲生，後來有人出錢資助他去販運花崗石，總算沒有窮餓而死。

壽則多辱

孔東塘讓蘇崑生、柳敬亭這兩個歷史的見證者自放於山水之間，在桃花源中漁樵終生，自是扭設關目，爲了《桃花扇》一劇的結構圓融。事實上這也只是戲劇家的良好願望，一六四五年後，雖說輿圖換了稿本，天地換了顏色，但狗苟蠅營的日常生活仍將繼續，吳梅村的柳傳寫得早，寫到柳回吳中重操說書業就戛然而止，梅村當然不會想到，此老還要再活上將近三十個年頭。

左軍敗沒，柳敬亭回到蘇州一帶說書，一喝酒就與人說左良玉軍中事，說到激動處每每泣不成聲①。他還請畫家藍瑛畫了一幅〈左寧南與柳敬亭軍中說劍圖〉②，一逢到故交就展開圖軸請他們題鑒。陳維崧的「左坐一將軍，右坐一辯士；辯士者誰老無齒」，錢謙益的「何人踞坐戎帳中，寧南徹侯崑山公；手指抨彈出獅象，鼻息呼吸成虎熊；帳前接席柳麻子，海內說書妙無比」，說的俱是這幅畫的畫意。錢謙益在所寫長篇歌行裡還鼓勵柳，把寧南侯的事編成話本傳唱：「柳生柳生吾語爾，欲報恩門仗牙齒，憑將玉帳三年事，編作金陀一家史。此時

①吳偉業〈柳敬亭傳〉：「酒復來吳中，每被酒，嘗爲人說故寧南時事，則欷歔灑泣」。顧開雍在〈柳生歌〉裡也說：「逢人劇說故侯事，涕泣交頤聲墮地」。

②王猷定爲這幅圖寫的一篇贊的前語說：「柳敬亭爲左寧南寫照，而自圖其像於旁，識不忘也。」

笑噱比傳奇，他日應同汗竹垂。」

初次與柳敬亭接觸，又沒聽過他說書的，都會覺得這人有些木訥，處得久了，他們都會覺得這人說話雅馴，不時的詼諧妙語更是逗得人哭笑不得。有一次，他給吳梅村、錢謙益兩位老友講三國故事，描述阿瞞狀態，唯妙唯肖。牧齋開玩笑說，君眞一世奸雄。柳即口就答之「不，我不過兩朝百姓耳」，搞得梅村、牧齋面紅耳赤，老大的下不來台。

一六四六年，柳從蘇州回到老家泰州。同年，他去泰興探視少時做過傭工的故主。故主夫婦早已亡故，因無錢下葬，棺材都停在破屋之中。柳睹此情形，即赴揚州，讓書場大書「柳麻子又來說書」，把告示貼遍全城。不到一月，賺得三百金，他又回到泰興買地安葬了故主夫婦，剩下的錢全如數交給了故主的後代，這一忠義之舉使他聲名大振於淮揚間。

一六四七年春，柳到南京說書，和龔鼎孳有過一次會面，龔和他相會於「桃葉金閶間」，「酒酣耳熱，掀然抵掌，英氣拂拂，恆如左寧南幕府上時」。一六五〇年夏天，龔鼎孳服闕返京，柳敬亭聞聽途中盜匪猖獗，和長子一路護送直至濟南。龔對其熱忱好義感佩於心，說：「敬亭吾老友，生平重然諾，敦行義，解紛排難，緩急可依仗，有古賢豪俠烈之風。」對柳家父子的千里送行，他曾如是記述：「庚寅夏，余服闕北征，冒風策蹇，馳送黃河之濱。時水涸舟膠，群盜塡咽，敬亭不畏險阻，與其長君曉夜追逐，躬幹輒誰何之役。蓬窗熒熒，殘燈一穗，偕蚊蚋相上下，不復知眠者爲何等也。」①柳陪著龔渡過黃河方始南歸，爾後在蘇北淮安一帶說書。顧開雍聽他說水滸中的宋江軼事，當在這年七月間。

一六五三年，他來到虞山錢謙益家說書。一六五五年春，他在揚州說書，詩人魏耕〈柳麻子說書歌行〉裡的「昨歲客遊江都城，說書共推柳敬亭」，說的就是這年的事。冬天，他又來到錢謙益家中，說書，並講左寧南故事，錢的〈左寧南畫像歌爲柳敬亭作〉就是寫於這個時候。

此間，爲了生活不再那麼顚簸，他應邀來到松江，進了江南提督馬逢知軍中說書。這年他已是七十歲左右的老人了。馬原是李自成部將，後爲明安慶副將。此人是個酷虐好殺的職業軍人，對柳不像左良玉那般看重，只是把他作「倡優」視之②。柳在馬營中的三、四年，一直鬱鬱不得志。有個故事說，有一次他陪馬進寶一起用餐，馬見米飯中有一粒鼠糞，發怒說要殺了廚夫，他乘馬不注意把鼠糞挾到嘴裡，說這是黑米呀，於是那個廚夫的命給救了下來。

柳總覺得馬進寶這樣的行事做派不會有什麼好結果，想要離開馬營，卻又無由脫身。吳梅村寫作〈楚兩生歌〉時曾對柳的境況表示關切，「我念邗江頭白叟，滑稽幸免君知否；失路徒貽妻子憂，脫身莫落諸侯手」。一六五九年七月，鄭成功兵入長江，圍困南京，馬進寶遞書請降，拒絕了上司兩江總督郎廷佐命他馳援的命令，鄭成功敗退後，馬進寶被誘入京，下獄問罪。一年後大釋天下刑囚時也沒有得到釋放，終被磔殺。柳敬亭因與軍政事務一無所關，幸而沒有受到牽累。

一六五九年九月，他到了吳江金之俊家中說書。一六六〇年前後，他途經蘇州時猝遇一場變故，一直陪伴著他的長子突然染急病去世。錢謙益聞訊發起募捐，既爲安葬其子，也是爲柳先營一塊墓地。錢在〈爲柳敬亭募葬地疏〉中說，柳生敬亭，是當今傑出藝人，論技藝堪比楚國優孟，「今老且耄矣，猶然掉三寸舌，餬口四方，負薪之子，溘死逆旅，旅櫬蕭然，不能返葬，傷哉貧也！優孟之後，更無優孟，敬亭之後，寧有敬亭？此吾所以深爲天下士大夫愧也」。

此前不久，藝人王紫稼在蘇州被巡按江南的御史李森先杖殺，因其人與錢、吳、龔等文壇大家多有交遊，一時悼亡之作迭出，一樁普通的刑事案件上升爲喧騰一時的公共文化事件。「柳生凍餓王郎死，話到勾

龔鼎孳像

① 龔鼎孳〈贈柳敬亭文〉，《定山堂古文補遺》卷下。

② 關於馬逢知其人，《吳梅村詩集》中的〈茸城行〉箋註中說：「松江提督馬逢知，順治十二年任（一六五五年）……起家群盜，由浙移鎮雲間，貪橫僭侈……未幾與二子俱伏法。」

闌亦愴情」①，時人對樂師伶人日益惡化的生存環境多表關切。

一六六一年前後他大約在南京。自己年老窮困，還要接濟朋友。這段時間，任職揚州推官的詩人王士禛充江南鄉試同考試官到過南京，住在秦淮河丁繼之水閣。丁繼之時年七十有八，可能是在他的安排下，王士禛聽了一場柳敬亭說書，但他對柳的評價不高，說是「與市井之輩無異」，且排場之大實在讓人不堪忍受。他認爲是「一二名卿遺老左袒良玉」，愛屋及烏，把曾在左幕席的柳、蘇二人也給捧上天了②。

王士禛出生北地，聽不懂七旬老翁的南方評話情有可原，但他一個長在新時代的少年新進，自負才氣，目空一切，詆毀左良玉作賊，目其幕客柳敬亭、蘇崑生爲左黨，其用心也太過險惡，說白了還是內心深處對南方遺民文化的憎惡所致。所以時人猜測說，王士禛說這番話實際上是在報復柳，「蓋柳敬亭說書之時，言語湊巧，旁若無人，曾有言侵射貽上（王士禛字子眞，又字貽上），而貽上以此報之也」。

一六六二年春，時爲康熙元年，柳在淮安說書，生意蕭索，不久在淮浦登舟，隨漕運總督蔡士英的官船北上。途中，曾在山東短暫停留，並與罷官南歸的詩人方拱乾相會於濟寧。

柳在北京受到了龔鼎孳、顧媚的熱情接待，龔竭力爲之遊揚，多次邀請名流，在龔府的「春帆舫齋」宴集、聽書，限韻賦詩。江左三大家錢謙益、吳偉業、龔鼎孳，易代之際雖大節有虧，爲人卻

〈顧橫波夫人小影〉，清紹興金禮嬴作（一七九五年）。

都風流蘊藉，對待朋友尤重然諾。龔在新朝起落跌宕十餘年，這段時期總算蒙聖恩擢升刑部尚書，看到柳失途南來，且此人與系獄的馬逢知有無政治牽連也尚未洗清，也毫不猶豫收留了老友。「七十九年纔入雒，天留遺老話遺編」、「天街多少閒衣馬，一座風流屬老成」①，這些贈詩可見對其推重。更具俠義心腸的還是龔的如夫人顧媚，柳剛到北京不久，遺民詩人閻爾梅因事遭難，柳多次找龔鼎孳說項，開脫其罪，一次搜捕時，橫波夫人更是徑直把詩人藏到了夾牆裡，助他逃過了大禍。後來閻古古也偶爾參加龔邸的詩酒之會。據說顧媚幫助過的還有青年詩人朱彝尊，她只讀了一句朱彝尊的「風急也，聲聲雨；風定也，雨聲聲」，就大起愛才之心，「傾奩以千金贈之」。兩年後的秋天，顧媚在北京去世，歸葬龔的老家廬州，「弔者車數百乘，備極哀榮」，柳敬亭和閻古古都前往弔唁，怕也不是全看在她丈夫的身分和地位上。

京中大佬久聞柳敬亭大名，其人又是大宗伯龔某的朋友，多來請他奏技，一時間，白髮歌人，高歌慷慨，前來邀請的主家先後接踵，生意竟出奇地好。一六六五年初的一次宴集上，柳敬亭開口向在座名流求贈詩詞，「薄技必得諸君子贈言以不朽」。新科進士曹貞吉贈他〈賀新郎〉、〈沁園春〉兩闋，柳書之於摺扇，龔鼎孳看後連和兩闋，不久後進京的江南詞壇名宿曹爾堪亦爲之感染，援筆相和。這些詞壇重量級人物爲一人唱和，柳的聲名到了他一生中的頂峰③。龔鼎孳的〈賀新郎·和曹實菴舍人贈柳叟敬亭〉，「鶴髮

① 顧景星〈閱梅村王郎曲雜書十六絕句志感〉。

② 王士禛《分甘餘話》就這段交往有如是記載：「左良玉自武昌稱兵東下，破九江、安慶諸屬邑，殺掠甚於流賊，東林諸公快其以討馬、阮爲名，而并諱其作賊。左幕下有柳敬亭、蘇崑生者，一善說評話，一善度曲。良玉死，二人流寓江南。一二名卿遺老左袒良玉者，賦詩張之，且爲作傳。余曾識柳於金陵，試其技，與市井之輩無異。而所至逢迎恐後，預爲設几焚香，瀹岕片，置壺一杯一。比至，徑踞右席說評話，才一段而止，人亦不復強之也。愛及屋上之烏，憎及儲胥，噫，亦愚矣！」

③ 曹禾的〈詞話〉，見《珂雪詞》卷首：「柳生敬亭以評話聞公卿，入都時邀致接踵，一日，過石林許曰：薄技必得諸君子贈言以不朽。實菴（即曹貞吉）首贈以二闋。合淝尚書（即龔鼎孳）見之扇頭，沉吟歎賞，即援筆和韻。珂雪之詞，一時盛傳京邑。學士顧菴（即曹爾堪）叔自江南來，亦連和二章。敬亭名由此增重。」《清詞珍本叢刊》第八冊。

開元叟，也來看、荊高市上，賣漿屠狗。萬里風霜吹短褐，遊戲侯門趨走。卿與我，周旋良久」，把他比擬爲荊軻、高漸離，最後生出了「綠鬢舊顏今改盡、歎婆娑，人似桓公柳」的嘆喟，詞意間已滿是冠蓋滿京華，斯人獨憔悴的感傷。但柳自己最喜歡的還是曹貞吉的那闋首起之作〈賀新郎〉。

「咄汝青衫叟」——嗨，你這個著青布長衫的老頭兒！他喜歡這樣平易親切的開頭，接下來的一句「閱浮生、繁華蕭索，白雲蒼狗」，平生所經受的榮辱、起落、悲歡，似乎全在這十一個字裡了。「六代風流歸抵掌，舌下濤飛山走；似易水、歌聲聽久」，用這樣的話來讚美他說書，他也當得起。對柳敬亭說書不以爲意的王士禛，也說此作是贈柳生詩詞中的壓卷。曾爲柳作傳的吳梅村，也有一闋〈沁園春〉參與了這次「贈柳詞唱和」，「客也何爲，十八之年，天涯放遊。正高談拄頰，淳於曼倩；新知抵掌，劇孟曹丘。楚漢縱橫，陳隋遊戲，舌在荒唐一笑收」，詞間滿是零落傷悲之意，末一句「只有敬亭，依然此柳，雨打風吹絮滿頭」，已是藉敬亭經歷澆自家塊壘，自嘲早先失節成爲「兩截人」了。

一本叫《舊都文物略》的舊書裡說，柳在逗留北京的三年間，有時也要爲官方服務，編詞宣傳，其間也逢場授徒，後來北派評話的「三辰、五亮、十八奎」等支派，都是他的徒輩們傳授的。一個八十歲的老頭還要去唱「紅歌」，這麼說來，他在京城還是有很多不快樂。其實那時就有朋友規勸他南歸了，「但得飽食歸故鄉，柳乎柳乎譚可止」，再不歸，眞要把自己也給玩進去了。

「製造」柳敬亭

柳敬亭在一六六五年暮春離開京城，買舟南歸。出發前，他先去探視了一個將要流放寧古塔的犯了事的同鄉詩人，並答應把他的信帶回老家，交給一個叫朱淑熹的退休官員。一路經曲阜、淮安、泰州、揚州，隨處說書，並於揚州停留一日，在這裡的小秦淮河亭為重逢的冒襄父子及陳維崧說《隋唐演義》。

他開口求詩，冒襄作有〈贈柳敬亭〉七絕一首，〈小秦淮曲〉七絕一首，陳維崧作〈小秦淮曲〉七絕一首，〈左軍南與柳敬亭軍中說劍圖歌〉長詩一首，冒襄的兒子冒丹書作〈題左寧南軍中說劍圖贈柳敬亭〉七絕一首，再加上在泰州老家，朱淑熹收到千里傳信後出於禮貌贈他的〈柳敬亭自京師過訪吳陵感舊，時出示予壻陳雁群札子〉七律二首，此行他的收穫堪稱豐碩了。

在世之日，柳敬亭蕭然白髮的形象已大量出現在了贈詩、像贊、傳記等文字中。他明白，這些詩文在他死後還將長久流傳，就像歷代帝王、英雄、佳人曾經活在他的舌間，他死後，將會以另一種方式存在於詩人們為他寫下的詩行中。誠然我們每個人都在進行自我塑造，柳敬亭的與眾不同，在於他得到了那個時代最優秀的作家和詩人們的幫助。這些人在聽柳敬亭說書的過程中獲得了遺民身分的認同，恢復了集體記憶，他們共同參與「製造」柳敬亭，那些詩文名義上是贈給這個老藝人，更是在向著一個已然逝去的年代致敬。

一六六六年秋天，時年八十歲的柳敬亭專程赴廬州，參加了龔鼎孳如夫人顧媚的落葬儀式，又為說書酬賓。他和顧媚曾經力救的詩人閻爾梅也趕來了，並在聽了他的說書後寫下長篇歌詩〈柳麻子小說行〉。一六六八年冬，小品文作家張潮在南京

傅抱石繪柳敬亭像

見過他，並在一個朋友家的酒宴上與之同席。柳一點也沒有老邁頹唐的模樣，依舊滑稽善談，風生四座[1]。

一六七〇年夏天，柳又到過一次北京，出入公卿家，於棋聲扇影中講隋唐遺事。詩人汪懋麟說他兩眼未暗，耳朵也沒聾，說起書來還是齒牙伶俐，感人至深，「說到後庭商女曲，悵白門寂寂烏啼柳」。此後，有關他的記述漸漸少了。余懷在《板橋雜記》裡記錄了他南歸後最後的身影：八十多歲的老頭，顫巍巍地行走在河干舊院遺址間，找到余懷住的「宜睡軒」，給他說了隋唐演義十三、十四回中的一段「秦叔寶見姑娘」。那是他六十餘年說書生涯中最爲擅長的橋段之一[2]。

這以後，再也沒有文字提到他。他大概是眞的死掉了。

曾和柳敬亭一起在左良玉幕下行走的樂師蘇崑生，於左軍潰敗後削髮入了九華山，後來在杭州富商汪然明的門下做了一段時間清客，又隨汪到蘇州、南京等地獻藝。當時吳中流行的是曲調柔曼的新聲，蘇崑生落落難合。汪然明去世後，蘇崑生離開汪家，在太倉畫家王時敏家教習崑曲。大概

唐寅〈空山長嘯圖〉

一六六〇年前後，因生計困窘他找過吳梅村，並請求吳爲他作傳：「吾浪跡三十年，爲通侯所知，今失路憔悴而來過此，惟願公一言，與柳生並傳，足矣。」

吳梅村答應了他，寫下長篇歌行體的〈楚兩生行〉送給他。另一個贈他詩詞的是詞人陳維崧，聽「花顛酒惱」、「淪落半生」的蘇崑生唱了一曲〈何滿子〉後，或許是慨嘆明朝復興的唯一機會隨著「武昌萬疊戈船吼」灰飛煙沒，或許是面對著垂垂老矣的樂師突生人到中年的感傷，陳維崧說自己——「淚濕青衫透」③。

一六六七年，吳梅村兩度修書如皋冒襄，推薦這位「南曲爲當今第一」的名樂師。他在信中說，方今大江南北選新聲而歌楚調，但只有這位「於聲音一道，得其精微」的蘇先生才算是眞正接續了魏良輔④遺響，「水繪園中不可無此客也」⑤。

輿圖換稿，曲終人散，在遺民川流不息的水繪園中向歌童們教唱崑曲，也算是這個老樂師最好的歸宿了。

① 張潮在《虞初新志》卷二裡選入了吳偉業的〈柳敬亭傳〉，又在傳後題了幾句話，記述了他第一次見到柳敬亭的情形：「戊申之冬，予於金陵友人席間與柳生同飲。予初不識柳生，詢之同儕。或曰：此即梅村集中所謂柳某者是也。滑稽善談，風生四座，惜未聆其說稗官家言爲恨。今讀此傳，可以想見其掀髯鼓掌時也。」

② 余懷《板橋雜記》：「後入左寧南幕府，出入兵間。寧南已敗，又游松江馬提督軍中，鬱鬱不得志，年已八十餘矣，間遇余僑寓宜睡軒中，猶說『秦叔寶見姑娘』也。」

③ 陳維崧〈賀新郎·贈蘇崑生〉：「吳苑春如繡。笑野老、花顛酒惱，百無不有。淪落半生知己少，除卻吹簫屠狗。算此外、誰歟吾友。忽聽一聲河滿子，也非關、淚濕青衫透。是鵑血，凝羅袖。武昌萬疊戈船吼。記當日、征帆一片，亂遮樊口。隱隱柁樓歌吹響，月下六軍搔首。正烏鵲、南飛時候。今日華清風景換，剩淒涼、鶴髮開元叟。我亦是，中年後。」詞前有小序云：「蘇，固始人，南曲爲當今第一。曾與說書叟柳敬亭同客左寧南幕下，梅村先生爲賦〈楚兩生行〉。」

④ 魏良輔（一四八九～一五六六），字尙泉，明代曲家，樂師，豫章（今江西南昌）人，被後人奉爲「立崑之宗」、「曲聖」，著作有《南詞引正》。

⑤ 「有中州一友，向在左寧南幕中，弟曾合柳敬亭同一歌贈之，所謂蘇崑生是也。王煙老賞音之最，稱爲魏良輔遺響尙在。蘇生而不免爲吳兒所困，比獨身蕭寺中，惟兄翁可振拔之，水繪園中不可無此客也。」見《同人集》卷四。

九煙

黃周星的幻想花園

被偷走的男孩

酒人

枯枝敗葉

走向虛構

正德年間的愛情故事

幻想花園

預謀死亡

很久以來，我一直想爲一個小人物撰寫一部歷史，譬如說，九煙。

九煙是我時常會欣喜地想起的一個詩人、一個幻想家。他一輩子都在寫作，先是寫詩，後來寫小說、寫傳奇，儘管可惡的小偷經常光顧，把他的詩稿偷走，但留存於世的不多詩作裡還是可以看出他的奇思妙想。

另外，他引起我的注意，主要是因爲他建造了一個虛無之園，一個在這個世界的任何角落都找不到的園子……

他經常在我腦海中晃動，就好像我熟稔多年的一個朋友。但當我眞的要講述他的故事時，卻發現他的一生充滿了不確定性：他的出身籠罩著迷霧，有關他一生經歷的記敘矛盾百出，甚至他的死，也眾說紛芸，莫衷一是。

人生充滿了殘缺，充滿了不確定性，今天如此，過去也大抵如此。

被偷走的男孩

九煙在世時，有關他的身世就有了多個傳說版本，有說他是南京人，有說他是湖廣湘潭人，也有說他是江西潯陽人。一種最爲最爲離奇的說法是，九煙的父親是南京國子監的一個傭工，姓黃，剛生下兒子沒多久，就被人偷去了。偷抱九煙的是湖南湘潭人周逢泰。周沒有子嗣，老婆張氏又非常凶悍，二十歲時從老家跑到南京，喜歡此地山明水秀，就買了秦淮河上一個姓涂的妓女做妾，不久就搞大了她的肚子。周逢泰非常渴望他的這個妾爲他生一個兒子，但偏偏生下來的是個女兒，於是周使錢買通了接生的老媪，讓她偷抱來一個剛出生不久的男孩。周逢泰得逞後回到了湘潭。據說這個男孩就是九煙。

九煙異常聰穎，六歲臨〈曹娥碑〉，八歲能詩，十二歲就保送上了國子監，後來還考中了順天府鄉試的舉人。周家有一個老僕人，對九煙向來很好，有一回悄悄告訴九煙，你不是老爺親生的，是買通南京一個接生的老嫗，不知從哪抱來的。九煙不事聲張，趁去北京參加會試的時機特地轉道南京，尋找自己的生身父母。九煙在南京暗地裡尋訪多日，也沒有發現線索。某日，九煙去一個文友家喝酒，一大幫人酒興酣暢出來，他發現一個老者暗暗尾隨自己許久，欲言又止，嘆息唏噓良久。九煙大爲驚奇，遣隨身小廝問他有什麼事。老者說，我有一個兒子早年被人抱去，看到你的主人面相酷似，是以悲傷。九煙心中一動，遣小廝再去問個清楚，那孩子是哪年哪月生的，什麼時候丟失的。聽了老人詳說此事始末，九煙確信自己就是這個老人的兒子。但他沒有跟任何人說。一直到他中了進士，養父養母相繼去世，三年守制滿後，他才對周家人說，他要復姓爲黃，以繼黃氏宗祧了。就這麼著，他把家遷到南京，又回到了離開數十年的黃家。

九煙原名周星，復姓後就叫黃周星了。九煙是他的號。和同時代的其他詩人一樣，他還有許多號，九煙是最主要的號。

一六四四年，九煙在上書皇帝要求復姓的報告中聲明，自己原籍南京，本姓黃，父名黃一鵬，與後來的養父周逢泰結鄰而居，交情頗好。周逢泰一直求子而不得，黃一鵬已育有三子，於是在周的懇請下，黃一鵬就把繦緥之中的自己送給周氏爲長子，所以承襲周姓。雖然自己寄籍湖南，但實際上一直是個吳人，而不是楚人。九煙提出恢復舊姓的理由是，他的繼父後來又娶一妾，連生九子，而黃一鵬後來卻遭遇不幸，兩個兒子相繼早夭，連承接香火都困難了，所以祈求聖上恩准，讓他復歸黃氏本宗，以繼黃氏一脈香火①。

前述有關九煙身世的那個離奇版本，則是來自一六四〇年和九煙一同參加禮部會試的福建作家陳軾。那一年他們都幸運地考中，用官場的說法就是同年了。九煙分發到戶部（因繼父身體不好，他沒有到任就告假南歸了），陳軾外放廣東番禺縣令，等他們再次見面，已在一六四五年秋天的福州了。

九煙是在南京的福王政權垮台後，聽人說唐王在福州被擁立爲隆武帝的消息一路南下投奔的。等他短褐麻鞋、憔悴不堪地出現在福州街頭時，陳軾已經先一步從番禺回到了家鄉，爲隆武朝效力。在陳軾的薦舉下，九煙在流亡政府短暫出任了禮科給事中一職。但不到一年，清軍就把唐王政府輕易滅掉了，九煙帶著一家子翻越仙霞嶺赴杭州，陳軾追隨永曆帝遠赴廣西。三十年後，兩人再度相逢於吳門，都不勝夢寐之感。「噫！醒耶？夢耶？眞耶？幻耶？相與拊手一拜，淒然不知涕之何從也。」九煙說。

就是在這次重逢後不久，九煙爲陳軾的《道山堂集》寫了一篇序。《黃九煙傳》就收錄在這部文集中，九煙肯定讀過，讀後他沒有指出其中有什麼謬誤要作者刊刻前改正，可見他內心是認同朋友這篇傳文的。事實上，不得已而爲楚人的這些年裡，他與周氏族人的關係一直很不好，對這個強加於他的「楚人」身分，他內心一直是不認同的。爲養父三年守制滿後，他迫不及待地提出復姓，「忿然」離湘，很大程度上就是大家族關係緊張之故，這有他回南京時的詩「此身何故落瀟湘，悶對長天淚幾行」爲證。對於陳軾傳文中說他幼年時被人偷抱去的說法，他認爲也沒有什麼不妥，自己確實是個打小就被偷走的孩子。

酒人

九煙在南京和福州都做過官，但那都是「兔尾巴官」，長不了。南京的福王政權任命他爲戶部清吏司主事——一個負責各省賦稅徵調的六

① 黃周星於崇禎十七年十月二十六日具奏〈復姓疏〉稱：「臣原籍應天府上元縣人，本姓黃氏，因臣生父黃一鵬與養父周逢泰比鄰交稔，時養父艱嗣，乞撫臣於孩抱，臣遂承襲周姓。」他還有〈復姓紀事〉一文，對自己的身世有過類似述錄。

品小官，不到一年，南京就淪陷了。歷盡千辛萬苦跑到福州，同年薦舉他任個禮科給事中的監察官員，沒幾個月，唐王朱聿鍵也被追至的清軍砍了腦殼。

明朝的官沒當多久，但這段經歷對他的餘生影響太大了。他認爲自己就像出嫁過的女人，丈夫死後必須守節，再也不能嫁給第二個男人了，當時中國南方和他一樣抱著這種想法的人很多，這個拒絕與新政權合作的文人共同體就被叫作遺民。

時間的流逝使這個共同體後來慢慢發生了變異，他們中有的出來做官，有的雖然沒有步入仕途，但拒絕的態度不再那麼堅決，與當朝新貴們也有了交往。但九煙一直是一副決絕的姿態，且行且遠，遠到連他的背影都看不見。

鎮南大將軍貝勒博洛的軍隊橫掃福建全境時，九煙躲在古田西莊的一處僧院裡，生了重病，妻兒都不在身邊，寺院裡沒有葷腥，油豉薑茗亦不可得，有三個月時間他都昏昏沉沉躺在破廟裡，腦海被各種幻覺充滿。和尚們死馬當活馬醫，用粥米湯水把他救活，他說天天靠鍋巴充饑，鄉下的小孩子們都叫他「鍋巴老爹」了。身體恢復後他到了浦城與失散的妻兒團聚，不久翻過仙霞嶺入浙，一路經苕溪、蘭溪，於一六四八年冬天到了杭州。

此後幾年，九煙以教書和替書坊編選小說讀本所得的微薄薪金維生。教館生涯流徙不定，在蘇州、揚州、常州、鎮江等地，他都短暫居住過。大概酒這個東西能讓他死灰般的心重新跳動起來，每到一地他都找人喝酒，結下了一批酒友，他的酒名甚至蓋過文名。

九煙愛酒，在他看來酒是這個世界上最有趣的物事之一，有人喝醉了大哭、罵座、打架，他看不上這些「牛飲」、「鱉飲」、「囚飲」之徒，說他們不懂酒之真趣。在他看來，真正的喝酒並不是單純的「飲食之事」，而是一樁「學問之事」①，一項純粹精神性的活動，因此他喜歡在酩酊淋漓之餘行酒令、猜字謎，玩一些小小的文字花樣與遊戲。

「天醉地醉人皆醉，丈夫獨醒空憔悴」、「與爾痛飲三萬六千觴，下視金銀玉帛皆糞土」，九煙的〈楚州酒人歌〉名聞遐邇，他自己也得意地把這首長詩當作自己的代表作，每飲必吟，吟必長嘯。在這首詩裡，九煙把上古時代的堯舜、伏羲、神農氏尊爲酒帝、酒皇，把孔子尊爲酒王，李白、杜甫這樣的好飲之徒，只配做個酒國看門的②。王士禎說，九煙酒量頗佳，卻總是把控不住，易醉。

一六五三年，因父親黃一鵬去世，九煙回到了南京。這裡是他的出生地，但幼年入楚，年長後又多年漂泊在外，他對這座城市已沒有多少印象。只因此地是故都，在他也彷彿成了一個傾覆的王朝象徵。在故都金陵的落日餘暉中，他喝醉了找不到回家的路，經常一個人坐在街頭大哭。作爲對他的酬答，他的詩歌創作也在南京迎來了一個高峰。

① 黃周星《酒社芻言》：「飲酒者，乃學問之事，非飲食之事也。」

② 黃周星〈楚州酒人歌〉：「請與酒人構一凌雲爍日之高堂，以堯舜爲酒帝，羲農爲酒皇，淳于爲酒霸，仲尼爲酒王，陶潛李白坐兩廡，糟壇餘子蹲其傍……酒人酒人當奈何，噫吁嘻！酒人酒人當奈何，爾且楚舞吾楚歌。」

萬邦治〈醉飲圖〉（局部）

徐枋〈芝蘭圖〉

枯枝敗葉

那幾年，他走得最勤的幾個朋友，也都是些碌碌風塵間混日子的小人物：蘇州人徐枋、從福州流寓南京的林古度、黃宗羲的弟弟黃宗炎、詩人杜濬。另外還有幾個化外之人，芥庵和尚與南潛和尚。

他們都是被時代的激流沖刷到一邊的枯枝敗葉，共同的境遇使他們惺惺相惜。他們苟活在這個世界上，彼此之間就好像鏡中投影。

徐枋是個住在蘇州靈岩山的窮畫家，他的父親在南京淪陷時死難了。作爲那個時代最著名的遺民，他給自己立下的規矩是，前二十年不入城市，後二十年不出門庭。他養了一頭驢，此驢頗通人性，徐枋家裡沒吃的了，就把畫作裝一個筐，放到驢背上。小毛驢得得地跑到蘇州城門口，有認識是徐枋家驢的，就各自取下喜歡的畫，把日用的大米、鹽、豬油放入筐裡讓驢馱回去。

這種近乎自我禁閉的生活損害了他的健康，年紀不大就鬚髮半白，齒牙搖落，雙目也失明了，三個孩子也先後餓死了。九煙從南京跑去看他時，他已經斷炊三日，餓得連開門迎客的力氣都沒有了。九煙與他相抱著大哭。天黑了，九煙用隨身帶著的銀兩換了些米和少量鹽巴，吃罷，兩人說些鄭成功的艦隊將要反攻南京的傳聞。在徐家過了一個瞎燈黑火的晚上後，九煙痛哭而別。他以爲徐枋這樣子肯定活不長了，卻想不到此公比他還要多活十多年①。

林古度在萬曆年間作爲一個新進詩人，曾受到著名戲劇家屠隆的賞識，後來與竟陵派詩人鍾惺、譚元春等來往，詩風又爲一振。一六五四年，九煙在南京認識他的時候，他已經是個七十多歲的老人了，住在城中珍珠橋南的一條陋巷裡。九煙經常看到他把一枚萬曆年的錢幣縫在衣帶間，開始還很好奇，後來才知道他這麼做是寄託對逝去王朝的懷念。很長一段時間，南京人的衣帶間都縫著一枚萬曆或永樂朝的古錢，第一位就是林古度。

剛認識林古度時，九煙曾參與過南京城裡一次爲老詩人的募捐活動，並有詩紀之：「世變侵書枕，年凶到硯田。難遨千里醉，且募萬人緣。白髮陶元亮，丹心魯仲連。謀生兼忍死，相見各潸然。」詩前有短引：「詩人林茂之老矣，貧且甚，山有薄田，欲耕無力。晨誦短疏，心惻久之。」

幾年後，九煙離開南京時，此老還在世。大概到了一六六六年，林古度去世，那時候，快九十歲的林古度已沒有親人，最後是周亮工出資，在鍾山腳下買了一塊地，把老詩人下葬了。

九煙在南京最好的朋友是從湖北黃岡來避難的詩人杜濬，因爲杜濬和他一樣愛喝酒，性情也孤傲。兩人經常結伴短途旅行，並交換閱讀充滿著傷感氣息的詩歌新作。杜濬的妻子去世後，有好長一段時間不見任何朋友，時常關著門在家裡哭，一天，九煙把他從家中強拉出來，陪著他逛街市散心。在一個香攤前，杜濬的腳步停住了，買了四枚香櫞，此果產自嶺南，清香襲人，市值也自不菲。九煙笑著說，你一個窮書生，買這麼名貴的果子幹嘛？杜濬說，不知爲什麼，一看到這小巧可愛的果子，就想到了亡去的妻子，我就把它當作愛人的亡魂帶在身邊吧。九煙開始還嘻嘻哈哈的，一聞此言大慟，當即寫下一首〈香櫞代妾詩〉送給杜濬：「宛轉情何極，空花色假眞；當年應共命，此日再生身。」

在杜濬介紹下，九煙還結識了南京藏書家丁雄飛。丁家藏書逾萬，和另一個藏書家黃虞稷發起了探究讀書眞諦的「古歡社」，九煙經常去丁家讀書，一同參加他們的讀書活動。浸淫在這個古書、古物與友情交織的世界裡，九煙感到這個浩浩蕩蕩前進著的時代已與自己沒有了絲毫關係，作爲對過去自己的告別，他改名黃人，字略似，號半非道人，並有詩紀：「略似人形已半非，道人久與世相違。」

① 瞿源洙，〈黃周星傳〉，收入李桓編《國朝耆獻類徵》：「（九煙）往吳門訪徐昭法……昭法未老，幾失明矣，又餓不能出戶庭，強起揖客，既相見則抱持大哭。時，日已暮，昭法不能具燈燭，盎中絕粒已三日矣，先生解囊貿米數升、鹽少許，共炊做糜。食訖，令潘公獨臥旁榻，兩人聯床對語。夜過半，兩人皆作隱語……達旦，又痛哭而別。」

九煙刻意拒絕的是新時代、新風尚，拒絕的態度愈堅決，對舊日的人與事愈是眷戀。他的詩寫得好，也正是因爲這黍離之悲、故國之痛。時代的大沉痛，卻偏要他這樣的小人物去承擔，說來也是悲哀。他重遊揚州，說「炎涼新歲月，歌哭舊山河。」登上平山堂，藉了酒興又說「滿眼煙花今古夢，天荒地老獨徘徊」。而寫得最爲雄奇大氣的，還是在南京寫的一組詩，一六五三年初回南京時登雨花臺的一首，更被朋友們公認爲蒼涼沉鬱直追杜工部：「依然花雨與秋風，臺閣蒼涼感慨同；六代興亡流水外，百年歌哭夕陽中；故鄉僅見黃冠返，高座何妨漢語通；地老天荒吾輩在，一樽誰酹大江東。」

同時代人傳誦著九煙的這些詩作，對他這個人也越來越好奇。但他好像刻意要讓自己消失在這些詩句後面，那些規模盛大的詩會上從來都沒有看過他的身影，到後來，連林古度、杜浚這些詩友都跑去揚州參加該城第三號人物王士禎（王士禎時任揚州推官）發起的虹橋修禊了，他也藉故沒去。他承認王士禎的詩寫得不錯，但就是不想去湊那個熱鬧。

最落寞的時候，他經常一個人跑到江邊去看夕陽。桔瓣一般的夕照，如嘴唇一般，無聲吐露著濕潤的話語，他相信這神啓般的聲音只有自己能聽到。佇立得久了，恍恍乎自己也站成了江邊的一棵樹，見夕陽江水冷暖相親，便覺得自己在這世上是不孤獨的。他呼夕陽爲老友，呼江水爲淡友，想想只此兩個朋友還不夠，遠望江外黛青色的山峰，暮色中連綿相接，線條柔和，好像也可以一起說說話，就把遠山稱爲遠友。他不只一次在詩裡說，夕陽、江水、遠山，是他最親近的三個朋友①。

沈周〈詩畫合璧十六開冊〉（局部）

走向虛構

一六五九年夏天鄭成功與張煌言的聯合艦隊對南京城發動的一次攻擊，一度使江南各州府震動。戰事最順利時，長江邊的瓜洲、儀徵、鎮江都在聯合艦隊的控制之下，給人一種馬上就要將滿州人趕出去的幻覺。但最後一場不期而至的颱風夭折了他們的北伐計畫，也使一心盼望「王師」的江南士民再度陷入了失望。當南京城裡清算通海分子時，九煙再度回到杭州。

杭州城發達的出版業使九煙在教書之外又找到了一項餬口的活計——替書坊編選時文、小說。十年前，身上流動著商人血液的蘭溪人李漁，在老家賣掉房子舉家遷入省城，就是在此地起步成爲十七世紀中國最爲成功的出版家和劇作家。九煙不像李漁長袖善舞，他替書坊打工也只是賺取一點補貼家用的銀兩。他畢竟是兩個兒子、四個女兒的父親了，又無謀生長技，生計壓力之大可想而知。這些年以杭州爲中心，他還到海寧、嘉善、長興和安徽蕪湖等地教書。在這些南方小城的不斷往返中，他結識了桐鄉的詩人兼學者呂留良，以及他身邊的一批隱士朋友，他們經常一起在西湖邊吟遊，也在呂留良家的水生草堂分韻酬唱。九煙給他朋友們留下的最深刻印象，是他的正直忠厚、剛腸嫉惡，他還請朋友刻了一印「性剛骨傲腸熱心慈」，時常帶在身邊。幾年後，九煙往遊蘇州，還結識了自號梅道人的著名詩人尤侗②。本來九煙還有機會

尤侗像

① 黃周星〈江上三友詩〉：「每薄暮出戶悵佇，但見夕陽江水冷暖相親，回呼夕陽爲老友，江水爲淡友。又念友不可無三，遙望江外數峰，縹緲映接，似亦可以晤語者，爰招彼青山，號爲遠友，而各贈以詩。」

② 尤侗（一六一八～一七〇四），字展成，號悔庵，江蘇長洲人。明末爲諸生，頗有文名。清康熙年間舉博學鴻詞科，授檢討，歷官侍講。工詩古文詞，擅長戲劇，著有《鶴棲堂文集》及《鈞天樂》傳奇等。

結識來到呂留良家執教的黃宗羲，但因他正好前往海寧教館，兩人終究失之交臂。

蘇州人尤侗是帶著傳奇《鈞天樂》出現在九煙面前的。「踏破吳門知幾度，今朝喜得見尤侗」，當一六七〇年春天他們初次在蘇州會面時，大起知己之感的九煙一口氣寫下十首詩，題寫在扇頭上送給尤侗。對他在詩中直呼朋友之名，有人說這也太不像詩了吧，九煙懶得去爭論什麼，倒是尤侗寫信來安慰說，那十首詩他都很喜歡，以前李杜作詩莫不直呼其名的，這又有什麼好奇怪？怕就怕人前叫得甜蜜，暗底下卻是惡恨恨的，名字只不過一個符號罷了，只要兩人相知，就是喊作牛喊作馬也沒什麼不可以啊，先生拿我的賤名入詩，使我能夠藉著您的詩而不朽，那正是我所期待的啊①！

與尤侗的結識徹底改變了九煙對小說傳奇的看法，先前他雖迫於生計替書坊編選過稗官小說，偶爾也動手創作，但對這種俚俗文體他是一直看不大上的。在他的文學觀念中，詩爲正宗，文次之，寫小說詞曲簡直與自甘墮落無異。在日後自傳體傳奇《人天樂》中，他曾借主人公之口說：「若是小弟肯作這些傳奇、小說時，此時久已連床充棟了，只爲素持十善之誡，不敢作淫詞艷曲，故此篋中寥寥。」但從一六七一年冬天起，他對這種以前所不齒的文體突然產生了無上的熱情，他突然有了虛構自身並在虛構中達至眞實的慾望。這年，他六十歲②。

① 尤侗〈答黃九煙〉：「辱贈扇頭十絕，首云『今朝喜得見尤侗』，見者無不怪之。僕解之曰：『白也詩無敵』，杜甫詩也；『飯顆山頭逢杜甫』，李白詩也；下此則『不及汪倫送我情』，『舊人惟有何戡在』，無不呼名者，又何怪焉？不特此，人苟知己則行之可，字之可，名之亦可。即呼之爲牛，呼之爲馬，亦無不可。苟非知己，則稱之爲先生也，直叱之爲小子耳；尊之爲大人，猶罵之爲老奴耳。至於不敢說可，不敢說非，常不敢說，則其人爲何如人哉？白之名甫，甫之名白，先生之名侗，一也。誠恐先生借僕名押韻耳。苟僕而可名，僕不朽矣。」另，尤侗《看雲草堂集》曾記述他們相識時九煙的清苦生活：「如公已是古先生，三十年前雁塔名。老向荒村做教授，角巾顚倒飽藜羹」。

② 關於在六十歲後從事傳奇和小說寫作，黃周星在《製曲枝語》中自述：「余自就傳時即喜拈弄筆墨，大抵皆詩詞古文耳，忽忽至六旬始思作傳奇，然頗厭其拘苦，屢作屢輟，如是者又數年，今始毅然成《人天樂》一種，蓋由生得熟，駸駸乎漸入佳境，乃深悔從事之晚，將來尚欲續成數種，因思六十年前，安得有此？王法護曰，人固不可以無年，每誦斯言，爲之三歎。」

他的文學趣味由此後撤，摒棄道德式的說教而以「趣」字爲先了。《製曲枝語》裡他申述了自己的主張：「製曲之訣，雖盡于雅俗共賞四字，仍可以一字括之，曰：『趣』。古云詩有別趣，曲爲詩之流派，且被之絃歌，自當專以趣勝。今人遇情境之可喜者，輒曰『有趣！有趣！』，則一切語言文字未有無趣而可以感人者，趣非獨于詩酒花月中見之，凡屬有情如聖賢豪傑之人無非趣人，忠孝廉節之事無非趣事，知此者可與論曲。」下面他講述的這個故事裡的人，在他看來正是有「趣」之人。

正德年間的愛情故事

世所公認九煙寫得最好的小說是《補張靈崔瑩合傳》。這篇小說是九煙根據流傳已久的「十美圖」故事改編的，講述的是本朝正德年間一個纏綿悱惻的愛情故事，後來被他的好友、著名文選家張潮收入了短篇小說合集《虞初新志》。虞初是西漢時的短篇小說作家，張潮在這裡把他作爲了小說的代稱。

九煙在與友人談及人生理想時，曾說生平有二恨，一恨無知己，二恨無奇緣，人生最大的遺憾就是遇見了那些優秀的女子，卻「思彼美而不得」③。他說他理想中的女子就是卓文君這樣

③ 黃周星是在〈千春一恨集唐六十首〉的序言中說這番話的：「千春一恨者，思彼美而不得也……英雄如項籍，而不得天下，高才如杜默，而不得一第，今風流俊逸如某，而不得彼美，此三恨者眞堪鼎足千古。……因漫次前後所集唐人語，共得絕句六十首，藏之名山，傳之後世，以告天上人間，千秋萬古之情癡詩人如某者。」

的。他創作這篇以吳中才子為主角的愛情小說，潛意識裡自不無彌補這兩大缺憾的心願作祟。小說開篇，九煙說他年少時讀吳門畫家唐寅的《六如集》，讀到唐寅、祝枝山、張夢晉等人大雪中裝扮成乞丐，沿街賣唱〈蓮花落〉，用得來的錢沽酒在荒郊野寺中痛飲這一節，曾對前人的落拓不羈追慕不已，只是一直不知道張夢晉是誰。後來在坊間聽到「十美圖」的傳說，才知道這個張夢晉就是唐寅的好友、與南昌少女崔素瓊（崔瑩）相愛的張靈。他被崔張相愛的故事打動，先是「驚喜叫跳」，復而「潸然雨泣」，因為這個故事實在是感人至深。

九煙講述的故事是這樣的：

吳縣人張靈，是正德年間詩人兼畫家唐寅的一個小兄弟，兩人才情相當，論風流狂放的行事做派，也差不離兒。話說某一日，張靈在家一邊讀《劉伶傳》，一邊喝酒，不一會就把罈子裡的酒喝完了。小廝說，今日唐解元與祝京兆在虎邱宴集，公子想吃酒，何不找他們去？這話提醒了張靈，他披散頭髮，赤著雙腳，換上破舊的乞丐衣服，左手持書，右手拄杖，徑往虎邱而去。

正是遊春時節，虎邱到處是席地而坐、談天喝酒的遊人。這張靈嘴裡唱著道情，一路行來，每過一處，就向人討酒喝，人家看他長相俊美，雖是乞丐裝扮，卻也像是個讀過書的人，都哄笑著把酒與他吃。行至一席前，幾個商人正在邊喝酒邊作詩，張靈看了半晌，立馬吟出幾首來，讓商人們大為驚駭。這個年輕的乞丐走到哪，那裡就引起一陣小小的騷動。

遠遠看到前方「可中亭」中，唐寅、祝允明和一幫朋友在喝酒，張靈便上前討酒喝。唐寅早已看出這乞丐乃張靈所扮，見他佯狂遊戲，索性也不點破，把他叫來說：「看你持書行乞，想必也能賦詩，你且以這裡的悟石軒為題作一首來看看，作得好，賜爾巵酒，否則，打斷你的腳骨。」張靈說，這有何難？一邊廂童子遞上筆來，他筆走龍蛇就寫下四句：「勝跡天成說虎邱，可中亭畔足酣遊。吟詩豈讓生公法，頑石如何不點頭。」唐寅大笑，叫他入席一起共飲。邊上的看客擠得裡三層外三層，一個個都相顧驚怪，不知這乞丐是什麼來頭。張靈本是趁著酒性而來，淺飲即醉，醉了也不與眾人道別，拂衣而起，步出亭子一路飄飄斜斜而去。

在座的祝允明是張靈老師，知道這個弟子向來愛胡鬧，見他離去，唯與唐寅相對苦笑。這時，聚會也快結束了，唐寅提議，他和祝允明共同合作一幅〈張靈行乞圖〉，也算是爲今日風流留下一段佳話。眾人都說好。唐寅舐筆伸紙，不一會就畫成，圖中張靈面目清朗，又醉態可掬，祝允明在畫上題寫了數語，坐客傳玩歎賞不已，好像都在爲親身參與這一重要時刻而激動著。

忽見人群中走出一個白衣素冠的老人來，自稱是來自南昌的一個貢生，名崔文博，因護送亡妻靈柩到此，見兩位畫家所畫狂乞原來是才子，便提出索要此畫。唐、祝兩人本是一時興起，逸筆草草，見有人歡喜，也就把畫送了他。

卻說張靈下了虎邱，被眾人簇擁著，一路踉蹌著到了江邊，忽見江中一舟，一隻素手啓開窗檻，隨即露出桃花般明淨的一張臉來。此女相貌不俗，又兼素裝打扮，愈發襯得明艷動人。原來此女正是適才向唐、祝討畫的老者的女兒崔素瓊，單名一個瑩字，見岸上人聲鼎沸，拉開窗檻正想看看外面發生了什麼事。崔瑩剛探首出來，那年輕的乞丐也正把眼光投到她臉上，四目相對，窗檻隨手而落，這張靈竟似瘋魔了一般，不經許可就跳上船去，跪在船上一聲聲地叫著：「張靈求見姑娘！」岸上人頓時一片笑譁。

舟子來趕他，但這個年輕的乞丐雙膝好似在船板上生了根一般，大有姑娘若不出來就不起身的勁頭。正在鬧得不可開交的當兒，張靈的隨身小廝尋來了，見主人醉成那副模樣，就跳上船去，一把攙起張靈，好說歹勸著，哄著他下了船。船上那姑娘見乞丐走了，怕他再尋來，趕緊讓舟子移船別處。

不一會，崔老先生回來，在江邊喊了幾聲，那船才緩緩駛近來。崔瑩見了父親所攜的畫，才知道那個冒失的年輕人就是假扮乞丐的才子張靈，就央父親把畫送給她。本來，崔老先生還想在吳中多待些時日，親往拜訪唐寅、張靈，但突然生了急病，也就帶著女兒回了南昌。

自從在舟中見過崔瑩一面後，張靈幾乎天天往虎邱跑。那天河邊驚鴻般的一照眼，他冰結已久的心嘎喇喇地鬆動了。明知道那姑娘已回南昌，不會在老地方出現，他還是盼望著奇蹟發生。有時喝醉了酒，他就身著紅衣，把眉毛描成金色，打扮成胡人的模樣在場中舞蹈，引來一大圈人觀看。此時，有一個叫方志的監察御史來南直隸督學，聽說了張靈嗜酒使性的事，就把他的諸生功名革去了。處罰通知送達時，張靈不怒反喜，連聲說：「太好了，太好了，我正愁被這勞什子的功名束縛太久，從今以後就得大自在了。他能奪去功名，難道還能把我的才華也奪去不成！」

他跑去找唐寅，通往桃花庵的那條巷子都快讓車馬塞滿了，打聽了下，才知道是封地在南昌的寧王朱宸濠聽說了吳中才子唐六如的大名，派車駕前來禮聘迎接了。話說約十年前，唐寅中鄉試解元，名聲大噪，本想著會試連捷，哪料到兜頭潑來一盆冷水，陷身科場舞弊案，受了四個月的監禁審查後不了了之，把他發配到一個邊遠小縣去做吏役。唐寅深感恥辱，辭了這份差，回到老家，閒來寫幅青山賣，從此再不與官府打交道。朱宸濠此番相邀，又拔動了他心裡頭建功立業那根絃，欣欣然準備動身了。

得知好友馬上就要動身去南昌，張靈說，太好了，我正有事託付兄呢，那天我在虎邱遇到的那個美女就是南昌人，一直念念不忘，兄到了那邊一定要幫我找到她，切記切記，這是開天闢地第一吃緊事，兄替我辦好了，我一定重重謝你！

朱宸濠是個心存異志的王爺，早就想取代那個胡鬧得很不像話的正德皇帝了，他把唐寅招至南昌，一是要爲自己博得個求賢好士的名聲，再就是要借重大畫家的畫筆，爲十個美人臨摹畫像送進宮去，以博得皇帝好感。唐寅到南昌時，寧王府已蒐羅來九個才貌出眾的美人兒，唐大畫家連畫幾日，這九個美人像都畫好了，像的圖詠也配好了。九美者何？

廣陵湯之謁，字雨君，善畫；
姑蘇木桂，字文舟，善琴；
嘉禾朱家淑，字文孺，善書；
金陵錢韶，字鳳生，善歌；
江陵熊御，字小馮，善舞；
荊溪杜若，字芳洲，善箏；
洛陽花萼，字朱芳，善笙；

錢唐柳春陽，字絜才，善瑟；
公安薛幼端，字端清，善簫。

畫成後，朱宸濠大為高興，設宴犒勞唐寅。王府有一個姓季的書記，看了畫說，十美欠一，終究不完美，我知道本城有一姑娘，長得真是傾國傾城，明天我把這姑娘的畫像拿來，請王爺定奪。第二天這姓季的把畫像送來，朱宸濠一見就說，果然是個大美人兒，就是她了。他讓季某趕緊辦妥此事，一待十美圖成，就要派人把她們全都送往京師。

這季某圖中所獻，原來就是張靈一直思之不得的崔瑩。季某中年喪偶，垂涎崔瑩美色，雇了個女畫師偷畫了崔瑩的像，又託人上門說媒。崔瑩自從在虎邱與張靈邂逅相遇，又日日與唐寅手繪的張靈像相伴，早就芳心暗許，只盼著父親能早日去吳中，說定這門婚事，對季某的求婚自然不予答應。這季某乃是個陰惻小人，自己得不到的，就想借手王爺毀掉。南昌城裡寧王府的威勢大得很，不容崔家說個不字，崔瑩幾次想自殺，怎奈爹爹看得緊，最後只得長嘆一聲命苦，取出珍藏了許久的〈行乞圖〉，在上頭用蠅頭小楷題寫了數行詩：「才子風流第一人，願隨行乞樂清貧；入宮秖恐無紅葉，臨別題詩當會真。」題畢，交給老父，說：「請您有機會一定交給張郎，讓他知道這世間有情痴女子如崔素瓊者。」話罷，慟哭入宮。

崔瑩入了寧王府，打聽得唐寅就在此地，找了個機會，丟了個小紙條給唐寅，告訴他久已屬意張靈。唐寅看到這紙條，才知道張靈讓自己尋訪的女子近在眼前，急得不知如何是好。如果給崔瑩繪了像，進獻京師，那自己真成了千古罪人，將來也沒有面目去見張靈了。他打定主意，打死也不能畫。他偷偷溜出王府，找崔父商量挽回的辦法，帶回了〈行乞圖〉，想要央求朱宸濠成全了這對戀人。朱宸濠見他一直拖著不畫，也不等了，擇了個日子，就差人護送這十個美人往京師出發了。唐寅悔恨不已，又見朱宸濠已漸漸露出叛亂篡位的形跡，就想早日回蘇州去。朱宸濠怕他走露了風聲，派人看管得緊，唐寅無計可施，只得裝瘋，一會兒大哭大叫，亂扔東西，一會兒又學狗裝貓，把自己弄得污穢不堪，朱宸濠見他真瘋得不輕，於是又派人把他送了回去。

唐寅從南昌回來，大病一場。這半年寧王府的經歷，真像是在鬼門關裡走了一遭，一直讓他心有餘悸。等到病稍好，想去看張靈，卻聽說張靈已經病得都起不來了。

原來張靈這半年來飽受相思折磨，有時歌，有時哭，有時縱酒狂呼，像是中了魔怔一般。剛剛不久前，中秋那日，他又來到虎邱千人石邊，那天有個劇團在演戲，張靈看了一會，突然大叫，你們演得都不對，我給你們演一齣王子晉吹笙跨鶴。說罷搶過一個演員手裡的笙，推倒一個少年，跨上去，讓少年模仿傳說中的仙鶴飛。他坐在少年背上又拍又打，那少年氣極，一挺身就把他掀翻在地。張靈爬起來說鶴不肯飛，我做不了天仙，只能做個水仙了。說罷一頭躍入了旁邊的劍池。秋日水枯，池水只及膝，等眾人七手八腳把他撈上來，已是跌得滿臉鮮血，大腿也摔骨折了。從那以後，張靈就再也出不了門了，天天委頓在床榻上，幾乎夢醒不分。

聽說好友唐寅來訪，張靈的病竟似好了大半，從床上一躍而起，拉著唐寅的手問那個南昌美人是否尋訪到。唐寅拿出了私下臨摹的崔瑩畫像，張靈一見，那眼珠子鼓著似乎要穿透到畫紙背後去。唐寅又拿出崔瑩題詩的那幅〈行乞圖〉，說崔瑩已被送入宮中，張靈讀罷題詩，大哭，復大喊，隨後嘔血不止。三天後，張靈家人把唐寅請去，說張靈已經不行了，臨終前有幾句話要與唐寅說。唐寅到了張家，張靈提著一口氣兀自不咽，還在等他，一見唐寅就握著他的手說，完了，唐君，我這回恐怕真的要死了，請把素瓊的那幅像與我一同下葬吧。話畢，強撐著最後一點

張靈〈招仙圖卷〉（局部）

氣力，索紙筆寫了幾個字：「張靈，字夢晉，風流放誕人也，以情死。」寫到死字最後一筆，已沒了氣。

唐寅與張家人商議，把張靈的墓地選在了城外與鄧尉山相連的玄墓，這裡遍植梅花，吳縣人都稱「香雪海」，他們曾多次前來遊賞。他還遵友之囑，把那幅小像也隨同張靈下葬了。

且說崔瑩等那十個南昌美人到了京師，因生性好玩的皇帝巡幸榆林還沒回京，她們就遲遲沒有送進宮去。再過了些時日，朱宸濠興兵反叛，被王陽明在鄱陽湖擊敗拿獲，皇帝覺得叛亂這麼快就被平息很不過癮，命令把朱宸濠放回去，封自己爲大將軍，又想再南征一次。十個美人因是逆藩所獻，皇帝看都不想看一眼，命把她們全都放還家去。就這麼著，崔瑩回到了南昌。此時，她的老父已去世，家中唯剩一個叫崔恩的老僕，於是，孤苦無依的崔瑩就雇了艘船，與這個老僕一同來到了蘇州。

唐寅一見崔瑩，掩不住心中愴然，說：我那兄弟福薄啊，姑娘鍾情遠顧，他卻已在地下爲情鬼矣！崔瑩聞聽此言，整個人都木了。問清墓地所在，兩人相約第二日一同去看張靈。

兩隻小船一前一後到了玄墓山張靈墓地。崔瑩讓老僕買了酒與果品，唐寅帶來了張靈的詩稿和那張〈行乞圖〉。一至墓前，崔瑩就伏地哀哀慟哭，就好像她的哭聲能把愛人從另一個世界喚回似的。她把〈行乞圖〉掛在墓地前，擺上祭祠的果品，往兩個空酒杯裡斟滿酒，一頁一頁讀張靈詩稿，每讀數頁，就酹酒一巡，一呼一哭，哭罷又讀，往復不休。唐寅在一邊都不忍再看了，掩淚回到自己舟中。老僕崔恩佇立一旁，勸了又勸，也起身往邱壟間徘徊去了，等他回轉來，不由魂飛天外，崔瑩已在墓前臺畔自縊了。飛奔下山告訴了唐寅，唐寅頓足一迭聲地喊：「大難，大難！」

擇了個日子，唐寅把崔瑩葬入了張靈墓穴，那張〈行乞圖〉和詩稿也一並葬入，交在墓前植碑，上書「明才子張夢晉、佳人崔素瓊合葬之墓」。老僕崔恩願爲守墓人，就在山間築了間小平屋住下了。

轉眼到了第二年清明，唐寅前往玄墓山祭掃。那天晚上，他就住在墓旁的平屋，輾轉不寐，啓窗縱目，則萬樹梅花，一天明月，不知身在人世。唐寅喟然長嘆，我的老友一生狂放不羈，能夠與崔美人同葬此地，也算是不差的了，只不知他日誰來葬我唐某人。就在此時，他聽到耳後草葉上有窸窸窣窣的行走聲，回頭一看，卻是張靈向他走來。張靈說，唐君以爲我眞的死了？死的是形體，不死的是魂魄，今夜花滿山中，我倆特來看望你了。正說著，崔瑩也含笑吟吟出現在了身側。三人相會，正要聯句作詩，突然一陣風過，兩人消失不見，唐寅醒來，唯見半窗明月，兩隻白鳥斜著翅膀飛上了林梢。

幻想花園

九煙以唐寅的夢境結束這個小說，是建立在這樣一個觀念上：形易逝，而神不滅，一個人的生命可以因疾病、傷痛及時代的罡風輕易摧折，但一個品德高尚、才情卓越的人，他的靈魂可以穿越生死，在某些個夜晚化作一陣輕風、一隻白鳥重新回到人間，回到愛他們的人身邊。以崔、張這個愛情悲劇而言，在他看來已經超越了他先前嚮往不已的司馬相如、卓文君的境界，「凜凜生氣」，可與日月爭光。

在人世間的秩序之外，他相信上天另有一種秩序和安排，後者肯定要比前者更恆久。更重要的是，他相信上天的這種旨意在合適的時機會有所暗示。

從寫作小說和傳奇的一六七〇年起，九煙花了數年時間爲自己建造的一個幻想之園——「將就園」，據他自稱就來自於天啓。

此園面積廣大，天下罕有其匹。按照園主人的解釋，將者，「言意之所至若將有之也」，就者，「言隨遇而安可就則就也」，「將就」二字，本在幻象之中。

九煙說，自從他解事起，就一直在尋找這個園子，似乎他來到這世上的唯一使命，就是建造這座安頓他性命與靈魂的園子。所幸還不算太晚，在生命的老境即將到來之際，他終於建造好了這個迷幻之園，儘管它在這個世上並不眞正存在，而只是「畫裡溪山」、「墨莊幻影」。

這個園有多大？它又有什麼特別之處值得園主人爲之營置四年之久？這麼說吧，一個人想像的邊際有多寬，這個園就有多大，他在人世間看到過什麼樣的美景，也都可以在這個園裡面找到。因爲這個園，「亦在世間、亦在世外，亦非世間、亦非世外」，它是一個虛無之園。

通往此園的是一個洞穴，而且這個入口被飛掛的瀑布遮擋，輕易不能發現。通過這個入口，才會發現此園由東、西兩園組成，且中間有一條逶迤流亙南北的溪水隔開。溪上有橋，橋上有亭，橋即名爲將就橋。

按照那個時代的造園指南，園必築於山環水繞之中。《長物志》的作者文震亨就說：「居山水間者爲上，村居次之，郊居又次之。」曾在浙江蘭溪老家營建別業的李漁也認爲「山林地」爲第一。

九煙建造的雖是紙上園林，也遵循了同時代造園的這些基本法則。這個園子的主體即爲分踞東西的將山和就山，「山椒各有飛泉，下注懸爲瀑，匯爲澗，流爲溪沼，隨處可通舠筏」。兩山之下又有中溪相繫挽，溪流自南而入，匯爲華胥堂之池，池水北流爲十八曲之澗，澗盡匯爲桃花潭，潭水再北流環繞園子，「溪流環繞十餘里，中爲平野亦復有岡嶺、湖陂、林藪、原隰，參錯起伏」。登上園中的兩處制高點「就日峰」和「雲將峰」，即可一覽全園所有景緻。

既爲幻想之園，開闊的空間自非一般私家園林所能比擬了，比如就園桃花潭有二畝見方，潭畔石坡可以容納上千人，將園至樂湖則有二十畝。園中最爲精華的建築「鬱越堂」，是九煙的讀書、會客之所，園主人說，這一命名取意佛家聖地鬱單越（又名北俱盧洲），那裡「萬萬年

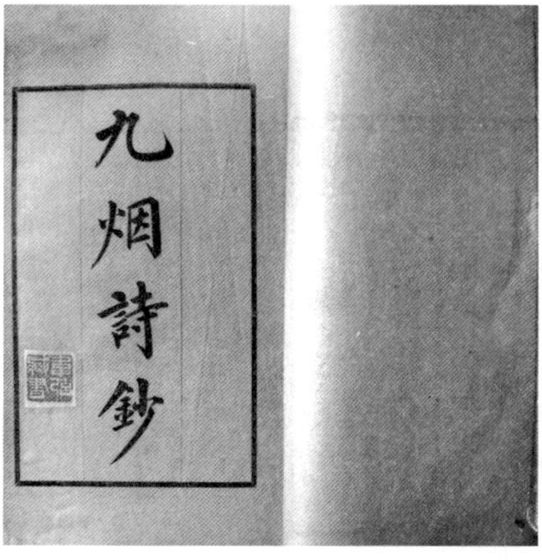

青山不改，千千代綠水長流」，端的是「第一好了」之地：「北俱盧，好山水，好樓閣，但快樂，無災禍。」

九煙的敘述語調，就好像他在寫作一篇新《桃花源記》：「山中寬平衍沃，廣袤可百里，田疇、村落、壇刹、浮圖，歷歷如畫屏，凡宇宙間百物之產、百工之業，無一不備其中者」，園中居民「淳樸親遜，略無囂詐，髫耇男女歡然如一，蓋累世不知有鬬辨爭奪之事焉，又地氣和淑，不生荊棘」，他們所住的地方形同一座「蓮花城」①。

九煙花了大概四年時間，用筆墨完成了這座幻想之園。很長一段時間，他都以爲這不過是紙上遊戲。某一日，好友陸芳辰駕船路過他住的南潯小鎮，他趕去船上相見，喝過了酒，他們在船上問卜，運乩祈仙，夜半，沙盤中突然出現一行文字，大意是，專管天下文章的文昌君在崑崙山下聽說人間有此園，甚爲可愛，也想在天上仿造一座將就園，九煙可爲兩園主人。

九煙簡直不敢相信自己的眼睛，再試了一次，沙上的文字告訴他們的還是同樣的意思。一個大半輩子鬱鬱不得志的老人，沒有誰賞識過他，沒想到天上的仙人賞識他，九煙自此堅信不疑，自己上天後將成爲將就園主人，並主管天下文學②。

幾乎與此同時，九煙還在寫作一部叫《人天樂》的傳奇。從劇中主角軒轅載的一生遭際來看，九煙是把這部劇當作自傳來寫的。劇分上、下兩部，上半部講主人公少負才名，早登科第，然而世事劇變，他只得四處漂泊，寫作通俗文學、處館授徒爲生，可是他可憐的一點聘資也被小偷盜走了，又遭小人欺謗，他只得攜著家人再度流浪，嘗盡了人世間的苦難。下半部講他作了一篇〈將就園記〉，感動天上神仙，建將就園於崑崙之巔，被封爲「將就園主人」、「半世才名、一生清苦」的軒轅載終得人福天報，登入仙班。

劇中的主人公終於得到了一個圓滿的結局，然而九煙的幻滅之感卻越來越強烈了，「將就本同虛無，天上誰容將就乎？」他借劇中人的口吻說，「我小弟五岳之志，四海無家，不作此遊戲，何以逍遙悶懷乎……一般樣清風皓月，青山綠水，千金總無價，免向俗人誇，知音寡，將就園且將就些兒吧」，明知此園是幻中之幻，卻也期望著有朝一日夢想成眞，滿紙荒唐言，都云作者痴，假假眞眞，又有甚人相問？

九煙的好友張潮可謂知其心意，在把〈將就園記〉收入《昭代叢書》時說，世人造園，慘澹經營，但大多抵不過時間的侵蝕，那園不久就成爲了野狐出沒的廢墟，九煙用筆墨營造的將就園，卻能不朽，那正來自文字的力量，強勁的虛構也能夠產生事實③。另一個酷好夢境的朋友董若雨對九煙此舉也特別理解，他說一個未經歷人生大沉痛的人是不會懂得夢的意義的，「不知者以爲九煙居士爲遊戲，而余知其悲」。

預謀死亡

一六七八年初，一道上諭出現在京堂三品以上及地方督撫大員的案頭，令舉薦各地才俊學問之士進京，皇帝將親自主持博學鴻詞科考試，量才錄用：「自古一代之興，必有博學鴻儒振起文運，闡發經史，潤色詞章，以備顧問著作之選，朕萬幾餘暇，游心文翰，思得博學之士，用資典學。我朝定鼎以來，崇儒重道，培養人才，四海之廣，豈無奇才碩彥，學問淵通，文藻瑰麗，可以追蹤前哲者。凡有學行兼優，文詞卓越之人，不論已仕未仕，令在京三品以上及科道官員，在外督撫布按，各舉所知，朕將親試錄用。」④

一時隱居山野的前朝遺老如黃宗羲、傅山、顧炎武、冒襄等都被當道者薦舉，要求他們入京參加皇帝親自主持的考試，九煙和他的朋友呂留良

① 黃周星〈將就園記〉，《夏爲堂別集》，清康熙二十七年朱日荃張燕孫刻本，九冊，本文所引原文均據此本。

② 黃周星寫有一詩記述這次占卜：「何物區區將就園，空中樓閣夢中緣，無端驚動文昌座，九地平飛上九天。」

③ 張潮〈將就園記〉跋語：「將就云者，蓋自謙其草率苟簡云耳。余笑謂之曰：公此園殊不將就……世人之園，經營慘澹，乃未久而即廢爲邱墟，孰若先生此園竟與天地相終始乎？」張潮和黃周星兩人雖年齡相差較多，但交往甚深，張之《幽夢影》有黃的多條評語，黃之文也多入張刊刻之集，所編《虞初新志》、《檀几叢書》、《昭代叢書》幾乎均有黃周星的作品。張潮另有一詩讚黃周星：「九煙先生老前輩，文章才藝皆吾師。憶昔書林買尺牘，新編廣編若干軸。就中每讀先生文，奥義高辭動盈幅。」

④ 《清聖祖實錄》卷十一。

也在徵召之列。一些人以爲這是聖朝文治之功，放下身段蠢蠢欲動，也有人以爲這是對自己名譽的極大侮辱，寧死也不願就道。九煙和他的朋友是態度最爲堅決的兩個拒絕者。呂留良爲了逃避考試，還剃度出家了。爲此，九煙還特地前往桐鄉，爲老友畫了一張披髮僧裝像。

一六八〇年暮春，在安排好子女們的婚約大事後，九煙對他妻子說，自己這一輩子的事都完成了，他準備前往另一個世界了。家人號哭著反對他這樣做，他不管不顧，從容地做著離世的準備，說，我這是解脫啊，你們應該爲我高興才對。

他絕食了幾天，還是沒死成。家人一直哀求他不要狠心撇下他們。眼看著在家裡死那麼難，他索性從床上起來，把家藏的好酒盡數拿出，大喝一場，醉醺醺地划著家裡僅有的一艘船出了門。鎮子附近到處都是密布的河道，那船逶迤而去，七轉八彎，就不見了蹤影。天黑了，還不見他回轉，家人趕緊去找，只見那空船在河心打著轉，他早就沉入河中央了。

道光年間修的《南潯鎮志》敘述到這一節時，採用的是詩人朱彝尊的版本：「年七十，忽感愴于懷，仰天歎曰，嘻，而今不可以死乎！自撰墓志，作〈解脫吟〉十二章，與妻孥訣，取酒縱飲，盡一斗，大醉，自沉于水，時五月五日也。」[1]也有一種說法，他是在南京秦淮河上，大醉後跳河自殺的。

因九煙的自殺相去拒招博學鴻詞試不遠，死的那天又是一千多年前的詩人屈原在汨羅江自沉的日子，他的自殺事件遂被傳得紛紛揚

呂留良披髮僧裝像

揚，南方的隱逸圈都把他看作堅守節義、以死殉國的典範。更有一種誇張的說法，說他是因「恢復」大明江山之希望破滅而自絕②。

只是四海承平已久，說他爲前朝殉死實在有點蹊蹺。友人葉夢珠是九煙之死的知情者，他逐字逐句解讀了九煙留下的十二首〈解脫吟〉，說九煙是求仙而死，詩中都已說得很明白了：「苦海空過七十年，文章節義總徒然。今朝笑逐罡風去，縱不飛升也上天。」

葉夢珠說，九煙其實早就厭倦了這個苦難世界，早年遭逢鼎革，所以不死者，念老親獨子，偷生苟死，存黃氏一脈；快六十歲時生下兩個兒子，死的念頭就時時冒出來了。自一六七〇年舉家遷居南潯小鎮起，他用文字構築「將就園」的過程，就是在一步一步預謀死亡。他的死，也早就在《人天樂》這本傳奇裡寫下伏筆了——劇本尾聲，主人公得知將就園已經築好，「以待我將來居住」，那時他就說過這麼一段話：「世上之事，似已有七八分了……」③

一句話，他早就想搬到天上的那個園子去住了。

①朱彝尊《靜志居詩話》卷二十一。

②陳鼎《留溪外傳》卷五〈笑蒼老子傳〉：「初，周星奔走四方者幾四十年，意若有所爲，而阨于天。歲癸酉，海外悉入版圖，天下太平，故所交游盡死亡，周星言念世事，四顧寂寥，忽感愴傷心，仰天歎曰，嘻，吾今日可以從古人游矣！遂與鄉里慷慨訣別，飲醇酒盡數斗，書絕命詞二十四首，負平生所箸書躍入水中死，年七十三，蓋五月五日也。」

③葉夢珠《黃周星傳》，《閱世編》卷四〈名節一〉，來新夏點校，上海古籍出版社一九八一年版。另，孫枝蔚〈聞黃九煙自投水死哀且異之〉詩，中有句云：「有客招魂魂不返，玉皇恩召侍仙班」，亦可一證。

醉眼青山
古心如鐵陳洪綬

地理

夢憶

墨蝶

精華

酒徒

北京

青蚓

南歸

狂士

野和尚

職業畫家

小說認領

燃燒

疑案

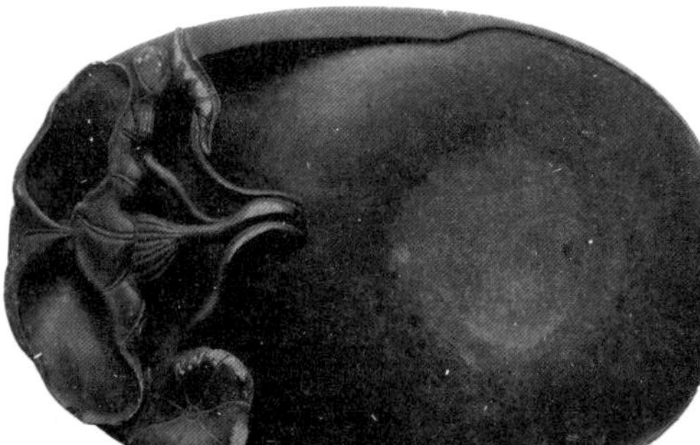

地理

這裡是陳洪綬的諸暨，往西是李漁的蘭溪，往東是張岱的山陰，往北，隔著錢塘江就是蕭山和省城杭州。諸暨—山陰—杭州，這片潮濕多雨的南方三角地帶就是天才畫家、本文主人公陳洪綬的活動區域（除去兩次短暫的北遊），故事時間約爲明萬曆二十六年至清順治九年，即一五九八年至一六五二年的半個世紀間。

傳說中，這片錢塘江之東的平原地帶是上古時代的治水英雄大禹的終焉之地。後來，夏朝的一個皇帝少康把這裡作爲了一個庶子的封地。那時候這一地區還很荒涼，到處都是沼澤和成片的森林，原住民都文身斷髮，讓中土人嗤笑爲南蠻。春秋末年，越王勾踐與吳王闔閭相互拉鋸式攻伐，戰爭持續十來年，臥薪嘗膽，最終勝之，成爲春秋最後一個霸主。雖然後來越國讓楚國和齊國聯手做掉了，但這種隱忍與血性的稟性卻在這片土地上人們的骨頭深處沉積了下來，是以，本文主人公的同時代人王思任——一個正直而有才情的官員①，在一封痛罵縮頸逃跑的南明總督馬士英的信中有這樣的自誇：「吾越乃報仇雪恥之鄉，非藏垢納污之地也。」這句話經二十世紀初的作家魯迅在〈女吊〉一文中引用，已成名言。

如果在明朝，這個三角地帶每一處的往返，可能都得三五日。雇一隻舟子，我醉欲眠，夢裡都是流水聲。或者騎小毛驢，童子挑

陳洪綬像

①王思任（一五七四～一六四六），字季重，浙江山陰（今紹興）人，明末官九江僉事。魯王監國於紹興，曾爲禮部尚書。紹興城破後絕食而死。著有《謔菴文飯小品》。

一擔書隨後，山陰道上不知會不會遇上狐狸精。那樣一個緩慢的時代，什麼事如果要發生，就會如石底下的青苔頑強地探出來。這般欲雨未雨的天氣，又是去這樣一個文氣沛霖的地方，帶一本《帶著希羅多德去旅行》實在有點唐突，應該是屠隆的《冥寥子游》，或者張宗子的《陶庵夢憶》——浮生若夢啊，空氣裡都是夢幻的氣息，滿山皆異香。

我和詩人、小說家馬敘順著夜色中的浦陽江邊一路走去，穿過城南苧蘿山下的西施殿和浣紗路，去一個叫「三賢館」的地方。那是諸暨文友們經常聚會的一個所在。「三賢」之一，即十七世紀偉大的人物畫家、那個被稱為有明三百年無此筆墨的陳洪綬①。成書於一七三五年的一本藝術史著作《國朝畫徵錄》評價他所畫人物，軀幹偉岸，衣紋清圓細勁，有公麟、子昂之妙，力量氣局超拔磊落，尤在仇英、唐寅這些名家之上②。但同時代人似乎更津津樂道於他對酒和女人超乎尋常的熱愛，並進而對他進行道德主義責難。有傳言說，他畫出名後，有錢人拿了大把的銀子恭恭敬敬來求畫，他都不予理睬，但只要有酒、有女人，他自己都會找來筆墨作畫，即使販夫走卒乃至垂髫小兒，他也都有求必應③。更有一種誇張的說法，說他的好色到了沒有女人不成眠、酒也喝不下去的地步④。持這種觀點的人普遍認為，他所有成功的畫作都是情慾催生出來的，每一抹筆觸都散發著荷爾蒙的氣息。更有甚者，有人以小說家的筆法寫道，一六四六年夏天，清人南下紹興，「從圍城中搜得蓮，大喜，急令畫，不畫；刃迫之，不畫；以酒與婦人誘之，畫」⑤。

在陳洪綬的四子陳字（別號小蓮）正式編定的文集之外，還有一封他寫給一個叫水子的學生的短函流傳了下來。這封短函是催促學生趕緊弄個女人來伺候：「水子老弟：若無美人便遲一日，美人不必求其絕妙者，第得五官停勻，略有風韻已矣。洪綬頓首。」看他這麼猴急的樣子，連長相好壞都不講究了，只要五官端莊、略有風韻就行，讓我每讀一次就不由得大笑一回，這陳老蓮呀！

我最早看到陳老蓮的畫，是那套著名的水滸葉子圖譜，印在幾件青花瓷茶具上。那是我外祖父的二弟收集的民國初年瓷器，僥倖沒有在文化革命中打碎，和繪著領袖像的瓷杯、像章一起放在足有一人高的櫥櫃上。摸上去沁涼的瓷具上，宋江、李逵、魯智深、燕青、孫二娘一個個橫眉瞪眼、威風凜凜，十足的草寇架勢，當時只覺得畫中人物面目怪誕，奇駭無比，眞把我給嚇著了。及長，又陸續搜讀過一些老蓮的畫，這種不適感還是揮之不去，只覺得他所畫人物，形態結構多欠準確，臉部比例也失當，女人都顯肥，臉龐也不秀氣，小孩子呢，頭大如斗，形如小鬼，男人則都畫得耳長頷尖，鷹鉤鼻子深眼窩，一副心事重重又都掩飾不住焦慮的模樣，卻又想不明白畫家爲何要這樣去畫。大約四十歲的時候，我自己也一頭扎進了古人世界裡去，方覺得與現世的喧譁相比，這高古的境界自有它的好，反而喜歡上了他畫裡那一脈靜穆宏深的氣息，直覺得這位畫家眞像《紅樓夢》裡所說的，似乎吃了冷香丸，他的畫才會有這樣奇崛的格調、這樣冷艷的色彩。

老蓮生命最後五年裡的忘年交、詩人毛奇齡說過一個故事：有個叫袁鵾的寧波人，因家境窮困，在日本商船上做帳房，把陳洪綬的畫藏在竹筒裡，送給日本船主。船主大喜過望，好酒好菜侍候，還送了他一大堆珠寶，後來才發現那是一幅仿製品。毛奇齡說，老蓮死後，他的畫作流傳於朝鮮、兀良哈（蒙古）、日本、撒馬兒罕（中亞細亞）、烏思藏（西藏）等地，這些地區的商賈不惜以高價收購他的畫，利益驅動下贋品層出不窮，仿製他畫作的竟然有幾千人之多——「海內傳模爲生者數千家」。這節故事是「三賢館」主人轉述的。

那晚從諸暨三賢館出來，發生了一樁小意外。許是不遠處苧蘿山公園燈光晃眼，我的朋友馬敘突然腳下一滑，跌入台階下的灌木叢。我伸手去扶，卻撈了個空。當時說笑打趣一陣，也不覺得有什麼，隔天一早，馬敘告訴我，他的左手腕骨摔裂了，痛了整整一晚上。許多個日子後——那時詩人、小說家馬敘已經痴迷於水墨一道並著手準備他的第一個畫展了——我突然想到，這是後世的一個畫家以這種特有的方式對他的前輩表示敬意。

① 另兩人爲元代以畫梅著稱的畫家王冕和元末明初作家楊維楨，他們都是諸暨楓橋人。

② 張庚《國朝畫徵錄》：「洪綬畫人物，軀幹偉岸，衣紋清圓細勁，兼有公麟、子昂之妙，設色學吳生法，其力量氣局，超拔磊落，在仇、唐之上，蓋三百年無此筆墨也。」

③ 朱彝尊《靜志居詩話》：「客有求畫者，罄折至恭，勿與。至酒邊召妓，輒自索筆墨，雖小夫穉子，徵索無弗應。」

④ 毛奇齡《虞初新志·陳老蓮別傳》：「生平好婦人，非婦女在坐不飲；夕寢，非婦人不得寐，有攜婦人乞畫，輒應去……」

⑤ 毛奇齡《虞初新志·陳老蓮別傳》。

夢憶

世家子張岱晚年檢討自己的一生，深感繁華靡麗過眼皆空，五十年來總成一夢，一派沉痛的懺悔語氣。在他坐說昔年盛事的兩部回憶錄《陶庵夢憶》、《西湖夢尋》中，不時出沒著被他稱爲「章侯」（章侯是陳洪綬的字，他還有一個廣爲人知的號叫老蓮）的陳洪綬的身影。

他們一個出生於諸暨望族，一個是紹興城內名門之後，同一方水土所孕的奇才異趣，再加年齡又相去不遠①，兩個青年藝術家很早就開始了交往。張家在杭州有別業，陳洪綬年輕時也總往省城跑，西湖邊的煙霞石屋、呼猿洞、于謙墓是他們經常遊賞的去處。大約是一六二四年，他們經常一起讀書於靈隱韜光山下的「岣嶁山房」②。這片山房是嘉靖年間一個名叫李芠的隱士所建，面對一流清溪，背靠石崖，環境清幽，開門就是一大片蒼勁的古松和蔥郁的灌木叢，人一走入就隱滅不見。屋旁石橋低磴，可坐十餘人，寺僧刳竹引泉，溪流淙淙，又有園蔬山蔌可供作炊，口味寡淡了還可去溪裡打魚，實在是讀書的好去處。那一年一起讀書的還有趙介臣、顏敘伯、卓珂月和張岱一個叫平子的弟弟。張岱記敘了他們在此地做下的一樁惡作劇。那一次，他和陳洪綬等一眾友人沿著溪邊走，看到一佛像，中亞人裝扮，坐在龍象上，邊上還有四、五個裸女獻花果，細一看佛像銘文，竟是楊髡——元朝時的江南釋教總統楊輦眞珈的像。此人在江南，一到名山大川就到處鑿石造佛像，又專好發掘皇家陵墓和大戶人家的古冢，看到墓中有女屍容顏依舊還做出淫媾的勾當來，張岱素聞此人惡名，與眾人一說，大夥兒氣

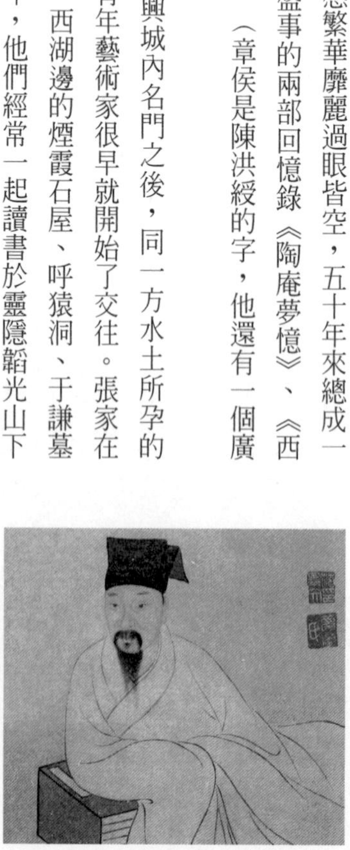

曾鯨〈葛震甫像〉（局部）

不打一處來，當即搗碎了楊髡的像，還不解氣，又對著斷肢殘臂各撒了一泡尿。附近寺僧聞聲出動，剛要責怪他們損毀佛像，知道打碎的是楊髡的像，也都雙手合什，做歡喜讚歎狀。那一日的溪邊林中，定然響徹了少年們哄然的笑聲。

據祁彪佳日記回憶，張岱的四個弟弟卿子、介子、平子、登子也都與陳洪綬交好。他爲平子遷入新居作過畫，還寫詩感謝平子贈米。尤其是張登子與陳洪綬走得更爲親近，時常詩文酬答。「幾年不見張公子，每憶玄都觀裡人。常夢雲間同作客，數回吹笛喚眞眞」，詩中的張公子說的就是張登子。

他和張岱還多次一同出行訪友，約了祁彪佳去安昌白洋村（那裡靠近杭州灣南岸）看潮，去南京觀新上演的《金瓶梅》。某年秋天，陳洪綬還邀請張岱去楓橋楊神廟看了著名的迎臺閣祭神儀式，數十萬人如蟻一般密密聚集在楓橋下祭神、唱戲的場面，讓張岱至爲難忘③。對張岱來說，只要一想起陳章侯，總也離不開西湖、酒和女人，總是那麼的興興頭頭、熱熱鬧鬧。一六三四年秋天，坐著遊船「不繫園」去西湖邊定香橋看紅葉的十人中即有陳章侯。那船由杭州富商汪然明投資興建，富麗堂皇無比，舟名得之於《莊子．列禦寇》中「汎若不繫之舟」之意，由陳眉公題寫，董其昌、錢謙益等名流都曾在此飲宴。那一日連張岱在內登舟的十個人，也都不是泛泛之輩：南京曾鯨，當世屈指可數的肖像畫大家，後世波臣派的開創者，人稱其一手肖像畫入眉透骨，精妙無雙④；東陽趙純卿，力大無比，擅使竹節鞭，有豪俠之風；金壇彭天錫，經常出入梨園，擅長演淨、丑戲。杭州楊與民、陸九、羅三，女伶陳素芝，也都是有藝在身的知趣之人。更讓人稱艷的是張岱的女友朱楚生，一個把演藝看得高過自己生命的調腔女演員⑤，粗看之下並非絕色，細細打量，眉目之間全是風情，就像張岱自己所說，「楚楚

① 陳洪綬生於一五九八年，張岱生於一五九七年，長陳洪綬一歲。

② 張岱記敘這一年爲「天啓甲子」。時年張岱二十八歲，陳洪綬二十七歲。《西湖夢尋．岣嶁山房》。

③ 《陶庵夢憶卷四．楊神廟臺閣》。

④ 曾鯨（一五六八～一六五〇），晚明肖像畫家，早年在閩南沿海一帶活動，後徙南京，專錄明代畫家事跡的《無聲詩史》如此形容他的肖像畫作：「如鏡取影，妙得神情，其傅色淹潤，點睛生動，雖在楮素，盼睞嚬笑，咄咄逼眞……然對面時精心體會，人我都忘。」

⑤ 調腔，又稱掉腔，一種戲曲聲腔，今稱新昌高腔，明末流行於浙江杭州、紹興一帶。

謏謏，其孤意在眉，其深情在睫，其解意在烟視媚行」。尤其是一談音律，一展歌喉，朱楚生婉轉的聲線到了讓崑山老教師「不能加其毫末」的程度。

那晚在西湖邊，一眾文藝中青年喝過了酒，趁著興致，開始各耍各的。陳章侯拿出一幅純白細絹為趙純卿畫古佛，曾鯨從另一個方向為之寫照。楊與民彈三絃子、羅三唱曲、陸九吹簫。楊與民又拿出一把寸許長的紫檀界尺，靠著小几，用北調說《金瓶梅》一劇，聽者無不笑倒。接下來彭天錫登場了，先與羅三、楊與民串本腔戲，又與朱楚生、陳素芝串調腔戲，每個角色他都拿捏得恰到好處。這時，陳章侯的畫也畫完了，上來唱村落小歌，牙牙如小兒學語，張岱彈琴為之伴奏。趙純卿手拿酒杯，都快站不穩了，笑著說，小弟一無所長，只能以杯中酒向眾兄弟聊表敬意了。說罷一飲而盡。張岱卻不放過他，說：唐朝有裴將軍為吳道子舞劍，一曲舞罷，高高拋起，如電光下射一般入鞘，恰好吳道子的畫也完工。今天章侯為你畫佛，你也正好舞一回劍，讓我等開開眼。趙純卿一掃醉態，跳身而起，取起重達三十斤的竹節鞭，在月光下旋作了一團銀光。眾人驚哦一片，慢慢地這銀光四瀉開來，只剩下趙純卿一人站在場中大笑不止①。

張岱還記述了他的好友一次喝高了去追一個陌生女郎的事。說的是一六三九年，時近中秋，張、陳二人在西湖邊的畫舫應酬回來，看到月色明亮如許，兩人又趁興叫童子划船到斷橋，一路飲酒、吃塘棲蜜橘。張岱不善酒，只是沾唇而已，章侯一人獨飲，卻也興致勃勃。船過玉蓮亭，忽聽得岸上有一女子的聲音在問童子：相公船肯載我女郎至一橋否？一聽得有女郎要求搭船，月光下再看此女「輕紈淡弱、婉瘱可人」，本來喝得昏昏欲睡的陳洪綬直如打入了一針興奮劑，連說好的好的。那女子也不客氣，足尖一點就欣然上了船。接下來，陳洪綬這個調情老手施展的手段讓張岱看得目瞪口呆，這個厚臉皮的竟然以唐代傳奇中的虯髯客自比，說女郎身上的俠氣讓他想到了紅拂女張一妹。一說二說的，兩人竟然喝到了一塊去。那女郎也一點不扭捏，酒喝得好，酒量更好，船到一橋，漏下二刻，他們竟然把船上帶的酒都給喝空了。問女郎家住何處，她總笑而不答。等她下了船，張岱攛掇陳洪綬在後面暗暗跟蹤，只見此女身影如一片淡煙飄過岳王墳，就再也找不到了②。

莫非三百多年前的月色下，陳洪綬遇到狐狸精了？

但更可能的是，舟中與陌生女子對飲的那一刻，陳洪綬想起的是十九年前那個拿著潔白的絹來求他畫蓮花的女孩。那是一六二〇年春天，桃花開得正艷的時節，地點也是在西湖岳墳邊。那個叫董飛仙的女孩騎著一匹個頭不大的桃花馬，馬蹄得得，沿著蘇堤一路跑過鎖瀾橋、定香橋，一直跑到他的跟前。

湖風吹亂了她額前的一綹髮。她的胸脯起伏著，像隱約的春山。她打開馬背後的包裹扯出一幅絹來。獵獵的湖風把這幅絹吹開了，憑著一個畫家的職業性眼光，他一眼就看出這是幅上好的熟絹。女孩告訴他，這幅絹，是她自己「擘」的，給生絹上了好幾道礬，才變得這樣的細密、緊實，就是畫再大的荷花也撐得住。

他對著湖上的斜陽瞇縫起眼睛，笑了。蓮花，女孩，馬。對著如許清新可愛的人兒，沒有人不會發自內心地微笑。

他想畫的何嘗只是一朵蓮花。他想以她的身體爲絹，畫無數的畫。「桃花馬上董飛仙，自擘生綃乞畫蓮。好事日多常記得，庚申三月岳墳前。」當他寫下這首詩的第一個句子時，他突然感到了痛，感到了身體裡巨大的空。多年後他去了北京，在一家不知名的客棧裡，呼吸著乾燥得不含一絲水氣的空氣，他又夢到了西湖蘇堤

陳洪綬〈仕女圖〉

① 張岱記敘這次聚會的時間爲「甲戌十月」，見《陶庵夢憶卷四．不繫園》。

② 《陶庵夢憶卷三．陳章侯》。故事發生時間：「崇正乙（應爲「己」之訛）卯（一六三九年），八月十三」，張岱四十三歲，陳洪綬四十二歲。

的那片瀲灩波光，耳邊又響起了得得的馬蹄聲。夢裡的女孩還像剛遇到時一樣，清亮得像一滴水。

「長安夢見董香綃，依舊桃花馬上嬌。醉後彩雲千萬里，應隨月到定香橋。」①日後隨著這首詩被毛奇齡、朱彝尊編入各種詩話，董飛仙的故事也有了多種版本。但真正的那個騎著桃花馬的女孩已經在他記憶中永遠定格了。當一六三九年中秋前夜，陳洪綬與陌生女郎在西湖舟中飲酒之際，他或許會短暫地把此女與記憶中那個騎馬的女孩影像重疊，但他很快就會明白，時間就像月光下、橋下、舟下的流水，已經嘩嘩流去了十九年，眼前這個姿容動人、酒量頗好的女子，論年紀都可以做董飛仙的女兒了。

陳洪綬〈品茶圖〉

① 陳洪綬〈夢故妓董香綃〉，《寶綸堂集》卷九。

墨蝶

那個女人披著一件華麗的團鶴紋披風，雲鬟高髻，慵懶地躺臥在几榻上。她的膝邊，寬大的外袍下方有一半月形竹籠子，虛虛地罩著一只金屬鴨形熏爐。婦人頭頸微揚，眼視前方，又似一無所視。她的左肩上方，是一朵盛開的白芙蓉花，一隻鸚鵡正自鳥架俯身向下，似乎要引起她的注意。

男孩的出現打破了畫面的平靜。這個三、四歲的男孩身體極度前傾，正奔跑著，努力去撲住一隻蝴蝶。如果我們把目光再靠近些，會發現這不是一隻真實的蝴蝶，而是畫在紈扇上的一隻墨蝶。然而這不無趣味的一幕並沒有驚醒那個神思恍惚的年輕婦人。她甚至沒有注意到男孩是什麼時候跑來的，看護男孩的女僕的喝阻聲她也充耳不聞，她的目光長久地落在空中一個虛無的點上。那裡究竟有什麼，可以如此恆久地吸引著她，並讓她的嘴角浮起如夢似幻的一絲笑容？她的左肩上方，那隻多嘴多舌的鸚鵡會把她的祕密大聲說出嗎？

陳洪綬〈斜倚熏籠圖軸〉

她身體誘人的曲線透露了祕密。這個鬱鬱寡歡的女人是被感官的渴望攫住了。以此看去，畫中的鸚鵡、熏鴨香爐、精工雕製的鳥架、斑駁的銅壺和盛開的白芙蓉全都成了性慾的暗示。然而對一個獨居的深閨女子來說，她不在場的丈夫——可能是一個外地任職的官員，也可能是一個長年奔波在路上的商人——這禁錮的慾望是虛無的、不無幽怨的，她只能在閒坐中打發時光，就像白居易詩中那些眼睜睜看著青春消逝的宮女，「紅顏未老恩先斷，斜倚熏籠坐到明」。當這個秋日裡的婦人表情恍惚沉浸於白日夢時，男孩追逐著，並努力要撲住的，也是一個幻象，這是不是在暗示著，強烈的慾望可以跨越眞實與虛構之間不可逾越的界限？

在一六三九年的某一天畫下這幅〈斜倚熏籠圖〉前，陳洪綬肯定看過比他稍早年代畫家仇英、唐寅的許多仕女畫，在那些以女性爲題材的畫作中，女人多是被動的角色，在款款行移、含蓄優美的姿勢中，順從地接受男性目光的撫摸，從來沒有一個畫家像他那樣，把慾望提上來，主動表達對慾望的深陷。而對於眞與幻的著迷，實際上也是普遍彌漫於晚明知識界的一個主題，我們總應該記得那個時代流行的不朽傳奇《牡丹亭》裡，杜麗娘因夢生情，相思而死，她留下的自畫像又使少年柳生陷入相思，最後，愛超越生死，杜麗娘還魂，虛構成爲了眞實。

對於一個靠酒精尋找靈感的畫家來說，幻想和現實時常糾結成一團，難分彼此。二十年前，那隻亦眞亦幻的蝶兒就翩躚在了他腦海中。那時候他剛開始寫詩，過著一種半流浪的生活，經常跑到紹興法華山中對著滿坡竹子寫生。那時候，他剛剛迷上酒，那種具有火焰性子的妖艷液體，並在酒精的燒灼下徹夜作畫不止。在一六一九年畫下的一幅〈蝴蝶紈扇圖〉中，一把團扇彷彿飄浮於空中，扇上墨菊的香氣吸引來了一隻蝴蝶，那蝶半隱於紈扇下，半明半暗。在這裡，紈扇爲眞，蝴蝶爲眞，唯有扇上的墨菊爲虛構的藝術，那蝶兒迷於墨菊，正表達著年輕的他沉溺於虛構的衝動。以後的日子裡，那隻蝶兒時常飛來他的筆端，有時是兩個年輕的女子在撲蝶，有時是一個男子側耳傾聽著蝴蝶翅膀搧動空氣的聲音。

精華

這已經不只是對幻境的沉溺了，更多時候，陳洪綬在努力躍過虛構的界限，縱身躍向這個物質性的世界，並在細緻入微的觀察中顯現出同時代畫家少有的描繪能力。有時他把自己放入了畫裡，化身爲那些長臉、短鬚、鷹鉤鼻子、骨骼粗大的男人，目光炯炯地盯視著女人和各種各樣包圍著他的物品。這些場景和物品通常是：庭園、書齋、石桌、畫冊、古琴、香具、銅瓶盞花，書案上的銅鼎、紅漆盒、冰裂紋瓷杯和青瓷茶注。有時候他明明不在場，女人也不在場，我們也總能感覺到冊頁和卷軸背後他無所不在的窺探目光。一幅畫於一六一九年的靜物圖，占據畫面中心的是銅鏡、髮髻、針葯與一枝花，畫中花與鏡的姿態與位置卻總讓人想起女人的照鏡之姿，然後去想像她閨帷後面全部的生活。

在那些描繪文人或婦女生活片段的畫作中，他的目光大多時候透著不加掩飾的霸道。一幅創作於一六四九年前後的〈吟梅圖〉中，作爲主導者的男子位於畫幅上方，端坐在擺滿了銅爐、硯台、鎮紙、研山這些清供的寬大几案後面，這几案是用虯屈多節、奇形怪狀的天然木頭製成，擺上文房清供即爲書桌，加上椅墊又可成爲可坐可臥的「隱几」，但這會兒它的功用顯然是書桌。畫中男子以尊者的地位面對著居於下首捧著白瓷瓶花（瓶裡插的是水仙和一枝梅花）的女人。值得注意的是他的手，一雙緊緊交叉著的手，似乎在無聲地透露他內心的祕密。他灼熱的目光落在几案右側青綠沁人的雙環古銅尊上，也烙下了對女人的濃烈慾望。另一幅〈授徒圖〉中，那個男人有了進一步的舉動，他左手緊握一柄如意，右手碰觸古琴，但坐姿已然凌亂，不由自主地向著坐在左側的兩個女弟子側傾了。那兩個女孩一個在插花、一個在看一幅竹石畫，她們都梳著高髻，領口很淺，愈顯得脖頸頎長。男子的目光膠著在了插花那個女孩的一雙手上。但專注花道的那個女子似乎並未察覺到來自右上方老師的目光，她一點也沒有意識到自己被觀看、被品評，一點也沒有意識到她的老師撫摸她的目光就像在把玩家藏的一件物品，或者一件不輕易示人的寶貝。

這一不無曖昧的場景，很容易讓人想到曾向他學畫的侍妾胡淨鬘，那個可人的揚州女子。一六四三年秋天，陳洪綬最後一次離開北京沿運河南歸時，在揚州迎娶了這個雅好畫道的女子，並攜她去城中八大剎之一的鐵佛寺賞看紅葉。據說那寺裡有三株梅花，其中一株花開三色，葉多紅色。看花歸來當晚，陳洪綬指導胡淨鬘畫了一枝紅葉，懸掛在帳中，掛妥當了，不知是說人還是說紅葉，指著打趣說，這一枝乃是揚州精華也①。

花是精華，人亦是精華，最爲精華的還是這個時代成熟到了靡爛的物質生活的種種。所以才會有那麼多於生活並非必需的「長物」，才會有那麼多今人看去奇奇怪怪的講究，譬如花有花道，茶有茶道，性愛有房中術，美女鑒別也有專門的儀容手冊，而這一切的另一端，都繫連著這個時代最爲精緻、發達的感官。僅以插花而論，就有《瓶史》、《瓶花譜》等著作專述其要：廳堂宜用銅者以古銅器爲佳，瓷器則以宋、官、哥、龍泉等窯爲上，折枝花卉以大枝適宜，冬季不妨插梅。反之，書齋花器尺寸宜小，應用瓷器，古銅觚等小型銅器亦可，無論是瓷是銅，瓶中折枝花都應瘦巧。除此之外，廳堂與書齋插花種類不宜過多，忌用有環或葫蘆等瓶，更忌成對擺放。還須親自插花，不可假手僮僕，如若不然，就是缺乏品味的好事家，稱不上眞正的鑒賞家等等。

當一六四四年的那場劇變把陳洪綬他們一代人的生活一截爲二，讓他們成爲斷了尾巴的蜥蜴，他們要找回那一段風華而又靡爛的記憶，也只能在紙上江山、夢裡乾坤了。如同他的朋友張岱在紙上重建了一個故園，余淡心通過對秦淮河歌妓們的記敘回到了過去，老蓮也在下意識地用畫筆去尋找斷掉的那截尾巴。

所以他幾乎是在用一種惡狠狠的、幾乎要把什麼都吃了的狠勁在畫女人與物品。畫中人或手握如意，或摩弄著銅器和瑩滑可人的隱几，或嗅著瓶中菊花就像嗅著女人胴體，無不呈現出急切的占有慾望。山體、几案、人臉輪廓的線條，務求一種宋朝院體畫式的粗重筆觸，以顯出物質性的堅實。花器，那些手捧銅瓶的女人，銅觚中插著的梅竹、荷花及荷葉，則曲盡《瓶史》、《長物志》等圖籍之妙。留存於世的一幅〈松梅竹石盆景圖〉，盆上冰裂紋及盆邊卷草紋都清晰可見，甚至連修補花盆的痕跡也歷歷可辨。他畫銅瓷大瓶、銅鼎這些粗重的大件，也畫白瓷瓶、水裂紋小瓶、銅瓶這些小型的花器，他對於銅器色澤及瓷器冰裂紋的細緻描繪，顯出他對這個世界物質性一面的濃厚興趣，藉此他也是在向一個逝去的年代唱著挽歌。

由此我們領會了那個時代的觀看之道：在明朝，一個人能夠看到什麼取決於他是什麼樣的身分，在什麼樣的季節裡，與什麼人一起觀看。這些古畫裡，有時我們會與畫家的目光交會、碰撞，在畫裡畫外目光的投射下，花器與女人都被賦予了物品的地位，或者說，對物質性的追崇，使得物品可以取代人，人也可以作爲物，晚明時代女人與物品的這種交相模擬，一本叫《長物志》的生活指南書裡就已開宗明義了：看書畫如對美人。反之，女人也不過是這世上的另一種物質。

不只陳洪綬這樣看世界，他的目光是他那個時代集體視覺慾望的投射。在這種由慾望締結的共同觀看中，他們辨識著對方，在共同的記憶中回望著晚明江南文化的那一脈綺麗霞光。

陳洪綬〈授徒圖〉

① 清代作家李斗在成書於乾隆六十年的《揚州畫舫錄》中記載了此事：「鐵佛寺在堡城，本楊行密故宅，先爲光孝院，僧伽顯化第二處，方丈內有梅三株，中一株兼三色，遠近多紅葉。諸暨陳洪綬字章侯，嘗攜妾淨鬘往來看紅葉，命寫一枝懸帳中，指相示曰：『此揚州精華也。』」

酒徒

二十歲那年起，老蓮成了一個酒徒，同時開始熱情而又盲目的詩歌寫作。越地的酒，大多是入口綿軟的黃酒，老蓮獨好諸暨本地產的一種秫秫燒酒。這種叫「同山燒」的古酒出產自本縣一個叫同山的小鎮，據說古越國時就已釀製。越王勾踐率師伐吳，出征前以酒投江與將士們共飲，「簞醪勞師」說的就是這個故事。此酒色澤玉紅，呈琥珀色，天生一股媚態，卻又其勁如刀，純然是剛猛一路的北派風格。自二十歲愛上此物，陳洪綬的大半生都泡在了酒裡。

他出生那一年，徐渭已死去五年，董其昌四十四歲，一個人文昌盛的年代即將落下帷幕，但日子尚稱太平，他的童年基本上還是快樂的。楓橋陳家雖非錦衣玉食之族，卻也是個簪纓之家，老蓮的遠祖爲翰林學士，曾祖任揚州經歷，祖父陳性學是一五七七年的進士，萬曆時做過廣東、陝西布政使，掌一省民政，從二品職銜。他的父親陳于朝少時雖有神童之名，及長，詩文也作得不錯，一手龍蛇飛動的字與好友徐渭不相上下，卻時運不濟，連最微末的功名都沒取得，三十五歲就鬱鬱而終。這個仕途失敗的父親最引以爲豪的是生下的二兒子自小聰穎異常，自陳洪綬記事起，父親就經常說起兒子出生前晚他作的一個夢，夢裡，一位氅衣鶴髮的道人手持一蓮子對他說，吃了它就會得到一個有出息的兒子。所以陳洪綬的小名也就喚作了「蓮子」。

從祖父一輩起，楓橋陳家就與蕭山長河的來家開始了密切交往，兩家稱得上世交，後來更是成了姻親。當老蓮的祖父陳性學出任陝西布政使時，鄰縣蕭山的來斯行也正在福建右布政使任上，同鄉之誼，再加都在官場同一職級上，公務私事交往頻頻，友情與日俱增。後來老蓮的父親陳于朝又與來斯行的弟弟來宗道做過數年同學，只不過後者的運氣要好得多，中舉以後又成進士，後又七次進階，做到了一品職銜的禮部尙書，還當過幾天大學士。因爲上輩的此層關係，陳洪綬來到這個世上沒多久，他未來的妻子就被選定了。這個女孩就是時常與他玩耍的來斯行的二女兒。日後，陳洪綬的妹妹陳胥宛還嫁給了來宗道的兒子來諮諏，成了蕭山長河來家的媳婦。

小時候的陳洪綬並不認爲畫畫是一件多麼了不起的事兒。那些天賦異稟的人總是不拿自己的本事當回事兒，卻往往會嚇著他周圍的人。四歲那年，陳洪綬去來家上私塾，來家正在裝修房子，把牆刷得雪般粉白，主人特爲告誡孩子們，不許在牆上亂塗。陳洪綬進入那屋，四顧無人，就桌子疊著椅子爬將上去，在白壁上畫了一幅約十尺高的關羽，軀幹豐偉，栩栩如生，別的孩子一見，竟然給嚇哭了，他未來的岳丈來斯行聞訊趕來，他什麼反應呢？——「翁見侯像，驚下拜，遂以室奉侯」。竟然把小孩子家的塗鴉給恭恭敬敬保存了下來①。

詩人朱彝尊把這則傳說寫入正式的陳洪綬傳記，意在說明傳主自小就聰穎異常。老蓮成名以後，他的朋友們總喜歡津津樂道於類似的神奇事跡，以此提高老蓮身價。比如說他十歲時拜浙派大家藍瑛、孫杕爲師，兩人看了他的畫驚歎，假使這小子眞成了材，吳道子、趙孟頫都要拜他做老師，哪還容得我輩作畫②！藍瑛自此以後還發誓再不作人物畫。又比如說他十四歲時，畫拿到集市上，一會兒工夫就給顧客搶光了③。傳說不免有誇大，但這個人藝術資質之上佳已可見一斑，就好像上天派定他到塵世間來就是做一個畫家的，用他的老師藍瑛的話來說，「此天授也」。但所謂的天才，不過來自於熱愛，來自於近乎本能的打破陳舊規則的嗜好，對此，陳洪綬曾經向好友回憶：少年時，他跑到杭州

① 見朱彝尊〈崔子忠陳洪綬合傳〉：「年四歲，就塾婦翁家，翁方治室，以粉堊壁，既出，誡童子曰，毋污我壁。洪綬入室良久，紿童子曰，若不往晨食乎？童子去。累案登其上，畫漢前將軍關侯像，長十尺餘，拱而立。童子至，惶懼號哭，聞于翁，翁見侯像，驚下拜，遂以室奉侯。」

② 孟遠〈陳洪綬傳〉：「使斯人畫成，道子、子昂均當北面，吾輩尚敢措一筆乎？」

③ 毛奇齡《虞初新志·陳老蓮別傳》：「十四歲懸其畫市中，立致金錢。」

府學臨摹北宋名家李公麟的七十二賢石刻，閉門摹十日，臨摹完了，出來給人看，問：怎樣？人們答：像！他很高興。又閉門臨摹十日，出來給人看，問怎樣？人們答：不像！他更高興。因爲他明白，自己的畫境已經更進一層，從「形似」進到「神似」了。這一節經歷，後來被他一生的朋友周亮工記入了藝術史著作《讀畫錄》，並被歷代畫工用來教導剛開始學藝的徒弟們。

> 章侯兒時學畫，便不規規形似，渡江搨杭州府學龍眠七十二賢石刻，閉戶摹十日，盡得之，出示人曰：何若？曰：似矣。則喜。又摹十日，出示人曰：何若？曰：勿似也。則更喜。蓋數摹而變其法：易圓以方，易整以散，人勿得辨也。①

然而這絲毫沒有讓老蓮沾沾自喜，官宦之家對子孫們的要求，從來都是要他們埋首於八股時文，求取一官半職以光耀門楣，三十歲之前的陳洪綬所受的全部教育也都是朝著功名目標去邁進。儘管畫畫給他帶來了不小的名聲，讓他時時沐浴在長輩們嘉許的目光裡，但內心裡他也明白，那只是一種遣興的小道，一樣能夠給他帶來樂趣的玩意兒而已。族中已經有長輩表示出了不安，因爲這個神童身上的種種氣質，無法不讓他們想到他那個雅好文藝又仕途蹉跎的父親，那不也是個神童嗎，可惜天不永年，小兒子才九歲就鬱鬱而終，可見文藝這東西是有毒性的，沾上了就會非常危險。

祖父的去世宣告了好日子的結束，那年陳洪綬十六歲。再過兩年，他

陳洪綬〈花蝶圖〉（局部）

母親也去世了。他的哥哥陳洪緒是一個非常自私的人，爲了獨霸家產，也是發洩以前長輩們對他專寵的不滿，時常虐待他，不分緣由就把他揍得鼻青眼腫。那一頓頓的拳頭把他從家鄉打到了五十里外的府城紹興，一個人在火珠巷租了間房子住下，算是成全了他兄長。蕭山長河來家倒是厚道人家，來斯行一點也沒有因陳家家道中落而看輕他，在陳洪綬最困苦的日子裡，來家接納了他，並於第二年把他祖父在世時說定的那門親事給辦了。

當陳洪綬在府城過著半是任性使氣、半是流浪的生活時，人稱蕺山先生的哲學家劉宗周已辭去北京的職務回紹興老家，並在城中的石家池、朱氏解吟軒等處授徒開講儒家的性命之學，後來又在城北開辦了蕺山書院。陳洪綬也跑去做了一個聽眾。與他同一時期成爲劉氏門人的有山陰祁家的祁彪佳、會稽諸生王毓蓍等一干青年才俊。這其中他又與王毓蓍最爲投契，兩人總有些不謀而合的奇思妙想②。同學中，祁彪佳是個標準美男，王毓蓍則奇醜無比，又口吃，可他的一手好文章卻讓大家都很服氣，再加上他天性大方好客，大家都喜歡與之做朋友。陳洪綬參加過幾次王毓蓍組織的宴飲，那都是在他家裡，爲了讓大家多喝點，王毓蓍把家裡善唱小曲的一個叫梁小碧的小僮也喚了出來，給眾人歌以侑酒。王毓蓍字元趾，陳洪綬故意賢侄賢侄地叫他，他也不惱。但在劉老夫子門下，他那套又是誠又是敬的儒學精要對天性放縱的陳洪綬來說實在有些扞格，所在他在蕺山待了不久就離開了。

妻子是大家閨秀，溫柔賢淑，有時還能陪他畫上幾筆③。老丈人對他也不錯，總相信女婿能夠發奮直追，重振楓橋陳家。可是除了在一六一八

① 周亮工《讀畫錄》。

② 全祖望〈子劉子祠堂配享碑〉中說：「蕺山弟子，元趾（王毓蓍）與章侯最爲畸士，不肯帖帖就繩墨。」

③ 宣統《諸暨縣志》卷六十：「來氏幼承家學，能詩，清閨唱酬，頗饒韻致。」

年中了個諸生，好運氣再也沒有光顧過他，功名總像天邊的馬車一樣遙遠。他恨自己不爭氣，更覺得家庭的溫柔是一個要勒得他透不過氣來的軟繩索，於是一次一次地往杭州和紹興跑。他覺得，只有拿起畫筆對著滿山竹子、雲霞，只有俯身在前人卷軸上，進入人物、山水、花卉、翎毛、走獸構成的世界時，自己的內心才是暢亮的、自由的。

他的畫名越來越大，可是當有錢人捧著銀子恭恭敬敬來求他的畫時，他卻拉長著臉把人家晾在一邊，甚至地方上的督學也吃了閉門羹。沒準兒這個年輕人覺得世人對他的畫格外看重是對他的侮辱呢。還有一次，一個大官把陳洪綬騙上船，說是請他鑒定書畫，船開行後，就拿出絹素強請他作畫，陳洪綬大怒，謾罵不絕，還聲言不放他走就要跳入水中，搞得那大官老大沒趣。

就在這苦悶、騷動的青春期，他與酒劈面相遇了。這帶著令人眩暈香氣的、玉紅色的液體，時時激起他的飛翔之感，其魅惑力或許只有女人的身體差堪比擬。同樣能夠給他安慰的是父親在世時經常翻閱的一本佛經——《華嚴經》，他廢寢忘食地讀著它，好像這樣就能與死去多年的父親對話。

岳父來斯行有個大房侄孫叫來風季，論輩分比陳洪綬低一輩，論年紀卻長他十五歲，兩人曾一起在「松石居」讀《離騷》。這是萬曆四十四年（一六一六年）的冬天。這充滿著奇譎想像力的篇章讀得他們熱血沸騰。陳洪綬自述，當時只覺得「四目瑩瑩然，耳

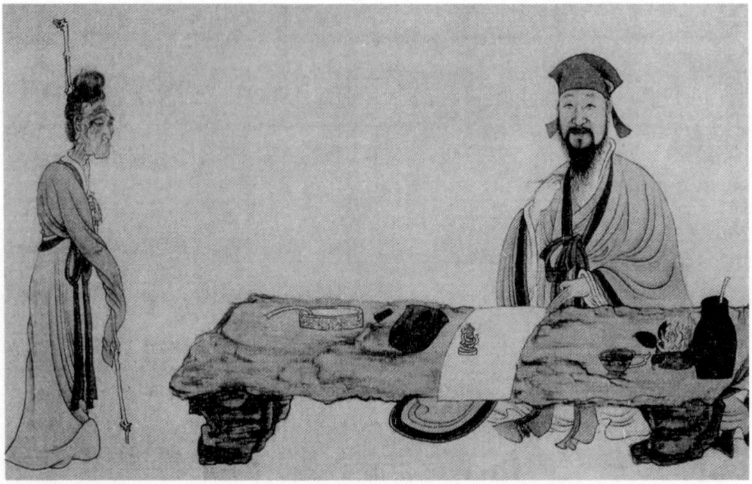

陳洪綬〈南生魯四樂圖〉之「解嫗」

畔有寥天孤鶴之感」。他們仿照唐朝李賀的用韻寫下了數首向偉大詩人致敬的長短歌行。在來風季的琴聲伴奏中，陳洪綬用兩天時間畫出十二幅白描〈九歌圖〉，其中一幅〈屈子行吟圖〉，畫中屈原孤獨、瘦削，跨劍躑躅著，憂端積滿眉宇，正可作他苦悶的自畫像來看。〈九歌圖〉一直藏在來家，一六三八年，來風季的兒子來欽之刊刻其父作註的《楚辭》一書，以全套木刻〈九歌圖〉作插頁，而此時，距來風季在去北京的途中去世已足足三年了。好友沒有看到合作的這本書出版，陳洪綬爲之心痛莫名，他在書的序言中回顧了兩人「燒燈相詠」共讀《離騷》的這段經歷，「丙辰，洪綬與來風季學騷於松石居。高梧寒水，積雪霜風，擬李長吉體，爲長短歌行……」又說，「風季羈魂未招，洪綬破壁夜泣……當取一本焚之風季墓前……」此是後話休要提了。

陳洪綬〈屈子行吟圖〉

北京

陳洪綬第一次去北京是一六二三年春天。這年初，他妻子偶染小恙，開始只當是尋常風寒，將養些時日就會好，誰知病勢急轉直下，捱不了多久時日就去世了。每天面對妻子留下的舊物，看著尚不解事的女兒道韞蝶兒一般飛來飛去，他覺得再在家裡待下去眞要發瘋了，於是喪事一畢，他就隻身溯運河北上京津了。

北京之行除了收獲了數百首詩，還讓他得了一場大病。病了五、六個月，待到稍好些，囊中已空，這一年已經虛度①。病中時常想起妻子，臨終前握著他的手，囑以舊服裝殮，要他好生看顧小女。「翠袖紅綃滿篋藏，縷絲摺疊怨俱長，當時裝束爲儂飾，今日披將歸北邙」，寫著這樣的悼亡詩，總是悲不自勝。好在長安可買醉，可涉歡場，於是千里春風醉客心，癸亥年的京都也不是全無一點生趣，再有途上的景緻、大運河西岸揚州城的繁華，這一趟北行總算是有些亮色在。

還是老家的風土養人，這個剛出遠門歸來的年輕人拖著病軀，去苧蘿山看紅葉。一雙醉眼看去，那滿山的葉子眞是比血還紅。可能是在遊山途中，他結識了任職本縣主簿的國子監生周文煒。後來他們還多次去五洩山遊玩。每次，周文煒都帶著他十三歲的兒子周亮工。他很快就喜歡上了這個喜歡寫詩繪畫的少年，後來他們的友情持續了一生。另一個經常的去處是杭州。與張岱兄弟及趙介臣、顏敘伯、卓珂月等一干朋友於靈隱韜光山下岣嶁山房讀書就是這個時期。張岱還鼓動他用四個月時間畫下了〈水滸葉子〉②。所謂葉子，乃民間流行的酒令牌子，讓這個擅丹青的高陽酒徒來作也算是找對了人。他筆下的四十餘個梁山好漢造型誇張、神采飛揚，撲面一股英雄氣，張岱爲之寫了「緣起」，說畫的雖是「古貌古服、古兜鍪、古鎧冑、古器械」，實際上是章侯自寫其一身學問和抱負，

〈水滸葉子〉「孫二娘」

「鬱鬱芊芊，積於筆墨閒（間）也」。時代已呈亂世之象，天地正氣，豈止在綠林豪客草莽者乎？

盤桓省城期間，杭州衛指揮同知韓君把自己的女兒嫁給他做了第二任妻子。以後幾年裡，他一直沒有放棄科考的努力，一會兒跑到杭州打探消息，一會兒跑到長河來家與好友來風季研讀時文，家中新建的「醉花亭」都沒工夫去好好打理。除非有推不掉的壽文或應酬作畫，他很少再提起畫筆，甚至把酒量也減了下來。傳說他在牛首山永楓庵讀書的時候，早上聽到鐘鼓聲就起來用功，晚上鐘鳴之後酒再也不沾一口。其時魏忠賢剛剛伏誅，崇禎推行新政，他也和這個國家一樣頗思一番振作，但一六二七年、一六三〇年連續兩次闈場失利使他飽受刺激，轉而甚至懷疑自己的智力是不是出了問題。在他後一次考場失利後，早年待他很刻薄的哥哥陳洪緒怕他出什麼意外，叫了一幫親友到杭州陪他，還雇了一隻西湖上的遊船陪他散心。

陳洪綬第二次去北京是一六三九年冬天。這一年赴京之前，可記者尚有幾事：邀請祁彪佳、祁熊佳兄弟到紹興觀畫；八月十三日與張岱醉酒於西湖斷橋邊；摹寫了一幅李公麟〈乞士圖〉；在西湖定香橋畔爲朋友馬權奇畫「張深之本西廂記」插圖，計有崔鶯鶯像、目成、解闈、窺簡、驚夢、報捷六幅。這邊廂應酬一畢，他已在運河的船上，邵伯湖、淮上、清江浦、桃源、山東、河北一路行去，每一處都有詩寄內。說到了山東，山卻極少，黃塵漫天，買的

① 陳洪綬的詩〈舟次丹陽送何實甫之金陵〉記錄了天啓三年春天他在北京的拮据生活：「吾材固駑鈍，妄想每熱衷。連年不得意，飲酒空山中。時時缺酒價，去年事飄蓬。出門一歲餘，親戚不相容。囊中無一錢，走馬燕市東。得病五六月，藥石皆無功。」

② 《陶庵夢憶．水滸牌》：「周孔嘉丐余促章侯，孔嘉丐之，余促之，凡四閱月而成。」張岱還爲之作了「緣起」及〈水滸牌四十八人贊〉。緣起云：「余友章侯，才足掞天，筆能泣鬼，昌谷道上，婢囊嘔血之詩；蘭渚寺中，僧祕開花之字。兼之力開畫苑，遂能目無古人，有索必酬，無求不與。既蠲郭恕先之癖，喜周賈耘老之貧，畫《水滸》四十人，爲孔嘉八口計，遂使宋江兄弟，復覩漢官威儀。伯益考著《山海》遺經，獸毨鳥氄皆拾爲千古奇文；吳道子畫〈地獄變相〉，青面獠牙盡化作一團清氣。收掌付雙荷葉，能月繼三石米，致二斗酒，不妨持贈；珍重如柳河東，必日灌薔薇露，薰玉蕤香，方許解觀。非敢阿私，願公同好。」

是他鄉酒，喝起來卻還是越酒滋味。又說舟中聽雨，最是傷感，只怕歸來要到明年暮春了，梨花夜雨暗錢塘。要妻子記得料理田園，休憶遠行人①，雖然沒法子才去北京覓個出路，「狂夫」也是憶家的呵，曾記舊年幽事否？酒香梅小話窗紗。

距上次赴京已過去了十六年，此時的他已是家有九個兒女的中年男子②，長年蹉跎，他的面相比實際年齡還要顯老幾分。一個人在外，惦念家中，實是爲夫爲父者常情。此番入京，是因多年前一個同宗兄弟賣田納粟入國子監的啓示，他把多年賣畫攢下的錢全都帶在了身上，也想試試運氣以之撞開國子監的大門。他哪裡知道，就在他興沖沖趕到京城的一六四〇年，被官軍暫時挫敗的李自成的農民軍正蟄伏在陝西、河南一帶的荒山中，並將在四年後如一股污髒的潮水湧進京城徹底打翻龍廷，到那時，名利場上的客，管你得意的、失意的，都將在這場驚天巨變中遭受滅頂之災。第二年除夕夜，溫著酒，擁著寒爐，在京的陳洪綬寫了一首詩寄給族中三老叔，說明年也不敢有大奢望，但願所遇著的都是吉祥事，「各人多讀幾行書」，但陷於東西兩線作戰的帝國已是危廈將傾，明擺著太平日子是要過到頭了。

陳洪綬抵京時，當年共遊五洩的少年周亮工正好考中這一屆的進士，分發外任前在京謁選。時隔多年，一個已是蟾宮折枝的新貴，一個還在奔向功名的道路上蹭蹬，拋開這一切，一談起詩詞、書畫、鑒賞，這兩個多年前相識的人頓成莫逆。他們與金道隱（金堡）、伍鐵山（伍瑞隆）幾個同好結成了一個詩社。老蓮特別喜歡周亮工的詩，

陳洪綬 扇面

在他看來，這個才三十不到的新科進士簡直是一個天生的詩人，自己的詩句在他面前簡直像柴籬上的野花一樣粗陋不堪。不幾日，禮部令下，周亮工出任山東濰縣令，老蓮還特作了一幅歸去圖相贈③。只是一年後周亮工因守城有功調任京師時，陳洪綬已經南歸了。

這一期間老蓮在京城參加了不少宴集活動，應人之請還畫了不少畫，覆滅之前的京都文藝圈裡幾乎人人都知道有個浙江來的擅畫人物的陳老蓮。那些醉生夢死的大佬公卿都以見過他一面爲榮，但他們看重的不過是老蓮那些有著太古之風的字畫，得其片紙隻字，珍若圭璧，以作自己身分的標榜，同僚間相互誇示說：「吾已得交章侯矣。」這讓老蓮很不是滋味。他的聲名還傳進了剛剛起復爲兵部右侍郎兼日講官的倪元璐耳中。說起來，這位同鄉高官（倪來自浙江上虞）還是他老師劉宗周和黃道周的好友。不知道是不是因爲這層關係，倪元璐在忙著爲皇帝制訂制敵機宜的閒暇，開始了與這位同鄉的詩詞唱和。

一六四二年對風雨飄搖的帝國來說是雪上加霜的一年：遼東松山失陷，曾被視爲國之砥柱的洪承疇叛變；西線，左良玉兵潰，起死爲生的李自成水淹開封城繼而大敗孫傳庭部。對陳洪綬來說，這一年是一個壞消息連著一個好消息，壞消息是春天時他的兄長在老家去世了，好消息是他終於成了國子監一名在籍的太學生。但他的興奮勁很快就過去了，開始還以爲自己考得不錯才入的國子監，後來才明白過來，皇帝召他爲中書舍人是看中了他的畫名，要他入宮臨摹本朝洪武以來的歷代帝王圖像。這給了他盡觀宮中所藏古畫的機會，從這些宮

① 〈淮上寄內〉：「少小爲征婦，那堪多病身？家書愁未到，芩術自艱辛。服藥難療疾，忘情可益神。田園須料理，休憶遠行人。」

② 據翁萬戈對陳洪綬生平的考證，韓氏爲陳洪綬生下了六個兒子，長子義楨，一六二六年生，小名「豹尾」；次子峙楨，一六二八年生，小名「象兒」；三子楚楨，一六三〇年生，小名「獅子」；四子儒楨，一六三四年生，小名「鹿頭」，名「字」，字「無名」，號「小蓮」，後繼承父親衣缽，以善繪聞名；五子芝楨，一六三五年生，小名「羔羊」；六子道楨，一六三七年生，小名「虎賁」。此外，除了前妻生的女兒道韞，還有兩個女兒。

③ 周亮工《讀畫錄》：「辛巳余謁選，再見於都門。同金道隱、伍鐵山諸君子結詩社，章侯謬好余詩，遂成莫逆交，余方赴濰，章侯遽作歸去圖相贈，可識其曠懷矣。」

中珍祕中深得古法淵雅的老蓮，筆法蒼老潤潔，畫藝更爲精進，一派靜穆渾然，時人把他與董其昌非常賞識的北方畫家崔子忠相提並論，並稱爲「南陳北崔」①，但他似乎很不滿意這樣一個宮廷畫師的身分，叫屈說：「乞向人間作畫工」，這哪是他的本意啊。

他到底想要做什麼？如果有機會崇禎皇帝這樣問他，他還是答不上來。到山海關外的冰天雪地裡抵禦建州女眞，還是跟著孫傳庭去河南追擊流寇？他一個南方書生哪裡做得來這些！可見功名一說害人不淺，它讓多少人丟棄了本分硬要去做根本做不來的事。當然，被焦慮和猜忌折磨得寢食難安的崇禎根本不會有心情與一個內廷畫師有這樣的對話。

青蚓

崔子忠者何許人也？據曾任山東濰縣知縣（屬平度州管轄）的周亮工在《因樹屋書影》中稱，此人字道母，號青蚓，原籍山東平度，左光斗任提學御史時，拔識爲順天府學諸生，崇禎年間成了京津一帶首屈一指的大畫家②。

周亮工說，崔少年時，投在山東學者宋繼登門下學習時文，但因文章寫得過於奇崛拗口，考中秀才後就再也沒有什麼起色，便放棄舉

① 朱彝尊爲崔、陳兩人寫過一篇合傳，稱：「崇禎之季，京師號南陳北崔。若二子者，非孔子所稱狂簡者與！惜乎僅以其畫傳也。」見《曝書亭集》卷六十四中〈崔子忠陳洪綬合傳〉。由明入清的高承埏著《崇禎忠節錄》「順天府學廩生崔子忠」條稱：「（崔子忠）先世山東平度州人」、「通五經，督學御史左忠毅公光斗拔食餼，尚氣節，有文名，兼能詩，而畫奇絕，與諸暨陳洪綬章侯齊名，有『南陳北崔』之稱」。

② 《清史稿．藝術三》：「子忠，一名丹，字道母，別號青蚓，山東萊陽人，寄籍順天。爲諸生，負異才。作畫意趣在晉、唐之間，不屑襲宋、元窠臼。人物士女尤勝，董其昌稱之，謂非近代所有。以金帛請者不應，家居常絕食。史可法贈以馬，售得金，呼友痛飲，一日而金盡。爲詩古文，奧博奇崛。遭亂，走居土室中，遂窮餓以死。」

③ 後來孫奇逢作《畿輔人物攷》時參酌了周亮工的這一記述：「子忠字道毋（母），爲順天府學諸生。文翰之暇，留心丹青。居京師闤闠中，蓬蒿翳然，凝塵滿席，蒔花養魚，杳然遺世。」

子業專心做一個畫家。中年後，畫名日隆，仍然住在北京南郊偏僻處一所簡陋的小院裡，「蓽門土壁，洒掃潔清，冬一褐，夏一葛」，學著古人戴高冠、穿草履，閒暇時蒔花養魚，一副安貧樂道的樣子。他的妻子布衣素裳很能持家，兩個女兒長得漂亮，也都識得字，每當興至，則欣然展紙揮毫，妻女都能點染設色畫上幾筆，一家四人相與摩挲指示，實在是其樂融融。但這個畫家性格古怪，只把自己的得意之作贈給少數知己好友，如果有誰出錢來買，他掉頭就走，一聽到達官貴人想與他結交，他都逃避不顧③。

周亮工的記述大多來自崔子忠順天府學的同窗王崇簡④，也有一些是錢謙益提供的。錢謙益崇禎十一年因事待罪北京，一度與崔子忠相識，做過他幾個月老師。錢謙益在《列朝詩集．崔秀才子忠》中講過一則故事：崔的老師宋繼登有兩個子侄，宋應亨和宋玫，與崔曾是同窗好友，後來天啓年間，那兩人都考中了進士，宋應亨任職吏部文選司時，曾授意一個應選者送給崔一千兩銀子。崔拒絕接受，說：你知道我窮，卻不拿自己的錢財贈我，而要我接受應選者的銀子，這算哪跟哪啊！宋玫屢次向崔子忠求畫，崔都不給。一次，宋玫把崔請到府中，關上大門，說，今天別怪老同學無禮，如果不給我作畫，我就不放你回家，不出十天半月，你家裡養的魚、栽的花，就都渴死和枯死了！崔無奈，只得畫了一幅。「畫成，別去，坐隣舍，使僮往取其畫」，說是「有樹石簡畧處，須增潤數筆」。宋玫把畫交給來人帶回，崔子忠當即撕碎，揚長而去⑤。

④王崇簡，字敬哉，宛平（北京）人，和崔子忠同是順天府學生員，崇禎初年參加過復社活動（見吳山纂輯的《復社姓氏傳略》卷一北直順天府），崇禎十六年進士，入清後仕至禮部尚書，卒謚「文貞」。

⑤清代孫承澤的《畿輔人物志》和孫奇逢的《畿輔人物攷》也都記載了這個故事：「（崔子忠）少時師事萊人宋繼登，因與其諸子同學，而玫及應亨尤契合。應亨官銓司，屬一選人，以千金爲壽。子忠笑曰：若念我貧，不出橐中裝餉我，而使我居間受選人金；同學少年尚不識崔子忠何等面目耶？玫居諫垣，數求畫，不應，強索之，即強應之，終碎之而去。」

崔子忠〈藏雲圖〉（局部）

崔子忠〈藏雲圖〉

後世學者孫承澤、孫奇逢在鉤沉甲申前後京津地區人物時，對崔子忠的孤僻、高傲和狂放個性都給予了突出記載，他們在各自的著作中不約而同提到了史可法贈馬的事。故事發生在一六三七年前後，曾與崔子忠和前文說到的王崇簡同窗於順天府學的史可法此時已以都御史巡撫安慶，某日，史可法自安徽返回北京大興縣老家，經過崔家時，看到崔家窮困得吃飯都成問題了，於是把坐騎送給素來敬重的這位老同學，自己徒步走回家中。史可法前腳剛走，崔子忠就把馬給賣了四十兩銀子，叫來一幫朋友痛飲，不到一天工夫就把這筆錢揮霍殆盡，一邊喝還一邊與人說：這買酒的銀子是老同學史道鄰（可法字道鄰）給的，清清白白，不是偷來搶來的①！

在貧寒清潔中過完一生的崔子忠，平生行事可當得一奇字。錢謙益說他長得很「清古」，一眼看去就不像當代人。董其昌評他「其人、文、畫，皆非近世所見」。崔好讀奇書，好作奇畫，人稱他的古文詩歌，論知識的博奧和想像力的奇譎，一點也不遜於唐時的鬼才詩人李長吉。他的畫又如何呢？錢謙益說，崔所追求和師法的是晉代顧愷之、陸探微和唐代閻立本、吳道子的畫路，五代關同、北宋范寬以下幾乎都不在他眼裡（「摹顧、陸、閻、吳遺蹟，闕、范以下不復措手。」）周亮工也說崔雖不以專畫佛像出名，但他畫的觀音大士像，一經觸目就覺得滿是悲憫之意，那境界，都趕得上畫聖吳道子了②。

如果機緣湊巧，老蓮眞的在京城裡遇上了這樣一個和他一樣好古、狂放又兀傲不群的畫家，他或許不會那麼急著要南歸了。可惜他們都太驕傲了，同處京城竟然毫無交往，甚至可能連對方的畫都沒看到過。一六四四年四月大順軍入京，崔子忠閉門不出，竟至餓死，那時的老蓮正借居在紹興城內徐渭的舊宅青藤書屋，日日爛醉如泥。

南歸

聽到皇帝要把自己宣爲內廷供奉專事作畫的傳言，老蓮再也不想在北京待下去了。但他還在猶豫中。最後使他下決心離開的，是他兩個老師受到的不公正待遇。

先是他的老師黃道周③，一六三八年因彈劾楊嗣昌被連降六級，貶爲八品小吏江西按察使照磨，兩年後，即老蓮剛到京城不久，江西巡撫解學龍上疏推獎黃，再次激怒了崇禎，命將兩人逮進京，廷杖之後下了刑部大獄。舉朝大臣沒有一人施以援手，卻有一個漳浦縣的諸生叫涂從吉的，不遠千里趕赴京城，爲黃、解鳴不公，要求釋放兩位

① 孫承澤《畿輔人物志》：「史公可法自皖撫家居，一日過其舍，見崔蕭然閉戶，晨炊不繼，乃留所乘馬贈之，徒步歸。崔售白鏹四十，呼朋舊，轟飲，一日而盡。曰：此酒自史道隣來，非盜泉也。」

② 周亮工《因樹屋書影》：「崔青蚓不專以佛像名，所作大士像，亦遂欲遠追（吳）道子，近踰丁、吳。」

③ 宣統《諸暨縣志》載：陳洪綬曾受業於黃道周，「後過江受業於黃道周，有題畫詩呈石齋」。《寶綸堂集》卷九錄下了這首詩。

大臣。崇禎把這個不畏死的諸生也逮捕了，據說涂仲吉在獄中被打得十指盡折也不屈服。

老蓮在寫給另一位老師、時任都察院左都御史劉宗周的信中說：黃師被囚，只有涂仲吉一人仗義鳴冤，涂生受刑，更無一人爲之申辯，滿朝都是只爲自己打小算盤的自私人，眞是太讓人寒心了。自己身爲國子監生，說起來也是國家養的士，這樣的緊要關頭，竟也噤口不發一言，比起涂生來眞是要羞愧死，眞後悔當時興沖沖地跑來北京，還是趁早回去算了。老師您是天子所注意的大臣，不要太苟且呀①！

沒過多久，這一位老師也出了事。一六四二年末，言官姜埰、熊開元因向皇帝進諫，被關入錦衣衛鎮撫司監獄，吏科都給事中吳麟徵爲姜、熊二人求情，也被駁回。在中左門的一次朝會後，劉宗周站了出來，請求釋放姜、熊二人。他的理由是，國朝從來沒有言官因爲進言被用私刑、關入錦衣衛監獄的。崇禎大怒，東廠、錦衣衛俱爲朝廷問刑，何公何私？劉爭辯：言官進言，可用則用，不可用則置之不理，即使有罪，也應由三法司定案。崇禎辯他不過，竟信口指稱劉宗周爲熊開元背後的主使者，要把他革職並交刑部議罪，最後總算在眾大臣懇請下，免去議罪，卻革去了本兼各職。

朝臣紛紛上疏申救劉宗周，劉宗周不忍心看到更多人牽涉進來，悄然出京返鄉了。一個來京參加會試的叫祝淵的年輕人一路陪同著他。

老蓮把青鞋布襪的夫子送上南歸的船，想著時局靡爛至此，也該是自己走的時候了②。

夏天，京中已在到處哄傳大順軍將攻潼關的消息，也有傳言，帝都即將南遷，京畿禁衛軍將先行護送太子南下。但忽然所有傳言都落了空，京師又恢復了往常的平靜，但誰都看得出來，這風暴將至的平靜更爲可怕。接得家書出京前，老蓮向倪元璐辭行，帶去了一幅新寫的〈蕉石圖〉相贈。剛剛被皇帝任命爲戶部尚書的倪正爲剛接手的一大攤子軍務、財政犯愁，勸他不要這麼著急南下，國家正是用人之際，「有我君何輕別離」？讀了老蓮的賦別詩，「曉月稜稜照別離，相從却在別離時，不須長夜燒燈語，如此離情各自知。」倪又次其韻作〈送章侯南還暨陽〉相贈：「不堪雲亂雨長離，凄絕蕉風夜動時，此意自難將作賦，江淹多是未曾知……」③此時距倪自殺殉國還有九個月時間。

一六四三年秋天的老蓮時時被憤怒充滿著。船停泊天津楊柳青的某晚，他畫下一幅〈痛飲讀騷圖〉，畫中人烏帽朱衣，於案前坐對一卷《離騷》，鬚髯盡豎，滿目憤怒卻無可奈何，正是此種憤懣情緒的寫照。畫面出人意料地爲斜向構圖，著墨不多卻神思逸出。值得注意的是畫中人持杯的右手，神經質地蜷曲著，似乎要將杯子給生生捏碎。擺放著梅花和蘭花的長几上，左側還有一柄鐵如意，似乎這個人馬上就要拿起它，像東晉大將軍王敦一樣擊碎唾壺④。

上船時他還帶了一隻幾年前在京城小胡同裡買的「獅奴狗」。此狗幾個月大時，曾被國子監的一個門房老頭偷去，半個月後才被他重新找回。這狗在船上乖巧得很，從不亂跑亂叫，他

陳洪綬〈痛飲讀騷圖〉

① 《寶綸堂集》卷三〈上總憲劉先生書〉。

② 《寶綸堂集》卷八〈夫子受譴去國小詩賦別〉：「青鞵布襪嗟行矣，蘋鳥麋庭良可歎。誦道稽山瞻北闕，浮雲不許老臣觀。」

③ 陳洪綬〈寄別倪鴻寶太史〉，見《寶綸堂集》卷九，倪元璐的答詩見《倪文正公文集》，詩後自註有：「章侯爲余畫蕉石志別」。南歸途中陳洪綬又有一詩寄倪元璐：「兩袖清風歸去時，家人應有餔糜詞，不知飲盡紅樓酒，又是先生送別詩。」

④ 此畫爲絹本設色，立軸，現藏於上海博物館。畫後款云：「老蓮洪綬寫於楊柳青舟中，時癸未孟秋。」

胡淨鬘〈仿古山水〉

讀書作畫時總是以一種好像什麼都明白的眼神看著他。他有時覺得，自己的境況就像這一隻狗。兩年後，他帶此狗去紹興找鄭履公家的雄狗配種，此狗失蹤，再也沒有回來。這讓他一想起就悶悶不樂，在他看來，此狗得自覆亡前的京城，又與自己依偎多年，也算是寄託一段思緒的前朝舊物了，這樣不明不白丟失實在有點可惜，後來他還特意寫了一篇〈失狗記〉，安慰自己「因緣有決定」，天下都能丟，還怕丟一隻狗嗎？

娶才女胡淨鬘爲妾就是在這一次南歸途中。這個被後世的王士禎讚爲「草蟲花鳥，皆入妙品」的揚州女孩，小名小寶，是年十八，長相溫婉可人。日後陳洪綬〈隱居十六觀〉中的「縹香」據說即以胡淨鬘爲原型而繪，該女削肩、細腰，衣紋屈曲縈回，顯見得是個很招人喜的美人胚子。老蓮攜胡淨鬘共遊揚州諸景，朋友們都打趣他倆是東坡朝雲。這總算讓終日被灰敗情緒包圍的老蓮露出了難得的一絲笑意。女孩的青春是藝術家最好的靈藥，他一口氣爲她寫了九首詩，名之〈橋頭曲〉，每寫一首就讀給她聽。「聞歡下揚州，揚州女兒好，如儂者幾人，一一向儂道。」唸著這樣柔軟多情的句子，他彷彿又回到了西湖邊看著桃花馬跑來的年少時光。那天去鐵佛寺遊賞回來後，小寶畫的那幅紅葉圖一直掛在堂中，有一日，鑒賞家朋友、錢塘舊交馮硯祥上門作客，竟誤看作是老蓮所畫，讚道：三百年來陳待詔，調鉛殺粉繼前人①。老蓮聽了大笑不止，說這是小妻所畫呀。朋友走後，他還笑個不停，小寶問他何事發笑，老蓮說，文詞妄想追前輩，畫苑高徒望小妻，總有一天妳會畫得比我還好。後來老蓮與前妻來氏所生的女兒陳道韞學畫，起手功夫據說就是小寶給教的。

狂士

京城陷落的消息傳到南方，已是春夏之交，老蓮剛剛搬到紹興城內的徐渭舊居青藤書屋。住入這片屋子，一方面是出於對徐渭的敬仰，更重要的是父親在世之日，曾與這位嘉靖年間的大畫家結成忘年之好②。忙著與家人掃除院落內多年沒有清理的野鼠、枯藤與雜草時，突然接聞這個地震般的消息，老蓮懵了，他的第一反應是喝酒，就在當年徐渭讀書處，他倚著藤樹像個瘋子一般狂歌大叫，醉得像一灘爛泥，任誰叫都呼不應。朋友戴茂齊在日記中記載說，他喝醉了就痛哭流涕，逢人不作一語，胡淨鬘找他回家，他一把拉住胡淨鬘的手，蹲在地上，又像個孩子一般大哭起來③。

時人對此也有類似記述：「甲申之難作，棲遲越中，時而吞聲哭泣，時而縱酒狂呼，時而與遊俠少年椎牛埋狗，見者咸指爲狂士，綬亦自以爲狂士焉。」④

年前，聽著船篷上簌簌作響的雪粒還鄉時，他還把辭去這個不入品秩的小官比作割去一個痔瘡，得了「歸眞大樂」，不滿大兒子義楨（小名豹尾）小小年紀就奔走場屋，「產業與居業都廢」，以致發狠話說「恨不撲殺之」，

① 李斗的《揚州畫舫錄》和朱彝尊《靜志居詩話》都記載了這則軼事。

② 來宗道撰的〈陳于朝墓志銘〉云：「君（陳于朝）既負拔俗，恣喜交遊名士，山陰徐渭詩文奇桀，書法尤遒，君卯時爲忘年交。」

③ 「輒痛哭，逢人不作一語。姬人前問好，綬徑執姬人手，踞地，復大哭。」見戴茂齊的《茂齊日記》。

④ 孟遠〈陳洪綬傳〉。

現在皇帝死了，國也亡了，他反倒覺得前朝樣樣都好，自己活了四十八年，那三個月宮廷畫師的經歷實在是值得大書特書的光榮了。只是蒙受了剃頭之恥，還忍死苟活著，實在是滿腔悲苦無人訴啊①。福王在馬士英等人擁立下即位南都，改元弘光，老師劉宗周的女婿王紫眉勸他去南京掙個功名，他覺得小朝廷難成氣候，拒絕前去應試，說自己一個小人物，報不了君仇，還是在藥草簪巾間打發一輩子算了，幾點落梅浮綠酒，一雙醉眼看青山，罷了罷了。

一六四五年初春起，滿州人鐵騎的破空聲一陣陣傳至江南。四月，揚州失守，史可法殉國。五月，南京陷落，錢謙益率著一幫降臣在大雨中跪迎清軍入城。流血天心見，不惟春雪多，乙酉年泥濘的大雪天氣裡，老蓮似乎提前看到了血漂江南的種種慘象。接下來數月，死亡的消息一個接著一個，一年前倪元璐在北京自殺不說，周圍的朋友如祝淵等也都一個個自殺了。五月的一天，老蓮和朋友趙伯章一起到梅墅祁彪佳宅中，三人蕩舟遊湖，一邊喝著酒，一邊說南都近狀，當時祁彪佳意態從容，其實已經在謀劃自殺了，不久就傳來了祁彪佳在寓園池塘自沉的消息②。

六月，杭州潞王投降的消息傳來，他的老師劉宗周正在吃飯，聞訊推案不食，朋友相勸，他說：北都之變，可以死可以不死，自己罷官在野，又寄希望於南明中興，南都之變，福王自棄其社稷，還是寄希望於後繼有人。現在杭州也降了，老臣不死，還等什麼呢？於是乘船到西洋港，跳入水中，被人救起後，絕食二十三日，生生餓死了。這個被《東林點將錄》列爲三十六天罡之一「天異星赤髮鬼」的大儒，終於以一死親證了他誠敬、愼獨的人生理念。就連當年的同窗王毓蓍，也在上書催促劉夫子早日自決後自殺了，他的死法倒也符合其不羈的個性，先是叫來一大幫朋友，在家班的奏樂聲中大喝一場，盡情喝到天黑，就打著燈籠跳到門前的柳橋河裡去了。

這一場接一場的死亡事件，或親見，或耳聞，讓老蓮萬念俱灰，他的酒喝得愈發凶了，喝醉了就罵人，或嘀咕些自己也不明所以的胡話。酒勁一過，又強打起精神，鋪開絹布與宣紙，淚墨齊下地畫畫。王毓蓍死後的一個晚上，他跑到柳橋河邊祭奠，「既得朋如矢，何須淚滿巾，柳橋當月夜，蘭盞泛河濱」③，當他稱頌著劉夫子和王毓蓍的節義千秋時，也爲自己的苟活深深自責著：國破家亡身不死，此身不死不勝哀。

此時魯王朱以海監國紹興，以錢塘江爲界，成立了臨時政府，這個封地在山東的王孫一安頓下來，就沉浸在了冶遊宴樂中。因張岱的父親曾在天啓年間任職魯肅王府長史，朱以海一到紹興就帶著一大幫隨從臨幸了張家。張岱在回憶錄中記述說，魯王到來時，身著玄色蟒袍玉帶，車駕隆盛，觀者如堵，他家連梯子、臺子上都站滿了人。行禮之繁瑣，絲毫不遜色於大內，先是行禮，獻茶，再行禮，再由書堂官斟酒跪進。吃食是一肉簋、一湯盞、一麵食，湯和肉簋上面都覆以銀蓋子，麵食則用三張黃絹籠罩，所有這些吃食，都由侍者捧盤加額，跪行到座前，再由書堂官捧至御前。湯點七進，隊舞七回，鼓吹七次，這才算餐畢。張岱說，用餐時演的劇目是《賣油郎》傳奇，內有泥馬渡康王故事，也算與時事巧合，朱以海大喜。

陳洪綬〈晞髮圖〉

① 陳洪綬〈即事〉詩：「明朝四十八年人，三月曾爲簪筆臣，今日薙頭蒙笠子，偷生不識作何因。」作於這一年除夕夜。

② 《祁忠敏公日記·甲乙日曆》「乙酉五月」條下記載了陳洪綬的這次到訪：「入內宅晤趙伯章、陳章侯，乃知虜過江之信，從京口竟走丹陽，薄南都矣。文載弟駕舟至山，以疏酌延兩兄，於薄暮至彤園，邀兩兄攜酌舟中以抵家，再候季父。時因南都之信，甚爲止祥兄憂耳。是日，令兩兒束裝入山。」

③ 《寶綸堂集》卷五〈挽王正義先生〉：「亡國難存活，天王想作賓，溪邊留節義，睫下忽君臣。勸戒踰千語，同群號四鄰……」

看完了戲，又幸臨不二齋、梅花書屋等處，朱以海還坐了一回木猶龍（一段出自遼東的古木，其形如龍，重達千餘斤），張岱和好友陳洪綬在一邊的書榻上陪侍。談了一會，又設席再飲，讓張、陳侍飲。朱以海好酒量，大犀觥一飲而盡，不一會就喝了半斗。藉著酒勁，朱以海誇口說要把韃子盡行驅趕，要封兩位忠臣做大大的官。封兩位愛卿翰林怎麼樣？天天陪著孤，一起幫孤把江山奪回。朱以海還讓人找來一張書案，要老蓮寫字作畫。這天不知爲何，老蓮天天泡在酒裡的人，竟然酒量奇差，在御座邊哇哇吐了，讓他作畫，腳步踉蹌著，筆都提不起來，魯王看他醉成這樣，只得作罷。

酒喝畢，戲也演完了，朱以海臉色微酡，要不是兩個書堂官在一邊掖著，幾乎站立不穩。張家人一直把他送到閶外，魯王再三讓書堂官傳旨：爺今日大喜，爺今日喜極①！

張家有個叫李寄的遠房親戚，魯王喝酒聽戲時，此人混在家僕中，得以近距離觀察。他說，魯王平巾小袖，顧盼輕溜，待到酒酣歌緊，鼓頤張唇，以箸擊座，與歌板相應，簡直把張家當作了妓院，十足一副浪蕩子行徑。這邊廂魯王與眾大臣開宴，他帶來的一個妃子也隔簾開宴。酒喝到半晌，魯王投箸起身，走入簾內擁著妃子而坐，笑語喧譁，自簾內傳出，外人都不知道裡面發生了什麼。一場酒宴下來，魯王三進三入，忙得跟什麼似的。一直喝到天色轉暗，優伶們粉墨登場，滿場旋轉著的幢幢人影，再也辨不清哪個是官人、哪個是優人了。李寄說，自己當時就看出來了，這個王孫如

① 朱以海是明太祖十世孫，崇禎十七年襲封魯王。朱以海臨幸張家一事，宣統《諸暨縣志》引《陶庵夢憶》記之甚詳，但今本《陶庵夢憶》無載，來源待考。

陳洪綬〈傳道圖〉

此貪圖享樂，都大兵壓境了還要調弄聲色，肯定成不了什麼事，後來寫了一首詩諷之：魯國君臣燕雀娛，共言嘗膽事全無，越王自愛看歌舞，不信西施肯獻吳。

張家爲操辦這次近乎勒索的宴飲，花費的接待費多達數百兩銀子。張岱接駕有功，魯王委了他一個兵部職方主事的差，但因他上書殺棄城逃跑的馬士英，很快又被褫奪了官職，失望已極的張岱連嘆「數也」②。看來魯監國才是最大的戲子，喝了拿了就不把人當回事了。還是老蓮眼光毒，一眼看出朱以海不過是一小丑，索性裝醉佯狂，連畫也不留一幅。後來，逃到福州的唐王建立了隆武政權，派來使徵召他爲御史，他也沒有接受。臭名昭著的馬士英備下重禮求一見，他也閉門拒之，馬士英央他的一個朋友來求畫，也給罵了出去。倒是有個老兵，只是給他敬了一杯酒，老蓮就爽快地畫了一幅——「酒盡而揮灑成」③。

陳洪綬〈梅石圖〉

陳洪綬〈盧同與醜奴圖〉

② 張岱後來在《石匱書後集》卷五中表達了對時局的失望：「甲申北變之後，諸王遷播，但得居民擁戴，有一成一旅，便意得志滿，不知其身爲旦夕之人，亦只圖身享旦夕之樂，東奔西走，暮楚朝秦，見一二文官便奉爲周召，見一二武弁，便倚作郭李。唐王麄知文墨，魯王薄曉琴書，楚王但知痛哭，永曆惟事奔逃。黃道周、瞿式耜輩，欲效文文山之連立二王，誰知趙氏一塊肉，入手即臭腐糜爛。如此庸碌，欲與圖成，眞萬萬不可得之，數也！」

③ 孟遠〈陳洪綬傳〉。

野和尚

很快，魯王由舟山逃入東海，去亂礁波濤中做他的水陸道場去了。唐王的皇帝夢過不了多久也要作到頭了。時勢的發展已如風摧木葉般昭然，爲家人安全著想，老蓮想搬到鄞縣餘杭去，可是餘杭也不太平，考慮再三，他決定把義楨、楚楨、芝楨、道楨四個兒子送到山中避亂①，自己和妻女、二子象兒、四子鹿頭住在圍城中。一家人供養的彌勒像、日日誦唸的觀世音菩薩偈沒能阻止清軍鐵騎東進，紹興很快失守了，老蓮被搜出，於是發生了前文所述他因拒畫險遭殺害一事。只是他被迫作畫後這故事尚有餘緒，他藉口這些畫尚未署名鈐印，又從清軍首領處把畫拿了回來，每天狂飲不止，連睡覺也抱著這些畫，後來對他的看守漸漸鬆了，他就找了個機會抱著這些畫逃了出來②。

逃出虎口的老蓮躲進了紹興附近的深山冷嶴裡，自鷲峰跑至城南三十里的雲門寺，剃髮爲僧了，自號悔遲、悔僧、雲門僧。雖處僧寮，酒是斷斷少不了的，一與來客說起興亡事，就大哭、罵人、懊悔不死，說「豈能爲僧，借僧活命而已」，又說「剃落亦無顏，偷生事未了」。有人來求畫，是斷斷不肯了，要畫也只畫觀音像，說才藝累身，畫觀音像也算是贖罪。偶爾喬裝入城，經過以前的讀書處太子灣，就面紅耳赤，像做了小偷被人發現似的，痛罵自己不忠不孝③。以前他很怕方正嚴肅的劉宗周，現在夫子已死，他天天給夫子的遺像上香，還題壁痛罵自己：「浪得虛名，山鬼竊笑，國亡不死，不忠不孝」④，語氣間全是大痛楚。

值得附記一筆的是，老蓮剃髮披緇的這年夏天，他一生的摯友張岱也提前爲自己寫好墓志銘，「披髮入山」，寫他的《石匱書》去了。在多年後問世的這部歷史著作中，出於對老友落拓不羈的性情和高超畫品的欣賞，張岱把陳洪綬列於「妙藝列傳」，稱他「筆下奇崛遒勁，直追古人」⑤。在另一部著作《越人三不朽圖贊》中，又把他列入受表彰的一百零九位越地前賢之中。陳洪綬則說：「吾友宗子才大氣剛，志遠學博，不肯頫首牖下。天下有事，亦不得閒置……」⑥言語間皆是惺惺相惜之意。

輾轉於薄塢、雲門等處的幽谷深山，無可消遣，畫筆又久不提，幸虧這麼多年寫下的詩文一直都帶在身邊，於是整個夏天他都在四子鹿頭的幫助下整理這些文字。他總覺得，這些帶著舊日記憶的文字一定會比他的那些丹青塗抹傳得更久遠。書成之後他抄錄了一份寄給了朋友王予安，「悔遲雅不以詩鳴。兒子鹿頭，私將平生所作編次成帙，可刪者十七；山中無可消遣，即將鹿頭所編次者刪錄呈政，知予老見之，必有教正。呵呵」。這就是傳世的老蓮唯一的一部詩文集《寶綸堂集》⑦。

幸虧有祁駿佳、祁奕遠⑧叔侄施以援手，不時贈給移家費，老蓮一家總算捱過了一六四六年春天最爲顛沛困苦的日子。都快到了掘土覓根而食的地步了，這個人還沒有把畫畫與今後生計作一處想。儘管好多年前，一些貧苦的好友已拿他的畫轉賣獲利了，但老蓮固執地以爲，畫就是個遣興的東西，要他以繪畫爲業，還不如過胼手胼足的農耕生活，或變賣祖上遺留的田產。這麼多年來，他幾乎都沒有好好保存自己的畫，再得意的畫也都隨手送了人，張岱曾經抱怨說，老蓮有

① 《寶綸堂集》卷九有七絕一首記其事：「風摧木葉叫鵂鶹，萬曆年間老楚囚。國破猶存妻子念，曉風殘月送孤舟。」題名爲〈愧送豹尾、師（獅）子、羔羊、虎賁避亂〉。

② 來裕恂《蕭山縣志稿》云：「清師下浙江，固山額眞某，得洪綬，大喜。令畫，不畫；刃逼之，又不畫；以酒與婦人誘之，畫。久之，請匯所畫署名，日狂飲不休，夜抱畫寢，且伺之，遁矣。」

③ 《寶綸堂集》卷二「太子灣識」云：「自丙戌夏五月晦始，每經前朝讀書處，則不忠不孝之心發，而面赤耳熱……」

④ 歷史學家邵廷采這樣描寫當時的陳洪綬：「飲酒放豪，醉輒罵當事人。第聞蕺山（劉宗周）先生語言，則縮頸咋舌卻步……先生既沒，朝夕仰禮遺像，題壁云：『浪得虛名，山鬼竊笑，國亡不死，不忠不孝。』」

⑤ 張岱《石匱書》：「筆下奇崛遒勁，直追古人。木石丘壑則李成、范寬，花卉翎毛則黃荃、崔順，仙佛鬼恠則石恪、龍眠。畫雖近人，已享重價，然其爲人佻傝，不事生產，死無以殮。」

⑥ 陳洪綬爲張岱雜劇《喬坐衙》（今已佚）的題詞，見《寶綸堂集》卷三。

⑦ 據宣統《諸暨縣志》卷四十九〈經籍志〉載，陳洪綬手定稿本共六十一頁，分上下兩卷，「字逸媚似晚唐」。後來此稿在清末爲陳洪綬七世孫重金購還，分裝爲四冊，即今《寶綸堂集》底本。

⑧ 祁奕遠，名鴻孫，祁彪佳長侄，善詩。

一百餘幅未完成的畫作寄放在他家，讓他莫之奈何，只得拿北宋畫家文同的軼事揶揄之說：哪個畫家像你這樣東塗西抹不拿自己的東西當回事啊①。但時勢已移，二十來口人的一大家子的生計還是要顧的，易代之際各行其道，總不能人人都學劉夫子、倪元璐吧，最後他還是聽從了祁家人的建議，決意走一條職業畫家的路，以畫活家了。以前的朋友、雲門十子中的魯集跟趙甸不也是這麼做嗎？比起像周亮工這樣把靈魂出賣給滿州人②，他自認爲隱居賣畫更合乎遺民之義，這錢也來得更乾淨。

　　山之中難有買主，賣畫須去紹興或杭州，山林紛擾、路途多艱，再加不久孫子也出生了，於是待形勢稍微太平，一六四七年春天他又搬回了紹興城內，兩年後的一六四九年正月，正式遷居杭州。他的買主多數是朋友牽線介紹的舊識，作畫時一般都會在這些故交舊友家寄居數月，一則可以集中精力多畫一些，二則藉由朋友的社交關係也可以多尋一些買主。他曾在吳期生山莊一住兩個多月，賣出了好多畫。也曾長達數月泊舟於山陰梅墅祁家寓園旁，把小幅的仕女、山水、觀音像出售給女主人商景蘭和她的兒媳們。家住杭州西湖定香橋畔宅埠的林遷棟（仲青），一度也是他的贊助者之一，老蓮曾於他家勾連數月作畫，據說後來老蓮送給周亮工的〈陶淵明故事圖〉卷，就是作於他家的眉舞軒。

① 張岱給陳洪綬的一封信談到此事：「曉起，簡笥中有章侯未完之畫百有十幀，一日完一幀，亦得百有十日，況筆墨精工有數十日不能完一幀者，見之徒有浩嘆而已。文與可畫竹，見人多持縑素而請者，與可厭之，投諸地而罵曰……兄所遺絹，塗抹迨遍，一幅鵝溪，不堪爲婦作褌，弟之雙荷葉（侍妾名）又不喜收藏，以此無用之物，雖添丁長，付之無益也。兄將何法用以處吾？」見宣統《諸暨縣志》。

② 周亮工在崇禎十七年（一六四四）由山東濰縣遷浙江道監察御史，大順軍入京時投繯自殺，爲家人所救。一六四五年，豫親王多鐸兵下江南，周亮工詣軍門降，以御史職爲清軍招撫兩淮，後任兩淮鹽運使、淮揚海防兵備道參政等職，一六四七年擢爲福建按察使，兼攝兵備、督學、海防三職。

職業畫家

自一六四六年冬天成爲一個職業畫家後，追憶江南繁華成了老蓮畫作的主題。正如他那個自稱敗家子、廢物的好友張岱用夢幻般的筆調復活一個回不去的晚明江南，他也下意識地用畫筆在追憶往事。他總覺得這場剛剛發生的鼎革巨變把自己的生命一截爲二了，前朝被丟棄的上半截，雖也有考試不順的挫折，經濟捉襟見肘的拮据，但大體上還是悠遊歲月，而後半截全是喪亂困苦。只有在夢中，他才好像回到了昔日的美好時光，曲水流觴，詩酒終日，戴著標榜不流俗的高冠與朋友聚會，或攜著可愛的女子彈琴唱歌③。在另一首醒後記敘夢境的詩裡，他好像重新回到了四十年代的最初幾個年頭，被衣著鮮麗的宮女和侍衛們引領著去皇城覲見皇帝。他多希望沉浸在這樣的夢裡再不醒來啊。

他的樂境只能去畫中找了。花卉、女人、各種珍異的物品充滿了他的畫卷，在他看來，這就是令人怦然心動的太平光景。那時的風多麼軟、春天那麼好、女人那麼漂亮。現在即便畫一幅水仙，殘破的葉片也全是家國之痛了。他的詩也散發出了越來越重的酒氣，「傾杯覆碗恨無多」，眞是不醉不歡；「醉翁毋乃氣揚揚」，似乎所有的畫都是趁著酒意潑灑而成的了。

他畫下手握花朵的女人，以扇撲蝶的女人，坐於隱几上的女人，

③ 見陳洪綬〈雞鳴〉一詩：「有時得佳夢，復見昔太平。頂切雲之冠，爲脩禊之行。携桃葉之女，彈鳳凰之聲。勝事仍綺麗，良友仍菁英。山川仍開滌，花草仍鮮明。恨不隨夢盡，嘐嘐群雞鳴。」

陳洪綬〈鬥草圖〉

春日折採梅枝後緩緩走過的女人。在另一幅色調艷麗的圖中，他畫下了五個坐於春天草地上的女人，她們的衣裙下襬圍著折枝花卉，各做手勢，似乎在開心地遊戲。①年輕時在杭州，春天到來時，他經常看到女人們到處採摘各式奇花，玩這種鬥草遊戲。於今隔了一大片荒蕪的日子看去，那盛世的光陰都到哪裡去了？幾乎同一時期，張風、項聖謨、龔賢等遺民畫家正在畫空山、大樹抒發喪國之痛，而老蓮則是藉由對女人、物品與感官慾望的呈現，回望一個漸行漸遠的年代。和他有著同樣心曲的還有作家余懷，正在書寫著南市、珠市和舊院的金陵煙花女子命運，感慨著世事更迭，似乎藉由女人回憶盛世光景，成了他們不約而同的一種回望姿態。

① 這些畫作分別爲〈折梅仕女圖〉、〈撲蝶仕女圖〉、〈調梅圖〉、〈鬥草圖〉，均作於一六五〇年前後。〈折梅仕女圖〉後款云：「庚寅秋，老蓮洪綬畫於眉舞軒。」〈鬥草圖〉後款云：「庚寅秋，老蓮洪綬畫於護蘭書堂。」

「古心如鐵，秀色如波，彼復有左右手，如蘭枝慧葉，乃有此奇光冷響」，透過這些時人的讚譽，我們看到，他畫下的已不只是對一個王朝的眷戀，更注入了生命的詠嘆和對人生虛無的把玩。時光飛馳，繁華成空，更多的時候，畫家的目光和〈蕉林酌酒圖〉中手持犀角杯的畫中人一樣，似乎穿過了遠方的迷離歲月，來到一片亙古靜寂的世界。而山石做成的几案前，煮酒的女子坐在一張肥厚的芭蕉葉上，就好像坐在一片綠雲上，似乎要把他從無邊的虛無世界中拉回。這高古的畫意，這現世與永恆的衝突，揹負著歷史記憶的遺民喜歡，轉世的新貴們也喜歡，是以，南方都在盛傳老蓮的畫，「風神衣袂，奕奕有仙氣」。萬念俱灰之後，因有一念不死，而能把活著的煎熬轉而作如此的張揚，也算是藝術的勝利了。

搬到省城後，買畫的顧客增多，用不著爲餬口急就章了，老蓮一改以前的漫不經心，畫得更加專注。遇到不喜歡的人求畫，照樣把人家晾一邊去。一六五〇年春天，新任福建右布政使周亮工北上朝覲路過杭州，向寓居西湖的老蓮索畫。出於對其投靠新政權的鄙視，老蓮拒絕了這位相交近三十年朋友的請求②。但在周離開杭州後，他還是在湖畔林仲青家的眉舞軒畫了一幅〈陶淵明故事圖〉，寄給在北京的周亮工③。老蓮爲此圖選材大費苦心，畫的是不爲五斗米折腰的陶淵明辭官歸家後的十一個日常生活場景，以此暗示並規勸老友及時回頭，不要在新朝任職，其間尤以陶淵明辭官印的第六景的題詩見其心曲：「餬口而來，折腰則去，亂世之出處」。畫中的陶淵明方盤臉，下巴粗長，據說就是故

② 周亮工在《賴古堂集》中的〈題陳章侯畫寄林鐵崖〉一文中記述了索畫遭拒一事：「章侯與予交二十年，十五年前只在都門爲予作歸去圖一幅。再索之，舌敝穎禿弗應也。庚寅（一六五〇年）北上，與君晤于湖上，其堅不落筆如昔。」

③ 〈陶淵明故事圖〉卷亦稱〈歸去來圖卷〉，現藏美國夏威夷火奴魯魯美術館。全卷分「採菊」、「寄力」、「種秫」、「歸去」、「無酒」、「解印」、「貰酒」、「讚扇」、「卻饋」、「行乞」和「漉酒」等十一段。卷末跋云：「庚寅夏仲，周櫟老見索，夏季林仲青所，蕭數青理筆墨於定香橋下，冬仲卻寄櫟老，當示我許友老。老遲洪綬，名儒設色。」名儒即陳洪綬的第四子陳字，初名儒禎，小名鹿頭，字無名，又字名儒，號小蓮。善書畫，頗有父風，常爲其父的作品上色。許友老，即許宰，福建侯官人，善詩畫。

意照著周亮工的樣子畫的①。此畫寄出後不久，在名妓蕭數青（畫陶淵明圖卷時她也在場整理筆墨）的建議下，老蓮又把送給蕭數青的〈江山臥遊圖〉寄給了周，圖中明淨的山水和一葉漁舟也滿是促歸之意，但此時的周亮工正沉迷功名，官場情勢看漲，自然不會理會老友的一番苦心②。

小說認領

此間出了一樁令老蓮特別煩心的事，甚而影響到了他作畫的心情。事情的緣起是他剛到杭州時，應一個叫馬白生的朋友的請求，爲朋友的朋友寫的一本小說《生綃剪》題寫了封面。不久，一個叫盧子由的錢塘名醫讀到了這本小說，認爲是在影射自己，見書封上有老蓮題簽，就認定是他作的，一定要老蓮說個明白。朋友戴茂齊從中說項，證明小說不是老蓮作的，這盧老爺竟像吃了石頭一般，認準了是老蓮在跟他過不去。逼迫不過，老蓮只好自書一份〈辯揭〉，央原作者出來認領這部小說，也好讓盧子由老爺放過自己，免遭「粉身碎骨」：

具辨僧人悔遲族姓陳名洪綬謹告

己丑秋暮，馬白生居士來向悔說，有一友欲刻一書，喚作《生綃剪》，要封面。我曾將三字臨去把他。他說，合來失款，章老爲我寫之。

陳洪綬〈陶淵明故事圖〉（部分）

悔此時也不問是什麼書，見是馬白生拿來便寫去，誰知道是小說。還有玄鑒、諸子侄、與沐、孔儀、紀南、仲辰居士同見「不問緣由，提筆便寫」這番光景。庚寅秋，盧子由老爺有書下問悔借小說一觀，悔並不曾聞得這書內有觸犯盧老爺一回，心裡想道，他見封面是我寫的，就疑心是我作的，便老實說是馬白生拿來寫的。奉答蒙盧老爺又回書說，即不出悔手筆，需自出辯揭。悔即作書與戴茂齊，將老爺原書，都與他看。隨即走到茂老家說：盧老爺、悔的老兄弟、好朋友，並無一言兩語，有何仇恨；並不曾曉得履歷根由，不知何人所作。我恨不合爲馬白生寫了這幾個字去，把我老相處這等周折。況我生平不曾捏造詞話、小說等項，又不忍壞了心術，折了壽算。況這一二個老兄弟且又無些兒參商。若果如此，必遭天譴。即要出揭，如何措辭，就央茂老去替我一辯。茂老說我即去辯，子翁他是明白的人。秋平也在那裡，便說也不須辯，難道看你手筆不出。便別散。路逢馬白生便埋怨說，是你要我寫了三個字，惹得盧老爺仇恨。白生說，我也不曾見此書。與秋平三人吃醉散去。悔因有周折，不問此書如何長、如何短，丟過一邊。後日去問茂老曾去辯否？茂老說，彼知你無此心腸，也不像你手筆。已後風平浪靜，過了五個月。今年春來數來攻擊，想來恨悔不出得辯揭的緣故。悔今不得不哀鳴一語：近來悔要守佛門規矩，不得與人爭是非，受人欺負，都是功夫。但見盧老爺平生護法，若把嗔作佛事，太多了。悔一粥飯老子，只得將前後因由一一告訴。若有一句一字瞞心昧己，不但鬼神在上，諸居士們也吃他笑了。稽首哀告縉紳老爺、春元相公、秀才相公、

① 十七世紀五〇年代後期，周亮工仕途不斷遇挫，先後兩次遭彈劾罷官，幾遭殺身之禍。一六五九年在刑部候審之時，周氏在《因樹屋書影》中說，「近吾友陳章侯偶倣淵明圖爲予寫照」，當是指這卷〈陶淵明故事圖〉。周亮工入獄前，他的好多藏畫或遭豪奪，或「盡售去以繼飯粥」，這卷他最珍愛的〈陶淵明故事圖〉轉贈給好友林鐵崖。

② 此畫上有陳洪綬的題跋：「去年湖上偶寫山水長卷二。曾以其一寄櫟園周公。此蕭數青來遇余共飲於溪堂。得覩此卷，復求以遺周公，胡不使兩卷並儷。時老蓮被酒頹然，水子裁箋執管就予，率書近詩數首樂爲櫟老。」轉引自《吳湖帆文稿》。

老爹大爺、阿太、阿爹、阿伯：諸位發出慈悲心來，招認一聲「《生綃剪》是我作的」，或者憐悔含冤負屈，免我粉骨碎身也未見得。正是救人一命，勝造七級浮圖。

悔臨告不勝惶仄之至①。

燃燒

酒、女人，早年的饑餓、近年的傷時憂身，這一切都像小蟲子一樣慢慢地蝕空了他的身體，五十初度的老蓮已是老態龍鍾。進入老境的他，筆下世界卻如春花綻放，陡然散發出無比燦爛的光華。僅就線條而言，早年他化圓爲方，化整爲散，走的是粗硬直折的路子，掩飾不住內心的狂躁不安，此時已一變爲細勁柔和，圓轉一如蠶絲，舒緩得好像若有若無寫出，人稱「高古遊絲」。早年畫山石和器物上的苔痕，色調濃烈，此時著色也更趨古淡了。筆簡、墨簡、色簡，顯見得一顆浮躁的心也走入了簡淡靜虛之境。後世的人說三百年無此筆墨，也即是說他筆下的古雅已經超越唐宋，直追六朝了。

老蓮雖自認對繪事盡心，不匆忙畫就去換銀子，但也感慨暮年才眞正領悟了畫道，若非賴以養家，自己的成就會更高。他以文章作比，說好畫應該有氣韻、有力量，最好的畫應該像周秦時代的文章，「渢渢容容」，直取其髓，絕無矯飾，那是「神家」之作②；「名家」的畫像漢魏之文，能緊扣事物，實實在在地談論；「作家」的畫就像唐宋之文，爲了符合法度總要改來改去雕琢不已。他說自己的畫只是「作家」畫，只比「匠家」略勝一籌。但時人評他的畫此時已由妙入神、臻於化境了。

一六五一年，寄寓杭州的陳洪綬似乎已經提前看到了死神的面孔，此時回顧一生際遇，學仕不成，天地翻覆之際轉爲職業畫師，雪泥鴻爪，留下的痕跡爲何？面對生命如飛鴻過空，杳杳無蹤之際，他或覺畫中自有留名傳世之道，在這年春天爲林仲青畫的〈溪山清夏圖卷〉空白處，他寫下一段長長的跋語，剖示自己的美學觀念，檢討時代繪畫得失，並直陳何爲畫史的正脈傳承。

今人不師古人，恃數句舉業餖飣或細小浮名，便揮筆作畫，筆墨不暇責也，形似亦不可而比擬，哀哉！欲揚微名供人指點，又譏評彼老成人，此老蓮所最不滿於名流者也。③

在這篇充滿批評鋒芒的文章中，老蓮批評某些「名流」，倚仗文學聲名及在科舉中奏捷的優勢，一享有浮名，便提筆作畫，連基本的形似能力都無，也不習筆墨習性，卻掉舌嘲笑眞畫家。明眼人一看便知，老蓮在這裡譏評的那種「老成畫家」，就是陳繼儒之流的名利客。陳繼儒長陳洪綬四十歲，算是兩代人，但在老蓮看來，此人對畫壇風氣的敗壞實在是遺毒太久了。陳早年是松江府的諸生，後棄儒服爲山人，與董其昌自小熟識，被引爲平生知己，因受董的推崇，博得極大名頭，以編書賣文獲得極大成功，這個長袖善舞的文藝掮客還經常寫些山水、墨梅，在江浙一帶混得如魚得水，就以老蓮身邊的親友而論，也多與此老有染。比如此人是張岱祖父的朋友，曾經摸著小時候張岱的頭誇他是個神童，比如陳洪緒——老蓮的兄長刊刻《花蕊夫人宮中詞》時，也請了此老作序，甚至老蓮早年的一幅畫作〈龜蛇圖〉，這傢伙竟也爬上去題跋了一通。

① 翁萬戈《陳洪綬生平》。

② 毛奇麟《虞初新志．陳老蓮別傳》：「夫畫，氣韻兼力，渢渢容容，周秦之文也。」

③ 見陳洪綬《畫論》，吳敢輯校《陳洪綬集》第二二至二三頁，浙江古籍出版社一九九四年版。

在陳洪綬橫空出世前的十六世紀後半葉至十七世紀初，先是王世貞的「主宋派」以宋代院畫爲正統，人物、屋舍務求法度謹嚴，每片樹葉上的紋理都要毫厘不差，隨著元畫被藏家炒熱，又有董其昌的「南北宗論」分庭抗禮，強調畫應以筆墨爲先的文人氣質。老蓮駁斥了陳繼儒「宋人不能單刀直入，不如元畫之疏」的主元言論，提出只是孤立地學宋、學元都不行，「學宋者失之匠」、「學元者失之野」，必須要有唐人畫的韻致打底，再學宋畫的法度，元畫的空靈，畫路才不會野。「如以唐之韻，運宋之板，宋之理，行元之格，則大成矣」，唐宋元互爲基礎，這才是老蓮心目中的畫路正脈。

在萬曆以降議論紛紜的文藝圈裡，老蓮向來顯得沉默，甚至一些表達藝術觀的題畫詩他都很少保存①，這篇突然而發的議論在他是一次爆發，更是一生畫業的總結。「老蓮五十四歲矣，吾鄉並無一人中興畫學，拭目俟之。」當他這樣說著的時候，是不是也有一種藉由繪畫進入歷史殿堂的崇高感？

幾個月後，中秋之夜，老蓮在西湖一隻畫舫上爲一個叫沈顥的朋友畫〈隱居十六觀〉，月影西沉之後，喝得爛醉的他依稀還記得吳香扶磨墨、卞雲裳吮管的場景，他甚至還能記起爲卞玉京的一幅蘭花題寫的「一枝婀娜、香氣滿堂」那八個字來，只不知當時說的是人，還是花。此等奢靡，眞是勝過天上人間。「老蓮無一可移情，越水吳山染不輕，來世不知何處去，佛天肯許再來生。」他從來沒有像那個晚上那樣，留戀湖光、月色和言笑晏晏的女人，他希望他的畫能夠留住這一切，那是另一

陳洪綬〈隱居十六觀〉之一

陳洪綬〈隱居十六觀〉之十六

種形式的永生。

他的朋友周亮工感受到這種渴望不死的生命力的燃燒。似乎這個人要藉由畫筆把自己楔進這個世界的深處去。

一六五一年底，周亮工赴閩任職，再次途經杭州，兩人相會於湖畔定香橋。老蓮對他說，君且壯年，我已垂老，現在正是爲你作畫的時候了。好幾次求畫都遭拒的周亮工大喜，急命張羅畫案絹素。老蓮開了一瓮陳年紹興酒，以黃葉菜佐酒，邊喝邊開始工作。最初他還要蕭數青在一旁倚檻而歌，蕭唱沒幾句，他就揮手作止。

周亮工觀察到，進入了創作迷狂之境的老蓮如同一個瘋子一般，雙手忽而使勁抓頭皮，忽而狠搔腳爪，一會兒眼睛瞪視畫紙，半日不言語，一會兒又像個孩子般哇哇大叫。接下來幾天，作畫的地點從定香橋移到周下榻的客棧，再移到江邊、道觀、畫舫、昭慶寺，統共十一天時間裡，除去吃飯、睡覺，幾無片刻歇息，一共畫下了大小橫直幅四十二件作品。對於老蓮這一反常的舉動，周亮工說，「客疑之，予亦疑之」。然而要不了多久，周亮工就會明白，畫家是在以一種極致燃燒的方式向他、向這個世界告別。就在他入閩不久，世上再無陳老蓮——「君遂作古人哉！」②

日後回憶起老蓮睜著一雙醉眼瘋狂作畫的樣子，周亮工說，設若有前生，老蓮的前輩子肯定不是一個畫師，而是一個「大覺金仙」。人看他把筆下的世界給扭曲了，變形了，其實那才是世界的眞正面目。人看他行事怪誕，那才是眞實的、自由的人生。比之自己，老蓮乃是一個眞

① 阮元《兩浙輶軒錄》云：「老蓮初無詩集，生平作畫，嬾于題咏，偶有所題，亦未嘗存稿，其老友姜綺季與共晨夕，見有題，輒爲鈔錄。久而得詩一卷，鐫于板。老蓮見之大喜，因自爲序。名曰《陳老蓮集》。老蓮卒，毛西河復爲之跋。」

② 關於陳洪綬一六五一年的這次贈畫，陳洪綬有〈喜周元亮至湖上〉二首紀之：「獨脫烽烟地，同尋菡萏居；半年兩握手，十載幾封書。人壯吾新老，兵銷會不疎。此來難久住，一笑一欷歔。」周氏《賴古堂集》亦對之有著詳盡的紀錄：「君欣然曰：此予爲子作畫時矣。急命絹素，或拈黃葉菜，佐紹興溟黑釀，或命蕭數青倚檻歌，然不數聲輒令止。或以一手爬頭垢，或以雙指搔腳爪，或瞪目不語，或手持不聿，口戲頑童，率無半刻定靜。自定香橋移予寓，自予寓移湖干，移道觀，移舫，移昭慶。迨祖予津亭，獨攜筆墨，凡十又一日，計爲予作大小橫直幅四十有二。其急急爲予落筆之意，客疑之，予亦疑之。豈意予入閩後，君遂作古人哉！」

正的覺悟者①。

這種突然間燃放的創作激情，不只讓周亮工感受到了耀眼的光芒，受贈四十八幅〈博古葉子〉的朋友戴茂齊也同樣感受到了。這套呈現著一個藝術家由絢爛、奇崛臻於天然之境的畫作，後世評爲「較〈水滸葉子〉似又出一手眼」，其人物及筆墨之從容、舒緩，是老蓮一生創作的巔峰之作。從自題來看，起初老蓮刻這套畫是想讓一家人的生計有個最後著落，但後來他卻送給了戴茂齊②。事情的起因是，這一年秋天，老蓮以一兩銀買入了文徵明的一幅畫，老友戴茂齊很喜歡，便送給了戴。幾天後，另一朋友丁秋平的兒子生病，老蓮便向戴借了一兩銀子贈給丁作藥費，贈一畫又借一金，老蓮覺得這樣像商人做交易一樣，太俗了，便把這套〈博古葉子〉送給了戴。此時老蓮家中已快斷餐，向戴借米，戴又送他一兩銀子，老蓮過意不去，又畫一幅〈花卉山鳥圖卷〉送給了戴③。

疑案

一六五二年正月過後，在杭州賣畫爲生的老蓮突然帶著一大家子回到了紹興。與少年時代的一幫朋友喝了數場酒，好像再

① 「章侯畫得之於性，非積習所能致。昔人云：前身應畫師。若章侯者，前身蓋大覺金仙，曾何畫師足云乎！人但知其工人物，不知其山水之精妙，人但訝其怪誕，不知其筆筆皆有來歷。」見周亮工《讀畫錄》。

② 見畫上陳洪綬的自題：「廿口一家，不能力作。乞食累人，身爲溝壑。刻此聊生，免人絡索。唐老借居，有田東郭。稅而學耕，必有少獲。集我酒徒，吝付康爵。嗟嗟遺民，不知愧怍！辛卯暮秋，銘之佛閣。」見鄭振鐸《中國版畫史圖錄》第十三冊影印陳老蓮〈博古葉子〉。

③ 〈花卉山鳥圖卷〉上有陳洪綬題跋，說明此間經過：「辛卯（一六五一年）暮秋，老蓮得以一金得文衡山先生畫一幅，以示茂齊。茂齊愛之，便贈之。數日後，丁秋平之子病篤，老蓮借茂齊一金贈以買湯藥。孟冬，老蓮以博古葉子餉茂齊，時邸中缺米，實無一文錢，便向茂齊乞米，茂齊遺我一金。恐墮市道，作此酬之，以矯夫世之取人之物一如寄焉者。」

無回杭州之意。他不說，朋友們自然也不便問起。忽然有一日，他在床上就起不來了。妻子和兒子發現他那模樣，急得大哭，他好像從往生的路上又折返回來，不耐煩地告訴他們別再號哭了，然後喃喃地唸著佛號，漸漸地聲音小了下去，斷了氣。

兒子們還沒到齊，便將他匆忙下葬了。隨著時日推移，關於他突然的死亡有了數種猜測：自殺、病死、被殺。一個自號「野鶴」的山東籍小說家④在一首哀悼陳洪綬的詩的引文裡說，「時有黃祖之禍」，他是借用才子禰衡當眾羞辱曹操而死於江夏太守黃祖刀下的典故，暗示老蓮死於非命嗎？

數十年後，一個叫邵廷采的歷史學家在《明遺民所知傳》裡披露（此人是餘姚縣人），某次，老蓮被喜好附庸風雅的浙江提督田雄請到官署裡去，曾藉著酒醉大罵田雄一場。這田雄者何人？此人原是弘光朝江北四總兵之一黃得功的部將，南京陷落後挾持福王降清，是老蓮恨不得生噬其肉的變節者。那麼，這個「黃祖」是不是田雄？

陳洪綬〈高士圖〉

④ 丁耀亢（一五九九～一六六九），山東諸城人。

不繫之舟
巨商汪然明的西湖夢尋

黃衫客

雲龕

陶楚生

「女兄弟」

苦戀

流動的盛宴

葳蕤的南方愛情

湖上寒柳

沒有憂傷的遠行

黃衫客

徽州鹽商之子汪然明遷居杭州時，西湖還是馮夢禎和他的弟子們的時代。那是十六世紀的最後幾個年頭，這座地處運河最南端、兼具水陸之便的城市已經成為藝術家的天堂和旅行者的必到之處。從一五八七年起，曾任南京國子監祭酒的馮夢禎卜居孤山之麓，營居「快雪堂」，日日以書畫鑒玩、戲曲歌吹在湖光山色間營建著他的閒適人生，也把南都風雅帶到了此間。在甫過四十、華髮初生的馮夢禎看來，這個被傳說和世俗生活過度渲染的湖泊就如同一個絕色女子：山光如蛾，花光如頰，溫風如酒，波紋如綾，每一時刻都值得與之共度。而不久前剛出任杭州織造的司禮監孫隆，砸下巨資在湖山之間建堤築橋、整修荒祠廢殿，則又使西湖這個女子換上了明亮的衣裳。

那時的汪然明還是個小人物，剛從歙縣叢睦坊老家遷居杭城不久，住在城中缸兒巷，是個喜歡結交名流的文藝青年。因著與馮夢禎的二公子馮雲將相熟，他也得以有機會經常參加馮夢禎與朋友們的湖上宴飲，跟著他們在昭慶寺、湖心亭、岳王祠墓和淨慈寺等地到處跑，做一個小跟班①。他出身鹽商，饒有家資，再加生性豪俠仗義，為朋友常常一擲千金，漸漸地，竟為自己博得了一個「黃衫客」的名頭。萬曆末年，隨著馮夢禎等一干老名士次第謝幕，汪然明成為了西湖藝術沙龍的真正主人。到後來，他在西湖上花巨資打造了一隻豪華遊舫「不繫園」，接待四方名士，名頭更響，以致到杭州辦事需要引薦或錢財接濟的人，第一時間都會去拜訪他。

① 對他初露頭角時期的這段生活，汪然明曾如是回憶：「馮開之司成葺快雪堂居之，有時泛輕舠，挾歌伎，焚香瀹茗，徜徉兩湖之間……絕代風流共數晨夕，余與馮子雲將居多。」汪然明〈西湖紀遊〉。

一六二〇年前後，有兩個女畫家在西湖畔賣畫謀生，她們一個是來自福建的名伎林雪（林天素），一個是杭州本地貧家女出身的楊雲友（楊慧林）。楊雲友能把當今書畫大家董其昌的筆法臨摹得唯妙唯肖，林雪則仿作董其昌好友陳繼儒之書畫，兩位才女的丹青妙技得到過董、陳的親口稱讚，甚至想請她們爲自己代筆而不得①。

兩位女畫家通過汪然明結成了好友。汪然明藏有一幅〈撅篷圖〉，此畫由波臣派巨匠曾鯨的弟子謝彬寫像，浙派大家藍瑛補景，畫中林雪與楊雲友俱著宮妝，意態婉約，她們一吹洞簫，一彈古箏，汪然明則坐在邊上的一塊石頭上側耳傾聽②。

一六二一年秋天，汪然明的第一部詩集《綺詠》出版，由好友、馮夢禎的弟子黃汝亨作序。所謂「綺」者，按照《說文》的釋義，是有花紋的繒，即民間所稱的細綾。汪然明以之命名這部處女詩集，除了證明他是一個唯美主義者，文學趣味崇尚文詞燦爛而浮華，同時也暗示著詩集中所詠女性，都在他的生活中出現過，與他的個人情感生活有關。寫序的黃汝亨大汪然明二十歲，本身是個有道德潔癖的詩人，時常告誡自己詩歌寫作切莫落入六朝濫觴的綺艷風習，但他在讀了這部出沒著林雪、楊雲友這些女人身影的詩集後，竟然對汪然明的文學才華讚賞不已，評之「趣超」、「語雋」。他說，大千世界無非情色二字，綺正是從情中生長出來，這本詩集雖然題材狹窄，所寫不過是與幾個藝術女性賞曲、觀畫、飲酒的日常生活，但因爲汪然明是個有情人，這些感情也就顯得分外純潔與美好了。黃汝亨之所以這麼說，自不無對汪然明風雅

① 首倡畫壇「南北宗」之說的董其昌認爲林天素的畫「秀絕」，可比「北宗臥輪偈」，楊雲友的畫「澹宕」，特具「骨韻」，可比「南宗慧能偈」。董其昌〈題詞〉，《聽雪軒集》。臥輪偈爲：臥輪有伎倆，能斷百思想；對境心不起，菩提日日長。慧能偈爲：慧能沒伎倆，不斷百思想；對境心數起，菩提作麼長。

② 姜紹書的《無聲詩史》載：「林雪，字天素，西湖名妓。」甘國寶的《福建畫人傳》載：「天素寓杭州西湖，與楊雲友友善。雲友死，天素乃歸。謝彬嘗摹雲友及天素小像。」

生活的肯定與嚮往，更重要的是，汪然明的這些女性朋友，他也經常與她們一起作茶酒之會，並對她們留有異常美好之印象③。

楊雲友是個心氣很高的才女，以詩、書、畫三絕爲名流心折，琴也彈得很好，但因爲父親早亡，早早就淪落青樓，汪然明時時予以經濟接濟。在專爲楊雲友而作的《聽雪軒集》中，汪然明記錄了與女伴一同駕船遊湖和觀畫聽琴的種種細節。一次雪後，汪然明前往楊氏小樓探訪，從他記述的「幽窗渾曙色，几榻淨無塵，卻喜宜人處，花飛笑語親」等句來看，他們之間的關係並不曖昧，應在濃淡有無之間。但楊氏既入歡場，難免爲風塵惡客糾纏，爲此她一直鬱鬱寡歡，只活了二十幾歲就傷心而死。楊氏死後，汪然明出資把她葬在了西湖智果寺邊的一塊空地，還在旁邊搭建了一個梅樹環繞的亭子「雲龕」，每到祭日，經常去墓地祭掃。他的這一義舉曾得到董其昌的褒揚，董如是說：「可憐玉樹，埋此塵土，隨西陵松柏之後，有汪然明者，生死金湯，非關感溺……可謂一片有心，九原知己。」

在汪然明看來，楊雲友是被那些闊少、商賈聯手摧殘死的。那些人仗著有幾個臭錢，從來不把女藝人當人看，楊雲友數次乞求「不以相嬲」也不放過她。生性好強的楊氏從來沒有向他吐露過什麼，但即便如此，汪然明從她終日不展的眉頭也能猜到發生了什麼。後來雖說從了良，但遇人不淑，遭妒而死，也眞應了紅顏薄命。

「共惜摧殘千古恨，漫將遺墨想風神」，對著楊雲友送給他的畫，他時常懺悔楊氏在世時沒有好好保護她，香魂已逝，對之最好的紀念

③「綺詠者何，友人汪然明從紅妝紫陌間作也。陸士衡有云，詩緣情而綺靡。綺自情生者也。萬物之色，豔冶心目，無之非綺。惟名花名姝二者，來香國，呈媚姿，令人飄飄搖搖而不自禁，則情之爲縈。然明有情人也，今展其詩，大都吳姬越娃、長干桃葉之美人及梅林菊圃、茶畹柳堤，與高賢韻士相遺而觴詠，之趣超而語雋，所云情生者也。」《叢睦汪氏遺書》卷一，光緒十二年刻本。

就是請友人們一起欣賞她留下的山水小冊，請他們在畫上題跋。十餘年後，汪然明在湖上遇見名伎柳如是，又一次向柳講述了楊氏「猶繞樹三匝」的曲折身世，惹得柳大起傷感，爲之一掬同情之淚①。

雲龕

大概是在楊雲友去世後不久，林雪也回了福建老家。一六二〇年冬夜的一個晚上，汪然明約請了黃汝亨、張遂辰等一干朋友在湖上爲林雪置酒餞行。入夜後的湖邊空氣清冽，天氣欲雪未雪，林雪手揮琵琶，那原來輕快跳躍的音符也似被凍住了一般，在夜色凝重的湖上跳不起來。

等到林雪離去兩年後，亦即天啓二年（一六二二年）春天的一個傍晚，汪然明作了一個有關她的夢，才恍然發覺自己最愛的還是林雪，並時時冒出前往福建尋訪這位姑娘的衝動。

據汪然明在〈幽窗紀夢〉一文中自述，那天的雨下得很密，也很久（「風雨連夕」），他孤獨地坐在書齋裡，恍惚間進入了夢境。出現在夢境中的，先是一個氣度不凡的老人，領著他在雅緻的院落裡散步，然後出現了一個面容姣好的姑娘，沿著河邊彎曲的花徑走來，「從曲房中珊珊徐步花下，縞衣翠帶，藐若姑射之姿，旁立侍兒，亦自嫵媚，漸冉冉座前。」老人告訴他，這是自己的掌上明珠，正想爲之挑選一個女婿。他發現女郎團扇上的畫很像林雪的手筆，愛不釋手，當即拿出林雪分別時畫在紗絹上的一幅柳枝圖交換，卻被那姑娘取笑說，天素別君，君何輕手一擲？姑娘臨去時留下一首詩：「嫋嫋春風楊柳枝，誰人寫入畫中詩，長條好待君攀折，莫謂相逢是別時。」他正想作詩回贈，老人過來了，命張筵款待他，紛紛擾擾中，女郎也不見了。汪然明醒來後馬上把這首詩記了下來，與林雪分別已近兩年，他對她突然闖入夢來百思不得其解，也不知這個夢有何暗示。後來他把這個夢在陳繼儒、王思任、張遂辰等朋友中公開了，朋友們告訴他，一個人不會無端入另一個人的夢，唯一的解釋是你喜歡林姑娘，而林姑娘也在千里之外想念著你。陳繼儒甚至還與他開起了色情意味的玩笑，說林姑娘贈你的半幅綃，「楊柳寫枝猶帶露」，肯定與某次房事有關。關於這個夢及之後發生的故事，汪然明專門寫有一卷〈夢草〉，由陳繼儒題簽並刊印。到崇禎十四年，他終於前往福建，踏上尋找林雪之路，最初的源頭，就是天啓二年的這個夢。

戲劇家李漁從蘭溪小城來到杭州，賣文爲生，一段時間他也是汪然明湖上雅集的座上客，聽說了汪然明與楊、林兩位女畫家的故事後，把他們之間的故事寫入了新編傳奇《意中緣》。只是此劇主角已非汪然明，而是董其昌與陳繼儒，汪被篡名爲「江秋明」，成了一個可憐的配角。劇情說的是，董、陳兩位名畫家爲了躲避絡繹不絕的索畫者，相約到杭州朋友江秋明處遊玩，在是空和尚開的書畫舖裡，他們看到了冒他們名的幾幅畫作，經查問，仿董的是女畫家楊雲友，仿陳的是寄居此地的福建名伎林雪，兩位大畫家對仿作手筆讚歎不已，遂生才子佳人之念。陳很快找到了林雪，並與之成親，後林雪回閩，途中遭遇山賊，被掠上山，幸江秋明的朋友某將軍營救，得以完璧而歸。董與楊的姻緣，卻因爲是空和尚從中撥弄，波瀾四起，是空垂涎楊雲友已久，聽到董欲娶作畫之人，用計騙娶楊雲友，楊雲友得知自己被是空欺騙，以應允婚事爲由，將計就計，騙是空飲下毒酒，沉之於江中，再經一番曲折，董、楊二人終成好事。

作爲一個新進劇作家，扭合情節，使之適應觀眾需要，自是李漁拿手好戲。在他筆下，江秋明與林、楊沒有絲毫情感瓜葛，而是一個極肯濟困扶危、輕財任俠的江湖豪俠之士，一味地在董與楊、陳與林之間穿針引線。當董、陳央求他在杭州城代爲尋訪兩位女畫家時，他拍著胸脯說：「只除非如今世上沒有這個婦人

① 汪然明與柳如是的西湖通信集三十一札，有兩通書札涉及楊雲友，第三通：「泣蕙草之飄零，鄰佳人之埋暮，自非綿麗之筆，恐不能與於此。然以雲友之才，先生之俠，使我輩即極無文，亦不可不作。容俟一荒山煙雨之中，直當以痛哭成之可耳。」第六通：「弟欲覽草堂詩，乞一簡付。諸女史畫方起，便如綵雲出衣。至雲友一圖，竟似瀧瀧淥水，傷心無際。容假一二日，悉其靈妙，然後奉歸也。」從柳如是的信件可知，當時汪然明請柳爲楊慧林作題跋哀悼一類文辭，柳向然明索其前後爲雲友所作諸詩，以爲資料。

就罷了，若果有這個婦人，任她藏在哪一處，小弟定要尋出來。」一副做慣了帶頭大哥，事都包在我身上的模樣。但爲《意中緣》作序的女詩人黃媛介畢竟是天啓往事的知情人，又在杭州西泠橋頭賣過畫，知道李笠翁讓林雪配陳、楊雲友配董都是戲劇家伎倆，窮讀書人的美意，「情節變幻，皆系扭合」。她回憶說，三十年前，的確有楊、林兩位女畫家先後寓湖上，賣畫爲生，她們的畫也都得到過董其昌、陳繼儒等大家的讚賞，但兩人雖與董、陳相識，何嘗發生過劇中所說的這些事！小說家不過是些謊言製造者罷了[1]。

一九三〇年，小說家郁達夫與王映霞婚後不久，那時他們一家還住在杭州。春天裡的某一日，郁達夫奉了妻子外祖父王二南先生之命，前往西湖北山葛嶺楊雲友墓拓碑。到了墓地，他拔開叢生的雜草，讀了一遍碑碣後，突然眼前發黑，扶著墓石試了幾次都沒能站起來。同去的拓碑工匠見他緊閉牙關，滿臉是淚，以爲他沖犯了墓地的野鬼，急忙把他抬到附近的一家寺院求治。後來郁達夫說，他那一日突然犯病別無他因，只是被楊雲友的淒涼身世觸動了心，「一種無名的傷感直從丹田湧起，衝到了心，衝上了頭」，以致看人的眼色也似乎滿帶了邪氣。

發表於是年《北新月刊》上的小說〈十三夜〉，似乎就是緣起於郁達夫這次葛嶺探訪楊雲友墓的經歷。小說中那個一頭長髮、瘦高個且神經質的青年畫家陳君，應該就是達夫自況。小說中，「我」住在西湖邊一家旅館裡寫小說，某日邂逅了在湖邊寫生的畫家陳君，此人「雖則在笑，但是他的兩顆黑而且亮的瞳神，終是陰氣森森地在放射怕人的冷光」。交談中，畫家陳君告訴「我」發生在他身上的一次離奇經歷：

某日傍晚，陳君喝過一點酒，想去湖邊蹓躂，他走出棲身的抱朴廬，走下大門外的石階時，遠遠看到亭子裡一個白衣女人的背影。那女人穿著一件大袖寬身的白色長袍，那衣服的材質像是薄綢或者絲絨，淡淡地發著光，看上去非常柔和。陳君在一片假山石後遠遠地觀察這個女人，她的臉是一張中突而橢圓的臉，鼻梁齊勻高整，月光越發襯得她肌膚勝雪，那女人向著黑影裡陳君站著的地方注視了一會，似乎覺察到了什麼，嫣然一笑，轉身從月光灑滿的石階一級一級走下山去。陳君悄悄跟了上去，轉過好多個路口，到了一道黃泥矮牆的門口。女人一到門邊，門就開了，進去之後，那門竟自動關上了。陳君用力推了推，那門絲毫不見鬆動，好在那垛牆不是太高，陳君找著一個著腳的地方爬了上去，他看到牆裡面是一個很大的院子，一陣風過，陳君聞著了馥郁的桂花香氣，這香氣使他略微清醒了一些，覺得自己今晚做的事實在有些過分。但既然這險已經冒了一半，索性就跳進那園裡去看看。他在這座月光樹影交互的大庭園中像無頭蒼蠅一樣走了好多路，來到桂花香氣最馥郁處，覓著了一條石砌的小道，順著小道再往前走，白牆頭裡竟然是一個小小的墳塋，有墨寫的「雲龕」兩個大字題在那裡，月光下這兩個字既美麗，又讓人心驚。

這次湖上會面之後，「我」回了上海，不久傳來陳君去世的消息。「我」疑心陳君的死與他月夜裡遇見的那個白衣女人有關。在回杭州參加畢陳君的葬禮後，「我」獨自從棲霞嶺紫雲洞翻過山走到葛嶺，恰好也是日落西山，一輪圓月漸漸升起，「我」順著陳君描述過的那條山道，來到一座古墓前，憑著依稀的月光讀完碑碣，才知道這裡埋著的是死去三百年的明朝畫家楊雲友②。

① 黃媛介在爲李漁《意中緣》所作的序言中說：「三十年前，有林天素、楊雲友其人者，亦擔簦女士也。先後寓湖上，藉丹青博錢刀，好事者時踵其門。即董宰宗伯、陳仲醇徵君亦回車過之，讚服不去口，求爲捉刀人而不得。」關於黃媛介作爲職業藝術家在西子湖畔的生活，詩人陳維崧曾如是描繪：「皆令詩名噪甚，恆以輕航載筆格詣吳越間，余嘗見其僦居西泠段橋頭，凭一小閣，賣詩畫自活。稍給，便不肯作。」

② 《十三夜》這篇小說以民國時張朝墉撰寫的楊雲友墓志銘作結，郁達夫抄錄的碑文如下：「明天啓間，女士楊慧林雲友，以詩書畫三絕，名噪於西泠。父亡，孝事其母，性端謹，交際皆孀母出應，不輕見人，士林敬之。同郡汪然明先生，起壇坫於浙西，刳木爲舟，陳眉公題曰『不繫園』，一時勝流韻士，高僧名妓，觴詠無虛日，女士時一與焉，尤多風雅韻事。當是時，名流如董思白、高貞甫、胡仲修、黃汝亨、徐震岳諸賢，時一詣杭，詣杭必以雲友執牛耳。雲友至，檢裙抑袂，不輕與人言笑，而入亦不以相嬲，悲其遇也。每當酒後茶餘，興趣灑然，遽拈毫伸絹素，作平遠山水，寥寥數筆，雅近雲林，書法二王，擬思翁，能亂其眞，拾者尊如拱璧，或鼓琴，聲韻高絕，常不終曲而罷，窺其旨，亦若幽憂叢慮，似有茫茫身世，俯仰於無窮者，殆古之傷心人也。逝後汪然明輩爲營葬於葛嶺下智果寺之旁，覆亭其上榜曰『雲龕』。明亡，久付荒煙蔓草中。清道光朝，陳文述雲伯修其墓，著其事於西泠閨詠。至笠翁傳奇，誣不足信。光緒中葉，錢塘陸韜君略慕其才，圍石豎碑。又餘十稔，爲中華民國七年，夏四月，陸子與吳興顧子同恩聯承來遊湖上，重展其墓。顧子之母周夫人慨然重建雲龕之亭，因共丐其友夔門張朝墉北牆，銘諸不朽。銘曰：蘭鹿之生，不擇其地，氣類相激，形神斯契。雲友盈盈，溷彼香塵，曇華一現，玉折芝焚。四百餘年，建亭如舊，百本梅花，縈拂左右。近依葛嶺，遠對孤山，湖橋春社，敬迓驂鸞。蜀東張朝墉撰並書。」

一九三〇年代初，有人把李漁的《意中緣》搬演爲京劇《楊雲友三嫁董其昌》，由名旦荀慧生飾演楊雲友。郁達夫去看過這場戲，他心目中的楊雲友是個骨感美人（「特饒骨韻」），而舞臺上的荀慧生卻稍顯豐滿了些，「頗不相似」，因是大失所望。

陶楚生

李漁的新編傳奇中把汪然明歸爲豪俠一路，也是其來有自。這種俠氣，是汪然明性情所致，也是整個徽商風氣使然。汪在老家有個叔叔，武藝高強，攀壁行走如行平地，長相、行事做派酷似唐人小說中的虬髯客。汪然明的任俠輕財、敢於擔當，還是可以看出他那個徽州叢睦坊家族的影子。

一六一三年，日後成爲帝國晚期著名將領的茅元儀（他的祖父是嘉靖年間追隨胡宗憲抗倭的作家茅坤）還是湖州府的一個青澀書生，這年四月，茅元儀的愛妾陶楚生因兩度墮胎感染風寒去世，痛不欲生的茅寫下萬餘言的長文痛悼這個女人，在這篇傳文中，茅元儀回憶了他和陶楚生的愛情故事中汪然明竭力玉成其事的經過。

金陵名伎陶楚生本是揚州人氏，因她的一個姨媽屬籍教坊，

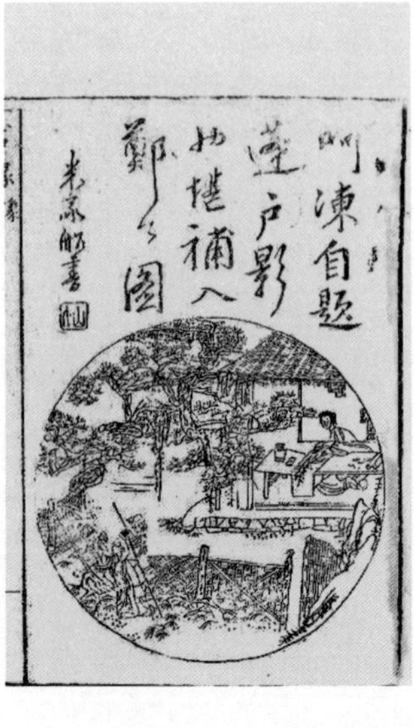
《意中緣》清康熙刻本

還未成年就墮入風塵。陶姬性情孤傲，很是看不起那些歡場豪客，來到杭州後，一些富商想包她，都被她冷眼拒絕了，但她對素未謀面的歸安（湖州府下轄的一個縣）才子茅元儀卻情有獨鍾。她讓侍兒通報，說要去拜訪茅，這一大膽之舉可把茅給嚇得不輕，他把那個侍兒趕跑了，怒罵道：青樓中人哪有這般不自重的？我一個正經讀書人怎麼可以接受這樣的訪客！陶楚生聞聽汪然明大名，於是請他出面說合。汪然明找到茅元儀，詳說了陶楚生爲人，終於使茅頑石點頭。

然而好事多磨，陶楚生此時突然失蹤了。汪然明多方打聽，才知陶楚生被一個巨商所挾，給藏了起來，這個巨商雖然也與汪然明相識，但拒絕就此事進行溝通。

茅元儀在傳文中詳細敘述了汪然明出面解救陶楚生的經過：那一日，汪然明雇了一艘船，載上茅元儀，還有一個身材高大的程姓佩劍男子前往巨商家。那俠士氣宇軒昂，交談中說：我不知你茅先生是何人，我只是爲天下持不平。商人忌憚他們的陣勢，終於答應讓陶楚生出來，與茅元儀短暫會面。接下來的談判中，汪然明慷慨陳辭，一邊廂程姓俠士時作「欲持刃往刺」之怒狀，終於讓那富商服了軟。

萬曆三十九年（一六一一年）正月，茅元儀在杭州迎娶陶楚生，對於這段姻緣，茅元儀說，要不是汪先生，我這一輩子終負楚生①。

①陶楚生於萬曆四十一年（一六一三年）四月廿七日病逝，年僅二十一歲。以上事跡出自茅元儀寫下的痛悼之作〈亡姬陶楚生傳〉。陶楚生故去後，又有了化爲「西玄洞主」的傳說，「四方之士大夫異其事，相以紀述歌咏之，至傾天下」，茅元儀搜集士大夫悼亡詩文，名爲《西玄洞志》。

「女兒弟」

十七世紀的第二個十年，來自於揚州這一盛產「瘦馬」的繁華城市的王微是一個名動湖上的名伎①。七歲時，她的父親去世了，這一家庭變故使她早早就跌進風月場做了一名學徒②。一六二〇年前後，她在這一行中如明星般冉冉升起。她的名聲甚至傳進了文壇祭酒錢謙益，以及後起的黃宗羲等輩的耳中③。

王微是一個詩人，也是一個不拘形跡、穿山越水的旅行家，常常孤身一人上路，「扁舟載書，往來吳會間」，她往來南京、杭州、蘇州的足跡，牽連著董其昌、陳繼儒、錢謙益、譚元春等一干男性文化名流注視的目光。最遠的一次，她跑到了千里之外的湖北省，登大別山，遊歷黃鶴樓、鸚鵡洲，又去了武當山，登上天柱峰，最後順著長江回到南京，歷時數月④。在日後出版的旅行見聞錄《名山記》（那時她已經定居在了杭州城裡被竹樹、梅花和蘋果樹環繞的住所中）的開篇，她回憶了年輕時代的這次遠行，說在路上的感覺就如同鴻鷹翱翔於長空⑤。

對「女漢子」王微來說，做一個終生幽閉在家不出門的女性是痛苦的，但她也告訴我們，比身體的自由更重要的，其實

① 王士性《廣志繹》：「廣陵蓄姬妾家，俗稱『養瘦馬』，……天下不少美婦人，而必於廣陵者，其保姆教訓，嚴閨門，習禮法，上者善琴棋歌詠，最上者書畫，次者亦刺繡女工。至於趨侍嫡長，退讓儕輩，極其進退淺深，不失常度，不致憨戇起爭，費男子心神，故納侍者類於廣陵覓之。」

② 此說見錢謙益《列朝詩集．閨集》：「微，廣陵人，七歲失父，流落北里。」

③ 王微才情殊眾，作爲史所共稱的「秦淮八艷」之一，與後起的柳如是等齊名，錢謙益說：「今天下詩文衰熸，奎壁間光氣黯然。草衣道人與吾家河東君，清文麗句，秀出西泠六橋之間。」黃宗羲亦說：「當是時，虞山有柳如是，雲間有王修微，皆以唱隨風雅聞於天下。」

④ 錢謙益在《列朝詩集．閨集》中記錄了王微的這一旅行線路：「布袍竹杖，游歷江楚，登大別山，眺黃鶴樓、鸚鵡洲諸勝，謁玄嶽（武當山），登天柱峰，溯大江，上匡廬，訪白香山艸堂，參憨山大師於五乳。」

⑤ 「嘗浮江入楚禮佛，寨山九華之間，登黃鶴晴川，江山勝槩，至今在目。已入匡廬觀瀑布，雪花萬丈，瀠繞襟帶，思結室其下。病歸湖上，西泠片水，復自依依。艸野之性，長同鴻鴈，誠不意有今日也。」王微《名山記．小引》。

還是心靈的自由，而詩歌，就是能夠讓她時時得以飛翔的一雙翅膀⑥。

萬曆四十五年（一六一七年），王微從揚州來到南京，結識了秦淮河舊院的另一位才女楊宛。當時王微已小有詩名，楊宛則以書法勝，一手小楷瘦硬中見嫵媚，曾得到過董其昌的肯定。兩人互爲欣賞，結爲金蘭姊妹，即所謂的「女兄弟」。

大約這年秋天，先是楊宛，再是王微，先後嫁給了來南京城參加考試的茅元儀。兩個才女姝麗，共侍一個夢想建功立業的青年才俊，在外人看來，茅元儀眞是掉進了神仙窟中，但這段日子很快就結束了，原因是心高氣傲的王微覺察到這個男人感情的天秤要向著楊宛多一些，自己並非他的最愛，而楊宛也有與茅共偕白頭之意，於是王微毅然選擇了離開，隻身跑到杭州⑦。若干年後，茅元儀縱酒去世，楊宛流落北京，此是後話不提。

苦戀

一六一九年秋天，初到杭州的王微在西湖的一次宴集中邂逅了茅元儀的朋友、來自湖廣的竟陵派詩人譚元春。王微和茅

⑥在《樾館詩》自序中，王微表達了她那個時代女性的困境和詩歌對於她生命的意義：「生非丈夫，不能掃除天下，猶事一室。參誦之餘，一言一咏，或散懷花雨，或箋志水山……喟然而興，寄意而止，妄謂世間，春之在草，秋之在葉，點綴生成，無非詩也。詩如是，可言乎？不可言乎？」

⑦王微離開茅元儀的具體原因，不得而知。朱彝尊在《靜志居詩話》裡說，茅與楊宛情投意合：「止生得宛叔，深賞其詩，序必稱內子。」同時代福建作家姚旅《露書》披露：「後以止生視姬人楊宛厚於己，遂逸去，逸時匿其親金七家三日。」故推測是三人同居時的情感問題促使了王微的出走。另，王微有〈近秋懷宛叔〉一詩贈楊宛，「江流咽處似傷心，霜露未深蘆花深；不是青衫工寫怨，時見只有白頭吟」。從「青衫寫怨」與「白頭吟」等典故可知王微的出走與「視姬人楊宛厚於己」一事有關，王微把它用在給楊宛的贈詩中，可以推測楊宛對茅有「白頭吟」之期，而王微亦感慨自身境遇，所以做出了離開茅元儀的決定。

元儀住在南京時，譚元春經常過來和他們一起去烏龍潭蕩舟遊玩，此番重逢，譚元春大獻殷勤，王微很快就被這個專寫僻奧冷澀詩歌的詩人身上落拓不羈的氣質所迷惑，由此開始一段長達近十年的苦戀①。

這次重逢不久，譚元春離開了杭州，等到兩人再次相逢，已是在幾個月後的湖州了。這麼短時間再度遇見這個女人，讓譚元春不無驚訝，但在王微卻是蓄謀已久，說不定她暗暗跟蹤這個讓她心儀的男子呢。此時的譚元春雖還只是個考運不佳的窮書生，卻已是情感獵場上的老手，從他寫給王微的詩來看，浮華的詞藻下更多的是一種逢場作戲。但王微卻好似飛蛾撲燈一般，認準了這個男人就是自己想嫁的，就把自己低到了塵埃裡去，一次次的大膽剖白簡直到了露骨的地步。因譚元春的贈詩中有「天涯流落同」一句，她就覺得自己孤苦的一生有了依靠，生出「此生已淪落，猶幸得君同」之感②。她寫得最好的一闋〈憶秦娥〉，據說也是獻給譚元春的：「多情月，偷雲出照無情別。無情別，清輝無奈，暫圓常缺。傷心好對西湖說，湖光如夢湖流咽。湖流咽，離愁燈畔，乍明還滅。」但這個男人就像溫水裡煮著的青蛙總是不冷不熱的模樣，也讓她心生煩憂，男人的心太難捉摸了！他的用情到底是淺是深③？

但她還是想念著他。這想念毫無道理可講，明知他的心用在了別處，就是放不下。月光照著庭院，修竹晃動，恍恍乎是

仇英〈仕女圖〉

他的影子。春天來了又去，等到身子骨兒都瘦了，聽到門外腳步聲，還以爲是他去去又來。

月到閒庭如畫，
修竹長廊依舊，
對影黯無言，
欲道別來清瘦，
春驟，春驟，
風底落紅僝僽。

——〈如夢令·懷譚友夏〉

此一期間，王微已與汪然明結識，從汪然明一六二〇年春天寫下的一首詩（這首詩收入了汪然明的第一部詩集《綺詠》，題爲〈春日同胡仲脩、賀賔仲、徐震岳、泰岳、王脩微六橋看花，夜聽馮雲將、顧亭亭簫曲〉）來看，王微已經成了他那個湖上藝術沙龍的常客，經常和他們一起遊湖、聽曲，分韻作詩，並和林雪、楊雲友等人來往。但這些社交活動並不能消滅愛情的折磨，思念像毒蛇一樣鑽進了她的心裡，到了秋天，她病倒了，一個人躺在孤山的小客棧裡，但即便被失眠這一黑色的潮水裹挾著，她還是希望這潮水能帶她到譚郎的夢裡④。

被愛情的焦慮和絕望燒灼著，病癒後的王微於這年冬天隻

① 錢謙益對竟陵派晦澀的詩學主張一向嗤之以鼻，錢與竟陵派的領袖鍾惺是同年進士，因鍾惺的引薦又與譚元春有了交往，但他一直不喜歡譚元春的詩，曾對之嚴厲批評，說他「無字不啞，無句不謎，無一篇章不破碎斷落」，「友夏詩，貧也，非寒也；薄也，非瘦也；僻也，非幽也。」

② 王微〈送友夏，友夏贈詩有「天涯流落同」之句〉。王微說的這首詩，是譚元春贈給她的六首詩中的一首。「不用青衫濕，天涯淪落同，前夜三絃客，一聲霜露空。」譚元春〈在錢塘、吳興間皆逢王修微女冠，每用詩詞見贈，臨別答以六章〉。

③ 王微〈次友夏韻〉：「臨水聞君別，月寒如此心；淚盡碧溪漲，那知淺與深。」

④ 病中王微作有七絕〈庚申秋夜，予臥病孤山，閑讀虎關女郎秋夢詩，悵然神往，不能假寐。漫賦一絕並紀幽懷。予已做木石人，尚不能無情，後之覽者，當如何也？〉：「孤枕寒生好夢頻，幾番疑見忽疑眞。情知好夢都無用，猶願爲君夢裡人。」《列朝詩集》有「虎關馬氏女」條：「秋閨夢戍詩七言長句一百首，虎關將軍婦馬氏所作。莆田宋珏比玉客越，得之於荒郊老屋中，見「芳艸無言路不明」之句，爲之驚歎，錄而傳之，題曰《香魂集》。」

身離開杭州，遠遊江西、湖北。本以爲空間的睽隔能割斷相思之苦，卻不承想思念更苦，旅途中聽著橋下水聲泠泠，也是當年湖畔相互依偎的情景，草色已然返青，冰結的心也似乎在嘎啦啦地鬆動，只是「千里君今千里我，春山春草爲誰青」①。

一六二一年秋天，結束遠遊的王微回到杭州。旅行途中在廬山五乳峰對高僧憨山德清的一次參拜，使歸來後的王微像是換了一個人。她爲自己提前修築了墓室（生壙）「未來室」，取了一個號「草衣道人」，說從今往後要斬斷情根，買山湖上，專心侍奉年老的母親，破了從前所有的綺語障。陳繼儒說，王微這一次獨自遠行，飄忽數千里，回到杭州後她身上的女兒家習氣好像全被山川雲霞洗滌乾淨了，可知旅行足以改變一個人的性情，可是這麼一個冰雪聰明、才貌兩艷的姑娘，早早就看破了紅塵，終究不是好事②。對王微的情史有所瞭解的汪然明對她的這一選擇則竭力予以支持，爲王微遠行歸來接風洗塵時，聽她說起這一願望，就對她的轉向禪中求解脫表示了欣賞③，他還出資在西湖斷橋畔之東建造了別墅「淨居」，讓她搬到那個安靜的處所去，可以潛心禮佛。

所謂「淨居」，按照佛經上的說法，無煩天、無熱天、善現天、善見天、色究竟天，此五天名淨居天，惟聖人居，無異生雜，故名淨居。

按照汪然明本人的描述，這片別墅座落在湖心的一個小島上，要划著船兒進去，院內古樹夾道，竹林掩映，把世俗塵囂全都擋在了外面，屋內還有多種藏書和佛經典籍，供修持者一一翻閱④。

譚元春聽到王微皈依的消息，曾寫來一信，信中除了酸溜溜地問候「傳汝梅邊亦有家」，不再有一句多餘的話。王微以爲，這一回自己該徹底死心了，這個男人不是自己能等到的。

流動的盛宴

下面要說的是一艘船，船名「不繫園」，是汪然明在西湖所造畫舫中最著名的一艘。在十七世紀初葉的南方，判別一個人是不是有身分、夠品味，就看他是不是有資格受邀登上汪先生的這條船。

「不繫園」三字由當代名流陳繼儒題寫，據船主人說，此名得之於《莊子》裡的〈列禦寇〉，「巧者勞而知者憂，無能者無所求，飽食而遨遊，泛若不繫之舟」，之所以要造這麼一艘船，也是仰仗聖明，致有今日四海昇平，想與當今第一等優秀人物一道蕩舟湖上，遠追先輩之風流，近寓太平之清賞。

船於一六二三年落成，工時約四月餘。說起來，造這艘船也與爲王微建「淨居」別墅有關，這年夏天，當「淨居」的工程還在進行時，汪然明發現採購的木料中有一方巨木，特別適合用來打造一隻大船。擁有一艘裝潢精緻的私家畫舫一直是汪然明的夢想，再考慮到王微獨居湖中，進出不便，青燈古佛太過寂寞，造船的事很快就提了上來，與別墅的工程掃尾同時進行了。據汪然明自己介紹，完工後的這隻船，長六丈二尺、寬五丈一尺，船中央的主體部分，可擺放兩桌酒席，艙內數間小室，有臥房、有書房，也有可存酒百來壺的貯藏室，兩邊的壁

① 王微〈西陵懷譚友夏〉：「西陵橋下水泠泠，記得同君一葉聽。千里君今千里我，春山春草爲誰青。」

② 見陳繼儒所作〈微道人生壙記〉：「修微飯蔬衣布，綽約類藐姑仙，筆床茶竈，短棹逍遙，類天隨子。謁玉樞于太和，參憨公于廬阜，登高臨深，飄忽數千里，智能衛足，膽可包身，獨往獨來，布帆無恙。既歸，出楚游稿示余，冰雪淨其聰明，雲霞汰其粉澤，抑名山大川之助乎？脩微曰，自今伊始，請懺從前綺語障，買山湖上，穿容棺之壚，茆屋藤床，長伴老母，豈復問王孫草、劉郎桃、蘇小小同心松栢哉？予曰，今君才貌兩豔，人間所擅，出世之盟，將無太早？」

③ 王微遠遊歸來，汪然明有詩〈王修微校書遊匡廬、武當，探討諸勝，秋歸湖上，晚泛〉贈之：「一棹能輕萬里塵，只緣無系世緣輕，漫隨流水禪心靜，轉向叢林道念生。」

④ 汪然明是在淨居落成後不久，在與朋友的一次宴集後做出這一描述的。〈余爲修微結廬湖上。冬日謝于宣伯仲過臨，出歌兒佐酒〉：「一望湖光十里餘，遙將輕艇到幽居，入林霜冷塵囂遠，揮麈風生俗慮除。竹映迴廊堪步屧，雲連高閣可藏書。」此詩收入《春星堂詩集》。

櫥，則用來放客人趁興創作的書畫和詩卷，另外，出遊或宴飲所需的遊具、雨具、茶具、酒具，船上都一應俱全。沿著船艙一側的一條長廊，就到了船頭的觀景臺上，上面張著遮擋風雨的布幔。船上安排有幾個長相清秀，又會唱曲的家僮，提供茶酒之餘，也歌唱助興。湖上多垂柳、橋洞，建造時擔心船體過大穿不過去，還把船檻、頂篷都設計成了可裝卸式，瘦身後的畫舫成了一隻輕巧的「蜻蜓艇」，往來湖上再也沒有了障礙①。

湖山之間，「不繫園」成了流動的宴席，且這宴席是流水席，這撥去了，那撥又來。自此船落成試水之日起，接待過的當世文化名流包括錢謙益、陳繼儒、董其昌、黃汝亨、李漁、張岱、陳洪綬等不下數十人，這些人吹著微風，看著風景，喝著美酒，享受著主人的好客，然後醉眼惺忪著留下一些墨跡以作答謝。每次遊賞一畢，主人總是禮數周到地把他們送到岸邊。這邊廂客人剛離去，那邊廂新的一撥客人又到了。杭州城裡稍有些名頭的詩人們和山南水北路過此地的名士們之所以蜂擁著去坐

① 汪氏《春星堂詩集》中收有一篇〈不繫園記〉，敘述了造船經過及此船規制：「自有西湖即有畫舫。《武林舊事》艷傳至今，其規製種種，已不可考識矣！往見包觀察始創樓船，余家季元繼作洗妝臺，玲瓏宏敞，差足相敵。每隔堤移岸，鱗鱗如朱甍出春樹間，非不與群峯臺榭相掩映，而往往別渚幽汀，多爲雙橋壓水鎖之不得入，若孤山法埠，當梅花撩月，蓮唱迎風，令人悵望，盈盈如此衣帶，何故高韻之士又駕一蜻蛉出沒如飛，驕笑萬斛舟，爲官爲估，徒豪舉耳。……癸亥夏仲爲雲道人築淨室，偶得木蘭一本，斲而爲舟，四越月乃成，計長六丈二尺、廣五之一。入門數武，堪貯百壺；次進方丈，足布兩席；曲藏斗室，可供臥吟；側掩壁廚，俾收醉墨。出轉爲廊，廊升爲臺，臺上張幔，花晨月夕，如乘彩霞而登碧落；若遇驚飆蹴浪，欹樹平橋，則卸欄卷幔，猶然一蜻蜓艇耳。中置家童二三，擅紅牙者俾佐黃頭，以司茶酒，客來斯舟可以御風，可以永夕，追遠先輩之風流，近寓太平之清賞。陳眉公先生題曰『不繫園』。佳名勝事，傳異日西湖一段佳話，豈必壘石鑿沼圍邱壑，而私之曰我園我園也哉！」

② 雍正年間，詩人厲鶚輯錄《湖船錄》時提到了汪然明的「不繫園」：「是時，湖上諸姬，如王修微、楊雲友能詩，林天素能畫山水兼能琵琶，王玉烟能走馬，吳楚芬能歌。然明招諸名士集湖舫，諸姬必與坐。紅袖烏絲，傳爲勝事。」

③ 「不繫園約」由汪然明的忘年好友黃汝亨幫助制訂，標以十二宜九忌。十二宜爲：「名流、高僧、知己、美人、妙香、洞簫、琹、清歌、名茶、名酒，殽不踰五簋、却騶從」。九忌爲：「殺生、雜賓、作勢軒冕、苛禮、童僕林立、俳優作劇、鼓吹喧填、強借、久借。」

汪先生的船，汪先生人好、他的酒好是其一，更關鍵的是每次宴飲，必定有美女出場，這才是最具吸引力的，一船紅妝，滿湖翠微，試想這樣的西湖誰人不愛？這樣慷慨好客的主人誰不喜歡？後世的杭州詩人厲鶚遙想一百餘年前汪然明主盟的那一場場湖上風雅，只有羨慕忌妒恨②。

客人一多，接待工作繁重，還有一些知道自己上不了汪先生邀請名單的提出借船，汪然明制訂出一個「不繫園約」，言明什麼事是可以在船上做的，什麼事是做不得的，又規定坐船者的資格，必須是「名流、高僧、知己、美人」四類，但這個「十二宜九忌」的規章也只是徒具條文，比如說忌在船上唱曲聽曲，可是汪然明自己就是個狂熱的戲曲愛好者，他發起的宴飲哪一次不是肉竹齊發、不醉不歸③？

造「不繫園」後的第二年，汪然明又造了一艘樓船，採用董其昌的意見，由《法華經》裡的一句「聞經隨喜」，命之爲「隨喜龕」。兩艘大船之外，汪然明還陸續添置了幾艘輕型遊船，分別取名爲：團瓢、觀葉、雨絲風片。

仇英〈船人形圖〉

所以時人說，汪先生名下的畫舫都有一個船隊的規模了，大的有一園一龕，小的是一瓢、一葉與一片①。不只如此，熱心公益事業的汪然明還在湖邊修建了白蘇閣，主持湖心亭、放鶴亭及甘園、水仙、王廟等處景點的維修工程。

斫木蘭爲舟，以西湖山水爲自家景色，家童紅牙，茶酒雅會，如此好事，誰不心羨，於是，陳繼儒來了，董其昌來了，還有汪然明的徽州同鄉也都來了。一時間，名流麗姝往來其間，皆以側身汪氏發起的藝術沙龍爲榮，每一次歌詠聚會，「必選伎徵歌，連宵達旦，即席分韻，墨汁淋漓」，西湖迎來了最爲繁華的一個時代，汪然明又把他們的「嘯詠駢集，勝情幽蔓」之作編選成《不繫園集》、《隨喜龕集》兩部主題詩集，刊印出版。

世家子張岱是個戶外活動愛好者，他居住杭州的幾年裡，時常孤身一人駕著一葉小舟往來湖上，春去斷橋一帶賞柳，秋去南山路看落葉，日子過得悠悠哉哉。一六三二年隆冬大雪之夜，他獨駕「一芥」輕舟、自備毳衣爐火前往湖心亭看雪的率性之行，經他自己渲染已成爲一六三〇年代湖上風雅的一個標誌性事件。值得記取的還有一六三四年十月的一天，他向汪然明借了「不繫園」，帶了一大幫朋友去定香橋看紅葉。據事後張岱回憶，參加這次活動的計有畫家曾鯨、陳洪綬，戲曲家彭天錫，藝人朱楚生、陳素芝及趙純卿、楊與民、陸九、羅三等十人。這是明末江南文士伶人的一次狂歡，此時空氣中已經湧動著衰敗的氣息，他們好像要趕在時代的永夜降臨前把所有的光陰都揮霍掉。那一夜的定香橋畔，每個人都露了一手，曾鯨與老蓮兩大當世畫家潑墨作畫，楊與民彈三絃，羅三唱曲，陸

① 這三艘小型畫舫的取名也有其講究。團瓢，《通雅》卷三十八〈宮室〉：「團瓢，謂爲一瓢之地也。」觀葉，《山堂肆考》卷一八〇〈器用．舟〉：「觀葉爲舟。」《白帖》：「古者觀落葉，因以爲舟。」雨絲風片，《牡丹亭》第十齣〈驚夢〉：「雨絲風片，煙波畫船。」

② 張岱《陶庵夢憶》有一篇〈不繫園〉，記錄了這次湖上雅集：「甲戌十月，攜（朱）楚生住不繫園看紅葉，至定香橋，客不期而至者八人：南京曾波臣，東陽趙純卿，金壇彭天錫，諸暨陳章侯，杭州楊與民、陸九、羅三，女伶陳素芝。余留飲。章侯攜縑素爲純卿畫古佛，波臣爲純卿寫照，楊與民彈三絃子，羅三唱曲，陸九吹簫。與民復出寸許界尺，據小梧，用北調說《金瓶梅》一劇，使人絕倒。是夜彭天錫與羅三、與民串本腔戲，妙絕；與楚生、素芝串調腔戲，又復妙絕。」

③ 《陶庵夢憶》卷五〈朱楚生〉：「朱楚生，女戲耳，調腔戲耳。

九吹簫，還有戲曲家彭天錫等串戲，楊與民用北調說《金瓶梅》，陳老蓮唱村落小調，就連最沒有藝術細胞的趙純卿也舞劍助興。最後是張岱的女友朱楚生與陳素芝兩女伶串演「調腔」②。朱楚生是一個把戲看得高於自己性命的藝人，長得雖不是特別明艷照人，然細品之下，一舉手一投足都有著絕世佳人所沒有的風韻，她們的表演把這一夜的狂歡推向了高潮③。

張岱在回憶錄中說他的女友最後結局是「勞心忡忡，終以情死」，不知是何年的事，遲至一六四一年，她還是「不繫園」的常客，這年冬天，汪然明在湖上接待酷好戲劇的詩人冒襄，朱楚生還在船上出演了《竇娥冤》。對此，冒襄曾有記述：「（崇禎辛巳）十八日，寒甚。復飲湖中。看朱楚生演《竇娥冤》。」④

唐寅〈秋風執扇圖〉

其科白之妙，有本腔不能得十分之一者。蓋四明姚益城先生精音律，與楚生輩講究關節，妙入情理……楚生色不甚美，雖絕世佳人，無其風韻。楚楚謖謖，其孤意在眉，其深情在睫，其解意在煙視媚行。性命於戲，下全力爲之……一日，同余在定香橋。日晡烟生，林木窅冥。楚生低頭不語，泣如雨下。余問之，作飾語以對。勞心忡忡，終以情死。」

④ 冒襄《南嶽省親日記》。

葳蕤的南方愛情

自「不繫園」落成，汪然明不知在西湖上發起了多少場聚會，這些充滿著音樂、月光、歡笑的宴集，偶爾出沒著王微的身影。日後，柳如是幫助錢謙益編選《列朝詩集》時就選了王微關於「不繫園」的一首，那是她對汪然明作的一首同題詩的答詩：

湖上選名園，何如湖上船？新花搖灼灼，初月載娟娟。
牖啓光能直，簾潡影乍圓。春隨千嶂曉，夢借一溪孽。
虛閣延清人，低欄隱幔連。何時共嘯涼，暫繫淨居前。

本以爲屢被傷害的這顆心已不會再起波瀾，但當一六二七年秋天譚元春考取湖廣鄉試第一名（即俗稱的「解元」）的消息傳來，王微的舊夢又被喚醒了，她決定離開杭州去找譚元春，把自己嫁給他。這一年她已經三十歲了，再不趕緊的話這輩子就要永遠孤單下去了。但不久後傳來譚母去世的消息，她只得打消了動身的念頭。但她讀著佛經的那雙眼睛一直被遠方的男人牽引著。幾年後，她得悉譚元春進京考試數度失利，身體也不好，又動了前去尋訪的念頭。這一回，她都已經到了江西九江，離心上人已經很近了，見面之前怕譚元春感到太過突然，她先去了一信，但譚元春的回信好似兜頭一盆冷水，讓她熱蓬蓬鼓起的一顆心徹底涼了。譚元春在回詩中說，自己很是享受中年後的家居生活，年紀大了，慾望漸退，已把兒女情事看淡，所有的愛與歡喜都已是枕上夢幻，妳也就不必帶著愧疚來陪伴我的餘生了①。如果他光是這麼說也就罷了，但王微無論如何接受不了他回詩中詩題裡的那個「尼」字，在她看來，自己一生痴念，全在這個男人，而被如此調侃、戲弄，實在是情何以堪，但事已至此，她只能接受這樣一個事實，兩人的情分確已走到了盡頭。

她又回到了杭州。外人看來，她是皈心禪悅不作他想了，但好動的天性使她頻頻穿梭在杭州、嘉定、蘇州之間。一六三二年冬天，她陪同汪然明前往松江出席了陳繼儒七十五週歲的生日壽宴，就在這次「東佘祝壽會」上，她與時年十五歲的風月場上新星柳如是（她當時的名字叫楊影憐）首次相遇。這個身量小巧、性情慧黠的姑娘剛從吳江一個大戶人家被賣到青樓，還沒有像後來那麼耀眼奪目，她藉這次壽宴向陳眉公學書，正是爲了結交名流抬高身價②。王微非常欣賞這個聰慧的女孩身上那種與生俱來的男兒氣，從她天真明澈的笑容中好像看到了自己年輕時的影子，她已經預見到，時代的光華將要落到這個比自己年輕將近二十歲的女孩身上，而留給自己的時間實在是不多了③。

一次，王微經過蘇州，被當地幾個浮薄男子糾纏不已，雖然不能確定她是否遭到了強暴，但這一不愉快的經歷讓她又一次領略了單身女人漂泊在世上的尷尬與無奈，這個韶華已逝的女人再度萌生出找一個可依靠的男人偕老的想法。這一回，遲到的緣分終於要來了。她遇見的是上海松江人許譽卿，一個東林黨的熱心追隨者，萬曆四十四年的進士，時任兵科給事中。他愛她，不只傾慕她的詩才，也愛她飽經滄桑的心。他許她以嫡妻之禮，這讓她冰凍多年的心終於感受到了塵世間一抹暖色④。

說起來這已經是她的第三個男人了，前兩個男人，對茅元儀她更多的是感恩，一發現茅更鍾情於楊宛，她就主動退出了；

① 譚元春這首表示婉拒的詩，題爲〈王修微江州書至意欲相訪，詩以尼之〉：「無思無言但家居，僮婢悠然遂古初，水木橋邊春盡事，琵琶亭上夜深書，隨舟逆順江常在，與夢悲歡枕自如，詩卷卷還君暗省，莫攜慚負上匡廬。」

② 「河東君者，柳氏也。初名隱雯，繼名是，字如是。爲人短小，結束俏利，性機警，饒膽略……婉媚絕倫，顧倜儻好奇，尤放誕。」錢謙益的學生顧苓在《河東君傳》中對柳有過這樣的描寫。鈕琇在《觚賸》中也有近似的描寫，說她「性狷慧，賦詩輒工，尤長近體七言，作書得虞、褚法。」

③ 從柳如是「李衛學書稱弟子」之詩句，可以看出她是在模仿前輩名姝王微，通過向名流「問字」——學習作詩、作畫的方法——來建立自己的社交網絡。陳寅恪《柳如是別傳》有云：「又河東君『李衛學書稱弟子』之句，李衛者，李矩妻衛鑠之謂，蓋以衛夫人自比。此雖是用舊辭，然其自負不凡，亦可想見矣。更觀此句，似河東君亦賞如同時名姝王修微輩之『問字』於眉公之門者。」

④ 對於王微的最後歸宿，錢謙益《列朝詩集》有載：「偶過吳門，爲俗子所嬲，乃歸于華亭潁川君。」

譚元春是她想嫁的男人，苦戀十餘年，卻總是落花有情流水無意；現在芳華已逝，卻遇到許譽卿這個愛她的男人，她覺得上天已經夠厚待自己了。但對譚元春的思念就像肉中刺，時時會隱然作痛。一六三七年在杭州，是她最後一次與譚元春相逢，那時她的詩集《期山草》快要刊印了，譚元春讀後主動爲之作序，譚的文字風格向來冷澀古奧，但這篇序文卻寫盡了王微的清麗脫俗，活脫一幅王微的肖像畫：

巳未秋闈，逢王微於西湖，以爲湖上人也。久之復欲還苕，以爲苕中人也。香粉不御，雲鬟尚存，以爲女士也。日與吾輩去來於秋水黃葉之中，若無事者，以爲閒人也。語多至理可聽，以爲冥悟人也。人皆言其誅茆結庵，有物外想，以爲學道人也。嘗出一詩草，屬予刪定，以爲詩人也。詩有巷中語、閣中語、道中語，縹緲遠近，絕似其人。

譚元春最後說，很久以來有一種觀點，認爲女人的才智往往是可以忽略的，而超群的容貌才是主要的，三國時魏國的荀奉倩就這樣說過，「婦人才智不足論，自宜以色爲主」，對這種膚淺的認識他斷不能苟同，像王微這樣出色的人和詩，難道能僅僅把她當作尋常女人，從美貌的角度去談論嗎①？

這個負心的男子，最後對王微還是有著一份超越了性別的敬重。就在寫畢這篇序文後不久，譚元春猝死於赴京應試的旅店中。

時間很快行進到了一六四〇年代，戰爭的雲團正從北方席捲而來，而南方的愛情還兀自葳蕤著，因著即將到來的離亂，這愛情之花開得愈加絢爛奪目。此前，柳如是已嫁六十出頭的當今文壇盟主錢謙益。從王微與許譽卿用輕鬆揶揄的語氣談論錢、柳之合來看，他們的婚後生活是融洽的。有一次，許譽卿去常熟拜訪錢謙益回來，與夫人聊起來，突然拍案說：可惜啊可惜，楊柳小蠻腰居然落到沙叱利手中。楊柳是白居易家伎，白詩有「楊柳小蠻腰」句，沙叱利是唐時番將，許譽卿說這話的意思是黝黑、蒼老的錢謙益娶一個水靈靈的姑娘實在是太不般配了。聽罷丈夫這番醋勁十足的話，王微哂笑道，這有什麼不好理解的？大約蠻府參軍也跟他差不多吧，意思是說，你比錢也好不到哪裡去啊，你這不過是五十步笑百步罷了。婚後她一直半開玩笑地叫夫君爲「許蠻」的②。

許譽卿對王微的心折，不只因爲她能寫詩，更因爲她遇大事能拿主意，許譽卿任言官時，因爲批評朝政觸犯了首輔溫體仁，被免去了職務，過了些日子，溫體仁又想延攬他復出，要他認個錯就能官復原職。許譽卿好幾日都拿不定主意，王微知道了其間經過，說：痰盂與便壺不能混用，因爲兩者並非同類，你又怎能輕易與道不同、志不合的人一起共事呢？朋友們都笑話許譽卿婚後好似換了一個人，怕老婆沒有怕到這種地步的，心甘情願「爲帳中人彈壓」，聽了這樣的話，許譽卿一點也不惱，反而很受用，說，我許某人就是把夫人當作「畏友」來對待的呢③。

這個世界留給他們的好日子已經不多了。很快，帝國覆亡、福王繼位於南京的消息傳來，許譽卿還想趕到南京去赴任光祿寺卿的官職，王微堅決不同意他去，她說以她一個女流的眼光都能看出福王難成大事，此去很可能死無葬身之地。時勢的發展果然不出王微所料，鬧哄哄的南朝小朝廷只一年時間就傾覆了。此後數年的亂世烽煙中，王微一直陪著許譽卿，相依於兵燹間，飽受流離、遷徙之苦，奔波途中的饑餓、風寒損害了她的健康，她於一六四七年去世，傷心欲絕的許譽卿依照她臨終前的囑託，把她葬在了西湖。做完了這一切，許譽卿也出家爲僧了④。

當年共同嫁給茅元儀的兩個名伎王微和楊宛，王微再嫁作士人

① 譚元春〈期山草小引〉：「荀奉倩謂婦人才智不足論，當以色爲主，此語淺甚，如此人此詩，尙當言色乎哉？而世人猶不知，以爲婦人也。」

② 清李延是《南吳舊話錄・閨彥》卷二十四記載了許譽卿與王微的這番對話：「許太僕往虞山候錢牧齋，歸與王修微盛談柳蘼蕪近事，蘼蕪故姓楊，字蘼蕪，雲間妓也，能詩，嫁虞山錢牧齋。忽拍案曰：『楊柳小蠻腰，一旦落沙叱利手中。』修微哂之曰：『此易解，渠恐蠻府參軍追及耳。』」

③ 《南吳舊話錄》卷二十三：「許霞城（譽卿）家居時，相欲以餌致之。道人聞之，蹙然者經日。許問故，道人答曰：『唾溺不同器，惡非其類也，況可與若輩同槽櫪。』許揖之曰：『人爭笑我爲帳中人彈壓，苟念斯語，胡得不事如畏友。』」

④ 關於王微去世的年代，史料中並無明確記載，只有錢謙益《列朝詩集》中隱約提及：「亂後，相依兵刃間，間關播遷，誓死相殉。居三載而卒，穎川君哭之慟。」文中之「亂」，是指崇禎甲申年明朝滅亡，據此推斷「居三年而卒」，王微去世時間爲一六四七年。

之妻，雖然時代的罡風摧折了她的生命，也算修成正果，錢謙益說她「青蓮亭亭，自拔淤泥，崑岡白璧，不罹刦火」，亦可見出同時代人對她的欣賞與敬重，「斯可爲全歸，幸也！」而楊宛，雖然都承認她的詩作得好，書法也漂亮，但對她的品行一直都有微詞，說她作爲一個女人也太不甘寂寞了些，錢謙益就特意拿她們兩人做過比較：「道人（王微）皎潔如青蓮花，亭亭出塵，而（楊）宛終墮落淤泥，爲人所姍笑，不亦傷乎！」

茅元儀是個好談兵事的儒生①，「俠骨凌雲，肝腸似雪」（王端淑語），總想著在軍功上有番作爲，後來在遼東前線協助孫承宗軍務，出任副總兵一職，很少在家，楊宛獨居在家，悶極無聊，唯以寫作春閨詩歌排遣愁緒，從那時起她就不安於室，想要另棲枝頭。等到茅元儀因受權臣排擠丟官，愁鬱憤懣縱酒身亡，她攀上了崇禎皇帝寵妃田妃的父親田弘遇的高枝，想要前往北京發展了。一六四一年，田弘遇奉詔去南海普陀山進香，回宮時帶去了一大隊江南美女，準備獻給皇帝邀寵，這一批北上的美女隊伍中，名伎楊宛、陳圓圓、顧壽、冬兒等赫然在列。這些姑娘好多是被搶掠來的，而楊宛據說是自願進宮的。田弘遇很喜歡楊宛，把她留在府中好長一段時間，讓她教其次女寫字、作詩。一六四四年春天，大順軍攻進北京後，楊宛與陳圓圓同被李自成手下大將劉宗敏所劫，但楊宛後來找了個機會逃掉了②。

楊宛的結局是這樣的：她從劉宗敏處逃出後，化裝成一個丐

① 《列朝詩集小傳》載茅元儀「（止生）好談兵，通知古今用兵方略及九邊阨塞要害，口陳手畫，歷歷如指掌。東事急，慕古人毀家紓難，慨然欲以有爲。」

② 田弘遇在崇禎十四年趁去南海進香之際搶劫婦女擾亂東南一事，張岱《石匱書後集．戚畹世家》有載：「南海進香，攜帶千人，東南騷動。聞有殊色，不論娼妓，必百計致之……路中凡遇貨船客載，鹵掠一空。地方有司，不敢詰問。」

婦，帶著田弘遇的女兒一起從北京回到了南京，她們在南京郊外的一個小山村裡暫時歇息。一天晚上，一群土匪闖進了她們的居室，土匪們欲強暴那個女孩，那女孩嚇得哇哇大哭，拚死不從，楊宛在一旁大罵，想把土匪們拉開，於是土匪把她們全都給殺了。

朱彝尊《靜志居詩話》這樣敘述楊宛的死難：

> 甲申寇變，宛叔攜田氏女至金陵，匿山擘中，盜突入其室，欲污田氏女，女不從，宛叔從旁力衛之，遂同遇害。③

湖上寒柳

護花使者、婦女之友汪然明認爲，女人如花，應該攀折，更應該護惜，他在西湖邊建造的「不繫園」，就是一個保護她們不受外面世界風雨侵蝕的玻璃花房。一個個光華灼灼的女人來了，又走了，他無可奈何地看著她們如同驚鴻片片消失在天際外，回憶起與她們交往的經歷，巨大的感傷總是把他湮滅。就像一個浪蕩子在生命的晚境暗數一生中曾經有過的情人，在去世前一年（順治十一年）寫下的一首詩裡，汪然明感慨「世事看來總戲場，

③《列朝詩集》也有楊宛被「盜殺之於野」的記載：「楊宛，字宛叔，金陵名妓也，能詩有麗句，善艸書，歸茗上茅止生……止生歿，國戚田弘遇奉詔進香浦陀，還京道白門，謀取宛而篡其貲。宛欲背茅氏他適，以爲國親可假道也……戚以老婢子畜之，俾教其幼女。戚死，復謀奔劉東平，將行而城陷，乃爲丐婦裝，間行還金陵，盜殺之於野。」

柳如是像

如何偏我獨多傷。每逢按劍無男子，猶喜譚詩遇女郎」，詩末也以註語的形式一一回憶了這些或深或淺曾經進入他生命的女人：「昔逢王（王微）楊（楊雲友）林（林雪）梁（梁喻微）諸女史，今遇吳巖子元文（卞元文）黃皆令（黃媛介）王端淑諸閨閣。」①

與他交往多年且情誼深厚的柳如是，竟然在這份名單上缺失了。

柳如是來到杭州投靠汪然明是在一六三八年冬天，此前，她剛剛結束與復社才子陳子龍長達三年的愛情長跑。這場感情經歷留給她的只有詩集《戊寅草》這枚獨自品嘗的苦果，還有就是對愛情的絕望②。更早的年頭，她還叫楊影憐，是松江盛澤鎮歸家院的一個婢女，因聰明乖巧，被吳江一個叫周道登的退休官員買去侍奉風燭殘年的母親，老頭常常把她抱在膝上教以詩文，女孩漸漸長大，愈發出落得容貌姣好，妻妾成群的周道登把她收為了侍妾。她的風頭太勁了，逼得周家的女人們聯手來對付她，誣告她與男僕私通，於是被趕出周家賣入娼家。這是一六三一年前後的事。此後她放棄了原來的姓氏，改姓為柳，以「相府下堂妾」的身分高張艷幟，與宋徵輿、李雯、陳子龍等一幫幾社青年士子長夜泛舟飲酒，詩歌唱和，極盡放誕，一時聲名大噪。此時的柳如是還只有十六歲，正是桃花一樣明艷的年紀，但接下來與宋徵輿的一場短暫戀愛卻因宋家的堅決反對使她無端蒙羞，被逐出松江地面③。

在她的情緒跌入最低谷的時候，大她近十歲的陳子龍帶著兩個朋友來看她了，說是微病不能飲酒，但他們的這次會晤還是愉快的。不久後，柳如是又置酒相邀。夜中酒冷，她為他唱唐人的〈金縷衣〉，衣香鬢影中，他真有不知今夕何夕之歎。此後，陳子龍前往京城參加會試，柳如是前往嘉定作短途旅行。當陳子龍在落第的煎熬中回到南方時，這個女孩別出心裁地寫了一篇〈男洛神賦〉贈給他，一六三四年的除夕剛過，他們就同居了，愛巢築在陳的一個朋友提供的一幢叫南園的別墅小樓裡。

然而這終究是一場無望的愛戀。對這個年歲不大卻飽受飄零之苦的女孩來說，要找到一片棲居之所竟是那麼難。陳子龍妻妾眾多，家庭關係複雜，經濟也困難，根本就沒有能力娶她。當一年後因陳的家人干涉被迫結束同居，她搬到松江城外橫雲山，回想起南樓裡親密無間的歡愛場景只剩下了無限的悲傷。這個男人帶給她最純粹的快樂，也使她痛苦不堪，她寫下了二十首〈夢江南．懷人〉長歌當哭，全以撕心裂肺的「人去也」、「人何在」開頭，雨聲、蝴蝶、斜陽、開花的海棠樹、井邊的莓苔、爐中的沉香、透過紗窗的風、梳頭時落下的幾根髮，都讓她無端地想到他。而此時，這個傷心的男人也在別後的病榻上嘆息「料得來年相見畫屏中，人自傷心花自笑，憑燕子，罵東風」。在一闋屢被後世提及的〈金明池．詠寒柳〉裡，她說自己這一生是走不出來了：

有悵寒潮，無情殘照，正是蕭蕭南浦。更吹起，霜條孤影，還記得，舊時飛絮。況晚來，煙浪斜陽，見行客，特地瘦腰如舞。總一種淒涼，十分憔悴，尚有燕臺佳句。

春日釀成秋日雨。念疇昔風流，暗傷如許。縱饒有，繞堤畫舸，冷落盡，水雲猶故。憶從前，一點東風，幾隔著重簾，眉兒愁苦。待約個梅魂，黃昏月淡，與伊深憐低語。

可以想像，當屢被愛情挫敗的柳如是帶著一臉委屈找來杭州時，汪然明心裡是多麼疼惜。她似乎永遠長不高的身量、她顛沛的身世和不凡的才華，都使他認定這是一個女人中的女人。偏生這女子又慷慨有男兒氣，常以梁紅玉自比，這世上又有哪一個男子配得上她！他讀過那首〈詠寒柳〉，

① 梁喻微，杭州人，善畫山水；吳岩子，名山，安徽當塗人，太平縣丞卞琳妻室，工書善畫。卞元文是她的長女，名爲夢珏，是個詩歌愛好者，母女倆和汪然明同時開始交往；黃媛介是來自嘉興的女詩人兼畫家；王端淑字玉映，山陰人，是著名小品文作家王思任的次女。

② 據說《戊寅草》也是由汪然明出資在杭州刊刻，詩集的序言作者，即一度是柳如是緋聞男友的陳子龍。陳子龍在序中說，柳如是的生活空間並不大，但其胸襟見識開闊，詩詞文章格調高遠，氣勢恢弘不在男人之下，這只能解釋爲天賦。「其所見不過草木之華，眺望亦不出百里之內，若魚鳥之沖照，駁霞之明瑟，嚴花肅月之繡染，與夫淩波盤渦，輕嵐晝日，蒹葭菰米，凍浦岩庵煙火之裊裊，此則柳子居山之所得者耳。然余讀其諸詩，遠而惻榮枯之變，悼蕭壯之勢，則有曼衍漓槭之思；細而飾情於瀦者蜿者，林木之蕪濕，山雪之脩阻，則有寒澹高涼之趣。大都備沉雄之致，進乎華騁之作者焉。」

③ 據陳寅恪考證，柳如是大約在崇禎五年左右到松江與陳子龍等幾社名流相結識，從此展開其長達十年之久的遊歷生涯：「崇禎八年秋晚以前，爲松江時期。八年秋晚以後至九年再遊嘉定復返盛澤歸家院爲嘉定盛澤間時期。十一年至十三年十一月爲杭州嘉興時期。此後則至虞山，訪牧齋於半野堂，遂爲一生之歸宿。風塵憔悴，奔走於吳越之間，幾達十年之久。」

也知悉雲間才子陳子龍與她的愛情經過，本來他也看好這段姻緣，哪知道終成鏡花水月，眞是可惜可嘆。像對待以前那些前來求助的姝麗們一樣，汪然明的心裡也激起了保護她的慾望。他特意把她安排在環境清幽的西溪橫山書屋，陪她遊湖散心，與之書信往返，還兩次攜她去了徽州老家，前往齊雲山和商山旅遊。對他的熱心接待，柳曾作書表示感謝，並約定下一次出遊的時間：

湖上直是武陵溪，此直是桂棟藥房矣。非先生用意之深，不止於此。感甚！感甚！寄懷之同，乃夢寐有素耳。古人云：「千里猶比鄰。」殆不虛也。廿八之訂，一如台命。

當第二年春天柳如是提出想在西湖邊長住避跡時，他又爲她在西湖邊精心挑選了房子：

嵇叔夜有言：人之相知，貴濟其天性。弟讀此語，未嘗不再三嘆也。今以觀先生之於弟，得無其信然乎？浮談謗歙之述，適所以爲累，非以鳴得志也。然所謂飄飄遠遊之士，未加六翮，是尤在乎鑒其機要者耳。今弟所汲汲者，止過於避跡一事。望先生速圖一靜地爲進退。最切！最感！余晤悉。

柳寫給他的信，一概自稱爲「弟」，稱他先生，這亦師亦友的角色，他出演起來也頗感輕鬆。春暖花開，想借「不繫園」遊湖了，寄來的也是一葉小箋，字俱清新可喜：

早來佳麗若此，又讀先生大章，覺五夜風雨凄然者，正不關風物也。羈紅恨碧，使人益不勝情耳。少頃，當成一詩呈教。明日欲借尊舫，一向西泠兩峰。余俱心感。

從流存於世的柳如是寫給汪然明的三十一通書札來看，汪對她除眷眷愛護之外，也曾有過一份男女之想，並做過一定程度的試探和表白。但這個生性慧黠的「女弟」在一次雨中遊西湖後，告訴這個大她四十歲的男人，她看重的是這份友情，不想做進一步發展：

鵑聲雨夢，遂若與先生爲隔世游矣。至歸途黯瑟，惟有輕浪萍花與斷魂楊柳耳。回想先生種種深情，應如銅臺高揭，漢水西流，豈止桃花千尺也。但離別微茫，非若麻姑方平，則爲劉阮重來耳。秋間之約，尚懷渺渺，所望於先生維持之矣。便羽即當續及。昔人相思字，每付之斷鴻聲裡，弟於先生亦正如是。書次惘然。

據歷史學家陳寅恪考證，柳如是與陳子龍分手後和眾多名流結交，不外是想找一個終生歸宿①。她那一時期結交過的有聲望的朋友，不論是畫家李流芳、程嘉燧，還是前登萊巡撫孫元化、前刑部尚書張景韶等人，都有錢、有閒，也有學問，能供她衣食無憂而又風雅的生活，這些老男人又不像幾社的翩翩少年們，滿天下亂跑，足可以帶給她安全感，可見柳在浪漫風流之外，還有精明務實的另一面。她之所以沒有與他們中的某一個結成正果，只是因爲機緣未到，也是她心氣高傲，尋常人等放不到眼裡。柳於一六三八年冬天來到杭州，也不外乎抱著這樣的目的。

幸虧汪然明還沒有情迷意亂到不堪收拾的地步，等他明白過來這一層，他決定真心實意幫助柳，只做她的忘年朋友。他出資替柳如是刊刻了詩集《湖上草》，還準備把他們之間的書信集彙編出版，爲此還特意致信遠

①陳寅恪《柳如是別傳》：「揆以河東君平生之性格及當日之情勢，則除其常所往來之幾社少年外，更欲納交於行輩較先之勝流，以爲標榜，增其身價，並從之傳授文藝。斯復自然之理，無待詳論也。」

在福建的林雪，託她作序。平時只要一打聽到附近哪些城市有名士相聚，便載著柳如是前去探班，以期找到一個青年才俊託她終生，遂了她的平生之志。他心甘情願地做著這一切，就像一個爲女兒的婚姻大事奔波的好父親。

林雪寄來了爲柳如是的《與汪然明尺牘》作的序，這篇序文寫得就像一篇汪然明的西湖情史，對柳如是的才情則竭力褒揚，說她「琅琅數千言，艷過六朝，情深班蔡」，對她的惺惺相惜之情躍然紙上：

> 余昔寄跡西湖，每見然明拾翠芳堤，偎紅畫舫，徜徉山水間，儼然黃衫豪客。時唱和有女史纖郎（指王微），人多艷之。再十年，余歸三山。然明寄眎畫卷，知西泠結伴，有畫中人楊雲友，人多妒之。今復出懷中一瓣香，以柳如是尺牘寄余索敘。琅琅數千言，艷過六朝，情深班蔡，人多奇之。然明神情不倦，處禪室以致散花，行江皋而逢解珮。再十年，繼三詩畫史而出者，又不知爲何人？總添入西湖一段佳話，余且幸附名千載云。

但汪然明還是看走了眼，他最初竭力替柳如是撮合的謝三賓卻是一個無恥小人，此人來自浙江鄞縣，是錢謙益典試浙江時的一個學生，早年做過永嘉縣令，從太僕寺卿的任上致仕，在杭州城裡置屋買湖，也算是個以風雅自許的人物。柳如是與之交往了一段時間後，不喜其氣量褊狹、性格粗鄙，提出中止戀愛關係，謝三賓一味「痴

《柳如是遺集三卷》，清光緒張蘭思編著稿本

錢謙益像

結糾纏」，緊追不放，還使出無賴手段四處放風詆毀柳，逼她出來相見。接到柳如是的求援信，汪然明也後悔牽錯了線，事已至此，如何彌補？他忽然想到一人，此人即迭經政壇起落、以禮部侍郎閒住的江南文壇領袖錢謙益。不久前，錢謙益到杭州，住在西溪，他和馮雲將前去拜訪時，錢對柳如是所作〈西湖八絕句〉中的一首「垂楊小院繡簾東，鶯閣殘枝未思逢。大抵西泠寒食路，桃花得氣美人中」讚賞不已，稱與前輩詩人王微不相上下①。汪然明想當然地以為，錢是謝三賓的座師，如果錢肯出面，柳就不用擔心謝三賓的騷擾了。

於是出現了被當時士林盛傳的這一幕：一六四〇年冬天，離開杭州在嘉興養病的柳如是幅巾弓鞋，一副青年書生打扮，買舟至常熟虞山，前往半野堂拜訪了在此隱居的錢謙益②。男裝顯示其本性，一襲青衫下的弓鞋則標明其女性身分，從這打扮就足見柳如是的匠心。於是乎，「一室茶香開澹黯，千行墨妙贓冥朦」，錢、柳之合由此破題，而汪然明成了這段婚姻的最初促成人。

出於無名氏之手的《牧齋遺事》有這樣一段傳奇記述：柳如是坐船到了虞山，先遞名片進去，自稱柳是。錢見是陌生人來訪，不勝其煩，就讓家人謊稱不在家。吃了閉門羹的柳作了一首批評錢的詩，第二天再遞進去，其間隱約透露來訪者為女性。錢讀後大驚，問家人，昨天來訪的那個人到底是男的還是女的。家人答是一個青年書生。錢愈加疑惑了，他坐上轎子趕往柳棲身的舟中，發現是個早就聞名的「嫣然美姝」，於是相談終日，談詩論文，參禪證道，分別時他替她

① 錢謙益在〈新安汪然明合葬墓志銘〉中記述他與汪然明的這一初識發生在崇禎十六年：「崇禎癸未，余遊武林之西溪，然明偕馮二雲將訪我綠萼梅樹下，酌酒譚燕，驩若平生。」陳寅恪認為這一時間記載有誤，錢、汪初次見面不會超過崇禎十三年冬天。錢謙益在崇禎十三年作詩〈姚叔祥過明發堂共論近代詞人戲作絕句十二首〉，其第十六首把柳如是與王微相提並論：「草衣家住斷橋東，好句清如湖上風。近日西陵誇柳隱，桃花得氣美人中。」

② 去嘉興養病一事，柳如是曾在給汪然明的信中說及：「弟抱疴禾城，已纏月紀。及歸山閣，幾至彌留。」《致汪然明尺牘》第二十九通。

正式定名「如是」，兩個見面不久的人都已經在談論婚娶之事了①。

錢謙益的那個自得勁兒，從他對柳如是說的「天下風流佳麗，獨王修微、楊宛叔與君鼎足而三，何可使許霞城、茅止生專國士名姝之目」這話，流露無遺。兩人雖然定了情，柳還是住在船上，說是「妾身不分明」，等到錢謙益花了十日時間爲她布置好居所「我聞室」，她才答應搬到錢家去住。此時距兩人完婚還有半年時間，此時的汪然明正準備動身前往福建尋找林雪，柳在寫給這個曾經對自己一往情深的男人的信中暗示說，自己馬上要嫁人了，等到汪先生如願以償攜林雪歸來，她當親自前往祝賀。

一六四一年夏天，錢謙益在松江芙蓉舫上以嫡聘之禮迎娶柳如是，婚姻儀仗，合巹花燭，俱豪奢無比，老新郎錢謙益冠帶皤髮，喜氣洋洋。但當地士紳認爲錢身爲當今文壇領袖，這麼大張旗鼓迎娶一個青樓出身的女子實在是褻朝廷之名器，傷士大夫之體統，幾乎全是一片罵聲。當婚船駛動時他們以投向婚船的瓦片表達心中的憤怒和嫉妒。婚船滿載著瓦礫駛向常熟虞山，攜得新婦歸的錢謙益卻坐在船頭怡然自得，就好像那些罵聲全都成了婚慶的禮讚。

然而此事還是留了個遺憾的尾巴，婚後不久，錢謙益爲柳如是建絳雲樓，因爲缺少資金，不得不把收藏二十餘年的宋版前、後《漢書》降價賣給了饒有家資的謝三賓。所以歷史學家陳寅恪

① 「（楊愛）聞虞山有錢學士謙益者，實爲當今李杜，欲一望見其丰采，乃駕扁舟來虞。爲士人裝，坐肩輿，造錢投謁，易楊以柳，易愛以是。刺入，錢辭以他往，蓋目之爲俗士也。柳於次日作詩遣伻投之，詩內已微露色相。牧翁得其詩，大驚，詰閽者曰：昨投刺者士人乎？女子乎？閽者曰：士人也。牧翁愈疑，急登輿訪柳於舟中，則嫣然一美姝也。因出其七言近體就正，錢心賞焉。視其書法，得虞褚兩家遺意，又心賞焉。相與絮語者終日。臨別，錢語柳曰：此後即以柳姓是名相往復。吾且字子以如是，爲今日證盟。柳諾。此錢柳合作之始也。」見陳寅恪《柳如是別傳》第二章〈河東君最初姓氏名字之推測及其附帶問題〉。

② 「不接風神已廿年，芳堤花下每相憐，自從南浦銷魂後，何至三山復黯然？」汪然明〈福州訪林天素，知已移居建寧，賦懷十首〉。

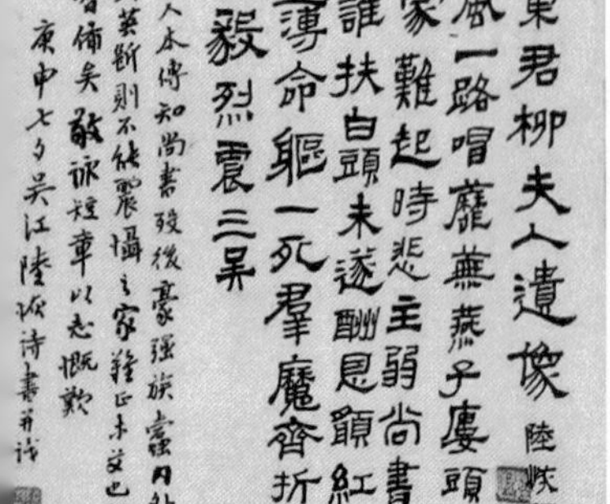

感嘆說，柳如是和宋版《漢書》是錢謙益的兩尤物，他從謝三賓手上奪了柳如是這個尤物，卻不得不把宋版《漢書》拱手讓給謝三賓，這也算是天地間的命數吧。

沒有憂傷的遠行

當這場世人矚目的婚禮即將舉行之際，汪然明隻身一人，踏上了前往福建尋訪林雪之路。一六四一年的春天，帝國已敗象四露，西北烽火，越地荒歉，閩地倒還寧靜如初。與林雪分別近二十年，期間偶有書信往返，但此去能不能找到她並把她帶回杭州，汪然明心裡實無把握，所以出發前他就自嘲說此行是「半爲名山半爲君」。果然他的這次尋訪並不順利，到了福州，他才得知林雪已於多年前移居建寧了，他的心情一時變得十分灰黯②。好在經過近半年尋找，臨近端午的時候他終於在建寧城裡找到了林雪。當他風塵僕僕出現在林雪面前的時候，林雪又是感動，又是辛酸，當年西湖邊的豪情黃衫客，今已垂垂老矣，而林雪也已韶華漸逝，徐娘半老。五月初五，閩地風俗，家家都要喝雄黃酒，她親自下廚，爲他做吃的，又陪他喝酒，彈琴給他聽，一起觀賞畫作，還和當地的朋友們一起陪他去武夷山遊玩。這番殷勤

沈心海〈牧齋先生暨柳如是夫人像〉（局部）

款待讓汪然明覺得二十年的分別實在不算什麼，他忽然有了一種家的感覺，說：「竹裏盤餐皆素手，殷勤較昔更情濃」①，還打趣說「莫感天涯知己少，多情仗得老徐娘。」②

但林雪已經不再有重回杭州的打算。她說西湖山水是青春少年的歡樂場，自己一個老婦人，已羞看西湖柳色。在建寧小城住了三個月，汪然明不得不黯然離去。這次出來時，他帶的錢不多，至此盤纏已快要告盡，林雪怕他路上吃苦，整理行裝時放入了多幅自己的畫作，囑他途中可以出售幾幅換錢。二十年前在杭州，他是林雪的藝術贊助人和保護人，使其畫名遠揚，「丹青尺幅當釵賣，是人爭售誰不愛」，沒想到此番回去，囊中羞澀，還要半路出售女畫家的畫作換得川資，這讓他心裡頗不是滋味，但他不想讓林雪看出他的傷感，開玩笑說：今天妳送我煙雲滿篋，我怎麼揹得動啊？相笑著招招手，一轉身就踏上了歸程。

此時的柳如是就像童話中的灰姑娘「從此過上了幸福快樂的生活」，她的丈夫爲她在虞山北麓建造的絳雲樓已經成爲末世風雅的一個象徵。汪然明爲這個女人最後做的一件事，就是爲她刊刻了一卷詩集《湖上草》和一部書信集《與汪然明尺牘》，並各寄了數十冊給她。有一種說法是，錢謙益收到這些書後妒火發作，一把火給燒了，還寫信給汪然明，要求他毀掉書版。但從錢謙益婚後對太太的寵愛與信任來看，她都可以穿著男人的衣服跑出去與四方賓客談論，錢謙益不會這麼沒風度，做出這等焚琴煮鶴的事來，說起來也

林天素〈花卉立軸〉（局部）

是廣大風流教主、痛惜美人的人。書信集裡，柳寫給汪然明的最後一封信，說起夫君也全是讚美的語氣：

弟小草以來，如飄絲霧，黍穀之月，遂躡虞山，南宮主人，倒屣婧知，羊公謝傅，觀茲非邈。

錢謙益對汪然明撮合他與柳如是婚姻的感謝方式，是在汪死後為他寫了一篇傳記。在這篇傳記中，他回憶了與汪然明相識相交的經過，並對汪以商人身分、以一己之財力推動西湖情藝世界的熱心之舉給予了高度評價。他說，西湖要是沒有汪然明，就會湖山寥落，沒有主人，汪然明一死，不只湖山失去了主人，也把一個時代的榮光給帶走了，而作為汪然明的同時代人，親見這樣美人塵土，風雅凋零，這樣的悲劇發生在我們每個人身上，這難道不是最可堪悲哀的事嗎③？

他最後嘆息道，其人已逝，紅粉丹丘，一個風雅時代已經無可奈何地落下了帷幕，亂離之後，所有的歌都是挽歌了：

斯晨斯夕兮，假日宴游。朱絲綠浪兮，紅粉丹丘。伊人云亡兮，誰樂爽鳩。嬉春罷詠兮，竹枝輟謳。夢夢月鏡兮，沈沈金牛。孤山鶴怨兮，古洞猿愁。吁嗟夢華兮，孰知我憂。紅牙紫毫兮，申寫風流。鑽辭陵谷兮，于彼千秋。

① 〈別林天素〉。

② 〈午日林天素招飲，余在閩兩度端陽，感賦〉。

③ 「亂後，客從武林來，數問然明起居，皆曰然明蔭藉高華，賓從萃止，徵歌選勝，狎主詩酒之盟。微然明，湖山寥落，幾無主人矣。已而重遊湖上，如客之云，與然明握手一笑。又數年，然明即世，余徃弔之，則墓有宿草矣。嗟乎！自有湖山以來，靈人韻士，流留興會，長與山光水色相御于無窮。承平之世，天地暢悅，草木丰容，園池極目，歌舞載塗，山不益而高也，水不益而深也。若夫喪亂之後，焚如突如，陵彝壑改，于斯時也，命觴載妓，左絃右壺，聊復以吹噓朔風，招邀淑氣，是亦造化所使為，勾萌甲拆之魂兆也。如然明者，非與？然明歿，湖山遂無主人矣。一觴一詠，載色載笑。俛仰之間，邈然終古。峴首之涕，牛山之悲，又于吾身親見之，是能不為之嘆息哉？」錢謙益〈新安汪然明合葬墓誌銘〉，載《牧齋有學集》卷三十二。

這觸目煙霜、箏寒雁斷的時代敗象，身處繁華都市的汪然明早早就看到了。他從西湖看天下，看到的是一個日益粗鄙的年代正劈面而來。以前的西湖多熱鬧啊，晚風一起，六橋一帶，到處是夜遊看花的錦衣少年，一樹桃花一角燈，風一吹，那滿樹的燈就晃動不止，整個長堤看去，就如同一條火龍將要飛天，那情景，比聞名天下的秦淮燈船也要好看幾分呢①！而如今，滿州鐵騎駐防杭州，湖山勝景成爲「旗下」，當年的遊宴處盡成飲馬之池，眞是可悲也歟！曾經承載著一個華麗時代記憶的「不繫園」畫舫，也經常被官家徵用，連他這個主人都無權使用了②。

在這樣的世界活著還有什麼意思？汪先生決定要死了。但即便是人生的謝幕，他也想盡可能表現得坦然灑脫，不要惹朋友們笑話。一六五五年冬日的一天，汪然明已近彌留之際，但他的神智還清醒著，他要前來送行的馮雲將等朋友就像往常一樣，在他家裡品畫談詩，吹簫摘阮，絲毫不要介意他。他靠在床上，看著日光投下的影子在窗格上慢慢移動，等到他認爲差不多了，便舉手一一向朋友們致意，感謝他們最後來送他一程③。

給人的感覺，他彷彿不是死去，而僅僅是出門做一次沒有憂傷和遺憾的遠行。

① 「人多以湖遊怯見月誚虎林人，其實不然，三十年前虎林王謝子弟多好夜遊看花，選妓徵歌，集于六橋。一樹桃花一角燈，風來生動，如燭龍欲飛，較秦淮五日燈船，尤爲曠麗。滄桑變後，且變爲飲馬之池，晝遊者尙多蝟縮，欲不早歸不得矣。」〈汪汝謙與周靖公〉，收入周亮工編撰的《賴古堂尺牘新鈔》。

② 《春星堂詩集》卷五〈遺稿・自嘲並示兒輩〉八章之五「畫舫無權逐浪浮」，句下自註：「余家不繫園，亂後重新，每爲差役，不能自生。」

③ 錢謙益〈新安汪然明合葬墓誌銘〉記錄了汪然明的臨終之際：「及乎彌留待盡，神明湛然，要雲將諸人，摩挲名蹟，吹簫摘阮，移日視蔭，乃抗手而告別。」

仇英〈人物故事圖冊之七．潯陽琵琶〉（局部）

一個時代的藝文志
周亮工的記事珠

詩人與少女

官員與隱士

畫家與印人

記憶與眷戀

記事珠

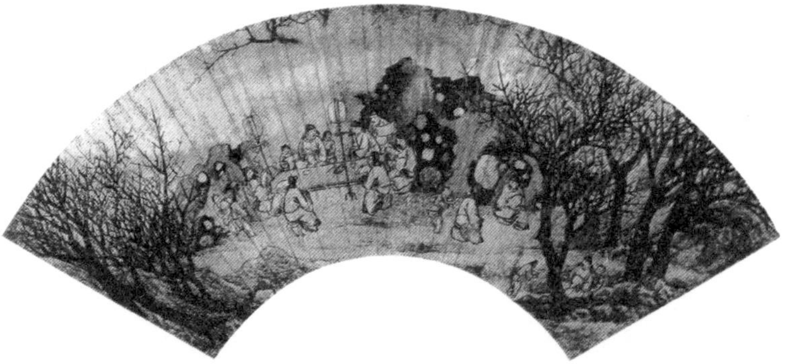

詩人與少女

有個叫王蓀的女孩，生於河南商丘，自小聰穎異常，會寫詩，會畫畫，還喜歡舞弄隨身帶著的一把小劍，有著一股尋常女孩身上所無的爽烈勁兒。十五歲那年，她遇上了從南京到開封讀書的周亮工。那一年，周亮工二十八歲，已婚，王蓀就做了他的侍妾①。

周氏世居南京，周亮工出生就是在城內狀元境的祖居裡，怎麼會大老遠跑到開封去呢？這都是國家考試制度給鬧的。本文故事時間數百年前，那時還是南宋，周亮工的一個遠祖離開南京去江西撫州做官，落籍在了金溪縣一個叫櫟下的地方，後來周亮工的祖父把家搬到了大梁（即開封），周亮工的父親從國子監畢業，做了幾年地方小吏，又想法子把家遷回了南京。幾百年過去了，周亮工家族的這一支就好像畫了一個圓，又回到了原地，但此時的周氏家族已經成爲南方一個顯赫的刻書世家，南京一帶經營刻書業的「金陵博古堂」、「萬卷樓」、「大有堂」，都是撫州周氏的後人，僅是周亮工家族，就擁有「金陵書肆」、「大業堂」、「醉耕堂」、「賴古堂」等書坊，所刻書籍，除了醫學、輿圖、小說和各種時文選本，也有具一定市場號召力的當代作家文集，著名的二十四卷《梨雲館類定袁中郎全集》，就由周亮工父親的「大業堂」出品，版權頁上清楚表明「南雍周文煒如山鐫」②。

周亮工像

① 周亮工《因樹屋書影》：「宛丘王氏，十五歸予，即能詩。」

② 《梨雲館類定袁中郎全集》二十四卷，明袁宏道撰。明萬曆周文煒大業堂刻本。半頁八行，行十八字，白口，四周單邊，無行格，前有江進元、虞長孺、陳繼儒等序，虞序爲萬曆二十五年。扉頁有「周衙大業堂刊」牌記，卷下有「南雍周文煒如山鐫」。北京故宮博物院圖書館、上海圖書館等藏。

但問題很快就出來了，周亮工成年後參加科考，他的籍貫是河南祥符①，北籍南試按例是行不通的，所以迫於戶籍制度，周亮工在南京長到二十歲後就不得不回開封，去參加當地政府組織的考試。

王蓀歸周亮工是在一六三九年冬天，周亮工鄉試中式後不久。一個還是剛及笄的荳蔻少女，一個已是將近而立之年的大叔，她如焰般逼人的青春肯定灼傷過他的眼睛。他欣賞她稚氣的小詩裡掩飾不住的靈氣，「小雨勻溪谷，閒花落釣絲」，那遍灑溪上的雨，妙處就在一小字。小則聚氣，小則通神，須彌芥子，可納大千世界呀。當她在月光下、柳叢中舞起一片劍影，他或許會想起《詩經》裡那個在宛丘山坡之上翩然起舞的女子，手持鷺羽，打著小鼓，一邊旋舞著，一邊把火辣的目光投向他，「子之湯兮、宛丘之上兮，洵有情兮、而無望兮」②，那些陌上桑間的採詩官為無望的愛情而苦惱，而這個婷娉少女竟然是他的女人！

家族遺傳，再加上少年時代在南京與畫家、印人們的交往，周亮工身上積澱了濃烈的藝文氣息，好硯、好墨，嗜印成癖，尤喜與藝術家交往。他收藏了數千紐圖章，有時技癢了也親自奏刀。每次，周亮工和朋友們賞玩一畢，王蓀就會把弄凌亂了的圖章歸攏整齊，一一放在布函中原先的位置，讓周亮工下次打開函袋立馬就能找到它們。她細心地做著這一切，樂在其中，超強的記憶力讓周亮工歎為觀止。後來周亮工考上了進士，到北京謁選，再分發到山東萊州府下面的濰縣做縣令，不管到哪裡，總是帶著這個心愛的女人。多年以後，已入暮年的周亮工面對一顆顆劫後餘存的圖章，還能依稀回憶起她做著這一切時專注的面容。

地處山東半島的濰縣，富甲青齊，素有「小蘇州」之稱，就是在這座小城裡，這個女人的生命突然放射出異樣的光彩。

一六四二年在周亮工的一生中肯定是值得頻頻回首的一年。這年春天，李自成的兵馬圍困開封，圍城四個月後，引黃河水灌城，士民溺死數十萬，周亮工的故鄉淪陷了，他的叔伯、兄弟輩十數人葬身魚腹，師友張名表等也都罹難。但他尚來不及悲傷，更大的危險降臨了，努爾哈赤第七子阿巴泰率領的數萬精銳，於這年冬天自長城黃崖口入關後，連克高唐、汶上、濟南等十餘城，正分水陸兩路，如潮水般向著半島西部的濰縣而來。

臘月初九（一六四三年一月二十八日）夜，數萬清軍鐵騎已兵薄濰縣城下，連營七座，紮帳數百，從城頭青陽樓望去，成千上萬的火把如蛇吐信子，把小城圍了個密密匝匝。

三十二歲的周亮工擔當起了守城之職，有關他在此役中的指揮若定、奮勇禦敵情狀，民國《濰縣志稿》述之甚詳。他把城內兵勇、衙役、民兵，編成火器營、助勝營、士紳家丁營和各種哨隊，調排停當，當晚即指揮了一場夜襲，數百死士攜帶刀槍縋城而下，直撲對方大帳，待對方反應過來，又從城頭調集紅夷大炮猛烈開火，迫使敵軍當晚遷營三里。他把指揮所設在了城正北的青陽樓上，親自督陣，這裡緊鄰縣衙，是防護濰城的首要屏障；又把城牆分爲四段，請出四個賦閒官員協同守城，分安定門、迎恩門、望海門、朝陽門四門

① 祥符，今河南開封縣的舊稱，宋金以後開封縣同爲開封府、汴梁路治所，明初並開封縣入祥符縣。民國二年（一九一三年）改祥符縣爲開封縣。

② 《國風．陳風．宛丘》：「子之湯兮、宛丘之上兮。洵有情兮、而無望兮。坎其擊鼓、宛丘之下。無冬無夏、值其鷺羽。坎其擊缶、宛丘之道。無冬無夏、值其鷺翿。」

陳洪綬〈舞劍圖〉

據守。清軍畏於城頭火器猛烈，採用穴城之法，從城東北角的牛馬牆掘地道偷襲，又被他識破。

當城角失陷，衙役、士民與湧入的清軍混戰一團時，周亮工的戰袍已滿是血污，他找來一塊木牌，上書「濰令周某之屍」幾字，覆以號印，掛在胸前，跟親隨們說：要是我戰死了，你們就憑著這塊牌子把我從屍堆裡挖出來吧。

兵部塘報載有周亮工於崇禎十五年十二月三十日彙報全城同仇敵愾禦敵的奏報：

> 在城老幼男婦，竭力一心。未字閨秀、青衿內室及瞽夫幼子，悉運磚石、柴束。又如方欲舉火，而聞城上欲以鐵作炮子，即各碎食鍋以酬急。人心至此，似千古未有。①

宛丘淑媛王蓀嬌小的身影，也出現在了自康熙朝以降歷代地方志修撰者的筆下。史官們以一種讚賞的語氣說，每次戰役一打響，王蓀就帶著城中的一幫女人煮粥送飯，救治傷員，周亮工在城牆上督戰，她更是不離左右。戰事緊急時，一身紅衣的王蓀冒著飛蝗般的炮矢，猱身爬上城樓，擂鼓助戰，以致有人把她比作南宋時黃天蕩戰金兵的梁紅玉，編了竹枝詞這樣唱：「青陽樓上紅旗下，娘子援桴指血流。」當時城中還有這樣的傳說，某夜，王蓀「挾匕首飛入賊營」，像紅線女盜取黃金盒一般，神不知鬼不覺斬下了敵軍將領的首級，又安全返回城內，簡直把她看作劍俠人物一般了。

《青陽晴眺》，載於清康熙《濰縣志》。

「危樓城上字青陽，一飯軍中盡激昂。旗影全開慚弱女，鼓聲欲死累紅粧」②，多年後周亮工詩中所憶的，正是當時情景。每次戰事間隙喘息之際，周亮工都要寫詩，或記經過，或抒情懷，周每成一詩，王蓀就和一首，他們的濰縣城頭唱和詩匯成了一卷《城上詩》。但當日後周亮工提出要把王蓀的這些詩作及她以前所寫的二百餘首詩付梓出版時，王蓀沒有答應，她說，您要我的名字與和尚、青樓女子並傳嗎？所以一直到王蓀死後，周亮工才把這卷《城上詩》收入他的自編文集③。

自崇禎十五年十二月初九日至二十五日（一六四三年一月二十八日至二月十三日），濰縣被圍十七天，阿巴泰的數萬精銳在這座彈丸小城面前就是不得逾越半步。他們斷定，濰縣城內一定有長期戍邊、久經殺伐的老將坐鎮，且武器火藥充足，就是圍上個半年也不一定能打得下來。此後，阿巴泰繞過這座小城，入直隸，破承德，至懷柔，敗明八鎮後於一六四三年春陸續北撤還師遼東，《清史稿》載這次望風披靡的軍事行動，「克河間、順德、兗州三府，州十八、縣六十七；降州一、縣五」。濰縣一城獨活，堪稱奇蹟。

周亮工在守城之戰中右腳負傷，戰後他有《全濰紀略》詳細記述濰縣百姓守城經過，由好友吳應箕作序刊刻。到一六四三年春，陷入兩線作戰的明廷已岌岌可危，在吏部尚書建議下，朝廷火速簡拔人才，讓各地督撫薦舉年輕又有才幹的基層官員入京師，充實到中央各部，周亮工與長樂知縣夏允彝等十人都在列。當周亮工動身赴京時，濰縣人感念其保全城市之德，派士民代表燃香步行數百里，一路送至德州，還在城中海道司巷立生

① 《明清史料》乙編第五本《兵部題行〈山東巡按陳昌言塘報〉稿》。

② 周亮工《賴古堂集》卷七〈海上書夢亾姬成詩八章〉之五。

③ 周亮工《因樹屋書影》：「詩二百餘首，小詞數十首，余欲傳之，輒欲自焚。曰：『吾懼他日列狡獪瞿曇後，穢跡女士中也。』蓋自來刻詩者，方外之後緊接名媛，而貞婦、烈女、大家、世族之詩，類與青樓泥淖竝列。姬每言之，輒以爲恨。予嘉其志，書而藏之，不敢付梓，並其名字，亦不忍露也。」

祠紀念，時人讚他：「少年出宰古濰城，一劍曾當百萬兵。」①

三年後，王蓀在揚州患病去世，時年二十二歲②。當時周亮工已降清爲淮揚海防兵備道，揚州是官署所在地。王蓀死前留下遺囑，要周亮工把硯墨、佩刀及她手抄的一卷濰縣城頭唱和詩一同陪葬。她對周亮工說：我這短短一生，一直爲情所累，此一去，我是再也不願投生這個世界了，君就按比丘尼的規格葬我吧。郎君的《城上詩》，我都能背了，已用小楷抄寫一通，您就把它和我的和詩一起置於左側，把茗碗、古墨和我平素喜歡的那把佩刀置於右側，再在我身上蓋一張觀音大士像，讓我左手持著念珠，右手握著您的名字章往登彼岸吧。我生在宛丘，死後葬揚州，這七年與君相伴，這一輩子也算不寂寞了，可是我夢縈魂繞的，還是那一片白門柳色，而不是這揚州城的簫聲明月啊③！

語音淒惻，像是在隱約指責著什麼。周亮工握著她的手，心如刀絞。或許是男人的哭聲又把她招了回來，王蓀悠悠醒轉，再一次輕聲囑咐，不要忘了把那卷小楷抄錄的《城上詩》放到她懷中④。

到了晚年，進入新朝屢獲升遷又兩次入獄的周亮工已嘗盡宦海浮沉滋味，那時的他，時常會回想起青陽樓上的那一彎冷月，耳邊經常響起鏗鏘的刀劍聲和城樓上擂響的激越鼓聲。「慚愧當年事，浮名不可藏」，他多麼希望生命永遠定格在三十二歲那年的濰縣青陽樓上⑤。有一次與朋友喝酒，喝著喝著就說到了當年濰縣抗清事，他醉了，解開衣服讓人看左肩上的箭疤，「歲月深矣，殷殷尤赤」。周亮工說，那時候我怎麼不死啊，要是死了就好了，我周某人的品行就與日月爭光了，哪至於像現在這樣，什麼都說不清了！說罷，像個孩子一樣伏在桌上嗚嗚地哭。一六六三年，他起復出任青州海防道，赴任途中經過濰縣，看著二十年前民眾爲他所建生祠，感慨萬千，泫然流涕而去。

他時常想念自己的女人。記憶中的她忽而畫蘭，忽而作詩，忽而舞劍，過早降臨的死亡，使她在記憶裡保有著永遠的青春與美麗。他爲她寫了好多詩，記下初遇時她的巧笑嫣然，青陽城上冒著箭矢擂鼓的驕人身影，也記錄下酒後談論詩文時她微帶譏諷的言語⑥。而今城上詩同風雨葬，憶起某年七夕，與女人說及誰早死誰晚死，女人口占的一句：「一夕綿綿億萬年，猶勝人間白頭死。」眞有不勝唏噓之感。閒來翻弄圖章，也不知何人再來一一歸攏整齊了。

周亮工在京城時結識了一對從揚州來的藝術家兄弟，梁千秋和梁大年，兩人都精於篆印，梁千秋有個侍妾叫韓約素，字鈿閣，是個能度曲又能彈琴的慧心女子。這個女子從梁千秋那裡學會篆印後，竟得其眞傳，自憐弱腕，喜鐫佳凍小印章，據說石經其手，輒瑩如玉，爲名流巨公所珍賞⑦。某年，有嗜印癖的周亮工託梁千秋之弟梁大年搞來三枚梁家小婦的「鈿閣」圖章，「粉影脂香，猶繚繞小篆間」，自是喜歡得不行，決定把它編入自家印譜。

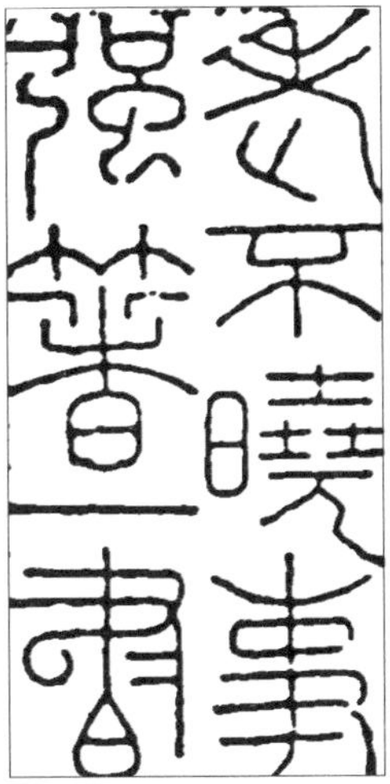

《賴古堂印人傳・書鈿閣女子圖章前》附圖「老不知曉事強著一書」乃韓氏為周亮工所刻。

① 明末清初安徽桐城詩人方文在《嵞山再續集》卷四〈送周元亮使君之任青州〉中讚譽周亮工：「少年出宰古濰城，一劍曾當百萬兵。遂有蘭臺膺帝簡，至今蓬海誦公名。」

② 周亮工〈海上晝夢亾姬成詩八章〉，自序云：「姬與余同甘苦者七載餘，性悲壯，青陽城上矢死登陴。」、「姬王氏，父爲老諸生，歸余時即能爲有韻言，蓋本之庭訓云。隨予宦維揚，疾死署中，年才二十又二。」

③ 周亮工《賴古堂集》記錄了王蓀的臨終遺言：「『予爲情累，誓不願再生此世界，幸祝髮以比丘尼葬予。生宛丘，死維揚，咸不寂寞，然予魂夢終在白門柳色中，不在簫聲明月下也。郎君《城上詩》猶能默識，幸書一通，并予所和詩，置諸左，茗椀古墨及予素所佩刀，置諸右。覆以大士像，左持念珠，右握郎君名字章，仗佛力解脫，非願再世作臂上環也。』語悽切，人不忍聞。」

④ 周亮工《賴古堂集》卷七〈海上晝夢亾姬成詩八章〉其七原註曰：「北海城上諸詩，姬皆有和。痛定之後，每向予誦昔詩，未嘗不唏噓淚下也，瞑去時猶囑予作小楷納懷中。」

⑤ 周亮工〈寄濰縣楊再蘧、蔡漫夫、于鳴岐〉一詩，中有句，「青陽樓上朣朧月，肯向天涯照斷蓬」。

⑥ 〈海上晝夢亾姬成詩八章〉之三：「猶憶微酣識我語，不仙不佛不封侯。」

⑦ 清代吳騫《論印絕句》曾有詩紀韓約素：「腕弱難勝巨石鐫，梁家約素說當年。迴文小篆經纖指，粉影脂香絕可憐。鈿閣韓約素，梁千秋侍姬也，鐫印頗得其傳，然自憐弱腕，不恒爲人作。性喜鐫佳凍，以石之小遜於凍者往，輒曰：『欲儂鑿山骨耶？生幸不頑，奈何作此惡謔。』又不喜作巨章，以巨者往，又曰：『百八珠尙嫌壓腕，兒家詎勝此耶。』無已有家公在，然得鈿閣小小章，今尙寶如散金碎璧。」

賞玩之餘，他心底一個角落突然隱隱作痛，他又想起了多年前爲他整理圖章的宛丘女子王蓀，回憶的河道突然決堤，竟至氾濫：

> 予舊藏晶玉犀凍諸章，恆滿數十函，時時翻動。惟亡姬某能一一歸原所，命他人，竟日參差矣。後盡歸之他氏……見鈿閣諸章，痛亡姬如初歿也。①

那時，幾番入獄又出獄的周亮工已傾家蕩產，一生中收藏的古人法書、書畫、金石、篆刻也都典賣殆盡②。他曾寫有一組詩，回憶這些已換了主人的藏品，說其中最值得珍視的有畫、圖章、墨、小漢玉四種。在憶圖章的一節中，他又一次提到了死去多年的王蓀：

> 亾姬爲予布函中，反覆百十皆不失位置。③

官員與隱士

一六四一年初，周亮工入京謁選時，畫家陳洪綬正在國子監就讀。十八年前，周亮工的父親在陳洪綬的老家諸暨縣任主簿一

① 周亮工〈書鈿閣女子圖章前〉。

② 宋琬《安雅堂文集．題周櫟園所藏近代名人畫冊》：「歲辛丑（順治十八年，一六六一年），先生來湖上，顧余而歎曰：『余生平無他好，惟喜藏古人法書、名畫、金石、篆刻之屬，朝夕愛玩，以爲寢食性命者，今皆斥典略盡。』」

③ 周亮工〈長安舊傳十賣詩，僕賣不止十，然皆非所憶，憶惟四，作四憶〉。

職，十三歲的周亮工開始與畫家筆墨定交，此番都城重逢，儘管一個已是新科進士，一個還是國子監生，但並不妨礙他們的友誼持續升溫。到秋天，周亮工謁選得山東萊州府濰縣令，陳洪綬畫了一幅〈歸去來圖〉相贈。

周亮工攜愛姬王蓀前往濰縣赴任時，爲他們置酒餞別的也是兩個南方來的朋友，同年進士、來自直隸桐城縣的方以智，和一個叫張怡的錦衣衛千戶。酒後，方以智還題寫了一首〈歸去來辭〉在陳洪綬送的那幅畫上。

大周亮工四歲的張怡也是南京人，他初名鹿徵，字瑤星。張家世居江寧，張怡的父親張可大，世襲南京羽林左衛千戶，曾經做到登州總兵官。一六三一年，在遼寧錦縣的大凌河戰役中，孔友德部將毛文龍發動吳橋兵變，誘擒了巡撫孫元化，並襲擊登州。張可大於城陷後投繯而死。時年二十三歲的張怡隨叔叔張可度奉祖母趁亂逃出，走海道至天津，歷盡困厄抵達京城，朝廷念他烈士之後，以生員身分授予錦衣衛千戶的官職，並讓他在殿前執戟親侍朱由檢。時局不靖，從燕京到北海④，不斷拉響警報，張瑤星因父親曾在登州爲官多年，臨行對周亮工自有一番囑咐交代。

濰縣血戰歸來，京城已勢如危卵。很長一段時間，沒有人來過問周亮工，似乎這十個緊急召回的青年官員已被遺忘了，等到他被授予浙江道監察御史的官職沒幾天，大順軍已兵臨城下。好多朋友此前已紛紛離開京城，他新晉了官階，竟似套上了一個索套，就是

陳洪綬贈周亮工〈歸去來圖〉（局部）

④北海是濰縣的古稱。隋大業三年（六〇七年）改北齊下密縣爲北海縣，故址在今濰坊市濰城區濰城西關，唐、宋、金、元沿稱北海縣，屬濰州。明初撤北海縣入濰州，洪武九年，改州爲縣。

想走也不可能了。其實那些已經上了逃亡路的，也不一定能走得脫，與周亮工素有來往的篆刻家梁千秋，就是在狼狽南歸時客死於途。此人曾答應周亮工治印十數方，到他離開京城時也不見完成過一方，那些交給他的印石也不知去了哪裡。梁千秋的手藝，傳自文彭的學生何震，人稱臨摹乃師之作如燈取影，神形俱佳。儘管他篆印一味泥古，爲人又自恣、吝嗇，周亮工還是嘆息世上少了一把好刀①。

李自成的大軍攻占北京時，周亮工沒有「即死」。以當時的道德語境，選擇死還是生，是人品鑒定的首要標準，即便是死，也有當場死、事後死等種種區別。皇帝都已經自掛東南枝了，你怎地還活著？據後來周亮工的自我陳述，城破時，他是準備自殺的，都已經把自己給掛上去了，還是被家人救了下來。他之所以沒有再度自殺，是顧念家有高堂，父母年邁，更重要的是，他根本不知道皇帝已經歸天，他說他聽到的消息是，「聞上已南渡」。

於是，他與張瑤星在浣花庵躲藏了幾天，待風頭過去，就帶著一大家子混在難民潮中出城，直趨南京了。

城陷時，張瑤星已經歷了一番生死考驗。大順軍的士兵抓住了他，逼他降，他不從，他們就把他戴上刑具關了起來。據說招降的官員欲量才錄用，他答：文字非所長；又問他武術如何，他又答：南人不諳弓馬。最後，有人感念他獨個兒爲崇禎守靈戴孝的義舉，才把他放了出來②。

時南京城裡福王即位爲弘光帝，軍政大權悉操於馬士英、阮大鋮之手，周亮工一回到南京就被錦衣衛馮可宗下了鎮撫司獄，要他交代從賊經過。後來總算調查清楚他沒有變節，但馬、阮還是不肯給他復官，非要他彈劾劉宗周，才答應讓他以原官補用。周亮工沒有答應，於是就帶著父母搬到了城南三十里的牛首山去住，足跡不入城市。張瑤星回到江寧老家，妻子早已死了，於是改名爲張遺，以表終老遺民之志，隻身隱居南京棲霞山白雲庵，時人都稱他白雲先生，一直到清軍平定江南，他也沒有出山。

在方苞所寫的〈白雲先生傳〉裡，隱居白雲庵的張瑤星五十年足跡不入城市，所交也多是方以智、髡殘等前明遺老。遺民世界充斥著各式各樣人等，有真隱，有假隱，有不得已而隱，也有死心踏地隱的。張瑤星就是一個死隱分子。像蘇州的徐昭法、宣城的沈眉生這些隱士，雖在窮鄉僻野中耕作爲生，但終究有筆墨文章流傳於世，張瑤星則親自挑水打柴，嘴裡從不談論詩書，以致來此遊山玩水的官員墨客，從不知山中有這樣一個人物。方苞說，他死去多年的父親和一個叫余佩的處士，以前每到逢年過節都去棲霞山看望張瑤星。走進他屋中，看到書架上擱著百幾十卷書，都是他撰著的經籍解說和史事評論。方、余二人請求抄錄副本，張瑤星沒有答應，說：「我只是藉寫作來度過我的餘生而已。我已經買了兩只大瓮，死後要把這些著作一起埋葬。」③

張瑤星是鐵定了心要與名山俱老了。山中困苦，一到下雨天連灶火都生不起來，用他自己的說法是「苔侵灶額，晨突無烟」，但他還是有著萬綠蔭中置此身的怡然④。據說他隱居山中時一直在寫一部大書，這部叫《玉光劍氣集》的書寫的是有明一代三百年的歷史，但一直到他死後也沒有人看到稿本。但還是有一些他生前寫下的文字通過書信、給朋友文集寫的序跋等形式流傳了下來。比如他與一些好友的通信，他爲周亮工的兩部藝術史著作《讀畫錄》、《印人傳》寫的序言等，雖只吉光片羽，但已可以看出此人深厚的藝術素養。入清擔任官職的舊交中，除了周亮工交往不斷，只有龔鼎孳得到了上山看他的許可，並在雨花山松風閣喝過一頓酒⑤。

張瑤星一直活到八十八歲去世。死前，他的親朋老友早早爲他備好了棺槨。病危之際，張瑤星說：「崇禎初年，叛賊攻打登州孤城，先父死難，身邊沒有一個親人料理喪事，雖然後來改葬了，但貼身的內棺已無法更換了，我能忍心用這種好棺材嗎？」他的侄孫

① 《印人傳．書梁千秋譜前》：「梁千秋袠，維揚人，家白下。余識其人於都門，以十數章託之，會寇變乃不得其一。」

② 方苞〈白雲先生傳〉：「甲申，流賊陷京師，遇賊將，不屈，械繫將肆掠，其黨或義而逸之。」

③ 事見〈白雲先生傳〉，著錄於《望溪先生文集》。本文寫作年月不詳，約寫於方苞七十一至八十二歲之間。

④ 〈與楚雲和尚〉：「霪雨兼旬，苔侵竈額，晨突無烟。數息宴坐，因戲吟曰：萬綠陰中置此身，三旬九食未爲貧。若能辟穀應輕舉，誰與名山作主賓。」周亮工編的尺牘集《結鄰集》卷八收錄了張瑤星的這封信。

⑤ 龔鼎孳曾有〈張瑤星招集松風閣用陶公飲酒韻〉一詩紀其事：「黃虞既云沒，處俗乖我情。君子秉幽尙，遯世無狗名。空山有濁醪，聊以遺吾生。夕陽已復下，歲晚心恒驚。不見高蹈士，一往名竟成。」見《定山堂詩集》卷一。

重新換了薄皮棺材，張星瑤才閉目而逝。他那些祕密寫下的書稿，有人說帶入了墓穴，也有人說尚有副本藏在家中。

一六八九年春天，玄燁巡視河工到揚州，戲劇家、國子監博士孔尚任迎駕並送至淮上後，經揚州南下至南京，登燕子磯，遊秦淮河，拜明孝陵，一路採訪前朝遺事。在清涼山料理畢著名山水畫家龔賢的喪事後①，於這年秋天到棲霞山白雲庵拜訪了張瑤星。這一年，張瑤星已經八十二歲。從孔尚任專述此行的〈白雲庵訪張瑤星道士〉一詩來看，他還是繼續把自己幽閉在書籍構築的世界裡，整個人幾乎都要被滿屋的書掩埋了。孔尚任說，張瑤星的白雲庵在非常偏僻的半山腰，須得轉過好幾條亂石路才到。老頭正在吃早飯，聽到狗叫，打開籬門，態度倒是頗爲友善，可能是有熟識的朋友預先打過了招呼。交談中，老頭的話不多，頗顯得有點沉默，他告訴客人，這麼多年了，每夜都會哭著醒來②。

在十年後成稿的《桃花扇》傳奇中，孔尚任把這個「數十年足不入城市，士大夫不能識其面」的著名隱士也寫了進去，肯定是緣於這次造訪。在這部有著極大藝術野心的新劇中，孔尚任認爲林林總總出場的三、四十個人物，按角色可把他們分別歸爲「色部」、「氣部」和「總部」。色關男女，是訴離合之情，氣連家國，是寫興亡之感，「總部」只有兩人，「經星」張瑤星和「緯星」南京太常寺老贊禮，孔尚任把這兩人貫穿全劇的創作意圖，自是爲了伏線千里、交代劇情之需，然而讓這個老隱士來總結這場興亡之案，也見出了他對張瑤星這個人物原型的推重。

《桃花扇》一劇中，張薇（張瑤星在劇中的化名）的戲分有三場，分別是閏二十齣〈閒話〉、第三十齣〈歸山〉和第四十齣〈入道〉。〈閒話〉一齣，畫家藍瑛、書商蔡益所、前錦衣衛堂官張薇，三人結識於上南京途中路邊店的豆棚下，閒話京城陷落時崇禎死難事，張薇一副老官人的扮相，白巾、麻衣，揹著包裹，一上場就在激越的鼓聲中唱：「戎馬消何日，乾坤剩此身；白頭江上客，紅淚自沾巾。」第三十齣〈歸山〉，南京錦衣衛都督馮可宗抓了三名逆黨讓張薇審理，張薇堂上一見，卻是侯方域、陳貞慧、吳應箕三位復社名士，憤恨南朝又起黨禍，解了官袍，帶了蔡益所，一同往城南的松風閣歸隱去了。第四十齣〈入道〉，畫家藍瑛也已隨張薇入山修道，這一天恰逢中元節，他們師徒三人在棲霞山上爲崇禎和死難的眾大臣建壇追祭，丁繼之、柳敬亭領著出獄後的侯方域，卞玉京、蘇崑生領著舊院女子李香君，也來到了庵中，一對舊日情侶指著桃花扇上的斑斑血痕，正幻想著再續連理，突然被這老道士棒喝驚醒：「你們絮絮叨叨，說的俱是那裡話！當此地覆天翻，還戀情根慾種，豈不可笑！」侯方域還想爭辯，「從來男女室家，人之大倫，離合悲歡，情有所鍾，先生如何管得？」老道士大怒：「阿呸！兩個癡蟲，你看國在那裡，家在那裡，君在那裡，父在那裡，偏是這點花月情根，割他不斷麼！」

最後，一對亂世怨侶一個去了南山，一個去了北山，雙雙修眞學道去了。這邊廂再回頭已是幻境，不知對面何人，那邊廂剩下張薇一個人在臺上孤伶伶地唱：「你看他兩分襟，不把臨去秋波掉。虧了俺桃花扇扯碎一條條，再不許癡蟲兒自吐柔絲縛萬遭。」最後是：「白骨青灰長艾蕭，桃花扇底送南朝；不因重做興亡夢，兒女濃情何處消。」

畫家與印人

很少有人能像周亮工這樣，一邊在新朝政壇獲得快速升遷，

① 龔賢是清初流寓南京的著名山水畫家，「金陵八家」之一。字半千，號柴丈，又號半畝，著有《畫訣》、《香草堂集》等。原籍崑山，曾移家揚州，最後定居南京清涼山下，「葺半畝園，栽花種竹，悠然自得」。周亮工《讀畫錄》說他「與人落落難合」、「其畫埽除蹊逕，獨出幽異，自謂前無古人，後無來者，信不誣也。」同時代程正揆認爲半千是一個眞正通筆墨的畫家：「畫有繁減，乃論筆墨，非論境界也。北宋人千邱萬壑，無一筆不減，元人枯枝瘦石，無一筆不繁，通此解者，其半千乎！」一六八九年孔尚任到南京虎踞關拜訪龔賢時，龔賢在古樹蔭下對之娓娓細談前朝遺事。不久龔賢遭豪強索畫，氣忿病倒，孔尚任曾去信慰問，說「必爲先生謀一降龍伏虎之法」，沒想到龔賢竟然一病不起。孔尚任聞訊前往清涼山料理其後事，並收養了龔賢的遺孤。

② 孔尚任《湖海集》卷七〈白雲庵訪張瑤星道士〉：「淙淙歷冷泉，亂石路頻轉。久之見白雲，雲中吠黃犬，籬門呼始開，此時主人膳。我入拜其牀，倒屣意頗善。著書充屋梁，欲讀從何展。數語發精微，所得已不淺。先生憂世腸，意不在經典。埋名深山巔，窮餓極淹蹇。每夜哭風雷，鬼出神爲顯。說向有心人，涕淚胡能免。」詩後有遺民黃雲批語：「白雲心事，一一寫出，是一篇逸民傳。」

一邊又在江南遺民群中有著不菲的名聲。自一六四五年降清授兩淮鹽運使（後以原御史銜改鹽運道），近十年時間，他歷任淮揚海防兵備道、福建按察使、都察院左副都御史等職，任職地也從揚州、福州一路到北京。雖然官越做越大，他卻一直與張瑤星、陳洪綬、王猷定等隱士、遺民和藝術家群體保持著持久的聯繫，不時與他們書翰往返，間做文酒相會。易代之際出現的這一奇特現象，或許是因爲於政治身分之外，還有更緊密的文化的根系把他們繫連在了一起，讓他們同調相親。當周亮工和這些有著前朝情結的詩人、畫家交往時，他不是把自己作爲當朝新貴，而是一個江南刻書世家的後代，一個藝術品的眞賞者和窮藝術家的贊助人來看待。

不只一種同時代人的記述提到周亮工身上的迷人氣質。說他長得方頤豐下，目光如電，又性格俊爽，事至立斷，絕不拖泥帶水。對父母孝，對朋友更是信字爲先，使人但覺「秋月澹面，春風扇人」（他的福建朋友許友語）。在周亮工任職淮揚、金陵的十餘間年，保護、獎掖了多名南方藝術家。據說他每任職一地，會預先打聽此地有哪些著名的讀書人和才藝之士，一到任就親往造訪。平素更是嗜飲好客，酒興一上來就與朋友們縱談上下古今，旁及山川草木，方名小物，滿大廳都飛揚著他的聲音。席間，桌上總是放著一個本子，一聽到客人提到某個技能之士，他就立馬記下。每次出遊，遇到有人送他詩文集求教，不管是數頁短箋還是大部頭著作，也不管是已經刊刻出版的還是手稿，臨行都彙集封好，上書「某

胡玉昆〈七君子圖〉

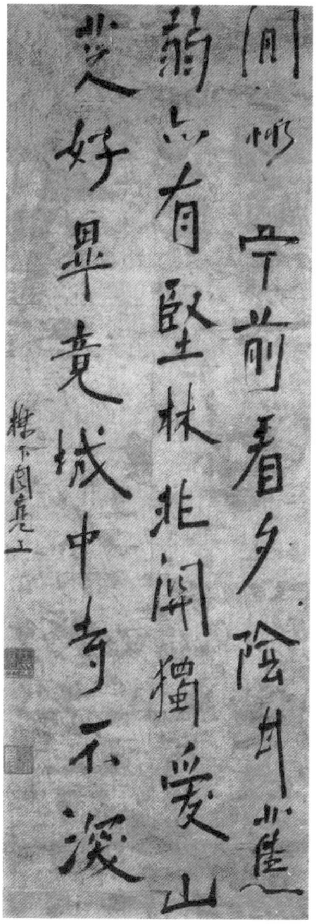

周亮工手跡

年某地同人所賜教」①。有人把他的好士與春秋時的平原君、信陵君、孟嘗君相提並論，魏禧說日後周亮工蒙難時，人都樂爲之死，周死後，「天下知名士倀倀乎無所依歸」②，更有一個叫申涵光的文士以平生不得見大海和周亮工爲憾，其人格感召力可想而知③。

作爲作家的周亮工，他的詩詞、古文自是也作得不錯。詩尚老杜，文章宗的是唐宋八大家，雖然文名被同時代的錢謙益、吳梅村所掩，卻也淋漓波折，氣勢生動，自有一股吸引人的鬱勃之氣。在好友張瑤星看來，周亮工對藝文的熱愛幾乎出自天然，詞曲、印篆、書畫只要通一藝以上者，他無不折節下交，被他的熱誠感染，也是出於佩服其鑒賞巨眼，天下畫人墨客但凡能畫得一水一石、一竹一木者，也無不竭盡所能求他鑒賞，這十多年來，周亮工收藏了當代畫家的上千幅作品和數千方篆印，他的「三癖」——書畫癖、硯癖、印章癖，實在可以與前人歐陽修並行不朽了④。

① 詩人鄧漢儀《慎墨堂筆記》曾經記述周亮工的好士之風。
② 魏禧〈賴古堂集序〉。
③ 王晫《今世說》記明遺民申涵光語：「未晤櫟園，未睹滄海，自是生平兩闕。」
④ 張怡〈賴古堂印譜引〉。

周亮工曾經講過一個寓居南京的盲作家的故事。此人姓盛，名於斯，號此公，安徽南陵人，年輕時家中頗富饒，詩文作得好，善寫擘窠大字，又喜彎弓馳馬，結交豪客，抱著大用於世的志向來到南京後，被人騙去錢財，家道中落，身體也病了。周亮工在開封讀書時回南京省親，結識了此公，那時此公已害眼病，看東西已不分明，周亮工勸他不要再讀書飲酒，他說那倒還不如眞的讓我做個瞎子。等到周亮工回開封，聽人說此公的雙目已失明，人也愈加激憤，但一手大字寫得比失明前更加好了，愛讀書的喜好也絲毫沒變，時常讓家人朋友在床邊誦讀，還口授寫作，語速快得好幾個人同時記錄都來不及。不久，周亮工收到了此公的信，說自己快要死了，託周亮工日後回南京看望他母親，並爲他南陵的墓地寫「盛此公埋骨處」六字。一六四五年，周亮工出任兩淮鹽運使後，所做第一件事就是派人去探視這位死去的盲作家的母親，贖田產供其晚年，讓南陵縣的地方官刻了墓石，還把此公的詩集刊印出版。

透過這個人生失敗者的故事，周亮工告訴他的讀者，在這個世界上，人不可能獨處，要與形形色色的人打交道，但如果交友不慎，就有可能落得像盛此公一樣，「黃金既盡，日徒憤激，退而自悔，又以盲死」。藝術家遊心於藝，入世的功夫總是差上一著，再兼處於社會底層，如果再不愛惜，眞要把風雅種子給摧折盡了。

從進入仕宦之途之日起，周亮工的衙署就成了他的畫家朋友的一方樂土。一六四一年冬天，他與王蓀剛到濰縣不久，就接待了方以智帶來的畫家胡玉昆。胡玉昆性格孤僻，所畫山水也像其爲人一樣縹緲虛無，周亮工很喜歡他的用筆設色，雖咫尺之幅，也像有萬里之遙。他收藏冊頁就是從入手胡玉昆開始，說：「入手便得摩尼珠，散璣碎璧，不足辱我目矣。」[1] 方以智南下，胡玉昆又在濰縣住了好久爲他作畫。日後，周亮工任官揚州、福建，兩次入京，胡玉昆一直都形影不離跟著他，「患難中時復相從」，在日後的《讀畫錄》中，周亮工回憶了他們的相識相交經過，說當代畫家中他與胡玉昆交情最深，篋中所收，也是胡玉昆的畫最多，他爲之寫的詩也最多。同時也不忘提了一筆介紹他與胡玉昆認識的昔年名士、如今的無可大師方以智，說他出生名門，幼稟異慧，三十歲之前是個出了名的大玩家，詩文詞曲、聲歌書畫、雙鉤塡白、五木六博、吹簫撾鼓、優俳平話無不極其精妙，自從在南京高座寺剃度做了和尚，粗衣糲食，完全變了一個人，偶爾用一支禿筆作畫，逸筆草草，讓人猜畫的是什麼，人都不能辨其形，他呵呵笑著說，此正是一個無字也。可見是個具大智慧的人②。

一六四五年，篆印家梁大年也出現在了他揚州道署的賓客名單上。周亮工與梁氏兄弟結識於京城，對其兄梁千秋的慳嗇頗不以為然，連帶著他刻的印也「令人望而欲嘔耳」，對梁大年卻頗為敬重，說他立身孤冷，不肯隨人俯仰，與他的小氣鬼兄長是毫不相干的兩類人。又說他能辨古器款識，所鐫印章皆有筆意。梁大年在衙署一住數月，周亮工的弟弟亮節亦有嗜印一癖，又喜收藏佳凍石，經常向他請教刀法③，但周亮節是個急性子，又愛酒，一印未成醉即磨去，實在不算個合格的印人。

印章雖是小道，在周亮工看來，此道也可稱神聖，刻什麼、怎麼刻、為誰刻都是有原則的。譬如文彭時代，所做多是姓名印，偶爾有些齋館堂號印，到何震以「世說」入印，再到梁千秋，則是「無語不可入印」，在他看來這就是一種藝術的倒退。他認為梁千秋治印只知拘泥於何震之法，入印文字又媚俗不堪，相比之下，梁大年則是一個有藝術操守的人。再加梁千秋成名後把主要精力都放到了追逐聲色上，草草奏刀，他的章，已經連自家的侍妾都比不上了④。

一六四六年，周亮工由鹽法道轉任淮揚海防兵備道，從專治鹽務到治軍政、民政，事務劇繁，再加這一年愛妾王蓀暴病去世，實有心力交瘁之感。然這一年到訪揚州的畫家、印人也不在

① 見周亮工《讀畫錄》「胡元潤」條。
② 《讀畫錄》「釋無可」條。
③ 事見《印人傳》卷一〈書靖公弟自用印章後〉。「弟靖公亦嗜印，在揚署見梁大年為予作印，輒時時向大年問刀法，但性躁不暇細究原委，又豪於飲，一印未成，醉即磨去，日輒磨數十石而卒無成，愛佳凍，得則手自摩娑或握之登枕簟竟夜不釋，然見有健羨者，即脫手贈之，不置諸意中也。」
④ 《印人傳》卷一〈書梁千秋譜前〉：「千秋得名後，留心聲妓，一意自恣，得圖章輒恅愺應之，或倩之大年，而大年又不肯代斲，亦不恆造其門，以此人益多大年。千秋有侍兒韓約素，亦能印，人以其女子也，多往索之，得約素章者，往往重於千秋云。」

少數。先是方以智的弟弟方直之沿著運河前來過訪，文酒流連近一月，爲他治印數方。出身安徽桐城世家的方直之是一個奇俠之士，雙目炯炯，能開數石弓，論才氣奔放一點也不遜於兄長，其性又不受拘縛，在他這裡叨擾了許久很是過意不去，一定要刻一方最好的印留給他①。到秋天，人稱「七處和尚」的南京畫家朱翰之又來訪，爲他作〈疏林遠岫〉②。是年除夕，素有墨癖的周亮工盡出自己收藏的上萬種墨，在衙署與胡玉昆、程穆倩等畫家及揚州當地的文人墨客舉行了一場聲勢浩大的「祭墨大會」。吳梅村聽朋友王紫崖說及這件風雅事，曾寫下兩首詩寄給周亮工，其中一律，說他的揚州道署是「似璧如圭萬墨莊」③。

名動江左藝壇的畫僧髡殘④，最早也是張瑤星介紹給周亮工認識的。此人俗姓劉，字介丘，又字石谿，早年曾參加南明何騰蛟的軍隊抗清，事敗後避難常德桃花源的深山中，如同野人一般，以草葉裹身，以溺暖足，與樹木精怪爲伍，度過了非常人所能想像的三個月。髡殘結束逃亡後回鄉，一日，其弟爲置氈巾禦寒，髡殘取戴於首，覽鏡數四忽舉剪碎之，並剪其髮，出門徑出，拜了自號三三居士的退休官員龍人

① 《印人傳》卷一〈書方直之一印前〉：「直之名其義，予同門進士以智、今青原和尚弟也，幼時同和尚有雙丁、二陸之譽，才氣奔放，其性又不受拘縛……君溯長江顧我，文酒留連就園者帀月。已乃，謂予曰：所藏印不甚愜予意，自作此方相贈。」他最後的結局是「鬱鬱居鄉里，多飲酒與婦人近，遂以瘍卒，其卒也，年甫三十餘，世共惜之」。

② 朱翰之，生卒年不詳。南京人。明宗室，明亡後削髮爲僧，法名七處。其山水畫疏逸脫俗。周亮工在《讀畫錄》裡認爲他是金陵畫派中的一個重要畫家：「秣陵畫，先惟知魏考叔兄弟，翰之出，而秣陵之畫一變。」又說：「每展七師畫，覺一冷面老瞿曇，立於吾前。」

③ 《吳梅村全集》卷六〈周櫟園有墨癖，嘗蓄墨萬種，歲除以酒澆之，作祭墨詩，友人王紫崖話其事，漫賦二律〉。其第二律云：「山齋清玩富琳琅，似璧如圭萬墨莊，口吸飲同高士癖，頭濡書類酒人狂。但逢知己隨濃瀋，若論交情耐久長。不用黃金費裝裹，伴他銅雀近周郎。」

④ 髡殘（一六一二～一六七三），字介丘，號石谿，又號石道人，殘道者等。湖廣武陵（今湖南）人。後寓南京幽棲寺。精繪山水，師法王蒙，善用禿筆和幹筆皴擦，筆墨高古，是與漸江（弘仁）、石濤、朱耷齊名的十七世紀初傑出的四大僧人畫家之一。張庚《國朝畫徵錄．釋髡殘》稱：「工山水，奧境奇闢，緬邈幽深，引人入勝，筆墨高古，設色清湛，誠元人之勝概也。此種筆法不見於世久矣！」

儼爲師學佛。因爲他少時聽母親說，生他時曾夢見一個僧人，因此認定了自己此生是和尚轉世，家人不許，他竟夕大哭，自己引刀削髮，血流滿面，鐵定了心要出家。

大概十七世紀五〇年代初期，自號石谿的髡殘來到了南京，拜在高僧覺浪禪師門下，取法號大杲，在皇家寺院大報恩寺修藏社校刊《大藏經》，並得到了覺浪禪師的衣缽眞傳（周亮工稱：「杖人深器之，以爲其慧解處莫能及也。」）最後他住到牛首山祖堂山棲幽寺苦修。他自謂平生有「三慚愧」，「嘗慚愧這隻腳，不曾閱歷天下多山；又嘗慚此兩眼鈍置，不能讀萬卷書；又慚兩耳未嘗記受智者教誨」，常常閉關不出，與草木樹石同呼吸，疥癬滿身也不以爲苦。曾與之同遊黃山的方外畫友程正揆說他有如獅子獨行，自證自悟，不求伴侶，「三百年來無此燈」。住在棲霞山中白雲庵的張瑤星與之氣味相投，對他評價至高，說他的佛學修爲直指本心，

李士達〈琴棋書畫圖軸〉之一

沒有尋常出家人的那些俗套，詩作得性靈畢現，畫得王摩詰眞傳，又師法造化，蒼勁中毓出生秀，枯澀中淹潤無比，比宋代的米芾父子還要好，堪稱詩畫中之「龍象」。

在髡殘的一幅〈仿米山水冊〉中，張瑤星這樣評價這位心靈相契的老友：

> 舉天下言詩，幾人發自性靈？舉天下言畫，幾人師諸天地？舉天下言禪，更幾人拋卻故紙，摸著自家鼻孔也！介大師箇中龍象，直踞祖席，然絕不作拈椎豎拂惡套，偶然游戲濡吮，輒擅第一。此幅自云效顰米家父子，正恐米家父子有未到處，所謂不恨我不見古人，恨古人不見我耳。

早年的離奇經歷再加上佛法機緣，使石谿的筆下時帶奇氣，但他稟性沉默如石，再加早年逃難山中時落下了風濕病，到了晚年已很少作畫，然一提筆，就像張瑤星說的，所出必是精品。好友程正揆捐款修繕報恩寺，石谿曾應邀作過一幅〈報恩寺圖〉，但見煙嵐起伏，佛塔聳立，殿堂樓閣隱隱鋪陳，令人歎爲觀止。畫的右上方是一座山寺，山崖和遠處是等距離的群山和帆船，山峰都是從左向右依次高出去，畫中的懸崖石壁被雲霧和流水穿繞著，樹林、薄霧、山岩交織成一體，盎然氣韻撲面而來。從畫面的輝煌壯麗，可知這座山寺在畫家心目中有著崇高位置。畫上自題的一行草款更是寫出了心底崢嶸：「佛不是閒漢，乃至菩薩、聖帝、明王、老莊、孔子，亦不是閒漢。世間只因閒漢太多，以至家不治，國不治，叢林不治。《易》曰：天行健，君子以自強不息。蓋因是個有用底東西，把來齷齷齪齪自送滅了，豈不自暴棄哉！」[1]〈在山畫山圖〉寫一高士隱於丹楓黃葉清泉白石間，乍看如粗服亂頭、殘山剩水，細加品味，卻自有一種孤高奇逸之氣貫穿其中[2]。他另有一幀〈奇石圖冊〉，自題「我說我法，爾點爾頭，玲瓏一片，幾歷春秋」，畫中蒼古的瘦石與潤漬的青苔似乎正述說著佛的無限輪迴。

十七世紀六〇年代初，周亮工首次官場受挫，轉而向佛法中尋求安慰，因這一層緣由，張瑤星介紹他結識了髡殘。一與這個脾氣古怪的和尚交接，周亮工即對其畫作大加讚賞，認爲「繪事高明」，其品行、筆墨俱高出人一頭地，所與交者，只是「遺逸數輩」罷了。明知和尚不輕易為人作畫，他卻多次向和尚索「冊子數幅」，石谿欣然命筆畫了一幅山水，並不無揶揄地自題：「殘山剩水，是我道人家些子活計，今被櫟園老子，奪角爭先，老僧秖得分爐頭半箇芋子，且道那半箇謾，他日覿面，再與一頓。」③可見此時他們的交情已非淺。和尚另有一幅紙本設色〈為周亮工作山水圖〉，近處喬松秀梧紅葉斑斕，坡岸之下，波光泠泠，其後一崗疊起，崗側有茅屋一間，一高士正臨窗讀書，有二客正從崗前曲徑中緩緩來尋，屋後煙雲起處，雙峰高出雲端，其上則山嵐隱隱，遠天無盡，於一派蒼潤中，自有一股高華的精氣流衍於畫面。

畫上還有和尚行書長題，由一段東坡畫語，引出對當今「法眼」周亮工的推崇之意：「東坡云：書畫當以氣韻勝人，不可有霸滯之氣。有則落流俗之習，安可論畫。今櫟園居士為當代第一流人物，乃賞鑒之大方家也，常囑殘衲作畫，余不敢以能事對，強之再，遂伸毫濡墨作此。自顧位置稍覺妥穩，而居士亦撫掌稱快，此余之厚幸也。何似。石道人，時辛丑八月在佛雲關中清事。」④

十七世紀六〇年代初，隨著南方抵抗運動銷聲匿跡，南京的藝術空氣也在漸漸復甦，董其昌的學生、早年遷居揚州的畫家龔賢回到了南京，另一位重要畫家程正揆也從工部右侍郎的

① 〈報恩寺圖〉，紙本設色，立軸。一六六三年作，日本泉屋博古館藏。報恩寺初建於西元三世紀，座落在南京城南山上，明初改名為天溪寺。一四〇三年記曆遷都北京時，寺廟的總部僧盧寺也被遷移了，但一些附屬機構仍然保留，報恩寺仍然被當作是皇室的財產，是南京最重要的宗教機構之一。

② 〈在山畫山圖〉，設色紙本，立軸。一六六二年作。款識：「住世出世我不能，在山畫山聊爾爾。蔬齋破衲非用錢，四年涂抹這張紙。一筆兩筆看不得，千筆萬筆方如此。乾坤何處有此境，老僧弄出寧關理。造物雖然不尋聞，至人看見豈鄙俚。只知了我一時情，不愛此紙何終始。畫畢出門小躋攀，爽爽精神看看山。有情看見雲出岫，無心聞知鐘度關。風來千林如虎嘯，嚇得僧人一大跳。足下誰知觸石尖，跛跛蹯蹯忍且笑。歸到禪房對畫圖，若即一番難告報。從茲不必踰山門，淡墨吻毫窮奧妙。壬寅小春，漫寫並記，石殘者。」鈐印：介丘（朱）、石谿（白）。

③ 見《讀畫錄》「石谿和尚」條。

④ 這一幅圖在晚清時，入關晃鈞之手，吳郁生（一八五四～一九四〇）為之題跋，稱：「石師此為櫟園居士作此幀，酬知侚惠，刻意經營，其筆力堅凝，直與宋元人頡頏，石田而下，匪其思存矣！」足見此圖在賞鑒家眼中分量。

任上退休來到南京閒居，並在創作巨制、五百卷的《江山臥游圖》長卷（周亮工寫作《讀畫錄》時說，十年前就已看到了已完工的三百幅）。號半千的龔賢是個喜好玄思的藝術家，致力於把精深的佛學思想融入畫筆，龔賢曾向覺浪禪師學佛，法名大啓，與髡殘算是同門；程正揆來自湖北孝感，與髡殘同屬古楚國人，早年又同遊黃山，這三個性格古怪的畫人在南京開始了一段密切的交往。周亮工說程正揆的畫「繁簡濃淡，各極其致」，說龔賢的畫「落筆上下五百年，縱橫一萬里，實是無天無地」。一六六九年冬天，龔賢看了周亮工收藏的全部名家山水冊後，寫下了一篇備受後世藝術史家重視的畫跋，說髡殘和程正揆的畫是他最喜歡的，都充滿著濃郁的「士氣」，可並稱書品中最高一級的「逸品」：

> 今日畫家以江南爲盛，江南十四郡，以首郡爲盛。郡中著名者且數十輩，但能吮筆者，奚啻千人？然名流復有二派，有三品：曰能品，曰神品，曰逸品。能品爲上，餘無論焉。神品者，能品中之莫可測識者也。神品在能品之上，而逸品又在神品之上，逸品殆不可言語形容矣。是以能品、神品爲一派，曰正派，逸品爲別派。能品稱畫師，神品爲畫祖。逸品散聖，無位可居，反不得不謂之畫士。今鑒賞家，見高超筆墨，則曰有士氣。而凡夫俗子，於稱揚之詞，寓譏諷之意，亦曰此士大夫畫耳。明乎畫非士大夫事，而士大夫非畫家者流，不知閻立本乃李唐宰相，王維亦尚書右丞，何嘗非士大夫耶？若定以高超筆墨爲士大夫畫，而倪、黃、董、巨，亦可嘗在縉紳列耶？自吾論之，能品不得非逸品，猶之乎別派不可少正派也。使世皆別派，是國中惟高僧羽流，而無衣冠文物也。……金陵畫家，能品最夥，而神品、逸品，亦各有數人，然逸品則首推二谿：曰石谿，曰青谿；石谿，殘道人也，青谿，程侍郎也，皆寓公。殘道人畫麤服亂頭，如王孟津書法；程侍郎畫冰肌肉骨，如董華亭書法。百年來論書法則王董二公應不讓，若論畫藝，則今日兩谿又奚肯多讓乎哉。[1]

稍後，有畫家石濤列舉當代畫家中的「一代解人」，說他最佩服的就是畫風「高古」的髡殘[2]。

周亮工在《讀畫錄》裡記髡殘「繪事高明，然不輕爲人作」，「雖奉以兼金求其一筆不可得也，至所欲與

髡殘〈石谿巖穴棲真圖〉

① 台灣故宮博物院藏〈周亮工集名家山水冊〉，其後龔賢自題書寫這段跋語的緣起云：「詩人周櫟園先生有畫癖，來官茲土，結讀畫樓，樓頭萬軸千箱，集古勿論，凡寓內以畫鳴者，聞先生之風，星流電激，惟恐後至，而況先生以書召，以幣迎乎？故載几盈床，不止如十三經、廿一史，林宗五千卷，茂先三十乘，登斯樓也，吾不知從何處讀起。暇日偶過先生，先生出此冊見示，余繙閱再四，皆神品、逸品，其中尤喜程侍郎二幀，因志數語，幸藻鑑在前，不然，吾幾涉於阿矣。時康熙己酉仲冬望前一日，清涼山下人龔賢題。」

② 髡殘在世時與別號清溪道人的程正揆並稱「二溪」，與石濤並稱「二石」。身後，藝術史家又把他與漸江、八大山人、石濤合稱爲清初畫壇「四畫僧」。

即不請亦以持贈」。髡殘風濕症未發前勤奮作畫的場面他未親見，但髡殘曾這般記述他對時間的珍惜，可見自律之嚴：

大凡天地生人，宜清勤自持，不可懶惰，若當得個懶字，便是懶漢，終無用處。如出家人若懶，則佛相不得莊嚴，而千家不能一缽也，神三教同是。殘衲時住牛首山房，朝夕焚誦，稍餘一刻，必登山選勝，一有所得，隨筆作山水畫數幅或字一兩段，總之不放閒過。所謂靜生動，動必作出一番事業，端教做一個人立於天地間無愧。若忽忽不知，惰而不覺，何異於草木！

六十歲後，髡殘預感生命之燈即將燃盡，他寫給張瑤星的一封信，至今讀來不勝淒涼：「老來通身是病，六根亦各返混沌，惟有一星許如殘燈燃，未可計其生滅，既往已成灰矣。」一日，他把平生收藏的古玩銅器全部拿出來，命工匠鑄一樽高數尺的佛陀出山像，自題一聯，「剜盡心肝，博得此中一肯；留此面目，且圖去後商量」，從此絕筆。病重時，他吩咐僧人，將遺骸焚化，投諸江流之中。眾僧有些爲難，髡殘大聲喝道：「若不以吾骨投江者，死去亦與他開交不得！」

髡殘圓寂後，寺僧將其骨灰拋撒在長江燕子磯下。他故去十餘年後，有一個盲和尚在燕子磯絕壁刻了「石禪師沉骨處」幾個大字，以志紀念。周亮工爲同是「六十患難」的和尚——他們都是一六一二年生人——寫了一首詩：惟吾獨尊耳，佛生共一天。乘風欲離世，與雨共參禪。伏臘應無量，兒孫誰及肩？休輕下毒棒，易得到公前。

張怡的弟弟張風，也是一個畫家兼印人，一手山水畫恬靜出塵，又特愛摹寫鍾馗像。據他自述，一六四五年除夕他曾夢見與鍾馗對談，醒來後乃作了一幅綠袍紗帽的〈鍾馗圖〉。在周亮工看來，張風的畫雖無師承，幾無墨路可尋，卻瀟然淡遠，已臻化境，「秣陵畫家，掉臂孤行者，大風一人而已」。

張風年輕時是個生員，甲申之後，他做出一個驚人舉動，把應試書籍一把火燒了，隻身配著短劍北上遊歷。張風「貌頎偉，美髭髯，望之似深山老煉士」，在周亮工看來，他這個儀表堂堂的朋友乃是一個圖章、詩賦、音律無所不能的文藝通才，畫作可登「逸品」，治印「秀遠如其人」，還著有音律學著作《一門反切》。在周亮工爲張風所作的兩篇傳記中，藝術家的豪放不羈之姿躍然紙上①。一是說他早年北遊時，「有中貴子招飲，邀館幕中，大風起立，瞪目不答，酒罷引去」，隨即收拾行裝，騎著毛驢就走人了。再是說他學道學佛，三十年不茹葷血，某一日，客有烹松江鱸魚者，他竟然大快朵頤，

① 周亮工爲張風寫的兩篇傳，分別是《讀畫錄》裡的「張大風」和《印人傳》裡的「書張大風印章前」。

髡殘〈山水圖〉

張風〈仕女圖〉

邊吃還邊說：「此吾季鷹所思，安得不啾。」可見是多麼豪放曠達、不甘拘束的一個人。

張氏兄弟素有家學熏染，他們的叔叔張可度就認爲，古人左圖右史，「要以發舒胸中高遠閒曠之趣耳」，藝術家應該消失在他的作品的後面①。張風曾與他的哥哥張怡論畫，認爲繪畫只有目力上的觀察是不夠的，要見到，更要行到，否則便會眼高手低，即所謂「眼裡有筋，腕中有鬼」是也。繪事遇到的障礙是在提起畫筆的過程中逐一解決的，如此才能從「觀慧」上升到「乾慧」，即菩薩修行階位中「三乘共十地」之第一地。讓人會心的是這兩個仿佛之人談畫理，也是滿口佛家用語②。張風去世後，周亮工把他與朋友談論畫道的這些書信收入了彙編出版的當代名人書信集《尺牘新鈔》裡，錄其一二，可知其繪事心得：

畫要近看好，遠看又好，此則僕之觀畫法，實則僕之心印。蓋近看看小節目，遠看看大片段。畫多有近看佳而遠看未必佳者，是他大片段難也。昔人爲北苑畫多草草點綴，略無行次，而遠看則煙巒籬落，雲嵐沙樹，燦然分明。此是行條理於麤服亂頭之中，他人爲之即茫無措手，畫之妙理盡於此矣，絕非近日承學家所指之董也。（〈又與鄭汝器〉）

善棊者落落布子，聲東擊西，漸漸收拾，遂使段段皆贏，此奕（弈）家之善用鬆也。畫亦莫妙於用鬆，峓峓布置，漸次層層點染，遂能瀟灑深秀，使人即之有輕快之喜。（〈又與程幼洪〉）

前者是說畫家要有牢籠一切之觀，如此才能組織全域，使畫面既有整體意境，又有細節上的精確，近看遠看都好，就像董源的畫，看似草草幾筆點綴，實際是埋條理於紊亂中，絕非一般畫匠所能至。後者是從棋士與人弈棋時布子講究疏密來談畫理，認爲一幅好畫的布局亦應如是，畫面要鬆，先布大概，再在小範圍與小細節上慢慢收筆，層層點染，如此才能造就瀟灑深秀之意，使讀畫的人輕快爽朗。

張風對畫學傾注了無上熱情，妻子死後也沒再娶，日子過得很是凌亂，周亮工印象最深的是，下了大雨，他住的屋子發大水，張風渾然不覺，踦臥在書案上整日作畫不止。張怡透露說，因家貧無養，張風大多時候住在僧寮道院，靠鬻畫維生，畫後常常署「眞香佛空四海」幾字③。周亮工在《印人傳》裡回憶說，一六六〇年前後他被讒丟官閒住南京時，張風曾送他一幅畫，畫的是一手持劍、腰佩葫蘆的一個人，用筆極爲奇古，他極爲珍愛，尤堪玩味的是張風在這幅畫上的自題：「刀雖不利，亦復不鈍，暗地摩挲，知有極恨！」不知是因家國之變有此「極恨」，還是對被讒解官的老友的安慰。周亮工把這幅畫取名爲〈壯士摩劍圖〉，一直帶在身邊④。

長年的忍饑挨寒損害了這個窮畫家的健康，他落下了胃疾，且病勢洶洶，一六六二年就去世了。周亮工在《讀畫錄》裡說，那年

張風〈北固煙柳圖〉

① 《尺牘新鈔》收有張可度與周亮工論畫的一通書札：「近世董元宰論畫，南宮北苑，必嚴宗派，此禪家所謂從門入者，不是家珍。古人左圖右史，要以發舒胸中高遠閒曠之趣耳，寧暇計某家山某家水耶？」

② 「此事有悟亦有證，悟得十分，苟能證得三分，便有快事。前輩有言：『我所恨者，未具此手，先具此眼。』又云：『眼裡有筋，腕中有鬼』，都是說見到行不到，乾慧之無濟乃爾。」張風〈與張瑤星論畫〉，見周亮工編《尺牘新鈔》。

③ 張風死後，其兄張怡有詩紀夢，中有「命酒聊驅俗，寫山緣救貧」句。見《讀畫錄》「張大風」條。

④ 《印人傳》中曾提及張風與周亮工的這次畫作交流紀錄：「予被讒後，大風畫一人持劍，以手摩娑，雙目注視之，佩一葫蘆，筆極奇古。題其上曰：『刀雖不利，亦復不鈍，暗地摩娑，知有極恨！』予感其意，至今寶之。」

他從北京回到南京，曾邀張風到高座寺相聚，聚談了五、六天，張風作畫後又贈小冊，幾個月後，「即歸道山矣」①。張風死後不久，他哥哥張怡夢見了他，夢裡，張風穿著華麗的服飾，交給他一卷書稿，說在天上封了個小仙，繼續做畫家，還分配到了住屋，日子過得很是閒適，比在人間要好多了。張怡一連寫下了六首詩，記錄這次夢裡相會②。

除了與這些以南京爲中心的畫家、印人交往，十七世紀六〇年代初起，周亮工還在編選刊刻一部同時代作家、學者、藝術家的通信集。他是選書刻書世家出身，再加交遊廣泛、孜孜以求，這部通信錄的前三卷《尺牘新鈔》、《藏弆集》、《結隣集》很快就刊刻問世了③。期間，他多次與張怡通信往返探討編選範圍和體例，打聽近人文集有何人何篇可供採擇。他說當世有許多文士或懷才不遇，短命早夭，致使遺稿散失，實是文明之大不幸，他保存並出版這些尺牘的目的，乃是意在「闡幽」，表揚這些被時代沖到角落的才俊之士，記錄他們的名言懿行，彰顯其聲名，也是爲後世留一點藝文的種子，而不僅僅是爲了盈利，事實上，這項工作到後來已不得不讓他「節縮衣食」了④。

這部通信集的第四卷《牧靡集》編成後，他去杭州，讀到了一個叫陳枚的選家編的尺牘選本《寫心集》，覺得編選的水準要高於自己，已在猶豫要不要繼續刊刻第四卷⑤。再加任職福建時案子牽累，一次次的追贖、賠償已使他的經濟極爲窘迫，「刻資不繼」，於是只好放棄了刊刻。他答應張怡爲之刊刻《史挈》的承諾，也化爲了泡影⑥。但這部篇目浩繁的通信集裡還是收錄了張怡寫給朋友的十餘件手札，內容涉及氣節、閒居生活、翰墨等。周亮工自己寫給張怡的六封信，收集在了他此前出版的文集《賴古堂集》中，正是從這些談論讀書、買書、繪畫、思考和人生態度的信件中，我們復原了一個時代藝術家們之間的交往。

記憶與眷戀

對自己的蹭蹬一生，周亮工是不滿意的，時有悔意流露，說「老鐵鑄錯成，大悔亦已晚」，這或許與他在政壇的數度起落有關。

進入新朝之初，他感到這個政權對自己還是著意籠絡的，頗思在新的仕宦生涯中有一番作爲，謀事不可謂不忠，任事不可謂不勤。一六四七年秋天擢爲福建按察使後，在閩八年，以一身兼任兵備、海防、督學三職，禦鄭成功的戰船於泉州、漳州之外，又教化地方，整治吏治，朝野都以能員視之。用他的傳記作者姜宸英的話說，「材器揮霍，善經濟，喜議論，疾齷齪，拘文吏，當大疑難，剸斷生殺，神氣安閒，無不迎刃解」，乃是一個有大才略的官員⑦。怎料到一六五四年調離福建、升任都察院廳副都御史沒多久，就被新任

① 「壬寅，余自北回，邀大風過高座寺，相聚五六夕，爲予作冊中諸幅已，又以小冊貽我，未數月，即歸道山矣。」《讀畫錄》「張大風」條。壬寅即爲康熙元年（一六六二年）。

② 張怡向周亮工敘述了這個夢境：「予仲大風，死後入夢，衣冠甚偉，出袖中文，屬余爲流通。自云居天上爲散甚適，新搆小屋，繪諸葛、柴桑二像供其中，仍以筆墨遊諸上眞。別語甚多，異哉。」張怡的紀夢詩全都收入了周亮工的《讀畫錄》。

③ 周亮工自言：「壬寅之夏，吾適有肌膚之疾，於長夏之日而弗堪也。於是取尺牘之可喜者，以消永日而遣吾疾。好事者請吾廣之，集遂得三。」似乎壬寅之夏，周亮工已將《尺牘新鈔》三選一舉編成，但事實並非如此。《尺牘新鈔》是壬寅年編成刊刻，而《藏弆集》和《結隣集》則分別在康熙六年和九年編定付梓。

④ 周亮工《尺牘新鈔．凡例》自陳：「且意在闡幽，非徒射利。」

⑤ 與周亮工編纂《尺牘新鈔》大概同時，陳枚（字簡侯）也在編尺牘選本《寫心集》以及應用文選本《留青集》，周亮工對此大加讚賞：「讀《留青》妙選，眾美畢陳。不啻饑歲之糧，渴時之飲。凡具波斯胡妙眼者，如入多羅寶藏，眞足衣被無窮。承惠。僕一轉盼間，不獨留於目，且留於心，亦敬謝！」《尺牘新鈔》四選《牧靡集》未能刊刻的原因，周亮工曾在寫給陳枚的信中吐露一二：「作客湖干，過蒙至愛。歸來數月，魂夢尚依依左右也。《寫心》大選，幸多惠數冊。拙選四集（即《尺牘新鈔》四選《牧靡集》），以刻資不繼，明春始能卒業。然見大選，則此集可廢矣。」

⑥ 周亮工〈與張瑤星．又〉：「弟既苦此間之追贖，又苦閩地之賠償，其苦非恆人所有。……《史挈》是必傳之書，惜弟家破，不能爲先生梓。」

⑦ 姜宸英〈墓碣銘〉，《賴古堂集》附錄。

浙閩總督佟岱上疏彈劾，污他酷虐好殺，貪贓四萬餘兩，被革去本兼各職，「赴閩質審」。

正是官場得意的時候，堂堂左副都御史怎麼一轉眼就成了階下囚？據周亮工自己說，是佟岱張冠李戴，把另一個調任北京的姓周的官員當作是他，責怪他沒有於海途中相遇時過船拜訪，以致惱羞成怒，欲置自己於死地（周亮工辯解說，自己去北京上任走的是陸路，根本未與佟相遇）。但也有一種說法是，周亮工剛到北京上的一疏給自己招來了麻煩，他在那封奏章中分析福建形勢，提出六條用兵機宜，使新任浙閩總督佟岱大爲忌恨，再加周以前得罪過浙帥馬進寶和泉帥馬得功，於是三人聯手想要把周亮工做掉①。

這樁案件由於控辯雙方讞詞不一，在福建、北京兩地反覆審理，前後拖了六年，有千餘人因牽涉本案受到審查，周亮工還被有司押送到福建對質（他的好友胡玉昆從北京到福建一路都陪著他）。到一六六〇年初結案時，已有數十人牽累至死。最後戲劇性的一幕出現了，因這年是皇太后的本命元辰，皇帝曉諭刑部，在獄犯人減罪一等，周亮工的案子不必再審，就把他流放到寧古塔去吧。未幾，周亮工父母亡故的消息傳來，改遷南京②。第二年康熙即位，顧念周亮工在福建的功勞，又把他補爲了青州海防道，不久轉任江南江安督糧道。

這長達六年的鞠審，是周亮工的第一次政壇挫折。當時在獄中自忖必死，他還請一個叫黃經（字濟叔，一字山松，江蘇如皋人）的印人朋友刻了「又活一日」、「勿忘今日」兩枚圖章，以作警醒。但所謂好了傷疤忘了疼，直到一六六九年「漕運案」發，他在江寧糧憲任上遭漕運總督帥顏保彈劾縱役侵扣款項，被革職逮問論絞，他這時才終於明白過來，這官場的一潭渾水真不是自己能蹚的。出獄後他寄給摯友胡玉昆的詩：「君家兄弟予兄弟，二十年前訂古交。眼底何人爲續客？林中許我結重茅。長貧只合終身醉，漸老猶慚百念淆。莫念燕齊閩越路，門前芳草費推敲。」正可見出他在歷盡劫波後的大困惑、大懊喪③。

兩次牢獄之災，讓本來家境殷實的周亮工幾乎傾家蕩產。再加上弟弟周亮節的去世，閉門待罪的十個月裡，周亮工的心情灰黯到了一生中的頂點。他時常想起亮節手握佳凍石睡覺的模樣，拿刀鐫刻又趁著酒性懊惱地磨去的模樣，記憶中最溫暖動人一幕竟然是，他有一次得到了一塊奇異的凍石，亮節一把搶過就跑，他在後面緊追不捨，亮節被絆摔倒，手中的凍石也摔壞了，石片割破手掌鮮血直流，他扶起亮節，兄弟倆相視一笑而罷④。在一封寫給張怡的信中吐露「心緒如亂絲，百苦相煎」的困苦心境，喻之爲如「在湯鑊」：

> 甚矣，讞者之故難人也！我欲緩則必急之，欲急則故緩之。弟之在湯鑊中者十閱月矣，既自服矣，可以結矣，而至今尚不與結也。心緒如亂絲，百苦相煎。而舍弟又于七月廿五日卒矣。弟只此一弟，又復舍我而去，撫棺痛哭，幾不欲生。先生視我暮年能堪此否耶？因弟事未已，奄柩在堂，遂未敢報聞。先生聞此，應爲我有餘悲矣。⑤

李士達〈琴棋書畫圖軸〉之二

① 林佶〈名宦戶部右侍郎周公亮工傳〉分析周亮工去職的原因：「十年，上擢公爲都察院左副都御史。即疏言閩事，首論除降寇鄭芝龍，又陳用兵機宜六事，世祖皇帝深嘉納；而公禍基此矣。尋陞戶部總督錢法右侍郎。先是，芝龍既降，其子成功猶據廈門，屠漳州、刺殺總督，日以降愚我，冀緩援兵；朝廷亦羈縻芝龍，以南安伯奉朝請。公之以中丞入也，極陳其逆狀；世祖密下公疏於部，遂執芝龍下獄。芝龍知公發其事，乃大恨，揮金謀報公。適督閩者方修怨撼公，一、二巨帥向與公齮齕者爭相媒孽，飛章上告，公遂聽勘。」見《碑傳集》卷十「明臣部院大臣」。

② 周亮工的長子周在浚在《賴古堂集·行述》中說：「當是時，株連瓜蔓者千餘人，在閩拷掠死者三人，下司寇斃三木者又二人，有司平反先大夫冤、逮及死道路者一人，瘐死者二人。餘皆瀕死者數矣，卒無一人誣服。」

③ 見周亮工《讀畫錄》「胡元潤」條。

④ 《印人傳》第一卷〈書靖公弟自用印章後〉。

⑤ 〈與張瑤星·又〉，見《賴古堂集》。

一六七〇年春天的一個晚上，周亮工突然做出一個令人吃驚的舉動，他把平生所著文字，無論已刻的或未刻的，全都一把火焚燬，以示徹底割捨文字因緣。

對著百餘卷化爲灰燼的稿本，他說，都怪此物，害得我一生如此折騰①！

「飛帆學海，掉鞅詞壇，著述等身，不脛而走」（張怡語）的周亮工，晚年竟然做出如此決絕的舉動，是出於對日漸收緊的文網的恐懼？還是對自己「時時與世抵牾」一生的幡然悔悟？

《因樹屋書影》、《入閩記》、《閩小記》、《鹽書》、《同書》、《蓮書》、《箸字》、《字觸》、《尺牘新鈔》、《藏集》、《結隣集》、《賴古堂文集》……歷年著述的文字在火光中化爲了灰燼。他燒的是書，是悔恨，也是讓他不忍回首的時光。

呂留良說，櫟園先生此舉，實是「有所大不堪於中」，他燒的不是書，而是入清的「志」，他的書其實是怎麼也焚不去的，因爲它已經發表在天下士子的心裡，所以「惜其書，不如悲其志」②。

但祖龍無情，周亮工瀝盡心血的許多文字還是化作了縷縷青煙，日後他的兒子周在浚要把二十四卷《賴古堂集》復原，多方搜求也只恢復了十之二三。而四卷記述他與南京畫家們交往的《讀畫錄》，「以其闕而未備，猝不成書，雜亂紙破硯中，故未燼之一炬耳」③，使後人得以整理殘燼付梓，也算是不幸中之大幸了。另有三卷專門記述與篆刻藝術家們交往的《印人傳》，後來經過他兒子們的努力，也得到了大部分恢復。

此事發生後不久，周亮工就後悔自己孟浪了。儘管他已發過誓再也不寫作，只以圖章自娛了，但看他給張怡寫的信，所談還是書事。信裡先是感謝老友幫忙校閱文選，「只此一雙眼睛，自己有時瞎却，迨遇明眼人又還我雙眼珠，則先生重閱尺牘之謂也，感先生目力不淺」，然後就訴說自己燒書的悔意，慨嘆「名根難斷」：「二月初五日已刻未刻，諸蕪作盡付咸陽一炬矣。葛藤一斷，省得許多牽絆。然事過而旋悔之，始知名根難斷，此老不能學道拖泥伴水，此一事徵之矣。」④

記事珠

周亮工應該感謝命運，在生命的最後十一個年頭又讓他回到了出生地南京。早些年仕途順遂、經濟狀況好的時候，他經常與朋友們在這裡飲酒作樂，吟詩作畫，南京的書畫家朋友們只要一聽說他回來了，就像畫家龔賢說的，「聞先生之風，星流電激，惟恐後至，而況先生以書召，以幣迎乎」。他是南京藝術圈當之無愧的中心，是這些藝術家們公認的權威批評家，也是他們的保護人和贊助人。「凡海內之士有以一竹一木、一丘一壑見長者，無不曲示獎借，收之夾袋」，而畫家印人們也無不畢竭所長，以自己的作品能得到他的鑒賞爲榮，就連生性孤傲如髡殘這樣的畫家，也把他認作了當代文章詩畫的「宗匠」，稱他「爲當代第一流人物，乃賞鑒之大方家」。

在他生命的最後幾年，已不復有財力購藏大量書畫、資助窮畫家，書籍刊刻作坊停工，文酒之會也不像以前那樣辦得勤了。閩案、漕運案審查、追賠的那幾年，他平生最珍視的藏品陸續出手。他曾表彰獎掖、爲他們寫生作傳的百餘個畫家、印人⑤，有些死了，有些已遷居別處，但南京及周邊的畫家們一聽到他遭難的消息，像吳子遠、王石谷等馬上都跑去探望。王時敏的學生、曾在京城連續六年繪製〈康熙南巡圖〉的王石谷，素來被周亮工

① 周亮工的長子周在浚在《賴古堂集．行述》中記錄了發生在庚戌年（康熙九年，一六七〇年）的這次焚書之舉：「前歲，一夕慨然曰：『一生爲虛名誤，老期聞道，何尚留此耶？』命盡火之。」《賴古堂集．行述》作於康熙十一年（一六七二年），所云前歲，應指庚戌。姜宸英所作〈墓碣銘〉也沿用了這一說法：「庚戌再被論，忽夜起徬徨，取火盡燒其生平所纂述百餘卷，曰：『使吾終身顚躓而不偶者，此物也！』」

② 呂留良〈賴古堂集序〉。

③ 周在浚〈讀畫錄序〉。

④ 〈與張瑤星．又〉，見《賴古堂集》。

⑤ 《讀畫錄》中，立傳的畫家七十七人，書後另附畫人姓名未及立傳者六十九人。《印人傳》中，爲許宲、文彭、何震、金光先、胡正言、梁千秋、萬壽祺、程邃、韓約素、汪關等明代中期至清初的印人每人立一小傳，計有六十人，並附無傳者姓名六十四人。這兩部著作中，周亮工爲之作傳的畫家、印人共計一百三十七人。

推重，稱「下筆便可與古人齊驅」，是百年所無的人物，他去探視周亮工時一口氣畫了大小十六幅，使屢被官場傷害的周亮工感到了同儕間不絕絲縷的溫暖，筆下述起此節，也溢動著生命的情意：「（石谷）顧予于白下，時予已謝督糈，石谷寓續燈菴，爲予作大小十六幅，老年患難，頗藉以自遣。石谷苦心於此中二十餘年，於予頗有知己之感。」①

其間規模最爲盛大的一次雅集當數一六六九年冬天的「己酉盛會」，發生在周亮工剛從「漕運案」脫身不久，袁駿、吳子遠、姜廷幹、顧與田、王石谷、胡玉昆、姜綺季、樊圻、吳宏、張修、夏森、胡節、陳卓、葉欣等數十位詩人、畫家齊集南京，一起慰勞退出官場的主人，品題主人收集的當代名家山水冊頁，並各自留下墨跡。

是日惠風和暢，暖煙暖日，老友相見興致更高，周亮工的弟子黃俞邰（字虞稷）心緒激動地作了一首「長歌」記錄這次盛會。詩中的「主人前身本摩詰，詩禪畫聖書籠鵝」，把主人比擬爲唐朝的王維，雖然不無吹捧之嫌，但也可見周亮工在當時南京畫壇的巨大影響力。從黃俞邰的紀錄來看，除了個別畫家如高岑因病未能赴會、龔賢隱居虎踞關不便前來，在世的南京重要畫家幾乎都到場了，並與主人開懷暢飲，筆墨相娛：王石谷寫煙江疊嶂圖，樊圻畫了他最擅長的籠燈美人圖，張修畫風荷，頭髮花白的胡元潤稍一沾酒就滿臉通紅，性情爽朗的吳子遠則口若懸河……②

雅好書畫圖章的三十年中，周亮工經常把藏品中最優秀的畫作裝訂成冊，每次出遊就帶在身邊細細品味，並隨手記下讀畫感受和對畫家的印象。途中如見到好山好水，有跟畫稿中相彷彿的，則欣喜不已，隨著時日推移，他還清晰地記得每個畫家、印人的精彩之作，回憶起他們創作的時間、地點，他與他們交往的點滴，以及這些個性各異的藝術家們的雅謔談吐和生活細節：

愛喝酒、唱劇，畫得一手好牡丹的姜周臣，蓄著長鬍子、喜歡背著手踱步的山水畫家胡長白，風流倜儻的姜綺季，喜歡穿著紅衣攜杖在雪中行走的趙雪江，長相像太監、畫筆堅硬無比的葉欣，揪著腳趾丫瘋狂作畫的陳章侯，見到一幅名帖毀了大哭的鄒衣白，滿面酒痕的福建畫家翁壽如，流寓秦淮的山陰畫家姚簡叔，賣畫時明碼標價「一屏値若干」的張稚恭，經常給人代筆的施雨咸，慷慨好客的葛震父，擅畫淡墨花卉的魏考叔和他的弟弟魏和叔，持杯飲酒時大笑著死去的窮畫家劉酒，畫梅的姚若翼，畫荷的張修，畫菊的胡石公，好畫小竹的許有介，「畫樹招鳥、畫蘭生香」的童年好友馮幼將，死在承恩寺的七處和尚的兒子朱思遠，「青山白雲，得大自在，一種蒼秀，非人非天」的張爾唯，「鬚髯如戟，望之如錦裘駿馬中人」的高岑，住在回光寺僧房、「疎籬板屋」中寫生的樊圻，在西虹橋得到四筐燈光凍石欣喜欲狂的文彭，一生從不吃肉、潛心向佛的印人王安節、王宓草兄弟，還有那個新刻一印半夜就會跑來敲門的印人姜次生，每次喝醉了就嗚嗚唱歌，展玩他的印章，都會覺得「酒氣拂拂從石間出」……

一部《讀畫錄》，一部《印人傳》，就是這樣於不知不覺間寫成。他深受古文熏陶的筆法寫當代藝林人物，談生平、談交情則描摹畢肖、栩栩傳神，談繪事則疏密有致、議論風生，焉知這筆法不是另一種作畫？畫家們

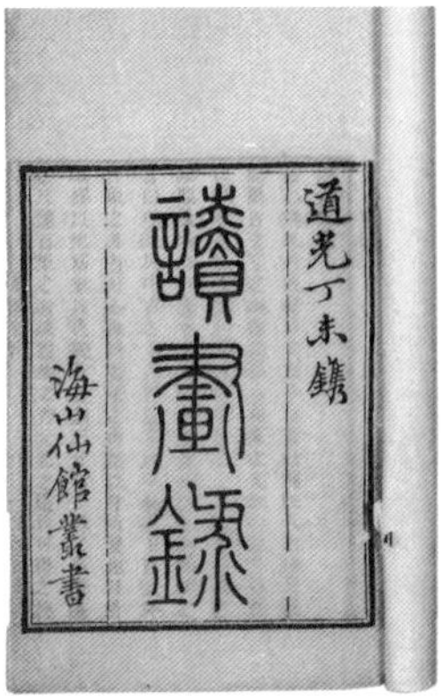

清道光年間刻本《讀畫錄》

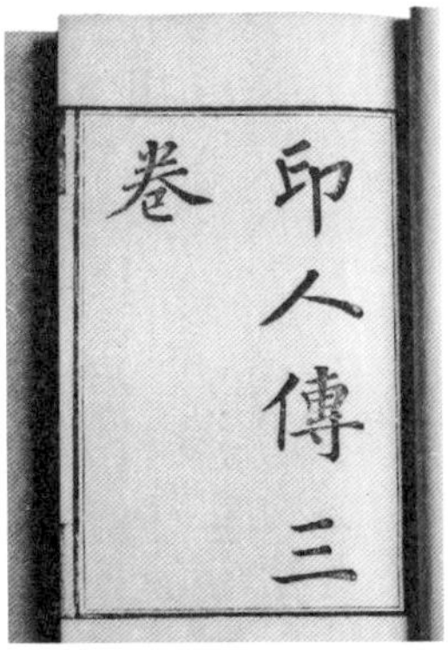

四庫禁毀道光精刻周亮工名著《印人傳》

① 《讀畫錄》「王石谷」條。

② 周亮工《讀畫錄》記錄了一六六九年冬天的這場南京之會：「己酉予罷官後，子遠來慰予，時時以筆墨相娛悅。歲暮遍邀白下諸公，爲大會，詞人高士，無不畢集，數十年未有之勝事也。」見《讀畫錄》「吳子遠」條。

畫山水蟲魚，他畫的是畫家們的面目①，透過這種雙重書寫，一些因獨立特行而名不見經傳的畫家得以登堂入室，進入後世藝術史家的視野裡。更重要的是，周亮工用文字給了那些隱身在畫軸、絹本背後的畫家以溫度、熱力和生命，就像詩評家毛奇齡所說，「先生以寫生之筆，使畫人各有以全其人生」②。

《讀畫錄》以畫傳人，《印人傳》以譜憶人，以印感舊，周亮工以兩部傑出的藝術家傳記，書寫了一個時代的藝文志。這兩項幾乎同期開展的工作，隨著時間的流逝，越來越燦爛地顯出其意義，因爲這些曾經和他身處同一個時代的藝術家們，在他死後不久也都陸續去了幽靈的國度，因此他的《讀畫錄》和《印人傳》，更像是用文學這一永恆的紀念方式換得他們的片刻顯形。

在他的絮絮回憶中，畫和圖章，已不再是它們本身，而是凝聚著他和友人們共同往事的一顆顆記事珠。他保存這些珠子，實際上是在表達自己對舊日南京的眷戀，對充滿著種種可能性的往昔的眷戀。而因了他的保存之功，那一縷藝文的氣息也將傳之彌遠。

一七〇七年，康熙寵臣、江寧織造曹寅在一篇文章中回憶了童年時代他和周亮工的交往。在他的記憶中，周先生是一個像唐朝的韓愈一樣莊嚴的人物：與人交往撝謙揖讓、解衣推食，一手文章抉破藩籬，作得瀟灑自如。他說他五、六歲時，父親曹璽從內務府調到南京任江寧織造，當時周亮工也在同城任江寧糧憲，兩家有通家之好，周亮工時常把他抱在膝上，教他背誦古文。

> 余丱角侍先司空於江寧，時公方督察十府糧儲，與先司空交最善。以余通家子，常抱置膝上，命背誦古文，爲之指摘其句讀，今相去四十年。③

曹寅，即爲日後問世的小說家、《紅樓夢》作者曹雪芹的祖父。

《南華錄》全書完

① 「不獨山水之神情，躍躍欲現，即作山水者之面目，具在寸楮尺幅中矣。」見張瑤星〈讀畫錄序〉，《讀畫錄》。

② 毛奇齡在爲《讀畫錄》寫的序中回憶了周亮工寫陳洪綬的傳記時向他採訪的事，意在誇示這部書可作信史來讀，因爲傳中的好多畫家都是周亮工的朋友，有些雖未交往，周亮工也作了多方採證：「猶憶先生傳老蓮，既已徵事及予，復就予考晰以辨其實，令片言所至，畢睹其毛髮而後已。」

③ 曹寅《楝亭文鈔》之〈重修周櫟園先生祠堂記〉。見《楝亭集箋註》，北京圖書館出版社二〇〇七年版。

跋／我的南方想像

《南華錄》是怎麼寫出來的？它是像一棵樹一樣生長起來的。

五年前，我寫了一本關於明朝的書，描繪人在權力場中的種種情狀，看著筆下人物一個個如籠中獸般廝殺，直至被絞成碎片，寫完那本書眞覺得自己蒼老了十年。在那本書後我引述米什萊的話說，我吸入了他們的塵埃。我知道，那塵埃是有毒的。

自那以後我就預謀著在另一個方向上寫一本書。我不再糾纏於宮廷與官場的腥風血雨，不再拘泥於大人物的命運起落，我如果寫，就要寫那麼一群人，他們不是時代所聚焦的激進主義者和道德英雄，他們隱退到了權力世界的背面，在另一個更爲世俗、更爲私密的方向上打開了一個生命空間。在那個空間，因爲人不再成天想著算計別人，或防人算計，一草一木都帶有了太初就有的情意，他們的心柔軟了，時間也就慢了下來。

他們把精神寄寓在器物裡，把情意傾注在聲音與色彩裡，自得其樂地蒔弄著自己的那塊園地，逼仄的空間竟然也經營得風生水起。如果說權力一直不斷在對人性做著戕害，那麼反過來是不是可以說，藝術則是人生的滋養和救贖？

於是有了這本《南華錄》，一部明萬曆後南方中國的藝文志，也是一本關於已經消逝的南方珍異世界的書。

南方的香料、古物、戲劇、園林，南方的文士、才女、奇人、夢境……「南華」在這裡不是地名（南華縣、南華寺），不是人名（南華眞人），不是書名（《南華經》），而只是取字面上的意思：「南方的精華」，因爲這些生活於十六到十八世紀的藝術家在地理位置上大抵都居於南方：文徵明、董其昌、吳其貞、項元汴、李日華、屠隆、湯顯祖、董若雨、祁彪佳、吳梅村、陳洪綬、周亮工、張瑤星、龔賢等致力於私人空間營建的畫家、曲家、鑒賞家，計成、張南垣、柳敬亭、蘇崑生、羅龍文、汪然明等來自草根的藝人和匠人，再有如商景蘭、薛素素、錢宜、王蓀、王微、楊雲友、林天素、柳如是等命運各異的傳奇女子，他們一生中的華彩部分也大都在南方展開。

這些藝術人生的營建者，與同時代權力場中的角逐者們共同構成了傳統中國的兩翼。在他們的身上，更多地呈現了一種屬於南方氣韻的東西，這種水墨般的潮濕、緩慢與內裡的堅忍，與地理、氣候相關，更與生活態度和價值取向相關。

當然，我選擇了這群人來達成夢想中的一部「南方之書」的寫作，更基於我現世中的一份考量，人生應該滋養在藝術裡，就像石頭養在清水裡。

這個念頭從一粒種子長成一棵樹，用了將近五年時間。如果不是小說家方方在她主編的《長江文藝》雜誌上力邀我開設「南華錄」專欄，這個寫作計畫的實現還遙遙無期。編輯這個專欄的楚風女士是北大才女，作爲第一讀者指出了細節上的多處瑕疵。雜誌社的年輕美編們每期還找來了許多插圖。二〇一四年五月我在武漢一週，與楚風女士、何子英女士，小說家喻向午、曹軍慶等編輯部同仁相見，時值第四期雜誌剛出廠，編輯部正爲那一期的印刷質量問題把刊物發回重印……我很慶幸這些文字問世之初就落入到了一群特別認眞的辦刊人手裡。這本書也是我與北京大學出版社閔艷芸女士第二度合作的結果，艷芸以一個出版人的敏銳在編輯過程中提出了許多好的意見與建議，她還請來了著名畫家、中國人民大學的雷子人老師，他對本書配圖也多有貢獻，在此對雷先生深表謝忱。有時我想，這些只有微末之光的文字，值得這麼多人認眞來對待嗎？想後也明白了，這一切都是出自對藝文的敬畏之心，出於人文薪火相續中的一份堅守。

我開始只是把這本書當作關於玩賞的書來寫，是編輯們的認眞喚起了我內心裡的虔敬，把明中葉以來的江南物質文化史和精神文化史作爲故事展開的背景。我希望它繼續是世俗化的、有著日常生活豐富肌理的，同時它也應該成爲一座架設在藝術史和生活史之上的橋梁，任何時代的生活，都不能沒有藝術和人文之光的燭照。

儘管《南華錄》這個書名和莊子沒有必然關聯，但我還是會經常想到《南華經》裡那隻充滿靈性的蝴蝶，當我觀看這些過往年代的人和事時，我，也部分地成爲了他們。

二〇一四年十月三十日　作者於天一家

參考徵引書目

《白榆集》，屠隆，《四庫全書存目叢書》影印本
《由拳集》，屠隆，《續修四庫全書》影印本
《栖眞館集》，屠隆，《續修四庫全書》影印本
《賴古堂集》，周亮工，《續修四庫全書》影印本
《西堂文集》，尤侗，《續修四庫全書》影印本
《蕉窗九錄》，項元汴，《四庫全書存目叢書》影印本
《棗林雜俎》，談遷，《續修四庫全書》影印本
《震川先生集》，歸有光，四部叢刊本
《梅村家藏藁》，吳偉業，四部叢刊本
《紹興府志》，蕭良幹、張元汴等，明萬曆十五年刻本
《弇州史料後集》，王世貞，《四庫禁毀書叢刊》，明萬曆四十二年刻本
《歙縣志》，靳治荊、吳苑等纂修，康熙二十九年（一六九〇年）刻本
《檀几叢書》，王晫、張潮輯，康熙三十四年（一六九五年）霞舉堂刻本
《尺牘偶存》，乾隆四十五年（一七八〇年）刻本
《寶綸堂集十卷》（附拾遺），光緒十四年會稽董氏取斯堂木活字重刻本
《董若雨詩文集》，二十五卷，民國三年劉氏嘉業堂刊本
《非煙香法》，一卷，董說，世楷堂藏板
《祁忠敏公日記》，祁彪佳，紹興縣修志委員會，民國二十六年影印本
《明實錄》，台灣「中央研究院」歷史語言研究所影印本
《明清兩代嘉興的望族》，潘光旦，《民國叢書》第三編，上海書店據商務印書館一九四七年影印
《虞初新志》，張潮，北京文學古籍刊行社，一九五四年
《湖海集》，孔尚任，上海古典文學出版社，一九五七年
《明通鑑》，夏燮，中華書局，一九五九年
《桃花扇》，孔尚任，王季思等註，人民文學出版社，一九五九年
《石匱書後集》，張岱，中華書局，一九五九年
《中國古典戲曲論著集成》（第一至十冊），中國戲劇出版社，一九五九年
《列朝詩集》，錢謙益，上海古籍出版社，一九五九年
《萬曆野獲編》，沈德符，中華書局，一九五九年
《祁彪佳集》，中華書局，一九六〇年

《湯顯祖集》，中華書局，一九六二年
《帶經堂詩話》，王士禎，人民文學出版社，一九六三年
《牡丹亭》，湯顯祖著，徐朔方、楊笑梅校註，人民文學出版社，一九六三年
《明史紀事本末》，谷應泰，中華書局，一九七一年
《明史》，張廷玉等撰，中華書局，一九七四年
《清史稿》，趙爾巽，中華書局，一九七七年
《震川先生集》，歸有光，上海古籍出版社，一九八一年
《增訂晚明史籍考》，謝國楨，上海古籍出版社，一九八一年
《徽州府志》，丁廷楗、盧詢修、趙吉士等，上海古籍書店「天一閣藏明代方志選刊」，一九八二年
《中國古代書畫圖目》，中國古代書畫鑒定組編，文物出版，一九八二年
《明清之際黨社運動考》，謝國楨，中華書局，一九八二年
《徐渭集》，中華書局，一九八三年
《四友齋叢說》，何良俊，中華書局，一九八三年
《西遊補》，董說，上海古籍出版社，一九八三年
《四庫全書總目提要》，紀昀，中華書局，一九八三年
《明代平倭史實》，台灣中華書局，一九八四年
《長物志》，文震亨，江蘇科學技術出版社，一九八四年
《古書畫爲訛考辨》，徐邦達，江蘇古籍出版社，一九八四年
《揚州畫舫錄》，李斗，揚州廣陵古籍刻印社重印本，一九八四年
《明清徽商資料選編》，張海鵬、王廷元主編，黃山書社，一九八五年
《中國近三百年學術史》，錢穆，中華書局，一九八六年
《觚賸》，鈕琇，上海古籍出版社，一九八六年
《客座贅語》，顧起元，中華書局，一九八七年
《文徵明集》，周道振輯校，上海古籍出版社，一九八七年
《古書畫過眼要錄》，徐邦達，湖南美術出版社，一九八七年
《士禮居藏書題跋記》，黃丕烈，書目文獻出版社，一九八九年
《嘉禾徵獻集》，盛楓，《續修四庫全書》影印本，江蘇廣陵古籍刻印社，一九八九年
《分甘餘話》，王士禎，中華書局，一九八九年
《吳梅村全集》，上海古籍出版社，一九九〇年
《靜志居詩話》，朱彝尊，人民文學出版社，一九九〇年
《陳垣來往書信集》，生活·讀書·新知 三聯書店，一九九〇年

《昭代叢書》，張潮，上海古籍出版社一九九〇年年影印本

《梅花草堂筆談》，張大復，岳麓書社，一九九一年

《詹東圖玄覽編》，詹景鳳，《中國書畫全書》第四冊，上海書畫出版社，一九九二年

《珊瑚網》，汪玉，《中國書畫全書》第五冊，上海書畫出版社，一九九二年

《清河書畫舫》，張丑，《中國書畫全書》第四冊，上海書畫出版社，一九九二年

《黃宗羲全集》，浙江古籍出版社，一九九三年

《晚明曲家年譜》，徐朔方，浙江古籍出版社，一九九三年

《陳洪綬集》，吳敢輯校，浙江古籍出版社，一九九四年

《鉀史鈔》，潘之恆，《四庫全書存目叢書》影印本，齊魯書社，一九九五年

《牧齋有學集》，錢謙益，上海古籍出版社，一九九六年

《同人集》，冒襄，《四庫全書存目叢書》影印本，齊魯書社，一九九六年

《劉宗周全集》，台灣「中央研究院」中國文哲研究所籌備處，一九九六年

《味水軒日記》，李日華，上海遠東出版社，一九九六年

《骨董瑣記全編》，鄧之誠，北京出版社，一九九六年

《紫桃軒雜綴》，李日華，齊魯書社，一九九七年

《韻石齋筆談》，姜紹書，江蘇古籍出版社，一九九七年

《快雪堂日記》，馮夢禎，《四庫全書存目叢書》影印本，齊魯書社，一九九七年

《宋元戲曲史》，王國維，上海古籍出版社，一九九八年

《呼桓日記》，項鼎鉉，「北京圖書館古籍珍本叢刊」，書目文獻出版社，一九九八年

《容臺別集》，董其昌，《四庫禁毀書叢刊》影印本，北京出版社，一九九八年

《李漁全集》，浙江古籍出版社，一九九八年

《柳如是別傳》，陳寅恪，生活，讀書，新知三聯書店，二〇〇一年

《王漁洋事跡征略》，蔣寅，人民文學出版社，二〇〇一年

《歙事閒譚》，許承堯，黃山書社，二〇〇一年

《十六世紀明代中國之財政與稅收》，黃仁宇，生活，讀書，新知三聯書店，二〇〇一年

《上海圖書館藏明代尺牘》，上海圖書館編，上海科學技術出版社，二〇〇二年

《無聲畫史》，姜紹書，《續修四庫全書》影印，上海古籍出版社，二〇〇二年

《唐伯虎全集》，周道振、張月尊輯，中國美術學院出

版社，二〇〇二年
《詠懷堂詩集》，阮大鋮，上海古籍出版社，二〇〇二年
《柳如是集》，范景中、周書田，中國美術學院出版社，二〇〇二年
《士與中國文化》，餘英時，上海人民出版社，二〇〇三年
《山外山》，高居翰，上海書畫出版社，二〇〇三年
《孔尚任全集輯校註評》，徐振貴主編，齊魯書社，二〇〇四年
《閨閣師：明末清初江南的才女文化》，高彥頤，江蘇人民出版社，二〇〇五年
《絳雲樓題跋》，錢謙益，上海古籍出版社，二〇〇五年
《清史大綱》，蕭一山，上海古籍出版社，二〇〇五年
《書畫記》，吳其貞，上海人民美術出版社，二〇〇六年
《明季黨社考》，小野合子，李慶、張榮湄譯，上海古籍出版社，二〇〇六年
《陶庵夢憶　西湖夢尋》，張岱，中華書局，二〇〇七年
《明詩綜》，朱彝尊，中華書局，二〇〇七年
《心齋聊復集》，張潮，北京師範大學圖書館藏稀見清人別集叢刊，廣西師範大學出版社，二〇〇七年
《國榷》，談遷，上海古籍出版社，二〇〇八年
《鵲華秋色：趙孟頫的生平與畫藝》，李鑄晉，生活，讀書，新知三聯書店，二〇〇八年
《吳吳山三婦合評牡丹亭》，陳同、談則、錢宜，上海古籍出版社，二〇〇八年
《周亮工全集》，鳳凰出版社，二〇〇八年
《五雜組》，謝肇淛，上海書店出版社，二〇〇九年
《余懷全集》，上海古籍出版社，二〇一一年
《現代中國的歷程》，黃仁宇，中華書局，二〇一一年
《明代的圖像與視覺性》，柯律格，北京大學出版社，二〇一一年
《恬致堂集》，李日華，上海古籍出版社，二〇一二年
《中國繪畫史》，陳師曾，中華書局，二〇一二年

國家圖書館出版品預行編目資料

南華錄：一個時代的藝文志／趙柏田 著.——初版一刷.——
台北市：蓋亞文化，2020.02
冊；　公分.
ISBN　978-986-319-378-4(精裝)
1.藝文志 2.明代

013.26　　107018882

南華錄 一個時代的藝文志

作　　者　趙柏田
封面設計　莊謹銘
校訂協力　陳　儀
責任編輯　盧琬萱
總 編 輯　沈育如
發 行 人　陳常智
出 版 社　蓋亞文化有限公司
地址：台北市 103 大同區承德路二段 75 巷 35 號
電話：（02）25585438　傳真：（02）25585439
電子信箱：gaea@gaeabooks.com.tw
投稿信箱：editor@gaeabooks.com.tw
郵撥帳號：19769541　戶名：蓋亞文化有限公司
法律顧問　宇達經貿法律事務所
總 經 銷　聯合發行股份有限公司
地址：新北市新店區寶橋路二三五巷六弄六號二樓
電話：02-2917-8022　傳真：02-2915-6275
港澳地區　一代匯集
地址：九龍旺角塘尾道 64 號龍駒企業大廈 10 樓 B&D 室
電話：（852）2783-8102　傳真：（852）2396-0050
初版一刷　2020 年 2 月
定　　價　新台幣 720 元
Published and Printed in Taiwan

GAEA　ISBN／978-986-319-378-4